PENSAR O SUJEITO, AGIR NO MUNDO

Blucher

PENSAR O SUJEITO, AGIR NO MUNDO

Diálogos com a obra de Jurandir Freire Costa

Organização

Francisco Ortega
Gabriela Bastos Soares
Jairo de Almeida Gama
Bethânia Assy

Pensar o sujeito, agir no mundo: diálogos com a obra de Jurandir Freire Costa

Editora Edgard Blücher Ltda.

SÉRIE PSICANÁLISE CONTEMPORÂNEA

Coordenador da série Flávio Ferraz
Publisher Edgard Blücher
Editor Eduardo Blücher
Coordenação editorial Rafael Fulanetti
Coordenação de produção Andressa Lira
Produção editorial Luana Negraes
Preparação de texto Bárbara Waida
Diagramação Negrito Produção Editorial
Revisão de texto Beatriz J. F. Acencio e Maurício Katayama
Capa Leandro Cunha
Imagem da capa iStockphoto

Blucher

Rua Pedroso Alvarenga, 1245, 4º andar
04531-934 – São Paulo – SP – Brasil
Tel.: 55 11 3078-5366
contato@blucher.com.br
www.blucher.com.br

Segundo o Novo Acordo Ortográfico, conforme 6. ed. do *Vocabulário Ortográfico da Língua Portuguesa*, Academia Brasileira de Letras, julho de 2021.

Dados Internacionais de Catalogação na Publicação (CIP)
Angélica Ilacqua CRB-8/7057

Pensar o sujeito, agir no mundo : diálogos com a obra de Jurandir Freire Costa / organizado por Francisco Ortega... [et al.] – São Paulo : Blucher, 2024.
676 p. (Série Psicanálise Contemporânea / coord. de Flávio Ferraz)

Outros organizadores: Gabriela Bastos Soares, Jairo de Almeida Gama, Bethânia Assy
Bibliografia
ISBN 978-85-212-2377-1

1. Psicanálise. 2. Psiquiatria. I. Ortega, Francisco. II. Ferraz, Flávio. III. Série.

24-1424 CDD 150.195

Índice para catálogo sistemático:
1. Psicanálise

Conteúdo

Introdução – O olhar sobre o outro: 80 anos
de um intelectual brasileiro 9
Francisco Ortega, Gabriela Bastos Soares,
Jairo de Almeida Gama e Bethânia Assy

Parte I. Psiquiatria e saúde mental 17

1. Violência do racismo e da psiquiatria: contribuições para o processo da reforma psiquiátrica brasileira 19
Paulo Amarante

2. Psiquiatria e saúde mental 31
Marco Antonio Alves Brasil

3. Jurandir Freire Costa e a psiquiatria 49
Maria Tavares Cavalcanti

4. Por uma psiquiatria não dogmática: esboço de um percurso intelectual 69
Jairo de Almeida Gama

5. A psiquiatria, entre a história e a utopia 91
Octavio Domont de Serpa Junior

6. Jurandir e a reforma psiquiátrica brasileira 113
Rossano Cabral Lima

7. O "silenciamento" da cultura na saúde mental brasileira como entrave para a consolidação de uma psiquiatria transcultural 135
Francisco Ortega

Parte II. Psicanálise e crítica cultural **157**

8. Encontros clínicos e redescrições provisórias 159
Cláudio E. M. Banzato e Clarissa de Rosalmeida Dantas

9. O legado de um pensamento criativo 175
Ana Elizabeth Cavalcanti

10. Existe o conceito de *saúde* em psicanálise? 197
Carlos Henrique Ferraz

11. Psicanálise e pragmática da linguagem 223
Flávio Ferraz

12. Psicanálise e educação: é possível experiência criativa no espaço escolar? 243
Maria Regina Maciel

13. Sujeito, subjetividade e processos de subjetivação na obra de Jurandir Freire Costa 263
Mário Eduardo Costa Pereira

14. Encontros que fizeram diferença: a relação de amizade e a troca intelectual entre Jurandir Freire Costa e Contardo Calligaris 285
Rosane Monteiro Ramalho

15. Autenticidade, self criativo e self pragmático 303
Pedro Salem

16. Sobre psicanálise e religião: a alguns metros do brincar e o uso do objeto 329
José Henrique Lobato Vianna

17. Žižek e a declinologia 353
Alexandre Ribeiro Wanderley

Parte III. Ética e subjetividade 375

18. A autêntica personalidade ética de Jurandir Freire Costa: o exemplo da justiça hiperbólica 377
Bethânia Assy

19. Entre o quotidiano e o ideal 397
Romildo do Rêgo Barros

20. *A inocência e o vício* trinta anos depois: uma mirada antropológica 403
Sérgio Carrara

21. A chave 417
Maria Clara Dias

22. Esperanças públicas e aspirações privadas: psicanálise e religião na perspectiva de Jurandir Freire Costa 437
Benilton Bezerra Jr.

23. Compromisso social como ética da psicanálise 459
Aida Novelino

24. As origens da interioridade 481
Cláudia Passos-Ferreira

25. A genealogia do amor romântico e a contribuição de Rousseau ao debate 503
Gabriela Bastos Soares

Parte IV. Psicanálise, violência e racismo **523**

26. Sobre psicanálise e crítica em Jurandir Freire Costa 525
Tales Ab'Sáber

27. Jurandir Freire Costa e o lacanismo à brasileira 543
Christian Ingo Lenz Dunker

28. O psicanalista e sua ética 569
Maria Rita Kehl

29. Jurandir Freire Costa e a questão da violência 575
Renato Mezan

30. As violências e a psicanálise 603
Julio Sergio Verztman

31. Analistas pernambucanos: um encontro de gerações 625
Gilberto Souza

32. A violência e o abuso moral 641
Teresa Pinheiro

Sobre os autores 667

Introdução
O olhar sobre o outro: 80 anos de um intelectual brasileiro

*Francisco Ortega, Gabriela Bastos Soares,
Jairo de Almeida Gama e Bethânia Assy*

Quando decidimos marcar os 80 anos de Jurandir Freire Costa com este livro, a intenção era celebrar a vida e o trabalho de um intelectual profícuo e original, um professor generoso e atento, um psicanalista criativo e socialmente engajado. Era também o momento de colocar suas ideias em diálogo com profissionais de diferentes áreas que interagiram e, de alguma forma, foram influenciados por sua obra. Colocar seu pensamento em interlocução de forma que a potência de suas proposições ganhasse a devida ressonância no tempo de hoje, no momento cultural que vive o país.

Depois de atravessarmos um período nefasto da vida social brasileira, o momento exige reflexão sobre nossas escolhas como país, como sociedade e como indivíduos, e sobre os processos conscientes e inconscientes que nos definem e que geram nossos piores pesadelos ou nossas mais generosas aspirações. Assim, pensar a obra de Jurandir é fundamental, pois dialogamos com um intelectual que tem como marca e escolha existencial a responsabilidade com o outro, a resistência ao mal e a esperança na inventividade humana.

É possível distinguir em suas ações um dos traços marcantes de sua personalidade: a coragem em se colocar na posição de explicitar questões, muitas vezes diante de uma maioria convencida de suas certezas. Na psiquiatria, atuou e escreveu sobre as mazelas da prática e da teoria, ofereceu alternativas mais plurais, criativas e democráticas e, assim, contribuiu, para transformações profundas na assistência pública brasileira dos últimos 40 anos. Na psicanálise, ousou criticar certas leituras não matizadas do estruturalismo francês, propôs o diálogo entre o neopragmatismo americano e a teoria freudiana e enriqueceu nosso vocabulário clínico e teórico sobre o estatuto da linguagem na constituição subjetiva. Também investigou o narcisismo e seus percalços na constituição da identidade brasileira e denunciou sua violência estrutural.

Jurandir Freire Costa é o que se denomina um intelectual orgânico, ativamente envolvido no debate público sobre as mazelas da sociedade brasileira. Em seus escritos, é possível discernir três bases sobre as quais se organizam suas intervenções. A primeira delas é a injustiça, a humilhação e o sofrimento social, que se expressam nos estudos sobre ética, racismo e violência. Outro pilar são os impasses que os sujeitos enfrentam na relação com os ideais culturais e as injunções sociais, notório em seus textos sobre o amor romântico, o homoerotismo ou a estruturação da família. O último núcleo de suas preocupações decorre da necessidade que Jurandir vê de não cairmos em tentações teóricas totalizantes ou reducionistas, que teimam em olvidar o caráter provisório e histórico de suas concepções. A psicanálise é o eixo central em que essas três bases se articulam, a fonte da qual nascem suas reflexões acerca dos processos de subjetivação, ética, linguagem e afetos.

As suas contribuições são ainda mais abrangentes. Seu campo de interesses é vasto, seus escritos e suas intervenções públicas abarcam da psicanálise à literatura e à filosofia, da vida social ao cinema, da religião ao cotidiano. Seus espaços de atuação envolvem artigos e livros, aulas em espaços institucionais universitários ou de tratamento, palestras e textos jornalísticos, compondo um mosaico de intervenções na vida da cidade e produzindo um fazer clínico-político.

Seja no Instituto de Medicina Social da Universidade do Estado do Rio de Janeiro (Uerj), no Centro Psiquiátrico Pedro II, no Instituto Philippe Pinel ou no Círculo Psicanalítico do Rio de Janeiro, Jurandir Freire Costa coorganizou projetos institucionais revolucionários e formou um número significativo de profissionais, que hoje atuam em tantas outras universidades e instituições públicas, como o Sistema Único de Saúde (SUS).

Pernambucano de Camaragibe, estudou em Recife e Paris e se estabeleceu no Rio de Janeiro, onde lançou um projeto intelectual dos mais vivazes e comprometidos com o país. Dialogando com autores de matrizes teóricas diversas, de Freud a Hannah Arendt, de Wittgenstein a Winnicott, de Žižek a Philip Dick, suas referências são muitas e suas leituras, extremamente ricas de interseções inesperadas e proposições inovadoras. Para ele, as teorias devem ser vistas, rortyanamente, como ferramentas para tornar a vida humana mais livre, mais bela ou mais justa. É para isso que servem, é para isso que pensamos.

Jurandir é um dos principais responsáveis por produzir no Brasil um pensamento original, implicar profundamente a psicanálise com a crítica cultural e construir uma análise profunda e atenta aos processos sociais e seus impactos subjetivos. Os organizadores deste livro acompanham de perto essa trajetória. Os laços fraternos e profissionais que nos unem, em um convívio extremamente enriquecedor com diálogos e vivências diversas ao longo das últimas décadas, motivaram a proposta desta homenagem.

É nessa perspectiva que convidamos psiquiatras, psicanalistas, filósofos e cientistas sociais que conhecem sua obra a debaterem temas a que Jurandir se dedicou, ressaltando a importância e a atualidade de suas ideias para nós, brasileiros.

Estrutura do livro

As contribuições a este volume provêm de diferentes autores que de uma maneira ou outra têm se cruzado com a pessoa e a obra de Jurandir ao longo de sua trajetória. Entre os autores encontramos colegas pesquisadores do Instituto de Medicina Social da Uerj, discentes da mesma instituição, bem como colegas psiquiatras, psicólogos, psicanalistas e filósofos que dialogam com a obra de Jurandir e destacam sua importância seminal nos campos da reforma psiquiátrica, da saúde mental, da psicanálise, da filosofia e da crítica cultural.

Dada a multifacetada obra de Jurandir Freire Costa, organizamos este livro em quatro seções, que recolhem contribuições sobre temas e áreas diferentes.

A primeira seção, "Psiquiatria e saúde mental", concentra textos sobre diferentes aspectos da reforma psiquiátrica e o campo da saúde mental brasileiro que dialogam com as contribuições de Jurandir Freire Costa. Esses textos focalizam aspectos centrais do campo, como a influência do livro *História da psiquiatria no Brasil* e de alguns textos posteriores para a reforma psiquiátrica brasileira (Paulo Amarante); a crítica ao cientificismo e a necessidade de uma noção ampliada de saúde mental que ultrapasse o campo psiquiátrico (Marco Antonio Alves Brasil); o impacto do livro *História da psiquiatria no Brasil* na prática psiquiátrica no país e a possibilidade de uma outra psiquiatria informada pela fenomenologia e pelo pensamento decolonial (Maria Tavares Cavalcanti); a crítica aos reducionismos e aos dogmatismos presentes na psiquiatria e na saúde mental (Jairo de Almeida Gama); o sujeito da psicopatologia e a psicopatologia fenomenológica crítica (Octavio Domont de Serpa Junior); as contribuições de Costa para o campo da saúde mental e suas interseções com o processo de reforma psiquiátrica no Brasil desde os anos de 1970 (Rossano Cabral Lima); e o silenciamento dos determinantes culturais na saúde mental brasileira como entrave para a consolidação de uma psiquiatria transcultural (Francisco Ortega). Todos os textos dessa seção mostram a influência marcante exercida por Jurandir Freire Costa para pensar a reforma psiquiátrica e a constituição do campo da saúde mental no Brasil, bem como os seus desafios atuais.

A segunda seção, "Psicanálise e crítica cultural", reúne textos que refletem acerca do papel da psicanálise na obra de Jurandir e sua importância para discutir e colocar em xeque conceitos e ortodoxias psicanalíticos que se revelam insuficientes para compreender o sofrimento dos sujeitos contemporâneos. Os temas abordados nessa seção são: o diálogo entre Jurandir Freire Costa e Ludwig Wittgenstein e os seus impactos na prática psicanalítica (Cláudio E. M. Banzato e Clarissa de Rosalmeida Dantas); a análise das noções de fratria, violência, homoerotismo e racismo na obra de Jurandir Freire Costa (Ana Elizabeth Cavalcanti); o conceito de saúde em psicanálise (Carlos Henrique Ferraz); psicanálise e pragmática da linguagem (Flávio Ferraz); psicanálise e educação a partir da obra de Jurandir, Freud e Winnicott (Maria Regina Maciel); subjetividade e processos de subjetivação em Jurandir Freire Costa (Mário Eduardo Costa Pereira); a relação de amizade e a troca intelectual entre Jurandir Freire Costa e Contardo Calligaris (Rosane Monteiro Ramalho); autenticidade e criatividade no pensamento de Winnicott (Pedro Salem); psicanálise e religião em diálogo com a obra de Winnicott e de Jurandir Freire Costa (José Henrique Lobato Vianna); as contribuições de Jurandir e do filósofo esloveno Slavoj Žižek para o debate do declínio do simbólico na sociedade contemporânea (Alexandre Ribeiro Wanderley). A diversidade de temas abordados nessa seção é um testemunho do impacto de

Jurandir na releitura crítica de conceitos psiquiátricos e na interface da psicanálise com uma multitude de campos do saber.

A terceira seção, "Ética e subjetividade", reúne textos que refletem em torno das questões da ética e da formação do sujeito tomando como referência as abordagens de Jurandir Freire Costa. Os temas tratados são: a ética da personalidade e o sujeito da injustiça social em diálogo com a noção de justiça hiperbólica explorada por Jurandir Freire Costa (Bethânia Assy); ética e formação de ideais na psicanálise (Romildo do Rêgo Barros); entrecruzamento entre psicanálise e antropologia a partir de uma leitura atualizada de *A inocência e o vício* (Sérgio Carrara); uma concepção integrada da subjetividade e da ética (Maria Clara Dias); psicanálise e religião a partir da obra de Jurandir Freire Costa e Richard Rorty (Benilton Bezerra Júnior); compromisso social como ética da psicanálise no pensamento de Jurandir Freire Costa (Aida Novelino); constituição do self e a concepção de mente em diálogo com a obra de Jurandir Freire Costa e a filosofia da mente (Cláudia Passos-Ferreira); a genealogia do amor romântico e a contribuição de Rousseau (Gabriela Bastos Soares). A influência do neopragmatismo, da filosofia da mente e da filosofia francesa contemporânea no pensamento de Jurandir aparecem nos textos dessa seção.

Finalmente, a quarta seção, "Psicanálise, violência e racismo", recolhe textos que colocam o tema da violência e do racismo no centro do debate psicanalítico contemporâneo e destacam a importância e o pioneirismo de Jurandir Freire Costa nessa temática. O temas tratados são: violência e racismo em diálogo com a obra de Jurandir Freire Costa (Tales Ab'Sáber); Jurandir Freire Costa e o lacanismo à brasileira, focando nas questões da violência e do racismo (Christian Dunker); ética e violência (Maria Rita Kehl); violência e identidade no livro *Violência e psicanálise* (Renato Mezan); trauma e violência na obra de Jurandir Freire Costa (Julio

Verztman); relações raciais na psicanálise brasileira (Gilberto Souza); violência, gênero e abuso moral (Teresa Pinheiro).

A partir do prefácio escrito para o livro da psicanalista Neusa Santos Souza, *Tornar-se negro* (Graal, 1983), Jurandir Freire Costa é precursor em temas imprescindíveis à psicanálise, como o racismo e a violência. Propõe uma reflexão incontornável na articulação entre a noção de sujeito na psicanálise e a teoria social. Apesar de ter uma seção específica dedicada a eles, o racismo e a violência são temas transversais às diferentes seções, permeando boa parte das contribuições, mesmo quando não constituem o tema central dos artigos, como no caso dos textos da primeira seção, dedicada à reforma psiquiátrica e ao campo da saúde mental no Brasil. Isso aponta para um intelectual capaz de pensar um vocabulário para além do seu tempo e demonstra como a obra de Jurandir Freire Costa está atravessada por uma das perguntas centrais de sua obra *O ponto de vista do outro*: como cada um de nós responde ao ser interpelado a fazer justiça? Como profissional, intelectual, figura pública, professor universitário e amigo, Jurandir Freire Costa consagra pelo menos 50 anos de trajetória de uma subjetividade responsável pelo amor ao outro.

Parte I

Psiquiatria e saúde mental

1. Violência do racismo e da psiquiatria: contribuições para o processo da reforma psiquiátrica brasileira

Paulo Amarante

História da psiquiatria no Brasil: um corte ideológico (Costa, 1976) foi um dos livros mais importantes nos primeiros anos do processo da denominada reforma psiquiátrica brasileira. Muitas são as razões. Uma delas é que o livro foi lançado no mesmo ano em que foi criado o Centro Brasileiro de Estudos de Saúde, o Cebes, entidade concebida juntamente com sua revista, a *Saúde em debate*, marco indiscutível da trajetória dos processos de reforma sanitária e psiquiátrica. É, portanto, um contexto que demarca o advento de um acontecimento na sociedade brasileira: o surgimento dos movimentos sanitário e de reforma psiquiátrica antimanicomial.

Naqueles anos da última metade da década de 1970, quando foi lançado o livro, observavam-se sinais de clara exaustão e desmoronamento do regime autocrático instalado com o golpe de 1964. A sociedade clamava por democracia, cidadania, liberdade, fim da repressão e da censura, muito especialmente da censura à imprensa. Não custa rememorar que em 1976, por exemplo, ocorreram o espancamento do bispo Don Adriano Hipólito, as mortes do operário Manuel Fiel Filho na sede dos órgãos de repressão política e de dirigentes do Partido Comunista do Brasil (PCdoB), a cassação de parlamentares e as explosões de bombas na Associação Brasileira de Imprensa (ABI), na Ordem dos Advogados do Brasil (OAB) e em outras entidades e instituições da sociedade civil.

A criação do Cebes é um exemplo emblemático deste movimento social de reconstrução de um projeto nacional democrático. Foi criado explicitamente com o objetivo de construir um *pensamento crítico* em saúde, isto é, de pensar o campo da saúde não como tratamento de doenças, mas como promoção e defesa da vida. É nessa entidade que tomou corpo e forma um documento intitulado "A questão democrática na área da saúde", que, em 1979, foi apresentado no I Simpósio Nacional de Política de Saúde da Câmara dos Deputados, com os princípios éticos e políticos do Sistema Único de Saúde, o SUS!

É importante ressaltar uma observação sobre o título do documento, que não é definido como uma nova proposta de política de saúde, mas enfatiza a questão democrática, compreendida em sentido amplo, o que será, efetivamente, a marca da política nacional de saúde com a consolidação de dispositivos reais de participação e controle social e a garantia universal do direito à saúde.

Retornando ao livro, é certo que nele não é desenvolvida, rigorosamente, uma história da psiquiatria no Brasil – embora uma leitura apressada do título possa assim sugerir –, mas um determinado corte ideológico, como o subtítulo vem esclarecer. Por isso mesmo, *História da psiquiatria* assumiu um papel singular, na medida em que despertou para o conhecimento público a possibilidade de uma outra função social, ideológica e política da psiquiatria, que não teria a ver exatamente com o tratamento do sofrimento humano, com o tratamento de enfermidades mentais. E essa revelação é feita de forma potente e impactante, a partir do resgate de uma entidade que se denominava Liga Brasileira de Higiene Mental (LBHM).

A Liga, como ficou conhecida nas décadas de 1920 e 1930, desenvolveu um protagonismo em defesa de valores conservadores e antidemocráticos, em nome e com base na ciência psiquiátrica. Dentre suas metas e proposições se destacava uma agenda proibicionista, antiliberal, eugênica, xenofóbica e moralista. Os princípios postulados visavam aos ideais de uma boa "higiene psíquica" – entendida, por extensão, como higiene social – conduzida e garantida pelo saber psiquiátrico. Uma pesquisa importante sobre o papel dos saberes médicos higienistas na produção da normalidade social foi o livro *Ordem médica e norma familiar* (Costa, 1979), publicado logo após *História da psiquiatria*, que se tornou uma referência complementar e obrigatória no debate sobre os temas abordados pela Liga.

O debate desencadeado com a descoberta e a publicização da Liga teve como resultado imediato um processo crítico sobre as instituições psiquiátricas existentes no país. No final dos anos 1970 e início dos anos 1980, existiam cerca de 80 mil pessoas internadas em manicômios no Brasil. Os dados, levantados pelo prof. Luiz Cerqueira em *Problemas brasileiros de psiquiatria social* (1984), são muito imprecisos, como o próprio autor adverte, já que a situação era tão grave que não existiam fontes minimamente confiáveis. Existiam hospitais que tinham alguns milhares de pessoas internadas. A Colônia do Juquery, em São Paulo, por exemplo, tinha entre 20 e 30 mil internos: pessoas sem nome, sem identidade e sem diagnóstico! E, nesse aspecto, a crítica ao saber psiquiátrico a partir das bases teóricas explicitadas pela Liga assumia singular importância.

Eram aqueles mesmos fundamentos, aquelas mesmas evidências científicas adotadas pela Liga que autorizavam a psiquiatria a realizar sequestros de pessoas para o resto de suas vidas, que autorizavam invalidações sociais e impedimentos de vidas, que autorizavam lobotomias, eletrochoques, esterilizações, malarioterapias, insulinoterapias...! Enfim, é um debate que favoreceu e deu visibilidade ao processo de reflexão e construção de pensamento crítico sobre as relações entre ciência e poder, ciência e norma social. Muitas das contribuições de Michel Foucault, Erving Goffman, Franco Basaglia, Robert Castel, Ronald Laing, David Cooper, dentre outros, passaram a ser conhecidas a partir desse momento.

Para os jovens profissionais que estavam saindo das universidades e que viriam a criar o movimento de reforma psiquiátrica e luta antimanicomial, tais questões abordadas no livro foram fundamentais para a tomada de consciência sobre o papel da ciência na construção da hegemonia e do *status quo*, na gestão dos riscos sociais, na repressão e na invalidação de singularidades e diversidades. Em suma, a geração que formulou e disparou o processo de reforma psiquiátrica encontrou no livro uma fonte inesgotável não apenas de questionamentos e reflexões, mas, fundamentalmente, de estratégias e de incidência política para a transformação. Uma delas, em especial, foi a de enfrentar o lema da prevenção das enfermidades mentais, bem como da promoção de saúde mental.

Uma das primeiras reflexões críticas sobre a prevenção das enfermidades mentais

Desde o seu advento nos textos eugenistas como um ideal de qualificação da raça humana, a profilaxia passaria a ter nova roupagem com a psiquiatria preventiva ou saúde mental comunitária, tal como proposta por Gerald Caplan e amplamente acolhida por setores das políticas públicas e organismos internacionais de saúde como Organização Pan-Americana da Saúde (OPAS) e Organização Mundial da Saúde (OMS).

Um aspecto relevante do livro está no fato de possibilitar a reflexão sobre uma questão instigante: por que tantos profissionais, mesmo comprometidos com causas sociais, de defesa de direitos e da democracia, se deixaram levar, ou foram seduzidos, pelo discurso da conservadora LBHM. Alguns exemplos desses profissionais, progressistas em sua época, são Ulysses Pernambucano e Juliano Moreira.

Juliano Moreira era um médico negro baiano que respondeu como diretor da Assistência Médico-Legal de Alienados e do Hospício Nacional de Alienados de 1903 a 1930. Argumentava a favor da hereditariedade na etiologia da doença mental com base na noção de degenerescência moral e apontava para o ideal da qualificação da raça, a eugenia, um ideal declaradamente racista.

O tema do racismo é um dos mais importantes no livro, por ser um dos temas mais desenvolvidos pela Liga e por sua relevância no Brasil, um país de forte tradição escravocrata, que sempre tentou negar, ou silenciar, sua tradição racista. Assumem importância na argumentação do livro autores que abordavam o racismo no Brasil de forma contundente, a exemplo de Roger Bastide e Thomas Skidmore, ou Florestan Fernandes e Octávio Ianni, esses últimos responsáveis, em boa parte, pela introdução em nosso meio das contribuições de Frantz Fanon, psiquiatra martinicano que foi uma das mais importantes expressões na luta contra o racismo e seu papel na dominação e na luta de classes.

Mas, retomando a pergunta de por que a agenda conservadora da Liga atraiu pensadores e atores (supostamente) não tão conservadores. Uma hipótese poderia apontar na direção da possibilidade da fé na credibilidade da ciência; na verdade produzida pela ciência; nas bases e evidências científicas da psiquiatria, que se pretendia uma ciência de robusta fundamentação biomédica (como ainda parece crer!). E se eram conhecimentos de base científica, e na medida em que a ciência se pretendia neutra e produtora de um saber descompromissado, desinteressado, seria, consequentemente, a expressão da verdade. Nesse sentido, não apenas o texto do livro em si, resultado de uma pesquisa de mestrado do autor, mas em particular a introdução da primeira e da segunda edições (Costa, 1976) e os prefácios das demais edições (Costa, 1976/1989, 1976/2007) advertiram quanto aos riscos ideológicos da prevenção em psiquiatra e às suas bases morais invasivas e colonizadoras.

Esse foi um dos estímulos para que reeditássemos *História da psiquiatria* na coleção Loucura XXI, cerca de 30 anos depois. Tanto o resgate da história da Liga quanto essas questões anteriormente abordadas, especialmente sobre as relações entre saber e poder, ideologia e verdade, tornam o livro absolutamente necessário e atual!

Se o tema do racismo, em especial de sua fundamentação científica, foi enfrentado tanto com rigor acadêmico quanto com consistência política em *História da psiquiatria*, ele foi retomado, mais especificamente como o tema da *violência do racismo*, com maiores profundidade e amplitude conceitual e política no histórico prefácio ao livro *Tornar-se negro*, de Neuza Santos Souza (Costa, 1983). Trata-se de um dos mais potentes prefácios elaborados no contexto da *psiquiatria crítica* (termo que eu costumava adotar na época e que, apesar das críticas advindas mesmo no âmbito progressista, insistia e insisto em utilizar).

Embora o tema do racismo tivesse sido destacado e ressaltado em *História da psiquiatria* e, mais ainda, em *Tornar-se negro*, e incorporado em muitos manifestos e documentos políticos posteriores com base nas discussões dessas duas referências – como na Carta de Bauru, documento que demarca uma ruptura política e epistemológica importante para a reforma psiquiátrica e a luta antimanicomial (MTSM, 1987) –, o debate sobre o racismo seguiu sendo insuficiente, pelo menos até muito recentemente. Fanon foi vetado na academia, bem como Franco Basaglia, que inclusive encerra *A instituição negada* (Basaglia, 1968/1984) destacando a importância do caminho revolucionário apontado por Frantz Fanon. Mas a psiquiatria convencional, mercantilista, medicalizante, patologizante se encarregou, com suas alianças e suas estratégias de poder, de silenciar e fazer desaparecer muitas das contribuições críticas a suas práticas e suas pretensões científicas biomédicas, como foi o caso de Laing, Cooper, Esterson, Szasz... Mesmo o livro de Neuza Santos Souza, uma autora negra, só seria mais amplamente conhecido alguns anos após seu falecimento.

A contribuição de Jurandir Freire Costa ao livro de Neuza Santos Souza não se reduziu ao prefácio, incluindo boa parte do processo de concepção, afinal, a autora fazia parte de um grupo de estudos que se reunia semanalmente sob a liderança de Jurandir, do qual fazíamos parte e no qual refletíamos sobre questões do saber no campo psi, da psicanálise à psiquiatria e ciência afins, em suas interfaces com a filosofia, a antropologia, a sociologia e a história.

Outras contribuições de Jurandir Freire Costa vieram a se somar na crítica ao ideal preventivista em saúde mental, inclusive um artigo de referência, em coautoria com Joel Birman (Birman & Costa, 1976/1994). Mas um determinado artigo merece destaque no contexto da discussão que nos instiga neste momento: "Saúde mental: produto da educação?" (Costa, 1980), formulado em termos de uma pergunta, uma provocação, no sentido dramático, para desestabilizar a naturalização do tema, que era praticamente consenso naquela conjuntura histórica. Eram muitos os autores e as entidades que bradavam os ideais preventivistas em tom ufanista e sonhador. Difundiam-se a possibilidade e o vislumbre de um mundo sem dores e sofrimento, sem drogas e enfermidades.

A provocação surtiu efeito e nos fez perceber o quanto os ideais de prevenção das doenças mentais e de promoção de uma "boa saúde mental" eram contaminados, ou eram os mesmos da profilaxia da Liga, dissimulados ou mascarados, mas orientados pelos mesmos projetos racistas, normativos, antiliberais, patriarcais e excludentes que a ideia de um *tipo psicológico* ideal desenhado pela psiquiatria.

Em 1982, tivemos a possibilidade de trabalhar juntos no Centro Psiquiátrico Pedro II (CPP II, posteriormente denominado Instituto Nise da Silveira), no Engenho de Dentro (RJ). Convidei Jurandir Freire Costa para compor e coordenar uma equipe que tinha como meta iniciar um processo de desconstrução daquele manicômio. Eu tinha claro que deveria ser um processo longo e árduo, de difícil execução, e que precisaria da participação de todos os sujeitos envolvidos na instituição para que pudessem operar o processo de transformação. E é com muita satisfação que podemos anunciar que, após tantos anos, aquela instituição sofreu uma transformação radical, não sendo mais uma instituição manicomial, e que tivemos um papel significativo nessa trajetória. Atualmente é o Parque Municipal Nise da Silveira!

O primeiro ponto da trajetória de desconstrução manicomial, entendíamos, diria respeito a um processo formativo no qual todas as pessoas da instituição seriam convidadas e estimuladas a participar. Era fundamental refletir sobre o trabalho, as relações, o poder, a função de repressão e tutela, a reprodução, mesmo que sem consciência na maior parte das vezes, dos mecanismos institucionais de controle.

Com Jurandir, outros e outras, inclusive Neuza Santos Souza, vivemos momentos profundos de tomada de consciência de nosso papel como gestores de riscos sociais, da miséria, da pobreza humana, da falta de políticas públicas de defesa e promoção de direitos. Nesse contexto também foi realizada uma pesquisa coordenada por Jurandir, na qual tentávamos entender e acolher as pessoas que chegavam à instituição e ali ficavam, internadas ou nos ambulatórios, por anos a fio, sem qualquer perspectiva de cuidado ou mudança. Eram simplesmente pessoas que iam renovar as receitas e "pegar" os benzodiazepínicos prescritos em prontuários em que se escrevia simplesmente "manter a medicação". Foi organizado um grupo de mulheres com "queixas difusas" que tinham muito mais a ver com sua condição de mulheres destratadas, pobres, sem perspectivas e em condições de muita violência. Uma delas nos disse que elas não tinham alta: "quem tem alta aqui são os médicos, quando acabam o estágio ou a residência e vão embora, e a gente fica para o próximo".

Para minha experiência profissional e, acredito, para o processo de reforma psiquiátrica brasileira, essa pesquisa contribuiu com reflexões fundamentais sobre a importância da escuta e do acolhimento e estratégias para a própria construção coletiva das soluções por pares e ajuda mútua, que reorientaram os princípios da saúde mental no nosso país (Costa et al., 1984).

E não seria possível não fazer referência a um texto marcante, impactante, de Jurandir Freire Costa, que, ao ver um interno sendo vestido com uma roupa de mulher, e lhe sendo explicado que ali no hospício tanto fazia uma coisa ou outra, produziu um dos mais potentes trabalhos de crítica ao modelo manicomial e à psiquiatria institucional. O título, em analogia à psiquiatria democrática italiana, já diz boa parte das coisas que precisavam ser ditas naquele momento e que nos ajudaram a reorientar nosso projeto de luta antimanicomial: "Psiquiatria burocrática: duas ou três coisas que sei dela" (Costa, 1991).

Para encerrar, pensando algumas coisas para o presente e o futuro

Estamos vivendo um momento de valorização do tema da saúde mental. Especialmente após os tempos duros da pandemia de covid-19, o tema da saúde mental tomou as mídias, as narrativas pessoais, familiares, acadêmicas. Todos falam da saúde mental (a própria saúde mental, melhorar a saúde mental, cuidar da saúde mental...). E o termo, como significante de uma espécie de valor ideal normativo, ontológico, carrega consigo muitas questões, muito especialmente questões relacionadas à patologização e à medicalização da vida, à gestão da vida pelos pressupostos científicos, à perda de autonomia das pessoas – como já ressaltava Ivan Illich (1976) – e aí por diante. Para ter mais cautela com o furor coletivo de busca da sanidade mental, da idealidade normativa psíquica, de promoção de uma "boa saúde mental", peço licença para sugerir leitura desses textos de Jurandir Freire Costa e Neuza Santos Sousa que utilizei aqui. E para aqueles que já leram, permitam-me sugerir que leiam novamente!

Referências

Basaglia, F. (Org.). (1984). A instituição negada. Graal. (Trabalho original publicado em 1968).

Birman, J., & Costa, J. F. (1994). Organização de instituições para uma psiquiatria comunitária. In P. Amarante (Org.), *Psiquiatria social e reforma psiquiátrica* (pp. 41-72). Fiocruz. (Trabalho original publicado em 1976).

Cerqueira, L. (1984). *Problemas brasileiros de saúde mental.* Atheneu.

Costa, J. F. (1976). *História da psiquiatria no Brasil: um corte ideológico.* Documentário.

Costa, J. F. (1979). *Ordem médica e norma familiar.* Graal.

Costa, J. F. (1980). Saúde mental, produto da educação? *Revista Saúde em Debate, 11*, 59-66.

Costa, J. F. (1983). Da dor ao corpo: a violência do racismo. In N. S. Souza, *Tornar-se negro, ou as vicissitudes da identidade do negro brasileiro em ascensão social* (pp. 1-16). Graal.

Costa, J. F. (1989). Psiquiatria preventiva e representação da doença mental. In *História da psiquiatria no Brasil: um corte ideológico*. 4a ed. rev. e ampl. Xenon. (Trabalho original publicado em 1976).

Costa, J. F. (1991). Psiquiatria burocrática: duas ou três coisas que sei dela. In L. T. de Aragão, C. Calligaris, J. F. Costa, & O. Souza, *Clínica do social: ensaios* (pp. 41-74). Escuta.

Costa, J. F. (2007). *História da psiquiatria no Brasil: um corte ideológico*. 5a ed. Rio Garamond. (Trabalho original publicado em 1976).

Costa, J. F., Bezerra Jr., B., Amarante, P., Adler, E., Souza, N. S., & Helsinguer, L. A. (1984). Algumas reflexões sobre um projeto alternativo de psicoterapia. *Cadernos de Psiquiatria Social, 3*(2), 11-13.

Illich, Ivan (1976). *Nemesis médica: a expropriação da saúde*. Nova Fronteira.

MTST – Movimento dos Trabalhadores em Saúde Mental. (1987). O Manifesto de Bauru. *Jornal do Psicólogo, 7*(21), 4.

2. Psiquiatria e saúde mental

Marco Antonio Alves Brasil

Uma resposta efetiva ao sofrimento que a doença mental causa, bem como o pleno entendimento de suas origens implicam o reconhecimento de que ela tem aspectos biológicos, sociais e culturais que limitam qualquer conjunto único de significados e práticas. A psiquiatria deve procurar entender e cuidar dos sofrimentos psíquicos impostos aos seres humanos, mas não mais do que lhe cabe (Skull, 2015).

Por outro lado, a concepção de saúde mental impõe uma visão mais ampla, biopsicossocial, do fenômeno da doença mental, mas não nega a psiquiatria, pelo contrário, torna mais abrangente o seu campo de ação. Da psiquiatria passa-se a exigir uma organização de assistência sempre mais comunitária e social. Contudo, essa orientação da assistência psiquiátrica não retira do médico psiquiatra sua importância nas ações de saúde mental, como investigador do fato psicopatológico criador, depois de muitas tentativas infelizes (Valenstein, 2010; Burns, 2014), de alguns recursos capazes de restituir ao paciente sua liberdade interior, necessária a um projeto de existência autônomo e adaptado. Suas novas funções, em consonância com os outros elementos da equipe de saúde mental, exigem do psiquiatra responsabilidades acrescidas, com inserção nos problemas gerais de saúde e alargamento das tarefas educativas e de promoção social na comunidade.

Não só as atividades biológicas no cérebro afetam profundamente as emoções e o comportamento, como também as alterações comportamentais, em resposta a situações vivenciais, modificam a função cerebral. Pensamentos e sentimentos não ocorrem sem neurônios e sinapses, mas a relação entre o cérebro e a mente é o mistério fundamental da psiquiatria e fonte de muitos de seus conflitos. Isso não só afeta a psiquiatria, mas tem profundas implicações para toda a medicina (Slavney & McHugh, 2016).

É importante enfatizar e reenfatizar que o campo de conhecimento e de atuação da psiquiatria não deve ser ofuscado e seduzido pelas descobertas das ciências básicas, de forma a não se ter uma postura crítica ou não se levar em conta outras perspectivas válidas e necessárias. Muito da compreensão psicanalítica e psicodinâmica é compatível com a neurociência, sendo um importante complemento às descobertas das ciências básicas, sem o qual a complexidade da doença não pode ser plenamente compreendida.

Em geral, problemas mentais, sociais e comportamentais representam grupos superpostos de problemas que, ampliados pela onda recente de mudanças globais político-econômicas e novas morbidades, interagem, intensificando seus efeitos no comportamento e no bem-estar das pessoas.

Valorizar o contexto social não quer dizer que os problemas sociais são a única ou a mais importante causa dos transtornos mentais. Entretanto, o contexto social não pode ser ignorado. Um transtorno cerebral, como a epilepsia, pode ser o resultado de um cisto causado por um parasita ou pode ser produzida por um traumatismo decorrente de uma guerra civil. Portanto, seja na infestação ou no traumatismo, fatores sociais podem estar presentes, embora não sejam a causa direta da doença. Psiquiatras e outros profissionais de saúde mental não têm, obviamente, o dom especial para evitar guerras ou acabar com a pobreza, mas podem atuar preventivamente, sobretudo no diagnóstico precoce dos transtornos mentais.

Ao se discutir saúde social em um contexto de violência e pobreza, não se deve nem trivializar, nem medicalizar suas origens. Ao contrário, é necessário entender as forças políticas e culturais envolvidas. Deve-se considerar a violência e a pobreza como um problema amplo, com efeitos traumáticos que são tanto coletivos quanto pessoais, e não algo que os profissionais da saúde possam manejar sozinhos.

As questões relacionadas à saúde mental passam por temas centrais de paz, segurança, proteção ao ambiente e direitos humanos, bem como o desenvolvimento de organizações e estruturas nacionais e internacionais efetivas que controlem o colapso social e os conflitos internacionais. Para abordar essas questões efetivamente, a noção de que o trauma está enraizado em indivíduos ou em famílias individuais deve ser ampliada a uma compreensão do impacto coletivo dos danos sociais. Não se trata de negar a importância das diferenças que constituem a personalidade de cada um, mas de ver que toda pessoa, qualquer que seja, não pode ser completamente entendida sem levar em conta o ambiente cultural e social no qual vive, bem como o lugar que a sociedade concede a ela e o valor que ela confere à liberdade e ao direito ao lazer.

Obviamente, nenhum governo pode garantir saúde para cada um dos seus cidadãos. O que os cidadãos podem reivindicar é o direito a um meio ambiente compatível com a saúde e o direito de assistência quando a doença ocorrer. Esse meio ambiente significa ar respirável, água potável, abrigos decentes disponíveis, um lugar onde cada pessoa esteja livre de opressões e seja tratada com respeito e a comunidade providencie assistência de saúde a todos os doentes. Sustentar o direito a um ambiente saudável e a uma assistência decente não assegura um respeito universal a esses direitos. Porém, estabelece um padrão com o qual esses direitos podem ser mensurados e pelo qual todos nós devemos lutar (Burns, 2014; Wilkinson & Pickett, 2010).

As discussões sobre saúde física e mental, bem-estar social, desenvolvimento econômico, segurança internacional e direitos humanos têm seguido caminhos distintos e isolados, quando, na realidade, essas questões estão ligadas indissoluvelmente. É contraprodutivo avaliar programas assistenciais de saúde sem considerar seu impacto na qualidade de vida da comunidade (Almeida Filho, Coelho & Peres,1999; Wilkinson & Pickett, 2010).

A psiquiatria, desde a segunda metade do século XX, vem renunciando a uma abordagem psicossocial mais ampla para uma perspectiva mais estreita de orientação neurocientífica. O foco de interesse passa das questões sociais e seu impacto na saúde mental para desvendar as complexidades do funcionamento cerebral. Esse novo domínio da neurociência, focado no cérebro, pode provocar um isolamento de outras áreas da psiquiatria. É importante que essas pesquisas sobre o cérebro sejam contextualizadas e inseridas no mundo de relações pessoais, familiares e sociais. A escolha de uma identidade médica estreita, que foca exclusivamente em tratamentos e pesquisa biológicos, leva ao empobrecimento da prática. A biologia é uma parte necessária da teoria e da prática da psiquiatria, mas não oferece uma explicação e uma compreensão completas da doença mental e de seu tratamento (Carlat, 2010).

Na assistência psiquiátrica pública, particularmente em nosso país, ainda vivemos o processo da indispensável substituição do modelo hospitalocêntrico pelo comunitário e preventivo. Recursos substitutivos ao modelo asilar – como matriciamento psiquiátrico na atenção primária, unidades psiquiátricas de hospital geral, Centros de Atenção Psicossocial (CAPS) e residências terapêuticas

– devem ser construídos em número suficiente para acolher os remanescentes do regime asilar, pois um externamento indiferenciado e sem planejamento poderá resultar no abandono de pacientes, desamparados na selva das cidades.

Seria contraditório creditar generosamente potenciais terapêuticos a uma sociedade que tem uma atitude de estigmatização e rejeição ao doente mental. É, portanto, fundamental obter a mudança de atitude da comunidade, tornando-a mais receptiva e acolhedora àqueles com transtornos mentais. Para isso, é necessário o esforço educativo por parte da equipe psiquiátrica, do serviço social, dos elementos prestadores de serviços à comunidade, dos indivíduos-chave, líderes naturais, a fim de assegurar a continuidade dos cuidados para prevenção, cura e reabilitação. Não se pode mais manter divisões estritas e artificiais entre o bem-estar físico e mental, mas deve-se oferecer um atendimento integrado a todos os pacientes, especialmente na atenção primária e nas unidades psiquiátricas de hospital geral. Da mesma forma, discussões e planejamentos sobre saúde física e mental, bem-estar social, desenvolvimento econômico, segurança internacional e direitos humanos têm de ser feitos de forma integrada, já que são questões indissoluvelmente ligadas.

A psiquiatria procura manter sua hegemonia ao se posicionar como a liderança natural nas equipes de saúde mental, mas na realidade isso é um vestígio nostálgico do período da psiquiatria asilar. Os psiquiatras hoje convivem em nível profissional com um grupo de profissionais de saúde mental e não podem presumir que são, por direito adquirido, *primus inter pares*. Eles têm que justificar sua liderança, pelo mérito e pela abrangência do seu conhecimento. Essa abrangência exige, além do conhecimento biológico, mesmo para aqueles cuja principal atividade seja a prescrição de medicamentos, um conhecimento e uma qualificação psicoterápicos. Em conferência feita no Colégios de Médicos de Viena, assim disse Freud (1904/1989):

> *Nós, médicos – inclusive todos os senhores –, portanto, praticamos constantemente a psicoterapia, mesmo que não o saibamos nem tenhamos essa intenção; só que constitui uma desvantagem deixar tão completamente entregue aos enfermos o fator psíquico da influência que os senhores exercem sobre eles. Dessa maneira, ele se torna incontrolável, impossível de dosar ou de intensificar. Assim, não é lícito o médico dominar esse fator, servir-se dele intencionalmente, norteá-lo e reforçá-lo? É isso, e nada mais do que isso, o que a psicoterapia científica lhes propõe. (p. 248, tradução nossa)*

No plano biológico, apesar dos grandes avanços obtidos na segunda metade do século XX, especialmente nas décadas de 1950 e 1960, a psiquiatria tem progredido muito lentamente, resultando na suspensão do desenvolvimento de novos psicofármacos. A saída da indústria farmacêutica da pesquisa de novas drogas é um sintoma dessa paralisação e, ao mesmo tempo, um impedimento para o progresso terapêutico em psiquiatria. Essa paralisação de mais de meio século de avanços terapêuticos farmacológicos reais é decorrente, sobretudo, da enorme dificuldade de se estudar transtornos mentais de etiologia multifatorial e poligênica. Outros obstáculos têm também limitado esses avanços. Isso inclui um sistema diagnóstico que tem dificultado palpavelmente a ciência clínica e translacional e paradigmas de pesquisa ainda embasados em descobertas farmacológicas realizadas nos anos 1950, que não conseguiram nenhum conhecimento mais profundo da fisiopatologia dos transtornos mentais.

Apesar disso, devemos manter a esperança de que novas tecnologias, incluindo estudos genéticos de larga escala; o novo campo da epigenética que tenta entender como a natureza e o meio ambiente estão interligados, etiológica e clinicamente; o desenvolvimento das tecnologias de células-tronco, com todas suas implicações para o estudo dos transtornos mentais; e os avanços na compreensão de circuitos neurais, possam tirar a psiquiatria desse atual impasse (Hyman, 2014).

Entre as especialidades médicas, é provável que a psiquiatria seja a mais primitiva cientificamente (Carlat, 2011). Há ainda uma compreensão rudimentar da fisiopatologia das doenças mentais e seu tratamento se baseia ainda em teorias tênues e mutantes. No entanto, embora isso seja verdade, não significa que os psicofármacos, bem como outros tratamentos biológicos, não sejam efetivos, apenas que os psiquiatras devem renunciar a vender uma imagem de serem possuidores de um sofisticado conhecimento neuroquímico no exercício da sua prática clínica (Paris, 2008, 2023).

Shorter (2021) afirma que tanto o diagnóstico quanto a terapêutica psiquiátricos não têm uma base científica. Para Joel Paris (2023),

> *nós sofremos de uma ausência de uma teoria válida e somos forçados a visar aos sintomas, em vez da doença mental como um todo. E isso cria uma incerteza que pode ser difícil de ser aceita. Essa falta de conhecimento abre as portas para modismos e falácias. (p. ix, tradução nossa)*

A psiquiatria, hoje, é capaz de atuar nos graves transtornos mentais, salvando vidas, e devolver a milhões de pessoas sua paz interior e sua capacidade funcional; ela, no entanto, ao estender as fronteiras do seu campo de atuação, passa muitas vezes a diagnosticar transtornos de validade científica questionável, priorizando e acreditando em soluções médicas para problemas de vida, às vezes simples reações emocionais ou traços de personalidade, orientada e embasada por informações dadas por "líderes de opinião", sendo que muitos desses líderes se permitem ser marionetes pagas pela indústria farmacêutica (Carlat, 2010).

As tensões, as dificuldades e a violência da vida social tornam-se "estresses", "traumatismos", levando a "ansiedades" e "depressões". Assim, o profissional de saúde mental passa a ser considerado o único capaz de trazer o alívio esperado, caracterizando o processo da "medicalização", pelo qual esses sofrimentos passam a ser definidos e tratados como problemas médicos, frequentemente em termos de doenças ou transtornos (Conrad, 2007). Essa medicalização não é recente. Frank Berger, que introduziu o meprobamato em meados de 1950, a primeira droga "blockbuster" na psiquiatria, assim comentou sobre a clientela que encontrou, nessa época, na clínica psiquiátrica da Universidade de Louisville:

> *Meu sentimento era que muitas pessoas que eu via não tinham realmente um transtorno psiquiátrico. Elas eram pessoas, em minha opinião, com problemas de vida, que não se entendiam com seus parceiros, não conviviam bem com seus filhos, não conviviam bem com seus chefes, e não tinham sido educadas, preparadas, para lidar com todas essas crises da vida. Assim, elas ficavam estressadas, descontroladas, e tinham que ver um médico e o médico não sabia o que fazer. E assim, ele as nomeava com um dos nomes psiquiátricos. (citado por Shorter, 2021 p. 14, tradução nossa)*

Um tipo de medicalização que vem sendo denominado *disease mongering*, traduzido como "promoção da doença" ou "fabricação de novos doentes", é o processo de extensão das fronteiras que definem a doença mental, com o propósito de ampliação do mercado para aqueles que vendem tratamentos. Embora a análise do *disease mongering* tenha focado mais amplamente no marketing da indústria farmacêutica e no promíscuo relacionamento entre profissionais e essa indústria, o fenômeno é mais amplo e profundo do que apenas uma crítica à propaganda de fármacos. A maior preocupação é a transformação, cada vez maior, das adversidades comuns da vida em sinais e sintomas de condições tratáveis, produzindo muitas doenças iatrogênicas, consumindo muitos recursos e, fundamentalmente, mudando o que significa ser humano (Jamoulle & Gomes, 2014; Moynihan, 2012).

O problema geral do normal e do patológico pode, sob o ponto de vista médico, especificar-se como problema nosológico. Isso torna importante a análise da questão do normal e patológico a partir de um outro par antitético: saúde e doença, pois sem a doença como contraste, a saúde seria evidente e inquestionável. A medicina existe, antes de tudo, porque os homens se sentem doentes (Canguilhem, 1943/1978).

É uma tendência humana pensar em termos de opostos polares: frio e quente, noite e dia, causa e efeito, assim como normal e patológico, doente e são, físico e mental, consciente e inconsciente. Pensar dessa maneira faz as questões complicadas parecerem simples. Mas a realidade não é assim. Em carta escrita ao seu amigo David Bohm, disse Albert Einstein em 1954: "Se Deus criou o mundo, sua maior preocupação certamente não era facilitar nossa compreensão dele. Vejo isso com clareza há 50 anos" (History Channel Brasil, 2017).

Em psiquiatria, já afirmava A. Lewis (1979), mais do que em qualquer outro ramo da medicina, é difícil delimitar o que é mórbido e o que é saudável. Há muita diversidade entre os critérios usados em psiquiatria referentes às fronteiras da normalidade. Há uma diversidade semelhante na determinação do que é necessário para enquadrar uma doença em um dos tipos ideais de reação, síndrome, padrão, entidade ou o que mais venha a ser denominado. Essa dificuldade está no próprio conceito de saúde, sujeito à conjuntura social, econômica, política e cultural. Isto é, a saúde não é a mesma coisa para todas as pessoas. Dependerá da época, do lugar, da classe social, dos valores individuais, das concepções científicas, religiosas e filosóficas (Scliar, 2007).

Muitas discussões sobre saúde mental são baseadas na prática psiquiátrica. Não há, no entanto, uma definição sem controvérsia sobre o que venha a ser saúde mental. Não há um "DSM da saúde". Isso é porque o que significa ser saudável não está em primeiro plano da filosofia da psiquiatria. No entanto, a definição de saúde mental é de importância prática e filosófica. Sob o aspecto prático, se a saúde mental é um estado de bem-estar, os esforços para promovê-la irão provavelmente adotar diferentes medidas de desfecho e métodos de manejo, com níveis de confiança distintos daqueles investidos nas abordagens psiquiátricas tradicionais. Do lado filosófico, é crítico iniciar um diálogo que, embora implícito na história da filosofia, ainda deve acontecer de forma explicita: a saúde mental é idêntica ao bem-estar, um dos seus constituintes ou precondição para ele (Wren-Lewis & Alexandrova, 2021)?

O termo saúde mental vem sendo utilizado com frequência como designação de serviços da saúde e está presente em legislações ou políticas governamentais, em artigos científicos e nos meios de comunicação. Falamos de reduzir o estigma, de estabelecer paridade entre saúde física e mental, havendo um reconhecimento do seu valor na vida humana. No entanto, não é claro o que saúde mental significa, apesar de todos os esforços de definição, nem se há um conceito único subjacente. Algumas vezes, as iniciativas em nome da saúde mental têm como objetivo apenas reduzir a doença mental, de forma a implicitamente identificar a saúde mental como a ausência de um diagnóstico psiquiátrico. De forma mais ambiciosa, há propostas para se adotar uma definição positiva, identificando saúde mental com um bem-estar psíquico ou mesmo geral (Alcântara, Vieira & Alves, 2014; Wren-Lewis & Alexandrova, 2021).

A saúde mental e a ausência de doença mental, embora relacionadas, não são sinônimos. Um indivíduo pode sofrer de uma doença mental, mas pode se destacar em um ou mais dos domínios da saúde mental. Por exemplo, indivíduos com transtorno do espectro autista pode apresentar hipermnésia, hiperlexia e hipercalculia (Etchepareborda et al., 2007, citados por Fusar-Poli et al., 2020). Algumas pessoas com depressão podem desenvolver atividades bastante criativas, como Ludwig von Beethoven, Sylvia Plath e Ernest Hemingway (Yalom, 1980/2020). Por outro lado, pessoas que não sofrem de qualquer doença mental não necessariamente têm uma boa saúde mental e a performance em diferentes domínios de saúde mental é muito variável. Além disso, certo grau de desconforto mental (por exemplo, traços leves de ansiedade e depressão) pode ser útil para o desenvolvimento pessoal ou o desenvolvimento de estratégias adaptativas de sobrevivência, bem como não há uma fronteira nítida entre o bem-estar psicológico em indivíduos com uma doença mental bem compensada e o bem-estar psicológico em indivíduos saudáveis que estão sob estresse (Fusar-Poli et al., 2020; Yalom, 1980/2020).

Os conceitos de saúde mental e promoção de saúde mental têm sido, às vezes, usados indistintamente. Fusar-Poli et al. (2020) propõem o uso do termo saúde mental para definir domínios positivos ou alvos relacionados, enquanto a promoção de saúde mental seria reservada para estratégias que podem ser adotadas para aumentar a percepção, a qualidade e o controle da saúde mental. O objetivo da promoção de saúde mental é, portanto, aumentar o estado de bem-estar e de resiliência ao longo de todo o ciclo da vida, com uma interseção com o fortalecimento dos fatores que protegem contra o desenvolvimento de transtornos mentais (Fusar-Poli et al., 2020; WHO, 2004).

Algumas pessoas têm um risco aumentado de desenvolver certos transtornos mentais como consequência de um atributo, característica ou exposição. Embora a ausência desses fatores de risco seja importante para a saúde mental, não é suficiente para definir saúde mental. Por exemplo, a ausência de abuso na infância é importante, já que o trauma infantil é um fator de risco para doença mental, mas não é suficiente para definir uma boa saúde mental (Fusar-Poli et al., 2020).

A prevenção de doenças mentais e estratégias de enfrentamento podem se superpor, mas ao mesmo tempo se diferem. A Organização Mundial de Saúde (OMS) define promoção de saúde como "o processo de capacitar as pessoas para aumentar o controle e melhorar suas saúdes" (WHO, 1986). De modo semelhante, a promoção de saúde pode ser definida como o aprimoramento da capacidade de indivíduos, famílias, grupos ou comunidades de fortalecer e dar suporte para experiências positivas emocionais, cognitivas e relacionadas (Hodgson, Abbasi & Clarkson, 1996). Assim, é essencial promover valores de saúde mental e melhorar as estratégias de enfrentamento nos indivíduos, em vez de apenas obter a melhora de sintomas e déficits (Fusar-Poli et al., 2020; WHO, 2004).

Uma das mais citadas definições de saúde mental foi feita pela OMS, que a define como "um estado de bem-estar no qual cada indivíduo realiza seu próprio potencial, pode lidar com os estresses normais da vida, pode trabalhar produtivamente e frutiferamente, e é capaz de fazer uma contribuição para sua comunidade" (WHO, 2004). Nessa definição, não é suficiente estar livre de um transtorno mental; é necessário que a pessoa esteja suficientemente bem para progredir e florescer na sua comunidade. A saúde mental existe em um continuum complexo, o qual é vivenciado diferentemente de uma pessoa a outra, com vários graus de dificuldade e estresse e diferentes potenciais desfechos sociais e clínicos. No entanto, há uma imensa demanda para que o indivíduo realize seu pleno potencial, bem como trabalhe produtivamente e contribua para sua comunidade.

Não muitas pessoas podem atender a tais níveis de exigência. Não é claro exatamente até que nível de exigência a definição endossa, mas, lida literalmente, é muito alto. Muitas pessoas que aparentemente têm um bom funcionamento provavelmente não cumpririam essas exigências. Além disso, é uma exigência explícita que os indivíduos alcancem esses padrões, e não apenas que eles sintam que o tenham. Isso exige um funcionamento em harmonia com o que se considera hoje estresse normal, trabalho produtivo e contribuição para a sociedade. O *ethos* dessa definição é que não se deve ser um fardo para sua própria comunidade, é preciso ser capaz de se recuperar de problemas que lhe aconteçam e, particularmente, estar ativo na cadeia produtiva (Wren-Lewis & Alexandrova, 2021).

Assim, se a definição de saúde mental como mera ausência de doença é muito restrita e estreitamente ligada a um julgamento psiquiátrico, a definição como bem-estar pode ser muito exigente e potencialmente opressiva. Uma proposta intermediária é feita por Wren-Lewis e Alexandrova (2021), na qual a saúde mental é um bem primário, isto é, são as precondições psicológicas para perseguir uma concepção de uma boa vida, incluindo bem-estar, sem ser identificada como bem-estar.

Almeida Filho, Coelho e Peres (1999) oferecem um conceito ampliado de saúde mental como uma expressão de "saúde social". Nessa perspectiva, a saúde mental poderia ser vista por duas vertentes: como situação de "salubridade psicossocial" e como superação dos limites da normalidade. No que se refere ao planejamento na área da saúde mental, observam aqueles autores que não se deve confundir programas ou atividades de assistência psiquiátrica ou de prevenção de transtornos mentais com ações de promoção da saúde mental. Reforçam a importância da conceituação positiva de "saúde mental", em todos os seus níveis, instâncias e dimensões, ou seja, desde a normalidade no nível subindividual, passando pelo estado de saúde mental no nível individual (configurando uma "síndrome de bem-estar") e chegando a um conceito ampliado de saúde mental como expressão de saúde social. Assim, a compreensão da experiência da enfermidade mental iria da patologia neuropsiquiátrica, daí ao tratamento da doença e à prevenção dos riscos, e finalmente para a promoção da saúde.

Dessa forma, o conceito de "saúde" passa a ter uma perspectiva transdisciplinar, ampliando-se para além dos programas de assistência. A saúde mental significaria, para esses autores, um "socius saudável", por meio de práticas trans-setoriais, oferecendo uma qualidade de vida com satisfação no trabalho, vida cotidiana significativa, participação social, lazer, qualidade das redes sociais e equidade (Almeida Filho, Coelho & Peres, 1999).

A psiquiatria está no meio de uma crise e não está claro se a profissão irá sobreviver a essa crise intacta (Carlat, 2010). Seu futuro é incerto. Só o tempo dirá como a psiquiatria irá evoluir. Ela se juntará à neurologia, ou mesmo será fagocitada por esta? Ela ficará limitada às minúcias do funcionamento cerebral, deixando o mundo das emoções e das relações humanas para a psicologia, a enfermagem e o serviço social? Ou, dentro de uma visão otimista e de esperança, assumirá um lugar de destaque entre as especialidades médicas, como a única capaz de integrar o biológico, o psicológico, o social e o cultural, procurando interpretar as vivências e os significados dos sofrimentos de seus pacientes (Block, Green & Holmes, 2014)?

Por outro lado, só haverá um real progresso em saúde mental, como um conceito amplo e abrangente, com justiça social, em um mundo mais justo, com iguais oportunidade de educação e trabalho, e com os mesmos direitos e deveres para todos, independentemente de cor, raça, sexo, classe social e econômica, orientação política, religiosa e sexual. É inconcebível querer abordar ou resolver as questões decorrentes do sofrimento humano sem colocá-las em todos os níveis e dentro de seus contextos socioculturais.

"Por mais que se decrete o fim das utopias e a crise dos valores, não se pode escapar: o conceito de saúde mental vincula-se a uma pauta emancipatória do sujeito, de natureza inapelavelmente política" (Almeida Filho, Coelho & Peres, 1999, p. 125). Algo impossível? Lembremos de Mário Quintana (1951):

Das utopias:

Se as coisas são inatingíveis... ora!

Não é motivo para não querê-las...

Que tristes os caminhos, se não fora

A presença distante das estrelas!

Referências

Alcântara, V. P., Vieira, C. A. L., & Alves, S. V. (2022). Perspectivas acerca do conceito de saúde mental: análise das produções científicas brasileiras. *Ciência & Saúde Coletiva*, 27(1), 351-361.

Almeida Filho, N., Coelho, M. T. A., & Peres, M. F. T. (1999). O conceito de saúde mental. *Revista USP*, 43, 100-125.

Block, S., Green, S. A., & Holmes, J. (Eds.). (2014). *Psychiatry: Past, Present, and Prospect*. Oxford University Press.

Burns, T. (2014). *Our necessary shadow: the nature and meaning of psychiatry*. Penguin Books.

Canguilhem, G. (1978). *O normal e o patológico*. Forense Universitária. (Trabalho original publicado em 1943).

Carlat, D. J. (2010). *Unhinged: The trouble with psychiatry – A doctor's revelations about a profession in crisis*. Free Press.

Carlat, D. (2011, 18 ago.). "The Illusions of Psychiatry": An Exchange. John Oldham, Daniel Carlat, Richard Friedman, and Andrew Nierenberg, reply by Marcia Angel. *The New York Review*.

Conrad, P. (2007). *The medicalization of society: on the transformation of human conditions into treatable disorders*. Johns Hopkins University Press.

Freud, S. (1986). Sobre psicoterapia. In S. Freud, *Obras completas* (Vol. II). Amorrortu. (Trabalho original publicado em 1904).

Fusar-Poli, P., Pablo, G. S. de, De Micheli, A., Nieman, D. H., Correll, C. U., Kessing, L. V., Pfennig, A., Bechdolf, A., Borgwardt, S., Arango, C., & Van Amelsvoorts, T. (2020). What is good mental health? A scoping review. *European Neuropsychopharmacology*, *31*, 33-46.

History Channel Brasil. (2017, 7 jul.). O que Einstein pensava sobre Deus? *Canal History*.

Hodgson, R., Abbasi, T., & Clarkson, J. (1996). Effective mental health promotion: a literature review. *Health Education Journal*, *55*(1), 55-74.

Hyman, S. E. (2014). Psychiatry and neuroscience. In S. Block, S. A. Green, & J. Holmes, J. (Eds.), *Psychiatry: Past, Present, and Prospect* (pp. 1-21). Oxford University Press.

Jamoulle, M., & Gomes, L. F. (2014). Prevenção quaternária e limites em medicina. *Revista Brasileira de Medicina de Família e Comunidade*, *9*(31), 186-191.

Lewis, A. (1979). *The later papers of Sir Aubrey*. Oxford University Press.

Moynihan., R. (2012). Disease-mongering. *Politics of Medicines Encyclopaedia*. Recuperado de: https://haiweb.org/encyclopaedia/disease-mongering/.

Paris, J. (2008). *Prescriptions for the Mind: A Critical View of Contemporary Psychiatry*. Oxford University Press.

Paris, J. (2023). *Fads and fallacies in psychiatry*. 2nd ed. Cambridge University Press.

Quintana, M. (1951). *Espelho Mágico*. Globo.

Scliar, M. (2007). A história do conceito de saúde. *Physis: Revista de Saúde Coletiva, 17*(1), 29-41.

Shorter, E. (2021). *The Rise and Fall of the Age of Psychopharmacology*. Oxford University Press.

Skull, A. (2015). *Madness in Civilization: A Cultural History of Insanity*. Princeton University Press.

Slavney, P. R., & McHugh P. R. (2016). *Psychiatric polarities, methodology and practice*. John Hopkins Press.

Valenstein, E. S. (2010). *Great and Desperate Cures: The Rise and Decline of Psychosurgery and Other Radical Treatments for Mental Illness*. CreateSpace Independent Publishing.

Wilkinson, R., & Pickett, K. (2010). *The Spirit Level: Why Equality is Better for Everyone*. Penguin Books.

WHO – World Health Organization. (1986). Ottawa charter for health promotion. *Canadian Journal of Public Health, 77*, 425-430.

WHO – World Health Organization. (2004). *Promoting Mental Health: Concepts, Emerging Evidence, Practice (Summary Report)*. WHO.

Wren-Lewis, S., & Alexandrova, A. (2021). Mental Health Without Well-being. *The Journal of Medicine and Philosophy*, *46*, 684-703.

Yalom, I. D. (2020). *Existential Psychotherapy*. Basic Books. (Trabalho original publicado em 1980).

3. Jurandir Freire Costa e a psiquiatria

Maria Tavares Cavalcanti

Nos meus já quase quarenta anos de psiquiatria, sempre tive muito mais incertezas do que certezas. E o pior (ou será o melhor?) é que, à medida que os anos foram se passando, as poucas certezas foram se tornando cada vez mais evanescentes...

Para quem trabalha nesse campo não apenas recebendo pessoas que vem em busca de um cuidado, uma resposta, um alívio, uma interlocução, um testemunho, mas também formando outras pessoas que, como eu, desejam fazer das suas vidas um lugar de algum repouso para homens e mulheres, jovens, crianças, idosos, famílias inteiras, muitas vezes alquebradas pelo sofrimento de vivências que as atravessam e que não conseguem explicar, lidar, conviver, seguir experenciando, vocês podem imaginar a angústia que é não ter muito onde se agarrar nesse mar por vezes tão tortuoso. Por isso figuras como Jurandir Freire Costa são tão importantes e fundamentais. E veremos o porquê nestas poucas linhas que se seguirão.

Valéria começou a ouvir gritos dentro da sua cabeça aos 13 anos. Aos 17 já eram muitas vozes. Foi internada na psiquiatria. Saiu tomando altas doses de antipsicóticos e mesmo assim as vozes não cessaram. Antes da internação era uma menina que estudava, frequentava o ensino médio (chegou a se formar), se arrumava, ajudava em casa e saía com as amigas. Agora passa o dia deitada na cama, olhando para o teto ou para a televisão sem prestar nenhuma atenção naquilo que as imagens e os sons evocam. E ainda recebeu um diagnóstico: esquizofrenia. O pai desconfia que tem algo muito errado e começa a diminuir a medicação por conta própria. Mesmo assim procura a Clínica da Família para se aconselhar. Traz Valéria com ele. A moça pouco fala. Tem o corpo rígido, os movimentos lentos, parece ter dificuldade de articular seus pensamentos. Diz que as vozes continuam falando com ela, mas já não a assustam tanto. O pior é a sensação de inutilidade, a falta de perspectiva, a ausência de vontade para o que quer que seja. O médico concorda com o pai – vamos seguir diminuindo a medicação e tentar um espaço onde Valéria possa ser ouvida. Do pouco que conseguimos que fale, ela nos diz das brigas em casa, de dois irmãos que foram presos, um dos quais também toma medicação psiquiátrica, dos desentendimentos entre o pai e a mãe e de uma história de agressões sofridas na infância.

Ezequiel é uma criança de seus 11 anos. Esperto. A mãe acha que seu filho é autista. "Não para quieto, só come alguns poucos alimentos, não brinca com outras crianças. A escola vive reclamando dele." A impressão da equipe que os acolhe é outra bem diferente. Ezequiel desenha, responde o que lhe é perguntado, lê, escreve, interage com as pessoas na sala. Começa um caminho difícil com essa mãe. Ela deseja um laudo de autismo para o menino. "Ele não é um menino normal. Eu sou mãe. Eu sei." Esse laudo lhe proporcionará um benefício e mediação na escola, além de dar um nome e uma explicação para as dificuldades que enfrenta ao criar o filho completamente sozinha, sem nenhuma renda e numa moradia precária.

No primeiro caso, um diagnóstico é dado. No segundo, é negado. Mas em ambas as situações o desconforto se instala. O que isso significa?

Façamos um retorno na história para um outro período, estudado por Jurandir Freire Costa, que pode nos iluminar quanto àquilo que a sociedade demanda da psiquiatria ou ao que os psiquiatras se arvoram a oferecer. Para tal, uma pergunta permanece sempre viva: qual é o objeto da psiquiatria?

Que a psiquiatria é uma disciplina completamente imiscuída no meio sociocultural em que se insere, penso que ninguém há de ter dúvidas em pleno século XXI. Basta uma olhada superficial nas principais classificações em que hoje a psiquiatria se baseia, DSM-5 e CID 10 (a caminho da CID 11), para vermos que em muitos critérios a questão da "perda da funcionalidade" aparece como um aspecto importante para que o diagnóstico possa ser dado. Funcionalidade é algo completamente dependente da sociedade em que nos encontramos.

Isso não é novo. Para o bem e para o mal, a psiquiatria aparece sempre como uma espécie de "balizador" do que seria desejável ou não para uma determinada sociedade.

Em sua dissertação de mestrado defendida na França em 1974, na École Pratique des Hautes Études, Jurandir Freire Costa nos apresenta uma *História da psiquiatria no Brasil: um corte ideológico*. Seu trabalho foi publicado no Brasil em várias edições, sendo a primeira de 1976. A que trabalharemos aqui é a quinta edição, de 2007, publicada pela Garamond. No prefácio a essa quinta edição, Costa aponta que entre as razões para republicar essa obra está o fato de que

> *as chamadas "ideias científicas" no domínio da psicologia, psiquiatria e disciplinas afins são estreitamente*

> *dependentes do contexto cultural que as legitima. Teses sobre a "normalidade" ou "anormalidade" da vida mental são indissociáveis das visões de mundo às quais se articulam e que lhes dão plausibilidade. (p. 7)*

Isso se opõe a uma visão cientificista, definida por Costa como:

> *a atitude intelectual dos que tentam mimetizar os princípios e métodos das ciências físico-químicas, postulando a existência de uma "natureza humana intrínseca", capaz, por si mesma, de confirmar ou negar as afirmações que fazemos sobre ela. (p. 8)*

Ao estudar os textos dos arquivos brasileiros de higiene mental, publicados entre 1928 e 1934, Costa demonstra o quanto

> *os psiquiatras da Liga Brasileira de Higiene Mental comportavam-se como "cientificistas" da mente. E por se comportarem desta maneira deixaram-se levar por uma das mais nocivas aspirações do imaginário psiquiátrico, a da* prevenção eugênica *das doenças mentais. Convictos de que a ciência é neutra quanto a valores morais, terminaram por coonestar parte do ideário nazista, que definia sujeitos portadores de transtornos psíquicos como seres humanos "degenerados". (pp. 8-9)*

Hoje, talvez estejamos mais atentas e atentos a esses riscos, mas vale lembrar que a homossexualidade só saiu dos tratados psiquiátricos como doença em 1990, e até muito pouco tempo a transgeneridade tinha que ser acompanhada por psiquiatras a fim de referendar sua "veracidade".

Uma outra razão apontada por Costa para a republicação do livro é a razão ética.

> *Afirmar que as diversas descrições de nossa vida mental são constatativas e prescritivas não é o mesmo que resvalar para o relativismo, para o subjetivismo ou para o irracionalismo. Ao contrário, estar atento à filiação cultural dos saberes empíricos sobre o sujeito significa, justamente, apoiar-se no pilar invariável e irrevogável do respeito à vida, à liberdade e à integridade físico-moral do indivíduo. (p. 9)*

Quando diagnosticamos um transtorno mental, uma depressão, uma fobia, um transtorno esquizofrênico etc. e consideramos que são estados indesejáveis, é porque aprendemos "formas de pensar, agir e sentir sustentadas na hierarquia simbólica que determina quais desempenhos psicológicos devem ser apreciados ou rejeitados" (p. 11).

Se deixamos de lado a referência histórico-cultural e a noção de poder presentes no campo da psiquiatria, o risco de nos deixarmos levar por preconceitos camuflados de "ciência" é enorme. O estudo de Costa sobre os escritos da Liga Brasileira de Higiene Mental demonstra de forma cabal esse risco. Em uma sociedade que estava se constituindo enquanto tal,

> *a necessidade fundamental dos psiquiatras era a de modificar a realidade brasileira com a qual não estavam de acordo. A prevenção foi nada mais nada menos que a adaptação da Psiquiatria a seus interesses privados. Os psiquiatras acreditavam que o Brasil degradava-se moral e socialmente por causa dos vícios, da ociosidade, da miscigenação racial do povo brasileiro.*

> *A prevenção eugênica apareceu-lhes como o instrumento mais rápido e eficaz para sanear essa situação. Desde então a coerência científica pouco importava. Qualquer teoria poderia justificar a prevenção, pois os psiquiatras encarregavam-se de fazer coincidir a realidade com a representação científica que queriam que tivesse. Assim, o alcoolismo tornou-se a causa da pobreza e decadência moral, porque era encontrado nas camadas mais pobres da sociedade. A sífilis tornou-se atributo do patrimônio genético dos negros, por ser mais generalizada entre eles. A miscigenação racial tornou-se a causa da desorganização política e social, porque a população brasileira era miscigenada. (pp. 21-22)*

Isso tudo parece muito distante de nós? Voltemos ao Rio de Janeiro de 2023, Clínica da Família, mesmo cenário com que iniciamos este texto.

A escola pede um laudo psiquiátrico para o garoto que não fica quieto na sala de aula. A mãe não sabe mais o que fazer. Tem que trabalhar para colocar comida em casa, acorda às 4 da manhã, tendo chegado em casa na véspera às 19 horas para cozinhar, arrumar minimamente a casa, colocar as crianças para tomar banho, jantar e dormir. Durante o dia deixa os meninos menores com os mais velhos, mas não tem como controlar o que se passa. Por sua vez, na escola, a professora tem que dar conta de trinta crianças na sala, em diferentes níveis de aprendizado, em um pós-pandemia, cujas consequências estamos ainda vivendo intensamente. A psiquiatra percorre em poucos minutos todo o arsenal psiquiátrico aprendido e apreendido em seus quase quarenta anos de profissão e se pergunta: será que se trata de um problema psiquiátrico? Um diagnóstico para o menino resolverá o problema? No entanto, todos os dias recebemos esses pedidos de laudos psiquiátricos para crianças que estão com dificuldades na escola.

Qual o papel da psiquiatria diante desse tipo de situação e demanda? E por que esse tipo de situação vem parar na psiquiatria? Transtorno do déficit de atenção e hiperatividade, transtorno opositor desafiador? São diagnósticos que cabem em situações como essas? Sim, há que se examinar o menino, conversar com ele, conversar com a mãe, descartar situações de déficit cognitivo ou outras deficiências, mas na grande maioria dos casos o que encontramos são situações de vida tão difíceis que a criança é apenas mais um elemento dentro da enorme engrenagem de insuficiências e dificuldades que se relacionam muito mais com o contexto socioeconômico, político e cultural da nossa sociedade extremamente desigual e injusta.

Para fazer uma ponte entre esses questionamentos em 2023 e a discussão travada por Costa (1976/2007) em seu estudo sobre a Liga Brasileira de Higiene Mental de um século atrás, eu diria que na Liga os psiquiatras tentavam informar o poder público e sobretudo os políticos sobre a necessidade de prevenção das doenças mentais, uma vez que acreditavam piamente no caráter hereditário delas e na superioridade da raça branca, defendendo que a linha de transmissão deveria ser interrompida se quiséssemos construir uma nação sã – "a eugenia encarregava-se da profilaxia das doenças mentais e a miscigenação, da profilaxia da raça" (p. 58). Mesmo a miscigenação para a "melhoria" da raça foi posteriormente questionada, na medida em que se fortaleciam os ideais eugênicos.

> *Com efeito, para os eugenistas, o indivíduo doente ou sadio era referido, preferencialmente, a sua matriz biológica e não à sua matriz psíquica ou cultural. A pessoa humana, na ética eugênica, devia ser considerada, exclusivamente, como uma entidade zoológica que nasce,*

> *cresce, multiplica-se e morre. O homem era um animal e por isso mesmo não deveria beneficiar-se de nenhuma medida que o ajudasse a escapar das leis naturais de sua espécie. Seu valor era dado única e exclusivamente em função de sua atuação biológica. Os mais fortes deveriam sobreviver; os mais fracos, desaparecer. A tarefa primordial do eugenista consistia em evitar os desvios desta evolução natural da espécie, provocados pelas ações culturais de certos indivíduos ou grupos sociais. (pp. 62-63)*

Quando a sociedade de uma forma geral e a escola, a família, outros profissionais de saúde e até mesmo psiquiatras consideram que o comportamento do menino pode e deve ser explicado por algum transtorno mental para o qual haja um medicamento eficaz, que o acalme e o adeque às normas, a fim de que ele conviva na sociedade sem causar maiores dificuldades, o que está por trás senão a crença de que há algo em seu funcionamento cerebral que pode ser corrigido por meio de uma molécula química, que restaurará sua "normalidade"? Muitas vezes o pedido de socorro por parte das famílias e das escolas advém de um desespero mesmo, de um não saber mais o que fazer. No entanto, a expectativa de resposta diante de uma consulta psiquiátrica ou médica de forma geral é a princípio um diagnóstico e um medicamento. Quando isso não acontece, a frustração é geral...

O argumento no início do século XXI não é mais o da eugenia (embora tenhamos passado bem perto disso nos tempos de trevas em que estivemos mergulhados nos últimos quatro anos), mas pode muito bem ser o do funcionamento cerebral atrapalhado, disfuncional, o da determinação genética, o da falta de uma determinada substância etc. Precisamos estar muito atentas e atentos para não escorregarmos nas respostas aparentemente mais fáceis.

Fico sempre muito ressabiada com uma psiquiatria que tem mais respostas do que perguntas... Uma psiquiatria que não corre riscos é uma psiquiatria medíocre, diria João Ferreira da Silva Filho, outro grande psiquiatra, contemporâneo de Jurandir.

Portanto, há que se pensar uma outra psiquiatria, uma que não trabalhe sozinha e que desconfie sempre de si mesma. Nos aproximamos dessa "outra" psiquiatria ou de uma psiquiatria possível na apresentação que Jurandir faz do livro *Clínica da psicose: um projeto na rede pública*, de Jairo Goldberg. Estamos dentro do contexto da reforma psiquiátrica brasileira. Aqui, parte dos psiquiatras brasileiros, acompanhados de muitos outros profissionais da saúde, bem como familiares e usuários, se empenhou para que uma transformação efetiva acontecesse no cenário da assistência psiquiátrica no Brasil. O livro retrata a experiência pioneira do Centro de Atenção Psicossocial (CAPS) Prof. Luís da Rocha Cerqueira, na rua Itapeva, em São Paulo, o primeiro CAPS do Brasil, dirigido pelo psiquiatra Jairo Goldberg. Costa (1996) então nos fala, na apresentação do livro, dessa nova maneira de fazer e de pensar a psiquiatria – "a experiência do CAPS parece seguir a recomendação metodológica de Popper: lidamos com problemas e não com 'matérias' que pertençam, de fato ou de direito, a certas disciplinas" (p. 10).

Centrado na questão do paciente psicótico – "em psiquiatria, o problema importante é o do sujeito culturalmente reconhecido como psicótico" (p. 11) –, Costa desconstrói as ideias de uma verdade única para os saberes psiquiátricos, demonstrando o quanto a disputa entre uma organogênese, uma psicogênese ou uma sociogênese das psicoses, bem como a busca de uma forma mais verdadeira de tratá-la, é irrelevante ou não faz sentido. O que importa aqui não é a natureza última ou a verdade sobre o fenômeno psicótico, mas "o que e como fazer diante de um sujeito que apresenta impasses que vão desde o desemprego até os conflitos típicos das ações intencionais, que o levam a ser diagnosticado como psicótico" (p. 11)

Costa ainda sugere que essa psiquiatria presente nos dispositivos da reforma psiquiátrica nos inspira uma forma de agir na qual:

> *Onde encontrar contradição na teoria, redescreva o problema. Onde encontrar contradição na prática, experimente novos modos de agir. Experimente seguir outras regras de ação, definindo o problema a partir de outras crenças. Ao cabo dessa ação, se o sentimento de impossibilidade permanecer, retome o procedimento. Mais cedo ou mais tarde o enigma será visto de um prisma onde algo de interessante e humanamente útil poderá ser feito. (p. 12)*

Trata-se, portanto, de "uma psiquiatria voltada para o respeito do homem" (p. 17).

Quase trinta anos depois, em abril de 2023, reencontramos Jurandir Freire Costa pensando "Uma psiquiatria do nosso tempo" em conferência proferida no Instituto de Psiquiatria da Universidade Federal do Rio de Janeiro (UFRJ), quando da posse do professor Pedro Gabriel Godinho Delgado na direção desta instituição. "Uma psiquiatria de nosso tempo é uma psiquiatria que pense a renovação de si mesma. É difícil pensar em uma psiquiatria do tempo presente." Citando Santo Agostinho, fala em três formas do presente: o presente do passado – a memória; o presente do futuro – a espera; o presente do presente – a atenção. Nesse sentido, uma psiquiatria do nosso tempo é uma psiquiatria que se mantém fiel às suas origens e, portanto, se mantém fiel à fenomenologia, na qual experiência e representação da experiência coincidem.

Homenageando Pedro Gabriel por meio de Franco Basaglia, pergunta-se: "se experiência e representação da experiência coincidem, do que se trata quando falamos em doença mental?". Aqui realiza-se um deslocamento fundamental, saindo-se da ideia de uma doença mental para a ideia de um sofrimento. E do que se sofre?

Sofre-se de tudo que representa diminuição de capacidade vital, sem se afastar aqui de toda a discussão canguilhemiana de normatividade. O que importa é a capacidade do organismo de criar novas normas de ajustamento – sua variabilidade e sua flexibilidade. E ao psiquiatra e a todas as pessoas que lidam com o sofrimento psíquico de seus companheiros na vida importa uma escuta que coloque sintoma, transtorno etc. como parte de uma vida.

Essa clínica do sofrimento depende da autoria de quem sofre. Por isso o relato em primeira pessoa é indispensável: primeiro porque permite um apelo ao outro e a criação de pontes para o diálogo com o parceiro solidário; segundo porque permite que o sujeito pense sobre sua dor e a transforme em história. Na clínica do sofrimento cabe cooperar com o sujeito para que ele encontre uma homeostase que lhe seja favorável.

Basaglia, diz Jurandir, mexeu com a hierarquia dos cuidados. O psiquiatra começa a ser parceiro no circuito muito mais rico de donatividade, de doação com aquele que se beneficia daquele tipo de atendimento. A psiquiatria se torna mais democrática.

O psiquiatra vai continuar, os saberes da psiquiatria vão continuar válidos; se trata de oferecer à pessoa naquele momento o reconhecimento de si mesma, oferecer aquilo que permite que o sujeito recupere a sua normatividade perdida. A psiquiatria se abre para o mundo. Torna-se mais plural. Seu conhecimento, em vez de aprisionar, liberta.

Ao pensar em um usuário, ao estudar seu caso, tudo o que produz sofrimento é levado em conta, inclusive e sobretudo "a máquina de produção de desviantes" – é preciso um gesto político, um gesto cultural que diga: esse aqui também tem direito.

Portanto, para concluir esta breve homenagem ao mestre, poderíamos nos perguntar: qual o objeto da psiquiatria? Precisamos de uma nova psiquiatria?

Em 1976, Jurandir Freire Costa e Joel Birman escreveram um relatório para o 2º Congresso Brasileiro de Psicopatologia Infanto-Juvenil intitulado "Organização de instituições para uma psiquiatria comunitária". Nesse relatório eles criticam o conceito de psiquiatria comunitária e discutem se a saúde mental seria o objeto da nova psiquiatria e a comunidade, o novo espaço de intervenção da psiquiatria. Não desenvolveremos a análise desse relatório no presente texto, mas deixamos aqui o registro de sua existência para aqueles que desejarem se aproximar de um trabalho que já traz em si os primórdios da discussão que viria a se aprofundar nas décadas seguintes ao longo do processo de construção e implantação da chamada reforma psiquiátrica brasileira. Talvez a principal contribuição desse texto seja a sua crítica radical a uma ideia de prevenção primária em psiquiatria, bem como a uma visão homogênea do que seja comunidade, além de já apontar para o risco de uma "psiquiatrização/normatização" da sociedade – a psiquiatria utilizada como instrumento de poder normativo. Risco esse, como vimos, tão presente na primeira metade do século XX, com a Liga Brasileira de Higiene Mental, mas ainda não definitivamente superado.

Sempre tive muita dificuldade com esta ideia de que a saúde mental seria algo distinto da psiquiatria e precisaríamos de uma "nova" psiquiatria para que a saúde mental pudesse passar a fazer parte do seu escopo. Até onde me leva a minha prática psiquiátrica, consigo antever que o objeto da psiquiatria pode e deve ser também a saúde mental, e que não precisamos de uma "nova" psiquiatria para isso.

Afinal, do que se trata quando falamos em psiquiatria?

A base da psiquiatria é a fenomenologia. A julgar pela conferência proferida por Costa (2023) e citada anteriormente, Basaglia revolucionou a psiquiatria exatamente porque se manteve fiel à fenomenologia, na qual experiência e representação da experiência coincidem.

Em um texto de 2022, Zahavi e Loidolt se utilizam da psiquiatria fenomenológica, mais especificamente de figuras como Jaspers, Minkowski, Laing, Basaglia e Fanon, para demonstrar o quanto a crítica feita à fenomenologia de que ela seria acrítica, conivente com o *status quo*, não procede, e muito pelo contrário: foi exatamente a fenomenologia que levou autores como Jaspers e Minkowski a rejeitarem o reducionismo das doenças mentais a doenças exclusivamente "orgânicas" ou doenças do cérebro apenas, uma vez que a fenomenologia os conduziu a se interessarem pela experiência vivida pelos pacientes. Conceitos como temporalidade, espacialidade, corporificação e autoexperiência levaram também Laing e Basaglia a questionarem a terapêutica e colocarem as relações éticas e políticas interpessoais e interinstitucionais no centro da cena da discussão psiquiátrica. Por fim, Frantz Fanon introduz a dimensão do colonialismo, da psiquê e da psiquiatria colonizadas.

Percorrendo a trajetória desses autores, Zahavi e Loidolt desenvolvem seu argumento central de que a fenomenologia é um instrumento crítico potente. A mim, interessa acompanhá-los neste texto em homenagem a Jurandir Freire Costa para embasar meu argumento de que não precisamos de uma nova psiquiatria, muito pelo contrário, precisamos retornar à psiquiatria. A meu ver, os escritos de Jurandir sobre a psiquiatria também apontam nessa direção e é por isso que sua obra nesse campo (e em tantos outros contíguos e complementares) faz uma enorme diferença.

Conceitos como estrutura temporal, experiência espacial, demarcação entre eu e não eu, unidade e identidade do eu, experiência do próprio corpo são tão caros à psiquiatria quanto à fenomenologia, e o psiquiatra que desejar se aproximar da experiência do seu paciente terá na fenomenologia uma grande aliada.

O primeiro autor citado por Zahavi e Loidolt é Karl Jaspers, que, em seu livro *Psicopatologia geral* (primeira edição em 1913), defende um pluralismo metodológico em psiquiatria que leve em conta genética, epidemiologia, neurobiologia, neuropsicologia, ciências sociais e humanas, em particular a filosofia. Parece evidente que o psiquiatra nunca terá o cérebro em suas mãos para examiná-lo (mesmo com todo o avanço nas tecnologias de imagem, isso ainda permanece verdadeiro) e a experiência anômala e/ou de sofrimento sempre será mediada pela consciência. "Afinal, a única razão pela qual os estados cerebrais assumem a importância que têm é por meio de sua relação com episódios mentais identificados em bases experenciais" (Zahavi & Loidolt, 2022, p. 58, tradução nossa).

Eugen Minkowski, por sua vez, advoga que os sintomas floridos que o psiquiatra percebe em seu paciente esquizofrênico são expressões de uma alteração muito mais profunda: a perda do contato vital com a realidade. Para Minkowski, "qualquer episódio mental anômalo deve ser visto como uma expressão consensada de uma alteração existencial mais básica" (Zahavi & Loidolt, 2022, p. 59, tradução nossa), e a fenomenologia é o instrumento que possibilita a descoberta e a análise dessa estrutura alterada. Um de seus principais livros chama-se justamente *O tempo vivido: estudos fenomenológicos e psicopatológicos*.

Jaspers e Minkowski colocavam-se contra a ideia de que doença mental e doença cerebral são sinônimos. Mesmo que haja alteração no funcionamento cerebral, alterações neurobiológicas não explicam os aspectos intencionais, fenomênicos e normativos da mente. Isso sem levar em conta os aspectos éticos da relação com os pacientes que sofrem e para quem seus sintomas têm uma história, um sentido, e que desejam e precisam compartilhar isso com seus terapeutas, incluindo o psiquiatra. Isso traduz o enorme e profundo debate sobre mente e corpo/mente e cérebro, que sempre intrigou a humanidade e desde o século XX tem sido amplamente discutido por filósofos e cientistas da mente, neurofisiologistas, neurobiólogos, geneticistas, espiritualistas etc., no qual não adentraremos, pois fugiria ao escopo deste texto.[1]

Seguindo a trilha de Zahavi e Loidolt, caminhamos para outros dois grandes baluartes da psiquiatria – Ronald Laing e Franco Basaglia. Nesses dois autores encontramos uma crítica profunda às estruturas institucionais e sociais, com ênfase na marginalização dos doentes mentais, possibilitada, em grande parte, pela fidelidade ao pensamento fenomenológico. O primeiro livro de Laing, *O eu dividido*, traz uma dupla vertente fenomenológica – social e existencial. O principal aqui é apontar para a necessidade de situarmos a experiência do paciente esquizofrênico não apenas a partir de suas próprias vivências, mas também no seu estar no mundo. Como diz Laing: "coisas loucas ditas e feitas pelo esquizofrênico permanecerão essencialmente como um livro fechado se nós não entendermos o seu contexto existencial" (Zahavi & Loidolt, 2022, p. 61, tradução nossa).

O ser humano não existe fora de suas relações e interações entre si e com o mundo. Sem negar a existência de pessoas esquizofrênicas e da própria esquizofrenia, o que Laing enfatiza é o quanto a psiquiatria que separa o indivíduo da sua própria experiência, do seu meio, e o objetifica, reduzindo-o a uma categoria diagnóstica

---

1 Autores como António Damásio, V. S. Ramachandran, Lawrence Shapiro, Donald Davidson, David Chalmers, Daniel Dennet, Paul e Patricia Churchland, J. McDowell, J. Rouse, S. Todes, Keneth Kendler, Thomas Nagel, entre outros, contribuem para as várias vertentes e visões presentes nesse debate. Um artigo de Kendler, "A psychiatric dialog on the mind-body problem" (*Am. J. Psychiatry*, 158, 989-1000, 2001), apresenta uma excelente introdução ao tema para aqueles interessados e praticantes da psiquiatria.

e a uma doença mental, pode ser mortífera. Todo rótulo é um fato social e todo fato social é um evento político. Ora, o local destinado às pessoas ditas doentes mentais em nossa sociedade é um lugar de desempoderamento, de invalidação, de tutela pela psiquiatria e pelo Estado. Ouvir uma pessoa buscando nela sinais e sintomas de uma doença ou simplesmente ouvi-la são movimentos muito distintos. "No contexto da terapia, a fenomenologia existencial é a tentativa de reconstruir o modo de ser do paciente em seu mundo, e para que isso aconteça o psiquiatra deve ter a plasticidade de se transpor para uma visão estranha e estrangeira do mundo. Só assim pode-se chegar a uma compreensão da posição existencial do paciente" (Laing, citado por Zahavi & Loidolt, 2022, p. 63, tradução nossa).

Reverenciado e possivelmente mais conhecido no Brasil, por ser fonte de inspiração para o movimento da reforma psiquiátrica brasileira, Franco Basaglia, como vimos anteriormente na conferência de Jurandir, tinha uma formação sólida em filosofia fenomenológica e se colocava como um psiquiatra fenomenológico. Foi a fenomenologia que lhe permitiu o deslocamento de uma psiquiatria centrada na doença, na busca por diagnósticos, para uma psiquiatria cujo centro é o indivíduo – nos dizeres de Jurandir: sair da fixidez da doença mental para uma ideia de sofrimento. Mas é muito importante não confundir esse deslocamento para o sofrimento com uma negação da existência da doença mental. Em sua célebre visita ao Brasil em 1979, Basaglia afirmou contundentemente em uma de suas conferências[2] – "aqueles que dizem que a doença mental não existe... são imbecis" (Zahavi & Loidolt, 2022, p. 66, tradução nossa).

2 As conferências proferidas por Basaglia no Brasil deram origem ao livro *A psiquiatria alternativa: contra o pessimismo da razão, o otimismo da prática* (Brasil Debates, 1979).

> *Em consonância com Minkowski, Basaglia acreditava que era possível entender a situação experiencial e existencial do paciente e referia-se especificamente à* epoché *de Husserl ao descrever como se deveria se envolver com os pacientes. Em vez de vê-los por meio de categorias diagnósticas, como esquizofrênicos ou depressivos, os psiquiatras devem procurar se relacionar e atender aos pacientes como indivíduos únicos. Para tanto, foi necessário um colchete dos rótulos diagnósticos, uma suspensão do quadro teórico da psiquiatria. Só fazendo uma espécie de* epoché *sobre a própria noção de doença mental, só suspendendo todos os preconceitos e as concepções e as expectativas estereotipadas que se possa ter em relação ao doente mental, seria possível obter algum tipo de compreensão do ser no mundo do paciente. (Zahavi & Loidolt, 2022, p. 66, tradução nossa)*

Inevitavelmente, a consequência desse deslocamento da doença para o sofrimento leva o psiquiatra a se interrogar sobre as condições de tratamento dos seus pacientes nos grandes asilos e manicômios, nos quais ao sofrimento experenciado pelo sujeito é acrescido um sofrimento inominável pela condição de abandono que uma instituição total gera (Goffman, 2019). Assim, Basaglia inicia sua trajetória revolucionária de transformação do espaço de tratamento psiquiátrico, incialmente em Gorizia (1961-1969) e posteriormente em Trieste (1971-1979), com o fechamento dos grandes asilos, a criação de uma rede substitutiva ao manicômio e, mais do que isso, a mudança de um paradigma e uma verdadeira revolução social e cultural em torno da loucura e de todas as suas consequências, que culminou com a Lei 180, conhecida como Lei Basaglia ou lei da reforma psiquiátrica italiana, que determinou a extinção progressiva de todos os manicômios no território italiano.

No Brasil, como vimos, o movimento da reforma psiquiátrica brasileira é herdeiro direto das ideias e das ações de Franco Basaglia, e também aqui nosso processo culminou na Lei nº 10.216, de 2001, que dispõe sobre a proteção e os direitos das pessoas portadoras de transtornos mentais e redireciona o modelo assistencial em saúde mental para um modelo territorial e comunitário.

Por fim, Zahavi e Loidolt (2022) trazem a figura de Frantz Fanon, psiquiatra francês nascido em Martinica e que teve na Argélia seu principal loco de trabalho e militância. A novidade em Fanon é a introdução da opressão colonial como fonte geradora de patologia e solapamento de identidade do indivíduo (Fanon, 2020; Santos, 1983/2021) – a experiência de sujeitos racializados em sociedades coloniais gera consequências psicopatológicas. Tendo como fontes de inspiração Jaspers, Sartre, Merleau-Ponty, Lacan e a psicologia da Gestalt, Fanon incorpora uma orientação histórica e política às suas análises fenomenológicas. Para além de uma filogênese e uma ontogênese das doenças mentais, há também uma sociogênese. Não temos como separar nossos pacientes de sua existência situada em um campo social e político. E, portanto, a colonização e o racismo têm um peso enorme na gênese e na configuração de seu sofrimento. Aprofundando essa reflexão, Fanon é levado a cada vez mais caminhar em direção a uma descolonização da sua prática psiquiátrica e da própria psiquiatria.

Zahavi e Loidolt (2022) citam em seu artigo a carta de demissão que Fanon escreveu em 1956 ao prefeito francês da Argélia, Robert Lacoste:

> *Durante quase três anos, coloquei-me inteiramente ao serviço deste país e seus habitantes. Não poupei esforços, nem entusiasmo. Todas as minhas ações tinham como horizonte a emergência unanimemente desejada de uma sociedade digna. Mas de que adianta o*

> *entusiasmo e o cuidado com o humano se a realidade é fiada de mentiras, covardia e desprezo pelo humano no dia a dia? De que valem as intenções se sua encarnação é impossibilitada pela indigência do coração, pela esterilidade da mente e pelo ódio pelos nativos deste país? A loucura é um dos meios pelos quais o homem pode perder sua liberdade. E eu posso dizer que, da encruzilhada onde estou, medi com horror a magnitude da alienação dos habitantes deste país. Se a psiquiatria é a técnica médica que se propõe a ajudar o homem a não mais ser um estranho ao seu ambiente, só posso confirmar que o árabe – permanentemente alienado dentro de seu próprio país – vive em um estado de despersonalização absoluta. (Zahavi & Loidolt, 2022, p. 70)*

Creio que com a citação da carta de Fanon, bem como o exposto em relação ao pensamento e a prática de Jaspers, Minkowski, Laing e Basaglia, podemos dizer que a psiquiatria proposta por Jurandir Freire Costa advém dessa tradição. Expõe em um de seus trabalhos iniciais (Costa, 1976/2007) os riscos de que uma psiquiatria descolada de uma reflexão crítica e da própria fenomenologia, uma psiquiatria que parte de pressupostos mais ideológicos do que científicos, que se separa da escuta do sofrimento das pessoas que nos procuram e de seu contexto, que não se coloca permanentemente em questão, possa se tornar um instrumento de poder extremamente perigoso e, por que não dizer, malévolo. Por outro lado, uma psiquiatria que toma a liberdade como parâmetro, que se centra no encontro verdadeiro entre sujeitos mergulhados em um contexto sociocultural, econômico e histórico, essa pode realmente nos trazer uma linda primavera. Que o digam os inúmeros partícipes do que chamamos de reforma psiquiátrica brasileira, da qual, sem dúvida nenhuma, Jurandir foi um mentor dos mais importantes e influentes.

Obrigada, Jurandir.

Referências

Birman, J., & Costa, J. F. (1976). Organização de instituições para uma psiquiatria comunitária. *Relatório e Resumos do 2º Congresso Brasileiro de Psicopatologia Infanto-Juvenil.* APPIA.

Costa, J. F. (1996). Apresentação. In J. Goldberg, *Clínica da psicose: um projeto na rede pública* (pp. 9-17). Te Corá, Instituto Franco Basaglia.

Costa, J. F. (2007). *História da psiquiatria no Brasil: um corte ideológico*. Garamond. (Trabalho original publicado em 1976).

Fanon, F. (2020). *Pele negra, máscaras brancas*. Ubu. (Trabalho original publicado em 1952).

Goffman, E. (2019). *Manicômios, prisões e conventos*. Perspectiva.

Laing, R. (1978). *O eu dividido.* Vozes.

Santos, N. S. (2021). *Tornar-se negro, ou as vicissitudes da identidade do negro brasileiro em ascensão social.* Zahar. (Trabalho original publicado em 1983).

Zahavi, D., & Loidolt, S. (2022). Critical phenomenology and psychiatry. *Continental Philosophy Review*, 55, 55-75.

4. Por uma psiquiatria não dogmática: esboço de um percurso intelectual

Jairo de Almeida Gama

> *Hoje em dia, a prática psiquiátrica continua padecendo de sintomas que revelam a presença atuante do vírus dogmático.*
>
> Costa (1976/2007, p. 34)

O objetivo deste artigo é refletir sobre as contribuições de Jurandir Freire Costa à psiquiatria brasileira. Esse autor, em diferentes etapas de sua obra, escreveu sobre os mais diversos problemas do campo psiquiátrico, da instituição manicomial ao cuidado burocrático, das questões do diagnóstico às diferentes concepções teóricas sobre o sujeito. Ele percorreu, portanto, os principais desafios que se colocam aos psiquiatras desde sempre, contribuindo para que nosso trabalho se tornasse mais complexo, interessante e humanamente significativo. São essas questões e esses desafios que tentarei sintetizar, elegendo alguns textos produzidos ao longo de sua trajetória intelectual a fim de discernir fios condutores e inquietações subjacentes. O trajeto poderia ter sido outro, a gama de livros e textos certamente contribuiria tanto quanto os aqui apresentados, mas os trabalhos escolhidos parecem representar adequadamente essas inquietações.

Talvez a maior de suas preocupações concernentes ao campo da saúde mental seja construir uma boa vacina antidogmática. Os seus textos parecem dizer: cuidado com as tentações dogmáticas que impregnam nosso pensamento e nossa prática, atentem para os riscos que corremos. O que ele articula em suas pesquisas e seus escritos é uma crítica a todo tipo de pensamento reducionista, com qualquer viés que se apresente, e a toda busca de totalização, desconstruindo qualquer ilusão de previsibilidade e controle sobre a subjetividade. Seu pensamento é também um convite para que nós, psiquiatras, psicanalistas e trabalhadores de saúde mental em geral, olhemos para o sofrimento psíquico evitando toda e qualquer forma de desconexão com o momento histórico e cultural mais amplo.

Na trajetória intelectual de Jurandir é possível discernir um elemento clínico-teórico central que atravessa seus textos desde o início, chegando até seu artigo mais recente: a "ideia de sujeito". Para ele, o sujeito deve ser pensado em sua indeterminação, isto é, aberto a descrições diversas e plurais. Esse sujeito incômodo estará presente mesmo quando não tematizado diretamente.

É importante notar que os trabalhos aqui analisados apontam para dois tipos de preocupações. O primeiro deles é o problema das aporias, das disfunções e das fragilidades teóricas de uma psiquiatria desatenta ao seu contexto histórico – que, consequentemente, produziu sofrimento em vez de aliviá-lo – e como podemos evitar esses erros. O segundo tipo de preocupação é oferecer uma perspectiva abrangente sobre o fenômeno mental e avaliar os problemas epistêmicos sobre a doença mental e sobre a subjetividade. Para isso, ele vai lançar mão das melhores tradições psiquiátricas, filosóficas e psicanalíticas disponíveis para seus objetivos. Se no primeiro momento ele aponta os problemas, no segundo articula soluções. De certa forma, é como se Jurandir Freire Costa nos dissesse também que é possível sermos clínica e conceitualmente responsáveis.

Em suma, uma preocupação ética, uma reflexão sobre o sujeito e a construção de instrumentos intelectuais antidogmáticos estruturam, na minha concepção, a contribuição de Jurandir ao campo psiquiátrico brasileiro.

Psiquiatria, autoritarismo e burocracia

Em *História da psiquiatria no Brasil: um corte ideológico* (1976/2007), seu trabalho de mestrado em etnopsiquiatria, Costa realiza um estudo histórico e conceitual sobre a Liga Brasileira de Higiene Mental (LBHM). Composta pelos principais psiquiatras brasileiros nos anos 1920-1930, essa instituição defendeu teses racistas, xenófobas, puritanas e antiliberais, visando a um aprimoramento da "raça" brasileira. A defesa da eugenia (controle de casamentos, isolamento social, esterilização de indivíduos), emulando a psiquiatria nazista, é descrita em detalhes.

O argumento central de Costa é mostrar de forma clara o "condicionamento histórico das concepções psiquiátricas" (p. 7). No seu trabalho fica patente que os psiquiatras da época, independentemente das suas intenções, reproduziram ideias, comportamentos e preconceitos culturais, de acordo com ideologias políticas e sociais. As concepções científicas sobre a doença mental estavam mescladas à ideologia do momento. O deslizamento teórico e clínico produzido por esse movimento, isto é, do tratamento do quadro clínico para a prevenção do seu aparecimento e do cuidado do indivíduo para o aprimoramento da raça, era cientificamente justificado pela ideia de eugenia:

> *A eugenia prolongava as concepções organicistas de Kraepelin e, por isso mesmo, não era um item cultural estranho ao universo de conhecimento dos psiquiatras. Além do mais, como já foi observado, a eugenia*

> *pertencia à cultura brasileira naquilo que ela tinha de mais representativo: sua intelectualidade. Uma razão para que tivesse sido aceita sem resistência. (p. 71)*

Os psiquiatras, portanto, tinham na melhor tradição psiquiátrica e na vanguarda intelectual da época os elementos que produziram a adesão ao programa eugênico nazista. Certamente, seria exagerado dizer que havia ali um completo engodo, pois boa parte dos membros da Liga eram legítimos reacionários. Mas, por outro lado, estavam verdadeiramente convencidos da verdade de seus argumentos eugênicos e autoritários, em prol da humanidade. Uma verdade cientificista, biologicista e reducionista produzida por uma fantasia imaginária de totalidade, harmonia e completude, onde não haveria fissura subjetiva nem antagonismos sociais, invertendo causas e consequências e neutralizando o pensamento crítico necessário ao verdadeiro cuidado. Costa nos mostra que, de certa forma, eles estavam mais alienados do que aqueles que queriam curar.

Quando a psiquiatria se autoriza a formular teorias sobre a essência da natureza humana – no caso da Liga, sobre a natureza última biológica e racial –, ela produzirá inevitavelmente o "vírus dogmático". Para Costa, o que faltou aos psiquiatras da Liga, assim como o que sempre ameaça a psiquiatria de qualquer época, "não foi a compreensão correta do que era a ciência. Faltou-lhes sim a referência cultural. O que neles estava ausente era a dimensão histórica da cultura em que viviam" (p. 27).

Outro elemento central de seu argumento, e que vai seguir toda a trajetória intelectual de Costa, é que o sujeito "pode ser demarcado ou designado, mas não predicado" (p. 14), isto é, o sujeito é aberto a possibilidades contingentes, não havendo na subjetividade humana um determinante final, uma causalidade última e uma previsibilidade científica completa. Para ele, a busca por uma definição positiva e estável, capaz de prevenir as variações e as possibilidades, na verdade imprevisíveis, da expressão subjetiva, "está na raiz dos piores momentos que passou a história da Psiquiatria" (p. 14).

Em suma, não ter uma dimensão histórica e desconhecer a radical singularidade de cada um de nós permitiu e permite, ainda hoje, que os psiquiatras busquem não o saber sobre o adoecimento psíquico, mas o poder e o domínio a qualquer custo sobre o sofrimento. Não é exagero apontar que vemos ainda hoje no Brasil problemas semelhantes. O viés organicista, a medicalização excessiva, a luta contra as drogas e suas cracolândias e a proliferação diagnóstica indiscriminada e acrítica não estão tão longe dos pressupostos higiênicos da LBHM quanto gostaríamos de acreditar. Reconhecer que o germe totalitário não morre nunca implica que precisamos ficar atentos à sua recrudescência. Apenas para ilustrar esse fato, vimos recentemente no Brasil o processo de radicalização de posições políticas antiliberais, racistas e moralistas que contaminou a maior parte da comunidade médica e psiquiátrica.

Em seu ensaio "Psiquiatria burocrática: duas ou três coisas que sei dela", que compõe o livro *Clínica do social* (1991), Costa retoma, de outra forma, a temática do livro previamente analisado, numa chave explicativa de outra ordem. Esse texto é produto de seu trabalho como psiquiatra no Centro Psiquiátrico Pedro II, no Rio de Janeiro, atualmente Instituto Nise da Silveira. Nele, o autor vai descrever e analisar o processo de burocratização do tratamento psiquiátrico institucional, suas causas e seus efeitos – a tentação autoritária vista sob um outro ângulo. A psiquiatria burocrática pode ser entendida como o exercício da clínica e da gestão institucional realizado de forma mortificada, sem verdadeiro interesse humano no cuidado daqueles que estão em sofrimento psíquico, sem rigor teórico, com desinteresse pela resolução dos problemas concretos, marcada pelo trabalho repetitivo e não criativo, pela recusa do novo. Em resumo, "a adesão cega e obediente do burocrata aos regulamentos e a assombrosa anestesia diante das necessidades dos indivíduos e do 'espírito das leis humanas'" (p. 47).

As cenas são clássicas para todos aqueles que presenciaram a rotina de um manicômio: pacientes deambulando sem rumo, sem a devida atenção, num ambiente insalubre e árido. Uma clínica que deveria ser de alta complexidade humana e técnica sendo, ao contrário, tratada sem recursos nem investimento real. Em geral, sujeira e mau cheiro, mesmice, descaso e violência. Quando nos lembramos desse cenário, ainda existente, nos damos conta também de que muito foi feito no Brasil dos anos 1980 até hoje. Um processo complexo de transformação assistencial ocorreu, transformou e busca se consolidar no que chamamos de reforma psiquiátrica brasileira.

Entretanto, mesmo com a transformação desse panorama, o fechamento de manicômios, a abertura de CAPS, novas equipes, maior dinamismo e a busca por uma clínica plural, os riscos de burocratização permanecem. A reificação do tratamento mental sempre pode ocorrer, sua burocratização é uma possibilidade permanente, porque sua produção ocorre não só no funcionamento rotineiro dos serviços concretos, mas principalmente no nível subjetivo, em cada um de nós. E isso porque "o exercício burocrático da profissão ou da cidadania insere os sujeitos num tipo de montagem perversa" (p. 42). A estrutura de funcionamento institucional possuiria uma dinâmica própria, uma "máquina" que colocaria os sujeitos numa certa relação passiva com ela.

Citando Hannah Arendt em seus estudos sobre o totalitarismo, Costa afirma que o sentimento de superfluidade estaria na base do comportamento apassivado, obediente, do indivíduo da burocracia, sendo que essa experiência de superfluidade viria da impossibilidade de exercer a cidadania, preferindo, então, ser apenas um "dente na engrenagem" para obter dessa posição um gozo tranquilo. O funcionário nazista, como Eichmann, serve como modelo e ponto máximo de dessubjetivação da burocracia.

Para Costa, os funcionários e os médicos do manicômio, na experiência concreta de psiquiatra hospitalar do autor, viviam suas profissões num marasmo sem sentido:

> *Tinham perdido todo suporte de suas identidades de cidadãos, restando-lhes, apenas, a paixão pela burocracia. A indiferença para com a degradação dos internos; a renúncia a qualquer objetivo pessoal e o anonimato em que viviam, para escapar do trabalho e ocultar a desqualificação profissional, igualava-os, em superfluidade, aos pacientes crônicos ou candidatos à cronificação. O que fizessem ou deixassem de fazer, o que pensassem ou deixassem de pensar, a ninguém interessava. Para se fazerem notar, de pouco dispunham além da maledicência, da intriga ou da violência que podiam exercer uns contra os outros. (p. 52)*

Para explicar como o indivíduo passa de cidadão e técnico a burocrata, Costa utiliza como referência o trabalho de Contardo Calligaris sobre a perversão social. O que esse autor propõe, como explica Jurandir, é que sujeitos neuróticos podem funcionar de modo perverso dependendo da situação que se apresenta. Isso porque todos nós possuímos uma fantasia inconsciente de sermos instrumento para o gozo do outro. Nessa fantasia desejamos ocupar a "função de falo materno. O narcisismo do 'eu ideal' é a matéria-prima de um gozo dessexualizado, que neutraliza o recalque e faz o sujeito imaginar que, na condição de 'função', contornaria as vicissitudes do desejo humano" (Costa, 2022, p. 13). Ou seja, gozo de ser instrumento, um gozo sem descarga sexual, que Calligaris denomina "paixão instrumental", estaria na raiz do comportamento socialmente perverso ou burocrático. Se perguntamos a razão de o sujeito optar pela servidão burocrática, a resposta é que, como aponta Costa, a experiência de solidão, o fracasso nas relações, a pobreza de ideais do eu disponíveis e, principalmente, "a nostalgia de pertencer, de modo quase orgânico, a uma totalidade" (p. 18) levariam o sujeito a buscar o "gozo tranquilo" da submissão e da obediência cega à máquina burocrática. Busca de pertencimento e abdicação do pensamento próprio.

Mas o que explica a possibilidade mesma de assumirmos essa posição de falo materno ou de buscarmos um gozo de instrumentalidade? De sermos passivos no cumprimento de um dever tão mortificante? O que na nossa estrutura subjetiva permite essa saída do desejo sexual, da realização de ideais do eu ou da busca de autonomia? Para Calligaris (2022), a criança que todos nós fomos um dia fantasia ser para a mãe aquilo que a completaria. Esse eu ideal, em contraposição ao ideal de eu (ideais identificatórios, modelos culturais e papéis sociais etc.), nos define, em termos estruturais, como objetos-fetiche. A constituição do eu ideal, do eu enquanto objeto-fetiche, por sua vez, só é possível porque nosso eu é clivado. O "eu pode saber que nunca será o que desde sempre falta à mãe (e que não existe), mas, ao mesmo tempo, não pode parar de se identificar com esse nada" (p. 175). Portanto, nosso narcisismo se estruturaria sobre uma base fetichista na constituição do eu ideal, que seria o objeto perfeito segundo o olhar materno. Objeto virtual, perfeito e prototípico de um gozo sem fim.

O argumento de Calligaris é extremamente complexo, mas para nosso objetivo neste momento é suficiente apontar que Costa toma essa proposição para reiterar nossa clivagem, nosso desejo inconsciente de completude, a paixão de instrumentalidade como o fundamento da submissão burocrática. A psiquiatria burocrática é o corolário de uma montagem perversa, cujo fundamento está na indeterminação do sujeito, na clivagem a que todos estamos submetidos. Lidar com essa problemática estrutural humana passa por estarmos atentos aos nossos ideais culturais, atentos à "parasitagem" que o eu ideal pode produzir nos nossos ideais de eu e reconhecendo que podemos ser capturados por mecanismos burocráticos, por meio da supressão da clivagem do eu pelo serviço permanente a um único ideal, simulando a realização do eu ideal e nos tornando instrumentos de um gozo dessexualizado, tranquilo e seguro. Em suma, fugindo do compromisso com os ideais culturais que nos define e que nos exige pensar por nós mesmos.

Nos dois trabalhos analisados percebemos a preocupação de Jurandir Freire Costa com os problemas que afetam a psiquiatria no campo institucional. Num deles ele descreve a tentação autoritária, discriminatória ou racista como um risco permanente, pois está presente na origem do pensamento psiquiátrico moderno. Além disso, ele ressalta o risco de contaminação ideológica que permeia as construções teóricas e as abordagens clínicas ou preventivas na área. Os psiquiatras são vulneráveis ao ambiente cultural e político e seu conhecimento científico não os blinda de agirem violentamente na sua relação com os pacientes. No outro texto a ênfase é na possibilidade inerente que temos de burocratizar o cuidado, a relação com o outro e com a própria profissão. A burocracia é o resultado da fuga que empreendemos inconscientemente para um gozo tranquilo, instrumental e mortificador de desejo. E a ideia de sujeito está sempre subjacente como um tópico essencial na explicitação dos problemas em foco.

Veremos que as preocupações de Costa com a psiquiatria seguem com outros trabalhos, não mais ligados diretamente às questões institucionais, enfatizando agora os problemas epistêmicos. De certa maneira, pelo fato de o Brasil ter produzido uma transformação bem-sucedida no modelo assistencial, embora não completa, Costa passa a se dedicar a problemas ainda mais complexos da nossa disciplina, aqueles que dizem respeito à noção de doença mental, à construção de diagnósticos, ao avanço das neurociências e às questões do sujeito humano em suas diferentes concepções.

Psiquiatria, normalidade e patologia

No ensaio "As fronteiras disputadas entre normalidade, diferença, patologia", Costa (2015) afirma que as pesquisas sobre o cérebro, a descoberta de novos psicofármacos e o poder econômico das indústrias farmacêuticas alteraram radicalmente a maneira de a psiquiatria conceber a doença mental. Uma nova nosologia psiquiátrica – em que as patologias passam a ser vistas num espectro, e não mais como entidades discretas – ampliou enormemente o número de diagnósticos ao mesmo tempo que, paradoxalmente, permitiu, junto com a perspectiva dos *disability studies*, naturalizar variações psíquicas no sentido da desestigmatização, embora não necessariamente despatologizando todas as expressões psíquicas possíveis.

A divisão entre neurotípicos e neuroatípicos é o corolário dessa transformação. Ao lado disso, novas teorias trouxeram aportes antes não pensados sobre a gênese e o desenvolvimento da subjetividade humana e seus transtornos. Neurociências, psicanálise, fenomenologia, teorias cognitivistas, filosofia da mente, psicologia do desenvolvimento tornaram o panorama psiquiátrico muito mais complexo. É pela constatação dessa complexidade que o autor busca navegar, trazendo a ideia de que o campo mental está aberto ao debate. Se a psiquiatria da era neurocientífica corre o risco de reduzir a mente ao cérebro, é abrindo o diálogo entre as ciências naturais e as humanidades que evitaremos o velho engodo da biologização dos problemas mentais. Sua proposta nesse texto é vermos com cuidado como discernir normalidade, atipia e patologia. Agora, é como se Jurandir propusesse a nós, psiquiatras, uma dose de reforço da vacina antidogmática.

Assim, de Georges Canguilhem, Costa (2015) vai reter criticamente a ideia de que "não existe fato normal ou patológico em si" (p. 173), isto é, o patológico é um tipo de norma de outra ordem. O fato patológico, sendo ele descrito como disfunção ou como atipia, estaria sempre referido a valores culturalmente aceitos, e não como norma inferior segundo uma natureza biológica em si. Ora, a natureza é por definição o lugar da variação, basta olharmos para constatar a proliferação de inúmeras variações fenotípicas e comportamentais. Essa retificação da proposição canguilhemiana se baseia na ideia de que norma é um termo que tem uma carga semântica específica, significando uma aspiração a um estado de coisas mais satisfatório.

A natureza não prefere, ela varia, e retém processos que são capazes de se adaptar ao ambiente. Quando falamos em preferência estamos nos referindo a estados intencionais e, portanto, à atividade representacional de uma consciência humana. Para Costa, mais importante que definirmos patologia é entendermos a variação e a definição de atipia. Só então poderemos compreender por que chamamos algo de patológico. Para ele, atipia ou variação pode ser definida como patológica ou como normativa. O que vai separar uma coisa da outra será sempre o *ethos* cultural, isto é, cada cultura estipula aquilo que será aceito como variação compatível com o ideal normativo daquela cultura e qual será definida como um estado deficitário em relação ao mesmo ideal normativo.

Sua questão é, então, entender como categorizamos atipias como patológicas, isto é, deficitárias em relação à norma, ou como traços idiossincráticos sem serem patológicos (variação não patológica). Para isso ele vai se servir do trabalho do antropólogo Irving Hallowell. Este afirma que é a cultura humana que fornece as coordenadas simbólicas e materiais produtoras do que ele chama de autorreflexividade. Dentre a diversas características da autorreflexividade estaria a orientação normativa. Toda vez que um indivíduo foge por alguma razão de uma orientação normativa, ele é percebido como tendo um déficit autorreflexivo, isto é, ele é percebido como exibindo comportamento atípico, produzindo consequentemente a busca pela construção de uma explicação para o fato. Por quê? Segundo Costa, porque senão "a cultura perderia o poder de impor regras de construção de identidades pessoais" (p. 180). Para ele, quando a explicação para o comportamento for inconsistente com as razões culturais disponíveis para explicar esse mesmo comportamento atípico este passa a ser visto como tendo uma autorreflexividade deficitária, sendo, portanto, visto como patológico.

Mas ele aporta um aspecto teórico adicional a sua perspectiva sobre a normalidade e a patologia. Servindo-se dos trabalhos de Mark Johnson e Georges Lakoff, ele afirma que não é apenas pela inteligibilidade narrativa que identificamos inconsistências no sujeito atípico. Isso também pode ocorrer por alteração da capacidade de estabelecer uma significatividade padrão. Para esses autores a experiência vivida, corporal, no seu aspecto fenomenológico, organiza o mundo de uma certa maneira, possibilitando uma orientação no mundo. Quando essa orientação é discordante, ou atípica, o sentido atribuído é de algo patológico. Como diz Costa:

> *A atividade físico/mental, que dota coisas ou eventos de "um sentido", vai muito além da qualidade racional das justificativas de condutas intencionais. No caso das atividades mentais, o ineditismo do comportamento não reside apenas na precariedade dos argumentos oferecidos como razões ou causas de sua manifestação. Nas atipias, o que se nota é o recurso a esquematismos imagéticos e projeções metafóricas idiossincráticas, raras e pouco partilháveis pela maioria dos sujeitos de uma dada cultura. (p. 15)*

A explicação é complexa e foge ao objetivo deste artigo, mas o ponto central é que, para Costa, toda vez que a conduta atípica se aproxima do campo metafórico, da linguagem e da narratividade, ela é vista como mais próxima do ideal cultural e, portanto, pode ser integrada como expressão psíquica admissível, uma variação não patológica. Por outro lado, se a variação está distante das projeções metafóricas e se dá no campo da significatividade imagética, ela se torna mais difícil de ser integrada e será considerada patológica.

A proposição de Costa é bastante sofisticada, apontando para o seguinte fato: a capacidade humana de categorizar comportamentos como patológicos depende da cultura e também de como essa cultura lida com as variações de significatividade corporal e metafórica. Variação, atipia e patologia psiquiátrica precisam então ser vistas sob esse ângulo.

Ao meu ver, o desafio proposto no ensaio referido é: nós, psiquiatras, ao diagnosticar, patologizar, medicar e terapeutizar as pessoas, não podemos esquecer da complexidade do que estamos fazendo. Não basta uma lista de categorias diagnósticas, um check-list de sintomas ou receitas pré-fabricadas. Sem esse *background* teórico, estamos fadados a nos enganar tomando gato por lebre. Patologia por atipia, variação biológica por déficit neurológico ou respostas metafóricas divergentes por perturbações na disposição do corpo vivido no mundo. O pensamento de Costa sobre patologia, variação e atipia aponta, portanto, um caminho para a psiquiatria identificar o sofrimento psíquico de uma nova forma, consistentemente não reducionista.

Sujeito, psicanálise e fenomenologia

Jurandir Freire Costa é um dos raros autores do campo psiquiátrico e psicanalítico que busca articular a teoria psicanalítica do sujeito com a fenomenologia. Ele mostra que uma psiquiatria não dogmática, ou seja, aberta à pluralidade dos aportes teórico-clínicos, é não só possível como necessária para a maior compreensão dos fenômenos psicopatológicos e subjetivos de uma maneira geral. Nessa linha, seu trabalho traça um projeto de pesquisa para todos aqueles que na psiquiatria brasileira apostam numa aproximação do que de melhor foi produzido por esses dois saberes sobre o mental.

No texto "The subject of psychopathology: of what plural is it made?" (Costa, Bezerra Jr. & Gama, 2019a), Costa continua sua reflexão sobre o sujeito e a psiquiatria, explicitando os problemas conceituais que esse termo traz e defendendo a necessidade de manter esse referencial teórico-clínico para que a psicopatologia psiquiátrica não se desfaça do seu ponto de ancoragem. Seu pensamento sobre os problemas da psiquiatria, desde as disfunções institucionais e os vícios inerentes, passando pela problemática da burocratização da prática clínica, até chegar à tematização dos problemas epistemológicos sobre atipia e patologia mental, chega agora ao tema fulcral de suas preocupações: o sujeito.

Antes, a discussão sobre o sujeito estava mesclada a outras preocupações. Agora ele é exaustivamente examinado. Nessa abordagem, ele irá propor um percurso original e tratar do tema pela via das perspectivas teóricas que ordenam e organizam o pensamento psiquiátrico atual: as teorias fenomenológica, psicanalítica e neurocientífica sobre o sujeito (self, eu e sujeito serão tomados como termos inter-relacionados, embora não superpostos nesse trabalho).

Ele inicia o artigo afirmando que

> *A questão do sujeito parece ocupar grande parte do panorama psiquiátrico/psicológico atual. Muitos teóricos e clínicos acreditam poder descrever estados e processos*

> *psicopatológicos sem recorrer à ideia de sujeito como referente causal ou motivacional da vida mental. As causas das patologias mentais, dizem eles, são processos neurais subpessoais. (p. 89, tradução nossa)*

Assim, para ele, os autores de referência nas neurociências e nas teorias cognitivistas que fundamentam atualmente o pensamento psiquiátrico defendem que a pesquisa e o pensamento sobre o sujeito sejam retirados de cena, em prol das descrições dos aspectos diversos que compõem a intricada rede neural, que produz essa criação ilusória de um sujeito ou self que, em resumo, não existe. Ele seria uma produção da interação da nossa rede neural, evolutivamente vantajosa para a sobrevivência da espécie, em sua interação com o meio. O sujeito seria uma ficção imaginária, uma construção filosófica idealista, supérflua teoricamente e desnecessária clinicamente.

Em primeiro lugar, Costa descreve as principais teorias cognitivistas do campo, tomando Taylor, Hofstadter e Metzinger como exemplos desse tipo de teoria. Em seguida propõe que essas teorias acertam ao afirmar que não existiria, de fato, um sujeito substancial, um substrato real, independente das cadeias neurais. Costa está de acordo que essa descrição metafísica do sujeito não faz sentido. Mas isso não significa admitir que, sendo produzido pelo cérebro na sua relação com o meio, ao se instalar, ou como diz Taylor, ao "explodir" ontologicamente, o sujeito continue inexistindo. Ele passa a ter uma organização própria.

Ao falar do sujeito do ponto de vista fenomenológico, Costa afirma:

> *Na chave fenomenológica, entretanto, o* self *experiencial básico ou* self *nuclear não preexiste ao ato da experiência da consciência, como se fosse um espectador*

> *alheio dos próprios estados e processos mentais. Ele é a forma mesma da realidade fenomênica, e só surge no ato de ordenar ou posicionar os aspectos do mundo como percepções, imaginações, rememorações, conceituações etc. . . . Mundo fenomênico e* self*/sujeito são coetâneos; são ocorrências codependentes e indissociáveis. (p. 93, tradução nossa)*

O sujeito teria, então, uma existência fenomênica peculiar, sendo seu aparecimento descontínuo, intervalar. E isso porque a experiência com o mundo, consigo mesmo e com os outros, na forma de sentimentos, emoções, pensamentos, memória, percepção etc., sempre existe em "primeira pessoa e na forma de 'propriedade'" (p. 94, tradução nossa). É a experiência singular de experienciar a vida que constrói o sujeito, mesmo escandido.

Jurandir Freire Costa explica ainda que o sujeito se expressa de maneira diferentes: a ordem do ser e a ordem do conhecer. O sujeito é a estrutura formal que possibilita a expressão dos eus fenomênicos, isto é, as expressões do eu são os únicos meios que temos de reconhecer a existência do sujeito.

Do ponto de vista clínico, isso é relevante. Possuímos eus fenomênicos que se alteram no tempo e que são produtos de processos identificatórios diversos, em nível pessoal, social e cultural, que podem sofrer inúmeros impactos e transformações ao longo da vida, sendo o lugar onde podemos reconhecer os conflitos e os sintomas. Entretanto, existe um ponto autorreferencial comum que estrutura, confere estabilidade à multiplicidade de que somos feitos. Esse ponto atrator das identidades, o sujeito, por seu turno também pode ter perturbações significativas, gerando sofrimento psíquico, embora de outra natureza. Distinguir e descrever os processos que ocorrem nos diferentes níveis da organização subjetiva é, portanto, crucial do ponto de vista clínico e das pesquisas psicopatológicas.

Outros níveis de explicação sobre a necessidade da ideia de sujeito para a psicopatologia são trazidos à tona no texto. Um deles é a constatação de que as teorias cognitivistas tendem a explicar um aspecto subjetivo, o caráter de permanência da identidade mesmo com a passagem do tempo, mas são incapazes de discutir uma questão central para o entendimento da clínica: o caráter de *ipseidade*, isto é, o fato de que temos um eu que se percebe único em relação aos outros. Essa característica da subjetividade envolve pensarmos como estabelecemos relações, como construímos nosso eu em oposição ao outro, como nos conectamos, nos identificamos, inclusive o papel fundamental do outro no cuidado e na formação do eu do bebê. Nesse ponto, diz Costa, outras teorias são muito mais capazes de oferecer um panorama complexo do problema, como a psicanálise, por exemplo. Para finalizar, Costa afirma que:

> *O sujeito é um existente fadado ao autodesconhecimento ou à autotransparência, não porque inexiste, mas porque conhece de si apenas a aparência fenomênica transicional. Essa aparência é apreendida pelos reflexos parciais e episódicos de sua ação,* reflexos que lhe são reenviados pelos objetos, e, sobretudo, pelos demais sujeitos. *Estamos impedidos de nos conhecer como* sujeitos tout court *não porque a matéria neural nos prende a esta prisão epistêmica, mas porque* só nos conhecemos por meio do espelho do reconhecimento do outro. *Tanto o conhecimento objetivo ou em terceira pessoa que temos de nós, quanto o subjetivo ou em primeira pessoa são variáveis dependentes do modo como o outro cultural nos reconhece. (p. 96, tradução nossa, grifos nossos)*

É importante notar que Costa, nesse trabalho, produz uma inflexão significativa na sua ideia de sujeito. Num ensaio anterior, "Pragmática e processo analítico: Freud, Wittgenstein, Davidson Rorty" (Costa, 1994), o autor refletia sobre o tema numa outra grade interpretativa. Naquele momento, o foco na teoria pragmática da linguagem visava oferecer uma outra perspectiva sobre a subjetividade. Na perspectiva pragmática, ao questionar a teoria neoestrututuralista do sujeito, diz que: "Para uma psicanálise pragmática, o sujeito do ideal de auto-enriquecimento não é o referente metafísico da atividade sintética que organiza experiências ... Mas também não é um resíduo lógico requerido pela estrutura para explicar o advento da significação" (p. 21). E finaliza afirmando, com Rorty, que: "O sujeito é a parte da rede de crenças e desejos que deve ser postulada como causas interiores do comportamento linguístico de um organismo singular" (p. 21). O sujeito seria, então, um efeito da linguagem. Nesse caminho, ele afirma que: "Nenhum dado anatômico ou funcional da realidade corpórea é imprescindível a uma descrição bem-sucedida do que é o sujeito" (p. 22).

Nesse trabalho, Costa assume uma posição crítica ao modelo neoestruturalista lacaniano, porque ainda via nesse modelo um resto metafísico. O sujeito nessa perspectiva era visto como um ponto da cadeia significante que estava ali como um "fantasma na máquina". Ao propor uma nova possibilidade de pensar a linguagem, Jurandir dispensa o significante-sujeito, mas distancia-se do corpo. A corporeidade, como entendida pela fenomenologia, não só é relevante para a organização da subjetividade enquanto organização produtora de um mínimo self, estável, embora dinâmico e escandido, quanto é o que permite que a linguagem se estruture, posto que é do corpo vivido que se produzem as bases da significação. Portanto, seu "sujeito da psicopatologia" é uma redefinição do lugar do corpo na relação com a linguagem e o sujeito.

Ao trabalhar com autores da fenomenologia, Jurandir reposiciona sua descrição do sujeito na sua relação com a linguagem, tendo a reflexão fenomenológica sobre o "corpo vivido" assumido um lugar de destaque na sua obra. Nesse sentido, seu pensamento atual traz uma novidade importante, em que psicanálise e fenomenologia, corpo e linguagem, tecem um novo arranjo conceitual. Somos efeito de linguagem, mas também existimos como sujeitos para além dela.

Curiosamente, no que poderíamos ver como contradição do texto sobre pragmatismo com sua posição teórica atual, surge no próprio texto de 1994 o que nos parece o ponto central que marca o pensamento de Costa e que nos convoca radicalmente. Ele diz que o sujeito,

> *como é usado na língua ordinária, tem interesse teórico e pragmático. Ele é uma realidade linguística com densidade prática. Não podemos, como querem alguns, decretar a morte do sujeito, pelo simples fato de que continuamos a usar a palavra sujeito com todas as consequências performativas implicadas no uso. O que podemos é redescrever ou reinventar o que é o sujeito, em função de experimentos morais e intelectuais que nos parecem eticamente preferíveis. (p. 31)*

Aqui vemos o que nos parece o núcleo radical de sua abordagem teórica. Sua proposta é que devemos levar a sério a ideia wittgensteiniana de jogos de linguagem e afirmar, com todas as letras, que o que temos são descrições possíveis sobre o sujeito e a constituição subjetiva. Descrições que só são possíveis porque estamos numa forma de vida que possibilita estabelecermos teorias sobre o tema. No final, é o horizonte ético dessa forma de vida específica que vai determinar o solo onde se movem nossas teorias e nossas práticas.

Parece óbvio, mas concretamente é muito difícil tomarmos essas considerações no seu limite. Ao fim e ao cabo, é o que ele nos propõe. Podemos dizer que essa seria sua terceira dose de vacina antidogmática para nós, psiquiatras. É como se ele dissesse: nossas teorias são apenas palavras que se articulam com sentido, fazem parte dos nossos jogos de linguagem, visam a determinados fins clínicos, mas, no final, não as reifiquemos. Olhemos generosamente para nossas construções, mas não nos esqueçamos de que são apenas ferramentas, artefatos usados para nossos fins. E que estes sejam éticos.

Finalizo com suas palavras: "Continuo freudiano: hipóteses metapsicológicas são feiticeiras que invocamos para resolver transtornos de mobilidade conceitual diante de engarrafamentos clínicos. Desobstruído o trânsito, aposentamos vassouras e feiticeiras e... vamos ao trabalho! Até que novas feiticeiras se tornem necessárias" (Bezerra Jr. & Costa, 2014, p. 1033).

Referências

Bezerra Jr., B, & Costa, J. F. (2014). Entrevista: Jurandir Freire Costa. *Physis: Revista de Saúde Coletiva*, 24(4), 1023-1033.

Calligaris, C. (2022). *O grupo e o mal: estudo sobre a perversão social*. Fósforo.

Costa, J. F. (1991). Psiquiatria burocrática: duas ou três coisas que sei dela. In L. T. de Aragão, C. Calligaris, J. F. Costa, & O. Souza, *Clínica do social: ensaios* (pp. 39-74). Escuta.

Costa, J. F. (1994). Pragmática e processo analítico: Freud, Wittgenstein, Davidson, Rorty. In J. F. Costa (Org.), *Redescrições da psicanálise: ensaios pragmáticos* (pp. 9-60). Relume-Dumará.

Costa, J. F. (2007). *História da psiquiatria no Brasil: um corte ideológico*. Garamond. (Trabalho original publicado em 1976).

Costa, J. F. (2014). As fronteiras disputadas entre normalidade, diferença, patologia. In R. Zorzanelli, R., B. Bezerra Jr., & J. F. Costa, *A criação de diagnósticos na psiquiatria contemporânea* (pp. 171-187). Garamond Universitária.

Costa, J. F. (2022). Prefácio. In C. Calligaris, *O grupo e o mal: estudo sobre a perversão social*. Fósforo.

Costa, J. F., Bezerra Jr., B., & Gama, J. A. (2019a). The subject of psychopathology: of what plural is it made? *Philosophy, Psychiatry, & Psychology*, *26*(2), 89-97.

Costa, J. F., Bezerra Jr., B., & Gama, J. A. (2019b). What is it like to be a subject? *Philosophy, Psychiatry, & Psychology*, *26*(2), 107-110.

5. A psiquiatria, entre a história e a utopia

Octavio Domont de Serpa Junior

Era o ano de 1982.

Para as gerações mais novas, os anos 1980 são geralmente lembrados, com uma certa condescendência irônica, como a época das calças *baggy*, das ombreiras, das cores ácidas, dos patins, do walkman, da *new wave*, dos cortes de cabelo cafonas, sendo os *mullets* o ponto culminante do mau gosto.

Mas, para aquele grupo de jovens privilegiados que cursavam Medicina na mais tradicional faculdade do país, os anos 1980, em seu início, eram muito mais do que isso. Criados e crescidos durante a ditadura militar, aquele período, que era o do início de suas vidas adultas, embora ainda um tanto adolescentes, coincidia com os estertores dos anos de chumbo. Era um tempo de esperança, de sonhos inabaláveis produzidos por uma mudança em curso.

Há pouco acontecera a anistia e o retorno dos exilados. Era o tempo do Rock Br, da Vanguarda Paulistana, do Circo Voador – do Arpoador até a Lapa –, da tanga de crochê do Gabeira. Era o fim da censura, acontecia a reorganização partidária, a criação do Partido dos Trabalhadores (PT). Em 1982, depois de muitos anos, aconteceriam novamente eleições diretas para os governos estaduais, bem como para o legislativo, nos seus três níveis. Ingressávamos na vida adulta com a oportunidade de experimentar a democracia em ação, com debates, campanhas políticas e comícios. E é justamente em um comício do PT, na Cinelândia, que essa história começa.

Aquele grupo de jovens estudantes tinha que fazer um trabalho final para a disciplina de Medicina Preventiva. Foram oferecidas algumas opções temáticas e o assunto escolhido, por afinidade de interesse de uma parte do grupo, foi a história da psiquiatria no Brasil. Nada sabíamos sobre o presente, o que dirá sobre a história da psiquiatria. Na verdade, mal nos iniciávamos nas disciplinas clínicas do curso médico. Mas tínhamos a pretensão e o ímpeto dos jovens e alguns de nós, entre os quais este que aqui escreve este relato, inspirados pela atmosfera de esperança e liberdade daqueles anos, nos aventurávamos em leituras e grupos de estudos em que descobríamos Freud, Basaglia, Laing, Guattari e muitos mais, bem como frequentávamos congressos, conferências, ciclos de debates e palestras, mesmo que não entendêssemos muita coisa dos assuntos e do que era falado naqueles eventos.

Em uma dessas ocasiões, ouvimos um jovem palestrante, de pensamento original e envolvente, que nos convidava a pensar com ele. Sua inteligência clara e rara provocava na gente a vontade de aprender e saber mais e mais. E foi assim que descobrimos que aquele palestrante encantador, sobre o qual não conhecíamos muita coisa, já tinha publicado alguns livros, entre eles uma *História da psiquiatria no Brasil* (1976). E logo pensamos: vamos fazer o nosso trabalho de Preventiva a partir de uma entrevista com ele.

Admito a preguiça: era mais fácil entrevistá-lo do que ler e fichar o livro todo. Só havia um problema: como e onde encontrá-lo? Sabíamos seu nome – Jurandir Freire Costa – e já tínhamos visto seu livro exposto nas banquinhas de livro dos congressos que frequentávamos, junto com outros da Editora Graal, cujos títulos, apesar do conteúdo um tanto complexo para as nossas capacidades intelectuais na época, nos fascinavam e atraíam. Diante desse impasse, só restava ler o livro. E assim o fiz, com enorme prazer e encantamento.

Ali, eu, que ainda nada sabia do presente da psiquiatria, descobria no recorte apresentado pelo autor, e encarnado na Liga Brasileira de Higiene Mental, toda a matriz classista, racista e heteropatriarcal do pensamento e da prática psiquiátrica hegemônicos no Brasil desde os anos 1920. Jurandir já apontava isso nos anos 1970. É incrível que esses marcadores – classe, raça, gênero, orientação sexual – possam ter permanecido como "variáveis sombra" na produção acadêmica brasileira sobre o tema até a primeira década do século XXI (Rosa & Campos, 2012).

Porém, quis o destino que encontrássemos não só a obra, mas também o autor. Como já mencionado, estávamos não apenas em 1982, mas às vésperas das eleições, as primeiras com votação para cargos majoritários do executivo, no caso, governo do estado. Haveria, em um final de tarde de um dia de semana, um comício do PT na Cinelândia, do candidato a governador Lysâneas Maciel. Saímos do Fundão de ônibus, 326 se não me engano, direto para a Cinelândia, eu e um colega, também integrante do grupo do trabalho de Preventiva e companhia contumaz na frequentação dos congressos e ciclos de debates aludidos anteriormente. Devidamente ornados com nossas estrelinhas vermelhas na lapela, chegamos à praça, ainda meio vazia (era um pouco cedo). Ficamos nos movimentando por lá, buscando pessoas conhecidas às quais nos juntaríamos. E foi assim que avistamos um rosto familiar, do qual não estávamos, contudo, à procura.

"Aquele cara lá não é o Jurandir Freire Costa?" Tomamos coragem e nos aproximamos. E chegando junto a ele repetimos a pergunta diretamente. Ao que respondeu, com um sorriso acolhedor, ele também devidamente paramentado com sua respectiva estrelinha vermelha: "Sim, sou eu". A única estrela presente ali era a do PT, portada em tantas lapelas. Jurandir era pura simpatia e simplicidade. Conversamos um tempo, falamos de nosso trabalho de Preventiva, da leitura do seu livro, e terminamos a conversa convidados para ir ao seu consultório em uma manhã da semana seguinte para fazermos a tal entrevista.

E lá fomos nós, um grupo de 8 ou 10 estudantes de Medicina, sonhadores e voluntariosos. Jurandir falou sobre a história da psiquiatria no Brasil. Mas não só. Falou de práticas inovadoras em saúde mental, falou da Rede de Alternativas à Psiquiatria. E nos convidou a todos, jovens inexperientes e cheios de vontade de acertar, para participarmos de um experimento clínico que ele e alguns colegas psicanalistas iam iniciar na Clínica Social de Psicanálise em Copacabana, o Grupo de Ajuda Mútua (GAM).

A proposta era a de um grupo que se encontraria aos sábados de manhã, na sede da Clínica Social na rua Tonelero, sob a orientação imediata de alguns jovens psicólogos que atuavam como acompanhantes terapêuticos – na época acho que ainda eram chamados de auxiliares psiquiátricos –, formado por nós e outras jovens, e nem tão jovens, pessoas com transtornos mentais graves às voltas com o retraimento e a clausura subjetiva e social colocados pelos desafios de seus respectivos sofrimentos psíquicos e pelo estigma a eles associado. A proposta era um convívio mais horizontal, ainda que enquadrado clinicamente, para que pudéssemos conviver, conversar, fazer passeios, achar saídas e promover encontros para e com aquelas pessoas isoladas pelo seu sofrimento mental.

Nada me lembro do trabalho de Medicina Preventiva. Como usamos a entrevista com Jurandir, como ficou o trabalho, que nota recebemos, nada. O que sei, com quatro décadas de recuo, é que aquele encontro produziu, desde o seu primeiro momento, uma inflexão definitiva no que viria a ser a minha trajetória profissional e acadêmica. Desde então, sempre procurei ter Jurandir por perto, mesmo quando estive mais distante, em leituras, palestras, cursos, supervisão, percurso formativo, ou simplesmente como ideal ético e intelectual.

Entrar no universo da psiquiatria e da saúde mental pelo GAM com certeza foi um privilégio, que me permitiu conhecer o louco antes da loucura. Ou melhor, antes da loucura decodificada pelos saberes médico-psicológicos, classificações ou teorias. Dizendo ainda de outro modo, entrei em contato com a psicopatologia pelo *páthos*, antes de ser apresentado ao *logos*. O que serviu, sem dúvida, de fundamento para a convicção que me acompanhou desde então, ao longo de todas as etapas de formação e de exercício clínico e acadêmico, de que não se pode estudar, praticar, ensinar e pesquisar psiquiatria e saúde mental negligenciando o *páthos*.

Peters (1983) indica que a palavra *páthos* apresenta uma diversidade de conotações, gravitando em torno de *acontecimento*, *experiência*, *sofrimento*, *emoção*, que poderíamos sintetizar como "algo que acontece", que se refere tanto ao próprio evento quanto a como a pessoa é afetada, o que nos remete imediatamente ao plano dos valores e à dimensão normativa.

Canguilhem (1966/1982), cuja obra me foi apresentada por Jurandir, nos lembra na sua incontornável tese de medicina de 1943 de que o "pathos *antecede o* logos" e "*não há nada na ciência que antes não tenha aparecido na consciência*" (p. 68, grifos nossos). Ou seja, se o trabalho da reflexão e da prática científicas no campo do conhecimento e dos cuidados em saúde se colocou em marcha, é porque foi provocado pela experiência humana de sofrimento e dor.

Na sua tese, Canguilhem discute a viabilidade de se reduzir o conceito de doença a uma realidade factual acessível à objetividade do conhecimento científico, prescindindo por completo da elucidação da face humana e normativa que se revela em sua dimensão experiencial e corporificada. Ele propõe que é a vida que torna as fronteiras entre o normal e o patológico uma questão de valor e não um fato de realidade estatística, esta uma expressão secundária da primeira. A normatividade vital, em sua força de criação, não postula a referência a uma norma única transcendente que ordena as diversas expressões dos viventes. A vida, como sabemos desde Darwin, é a variação, e não a eterna repetição. E, como assinala Le Blanc (2002), "a individualidade emerge das formas de criação internas à vida" (p. 32, tradução nossa).

Se a vida é criação de múltiplas formas de viver, a diversidade, em si mesma, não é doença. Nem toda variação, por mais extravagante que seja, é patológica. Na instabilidade imanente à vida, que engendra uma pluralidade de formas de viver, a doença é apenas uma de suas possibilidades. É o ser vivo individual, tomado como totalidade orgânica em relação singular com o meio que o cerca, que pode assinalar a passagem da condição de saúde para a doença, que pode avaliar se uma norma de vida é superior à outra. O patológico é o normal de uma normatividade destituída de poder inventivo, regida por uma norma que não suporta transgressões às suas condições de validade nem consegue se transformar em outra. O indivíduo doente é aquele que perdeu a capacidade normativa e está fixado de forma estável por uma norma conservadora, que se reproduz idêntica a si mesma, quaisquer que sejam as circunstâncias.

Assim, se a doença como possibilidade do viver coloca o indivíduo em sua relação com o meio como a condição para assinalar a passagem do normal para o patológico, a doença como sentido só pode ser apreendida/elaborada por um sujeito que a vivencia. "A doença faz a individualidade, mas é a subjetividade que faz o doente pelo sentido que dá à doença" (Le Blanc, 2022, p. 115, tradução nossa).

O patológico é corpo, é organismo, é indivíduo e é sujeito, que vive "uma vida diferente" (Canguilhem, 1966/1982, p. 64) nas vivências individuais das transformações somáticas e psíquicas relativas ao processo mórbido, por meio da operação da dialética entre materialidade dos processos biológicos e significação pessoal e cultural (Kleinman, 1988). No caso das perturbações mentais, as experiências individuais de "vida diferente" resultantes implicam uma transformação subjetiva, que pode representar em muitos casos verdadeiras rupturas de trajetória biográfica. "Viver uma vida diferente" significa viver uma outra qualidade de vida, original em seus próprios termos.

A recusa de uma redução naturalista e de uma abordagem exclusivamente em terceira pessoa do acontecimento psicopatológico, descontextualizada dos seus concomitantes sociais, políticos e culturais, marca o itinerário ético e epistêmico de Jurandir no enfrentamento das questões mais espinhosas do campo da psiquiatria e da saúde mental. Em produção relativamente recente (Costa, 2014), ele retoma a atualidade do pensamento de Canguilhem para pensar as fronteiras entre normalidade, patologia e diferença no contexto do ideal normativo contemporâneo marcado por "*uma despudorada e draconiana tradução psicológica da ideologia do individualismo possessivo e consumista*" (p. 176, grifo do original) e pela proliferação de "*múltiplas formas de atipia mental*" (p. 177, grifo do original).

Reafirmando a primazia do normativo, postulada por Canguilhem, na avaliação dos limites entre o normal e o patológico, no debate contemporâneo entre naturalistas e normativistas, ele enriquece e renova a discussão com aportes da antropologia de Irving Hallowell, da etnopsiquiatria de Georges Devereux e da linguística e da ciência cognitiva de Andrew Lakoff e Mark Johnson, para concluir, no que tange às "múltiplas atipias", o que faz de umas normativas e de outras patológicas: "A inscrição patológica da atipia, portanto, não se deve apenas ao subdesempenho pragmático do sujeito, mas também à distância entre seu modo de categorizar o mundo e seguir as regras das inferências obrigatórias correntes, no campo da interação sócio-psicológico-moral" (p. 187).

Estabelecida a complexidade do objeto da psicopatologia, destacado do universo da mera variação ou atipia, não podemos nos esquivar, enquanto praticantes da psiquiatria e da saúde mental, de assumir como nossa tarefa primordial conhecer as singularidades fenomênicas desses modos de ser e de estar no mundo, dessas "vidas diferentes".

Entre as muitas coisas que aprendi com Jurandir, uma das primeiras foi o entendimento acerca da contingência e da historicidade dos saberes médico-psicológicos. Para alguém como eu, que estava em pleno processo de formação médica, fartamente informada pelas ciências naturais e suas aspirações de facticidade, universalidade e neutralidade, compreender que o conhecimento emerge em circunstâncias históricas complexas e seus regimes de verdade correspondem aos desfechos de diferentes jogos de poder foi iluminador.

Um dos autores que conheci por meio do ensino de Jurandir, nessa altura bem inicial do meu processo formativo, foi Michel Foucault. Penso aqui especificamente na *História da loucura na Idade Clássica* (1972/1978) e na relação que a sua leitura pode ter com o ponto levantado dois parágrafos atrás, acerca da necessidade de conhecer as vidas e os mundos daqueles que padecem de um sofrimento psíquico. Sabendo do caráter provisório e contingente das teorias psiquiátricas, em que medida elas, ou alguma delas, poderiam nos permitir essa aproximação, nos levariam a conhecer o coração da loucura?

Como o próprio título da obra revela, o livro de Foucault não tem por ambição fazer uma história da psiquiatria. Em sua primeira edição, publicada em 1961, a obra iniciava com um extenso prefácio, escrito em envolvente prosa poética, em que era exposta a ambição do projeto que o livro, originalmente uma tese de doutorado, pretendia realizar: "Não se trata de uma história do conhecimento, mas dos movimentos rudimentares de uma experiência. História, não da psiquiatria, mas da própria loucura, na sua vivacidade, antes de toda captura pelo saber" (Foucault, 1961/1994, p. 164, tradução nossa).

O propósito do livro revela, de forma contundente, como a possibilidade de se surpreender com o inusitado das experiências vivenciais da loucura se torna crescentemente inviável desde que nos instalamos confortavelmente nas categorias operatórias da consciência analítica que sustenta o conhecimento médico e psicológico da loucura na modernidade. Tais vivências são recuperadas em categorias que conferem inteligibilidade para o observador, ao custo de neutralizar sua humanidade e sua potência originárias.

Na serenidade do conhecimento objetivo sobre a loucura, tornada doença ou transtorno mental, seu *páthos* se encontra domesticado, silenciado pelos enunciados de um saber formulado em terceira pessoa. O efeito do pensamento crítico de Foucault é nos despertar do nosso próprio torpor produzido pela segurança das crenças classificatórias, conceituais, institucionais, atraindo a nossa atenção para o incessante fluxo subterrâneo das palavras e das dores da loucura que subjaz às nossas certezas. Como ele nos lembra, não no prefácio, mas no último capítulo do livro, o *Homo psychologicus* descende do *Homo mente captus* (Foucault, 1972/1978).

Será preciso silenciar ou pausar, ainda que temporariamente, o "monólogo da razão sobre a loucura" (Foucault, 1961/1994) para que os murmúrios do seu *páthos* possam se fazer ouvir, colocando em prática uma espécie de *epoché*, que, como nos lembra Merleau-Ponty (1945/1999), é sempre incompleta, "porque nós estamos no mundo, mesmo nossas reflexões têm lugar no fluxo temporal que elas procuram captar" (pp. 10-11).

Assim, cabe a pergunta: mesmo sob as formas culturais e históricas do nosso saber sobre a loucura reconhecida como transtorno mental, é possível encontrar seu *páthos?*

A questão da relevância e do desafio metodológico envolvido no acesso à experiência subjetiva do sofrimento psíquico foi introduzida na psicopatologia com a obra de Karl Jaspers. No artigo "The phenomenological approach in psychopathology" (1912/1968), ele aponta a *fenomenologia* como a via metodológica para o estudo da subjetividade: "A fenomenologia, então, lida com o que é realmente experienciado. Ela vê os eventos psíquicos 'como a partir do interior' e os traz para um entendimento imediato" (p. 1322, tradução nossa). Um ano depois, ele dedica o primeiro capítulo da primeira parte da *Psicopatologia geral* (1913/1966) à fenomenologia como ferramenta de investigação que deve servir ao estudo dos vividos subjetivos da vida psíquica enferma, destacando o caráter fundador desse estudo para o desenvolvimento de qualquer psicopatologia. A ela cabe "apresentar-nos intuitivamente *os estados psíquicos que experimentam realmente os enfermos*" (p. 75, tradução nossa, grifos do original). Mesmo no *logos*, devemos começar pelo *páthos*.

É preciso salientar que Jaspers toma a fenomenologia como uma espécie de psicologia descritiva, o que não é de todo contraditório com os desenvolvimentos iniciais de Husserl, que é justamente o que lhe serve de referência, embora para esse último o método fenomenológico devesse servir a um propósito lógico, transcendental – "descrições fenomenológicas não se referem a experiências ou classes de experiências de indivíduos empíricos; a fenomenologia nada sabe e nada assume sobre experiências individualizadas" (Husserl, citado por Berrios, 1992, p. 318, tradução nossa) –, enquanto para Jaspers ela tinha uma aplicação empírica, visando conhecer uma experiência vivida individual, apreendida em uma perspectiva intersubjetiva empática, o que motivou muita discussão acerca da pertinência ou não de tomar Jaspers como um autor propriamente filiado àquilo que veio a ser conhecido como psicopatologia fenomenológica (Berrios, 1992; Langenbach, 1995; Walker, 1994a, 1994b; Wiggins & Schwartz, 1995, 1997).

Mas esse não é o meu foco no presente momento. O que realmente gostaria de ressaltar é a abertura de um esforço epistêmico, no interior da psiquiatria, para acessar o que em termos mais recentes poderíamos chamar de "what is it like" (Nagel, 1974/1997) dos modos de estar no mundo daqueles que vêm a ser diagnosticados com um transtorno mental. Ainda que alguns comentadores apontem limitações na proposta de Jaspers, como o seu escopo estritamente descritivo, que se contenta em ordenar e nomear os múltiplos fenômenos psíquicos mórbidos, e a sua concepção de empatia, que Stanghellini (2004) considera *claustrofílica*, na medida em que se escora em uma noção de intersubjetividade restrita à relação dual e que não leva em conta a totalidade do modo de ser do paciente nem as circunstâncias do meio – social, cultural, familiar, institucional – onde se expressam as manifestações clínicas cujo vivido subjetivo é estudado, é inegável que Jaspers aponta um caminho. Não para silenciar o aludido monólogo da razão sobre loucura, o que poderia ser até considerado ingênuo. Ainda assim, outras vozes podem e devem falar e ser ouvidas, substituindo o monólogo pela polifonia.

É preciso reencontrar os caminhos que nos levem de volta ao ponto a partir do qual se torna possível e pensável a psicopatologia enquanto campo do conhecimento humanamente relevante: a experiência subjetiva do sofrimento psíquico, resgatando o seu *páthos*, lógica e cronologicamente primeiro, e, contudo, tão esquecido nesses tempos de objetivismo biomédico. Como nos lembram Monti e Stanghellini (1996), uma psicopatologia que só seja *logos*, sem *páthos*, não terá mais utilidade do que uma lâmina sem fio.

A seara aberta por Jaspers foi percorrida por diferentes autores no decorrer do século XX e no início do século XXI, inspirados e influenciados em diferentes graus pelas transformações da fenomenologia filosófica, em especial pelas obras de Husserl, Heidegger, Sartre, Merleau-Ponty, indo além da psicopatologia empático-descritiva jaspersiana – não confundir com a psicopatologia descritiva, parte integrante da psiquiatria hegemônica pós-DSM III, toda ela elaborada em uma perspectiva de terceira pessoa – e incorporando operadores fenomenológicos como o estudo da consciência, da autoconsciência (dos seus estratos mais básicos até os mais reflexivos) e da experiência vivida da temporalidade, da corporeidade e da intersubjetividade. Esse esforço coletivo, apesar de suas muitas diferenças internas, convergiu para uma "Psicopatologia cujo esforço é iluminar primariamente a qualidade das experiências subjetivas, seus significados pessoais e o padrão pelo qual elas estão situadas como partes de totalidades significativas . . . principalmente concernida com a corporificação e a intersubjetividade" (Stanghellini, 2004, p. 9, tradução nossa).

Em artigo recente, Jurandir aborda essa questão do sujeito da psicopatologia (Costa, Bezerra Jr. & Gama, 2019). Nesse artigo, ele e seus coautores defendem a centralidade da noção de sujeito para a psiquiatria/psicopatologia e dialogam criticamente com autores da neurociência cognitiva contemporânea que propõem descartar essa noção enquanto uma "ilusão idealista" (p. 90). Ainda que concedendo àqueles autores que a noção de sujeito não tem necessariamente "nenhuma densidade substancial ou essencial" (p. 90) e que o uso habitual da palavra sujeito remete a uma formação imaginária, postulam que em outros dos seus usos sujeito "ainda é um conceito indispensável para a compreensão das condições para a gestação e o funcionamento da vida psicológica" (p. 90).

Na sua argumentação, Jurandir e seus coautores apoiam-se na noção de self, ou sujeito experiencial, da tradição fenomenológica.

Este não é um modo abstrato de existência prévio ao encontro do organismo humano com o mundo, mas um modo de doação ou apresentação deste para o primeiro, em todas as suas percepções e interações mundanas. Sujeito, em sua versão mais básica, e mundo são coetâneos. O sujeito experiencial aparece como "a invariante mínima de qualquer forma de presença subjetiva" (p. 94). Esse self/sujeito mínimo é, contudo, autotransparente – porém não ilusório – e só pode apreender a si mesmo, ainda que de modo sempre parcial, de forma reflexiva. Reflexividade tornada possível pela presença e pelo olhar do outro e pelo pertencimento a alguma comunidade linguística e cultural.

Assim, esse sujeito da psicopatologia precisa ser pensado em toda a sua complexidade, desde suas formas mais fundamentais, experienciais, até as suas mais complexas elaborações narrativas, indissociáveis de sua situação na história e na cultura. Reencontramos aqui o caráter inelutavelmente normativo do fato (psico)patológico, tomado em sua dimensão vivencial, subjetiva. Como formulam Jurandir e seus coautores, "qualquer psicopatologia é a psicopatologia de um sujeito, cuja imagem de 'normalidade', 'tipicalidade' ou 'funcionalidade' é sempre relativa a um certo contexto sociocultural" (p. 96).

Nesse artigo, Jurandir e seus coautores se perguntam, no título, de qual plural é feito o sujeito da psicopatologia. Eles encaminham a resposta recorrendo à fenomenologia, que pensa subjetividade, intersubjetividade, corpo e mundo como aspectos de um mesmo todo ou modo de presença. Mas seria isso suficiente para dar conta do plural do sujeito? Ou precisamos ir além?

O conhecimento da experiência subjetiva do sofrimento psíquico, mesmo que busque ir adiante de um mero registro de comportamentos listados como critérios operacionais pelos sistemas classificatórios vigentes, não pode se contentar em identificar invariantes existenciais que marcam os modos particulares de adoecimento mental relacionados aos diferentes diagnósticos, como a experiência da depressão, da esquizofrenia, da bipolaridade e assim por diante, como se estas fossem universais. Ainda que seja indispensável conhecer o mundo-vida (*lifeworld*) das pessoas que convivem com uma esquizofrenia, um transtorno do humor, um transtorno *borderline* (Stanghellini et al., 2019) para uma avaliação clínica mais acurada e a proposição de um cuidado mais adequado, isso não é o suficiente. É necessário também uma apreciação crítica do modo como essas atribuições diagnósticas e as diversas modalidades de intervenção terapêutica são oferecidas aos sujeitos, não apenas na singularidade de suas experiências subjetivas de adoecimento, mas também na posição particular em que se encontram no entrecruzamento dos diferentes sistemas de poder e opressão, como classe social, gênero, raça/cor, orientação sexual, faixa etária, localização geopolítica, sem contar o viés capacitista pelo qual essas pessoas são avaliadas de modo quase imediato.

Uma via para ser percorrida na busca por essa apreciação mais complexa do "plural" do sujeito da psicopatologia pode ser uma apreciação fenomenológica crítica da experiência de adoecimento. Guenther (2021) propõe um entendimento em seis camadas acerca do que seria uma fenomenologia crítica em sua investigação da experiência subjetiva, que vai desde camadas mais epistêmicas – a arte de formular questões e a investigação das condições de possibilidade da experiência – até camadas mais éticas e políticas, incluindo aqui um estudo quase transcendental historicamente fundado dos diferentes mundos-vida, uma análise situada das relações de poder, uma problematização dos seus próprios conceitos e métodos, até chegar em "uma prática de liberdade que procura não apenas interpretar os sentidos da experiência vivida, mas também modificar as condições sob as quais os horizontes de possibilidade para a produção de sentido, a ação e as rela*ções estão injustamente limitados*" (p. 5).

Davis (2019) aponta que, para se desenvolver uma fenomenologia efetivamente crítica, ela precisa ser interseccional e os recortes de raça, gênero e classe social não podem ser tomados como meramente acessórios. "Para se realizar uma fenomenologia crítica a fenomenologia precisa ser vista como uma filosofia da diferença, não da identidade. . . . quando nossa identidade pessoal é exposta enquanto interseccional, conseguimos revelar nossas identidades sociopolíticas como a diferença das diferenças" (p. 8).

Em resumo, a fenomenologia crítica pode contribuir para apresentar o "plural" do sujeito da psicopatologia enquanto um fenômeno interseccional. Patricia Hill Collins, uma das principais referências nos estudos interseccionais, postula que a interseccionalidade é tanto uma ferramenta de investigação quanto uma práxis (Collins & Bilge, 2021). Coerente com essa perspectiva, Guenther (2019) aponta que a fenomenologia crítica é tanto uma prática filosófica, que concerne de forma exclusiva às duas primeiras camadas mencionadas anteriormente, quanto uma prática política, que concerne sobretudo às quatro últimas camadas, "como uma luta pela liberação das estruturas que privilegiam, naturalizam e normalizam certas experiências do mundo, enquanto marginalizam, patologizam ou desacreditam outras" (p. 15, tradução nossa).

Nesse sentido, essa abordagem não se contenta em apenas descrever as experiências em primeira pessoa de uma consciência não situada, descontextualizada e fora da história, mesmo que de forma rica e empática. "O que faz de uma investigação fenomenologia crítica, na minha opinião, *é* uma análise quase transcendental de como tais experiências são possíveis, como tal mundo-vida é possível – *não apenas what is it like*, mas também como se tornou assim e como fazer para transformar essa situação" (Guenther, 2021, p. 12). Precisamos, portanto, de uma psicopatologia fenomenológica crítica para dar conta do plural do sujeito em sofrimento psíquico.

Em um artigo recente, Zahavi e Loidolt (2022) demonstram como essa perspectiva pode ser encontrada em abordagens da psicopatologia fenomenológica dos últimos cem anos, pelo menos em algumas das camadas identificadas por Guenther (2021) na perspectiva da fenomenologia crítica. Podemos identificar a postura de uma crítica epistêmica, como na obra inaugural de Jaspers de 1913, a *Psicopatologia geral*, que foi uma das principais, se não a principal crítica metodológica e epistêmica da psiquiatria enquanto campo de conhecimento e práticas, e em contribuições bem mais recentes de Parnas e Zahavi (2003) e Kirmayer, Lemelson e Cummings (2015). Mas também podemos identificar essa postura crítica a partir de uma visada fenomenológica nas obras de Ronald Laing (crítica clínico-institucional), Franco Basaglia (crítica clínico-institucional-política) e Frantz Fanon (crítica clínico-institucional-política-decolonial). Esses últimos autores, em que pesem as diferenças de escopo de suas respectivas obras, convergem na superação de uma mera crítica do conhecimento para a proposição de práticas verdadeiramente emancipatórias que ecoam em nós no presente, nos servindo como inspiração e alento.

Contudo, a produção acadêmica de uma psicopatologia fenomenológica crítica, que incorpore todas as camadas elencadas por Guenther, ainda é escassa na atualidade, mas já começa a ganhar visibilidade. Ritunnano (2022) discute o papel da fenomenologia crítica no enfrentamento e na superação das "injustiças epistêmicas" nas práticas em psiquiatria e saúde mental. Esse conceito, introduzido pela filósofa Miranda Fricker (2007), na interseção entre a ética e a epistemologia, foi incorporado às reflexões em saúde por uma outra filósofa britânica, Havi Carel (2016), que tem por objeto de estudo a fenomenologia da experiência do adoecimento. Fricker discerniu dois tipos de injustiça epistêmica: a *injustiça testemunhal*, na qual estereótipos negativos contribuem para a diminuir a credibilidade do falante enquanto produtor de conhecimento; e a *injustiça hermenêutica*, que se refere a uma falta de recursos hermenêuticos disponíveis para compreender algumas experiências sociais de certos grupos.

Em artigo recente, Carel e colaboradores fazem um estado da arte da injustiça epistêmica na pesquisa e na prática em psiquiatria (Kidd, Spencer & Carel, 2023). Eles fazem um apanhado dos desenvolvimentos posteriores no campo dos estudos em injustiça epistêmica, que refinaram a tipologia dual proposta originalmente por Fricker, identificando nuances e sutilezas nas modalidades testemunhal e hermenêutica. Nessa última, pode-se discernir na ausência de recursos conceituais para dar sentido a uma experiência vivida uma recusa, por um grupo situacionalmente hegemônico, dos recursos conceituais adotados por grupos dominados ou periféricos para dar sentido às suas próprias experiências.

A vivência repetida de situações de injustiça epistêmica, seja na forma testemunhal (preconceitos informacionais, que dizem respeito a quem é *a priori* reconhecido como relevante para a construção do conhecimento), seja na forma participativa ou contributiva, que ignora, minimiza, desqualifica ou recusa a contribuição de determinados grupos para a produção coletiva do conhecimento, contribui para produzir um *esgotamento testemunhal*, uma espécie de retraimento preventivo dos sujeitos discriminados ou ignorados enquanto participantes ativos do jogo epistêmico.

Não é preciso muito esforço de imaginação para perceber que a injustiça epistêmica, em todas as suas formas e modalidades, está presente nas práticas em saúde, especialmente naquelas centradas na doença. No caso das perturbações mentais, essa situação certamente se agrava. O doente mental é o lunático, o instável, o emocionado, o delirante, o perturbado, o pouco digno de confiança e credibilidade. Como acessar a experiência subjetiva do adoecimento em circunstâncias de prática clínica tão hostis, em que a mera atribuição de uma etiqueta diagnóstica impõe uma barreira de silêncio e descrédito ao que o sujeito tem a dizer sobre si e seu sofrimento?

O artigo de Ritunnano (2022) se propõe a enfrentar essa questão com as ferramentas da fenomenologia crítica, radicalizando uma proposta inicial de Carel (2016) de uma "caixa de ferramentas fenomenológicas" que se propunha a qualificar os recursos hermenêuticos dos participantes, "especialistas por experiência", do encontro clínico. A proposta de Carel era auspiciosa, mas com o foco equivocado. Nós, os clínicos, é que precisamos nos qualificar para acolher os nossos pacientes não como meras fontes de informação, mas como participantes ativos da construção de um conhecimento que lhes concerne diretamente – elaboração diagnóstica, projeto terapêutico etc.

> *Apoiar a agência epistêmica e hermenêutica de um paciente não acarreta simplesmente a capacidade para identificar a vida subjetiva do outro e as suas formas de sofrimento e disfunção. Envolve também a capacidade de reconhecer o outro como um semelhante, com uma necessidade fundamental de sentido, significância e pertencimento. (Ritunnano, 2022, p. 251)*

Aprendi com Jurandir, desde muito cedo, a procurar ouvir e dar crédito aos mais vulneráveis, aos loucos, aos marginalizados, a todos aqueles preteridos e sem voz na economia das trocas simbólicas. Mesmo não estando tão próximo nos últimos anos, seu pensamento e sua ética nunca deixaram de ser uma bússola a me guiar na busca por uma prática, fundamentada conceitualmente, que seja mais inclusiva, colaborativa e participativa, na clínica, no ensino e na pesquisa em psiquiatria e saúde mental. Seu pensamento e sua obra, que encontrei muito cedo em minha caminhada, inocularam em mim desde sempre tanto o gosto pela história dos conceitos como o apreço pelo avançar rumo ao horizonte utópico de uma psiquiatria em constante transformação para responder às demandas do seu tempo.

Este texto é uma homenagem e um reconhecimento por todo o seu brilhantismo, que iluminou minha trajetória desde aquele encontro no comício da Cinelândia. Este texto é um testemunho desse aprendizado. Este texto é o meu agradecimento, nos seus 80 anos, pela felicidade de ter cruzado o seu caminho. E termino do mesmo modo que comecei os agradecimentos de minha tese de doutorado: Jurandir, *without whom not*.

Referências

Berrios, G. E. (1992). Phenomenology, psychopathology and Jaspers: a conceptual history. *History of Psychiatry*, *3*(3), 303-327.

Canguilhem, G. (1982). *O normal e o patológico*. Forense Universitária. (Trabalho original publicado em 1966).

Carel, H. (2016). *Phenomenology of illness*. Oxford University Press.

Collins, P. H., & Bilge, S. (2021). *Interseccionalidade*. Boitempo.

Costa, J. F. (1989). *História da psiquiatria no Brasil: um corte ideológico*. 4a ed. Xenon. (Trabalho original publicado em 1976).

Costa, J. F. (2014). As fronteiras disputadas entre normalidade, diferença e patologia. In R. Zorzanelli, B. Bezerra Jr., & J. F. Costa, *A criação de diagnósticos na psiquiatria contemporânea* (pp. 171-187). Garamond.

Costa, J. F., Bezerra Jr., B., & Gama, J. (2019). The subject of psychopathology: of what plural is it made? *Philosophy, Psychiatry, & Psychology*, *26*(2), 89-97.

Davis, D. H. (2019). The Phenomenological Method. In Weiss, G., Salamon, G. & Murphy, A. V. (Eds.), *50 concepts for a critical phenomenology* (pp. 3-9). Northwestern University Press.

Foucault, M. (1994). Préface. In M. Foucault, *Dits et Écrits* (Vol. I, pp. 159-167). Gallimard. (Trabalho original publicado em 1961).

Foucault, M. (1978). *História da loucura na Idade Clássica*. Perspectiva. (Trabalho original publicado em 1972).

Fricker, M. (2007). *Epistemic injustice: Power and the ethics of knowing*. Oxford University Press.

Guenther, L. (2019). Critical Phenomenology. In G. Weiss, G. Salamon, & A. V. Murphy, A. V. (Orgs.), *50 concepts for a critical phenomenology* (pp. 11-16). Northwestern University Press.

Guenther, L. (2021). Six senses of critique for critical phenomenology. *Puncta: Journal of Critical Phenomenology*, *4*(2), 5-23.

Jaspers, K. (1966). *Psicopatologia geral*. Beta. (Trabalho original publicado em 1913).

Jaspers, K. (1968). The Phenomenological Approach in Psychopathology. *British Journal of Psychiatry*, *114*, 1313-1323. (Trabalho original publicado em 1912).

Kidd, I. J., Spencer, L., & Carel, H. (2023). Epistemic injustice in psychiatric research and practice. *Philosophical Psychology*, 1-29.

Kirmayer, L., Lemelson, R., & Cummings, C. A. (Orgs.). (2015). *Re-visioning psychiatry: Cultural phenomenology, critical neuroscience, and global mental health*. Cambridge University Press.

Kleinman, A. (1988). *The illness narratives: Suffering, healing, and the human condition*. Basic Books.

Langenbach, M. (1995). Phenomenology, intentionality and mental experiences. Edmund Husserl's Logische Untersuchung and the first edition of Karl Jaspers's Allgemeine Psychopathologie. *History of Psychiatry*, *6*(2), 209-224.

Le Blanc, G. (2002). *Canguilhem et la vie humaine*. PUF.

Merleau-Ponty, M. (1999). *Fenomenologia da percepção.* Martins Fontes. (Trabalho original publicado em 1945).

Monti, M. R., & Stanghellini, G. (1996). Psychopathology: na Edgeless Razor? *Comprehensive Psychiatry*, *37*(3), 196-204.

Nagel, T. (1997). What is it like to be a bat? In Block, N., Flanagan, O. & Güzeldere, G. (Eds.), *The Nature of Consciousness: Philosophical Debates* (pp. 519-527). MIT Press. (Trabalho original publicado em 1974).

Parnas, J., & Zahavi, D. (2002). The role of phenomenology in psychiatric diagnosis and classification. In M. Maj, W. Gaebel, J. J. López-Íbor, & N. Sartorius (Orgs.), *Psychiatric Diagnosis and Classification* (pp. 137-162). John Wiley & Sons.

Peters, F. E. (1983). *Termos filosóficos gregos*. Calouste Gulbenkian.

Ritunnano, R. (2022). Overcoming hermeneutical injustice in mental health: A role for critical phenomenology. *Journal of the British Society for Phenomenology*, *53*(3), 243-260.

Rosa, L. C. D. S., & Campos, R. T. O. (2012). Etnia e gênero como variáveis sombra na saúde mental. *Saúde em Debate*, *36*, 648-656.

Stanghellini, G. (2004). *Disembodied spirits and deanimated bodies: The psychopathology of common sense*. Oxford University Press.

Stanghellini, G., Broome, M., Raballo, A., Fernandez, A. V., Fusar--Poli, P., & Rosfort, R. (Orgs.). (2019). *The Oxford Handbook of phenomenological psychopathology*. Oxford University Press.

Walker, C. (1994a). Karl Jaspers and Edmund Husserl I: The Perceived Convergence. *Philosophy, Psychiatry, & Psychology*, *1*(2), 117-134.

Walker, C. (1994b). Karl Jaspers and Edmund Husserl II: The Divergence. *Philosophy, Psychiatry, & Psychology*, *1*(4), 245-265.

Wiggins, O. P., & Schwartz, M. A. (1995). Chris Walker's Interpretation of Karl Jaspers' Phenomenology: A Critique. *Philosophy, Psychiatry, & Psychology*, *2*(4), 319-343.

Wiggins, O. P., & Schwartz, M. A. (1997). Edmund Husserl's Influence on Karl Jaspers' Phenomenology. *Philosophy, Psychiatry, & Psychology*, *4*(1), 15-36.

Zahavi, D., & Loidolt, S. (2022). Critical phenomenology and psychiatry. *Continental Philosophy Review*, *55*(1), 55-75.

6. Jurandir e a reforma psiquiátrica brasileira

Rossano Cabral Lima

Introdução

> *Em 1987, no Centro Psiquiátrico Pedro II, Rio de Janeiro, um homem negro, alto e magro acabava de ser hospitalizado. Acompanhado por atendentes de enfermagem, caminhava pelo pátio, em direção à unidade de internação. Vinha vestido de mulher. A roupa, curta para seu tamanho, era grotesca. O andar desengonçado, de quem está sedado por antipsicóticos, completava a cena constrangedora. No asilo, entretanto, quase ninguém parecia incomodado com o que via. Tudo soava estranhamente natural.* (Costa, 1991, p. 41)

Com esse relato contundente, Jurandir abria o artigo "Psiquiatria burocrática: duas ou três coisas que sei dela". O texto refletia seus anos de experiência clínica e elaborações teóricas sobre os dispositivos médicos e a psiquiatria no país; além disso, é um exemplar da marca que o autor imprimiu aos estudos e às pesquisas do Instituto de Medicina Social da Universidade do Estado do Rio de Janeiro

(IMS/Uerj), ao convocar ao diálogo com áreas como a psicanálise, a filosofia e a teoria social. O trecho citado não deixa dúvidas de que seu autor é um protagonista atento e atuante no cenário da assistência psiquiátrica na virada dos anos 1980 para a década de 1990, período crucial para o estabelecimento das políticas públicas de saúde mental no Brasil.

A produção de Jurandir é vasta, abrangente e multifacetada, cobrindo cinco décadas – dos anos 1970 até o presente. Este texto visa revisitar e sistematizar suas contribuições para o campo da saúde mental e suas interseções com o processo de reforma psiquiátrica no Brasil.

O primeiro período da reforma psiquiátrica

O início da produção intelectual de Jurandir se dá em momento de desgaste da ditadura militar e de rearticulação dos movimentos sociais. É o início do "movimento sanitário brasileiro", que penetrou em diversas áreas da sociedade, incluindo a universidade – como é o caso da criação do Programa de Pós-Graduação em Medicina Social (depois renomeado de Saúde Coletiva) no IMS/Uerj, em 1974. Em 1976, surgia o Centro Brasileiro de Estudos de Saúde (Cebes) e, em 1979, era criada a Associação Brasileira de Pós-Graduação em Saúde Coletiva, posteriormente rebatizada de Associação Brasileira de Saúde Coletiva (Abrasco). Todos tinham como principal bandeira a luta pela democratização da saúde e da sociedade, associada à mudança nos modelos de atenção à saúde (Lima, Fernandez & Funai, 2021).

No mundo psi, os anos 1970 foram o período de difusão de literatura crítica em psiquiatria e saúde mental e da visita de alguns de seus autores ao país. Michel Foucault, que já havia estado no Brasil em 1965, retorna em 1973, 1974 (neste caso, para conferências no IMS/Uerj), 1975 e 1976 (Rodrigues, 2011). Franco Basaglia, por sua vez, esteve no Rio de Janeiro em 1978 – participando do I Simpósio Internacional de Psicanálise, Grupos e Instituições, no qual também estiveram presentes Robert Castel, Felix Guattari e Erving Goffman – e retornou ao Brasil por duas vezes em 1979 (Basaglia, 1979).

Essas visitas contribuíram para politizar o campo e chamar a atenção da sociedade civil, que estava se reorganizando. No contexto da abertura política, a situação calamitosa dos hospitais psiquiátricos começou a ganhar visibilidade não só dos profissionais da área, dando origem ao Movimento dos Trabalhadores em Saúde Mental, em 1978, mas também da população em geral, principalmente por meio de reportagens de jornais e TV (LAPS, s.d.; Lima, Fernandez & Funai, 2021).

A psicanálise foi outro elemento importante nesse caldo de cultura psi que fermentava a futura luta antimanicomial (termo que só surgiria em meados dos anos 1980). Com o reforço de analistas argentinos, exilados da ditadura militar instalada em 1976 naquele país, a psicanálise brasileira ganhava forte conotação política, evidente tanto no circuito interno – com contestações a posições da Associação Psicanalítica Internacional (IPA) – quanto no externo, com as críticas ao apoliticismo de parte dos psicanalistas (Bezerra Jr., 1994). A presença de analistas lado a lado com trabalhadores orientados pela psiquiatria basagliana – no geral pouco receptiva à psicanálise – viria a ser marca distintiva do processo de reforma no Brasil.

É nesse período, próximo ao início do que a historiografia nomeia como a primeira fase da reforma psiquiátrica brasileira, situada entre 1978 e 1991 (Brasil, 2005; Vasconcelos, 2010), ou do que Amarante (1998) nomeou de "trajetória alternativa", que Jurandir, recém-chegado ao Rio de Janeiro vindo da França, publica seu primeiro livro, *História da psiquiatria no Brasil* (1976/1989b). Foucault havia lido a dissertação da qual o livro se originara, defendida em 1974 na École Pratique des Hautes Études, em Paris, tendo inserido comentários e recomendado a sua publicação (Machado, 2017/2021).

História da psiquiatria no Brasil, inspirado na genealogia histórica foucaultiana, apresentava à psiquiatria brasileira (e ao ainda incipiente movimento reformista) um passado nem tão distante, mas pouco conhecido, ofuscado pelas hagiografias de figuras ilustres e pela concepção linear e evolutiva da história da especialidade. O livro dava destaque à Liga Brasileira de Higiene Mental, fundada em 1925 e ativa até o início dos anos 1940. A análise de sua revista oficial, *Archivos Brasileiros de Hygiene Mental*, indicava a intromissão de agendas ideológicas de tonalidade fascista e conteúdo eugenista na produção teórica e na prática da fina flor da ciência psiquiátrica brasileira, com mais força no Rio de Janeiro e em São Paulo. Essa ideologia era importada da psiquiatria europeia e estadunidense, mas também influenciada por elementos da cultura brasileira da época, como o antiliberalismo, o moralismo, o racismo e a xenofobia. O trabalho de Jurandir vinha dar respaldo acadêmico aos críticos da psiquiatria tradicional, sendo uma das primeiras obras de autores brasileiros a se dedicar ao tema, à qual logo viriam se somar *Danação da norma*, de Roberto Machado e colaboradores (Machado, Loureiro, Luz & Muricy, 1978), e *A psiquiatria como discurso da moralidade*, de Joel Birman (1978).

Foi com Birman, ainda em 1976, que Jurandir publicou, em *Relatório e Resumos do 2º Congresso Brasileiro de Psicopatologia Infanto-Juvenil*, o texto "Organização de instituições para uma psiquiatria comunitária". No trabalho – reeditado em 1994 – os autores sinalizam a necessidade de tratar teoricamente o tema da psiquiatria comunitária, dadas as suas consequências para os serviços voltados à assistência.

Joel e Jurandir identificam a saúde mental – ao invés da doença mental – como objeto da "nova psiquiatria", que se encontrava em crise do ponto de vista assistencial, como disciplina teórica de base científica e como prática clínica. A partir daí, debatem o movimento das comunidades terapêuticas na Europa e nos EUA e a psiquiatria comunitária norte-americana. A comunidade é vista por eles como o novo espaço privilegiado de intervenção da psiquiatria, dado que os recursos comunitários passam a ser valorizados como tendo potencial cooperativo e terapêutico.

Contudo, essa concepção da comunidade idealmente adequada aos esforços preventivos e curativos da psiquiatria é alvo de crítica dos autores. A ideia de que os cidadãos se transformem em "agentes de saúde mental" e as estratégias visando reforçar os "mecanismos de defesa naturais" contra o sofrimento psíquico parecem, segundo eles, ignorar as peculiaridades de cada ambiente sociocultural, dado que a "comunidade" não corresponde a uma totalidade homogênea e que cada cultura oferece potencialidades e limitações para que o sofrimento seja elaborado pelos indivíduos.

Apesar da visão crítica, a psiquiatria comunitária teria um polo positivo, qual seja, a possibilidade de reforma dos serviços da saúde mental. Nesse sentido, as recomendações de Joel e Jurandir vão na direção da setorização da assistência psiquiátrica, já vislumbrando a necessidade de articulação entre a saúde e a previdência social (matriz das primeiras propostas na direção de um sistema unificado de saúde) e entre os hospitais e os ambulatórios, visando reduzir o tempo de internação e permitir que a mesma equipe acompanhe os pacientes em ambos os contextos.

Embora ainda não apontasse para a superação e a abolição do equipamento manicomial, a abordagem dos autores foi pioneira ao sistematizar os movimentos de "reforma" da psiquiatria na Europa e na América do Norte, procurando sintonizar a elaboração teórica com a agenda do movimento sanitário, tendo como horizonte as mudanças no panorama assistencial psiquiátrico no Brasil.

Em 1979, Jurandir retorna à abordagem genealógica em *Ordem médica e norma familiar*. Agora, os atores principais não são mais os alienistas ou os psiquiatras das primeiras décadas do século XX, mas os médicos do século XIX. No livro, Jurandir foi buscar em teses das faculdades de medicina a origem das prescrições higiênicas dos médicos brasileiros oitocentistas em relação aos hábitos de maridos, esposas e filhos. Essas instruções visavam disciplinar, tanto no ambiente de casa quanto nas escolas internas, uma elite urbana desejosa de superar o atraso colonial, se "civilizar" e ser aburguesada ao modo europeu.

Por meio da educação higiênica, a ordem médica criava uma norma física, moral, intelectual e sexual a operar no interior das famílias, trabalhando na direção da normalização de condutas e sentimentos. A partir daí, a família ganharia sua feição "moderna", baseada no intimismo psicológico e nas preocupações em torno do corpo e do sexo, eternamente dependente de especialistas para lhe guiar na direção de uma criação "científica" dos filhos. O impacto desse trabalho na seara da psiquiatria e da saúde mental, mais indireto do que no livro anterior, se fazia igualmente sentir por meio da revelação dos pressupostos e dos objetivos moralizadores que guiavam as ações daqueles que se diziam orientar pela ciência.

Nos anos 1980, Jurandir amplia suas contribuições ao campo da saúde mental, acrescentando temas originais e novos autores à pauta psi. À medida que seus trabalhos circulam e se tornam mais conhecidos, ele passa a ser figura de referência para os jovens ativistas antimanicomiais e para os praticantes de uma psicanálise afinada com as questões de seu tempo. Sua produção teórica acompanha seu trabalho no Centro Psiquiátrico Pedro II, no Engenho de Dentro, zona norte da cidade do Rio de Janeiro, e no Instituto de Medicina Social da Universidade do Estado do Rio de Janeiro (IMS/Uerj).

No II Congresso de Trabalhadores da Saúde Mental do Estado de São Paulo, em outubro de 1986, Jurandir aborda o tema "Os interstícios da lei", fala transcrita em coletânea publicada em 1987. O congresso, do qual participaram quase duas mil pessoas, discutia a relação entre cidadania, lei e saúde mental, tendo como pano de fundo a mobilização para a elaboração da nova Constituição Brasileira. Além disso, foi realizado no mesmo ano da VIII Conferência Nacional de Saúde (em março de 1986), que lançou as bases para o Sistema Único de Saúde (SUS), e no ano anterior à I Conferência Nacional de Saúde Mental (em junho de 1987, na Uerj) e ao II Congresso Nacional dos Trabalhadores em Saúde Mental, em Bauru/SP (em dezembro de 1987), no qual a associação é rebatizada de Movimento Nacional de Luta Antimanicomial, incluindo também familiares e usuários (LAPS, s.d.). Em síntese, era um momento de intensa mobilização política e de avanços nas proposições de reforma de todo o sistema de saúde do país.

Jurandir anuncia que, em vez de focar no Estado, vai abordar os "discursos estratégicos" presentes nos membros da sociedade aos quais o Estado delega o poder de tutelar, tratar e conviver com o doente mental e dizer a verdade sobre sua doença – ou seja, a psiquiatria e profissões próximas. Ele identifica três discursos que "envolvem essa rede de desumanidade, de ignomínia onde está o doente mental . . ., situação absolutamente abastardada e sórdida [que] é a situação do brasileiro que teve a infelicidade de ser o portador dos três 'pês': 'pobre, psicótico e preto'" (p. 48).

O primeiro é o discurso organicista, a partir do qual a psiquiatria busca a legitimação por seus pares médicos, promovendo a redução do indivíduo ao corpo e tendo o espaço asilar como seu local privilegiado. O segundo é o preventivista, que busca o reconhecimento do Estado visando ocupar espaços de legitimidade de intervenção nas "massas" mestiças e degeneradas às quais o indivíduo é reduzido. O terceiro é o psicoterápico, que acompanhou o processo de produção do intimismo psicológico no contexto da industrialização e da ascensão das classes médias urbanas.

Ao tratar do discurso organicista-asilar, Jurandir considera que recuperar o sentido da responsabilidade social, perdido no decorrer dos anos de ditadura militar, seria condição fundamental para que algo fosse feito em relação aos "locais de morte e infâmia" (p. 55), para que tais "crimes de paz" - como havia se referido Basaglia - não permanecessem impunes.

A indignação de Jurandir com o panorama manicomial brasileiro, bem como seu compromisso com a reforma da assistência psiquiátrica no momento de redemocratização do país, não era - de modo algum! - exercício limitado ao campo da retórica. O texto de 1987 é contemporâneo a seu trabalho no Centro Psiquiátrico Pedro II (posteriormente rebatizado de Instituto Municipal de Assistência à Saúde Nise da Silveira), na zona norte do Rio de Janeiro, que gerou o artigo "A consciência da doença enquanto consciência do sintoma: a 'doença dos nervos' e a identidade psicológica" (1987) e o livro *Psicanálise e contexto cultural: imaginário psicanalítico, grupos e psicoterapias* (1989a). Ambos derivaram da experiência com grupos terapêuticos no Ambulatório Central de Adultos daquele nosocômio, no âmbito de pesquisa conduzida pelo IMS/Uerj, com apoio da Finep, entre 1983 e 1988.

A investigação foi interrompida pela exoneração da direção e pela nomeação de novo diretor, que colocou 17 profissionais - Jurandir entre eles - à disposição do Ministério da Saúde. O trabalho sobre as alternativas psicoterápicas no serviço público não foi entendido como compatível com o modelo médico de atenção psiquiátrica defendido pela nova chefia; em consequência, os trabalhadores foram considerados "prescindíveis", compulsoriamente desligados do hospital, e parte foi transferida para a Colônia Juliano Moreira, no bairro de Jacarepaguá. O episódio justificou, nos agradecimentos do livro, uma verdadeira profissão de fé antimanicomial ao se referir ao novo diretor e sua equipe:

> *Agradecemos a exibição gratuita de violência, preconceito e ausência de ética científica e profissional. Ela não só nos mostra tudo o que um psiquiatra ou técnico em saúde mental não deve ser, como também confirma o que já sabíamos: em psiquiatria, ou defendemos o asilo* contra *o cliente, ou tratamos do cliente e somos* contra *o asilo. Quem optar pelo cliente, seguramente será prescindível ao bom funcionamento da miséria e da sordidez asilar. (1989a)*

Quanto ao tema abordado, tanto o artigo como o livro destacavam a figura da "doença dos nervos", forma prevalente de apresentação do adoecimento mental entre os pacientes que utilizavam o serviço público ambulatorial, na visão do autor. No artigo, Jurandir sustenta que esse padecimento resultaria da desestruturação ou ruptura do sistema de representações que forma a identidade psicológica de indivíduos das camadas populares (no caso dos homens, em torno do eixo trabalhador-pai-marido). Para os membros da classe trabalhadora, que exercem profissões manuais, o corpo é o principal referente e princípio explicativo de suas experiências. Jurandir vai demonstrar, porém, que isso não implica a eliminação da dimensão psicológica, e é a ambiguidade físico-psíquica dos "nervos" que justifica a oferta de tratamento psicoterápico a essas pessoas.

No livro, Jurandir sustenta que a psicoterapia de grupo seria o instrumento mais adequado para manejar a doença dos nervos. Essa seria uma opção pragmática, guiada pela filosofia de Richard Rorty e pelo princípio do humanamente útil de Wittgenstein, sem a pretensão de transformar o grupo em modelo universal para os atendidos em ambulatórios públicos. Para não restar dúvida, a afirmação é explícita: "não aceitamos e, mais que isso, repudiamos a ideia de que a população pobre deva ser atendida em massa pelo fato de ser pobre" (p. 15).

Segundo Jurandir, no grupo, os pacientes se sentiam mais à vontade para tomar a palavra e associar. Nas classes populares, seriam mais comuns as intervenções diretivas, como conselhos, discordâncias abertas ou opiniões claras, do tipo *faça isso* ou *você está errado*, bem como o recurso a exemplos pessoais para comentar os relatos feitos pelos outros participantes do grupo – diferente do que ocorria no *setting* face a face com o terapeuta, com seu estilo de intervenção interrogativo, não diretivo ou alusivo. Caberia ao analista abandonar a ilusão etnocêntrica de um modo universal de comunicação e se abrir a esse jogo de linguagem, permitindo a revelação do conflito e a emergência do inconsciente.

Jurandir, dessa forma, trazia para o centro do debate sobre a reforma da assistência em saúde mental o tema das abordagens culturalmente adequadas às classes populares urbanas no país na virada dos anos 1980 para os 1990 – tópico atual e até hoje pouco explorado pela produção acadêmica brasileira (Ortega & Wenceslau, 2020).

A experiência no Centro Psiquiátrico Pedro II, especialmente o episódio de seu afastamento pela nova direção do hospital, ainda inspiraria o ensaio "Psiquiatria burocrática: duas ou três coisas que sei dela", publicado em 1991. É dele a citação destacada no início deste artigo, sobre o homem com roupa de mulher. Jurandir conta que a burocracia da administração do hospital, ao ser interpelada, não informou a falta de uniformes masculinos, mas a falta de agilidade da "máquina" em fazer chegar o uniforme adequado ao local certo, no tempo certo. Jurandir usa o exemplo da "psiquiatria burocrática" para realizar uma fina análise cultural da sociedade brasileira, tendo como referências as noções de "montagem perversa", elaborada por Contardo Calligaris, e "banalidade do mal", que Hannah Arendt cunhou ao tratar do julgamento de Eichmann em Nuremberg.

O asilo, entendido como "fotografia em branco e preto" da sociedade, é local onde o caráter servil, insolente e bajulador da burocracia chega ao paroxismo, e onde a violência contra os mais fracos se mostra nua. O hospício é visto por Jurandir como um dos "dispositivos homeostáticos" da sociedade, reservado aos pobres e improdutivos: "Quer se veja o asilo como metáfora materializada do banimento da desrazão, quer como imagem especular do aleijão que é a sociedade brasileira, é impossível analisá-lo como um abcesso encapsulado num organismo sadio" (p. 59).

Ainda que seu horizonte se estenda para além da psiquiatria asilar, o artigo, ao apontar os horrores banais produzidos no ambiente da burocracia administrativa ou assistencial do hospício, mais uma vez funciona como libelo antimanicomial:

> *O descompromisso com a ética da assistência privou o asilo da única função que poderia justificar sua utilidade ou existência. Sem isso, nada mais poderia ser, exceto aquilo em que efetivamente se tornara, um depósito de homens inúteis ou inutilizados. Os clientes cronificados vagavam pelo pátio ou convertiam-se em agregados, que circulavam como espectros, no meio da burocracia . . . Formou-se uma comunidade de "condenados" da cidade, vivendo num universo fechado e promíscuo, onde as distinções de papéis e funções diluíam-se na mesma falta absoluta de sentido do que ali se vivia ou fazia. (p. 51)*

Para preservar sua hegemonia no asilo e resistir a quaisquer mudanças substantivas, a burocracia lançaria mão de algumas manobras. Uma seria a criação do mito do perseguidor, se colocando no lugar de vítima daqueles que tentam se interpor entre o funcionário violento e o paciente violentado. A segunda manobra visaria reparar a identidade burocrática abalada por meio da mistificação do passado: "Toda a linguagem em que é feito o elogio do passado está permeada de exaltação ao aprisionamento dos internos e à rede de interesses burocráticos, baseada na responsabilidade de Ninguém" (pp. 56-57). A terceira e última manobra é a dissuasão pelo desdém, usada principalmente pelos burocratas que praticam a assistência clínica. Com o objetivo de bloquear mudanças, argumentam cinicamente sobre a falta de comprovação científica dos novos métodos ou novos arranjos institucionais, buscando desacreditar seus defensores. Por trás das três manobras, está a perversão subserviente, que explica a adesão e a sedução de tantos pela vida burocrática.

Ao dissecar o funcionamento do hospício e indicar as manobras usadas pela burocracia psiquiátrica para manter seu poder, a análise de Jurandir oferece instrumentos para a desmontagem do dispositivo asilar, objetivo principal da reforma. Além disso, o texto, com seu duplo nível de interpretação (do asilo e da sociedade brasileira), delineia um tema que marcará parte de sua produção no decorrer dos anos 1990: o da ética.

O segundo período da reforma psiquiátrica

O segundo período da reforma psiquiátrica, situado entre 1992 e 2000 (Brasil, 2005; Vasconcelos, 2010), foi inaugurado pela II Conferência de Saúde Mental (1992) e tem como marca o surgimento das primeiras normas federais regulamentando a implantação e o financiamento de serviços comunitários de atenção diária e iniciativas de classificação e fiscalização dos hospitais psiquiátricos. É o momento em que se inicia a implantação efetiva da rede extra-hospitalar no país.

Nesse período, a análise de Jurandir sobre ética e assistência retorna no texto "As éticas da psiquiatria" (1996a), fruto de conferência realizada na III Jornada de Psiquiatria do Estado do Rio de Janeiro, em 1994, no Instituto de Psiquiatria da Universidade Federal do Rio de Janeiro (UFRJ). A partir de uma definição mínima do termo, Jurandir vai identificar três tipos de ética na prática psiquiátrica – relacionados, em parte, aos três discursos abordados em 1987.

A primeira ética seria a "ética da tutela", na qual o indivíduo é privado de razão e de vontade, seja pelas causas de seu estado, referidas a fatores orgânicos, seja pelas consequências jurídico-legais de seus atos, o que o tornaria incapaz ou irresponsável. Dessa concepção objetificada do sujeito deriva a noção mais tradicional de doença mental, ligada geralmente aos ditos casos graves, tutelada em nome da ciência ou do direito e associada a dispositivos como a farmacologia e as instituições custodiais.

A segunda é a "ética da interlocução", que usa o vocabulário psicológico, na qual o sujeito do tratamento é visto como competente e o poder do especialista é autolimitado, pois reconhece a autoridade do paciente em definir o que é melhor para si. Baseada na ética da moral privada, ela implica uma flexibilidade que permite o movimento de recriação permanente de hábitos ou mudança de afetos. O universo das técnicas psicanalíticas, psicoterápicas e de autoajuda é o hábitat privilegiado dessa ética, seja em ambientes de consultório privado ou em ambulatórios públicos.

A terceira é a "ética da ação social", na qual tanto o sujeito quanto o agente da assistência se definem como cidadãos, atuando como pares para renovar o instituído e enfrentar o *status quo*. No registro dessa ética, a noção de terapêutica é assimilada à ação política, e o horizonte é o da construção de novos lugares de pertencimento; aqui o modelo é o da ética pública, e não o da moral privada. É nesse registro que se localizam as práticas da antipsiquiatria, da psiquiatria democrática e de grupos de trabalho com "minorias" – ou coletivos de ativistas, diríamos hoje.

Entre o sujeito como objeto, como ser privado e como ser político, é preciso encontrar uma medida comum, uma ética mais geral, que permita escolher qual delas é a mais pertinente de acordo com as circunstâncias. Jurandir a nomeia de "ética dos cuidados", que é a ética do sofrimento, tendo como norte a prescrição de que nada que se faça possa atentar contra a integridade física e moral do outro.

Dessa forma, afirma Jurandir, a própria ética da tutela pode ser adequada em certas situações, nas quais a afirmação da autoridade do especialista pode ser legítima, desde que esteja de acordo com o pressuposto de proscrever a crueldade do horizonte da interação entre ele e o sujeito da intervenção. O risco sempre presente dessa ética é a objetificação dos sujeitos, como se pode depreender da empreitada fisicalista que visa reduzir as experiências morais ou psíquicas a seus correlatos genéticos ou neuroquímicos. Por outro lado, na ética da interlocução a ênfase no individualismo pode levar à miopia em relação a horizontes mais amplos, para além da moral privada. Finalmente, a ética da ação social, especialmente no que se refere às "minorias", arrisca radicalizar a divisão em "tribos", sem uma referência a um "nós" – mais uma vez, Jurandir acerta no que viu e no que ainda estava por vir, dado que essa dimensão só fez se intensificar de lá para cá, em torno das querelas sobre as "políticas identitárias".

Os anos 1990 representam um período de inflexões importantes no trabalho de Jurandir. Ainda no final da década anterior, o texto "Narcisismo em tempos sombrios" (Costa, 1988) mostrava as possibilidades de arejamento da psicanálise ao se articular com

Hannah Arendt, Slavoj Žižek e Christopher Lasch. O neopragmatismo de Rorty se torna a lanterna a guiar novas investigações teóricas, como foi o caso do homoerotismo – para não falar da releitura da própria psicanálise –, em "Pragmática e processo analítico: Freud, Wittgenstein, Davidson, Rorty" (Costa, 1994).

Nessa direção, em 1994, na apresentação de *Clínica da psicose: um projeto na rede pública*, livro do psiquiatra Jairo Goldberg sobre o trabalho do CAPS Prof. Luís da Rocha Cerqueira, em São Paulo, Jurandir (1994/1996b) demonstra a aplicabilidade da tradição pragmática, de William James a Rorty, ao campo da reforma psiquiátrica e dos serviços substitutivos. Conhecedor não apenas dos adversários do processo reformista, mas também das disputas e das rivalidades internas ao movimento, ele sinalizava a possibilidade de convergência de princípios éticos dentro da pluralidade de tradições clínico-teóricas.

Para Jurandir, a prática do CAPS revela uma "psiquiatria sem inibições intelectuais de ordem dogmática" (p. 12). Nesse registro – reverberando as três éticas da psiquiatria – podem conviver a definição da pessoa como cidadã, justificando intervenções de reabilitação pelo trabalho; como "sujeito do inconsciente", conduzindo à psicoterapia; ou como "sujeito passível de ter algumas de suas condutas reguladas neuroquimicamente" (p. 13), levando à prescrição medicamentosa. O que sustenta cada uma dessas concepções e as intervenções correlatas não é a certeza ontológica da causa ou verdade última da psicose, questão que se ligaria mais a necessidades de afirmação da identidade dos assistentes do que dos assistidos. O mais relevante da prática sustentada pelos CAPS seria o objetivo de "ajudar pessoas a reestabelecerem o poder normativo sobre suas condutas" (pp. 14-15), levando a avanços em sua autonomia e a uma interação com o ambiente considerada satisfatória.

Superando a datada (mas resiliente) querela entre sociogênese, psicogênese e organogênese, Jurandir nos ajuda a evitar os mal-entendidos da disputa entre verdade científica e ilusões ideológicas e, assim, ilumina o caminho do bom cuidado, aquele que coloca a "reflexão ética no início e no fim das teorias sobre o sujeito, utilizadas na assistência" (p. 16). Retomando o título de um dos artigos de Rorty, Jurandir vai afirmar que é a moral da solidariedade, e não o mito da objetividade cientificista, que deve determinar o valor da estratégia de cuidado escolhida. O breve texto representa uma contribuição valiosa e original ao campo da reforma, que pouco ou nada conhecia da filosofia pragmática ou neopragmática norte-americana.

A despeito dos novos caminhos de sua produção intelectual daí em diante, o horizonte de uma psiquiatria reformada e humanamente útil não desaparece do pensamento de Jurandir. Por exemplo, em "Desumano, puramente desumano", publicado na coletânea *Razões públicas, emoções privadas* (1999), o protagonista é José Cláudio, de 39 anos. A despeito dos esforços da equipe que dele cuidava no Instituto Philippe Pinel, zona sul do Rio de Janeiro, ele foi vítima do descaso e da negligência tão conhecidos de usuários de saúde mental, especialmente os mais frágeis, na rede pública de saúde. Sua queixa de "cansaço nas pernas" evoluiu para paralisia, perda dos movimentos da mão e óbito por miocardiopatia dilatada na emergência do Hospital Miguel Couto, na qual estava desde o dia anterior, nem sequer sendo considerada sua transferência para a UTI.

Jurandir expunha, com o caso de José Cláudio, o que acontecia quando se fazia ausente a "ética dos cuidados". Mas sua análise, mais uma vez, vai além das mazelas da saúde pública ou privada, para apontar as contradições da sociedade brasileira, o cinismo dos que detêm o poder e seu desprezo pelos mais fracos: "José Cláudio, o que fizeram contigo foi desumano, puramente desumano. Morrestes sem direito a réquiem, sem mesmo entender, em teu frágil desamparo, por que tudo aquilo te acontecia. . . . Aos que te viram como 'louco pobre' e, por isso, te trataram como um 'bicho que fala', mas que nem sente, nem sofre como 'um de nós', a esses perdoa" (p. 81).

Por meio de textos como esse, originalmente publicados em jornais de grande circulação, Jurandir contribuía para que os temas ligados à saúde mental rompessem as fronteiras do universo psi e alcançassem uma audiência mais ampla. Foi graças a um processo semelhante, como vimos, que a pauta antimanicomial ganhou força no início dos anos 1980, com a revelação dos horrores dos manicômios de Barbacena, em Minas Gerais, e da Colônia Juliano Moreira, no Rio (Firmino, 1982; Lima, Fernandez & Funai, 2021), dentre outros "crimes de paz".

O terceiro período da reforma psiquiátrica (e o futuro)

O terceiro período, situado entre 2001 e 2015, envolve o amadurecimento e a institucionalização da reforma psiquiátrica, que passa a designar não apenas um movimento social, mas também uma política de Estado. Nessa fase, a reorientação do modelo de assistência em saúde mental se consolida e ganha mais respaldo social, político e jurídico. Seus marcos iniciais são a III Conferência Nacional de Saúde Mental e a aprovação da Lei nº 10.216/2001, após 12 anos de tramitação do projeto apresentado pelo deputado Paulo Delgado, do Partido dos Trabalhadores (PT) de Minas Gerais, em 1989 (Brasil, 2005; Lima, Fernandez & Funai, 2021; Vasconcelos, 2010).

Em entrevista a Benilton Bezerra Jr. em 2014, Jurandir responde à pergunta sobre como enxergava o cenário daquele momento: "Infelizmente, não poderia dizer grande coisa sobre o andamento da 'Reforma'. Estou afastado da prática e não conheço o que vem sendo elaborado teoricamente sobre a experiência, pois passei a me dedicar a outros problemas" (Bezerra Jr. & Costa, 2014, p. 1026).

Se é verdade que nesse período Jurandir se debruça sobre outros tópicos, é também fato que, dado seu lugar de referência intelectual, ele continua a indicar ao conjunto da atenção psicossocial brasileira questões ainda pouco abordadas no país, como as ligadas à epistemologia da psiquiatria e da saúde mental. Seu papel de vanguarda se mantém, só que agora em relação a novas temáticas. Fazem parte desse rol os trabalhos sobre a figura contemporânea do "sujeito cerebral" (Costa, 2007); o debate com as teses de Žižek sobre sujeito e consciência (Costa, 2010); a análise das categorias de anomalia, déficit patológico e diferença, envolvendo neurociências, *disability studies* e teorias sobre a cognição corporificada (Costa, 2014); e, em articulação direta com os últimos, os estudos sobre a construção da subjetividade de pessoas autistas, a partir de suas experiências e narrativas em "primeira pessoa" (Costa & Grinker, 2019).

Jurandir continua sendo um autor lido, debatido e tido como referência para a atenção psicossocial; até sua aposentadoria na Uerj reuniu gerações de mestrandos, doutorandos e outros interessados em seus seminários, que o procuravam exatamente pela possibilidade de reflexão crítica e articulação entre saúde mental, psicanálise, filosofia da mente, sociologia e história das subjetividades, envolvendo temas que muitas vezes não faziam parte do cânone da reforma psiquiátrica.

Recentemente, saímos da fase da contrarreforma psiquiátrica (2016-2022) – na qual a tônica da gestão do Ministério da Saúde foi o desprezo à rede de atenção psicossocial e a revalorização do tratamento em dispositivos fechados (Lima, 2019) – e entramos no período de reconstrução das políticas de saúde mental e do próprio pacto democrático. Neste novo horizonte, Jurandir e sua obra permanecem fundamentais e insubstituíveis, um dos faróis a guiar a atenção psicossocial brasileira pelos próximos anos e décadas.

Referências

Amarante, P. (Coord.). (1998). *Loucos pela vida: a trajetória da reforma psiquiátrica no Brasil.* ª2a ed. Fiocruz.

Basaglia, F. (1979). *Psiquiatria alternativa: contra o pessimismo da razão, o otimismo da prática*. Brasil Debates.

Bezerra Jr., B. (1994). De médico, de louco e de todo mundo um pouco: o campo psiquiátrico no Brasil dos anos 80. In R. Guimarães, & R. A. Tavares (Orgs.), *Saúde e sociedade no Brasil: anos 80*. Relume-Dumará.

Bezerra Jr, B., & Costa, J. F. (2014). Entrevista: Jurandir Freire Costa. *Physis: Revista de Saúde Coletiva*, 24(4), 1023-1033.

Birman, J., & Costa, J. F. (1976). Organização de instituições para uma psiquiatria comunitária. *Relatório e Resumos do 2º Congresso Brasileiro de Psicopatologia Infanto-Juvenil*. APPIA.

Birman J. (1978). *A psiquiatria como discurso da moralidade*. Graal.

Brasil. Ministério da Saúde. Secretaria de Atenção à Saúde. DAPE. Coordenação Geral de Saúde Mental. (2005). *Reforma psiquiátrica e política de saúde mental no Brasil.* Documento apresentado à Conferência Regional de Reforma dos Serviços de Saúde Mental: 15 anos depois de Caracas. OPAS.

Costa, J. F. (1987). Os interstícios da lei. In R. G. Marsiglia, D. de A. Dallari, & J. F. Costa, *Saúde mental e cidadania* (pp. 45-56). Mandacaru.

Costa, J. F. (1988). Narcisismo em tempos sombrios. In J. Birman (Org), *Percurso na história da psicanálise* (pp. 151-175). Taurus.

Costa, J. F. (1989a). *Psicanálise e contexto cultural: imaginário psicanalítico, grupos e psicoterapias*. Campus.

Costa, J. F. (1989b). *História da psiquiatria no Brasil: um corte ideológico*. 4a ed. rev. e ampl. Xenon. (Trabalho original publicado em 1976).

Costa, J. F. (1991). Psiquiatria burocrática: duas ou três coisas que sei dela. In L. T. de Aragão, C. Calligaris, J. F. Costa, & O. Souza, *Clínica do social: ensaios* (pp. 39-74). Escuta.

Costa, J. F. (1994). Pragmática e processo analítico: Freud, Wittgenstein, Davidson, Rorty. In. J. F. Costa (Org.), *Redescrições da psicanálise: ensaios pragmáticos* (pp. 9-60). Relume-Dumará.

Costa, J. F. (1996a). As éticas da psiquiatria. In A. C. Figueiredo, & J. F. Silva Filho, *Ética e saúde mental* (pp. 27-36). Topbooks.

Costa, J. F. (1996b). Apresentação. In J. Goldberg, *Clínica da psicose: um projeto na rede pública* (pp. 9-17). 2a ed. Te-Corá. (Trabalho original publicado em 1994).

Costa, J. F. (1999a). Desumano, puramente desumano. In J. F. Costa, *Razões públicas, emoções privadas* (pp. 79-81). Rocco.

Costa, J. F. (1999b). *Ordem médica e norma familiar*. 4a ed. Graal. (Trabalho original publicado em 1979).

Costa, J. F. (2007). O risco de cada um. Garamond.

Costa, J. F. (2010). O ponto de vista do outro. Garamond.

Costa, J. F. (2014). As fronteiras disputadas entre normalidade, diferença, patologia. In R. Zorzanelli, B. Bezerra Jr., & J. F. Costa, *A criação de diagnósticos na psiquiatria contemporânea* (pp. 171-187). Garamond Universitária.

Costa. J. F., & Grinker, R. R. (2019). Autismo e relatos em primeira pessoa: o problema cognitivo. In C. Rios, & E. Fein (Orgs.), *Autismo em tradução* (pp. 197-219). Papéis Selvagens.

Firmino, H. (1982). *Nos porões da loucura*. Codecri, 1982.

LAPS – Laboratório de Estudos e Pesquisas em Saúde Mental e Atenção Psicossocial da Escola Nacional de Saúde Pública Sergio Arouca (ENSP). (s.d.). *Linha do tempo*. Recuperado de: https://laps.ensp.fiocruz.br/linha-do-tempo

Lima, R. C. (2019). O avanço da Contrarreforma Psiquiátrica no Brasil. *Physis: Revista de Saúde Coletiva*, *29*(1).

Lima, R. C., Fernandez, E., & Funai, A. Políticas de saúde mental no Brasil e Argentina: conquistas e desafios. In D. S. Geremia, & M. E. Almeida (Eds.), *Saúde coletiva: políticas públicas em defesa do sistema universal de saúde*. Editora UFFS.

Machado, R., Loureiro, A., Luz, R., & Muricy, K. (1978). *Danação da norma: a medicina social e constituição da psiquiatria no Brasil*. Graal.

Machado, R. (2021). *Impressões de Michel Foucault*. n-1. (Trabalho original publicado em 2017).

Ortega F., & Wenceslau L. D. (2020). Challenges for implementing a global mental health agenda in Brazil: The "silencing" of culture. *Transcultural Psychiatry*, *57*(1), 57-70.

Rodrigues, H. B. C. (2011). Michel Foucault no Brasil: esboços de história do presente. *Verve*, *19*, 93-112.

Vasconcelos, E. M. (2010). *Desafios políticos da reforma psiquiátrica brasileira*. Hucitec.

7. O “silenciamento” da cultura na saúde mental brasileira como entrave para a consolidação de uma psiquiatria transcultural

Francisco Ortega

Introdução

Conheci Jurandir Freire Costa em 1996, ano em que cheguei ao Brasil. Fomos apresentados por Roberto Machado em um encontro da Associação Nacional de Pós-Graduação em Filosofia (Anpof) em Águas de Lindoia/SP. Na época, eu era professor da Universidade Federal de Goiás (UFG) e trabalhava na temática da amizade, e Jurandir, na da genealogia do amor romântico. Desde o início me fascinou suas enormes curiosidade intelectual e criatividade, e sobretudo seu compromisso ético. Em 1999, Jurandir me convidou a ir ao Instituto de Medicina Social (IMS) da Universidade do Estado de Rio de Janeiro (Uerj) como professor visitante, e de 2001 a 2021 fui professor efetivo do Programa de Pós-Graduação em Saúde Coletiva (PPGSC) – como professor adjunto, associado e, finalmente, titular.

Tenho a enorme fortuna de ter Jurandir como parceiro intelectual e como grande amigo desde então. Junto a Benilton Bezerra Jr. criamos o Programa de Estudos e Pesquisas da Ação e do Sujeito (PEPAS) no IMS, que se tornou um importante ponto de discussão intelectual dos mais diversos temas. O objetivo do PEPAS era realizar pesquisas e promover cursos no PPGSC do IMS a respeito das implicações sociais e subjetivas dos novos desenvolvimentos em biomedicina e biotecnologias. Durante anos realizamos pesquisas e seminários sobre abordagens das ciências sociais e humanas sobre a biomedicina e a saúde mental, estudos comparativos sobre categorias psiquiátricas e a formação de identidades sociais e subjetivas.

Jurandir tem influenciado meu trabalho de múltiplas maneiras por meio de conversas, textos e aulas. Neste capítulo vou me concentrar em um tema que tenho pesquisado e publicado nos últimos anos e sobre o qual conversei diversas vezes com Jurandir: o papel da cultura na saúde mental brasileira.

Em nossos seminários do PEPAS, discutimos textos de Georges Devereux, o fundador da etnopsiquiatria, com quem Jurandir realizou mestrado na École Pratique de Hautes Études de Paris, e de outros autores do campo da psiquiatria (trans)cultural. Em várias ocasiões comentamos como, apesar de os frequentadores de nossos seminários serem majoritariamente profissionais da saúde mental (muitos com experiência de trabalho em Centros de Atenção Psicossocial – CAPS) fazendo estudos de pós-graduação, não pareciam se motivar pelos debates da psiquiatria transcultural e raramente esses temas encontravam ressonância nas suas práticas profissionais. O assunto também surgiu quando Laurence Kirmayer e outros colegas do departamento de psiquiatria transcultural da Universidade de McGill, no Canadá, participaram de um evento no IMS. Afinal, como em um país com tantas diferenças culturais como o Brasil, essas questões não só não motivavam nossos pós-graduandos, mas tampouco foram incorporadas à agenda da reforma psiquiátrica ou à organização dos serviços de saúde mental? Essa pergunta direcionou minha pesquisa sobre o tema.

Antropofagia e uniformidade cultural

O caso do Brasil evidencia que os determinantes culturais são ativamente negligenciados no campo da saúde mental por profissionais e formuladores de políticas públicas. As diferenças culturais não constituem um nível relevante de envolvimento com os usuários dos serviços. A hipótese que tenho desenvolvido em vários trabalhos (Ortega & Wenceslau 2020, 2021; Ortega & Müller, 2022) é a de que o "silenciamento da cultura" na saúde mental brasileira está relacionado com a compreensão imaginária da identidade nacional no Brasil.

Talvez uma das melhores noções para descrever a identidade cultural brasileira seja a da antropofagia de Oswald de Andrade, formulada no célebre "Manifesto Antropofágico" de 1928 para caracterizar o modernismo brasileiro. O movimento antropofágico tinha como objetivo engolir a cultura do outro "externo" (norte-americano e europeu) e do outro "interno" (a cultura dos povos indígenas e dos brasileiros de ascendência africana, europeia e asiática). Descrita como a "metáfora mais potente e duradoura da cultura brasileira" (Dunn, citado por Islam, 2011, p. 159) para navegar pelas contradições culturais, a antropofagia tem sido amplamente utilizada para abordar a corporeidade, o hibridismo e a mistura na cultura brasileira. Trata-se, portanto, de uma metáfora poderosa para descrever uma identidade cultural brasileira que "engole", se apropria e nivela as diferenças raciais, de gênero ou étnicas e as incorpora a sua própria identidade nacional. Assim, não se pode examinar as questões culturais no Brasil como se a identidade cultural brasileira seguisse historicamente o modelo anglo-americano de formação de identidade informado pelo multiculturalismo e pela política identitária.

Para o antropólogo marxista Darcy Ribeiro (1995), a "uniformidade cultural" é a consequência mais importante do processo de formação do povo brasileiro como uma nação etnicamente homogênea, uma etnia nacional. De acordo com Ribeiro, o Brasil é uma "unidade na diversidade" que integra diferenças culturais, raciais, étnicas e regionais. Diferentemente das sociedades multiétnicas governadas por estados unificados, "os brasileiros se integram em uma única etnia nacional, constituindo assim um só povo incorporado em uma nação unificada, num Estado uni-étnico" (p. 22). É por isso que, segundo Ribeiro, apesar da multiplicidade de origens raciais e étnicas de sua população, não há "contingentes claramente opostos à identificação com a macroetnia nacional" (p. 450).

No entanto, apesar de sua uniformidade cultural, o Brasil é para Ribeiro uma sociedade profundamente estratificada. As divisões fundamentais não são as de cultura, etnia ou idioma, mas as de classe. O que "desgarra e separa os brasileiros em componentes opostos é a estratificação de classes" (p. 450), que, para o antropólogo, é "mais intransponível que as diferenças raciais" (p. 24). Ribeiro era um crítico severo das diferenças de classe, as quais, pensava, "chegam a ser tão infranqueáveis que obliteram toda comunicação propriamente humana entre a massa do povo e a minoria privilegiada, que a vê e a ignora, a trata e a maltrata, a explora e a deplora, como se esta fosse uma conduta natural" (p. 24).

Diversos autores criticaram a visão idealizada de Darcy Ribeiro sobre a unidade étnica brasileira, enfatizando a diversidade multifacetada dos povos indígenas e quilombolas, bem como a dos crentes em alguma das várias denominações religiosas e a de pessoas de ascendência japonesa e árabe, entre outras, que não podem ser tão facilmente incluídas na identidade étnica brasileira (Balee, 2003). A questão da miscigenação é a mais contestada, pois alguns estudiosos veem nos escritos de Ribeiro sobre raça a reprodução os "padrões mais autoritários do patriarcado e da ideologia da branquitude" (Nascimento, 2007, p. 56). Mais radicalmente escreve Martínez-Echazábal:

> *Ao ignorar os meios de extrema violência e sadismo com os quais, às vezes, os "senhores" submetiam as mulheres de "raças inferiores"... [Darcy Ribeiro] não apenas torna todos os brasileiros cúmplices de um crime coletivo, mas também se coloca na contracorrente da crítica contemporânea. (citada por Nascimento, 2007, p. 60)*

É preciso ter cautela para não confundir o fato biológico e sociológico da mestiçagem – constituído historicamente durante o período colonial de forma violenta e assimétrica e tendo o branqueamento como ideal – com a identificação e a constituição de uma identidade compartilhada. Pois, como escreve Kabengele Munanga (2004),

> *se, do ponto de vista biológico e sociológico, a mestiçagem e a transculturação entre povos que aqui se encontraram é um fato consumado, a identidade é um processo sempre negociado e renegociado, de acordo com os critérios ideológico-políticos e as relações do poder. (p. 102)*

Um extenso corpo de pesquisas parece minar o ideal de uniformidade cultural e étnica e enfatiza a presença de diferenças étnicas, raciais, de gênero e religiosas e sua incorporação em modos de exclusão, segregação ou inserção social, particulares ao contexto brasileiro. Os debates atuais sobre racismo estrutural, políticas identitárias e multiculturalismo no Brasil repercutem na atenção e nas políticas de saúde mental. Para abordar o lugar das diferenças culturais na saúde mental, é preciso voltar ao próprio Ribeiro, que não negou a existência de diferenças culturais; ele simplesmente diz que elas subjazem (ou são secundárias) à diferença mais fundamental, ou seja, a diferença de classe.

"Silenciamento da cultura" e saúde mental

Nesse contexto de estratificação de classes, a reforma psiquiátrica brasileira, que surgiu no contexto da resistência à ditadura militar e do processo de redemocratização que se seguiu, tem um caráter nitidamente político. A reforma reduz as diferenças culturais a diferenças econômicas e sociais, ou seja, a diferenças de classe. Esse aspecto central também está presente na reforma psiquiátrica na Itália, que influenciou fortemente o movimento brasileiro. Franco Basaglia, Franco Rotelli e outros profissionais associados à Psichiatria Democratica italiana denunciaram a origem social dos internos dos hospitais psiquiátricos, que geralmente provinham de classes desfavorecidas (Foot, 2015; Sforza-Tarabochia, 2013). A exclusão da sociedade dos internos de hospitais psiquiátricos, de acordo com Franco Basaglia (1968/2014), está mais "intimamente ligada a . . . seu status social e econômico – do que à doença em si". É por serem "socioeconomicamente insignificantes" que são "empurrados para os muros do hospital" (p. 123).

Essa compreensão cultural influenciou a reforma psiquiátrica brasileira, bem como as políticas de saúde mental e a organização de serviços no país, que privilegiaram a estratificação de classes e a desigualdade socioeconômica em detrimento da diversidade cultural. Vale mencionar nesse sentido uma aguda observação que me fez Jurandir em um correio eletrônico ao comentar minha pesquisa sobre o tema: se a reforma psiquiátrica brasileira levou a sério a psiquiatria marxista e não demonstrou o mesmo entusiasmo pela psiquiatria multicultural, isso tem a ver com a diferença e a singularidade do processo de constituição da identidade nacional no Brasil.

As críticas contínuas à ênfase na estratificação de classe, feitas por movimentos indígenas, negros e LGBTQIAP+, até agora não tiveram um impacto significativo nos fundamentos teóricos e práticos da saúde mental brasileira. A reforma sanitária brasileira da década de 1980, que culminou com a criação do Sistema Único de Saúde (SUS), concentrou-se na descentralização e no reconhecimento da saúde como um direito social universal. Assim como a reforma psiquiátrica, a reforma sanitária não enfatizou suficientemente as questões de saúde associadas à diversidade étnica, racial ou cultural. Portanto, embora existam políticas de saúde para populações vulneráveis específicas no país (populações negras, indígenas e LGBTQIAP+), elas ocupam um lugar marginal, sem uma base jurídica sólida e apoio financeiro. Isso frequentemente contribui para resultados piores em termos de saúde (Boccolini & Souza Junior, 2016; Popadiuk, Oliveira & Signorelli, 2017).

Nesse contexto, a importância das "diferenças culturais" para as causas, os cursos e os resultados, bem como as explicações culturais para o sofrimento mental, não foram incorporadas às políticas de saúde mental nem à prática da maioria dos profissionais do país.[1] O "silenciamento da cultura" resulta na ignorância ou no reconhecimento errôneo da dimensão cultural do sofrimento mental nas práticas e nos serviços de saúde mental, levando, em

---

1 É importante frisar que o silenciamento dos determinantes culturais nas práticas de saúde mental no país coexiste com um campo artístico-cultural na reforma psiquiátrica que tem desenvolvido importantes iniciativas, como a TV Pinel e a TV Parabolinóica, a oficina Loucos pela Diversidade e os blocos de carnaval Tá Pirando, Pirado, Pirou!, Loucura Suburbana e Maluco Sonhador, entre outras (Amarante et al., 2012). Não se deve confundir essas inciativas culturais com a incorporação de determinantes culturais nas práticas de saúde mental. O fato da coexistência de um campo artístico-cultural na reforma com o silenciamento da cultura já indica a preponderância do singular processo de constituição da identidade nacional no Brasil, que privilegia os determinantes estruturais sobre os culturais.

alguns casos, à sua rejeição, reificação ou caricatura (Coutinho et al., 2020; Ortega & Wenceslau, 2020).

O silenciamento coexiste com o esvaziamento da noção de cultura. Isso conduz a uma situação paradoxal em que as crenças e práticas espirituais e religiosas são consideradas relevantes para o processo terapêutico (Redko, 2003), mas os profissionais de saúde mental adotam visões reducionistas da relação entre crenças e comportamentos religiosos e sofrimento mental. Além disso, a racialização raramente é considerada significativa para esses processos (Ortega & Müller, 2022).

Práticas locais de interculturalidade

Porém, o silenciamento da cultura na saúde mental brasileira não é algo monolítico, pois encontramos experiências recentes de assistência à saúde mental na atenção primária, como o trabalho dos agentes comunitários de saúde (ACS) e a terapia comunitária (TC), que constituem exceções relevantes, e não necessariamente conflitantes, com o "silenciamento". São experiências que valorizam os determinantes culturais e favorecem a constituição e o fortalecimento de redes de apoio locais.

Os ACS assumem o papel de mediadores entre as expressões culturais e os estilos de vida locais e o conhecimento biomédico (Lara, Brito & Rezende, 2012). Eles se baseiam em seu conhecimento dos idiomas culturais, dos costumes e das crenças locais ou particulares da comunidade para facilitar a comunicação com os profissionais de saúde. ACS são atores indispensáveis no engajamento efetivo com as origens culturais, os valores e as crenças de usuários e comunidades.

A TC, por sua vez, é uma intervenção social dirigida à comunidade que demonstrou eficácia na promoção da saúde mental e ajuda os profissionais a compreenderem os conflitos emocionais dos indivíduos, das famílias e da comunidade. A TC se caracteriza pelo respeito à diversidade cultural e à multiplicidade de contextos, conhecimentos e práticas locais e mobiliza recursos culturais locais que fortalecem os vínculos comunitários e sociais e ajudam os participantes a ressignificar seu sofrimento (Oliveira & Ferreira Filha, 2011).

A negligência em relação à diversidade cultural convive com a problematização e a preocupação constantes com o sofrimento mental das classes trabalhadoras na saúde mental brasileira desde a década de 1980. O debate sobre as diferenças sociais e culturais entre profissionais e usuários de serviços girava basicamente em torno da noção do "nervoso". A "doença dos nervos" era considerada o idioma cultural mais comum de sofrimento entre as classes populares brasileiras, que enfatizava as dimensões sociais e culturais do sofrimento mental (Duarte, 1986).

Diversos autores argumentaram que a expressão do sofrimento mental localizada no corpo e articulada por meio do idioma da doença dos nervos desafiava as suposições dos profissionais que localizavam o sofrimento no sujeito individual, no nível de seus sentimentos, desejos e pensamentos.[2] Os profissionais frequentemente

---

2 Discrepando dessas interpretações, no seu artigo "Consciência da doença enquanto consciência do sintoma: a 'doença dos nervos' e a identidade psicológica", Jurandir Freire Costa (1987) argumenta que a doença dos nervos implica a consciência de um problema psicológico. "O cliente dos serviços públicos, o paciente psiquiátrico que se queixa da doença dos nervos é consciente da dimensão psicológica daquilo que enuncia como sendo um distúrbio orgânico. Esta hipótese, que pretendemos demonstrar, é o que fundamenta a possibilidade de uma assistência psicoterápica" (p. 10). Obviamente que Jurandir não concebia a assistência psicoterapêutica para essa população nos moldes dos profissionais de Bom Jesus da Mata em Pernambuco, os quais, como observa Nancy Scheper-Hughes (1993) em sua etnografia, "não percebem que, quando as pessoas pobres do Alto reclamam de nervosismo, não estão expressando exatamente os mesmos sintomas neuróticos que os pacientes vienenses do Dr. Freud" (p. 213).

presumiam que as classes populares compartilhavam a mesma visão de mundo, tinham as mesmas representações de saúde, doença e personalidade. Como consequência, os problemas sociais tendiam a ser psicologizados, deixando de lado os determinantes socioculturais, históricos e políticos de seu comportamento (Lima & Oliveira Nunes, 2006).

No entanto, apesar de incluir a dimensão cultural, a análise da doença dos nervos mantém a ênfase na estratificação de classe, o que é ilustrado no título do livro de Luiz Fernando Diaz Duarte (1986), *Da vida nervosa nas classes trabalhadoras urbanas*, ou do clássico de Nancy Scheper-Hughes (1993), *Death without weeping: the violence of everyday life in Brazil*, para quem o discurso do nervoso é uma forma de psicologizar e medicalizar a fome, transformando um problema político-econômico em um problema médico-psiquiátrico:

> *A loucura, o delírio de fome, antes entendido como um ponto-final aterrorizante na experiência da fome furiosa e coletiva, é transformado em um problema pessoal e "psicológico", que requer medicação. Dessa forma, a fome é isolada e negada, e um discurso individualizado sobre a doença passa a substituir um discurso mais radical e socializado sobre a fome. (p. 169)*

Competência estrutural ma non troppo

Apesar de as análises de Scheper-Hughes e outros evidenciarem como os conflitos de classe são neutralizados na linguagem dos nervos, podemos afirmar que a saúde mental brasileira privilegia as "preocupações estruturais" focadas na estratificação de classes e nas desigualdades socioeconômicas em detrimento das "culturais". Os profissionais de saúde mental no país podem não estar imbuídos de suficiente "competência intercultural" (Fleckman et al., 2015) para enfrentar os desafios da diversidade cultural e seu impacto na saúde mental dos usuários,[3] no entanto, eles desenvolvem diversas formas de "competência estrutural", mesmo que a noção não seja muito difundida no país.

A competência estrutural foi desenvolvida na educação médica dos EUA como uma crítica à competência cultural e treina profissionais de saúde atentos à natureza estrutural do estigma e das desigualdades de saúde. Diferentemente da competência cultural, que se concentra na identificação de preconceitos dos profissionais de saúde e na melhoria da comunicação nos encontros clínicos, a competência estrutural permite que os médicos avaliem as condições sociais, econômicas e políticas que produzem desigualdades na saúde (Metzl & Hansen, 2014). Em contraste, a reforma psiquiátrica e a saúde coletiva brasileira e a organização dos serviços pós-reforma seguiram, de certa forma, um caminho inverso, colocando desde o início a ênfase nos determinantes estruturais e minimizando o papel das diferenças culturais nas práticas de saúde. Apesar dessa ênfase nos determinantes estruturais, a questão da racialização e da discriminação racial, central na abordagem norte-americana da competência estrutural, foi por muito tempo marginalizada nas políticas de saúde mental e na organização dos serviços no Brasil e só recentemente vem sendo abordada.

Além disso, os termos "estrutura" e "estrutural" têm um significado mais restrito na saúde mental brasileira do que nas discussões

3 Jurandir me comentou em uma ocasião que, diferentemente dos países multiculturais onde a etnopsiquiatria prolifera (Canadá, França, Estados Unidos, entre outros), os profissionais de saúde mental no Brasil teriam o sincretismo cultural como algo dado pela própria cultura, intrínseco ao ser brasileiro, e explicitar essa dimensão por meio de capacitações de competência intercultural levaria à sua reificação. Acredito que o silenciamento dos determinantes culturais aqui analisado coloque em xeque essa interpretação.

norte-americanas sobre competência estrutural e violência estrutural. No Brasil, estrutura e estrutural referem-se principalmente à classe, à estratificação de classe e às desigualdades socioeconômicas, enquanto na literatura dos EUA esses termos indicam hierarquias não apenas de classe, mas também de grupos racializados, de gênero etc. Muitos autores usam "violência estrutural" para incluir os danos causados por essas hierarquias que se baseiam não apenas em classe, mas também em raça, sexo, sexualidade, capacidade, entre outros (Metzl & Hansen, 2014; Metzl & Roberts, 2014).

O racismo estrutural é um componente essencial da competência estrutural, como é entendida e ensinada nos EUA (Metzl & Roberts, 2014). Na saúde mental brasileira a situação é diferente, como mostram entrevistas que realizamos com profissionais de atenção primária e matriciadores[4] de saúde mental sobre sua compreensão da interculturalidade e da competência estrutural em saúde mental (Ortega & Müller, 2022), nas quais a questão do racismo e da racialização não surgiu. Essa ausência é sintomática do silenciamento da cultura no Brasil, que minimiza o racismo e a racialização subjacentes às diferenças e às desigualdades de classe. Além disso, como já mencionado, o racismo estrutural não está integrado à compreensão da competência estrutural da saúde mental brasileira. Isso, portanto, dificulta um entendimento mais amplo do termo para abordar os danos causados a grupos racializados, entre outros.

Embora o processo de universalização da saúde no Brasil como um direito social fundamental em sociedades democráticas e a constituição do SUS envolvam discussões sobre questões de racialização, as iniciativas para abordar as desigualdades raciais

4 Matriciamento ou apoio matricial é a denominação brasileira dos cuidados colaborativos em saúde mental na atenção primária. Constitui um suporte técnico especializado que é ofertado a uma equipe interdisciplinar em saúde a fim de ampliar seu campo de atuação e qualificar suas ações.

não foram sistematizadas e são subfinanciadas. Da mesma forma, a reforma psiquiátrica brasileira condena explicitamente a discriminação contra negros, indígenas e populações LGBTQIAP+. Ainda assim, até recentemente havia escassa discussão sobre as políticas de assistência à saúde mental para tratar das diferenças de gênero, etnia ou raça. As políticas especiais de assistência à saúde para as populações negra, indígena e LGBTQIAP+ (Souto et al., 2016) ocupam um lugar marginal, resultando em piores resultados de saúde para esses grupos (Werneck, 2016).

As consequências diretas do racismo estrutural na saúde da população negra exigem mudanças importantes nas práticas de competência estrutural e na educação permanente em saúde mental para incluir mais ênfase na interseccionalidade. Como ilustra a mencionada pesquisa com profissionais de atenção primária e matriciadores de saúde mental (Ortega & Müller, 2022), a desigualdade de classe, reconhecida pelos profissionais como baixa escolaridade e renda, amiúde, não é nuançada por outras dimensões interseccionais que marcam o fenômeno da busca por cuidados de saúde-doença, como raça, etnia, gênero ou idade. Reduzir a interpretação da estrutura a um elemento – a classe social – sem incorporar outros marcadores sociais de diferença e sem problematizar as relações específicas que ocorrem em cada território pode comprometer o desenvolvimento de competências estruturais entre os profissionais de saúde.

Desafios para uma psiquiatria transcultural no Brasil

Diversos fatores políticos, socioeconômicos e culturais da sociedade brasileira apontam para a necessidade de uma maior atenção aos determinantes interculturais e estruturais nas políticas e práticas de saúde mental. Entre eles, podemos mencionar os três que se seguem.

Primeiro, o crescente número de migrantes e refugiados no Brasil, provenientes de Haiti, Síria, Colômbia, República do Congo, Bolívia e, mais recentemente, Venezuela, exige o desenvolvimento de competências interculturais e estruturais para cuidar do sofrimento mental dessa população. Além da situação de pobreza, sofrimento social e violência estrutural comum aos migrantes e aos brasileiros pobres, há especificidades culturais na atenção à saúde mental de migrantes e refugiados que precisam ser abordadas pelos profissionais e pelas políticas públicas de saúde no país.

Em segundo lugar, a questão da saúde mental indígena. Apesar da existência de políticas para o atendimento à saúde mental dos povos indígenas no Brasil, há aspectos culturais envolvidos nesse atendimento que exigem atenção especial dos profissionais e das políticas de saúde mental. As pesquisas realizadas sobre a questão da saúde mental em contextos indígenas ainda são muito incipientes e requerem maior reflexão epistemológica para fundamentar a complexidade do diálogo intercultural. Há também a necessidade de reconhecer as diversidades étnicas e culturais na estrutura epistemológica usada na saúde mental. A categoria de saúde mental e os aspectos psíquicos/subjetivos/psicológicos dos pacientes são construções próprias de modelos explicativos ocidentais (Batista & Zanello, 2016).

Apesar da existência, desde 2002, de uma Política Nacional de Atenção à Saúde dos Povos Indígenas, ela não interage de fato com as tradições indígenas de cura. Essas políticas são marcadas "por um alto grau de padronização de normas técnicas prescritivas rígidas, cujo caráter estritamente biomédico as torna impermeáveis aos contextos e singularidades locais" (Langdon & Garnelo, 2017, p. 461). Além disso, há um entendimento generalizado entre profissionais e formuladores de políticas de que as culturas indígenas e suas tradições de cura constituem um obstáculo à prestação adequada de cuidados de saúde biomédicos.

Portanto, as intervenções de atenção primária para os povos indígenas reproduzem, em grande parte, entendimentos biomédicos reducionistas da personalidade individual e da corporeidade. Isso é particularmente relevante para o campo da saúde mental. Os povos indígenas percebem o sofrimento mental não como condições biológicas individuais, mas como aflições físico-morais provocadas por conflitos sociais, quebra de tabus ou vulnerabilidade a ataques espirituais. Além dos relatos biomédicos, os problemas de saúde mental altamente prevalentes entre as comunidades indígenas no Brasil, como abuso de álcool ou suicídio, exigem explicações complexas que pressupõem o conhecimento do contexto cultural, social, econômico e político e a inclusão de práticas de autoatenção indígenas (Langdon & Garnelo, 2017).

Finalmente, o terceiro fator é a conscientização pública sobre a persistência do racismo estrutural e as desigualdades raciais subjacentes às diferenças de classe no Brasil. Há um crescente corpo de pesquisas que destaca a presença de diferenças étnicas, raciais, de gênero e religiosas e sua incorporação em modos de exclusão e segregação na sociedade brasileira (Layton & Smith, 2017). Os debates inflamados sobre ações afirmativas no Brasil alimentaram questões de diferenças raciais, políticas de identidade e multiculturalismo que reverberam nos cuidados e nas políticas de saúde mental brasileira (Bernardino-Costa & Blackman, 2017). Ainda, conforme examinado, mesmo que a reforma psiquiátrica condene explicitamente a discriminação contra as populações negra, indígena e LGBTQIAP+, não há nenhuma discussão sobre as políticas de assistência à saúde mental para tratar das diferenças de gênero, étnicas ou raciais.

O assassinato, em 2018, de Marielle Franco, mulher negra, lésbica, favelada e política de esquerda, e a eleição de Jair Bolsonaro para a Presidência da República no mesmo ano impulsionaram os debates sobre racismo estrutural e racialização no país (Perry,

2020). O impacto direto da racialização nos resultados de saúde, como a pandemia da covid-19 revelou (Martins-Filho et al., 2021), exige algumas mudanças iterativas nas práticas de competência estrutural, por exemplo, no contexto da educação continuada em saúde, para incluir mais foco na interseccionalidade (Ortega & Müller, 2022).

Conclusão

Sempre me incomodou que se pensasse o Brasil segundo o modelo do déficit, da falta, da negatividade, da inautenticidade, do que Roberto Schwarz (1989) chamava de "nacional por subtração"; o que falta no Brasil, o que este país não tem (e deveria ter). Quando comecei a trabalhar sobre o tema dos determinantes culturais na saúde mental brasileira, me vi diante do mesmo dilema: o Brasil esconde, recalca, negligencia os determinantes culturais na saúde mental. Raça, religião, crenças, costumes e tradições do povo brasileiro não constituem um nível relevante de envolvimento com os usuários dos serviços de saúde. Ao mesmo tempo, sabemos que as intervenções de saúde mental são mais acessíveis, aceitáveis e eficazes quando são adaptadas interculturalmente. Os pacientes podem integrar explicações culturais para comunicar sua angústia de forma inteligível e socialmente significativa (Kirmayer & Swartz, 2014).

A conclusão mais simples seria dizer que precisamos fomentar competências interculturais dirigidas aos profissionais de saúde para avançar uma psiquiatria multi- e transcultural. Mas o caso do Brasil é singular e tem a ver, como vimos, com o processo e o padrão de formação de identidade nacional, que dificultam assumir contexto e cultura como algo diretamente acessível. Portanto, é necessário um exame cuidadoso das configurações locais e históricas antes de desenvolver intervenções significativas para profissionais e usuários de serviços.

Ao mesmo tempo, as experiências recentes de assistência à saúde mental na atenção primária, como o trabalho dos ACS e a TC, resultam em exceções relevantes, e não necessariamente conflitantes com o silenciamento da cultura na reforma psiquiátrica brasileira. Elas constituem caminhos locais para a inserção de questões culturais na atenção à saúde mental no Sul Global, não focada na diversidade étnica, mas comprometida com a abordagem da vida humana em suas múltiplas dimensões.

No momento presente, em que diversos países do chamado Norte Global discutem a necessidade de desenvolvimento de competências estruturais no ensino, nas políticas públicas e nas práticas de profissionais de saúde e ao mesmo tempo criticam as limitações das abordagens ditas culturais, é importante frisar que a reforma psiquiátrica e a saúde coletiva brasileira e a organização dos serviços pós-reforma seguiram, de certa forma, um caminho inverso, colocando desde o início a ênfase nos determinantes estruturais e minimizando o papel das diferenças culturais nas práticas de saúde. No entanto, uma compreensão mais restrita de "estrutura" e "estrutural" – restringindo-se preferencialmente à estratificação de classe e às desigualdades socioeconômicas – limitou a abordagem das hierarquias não apenas de classe, mas também de raça, sexo, sexualidade e capacidade, entre outros.

É um grande desafio implementar políticas públicas que reduzam a estratificação social, bem como promover a equidade, a universalidade e a integralidade na assistência à saúde. Questões como a racialização e o racismo estrutural exigem colocar no centro das práticas e das políticas de saúde mental os determinantes interculturais e estruturais da saúde, focando nos principais conflitos da sociedade brasileira, como a violência estrutural, a marginalização e a discriminação de diferentes grupos (negros, indígenas,

LGBTQIAP+, migrantes e refugiados, entre outros), arranjos políticos em nível nacional, interesses corporativos de profissionais de saúde e demandas de movimentos sociais.

Reduzir a interpretação da estrutura à estratificação de classe, sem considerar outros marcadores sociais de diferença e sem problematizar as relações específicas que ocorrem em cada território, pode limitar o desenvolvimento de competências interculturais e estruturais entre os profissionais de saúde. Equilibrar o reconhecimento da interculturalidade com a consciência da desigualdade e de outros determinantes estruturais da saúde fortalece a análise de ambas as dimensões, pois as vulnerabilidades estruturais assumem formas únicas em contextos culturais específicos.

Coda

Sei que Jurandir concordará com algumas coisas deste capítulo e com outras não, mas as ideias desenvolvidas tanto neste texto como em outros trabalhos que publiquei sobre o tema surgiram nas conversas que tive o privilégio e a fortuna de manter com meu amigo Jurandir Freire Costa ao longo de mais de vinte anos e que, espero, continuem por muitos mais. Este texto é um convite a continuar nosso diálogo.

Referências

Amarante, P., Freitas, F., Nabuco, E., & Ragel Pande, M. N. (2012). Da diversidade da loucura à identidade da cultura: o movimento social cultural no campo da reforma psiquiátrica. *Cadernos Brasileiros de Saúde Mental*, *4*(8), 125-132.

Balee, W. (2003). The Brazilian people: The formation and meaning of Brazil. *Tipití: Journal of the Society for the Anthropology of Lowland South America*, *1*(2), 233-237.

Basaglia, F. (2014). Le istituizioni della violenza. In F. Basaglia, (Org.), *L'istituizione*

negate: Rapporto da un ospedale pisichiatrico (pp. 111-151). Baldini & Castoldi. (Trabalho original publicado em 1968).

Batista, M. Q., & Zanello, V. (2016). Saúde mental em contextos indígenas: Escassez de pesquisas brasileiras, invisibilidade das diferenças. *Estudos de Psicologia (Natal)*, *21*(4), 403-414.

Bernardino-Costa, J., & Blackman, A. E. C. (2017). Affirmative action in Brazil and building an anti-racist university. *Race Ethnicity and Education*, *20*(3), 372-384.

Boccolini, C. S., & Souza Junior, P. R. B. de. (2016). Inequities in healthcare utilization: results of the Brazilian National health survey, 2013. *International Journal for Equity in Health*, *15*, 150.

Costa, J. F. (1987). Consciência da doença como consciência do sintoma: a doença dos nervos e a identidade psicológica. *Cadernos do IMS*, *1*(1), 4-44.

Coutinho, M. F. C., Portugal, C. M., Nunes, M. O., & O'Dwyer, G. (2020). Articulações entre o projeto de Saúde Mental Global e os aspectos culturais do cuidado na Rede de Atenção Psicossocial e Atenção Primária à Saúde no Brasil. *Physis: Revista de Saúde Coletiva*, *30*(2).

Duarte, L. F. D. (1986). *Da vida nervosa nas classes trabalhadoras urbanas*. Jorge Zahar.

Fleckman, J. M., Dal Corso, M., Ramirez, S., Begalieva, M., & Johnson, C. C. (2015). Intercultural competency in public health: A call for action to incorporate training into public health education. *Frontiers in Public Health*, *3*, 210.

Foot, J. (2015). *The man who closed the asylums: Franco Basaglia and the revolution in mental health care*. Verso.

Islam, G. (2011). Can the subaltern eat? Anthropophagic culture as a Brazilian lens on postcolonial theory. *Organization*, *19*(2), 159-180.

Kirmayer, L. J., Swartz, L. (2014). Culture and global mental health. In P. Patel, H. Minas, A. Cohen, A., & M. J. Prince (Orgs.), *Global mental health: Principles and practice* (pp. 41-62). Oxford University Press.

Langdon, E. J., & Garnelo, L. (2017). Articulación entre servicios de salud y "medicina indígena": Reflexiones antropológicas sobre política y realidad en Brasil. *Salud Colectiva*, *13*(3), 457-470.

Lara, M. O., Brito, M. J. M., & Rezende, L. C. (2012). Aspectos culturais das práticas dos Agentes Comunitários de Saúde em áreas rurais. *Revista da Escola de Enfermagem da USP*, *46*(3), 673-680.

Layton, M., & Smith, A. (2017). Is it race, class, or gender? The sources of perceived discrimination in Brazil. *Latin American Politics and Society*, 59(1), 52-73.

Lima, M., & Oliveira Nunes, M. (2006). Práticas psicológicas e dimensões de significação dos problemas de saúde mental. *Psicologia Ciência e Profissão*, *26*(2), 294-311.

Martins-Filho, P. R., Araújo, B. C. L., Sposato, K. B., Araújo, A. A. S., Quintans-Júnior, L. J., & Santos, V. S. (2021). Racial disparities in COVID-19-related deaths in Brazil: Black lives matter. *Journal of Epidemiology*, *31*(3), 239-240.

Metzl, J. M., & Hansen, H. (2014). Structural competency: Theorizing a new medical engagement with stigma and inequality. *Social Science & Medicine*, *103*, 126-133.

Metzl, J. M., & Roberts, D. E. (2014). Structural competency meets structural racism: Race, politics, and the structure of medical knowledge. *The Virtual Mentor*, *16*(9), 674-690.

Munanga, K. (2004). *Rediscutindo a mestiçagem no Brasil: identidade nacional versus identidade negra*. Autêntica.

Nascimento, E. L. (2007). *The sorcery of color: Identity, race, and gender in Brazil*. Temple University.

Oliveira, D. S. T., & Ferreira Filha, M. O. (2011). Contribuição dos recursos culturais para a Terapia Comunitária Integrativa na visão do terapeuta. *Revista Gaúcha de Enfermagem*, *32*(3), 524-530.

Ortega, F., & Müller, M. R. (2022). Rethinking structural competency: Continuing education in mental health and practices of territorialisation in Brazil. *Global Public Health*, *18*(1).

Ortega, F., & Wenceslau, L. D. (2020). Challenges for implementing a global mental health agenda in Brazil: The 'silencing' of culture. *Transcultural Psychiatry*, *57*, 57-70.

Ortega, F., & Wenceslau, L. D. (2021). Culture and Mental Health in Brazil. In R. Moodley, & E. Lee (Orgs.), *The Routledge International Handbook of Race, Ethnicity, and Culture in Mental Health* (pp. 341-352). Routledge.

Perry, K.-K. Y. (2020). The resurgent far right and the black feminist struggle for social democracy in Brazil. *American Anthropologist*, *122*(1), 157-162.

Popadiuk, G. S., Oliveira, D. C., & Signorelli, M. C. (2017). A Política Nacional de Saúde Integral de Lésbicas, Gays, Bissexuais e Transgêneros (LGBT) e o acesso ao Processo Transexualizador no Sistema Único de Saúde (SUS): avanços e desafios. *Ciência e Saúde Coletiva*, *22*(5), 1509-1520.

Redko, C. (2003). Religious construction of a first episode of psychosis in urban Brazil. *Transcultural Psychiatry*, *40*(4), 507-530.

Ribeiro, D. (1995). *O povo brasileiro: a formação e o sentido do Brasil*. 2a ed. Companhia das Letras.

Scheper-Hughes, N. (1993). *Death without weeping: the violence of everyday life in Brazil*. University of California Press.

Schwarz, R. (1989). *Que horas são?* Companhia das Letras.

Sforza-Tarabochia, A. (2013). *Psychiatry, subjectivity, community: Franco Basaglia and biopolitics*. Peter Lang.

Souto, K. M. B., Sena, A. G. N., Pereira, V. O. de M., & Santos, L. M. dos. (2016). State and equity policies in health: Participatory democracy? *Saúde em Debate*, *40*, 49-62.

Werneck, J. (2016). Racismo institucional e saúde da população negra. *Saúde e Sociedade*, *25*(3), 535-549.

Parte II

Psicanálise e crítica cultural

8. Encontros clínicos e redescrições provisórias

Cláudio E. M. Banzato
Clarissa de Rosalmeida Dantas

> *There are stories that save us, and stories that trap us, and in the midst of an illness it can be very hard to know which is which.*
>
> Aviv (2022, p. 24)

Este texto foi escrito em homenagem ao psiquiatra, psicanalista e professor universitário Jurandir Freire Costa,[1] brilhante pensador da clínica e da cultura. Nossa intenção não é propriamente comentar sua produção intelectual, que tanto influenciou o campo psi em nosso meio, mas antes apontar profundas afinidades entre certas preocupações e atitudes que atravessam a obra de JFC e a concepção de clínica que aqui esboçamos. Entendemos que o percurso de JFC é marcado pelo antidogmatismo, pelo cuidado no exame dos conceitos e teorias, com especial atenção a suas consequências práticas, tendo como norte clínico uma ética solidária e compassiva. Neste capítulo, partimos de Wittgenstein porque entendemos que suas observações nos convidam a ver as coisas de outra forma, sem compromisso prévio com um único tipo de formulação ou com

1 Doravante, neste texto, JFC.

algum ideal de precisão, ou seja, produzem uma desejável mudança "terapêutica" de perspectiva, com efeitos éticos e estéticos que julgamos de grande importância para esta discussão.

A filosofia de Wittgenstein pós-TLP[2] talvez possa ser considerada a mais radical rejeição de um projeto fundacionista já elaborada. Seu filosofar consiste em exercício da linguagem e atenção ao contexto e às diferenças, isto é, aos diferentes jogos linguísticos, regras, práticas e formas de vida existentes. Não há nenhuma garantia última para o conhecimento, nenhuma abstração generalizante capturando essências ou hierarquias ontológicas, nenhuma palavra pretensiosa e grandiloquente em maiúscula (os termos "sujeito", "linguagem" e "mente", por exemplo, não seriam diferentes de "jogos", "cores" ou "floresta"). Em sua originalidade de terreno, conceitos metafísicos tradicionais perdem tração e se tornam ociosos e sem sentido. Trata-se, afinal, de uma concepção bastante deflacionada e antidogmática da atividade filosófica, segundo a qual esta se limitaria ao exame de palavras, expressões e conceitos por meio dos usos que deles são feitos em cenários linguísticos e contextos práticos diversos, sem pressupor que os diferentes usos das palavras devam ter um referente comum ou necessitem ser explicados de alguma forma.

Dentre inúmeros outros efeitos de largo alcance, as análises filosóficas de Wittgenstein modificaram substancialmente o modo como entendemos os conceitos relativos à vida mental e psicológica. Suas observações procuraram desfazer certos enganos filosóficos entranhados que estariam na origem da ideia de interioridade como algo privado, dado e autoevidente, na primeira pessoa, e algo inacessível, opaco e inescrutável, na terceira (Wittgenstein, 1953/2009). Por outro lado, Wittgenstein também critica uma concepção que parece se opor a essa, mas que compartilha pressupostos

2 *Tractatus Logico-Philosophicus*, 1921.

similares: a de que a vida mental tem tal profundidade que resta ao sujeito apenas contemplar o que lhe é mais superficial e suspeitar, a partir de eventuais inconsistências e espantos experimentados, sobre o que realmente lhe sucede em suas profundezas.

Para Wittgenstein (1953/2009), determinadas imagens de grande apelo nos manteriam cativos, por assim dizer. Elas exerceriam tal fascínio sobre nós que se converteriam, de forma inadvertida, em ideais contra os quais tudo seria comparado ou medido. Em outros termos, seríamos tentados continuamente a utilizar tais ideais como padrões tácitos que moldariam nossas atitudes e condicionariam nossas expectativas sobre, por exemplo, que tipo de explicação teria um formato adequado ou satisfatório para os mais variados casos que encontramos em nossos inquéritos. No caso da vida mental concebida nos moldes da imagem de interioridade, haveria o risco de uma indevida espacialização da subjetividade e da correlata hipóstase da experiência como uma espécie de relação entre objetos mentais, tratando o abstrato como se fosse concreto. O pressuposto implícito, por assim dizer, é que o modo de existência das coisas (isto é, a fisicalidade) seria o único modo possível de existência.

Ao contrário da tendência comum de se buscar uma ordem oculta na desordem aparente, Wittgenstein adverte que é preciso examinar com cuidado os diferentes casos que nos perturbam ou causam perplexidade para verificar se aquilo que se apresenta como problema ou desordem não é simplesmente o desacordo com expectativas ditadas pelos ideais que operam de forma silenciosa. Variar os contextos práticos e mostrar que cada um deles mobiliza de maneira distinta os recursos linguísticos e conceituais existentes, sem exigir que exista algo em comum a todos eles, faz parte do método filosófico de Wittgenstein. Desfazer problemas, e não os resolver, seria a tarefa a que ele se propõe. A atenção adequada ao funcionamento da linguagem ordinária, em que tudo estaria perfeitamente em ordem, seria suficiente para eliminar certas confusões conceituais que nos desencaminham e nos impelem a buscar explicações que, ao fim e ao cabo, só podem se revelar desnecessárias e sem sentido (Wittgenstein, 1953/2009).

Algumas das confusões conceituais apontadas por Wittgenstein não apenas levariam a pseudoproblemas filosóficos, mas marcariam já na origem e atravessariam de forma decisiva certas áreas de investigação científica, como é o caso da psicologia. Na psicologia, algumas disputas conceituais sobre a configuração dos objetos desse campo de conhecimento partiriam implicitamente de premissas falaciosas. Isso teria como consequência produzir debates vazios e programas empíricos de investigação que tentariam responder a perguntas sem sentido. Daí decorrem o interesse e a motivação para as reiteradas análises do filósofo austríaco acerca da gramática das expressões linguísticas relativas à vida mental e psicológica, sendo de particular importância sua perspicaz constatação da assimetria dos verbos psicológicos em primeira e terceira pessoa (Faustino, 1995).

Podemos dizer que o interesse demonstrado por Wittgenstein em seus escritos filosóficos (e também em sua vida) pela psicologia, pela psicanálise e pela psiquiatria foi plenamente correspondido. Muitos autores dessas áreas entenderam que suas observações eram incontornáveis e, assim, uma extensa e variada literatura psi de inspiração wittgensteiniana, ou ao menos que se confronta com suas ideias, tem sido produzida nas últimas décadas. Ainda que os comentários de Wittgenstein não tenham um caráter propriamente epistemológico (e muito menos o de tribunal epistemológico), parte considerável da discussão provocada por eles diz respeito às pretensões científicas de tais disciplinas (Banzato, 1999). Ao filósofo da linguagem, interessa mais especificamente elucidar de que modo operam os dispositivos explicativos engendrados pelas distintas teorias e quais os efeitos, sobretudo estéticos e éticos, de se adotá-los.

No caso da psicanálise freudiana, objeto de inúmeras observações críticas de Wittgenstein, a questão de fundo seria a ambição explicativa que a move, incluindo o que Freud entende por explicação no domínio psicológico (Banzato, 1999). Para o filósofo, as possibilidades de sentido inéditas que o enquadre freudiano permite são muito interessantes, na medida em que tudo assume um aspecto diferente e original no prisma psicanalítico; o que lhe é inaceitável, contudo, é a reivindicação de que esse novo aspecto capturaria uma espécie de realidade subjacente que desmente as aparências. A "desordem superficial" seria, assim, substituída por uma "ordem profunda".

A fórmula "isto, na verdade, deve ser como aquilo" indubitavelmente possui forte apelo persuasivo (Wittgenstein, 1966), independentemente de aceitarmos ou rejeitarmos o conteúdo empírico contingente da fórmula. A própria distinção entre, por assim dizer, estes dois supostos planos, o superficial e o profundo, revelaria duplamente o ideal científico adotado por Freud, a saber, o de que um fenômeno é esclarecido quando ocorre sua subsunção a uma lei geral, do qual ele é apenas uma instância, e a ambição que o move no desenvolvimento da psicanálise.

Haveria entre os dois autores divergência sobre qual padrão de inteligibilidade estaria em jogo na psicanálise freudiana. O que Freud acredita ser uma explicação científica, para Wittgenstein é uma descrição suplementar ou redescrição, de natureza estética, dentro de sua concepção (Banzato, 1999). Para Wittgenstein, o que caracteriza o âmbito da estética é que aí se opera por convencimento e o critério de correção é a satisfação produzida (Wittgenstein, 1953/2009, 1966). Os rearranjos dos elementos familiares a partir de descrições suplementares, alterações contextuais, analogias e metáforas visam resolver a perplexidade. Não são propriamente explicações, tampouco constituem enunciados que podem ser considerados verdadeiros ou falsos (pois não possuem a forma proposicional).

A psicanálise para Freud é um dispositivo em que teoria e clínica não existem separadas, uma sem a outra, e ambas se retroalimentam mútua e continuamente. De acordo com o médico vienense, seus *insights* originais nascem do contato clínico com os pacientes, o enquadre de sua clínica psicanalítica é dado pela teoria por ele proposta e sua teoria (incluindo a própria metapsicologia) não cessa de ser produzida e reelaborada à luz do que se observa na clínica. Para Wittgenstein, diferenciar entre explicações científicas (formuladas com base na descoberta de leis gerais que depois são aplicadas aos casos individuais) e redescrições estéticas (que reconfiguram os elementos numa nova ordenação que produz efeitos transformativos) tem imensa importância ética. E este é o ponto que nos interessa nesse embate: o caráter impositivo ou opcional da adesão a esse modo de conferir sentido a certos fenômenos mentais que nos interpelam.

O médico vienense, em movimento radical, traz o sentido para o campo da clínica, mas um sentido que é determinado por mecanismos mentais dinâmicos postulados. Ou seja, esse sentido resulta de uma complexa trama psicológica que o multidetermina e é somente percorrendo-a que ele pode ser desvelado. O ponto de chegada é a solução justa, a peça que falta no quebra-cabeça. No entanto, o que Wittgenstein coloca em questão é precisamente certo ideal de completude que levaria Freud a pensar que existem peças faltantes, que tudo a que temos acesso não passaria de fragmentos manifestos de uma figura de fundo que só o psicanalista parece conhecer de antemão. Assim, a metapsicologia freudiana não apenas teria pretensão explicativa, mas também estipularia como deve ser uma explicação nesse domínio. Com Wittgenstein (1958/1965), poderíamos, ao contrário, simplesmente optar por analisar as peças de que dispomos e constatar como elas podem ser combinadas em diferentes arranjos, capazes de nos satisfazer em graus variados.

A metáfora que talvez explicite melhor o que seria essa figura de fundo que somente Freud conhece de antemão é a da "escultura escondida" na pedra, que ele utiliza para tentar refutar a acusação de que sua técnica seria sugestiva. Em sua célebre analogia, enquanto a pintura operaria *per via di porre*, acrescentando-se elementos previamente inexistentes na tela branca, a escultura procederia *per via di levare*, ou seja, o escultor supostamente nada acrescentaria, somente depuraria a pedra bruta de seus *excessos* que impediriam a contemplação da escultura nela contida (Freud, 1904/1989).

Mas o que esse artifício retórico de Freud realmente revela é a sua convicção na existência de uma "verdade histórica" prefigurada. Por essa razão e de forma muito perspicaz, JFC chama a metáfora da escultura escondida de "mito epistêmico infantil" da psicanálise (Costa, 1994, p. 13) e preconiza que o *per via di levare* seja tomado radicalmente e levado às últimas consequências, na medida em que a psicanálise não pode senão exibir o "sem sentido" do sujeito na linguagem.

O alcance da crítica da Wittgenstein é longo. Não se trata apenas de rejeitar a ideia de sugestão no sentido mais direto (e, portanto, mais fraco), de algo que o psicanalista ofereceria como uma explicação *ad hoc* que o analisando aceitaria. Freud quer a todo custo se afastar da imputação de que a sugestão já esteja embutida na adoção do enquadre psicanalítico (esse seria o sentido indireto e forte da palavra "sugestão"), o que faria da psicanálise uma atividade criativa e a situaria no plano não da ciência, mas da *poiesis*. Freud, para Wittgenstein, teria se equivocado acerca da natureza de sua própria contribuição (Banzato, 1999).

Mas existem leituras da psicanálise alternativas à ortodoxia freudiana e, a nosso ver, mais sofisticadas, que tomam um caminho bem diferente. A que nos interessa aqui é aquela elaborada por JFC com apoio numa distinção crucial feita por Rorty (1991b), no texto "Freud and moral reflection", entre duas vias de autoconhecimento, baseadas respectivamente no que ele denomina ideais de autopurificação e de autoenriquecimento. No primeiro caso, as perguntas que o sujeito se faria para se conhecer teriam o viés de depuração: "o que realmente sou, qual meu verdadeiro eu, o que de essencial existe em mim?" (Costa, 1994, p. 21). No segundo caso, o objetivo seria o oposto, indo na direção de uma ampliação das possibilidades e da abertura para novos vocabulários. A pergunta seria outra: "como posso redescrever-me, de maneira a viver uma vida melhor e mais bela" (Costa, 1994, p. 21).

De certa forma, a adoção do ideal do autoenriquecimento concilia a psicanálise com a crítica de Wittgenstein, que justamente a situa no campo estético e ético. Tal movimento amplificaria ainda mais a mudança que Freud teria infligido à autoimagem humana. Uma coisa é afirmar que "o eu não é senhor em sua própria casa", outra bem mais radical seria prescindir de algo que faça as vezes de uma "verdade do sujeito" à qual se possa ao menos aspirar encontrar.

Para JFC, a contribuição mais original do pensamento freudiano à noção de sujeito estaria justamente em destituí-la de um centro ordenador metafísico (Costa, 1995a). Toda a realidade psíquica é contingente e o sujeito nada mais é que um "nome coletivo dado à pluralidade identificatória de que somos feitos" (Costa, 1995b, p. 32). Com Rorty, JFC entende o sujeito como "uma rede de crenças e desejos postulada como causa interior do comportamento linguístico dos organismos singulares que somos nós" (Costa, 1994, p. 31). Rede essa passível de abrigar conflitos e contradições, bem como de ser redescrita de numerosas formas sem perda de identidade e sem que nenhuma dessas redescrições seja mais verdadeira do que outra.

Tal noção de sujeito não se pretende distante daquela manifesta na "psicologia do senso comum", apreensível por meio de seus usos na linguagem ordinária. Se por um lado despoja-se de uma densidade substancial ou essencial, por outro, retém-se, enquanto realidade linguística, uma densidade prática que a torna indispensável à atividade clínica (Costa, Bezerra Jr. & Gama, 2019a, 2019b). "Não podemos, como querem alguns, decretar a morte do sujeito, pelo simples fato de que continuamos a usar a palavra sujeito com todas as consequências performativas implicadas no uso" (Costa, 1994, p. 31).

Em movimento similar ao da recusa em pensar o sujeito de forma predicativa, JFC evita conceder à linguagem um estatuto a-histórico de "estrutura ou matriz prévia, anterior, abstrata e logicamente fundadora dos atos de fala concretos e empíricos" (Costa, 1995b, p. 30), tomando-a simplesmente como parte do comportamento expressivo humano, dotada de sentido, intenção e força performativa. A linguagem não é reificada nem tratada como uma entidade de estatuto ontológico especial. Pensada sob vertente pragmática, a linguagem não exerce o papel de intermediário epistêmico entre sujeito e objeto, tampouco é representação (Rorty, 1979, 1991a). É ação com finalidade e contexto.

O movimento do pensamento de JFC responde em primeiro lugar a necessidades clínicas e éticas. Além disso, ele procurar levar para a clínica a visão menos metafísica possível das teorias que utiliza. Seu amplo e erudito horizonte de exploração intelectual tem o fim de encontrar noções e conceitos que permitam articular e operar uma clínica sem apelo a elementos transcendentes, comprometida com a busca da ampliação das possibilidades do indivíduo, isto é, com o autoenriquecimento. Sua preocupação primordial é com as consequências práticas, intencionais ou não, das teorias adotadas, se estas conduzem a aberturas ou a restrições das narrativas no encontro clínico (Costa, 2006; Bezerra Jr. & Costa, 2014).

Com sofisticação e originalidade, JFC aceita correr o "risco" de dispensar garantias teóricas definitivas, adotando formulações sempre provisórias que podem ser descartadas em favor de outras que se mostrem mais profícuas para os objetivos clínicos. Não só concordamos integralmente com essa atitude e com o espírito que anima sua produção, como sugerimos que o alcance da visão da psicanálise defendida por JFC vai muito além da própria psicanálise. Entendemos que uma concepção pragmática, antidogmática e deflacionada de conotações metafísicas é mais do que bem-vinda na clínica psi de modo geral.

Na tradição filosófica pragmática, o método de proceder é que conta na busca do conhecimento, isto é, como conduzimos nossas investigações de modo a permitir que se façam autocorreções ao longo do caminho. O que está sempre no horizonte é a ideia de um progresso falível, não de certeza ou de verdade como correspondência com a realidade. Assim, a posição falibilista é muito distante da posição cética. Aliás, a renúncia ao ideal de certeza subtrai da posição cética sua própria razão de ser.

Em relação ao conhecimento do mundo, uma posição pragmática conjuga realismo com falibilismo, entendendo verdade como aquilo que se mantém como merecedor de crença no processo de investigação (Misak, 2016). Já no caso de pessoas, a falibilidade seria de outra natureza, muito mais radical, sobretudo se rejeitarmos a noção de que existe algo de essencial em cada indivíduo que corresponda à sua verdade, algo que, por assim dizer, o defina de forma cabal.

Na perspectiva do pragmatismo, nossas crenças e nossos proferimentos não guardam uma suposta relação metafísica com a realidade (como algo que independe por completo de nós), mas estão intrinsecamente comprometidas com nossas ações e nossos propósitos. A ênfase nas práticas e nas ações humanas (experiência, expectativas e consequências) leva Misak (2016) a afirmar que o melhor entendimento dos nossos conceitos é aquele centrado nos agentes. E isso é ainda mais marcante nos conceitos e nos vocabulários mobilizados no campo transformativo da clínica.

Clínica é ação, prática. Isto é, a clínica é uma atividade modificatória do mundo, em que as partes envolvidas, clínicos e pacientes (e, não raro, pessoas importantes de seu entorno), são agentes que trazem para o encontro suas experiências e suas expectativas de mudanças, bem como suas preferências e seus valores, implícitos ou declarados, que devem guiar o processo terapêutico em direção a uma meta por construir. O aparato conceitual que possibilita a clínica precisa responder, em última instância, aos interesses e às crenças desses agentes. A escolha do enquadre, da matriz narrativa e explicativa e dos objetivos perseguidos depende dos pressupostos operantes, pois nossas crenças e nossas ações estão sempre intimamente conectadas.

É claro que o campo da clínica é múltiplo e cada área tem suas especificidades. Mas usamos clínica *tout court* aqui porque entendemos que os elementos estéticos e éticos são constitutivos de toda atividade clínica e verdadeiramente inescapáveis. Isso vale para a medicina, a psiquiatria, a psicologia e a psicanálise. O que varia é o papel que eles desempenham, implícita ou explicitamente, em cada uma dessas disciplinas (bem como no seio das diferentes tradições teóricas internas que as compõem). Também varia, evidentemente, o lugar ocupado pelo corpo. Afinal, pessoas são agentes corporificados e no corpo, em sua materialidade ordenada por certa normatividade biológica e em sua dimensão vivencial organizada simbolicamente, nossos interesses e nossas afecções se inscrevem e confluem.

O elemento invariante da clínica é o encontro clínico. E o que nele se busca é a grande questão que não pode ser respondida pela técnica. Reconhecer que o jogo da clínica se joga de muitas maneiras implica que os valores éticos e estéticos atuam de forma decisiva, ainda que com frequência sub-reptícia, na montagem de cada dispositivo clínico engendrado. São diversos os caminhos que conduzem alguém a um encontro clínico: mal-estar, dor, sofrimento, impasse, espanto, perplexidade, doença, transtorno, ou seja, tudo aquilo capaz de produzir um sentimento de vida contrariada. E não menos diversas são as modalidades de clínica e enquadres em que esse alguém pode ser recebido. É forte a tendência de naturalizar os objetivos dos tratamentos a partir do formato técnico que cada dispositivo clínico assume, como se tal configuração simplesmente respondesse a uma demanda que não poderia ser outra, isto é, que não é senão da ordem do dado. Nesse caso, a clínica operaria sob a ilusão de mirar um ponto de convergência, posto ao alcance mediante a técnica.

Ora, se o invariante da clínica é o encontro clínico, nada é mais variável do que as duas pessoas, clínico e paciente, que comparecem a esse encontro. Pessoas têm origens, histórias, contextos, valores, aspirações e desejos diferentes e, mais do que isso, tais diferenças entre as pessoas são legítimas. Nenhuma norma biológica, psicológica ou social tem o poder de ditar como a vida deve ser vivida e o que deve ser nela buscado. No que diz respeito a vidas humanas, a variação é a própria norma.

Práticas clínicas, portanto, estão sempre ancoradas em formas de vida. E sua justificativa tem que ser formulada em termos éticos e estéticos. No terreno da clínica, o equívoco maior é pressupor que as coordenadas segundo as quais clínico e paciente vivem são as mesmas, porventura remetidas a uma suposta ordem impessoal reguladora. Se isso vale para todo o campo clínico, na clínica psi as consequências de uma prática que impõe uma normatividade estabelecida de antemão são ainda mais evidentes e graves.

As observações dos últimos parágrafos explicitam o tamanho do desafio colocado para a atividade clínica, sobretudo a psi, que poderia ser resumido na seguinte pergunta: como formular e justificar uma clínica que recusa o apelo tanto de uma ordenação externa e anterior ao sujeito como de uma ordenação interna e fixa que o constitui e que carece de ser desvelada e, ao mesmo tempo, reconhece que a preservação radical da abertura subjetiva não é sinônimo de uma abertura infinita, que não leve em conta as contingências de cada biografia e as restrições impostas pela realidade (incluindo, por certo, a própria corporalidade)?

Confrontada com seu mal-estar ou impasse, a pessoa busca ajuda, tanto para entender o que se passa como para encontrar uma saída que o elimine ou minimize. Como o problema será formulado pelo paciente e pelo clínico é crucial. E esse "como" jamais se reduz a uma dimensão técnica, comportando também dimensões éticas e estéticas, na medida em que a técnica está sempre subordinada a um fim, que determina sua escolha e seu emprego. As palavras postas em movimento nesse encontro têm o potencial de gerar novos sentidos e possibilidades, e, arriscamos afirmar, dizer de outra forma já é produzir mudanças.

Tais transformações são efeitos da adesão a redescrições satisfatórias, reconfigurações de um "todo" em que cada elemento assume valência inédita. Esse "todo" aqui é pensado como uma miragem, uma ficção não necessariamente totalizante que impulsiona a mudança, não como ponto de chegada ou de fixação definitivo. A dinâmica das redescrições não cessa, a não ser por uma decisão arbitrária, também ligada à satisfação. As redescrições produzidas nesse encontro intersubjetivo que é a clínica são sempre sujeitas à revisão, sensíveis à entrada de novos elementos em cena.

O conhecimento que emerge na clínica é de natureza intersubjetiva. Ele não é derivado meramente de observações e inferências, mas depende da interação que se estabelece entre o clínico e o paciente. Em oposição a uma forma de conhecimento baseada no modelo da observação de objetos que subjaz à episteme científica, Eilan (2016, p. 19) propõe que o conhecimento de pessoas se dá a partir de um modelo inteiramente outro, relacional e ancorado irredutivelmente na intersubjetividade, que essa autora chama de "conhecimento a dois" (*knowledge for two*).

Pensamos que a clínica psi constitui um exemplo formidável de conhecimento a dois. É nesse encontro, marcado pela tentativa de se manter a abertura intersubjetiva, que as histórias serão contadas, elaboradas e reelaboradas, que novos sentidos provisórios poderão ser aduzidos. Se operarmos, como aqui propomos, a dupla recusa de um ideal normativo (ou seja, de uma clínica prescritiva) e de um ideal definidor íntimo (isto é, de um ponto nodal multideterminado que corresponderia à "verdade do sujeito", sua "causa secreta"), a atividade clínica ocorreria, por assim dizer, numa espécie de fio da navalha, em que as perguntas colocadas a cada instante seriam "para onde", "em direção a quê", "com que fim"; em suma, questões de natureza ética e estética. E acreditamos que a obra de JFC nos mostra um caminho possível para abordá-las com o máximo de sensibilidade e respeito pela alteridade.

Referências

Aviv, R. (2022). *Strangers to Ourselves: Unsettled Minds and the Stories That Make Us*. Farrar, Straus and Giroux.

Banzato, C. E. M. (1999). Wittgenstein: crítico de Freud. In O. F. Gabbi Jr. (Org.), *Fundamentos da psicanálise: pensamento, linguagem, realidade e angústia* (pp. 23-87). Fapesp.

Bezerra Jr., B, & Costa, J. F. (2014). Entrevista: Jurandir Freire Costa. *Physis: Revista de Saúde Coletiva, 24*(4), 1023-1033.

Costa, J. F. (1994). Pragmática e processo analítico: Freud, Wittgenstein, Davidson, Rorty. In J. F. Costa (Org.), *Redescrições da psicanálise: ensaios pragmáticos* (pp. 9-60). Relume-Dumará.

Costa, J. F. (1995a). Resposta a Zeljko Loparic. *Percurso*, (14), 96-107.

Costa, J. F. (1995b). *A face e o verso: estudos sobre o homoerotismo II*. Escuta.

Costa, J. F. (2006). As vassouras da feiticeira. *Natureza Humana, 8*(1), 133-162.

Costa, J. F., Bezerra Jr., B., & Gama, J. A. (2019a). The Subject of Psychopathology: Of What Plural Is It Made? *Philosophy, Psychiatry, & Psychology, 26*(2), 89-97.

Costa, J. F., Bezerra Jr., B., & Gama, J. A. (2019b). What Is It Like to Be a Subject? *Philosophy, Psychiatry, & Psychology, 26*(2), 107-110.

Eilan, N. (2016). *Knowing and understanding other minds: on the role of communication*. Palestra proferida na Koç University, Istambul. Recuperado de: https://warwick.ac.uk/fac/soc/philosophy/people/eilan/kuom.pdf.

Faustino, S. (1995). *Wittgenstein: o eu e sua gramática*. Ática.

Freud, S. (1989). Sobre psicoterapia. In S. Freud, *Obras completas* (Vol. VII). Amorrortu. (Trabalho original publicado em 1904).

Misak, C. (2016). *Cambridge Pragmatism: From Peirce and James to Ramsey and Wittgenstein*. Oxford University Press.

Rorty, R. (1979). *Philosophy and the Mirror of Nature*. Princeton University Press.

Rorty, R. (1991a). *Philosophical Papers* (Vol. 1: Objectivity, Relativism, and Truth). Cambridge University Press.

Rorty, R. (1991b). Freud and moral reflection. In R. Rorty, *Philosophical Papers* (Vol. 2: Essays on Heidegger and Others). Cambridge University Press.

Wittgenstein, L. (1965). *The Blue and Brown Books.* Harper & Row Publishers. (Trabalho original publicado em 1958).

Wittgenstein, L. (1966). *Lectures and Conversations on Aesthetics, Psychology, and Religious Belief.* University of California Press.

Wittgenstein, L. (2009). *Philosophical Investigations.* Wiley-Blackwell. (Trabalho original publicado em 1953).

9. O legado de um pensamento criativo

Ana Elizabeth Cavalcanti

Somos de nossa época, não temos razão alguma
para crer que somos melhores que ela.
Simone Weil (citada por Costa, 2010, p. 26)

As palavras de Simone Weil dizem muito do posicionamento ético de Jurandir Freire Costa. É do lugar contingente de indivíduo do seu tempo, afetado pelos acontecimentos culturais de nossa época e pelos sujeitos de sua clínica, que ele ancora sua produção teórica e sua prática psicanalítica. O resultado é uma obra marcada por um compromisso radical com o mundo e com as pessoas: com o mundo dos negócios humanos, o espaço público da afirmação da existência e do exercício da liberdade e da política e com as pessoas que nele habitam, sobretudo as silenciadas e tornadas inexistentes pelas desigualdades e pelo preconceito, que sobrevivem por teimosia nas franjas da sociedade e da cultura. São elas que parecem mover a produção incansável e ininterrupta de Jurandir durante anos a fio.

Como psicanalista, sempre apostou na potência criativa da psicanálise. Recusando posturas dogmáticas, questiona a psicanálise com a cultura e a cultura com a psicanálise, acreditando que ela pode ser um instrumento de análise e crítica do preconceito e da discriminação, na medida em que abre possibilidades para o estabelecimento de um *ethos* cultural mais tolerante e inclusivo.

Assim, busca dialogar com autores, dentro e fora do campo psicanalítico, que possam jogar uma nova luz sobre conceitos e práticas psicanalíticos, apontando suas concepções datadas e seus limites diante das exigências de uma cultura e de subjetividades emergentes, bastante diferentes daquelas forjadas no tempo de Freud. Ao mesmo tempo, procura encontrar na teoria freudiana o que há de potente e ainda atual para dialogar com a cultura e com o sofrimento dos indivíduos do nosso tempo. É assim que busca teorias e práticas psicanalíticas em favor de uma psicanálise humanamente útil, como ele gosta de falar.

Acompanhamos, então, Jurandir discutir e colocar em xeque conceitos e leituras psicanalíticos que se mostram insuficientes para nos conectar e compreender o sofrimento dos sujeitos de nossa época, o que, no limite, dificulta qualificar suas existências. É perceptível, por exemplo, os limites de certas leituras psicanalíticas para positivar a existência dos homoeróticos, dos autistas, das pessoas trans ou das famílias homoafetivas. Também são evidentes os limites de alguns construtos psicanalíticos para compreender o que está em jogo para sujeitos cujos modos de sofrer estão muito distantes daqueles decorrentes das neuroses escutados por Freud: os que sofrem com novos modos de compulsividade por drogas, sexo, consumo e telas; os que não têm gosto pela vida, mesmo reconhecendo que conquistaram tudo o que almejavam; os que compõem a crescente legião de *losers* que, como diz Andrade (2020), vivem como fracasso pessoal o fracasso de um modelo neoliberal insustentável que lhes impõe ideais inalcançáveis. Sem falar dos limites para entender e tratar das questões raciais, que, felizmente, após anos de negação, entraram no cenário do debate psicanalítico.

Foi assim que Jurandir questionou conceitos datados, tomados como universais, e propôs leituras que levam em conta suas contingências, abrindo a possibilidade de positivar existências diversas. Buscou ao mesmo tempo construir teorias e práticas psicanalíticas inclusivas e solidárias, o que às vezes implica abrir mão de conceitos tomados como âncoras teóricas universais e indiscutíveis. Aderiu ao que diz Richard Rorty, autor de grande relevância em sua obra: entre o desejo de objetividade e o desejo de solidariedade, é preferível o segundo. Ou seja,

> *entre o desejo de objetividade que visa conhecer a realidade humana tal qual ela é, independente do contexto histórico em que é apreendida, é preferível o desejo de solidariedade, que aceita a contingência de sua emergência histórica e busca tão somente o maior acordo intersubjetivo possível sobre a natureza ética de certas crenças sobre os homens. . . . é o desejo movido pela preocupação em identificar-se com a dor e a humilhação do outro, poupando-lhe sofrimento e estendendo tanto quanto possível a referência do pronome nós. (Rorty, citado por Costa, 1992, p. 142)*

O desejo de solidariedade atravessa toda a obra de Jurandir. É o que parece movê-lo a propor a redescrição de alguns conceitos psicanalíticos a fim de dar à psicanálise a amplitude necessária para escutar e incluir sujeitos cultural e socialmente excluídos.

Inicio pelo seu questionamento da centralidade atribuída por Freud ao recalque e à lei, agenciada pela função paterna, na constituição do psiquismo e da cultura. Esse é um tema tratado em alguns de seus textos. Aqui escolhi dialogar com "Plaidoyer pelos irmãos" (Costa, 2000), prefácio do livro *Função fraterna*, organizado por

Maria Rita Kehl, pela sua relevância para compreender as implicações teóricas e clínicas do descentramento proposto.

Como sugerem o título e o prefácio do livro, coloca-se aí em questão o lugar central do pai e da lei como fundamentos da subjetividade e da cultura, construídos por Freud por meio de dois mitos: o da horda, (Freud, 1913/2012), em que narra a fundação da civilização a partir do ato violento do parricídio, e o do Édipo, (Roudinesco & Plon, 1998), que trata da interdição paterna do desejo incestuoso. Esses dois mitos são tomados como metáforas para a construção do conceito de complexo de Édipo, ao qual Freud atribui um lugar central em sua teoria sobre o psiquismo e a cultura.

Como sabemos, foi a partir da neurose, sobretudo da histeria, que Freud descreveu o funcionamento mental de indivíduos no contexto cultural e social de sua época, a Europa do final do século XIX e do início do século XX, portanto, uma sociedade prevalentemente ordenada pela autoridade patriarcal. No entanto, a contingencialidade do modelo da neurose perdeu-se de vista quando lhe foi atribuída a feição de universalidade que o transformou num modelo universal de subjetivação. Assim, um dos modos possíveis de subjetivação, forjado pelas circunstâncias socioculturais de uma época, terminou tomado, no campo psicanalítico, como o modelo de subjetivação humana.

A pregnância da ideia da neurose como modelo de subjetivação na psicanálise sustenta a definição do recalque, agenciado pelo representante da função paterna, como fundamento da subjetividade. A consequência direta e nefasta dessa visão, que perdurou durante décadas e, em certa medida, ainda perdura no campo psicanalítico, foi descrever aqueles cujos modos de subjetivação não se dão sob a ação direta do recalque como desviantes. Esse modo de pensar, levado às últimas consequências, induz à negação da existência de pessoas. Que o digam os autistas, os gays, as lésbicas, as pessoas trans, que agora felizmente podem falar em nome próprio.

"Plaidoyer pelos irmãos" foi escrito no contexto dos anos 2000, quando a discussão sobre o declínio da função paterna como ordenador da cultura e da subjetividade ainda provocava um certo pânico em grande parte dos psicanalistas. Esse pânico alimentava leituras de previsões apocalípticas quanto ao futuro da humanidade, como se o declínio da função paterna representasse o fim da civilização. Assistíamos, então, a tentativas de restaurá-la a qualquer custo nas análises da cultura e do sujeito, o que deixava cada vez mais claros os limites dessa visão teórica para fazer a leitura dos sujeitos e de uma sociedade em que a autoridade patriarcal perdia sua função de ordenador hegemônico.

Hannah Arendt (1968) nos mostra bem o equívoco de se tratar esse modo de autoridade como universal e transcendente ao explicitar sua feição contingente e datada. A autoridade patriarcal, tomada como o modelo de autoridade, assumiu na ocidentalidade uma feição essencialista e transcendente, mas, embora sustentada por uma tradição secular, não se pode atribuir-lhe o estatuto de condição única e indispensável dos humanos para se constituírem e estabelecerem laços sociais. Ou seja, é apenas um modelo de autoridade que não é natural nem inerente à natureza humana, muito menos imutável. Arendt mostra como na pólis grega esse modelo de autoridade não era conhecido e identificado nem na língua grega, nem nas experiências políticas da Grécia. Portanto, comunidades humanas se organizaram e se relacionaram com outra referência, o que retira a feição ontológica atribuída a esse modelo de autoridade que perdurou no Ocidente até ser posto definitivamente em questão nos anos de 1960/1970.

A força dessa tradição, sintonizada com um viés hobbesiano presente em parte do pensamento de Freud, deu consistência à centralidade do pai e do recalque em sua obra e passou a dificultar a ampliação da capacidade de escuta para modos emergentes de subjetividades e laços sociais. Mas, como bem diz Jurandir (2000), o sujeito de nossa clínica é o sujeito do dia a dia da cultura. Ou ainda:

> *O que nos leva a crer que "histerias, obsessões e fobias" ou mesmo "neuroses, psicoses e perversões" sejam entidades ontológicas imutáveis? Por que pensar que a plasticidade do psiquismo humano, ou, o que dá no mesmo, a experiência evolucionária dos animais de fala, emperrou ou alcançou a perfeição ontológica na virada do século XIX para o século XX? (p. 10)*

Jurandir acredita que a pregnância do modelo da neurose na psicanálise deve-se à concepção freudiana do psiquismo, concebido como um caldeirão de pulsões de vida e morte prestes a explodir, no qual o recalque tem o papel fundamental de conter e barrar a sua força destrutiva. No entanto, essa concepção, tomada como universal e inerente ao humano, foi relativizada por Winnicott.

A diferença entre as abordagens de Freud e Winnicott sobre essa questão foi tematizada por Jurandir, tomando como ponto de partida as visões diferentes dos dois autores sobre a sexualidade e a morte. Como propõe, se para Freud a sexualidade é por definição destrutiva e o recalque é a condição de barrar seus excessos incompatíveis com a vida e a civilização, Winnicott defende que a sexualidade só é destrutiva se não houver um meio ambiente capaz de acolher seu ímpeto sem revide e transformá-la em força criativa. A resistência a esse ímpeto, oferecida por um objeto consistente representado pela mãe ambiente, não é compreendida como experiências de interdição e frustração, indispensáveis à introdução da perda e da falta necessárias à instalação da dinâmica do desejo. Nessa visão, a resistência incita o ato criador, o que só é possível numa relação de mutualidade com um meio ambiente que acolhe e suporta as manifestações das forças vitais do bebê, incluídas aí a agressividade e a sexualidade, sem revidar ou impor seus próprios padrões. Assim, apenas num ambiente inconsistente, que falha por excesso – invadindo o indivíduo, inibindo as manifestações de suas forças vitais – ou por escassez – não oferecendo a resistência necessária para que ele possa transformá-las criativamente e integrá-las –, sexualidade e agressividade podem ser descritas como ameaças.

Por meio de uma bela e esclarecedora metáfora, Jurandir (2000) ressalta as diferenças entre os dois autores: "A cada um, diríamos, sua Holanda. A metáfora preferida de Freud é o dique holandês edificado para conter o avanço do mar e a inundação iminente; a de Winnicott é o moinho de água ou vento, que aproveita a força da natureza para a realização de trabalhos úteis" (p. 18). Esse outro olhar oferecido por Winnicott me pareceu decisivo para Jurandir propor o descentramento do recalque da condição de fundamento da subjetividade.

As repercussões desse descentramento são contundentes. Fazem-se notar tanto na clínica, na escuta dos sujeitos que se organizam psiquicamente de modo muito diferente do padrão das neuroses, quanto na compreensão dos movimentos culturais e sociais que também apresentam modos de organização bastante distintos dos ordenados pela autoridade patriarcal.

Quanto ao primeiro ponto, o da possibilidade de escuta e positivação daqueles que se subjetivam fora do padrão das neuroses, talvez as pessoas com autismos sejam o exemplo mais contundente. Quando olhadas com as lentes da neurose, tomando o recalque como fundamento da subjetividade, essas pessoas são colocadas nos limites da humanidade. Na nossa prática clínica no CPPL[1] com

---

1 O CCPL é uma instituição fundada há quarenta anos na cidade do Recife por uma equipe multidisciplinar, então composta por psicólogos, psicanalistas, assistentes sociais e reabilitadores da linguagem. Posteriormente incluíram-se

crianças e adolescentes com esse diagnóstico, percebemos isso muito cedo. Os discursos psicanalíticos orientados pelas lentes da neurose os descreviam na negativa, pelo que não eram e não tinham, negando seus modos singulares de existir. Procuramos outras lentes e trilhamos outros caminhos. Por isso o descentramento proposto por Jurandir nos foi tão bem-vindo e tão familiar.

Quanto ao segundo ponto, o da escuta e da positivação dos movimentos sociais presentes em nossa cultura, o descentramento do recalque facilita a escuta e a positivação de uma outra ordem social emergente. Uma ordem em que a legitimação da lei não passa necessariamente pelo crivo do pai, mas por um acordo entre os irmãos. Nesse ponto retomamos a relevância do conceito de função fraterna, proposto por Maria Rita Kehl, apoiada pelo texto de Jurandir. Infelizmente, até hoje, esse conceito teve uma repercussão discreta no pensamento psicanalítico brasileiro. O aprisionamento de grande parte dos psicanalistas à ideia de que entre irmãos, sem o crivo da lei instituída pelo pai, reina a desordem e o caos dificultou a compreensão da relevância desse conceito e empobreceu a escuta psicanalítica de alguns movimentos sociais emergentes.

No Brasil, onde movimentos culturais importantes nasceram do esforço dos excluídos, que não endereçam apelos de inclusão a autoridades instituídas, mas construíram experiências culturais e civilizatórias entre semelhantes, portanto, na dimensão da fratria, chama atenção a indiferença dos psicanalistas brasileiros para esse conceito. Os grupos de rap e funk das periferias brasileiras são bons exemplos desses movimentos que se afirmaram como produtores de cultura entre irmãos e precisaram fazer um longo percurso, que

psiquiatras e fisioterapeutas. O trabalho institucional desenvolveu-se, e desenvolve-se até hoje, em torno do atendimento interdisciplinar de crianças com autismos, psicose infantil precoce e outros distúrbios graves da infância, tomando a psicanálise e o método verbotonal como pilares teóricos e clínicos. Sobre isso ver Cavalcanti e Ribas (2006).

ainda continua, para serem escutados e reconhecidos nesse lugar. O conceito de função fraterna abre possibilidades e enriquece a escuta dessas experiências humanas, que tendem a ficar inaudíveis se permanecemos recorrendo à lei paterna, à interdição e ao recalque para compreendê-las.

Os descentramentos do recalque e do Édipo propostos por Jurandir nesse texto publicado em 2000 já são encontrados em um de seus livros mais relevantes e atuais: *Violência e psicanálise*. Publicado originalmente em 1984 e republicado em sua quarta edição em 2021, é composto de textos escritos em épocas diferentes, porém movidos por uma preocupação comum: como a violência é sacralizada ou banalizada nos discursos contemporâneos e como o discurso psicanalítico contribuiu e contribui para isso. A introdução, capítulo 2 do livro com o qual conversarei, baseia-se nas questões que lhe dão o título: Por que a violência? Por que a paz?

Jurandir inicia com a citação de alguns fragmentos de textos de psicanalistas, nos quais o conceito de violência é utilizado de forma genérica e imprecisa. Neles, esses psicanalistas falam de violência da sedução traumática, violência da hipótese do inconsciente, violência da linguagem e do próprio processo civilizatório. Em nenhum deles aparece um questionamento do conceito ou de seu uso pela psicanálise. Ao que parece, essas formulações partem de uma premissa tomada como dada e natural, de que o processo civilizatório e o acesso do indivíduo à civilização se dão sob o crivo da violência, tomada como uma espécie de categoria *a priori*, irredutível a qualquer análise. Como nos diz Jurandir (1984/2021a),

> *Fala da violência diluindo seu impacto e atenuando seu horror. Pois no momento em que a define como sinônimo da morte, do que há de impensável e intocável na experiência humana,* sacraliza-a. *E no momento em que a define como a "condição de possibilidade*

> *natural" do existir humano, dado o seu caráter de impulsão primeira e permanente do psiquismo,* banaliza-a. . . . *A nosso ver, a psicanálise foi levada a renunciar a seu potencial crítico e a capitular diante da violência. (p. 28)*

Esse discurso insere a psicanálise no campo das ideologias modernas, sem que isso tenha sido tematizado criticamente. O século XX, sobretudo na Europa, foi terreno fértil para que pensamentos que tomam a violência como ontológica e constituinte do humano tivessem grande repercussão. As duas guerras mundiais, a emergência de regimes totalitários, o declínio do espaço público e da política foram acontecimentos históricos imprescindíveis para que esse tipo de pensamento tomasse um lugar de relevância. Foi nesse contexto que proliferaram ideias da violência como constituinte do humano, como condição de possibilidade de criação e recriação, como condição inerente ao processo civilizatório. A naturalização dessa visão concedeu-lhe uma feição universal e trans-histórica que só se manteve por uma miopia acrítica do contexto em que ela se desenvolveu.

Como sabemos, Hannah Arendt foi uma das vozes dissonantes da visão da violência como inerente e constituinte do humano e da cultura. Em seu livro *Sobre a violência*, Arendt (1970/1994) é categórica ao afirmar que essa ideia provém da crença inabalável de que o humano é dotado de uma tendência inata para a destruição e para exercer o domínio sobre o outro. Essa crença sustentou a convicção de que "o tema político mais crucial é e sempre foi a questão sobre quem domina quem" (p. 36)

Arendt nos apresenta uma outra possibilidade, recorrendo novamente à experiência da pólis grega. Ali, os exercícios da política e do poder não se confundiam com violência, uma vez que os assuntos públicos não se reduziam à questão do domínio, do mando e da obediência. Nesse outro contexto, a política e o poder falam da capacidade de os indivíduos, movidos por um interesse comum, agirem em conjunto no espaço público. Por isso poder e violência não se confundem. Bem ao contrário, a violência não cria, mas destrói o poder. Ela se manifesta quando é bloqueada a capacidade de agir em conjunto, de instituir um poder compartilhado e reconhecido como legítimo. "A forma extrema de poder", diz Arendt, "é o Todos contra Um, a forma extrema de violência é o Um contra Todos" (p. 35). Por isso a violência é instrumental, enquanto o poder é consensual.

Portanto, se no campo da filosofia e da ciência política Arendt nos oferece um outro modo de pensar sobre a violência, no campo psicanalítico, como vimos, é Winnicott que nos oferece também outra possibilidade. É até possível fazer algumas aproximações entre eles, quanto aos pressupostos que os embasam. Ambos rejeitam a ideia de uma tendência destrutiva inata e não corroboram com a visão da existência de uma tendência inata a dominar o outro. Esses pressupostos comuns os levam a retirar da violência qualquer feição ontológica. Para os dois autores, a violência se instala em condições adversas, sendo, portanto, absolutamente contingencial: para Arendt, quando se bloqueia a capacidade de agir em conjunto, base imprescindível para o exercício da política; para Winnicott, quando o meio ambiente não é capaz de acolher e transformar a agressividade, presente no impulso vital, em força criadora.

Por isso, embora nunca tenha se colocado numa posição de rompimento, nem mesmo de descontinuidade com Freud, foi com o seu conceito de pulsão de morte que Winnicott assumiu uma posição de discordância frontal. A divergência em relação ao lugar que ambos dão à agressividade na constituição do psiquismo e da cultura fica aí claramente explicitada.

Como sabemos, embora as noções de conflito e oposição já estivessem presentes nas versões anteriores do dualismo pulsional, foi apenas em 1920, com a proposição do conceito de pulsão de morte, que Freud (1920/2010) formulou pela primeira vez a ideia de uma pulsão agressiva separada, primária em relação à vida, estabelecendo o dualismo entre vida e morte como motor da dinâmica psíquica. Nesse momento, ele propôs a existência de uma tendência à destrutividade inata que ameaça constantemente a vida e a civilização. É ancorada nessa visão da agressividade como destrutividade, cuja coerção passa a ser postulada como condição de possibilidade para a viabilização da vida e do projeto civilizatório.

Winnicott (1975) reage veementemente a essa ideia:

> *O conceito de pulsão de morte poderia ser descrito como uma reafirmação do princípio do pecado original. Já tentei desenvolver o tema de que tanto Freud quanto Klein evitaram, assim procedendo, a implicação plena da dependência e, portanto, do fator ambiental. Se a dependência realmente significa dependência, então a história de um bebê individualmente não pode ser escrita apenas em termos do bebê. Tem de ser escrita também em termos da provisão ambiental que atende a dependência ou que nisso fracassa. (p. 102)*

Ou seja, se para Freud, a destrutividade tem uma feição ontológica na constituição do sujeito e da cultura, para Winnicott, longe de ser compreendida como impulso inato, antagônico com a vida e a civilização, ela seria um dos destinos possíveis da agressividade, um efeito nefasto do fracasso ambiental. Portanto, nesse modo de pensar, não faz o menor sentido atribuir à violência qualquer feição de construção e criação. A violência pode ser compreendida como reação inevitável e necessária em situações-limite de adversidade e opressão, mas não como ação primária criativa e transformadora.

Nesse contexto teórico as perguntas feitas por Jurandir, "Por que a violência? Por que a paz?", são muito relevantes. Ele toma aqui a questão posta por Freud a Einstein: "Por que o senhor, eu e tantas outras pessoas nos revoltamos tão violentamente contra a guerra? Por que não a aceitamos como mais uma das muitas calamidades da vida?" (citado por Costa, 1984/2021a, p. 75). Freud respondeu a Einstein que o motivo básico de seu pacifismo era uma disposição orgânica para a paz. A resposta de Freud não satisfez Jurandir e o levou a propor que retomássemos essa questão, invertendo a pergunta. Ou seja, em vez de nos perguntarmos "Por que a guerra?", que nos perguntássemos "Por que a paz?". Com essa inversão, chega a uma resposta diferente da que Freud deu a Einstein. Recorro a suas próprias palavras:

> *revoltamo-nos contra a violência porque sabemos* que nada que o homem fez e que o torna humano nasceu da violência e sim contra ela. *Horrorizamo-nos diante da violência não apenas porque através dela o homem pode mostrar-se mortalmente destrutivo, mas porque sabemos que a vida cultural nasceu e permanece viva através de pactos sem armas, através de* atos de paz. *Por último abominamos a violência porque, como escreve Habermas, retratando o pensamento de Hannah Arendt, . . . as instituições políticas não vivem da violência, mas do reconhecimento. (p. 75)*

A conclusão do texto é contundente. Jurandir assume uma posição radicalmente crítica ao afirmar que a banalização do conceito de violência pelo seu uso abusivo e indiscriminado nas retóricas acadêmicas e psicanalíticas distancia-nos da violência e de suas manifestações na vida real. De tal forma que pode embaçar perigosamente a nossa escuta e a nossa experiência da violência, o que é indispensável e, no fim das contas, é o que nos impulsiona a agir contra ela.

É, pois, da violência da vida real, presente nas diversas faces do preconceito e do racismo, que Jurandir se ocupa em dois outros momentos de sua obra, quando trata do homoerotismo e das questões raciais.

Os livros sobre o homoerotismo, *A inocência e o vício* (Costa, 1992) e *A face e o verso* (Costa, 1995), foram escritos na esteira da explosão da Aids. A preocupação básica de Jurandir ao pesquisar esse tema decorreu da sua ideia de que "o modo como os sujeitos lidam com o preconceito sexual contra suas sexualidades homoeróticas é decisivo para o destino das políticas culturais de combate à epidemia da AIDS" (Costa, 1992, p. 12).

A partir dessa hipótese, Jurandir propõe uma desconstrução do conceito de homossexualidade, que desde o século XIX foi tratado como uma realidade trans-histórica e inserido pela psiquiatria na categoria de doença, desvio, anomalia e perversão. Essa definição da homossexualidade masculina foi responsável pela construção de um imaginário cultural sobre os sujeitos homossexuais masculinos que lhes imprimiu um fardo moral penoso e os colocou numa posição de exclusão cultural e social. Essas descrições explicam o lugar de vilões que os homossexuais ocuparam no aparecimento da Aids, quando foi positivada a ideia do perigo de suas práticas sexuais.

Na visão de Jurandir, era necessário desconstruir duas ideias sobre a homossexualidade. A primeira, a que sustenta a compreensão de que a prática sexual na homossexualidade seria o avesso da heterossexualidade; a segunda, a que descreve o homossexual como tipo, detentor de uma personalidade e de um perfil psicológico uniformes. A desconstrução dessas ideias era fundamental porque, como ele diz, apoiado na visão do neopragmatismo linguístico,

"Vocabulários diversos criam ou reproduzem subjetividades diversas. E, conforme a descrição de nossas subjetividades, interpretamos a subjetividade do outro como idêntica, familiar ou como estranha, exótica e até mesmo desumana" (Costa, 1992, p. 14).

Daí a proposta de usar o termo homoerotismo em vez de homossexualidade. O termo homoerotismo não carrega a carga de preconceitos construídos desde o século XIX em relação à homossexualidade. Permite, assim, abrir possibilidades de descrição de práticas sexuais entre sujeitos do mesmo sexo não como desvios, mas como manifestações da diversidade humana. Ao mesmo tempo, não as restringe ao estereótipo de contraponto da heterossexualidade, mas aponta para as infinitas possibilidades da sexualidade humana.

As consequências dessa desconstrução são visíveis, tanto no campo da cultura quanto no da psicanálise. No campo cultural e social, não é preciso muito esforço para perceber a diferença na vida de pessoas com orientação sexual homoerótica se as classificamos como pervertidas, desviantes ou doentes mentais ou se as tomamos como pessoas cujas práticas sexuais são expressões da diversidade humana. Descritas desse modo, jamais seriam tomadas como referência para classificar publicamente pessoas a partir da divergência de suas práticas sexuais com o modelo preconceituoso da heterossexualidade.

Do ponto de vista da psicanálise, as repercussões também são importantes. Sabemos que apesar de Freud apontar a raiz polimórfica da sexualidade, a plasticidade do desejo e do objeto de satisfação sexual, o modelo heteronormativo tornou-se indiscutivelmente hegemônico em sua teoria. Nesse contexto, diz Jurandir: "a realidade psíquica homossexual torna-se um fetiche teórico com enorme capacidade de fazer mal ao outro". A partir daí, indaga-se: "a questão psicanalítica relevante é saber o que torna 'homossexual' todos os homossexuais ou o que nos faz acreditar que existe 'uma homossexualidade' comum aos homossexuais?" (Costa, 1995, p. 23). Obviamente a escolha de Jurandir é pela segunda questão e, assim, se insere com esses textos numa onda de questionamentos ocorridos a partir dos anos de 1990, que terminaram por colocar em xeque a centralidade atribuída por Freud ao modelo fálico edípico na constituição do psiquismo e da cultura.

Aqui encontramos um fio de ligação entre os textos sobre o homoerotismo e aqueles sobre a fratria e a violência. Na base do novo olhar lançado por Jurandir sobre esses temas está uma crítica à centralidade e à hegemonia do modelo fálico edípico, tomado como ordenador ontológico do psiquismo e da cultura. Ao contextualizá-lo histórica e culturalmente, retirou-lhe a condição de universalidade que lhe foi atribuída. Passa então a considerá-lo uma das leituras possíveis, que fez sentido num outro momento histórico, mas que hoje mostra seus limites para escutar e compreender os movimentos culturais de nossa época e o sofrimento dos sujeitos de nossa clínica.

Não é demais ressaltar a importância desse descentramento para que a psicanálise possa contribuir de forma relevante no debate sobre as minorias sexuais, positivando a existência de pessoas que, colocadas na posição de resto social, são alvo de todo tipo de violência. Nesse caso, a violência da vida real que, como diz Jurandir, não pode e não deve ser minimizada.

É na esteira dessa minimização, da negação e do desmentido que Jurandir tratou e vem tratando da questão do racismo e da violência que lhe é intrínseca. Aqui conversaremos com dois de seus textos: "Do desamparo narcísico ao desespero: incidências da violência racista na economia psíquica" (Costa, 1982/2021b) e "Da cor do corpo: a violência racista" (Costa, 1983/2021c), prefácio do livro *Tornar-se negro* de Neusa Santos Souza.

Aqui um ponto chama atenção: a antecipação do debate provocada por Jurandir no campo psicanalítico brasileiro. Os textos citados sobre o racismo foram escritos em 1982 e 1992. Logo, quando no campo social brasileiro ainda era sustentado o mito de nossa democracia racial e no campo psicanalítico o racismo era um tema silenciado e negado. Nada mais elucidativo do que a resposta de Neusa Santos Souza a Jurandir, quando ele indagou o motivo que a fez abandonar o racismo como tema de sua pesquisa psicanalítica. Sua resposta: precisava ser escutada e ter interlocutores, o que não aconteceu com seus pares psicanalistas na época. O seu livro, que traz inúmeros relatos de negros sobre a experiência de ser negro no Brasil, ganha agora indiscutível relevância no campo psicanalítico e em outros campos, no entanto, foi solenemente ignorado na época, não tendo conseguido romper a surdez dos psicanalistas para o tema do racismo.

A relevância desse tema para a psicanálise é indiscutível. Afinal o racismo estrutura uma realidade em que pessoas são dessubjetivadas, desumanizadas e subtraídas da possibilidade de construírem uma identidade. E, para Jurandir, o cerne da violência racista consiste, justamente, na tendência do branco a destruir a identidade do sujeito negro. "Ser negro", diz ele, "é ser violentado de forma constante e cruel, sem pausa ou repouso, por uma dupla injunção: a de encarnar o corpo e os ideais do ego do sujeito branco e a de recusar, negar e anular a presença do corpo negro" (Costa, 1982/2021b, p. 25).

A situação do sujeito negro torna-se insustentável porque seus ideais identificatórios são incompatíveis com o seu corpo negro e com sua cultura. Assim, no limite, seu projeto é fazer desaparecer seu corpo – que é submetido a toda sorte de embranquecimento – e sua cultura – que passa a ser negada porque vista como contraponto da civilização, do bom e do belo atribuídos à cultura do branco. Foi isso que levou Fanon (1952/2008) a afirmar que a condição de existência do negro perante o branco é o seu desaparecimento. Com a aspiração de tornar-se branco, seu projeto é a própria extinção.

É também Fanon que chama a psicanálise e os psicanalistas a assumirem um protagonismo responsável diante dessa situação. Diz ele:

> *Enquanto psicanalista, devo ajudar meu cliente a* conscientizar *seu inconsciente, a não mais tentar um embranquecimento alucinatório, mas sim a agir no sentido de uma mudança das estruturas sociais. Em outras palavras, o negro não deve mais ser colocado diante deste dilema: branquear ou desaparecer, ele deve poder tomar consciência de uma nova possibilidade de existir . . . (p. 95)*

Vamos encontrar esse dilema descrito por Fanon nos inúmeros relatos de pessoas negras coletados por Neusa Santos em seu livro. São relatos tocantes sobre a experiência de ser negro numa sociedade racista como a brasileira, na qual o racismo foi sistematicamente negado durante mais de um século. O texto de Jurandir, prefácio do livro, mostra como ele se deixou afetar por esses relatos. Disponibilizou-se a escutá-los. Do meu ponto de vista, não fosse isso, jamais poderia positivar a experiência dessas pessoas e a escrita do prefácio teria sido impossível.

A escuta desses discursos e as construções de Neusa Santos estão presentes no texto já citado de Jurandir, "Do desamparo narcísico ao desespero: incidência da violência narcísica na economia psíquica". Nesse texto, baseado na análise de um homem negro, ele busca compreender a incidência do racismo na economia psíquica de uma pessoa que vive numa sociedade racista. A escuta desse sujeito o levou a propor que "o epicentro do trauma não resultou da frustração libidinal, mas da destituição devastadora de sua imagem corporal e dos ideais do eu. O desequilíbrio narcísico do sujeito não teria sido, primordialmente, da ordem da angústia de castração, mas da ordem do desamparo ou da angústia de aniquilação" (Costa, 1983/2021c, p. 27).

A análise desse paciente mostra de forma tocante a impossibilidade de existir em que ele foi lançado ao aderir ao ideal de eu branco e, depois, ao ser levado a fazer o luto desse ideal. Estava preso a um impasse: sabia que jamais seria branco, mas também não queria ser negro. Como nos diz Fanon, ser negro no vocabulário racista significa experimentar constantemente a condição de inexistência e a angústia aniquiladora de não saber qual a sua identidade.

Escutar a angústia gerada por essa condição como angústia de aniquilamento, e não angústia de castração, foi, a meu ver, fundamental para Jurandir compreender o que estava em jogo para o seu analisando. Não se tratava de buscar ampliar e redefinir para ele novos destinos para a satisfação pulsional, como é esperado diante da escuta da angústia de castração, mas de possibilitar-lhe a abertura para novas formas de existência, para novas formas de identificação não determinadas pela montagem perversa do racismo. No limite, a forma de escutar esse sujeito poderia representar, para ele, a diferença entre existir ou não existir.

Mais uma vez encontramos Jurandir do lado dos psicanalistas que fazem o esforço para trilhar caminhos desconhecidos e criar novos vocabulários para positivar a existência e dar voz àqueles que são privados dessa prerrogativa que define a condição de humanidade. A condução dessa análise mostrou o quanto foi difícil para esse analisando construir novos referenciais identificatórios numa sociedade em que o racismo é sistematicamente negado. Mostrou também o esforço do analista para não se deixar contaminar por conceitos e crenças psicanalíticos que enviesariam a escuta desse sujeito.

O texto nos mostra muito sofrimento do analisando e do analista, protagonistas desse processo, mas também nos traz alegria e esperança com o seu desfecho. P, como Jurandir nomeou seu paciente, estava fazendo um concurso para juiz e dizia esperar que, como juiz, pudesse dar voz a todos aqueles que raramente tinham o direito de se fazer escutar. Segundo Jurandir, um pequeno passo na direção de adquirir sua própria voz.

Gosto de pensar que o ato inaugural de Freud como fundador da psicanálise e como psicanalista foi enfrentar as visões vigentes e preconceituosas sobre as histéricas, escutar seus sofrimentos e encontrar uma linguagem, até então inaudível, em seus sintomas. Ao fazê-lo, deu-lhes voz e restitui-lhes a condição de existência e humanidade que lhes era negada pelos discursos psiquiátricos e neurológicos da época. Se concordamos com isso, podemos pensar que Freud fundou a psicanálise com uma prática psicanalítica humanamente útil. Nesse sentido, Jurandir seguiu e segue na íntegra o exemplo de Freud. O contato com sua obra não nos deixa dúvida. Por isso foi e segue sendo referência e inspiração para tantas gerações de psicanalistas brasileiros.

Referências

Andrade, E. (2020). *Sobre losers: fracasso, impotência e afetos no capitalismo contemporâneo*. CRV.

Arendt, H. (1968). Que é autoridade? In H. Arendt, *Entre o passado e o futuro*. Perspectiva.

Arendt, H. (1994). *Sobre a violência*. Relume-Dumará. (Trabalho original publicado em 1970).

Cavalcanti, A., & Ribas, C. (2006). Só depois: entre presente e futuro, nosso presente. In P. Rocha (Org.), *Cata-ventos: invenções na clínica psicanalítica institucional* (pp. 17-30). Escuta.

Costa, J. F. (1992). *A inocência e o vício*. Relume-Dumará.

Costa, J. F. (1995). *A face e o verso*. Escuta.

Costa, J. F. (2000). Plaidoyer pelos irmãos. In M. R. Kehl (Org.), *Função fraterna*. Relume-Dumará.

Costa, J. F. (2010). *O ponto de vista do outro*. Garamond.

Costa, J. F. (2021a). *Violência e psicanálise*. 4a ed. rev. e ampl. Zagodoni. (Trabalho original publicado em 1984).

Costa, J. F. (2021b). Do desamparo narcísico ao desespero: incidências da violência racista na economia psíquica. In J. F. Costa. et. al., *Relações raciais na escuta psicanalítica*. Zagodoni. (Trabalho original publicado em 1982).

Costa, J. F. (2021c). Da cor do corpo: a violência do racismo. In N. S. Souza, *Tornar-se negro* (pp. 1-16). Zahar. (Trabalho original publicado em 1983).

Fanon, F. (2008). *Pele negra, máscaras brancas*. Edufba. (Trabalho original publicado em 1952).

Freud, S. (2012). Totem e tabu. In S. Freud, *Obras completas* (Vol. 11). Companhia das Letras. (Trabalho original publicado em 1913).

Freud. S. (2010). Além do princípio do prazer. In S. Freud, *Obras completas* (Vol. 14). Companhia das Letras. (Trabalho original publicado em 1920).

Roudinesco, E., & Plon, M. (1998). *Dicionário de psicanálise*. Zahar.

Winnicott, D. W. (1975). A criatividade e suas origens. In D. W. Winnicott, *O brincar e a realidade*. Imago.

10. Existe o conceito de *saúde* em psicanálise?

Carlos Henrique Ferraz

Foi com orgulho e alegria que recebi o convite para participar de um livro em homenagem a Jurandir Freire Costa. Não consigo me imaginar pensando, escrevendo, dando aula ou atendendo sem as marcas do que aprendi com ele. Costa é a expressão apurada do humanismo intelectual e ético, do rigor e da criatividade teóricos, do comprometimento com a clínica psicanalítica, dos casos comuns aos mais difíceis, e em igual proporção com os impasses e os dilemas da vida cotidiana. A sua atuação em diversas frentes apresenta uma mesma assinatura: uma capacidade singular de articular a intimidade psicológica às construções das teorias psicanalítica e psiquiátrica, bem como à literatura de ponta da sociologia, da antropologia, da filosofia, da teologia, das artes e da história. E sempre em prol de um bem inegociável: a transformação do vivido na direção da dignidade das pessoas.

O que ensinou e continua a ensinar na rubrica da psicanálise, da linguagem e da cultura é raro e admirável. Um quadro desejável em qualquer universidade do mundo. Livros como *Psicanálise e contexto cultural*, de 1989, e ensaios como "Narcisismo em tempos sombrios", de 1988, exibem esse artesanato sofisticado que

Jurandir foi e continua sendo capaz de fazer, desmembrando as intuições do mestre de Viena para a compreensão do Brasil profundo. E muito antes das preocupações decoloniais ganharem forma e expressão em solo brasileiro, Jurandir já percebia e se debruçava sobre o sofrimento e a iniquidade do racismo, como vemos em um dos capítulos de *Violência e psicanálise*, de 1986, intitulado "Da cor ao corpo: a violência do racismo".

Poucos psicanalistas são tão bem informados acerca da psicanálise e das disciplinas de fronteira. Muito poucos se debruçam sobre temas controversos sendo suficientemente honestos e corajosos para apontar a qualidade de seus adversários teóricos, selecionando e expondo o melhor de seus argumentos antes de questioná-los. E raros são os que fazem do ofício uma missão ética. Jurandir está entre eles. *A inocência e o vício*, de 1992, e *Sem fraude nem favor*, de 1998, são exemplos desse feito.

Antes de conhecê-lo, só havia encontrado essa aura de erudição e generosidade a serviço dos *humilhados e ofendidos* na figura de Hélio Pellegrino, uma das razões de minha opção pela psicologia. Não foi surpreendente saber que Hélio havia sido uma das inspirações de Jurandir. Algo em comum os une: um cristianismo libertador no solo da ética e uma perspectiva histórico-política no trato com a psicanálise. São filhos da Escola de Frankfurt, do freudo-marxismo, de Habermas, Arendt e Foucault, dentre outros, mas com a mão amiga do cristianismo que floresceu nas comunidades eclesiais de base, o que conferiu a ambos um ar de bondade e coragem genuínas, que muitas vezes a mim e a tantos apoiou e emocionou. Textos como "A honra de ser inseto" e "A sublime loucura do garçom", em Pellegrino, e os memoráveis "A lista de Betinho" e "Dias de luz, dias de sombra", em Costa, são expressões desse voto. E sabemos que as histórias de cuidado, combatividade e ira santa vão muito além da escrivaninha.

Certas atitudes marcam mais do que livros, aulas, orientações de tese, encontros de trabalho. Com Costa, os exemplos são inúmeros. Uma delas, bastante singela e que sempre me chamou a atenção, é o seu hábito de declarar: "É uma pessoa de quem gosto muito!" antes de comentar sobre uma situação clínica de algum cliente. O gesto fala por si. Embora seja possível atender quem não admiramos, o trabalho da clínica segue melhor quando a contratransferência é, na maioria das vezes, positiva e "adotamos" propriamente o cliente, como costumava dizer o saudoso psicanalista pernambucano George Lederman. No entanto, a afirmação de Costa não é apenas descritiva. Ela é atitudinal. Lembra Sandor Ferenczi quando afirmava que um princípio da clínica está na máxima cristã de *fazer com o outro o que gostaríamos que fizessem conosco*.

Aprendemos com Jurandir muito mais do que consta em aulas, palestras e textos. Há algo nobre em seu modo de ser. Como dizia Oscar Wilde (1890/2002), em *Retrato de Dorian Gray*, "nada do que vale a pena saber pode ser ensinado". Ou para usarmos uma referência mais próxima, Paulo Freire (1968/1970), em *Pedagogia do oprimido*, sustentava que "ninguém educa ninguém, ninguém educa a si mesmo, os homens se educam entre si, mediatizados pelo mundo" (p. 44). Ao caminhar em companhia de pessoas como Jurandir, e do coletivo inspirador que se formou em torno dele, temos *encontros com o mundo* que nos ensinam sobre a vida e a tornam mais complexa, interessante, desafiante e, estranhamente, mais fácil. Tal como uma obra de arte que, ao superar dificuldades consideráveis, alcança uma forma que simplifica o resultado final.

Tenho uma dívida impagável. E faria questão de contraí-la mil vezes caso o eterno retorno me desse oportunidade. Depender de Jurandir é emancipador! Só não tenho certeza a quem devo mais, se ao psicanalista e professor ou ao velho Jura. Sei de quem gosto (ainda) mais. O velho Jura é imbatível. E sei também que a minha dívida se estende, com fortes aditivos, a Celita, Tiago, Ciça e Maria, que fizeram a minha formação acadêmica no Rio de Janeiro ter lar, colo e calor de família, o que não tem preço. E seria impossível esquecer Nandusco, que fez questão de mencionar "um amigo dele que gostaria muito de estar ali" no primeiro contato com Jurandir, no início de tudo.

Contrariando a estética severina apreciada por Costa, tomo de empréstimo uma das hipérboles utilizadas por meus filhos nas brincadeiras de "competição amorosa" que realizamos juntos. Diga-se de passagem, é dirigida principalmente à mãe, e com toda a justiça desse mundo! Em um roteiro improvisado, a frase "eu te amo" é dita e redita com acréscimos de palavras, advérbios, elevações do tom de voz e repetições rápidas e contínuas. Até que as crianças chegam ao limite da expressividade, com uma composição final que é mais ou menos assim: "te amo até o céu, infinito e além!". Sirvo-me dessa medida de amor e espontaneidade para homenagear, agradecer e sublinhar a importância afetiva e intelectual de Jurandir Freire Costa para mim.

Vendo-me dedicado a este texto, fui indagado pelo meu pequeno Benício, de 6 anos, com uma bola de futebol embaixo do braço: "Papai, um texto tem quantos metros?". Sem saber definir e ao mesmo tempo tentando manter a referência, falei: "Em torno de um metro". E ele então replicou: "E por que você demora tanto para escrever?". Aí entram a precariedade do pai e a tarefa de colocar em *um metro* a extensão dessa admiração. Tarefa impossível. Vou terminar com menos de um metro de texto e ir brincar com o pequeno. É uma ótima maneira de fazer jus ao que Jurandir representa.

* * *

Junto ao agradecimento-homenagem, trago um estudo inicial – um plano de pesquisa – sobre o tema *saúde em psicanálise*. Conecta-se a um texto de Jurandir, "Saúde mental, produto da educação?", de

1984. Não pretendo discutir, no momento, a hipótese defendida de que saúde não é um derivado da educação. Acho que ainda não há, no interior da comunidade psicanalítica, acordo suficiente sobre uma questão anterior: se existe, e o que viria a ser, a *saúde*.

Realizado o debate desse tópico preliminar, considero bastante útil pensarmos em outras formas de definir educação, envolvendo "interações emocionais edificantes", que contem com redes de proteção, vínculos de apego, desenvolvimento de vocações, espaços de fala, de diversidade, de respeito mútuo e de valorização do *comum*. Escola onde seja possível nomear a dor, transformando-a em sofrimento simbolizado e em história, realizando a premissa de Isak Dinesen. Assim definida, se redundaria ou não em mais qualidade de vida ou em saúde – caso esta exista – é uma questão a ser enfrentada. No momento, quero me deter nesse ponto basal: o conceito de saúde pertence ao vocabulário psicanalítico? Tem status de conceito fundante? É dessas perguntas que pretendo me ocupar nas linhas que seguem.

Falamos muito pouco sobre *saúde* em psicanálise. Com mais frequência, afirmamos direta ou indiretamente o inverso: a inexistência ou a insignificância do conceito. O enunciado *somos todos um pouco mais ou menos neuróticos* ganhou lugar de destaque na teoria e foi transformado em um conhecido bordão. E a condição neurótica, alçada a ponto de partida ou base do funcionamento mental.

Diante dessa *psicopatologia ampliada*, o que ainda caberia ser intitulado como um fenômeno psicológico *saudável* não o é sem a devida ponderação ou reticência. Fazemos questão de aspear em nossos textos e falas as palavras *saúde* e *saudável*. Ou logo mudamos o modo de nos referir ao fenômeno e recuperamos o vocabulário mais confortável das formas *brandas, compensadas de neurose*. As provações a que somos submetidos ao longo de nossas histórias de vida, somadas aos desafios da vida cotidiana, tão bem identificados e trabalhados pela psicanálise, parecem não autorizar melhores expectativas. Sair do *sofrimento neurótico para a infelicidade banal* consta entre os destinos mais promissores.

A tese da psicopatologia ampliada é uma escolha possível, com ônus e bônus. Resta a dúvida se está devidamente justificada. Na minha apreciação, não está. Por razões lógicas (*só existe doença se existe saúde*), pragmáticas (*a saúde é o horizonte da clínica*) ou éticas (*quais as direções do cuidado?*), consideramos relevante investigar o status do conceito na psicanálise, começando pela obra de Freud.

Pretendemos, neste artigo, cumprir um primeiro passo de um roteiro de pesquisa sobre as condições e as possibilidades de uma teoria da saúde em psicanálise. Apontaremos a presença e a positividade dos termos *saúde*, *saudável*, *normal* e *normalidade* na escrita de Freud. O que será o mesmo que demonstrar os limites e as contradições de uma *neurótica ampliada.*

A pesquisa segue quatro outros passos. Após a constatação da existência teórica do conceito, pretendemos explorar os momentos da obra em que Freud define *saúde* de forma mais ou menos sistemática. Sabemos que suas contribuições, seguramente, não equalizam inúmeros pontos controversos da matéria. No entanto, consolidam a crítica à tese da indiferenciação entre os estados de saúde e neurose que caracteriza os trabalhos de George Canguilhem e possuem qualidades suficientes para posicionar Freud entre os nomes lúcidos e propositivos desse campo de investigação.

Há uma noção de *indivíduo saudável* em psicanálise passível de ser definida sem a recorrência ou com alguma independência diante de uma suposta psicopatologia de base ou estrutural, neurótica, psicótica, limítrofe, perversa ou de qualquer outra natureza. Essa etapa do trabalho já foi iniciada e está sendo concluída. O conceito que encontramos demonstra variações e complexidades que ultrapassam a definição genérica, embora importante, de *aptidão para o amor e o trabalho.*

Os próximos horizontes serão: a) investigar as articulações entre a noção de saúde e as teorias do desenvolvimento infantil e da técnica terapêutica na psicanálise freudiana e pós-freudiana; b) averiguar se há um correlato empírico para os conceitos de saúde identificados nas teorias. Estão presentes no corpo conceitual, mas seriam ficções teóricas, inexistentes no terreno da empiria? E se a *saúde* resistir a esse teste de realidade, o degrau seguinte seria: c) discutir as razões para o conceito ter sido negligenciado na psicanálise. É esse o roteiro a ser trilhado.

Tenho consciência da inclinação dos debates atuais da psicanálise para a discussão dos não neuróticos, dos limítrofes e das psicoses, e acredito que a minha preocupação é, felizmente, fato superado por muitos colegas. Insisto no tema por entender que ainda há questões fundamentais a serem esclarecidas nesse âmbito. Vou me ater neste primeiro artigo à obra de Freud e, consequentemente, ao binômio saúde-neurose, passando ao largo das questões contemporâneas acerca das novas configurações psicopatológicas. A escolha se justifica por ser uma relação mais simples e mais familiar ao texto freudiano, mas sobretudo pelo papel organizador que a noção de *neurose* continua a desempenhar na construção das crenças de base que seguem incrustadas no núcleo duro do pensamento clínico atual, senão de todos, de muitos psicanalistas.

O material que será analisado são citações do índice remissivo das obras completas de Freud que comparam o *neurótico* ao *saudável.* Os trechos que serão considerados estão presentes em textos que atravessam diagonalmente a produção freudiana. O resultado é surpreendente. Se não há uniformidade no que Freud escreveu sobre o par saúde/doença, há uma inclinação indiscutível. É perfeitamente defensável afirmar que a saúde ocupa um lugar teórico e clínico autônomo em seu pensamento. O conceito faz contraponto frequente à neurose e pontualmente à psicose, prescinde do suporte de uma psicopatologia fundamental e convive com os desafios, as imprecisões e as precariedades da vida.

* * *

Apesar de ausente entre os verbetes de dicionários especializados, como no *Vocabulário da psicanálise* (Laplanche & Pontalis, 1967/2001) e no *Dicionário da psicanálise* (Roudinesco & Plon, 1998), a imagem de "pessoa saudável, não neurótica", em contraposição à de "pessoa neurótica", consta das obras iniciais às finais do conjunto dos escritos freudianos. No livro *Sobre a psicopatologia da vida cotidiana*, está registrado: "também nas pessoas saudáveis, não neuróticas, encontramos sinais abundantes de que uma resistência se opõe à lembrança de impressões aflitivas, à representação de pensamentos aflitivos. Mas o sentido pleno desse fato só pode ser avaliado quando se investiga a psicologia de pessoas neuróticas" (Freud, 1901/1996, p. 136).

A passagem admite a categoria *pessoa saudável* e expõe uma das características centrais do método de trabalho freudiano: *a observação do patológico como forma privilegiada de entendimento do funcionamento normal do psiquismo*. Posição defendida, de maneira ainda mais explícita, em um trecho posterior do mesmo livro: "Preferiria enfatizar que aqui, como é tão frequente na biologia, as circunstâncias normais ou próximas do normal são objetos de investigação menos propícios do que as patológicas. Espero que o que permanece obscuro na elucidação dessas perturbações mais leves seja esclarecido pela explicação das perturbações graves" (p. 267).

Essa mesma ideia vai ser retomada em um texto da fase final da obra de Freud, revelando se tratar de um princípio geral da metodologia de investigação em psicanálise. Nas *Novas conferências de introdução à psicanálise* (1933/2010), o autor afirma:

achamo-nos familiarizados com a noção de que a patologia, na medida em que aumenta e torna mais grosseiro, pode chamar a atenção para condições normais que de outra maneira não perceberíamos. . . . Eles (os doentes mentais) deram as costas à realidade externa, mas justamente por causa disso sabem mais da realidade interna, psíquica, e podem nos revelar coisas que de outro modo nos seriam inacessíveis. (p. 194)

Com os parâmetros delimitados pela observação do patológico, Freud vai oscilar entre duas posições: a) tornar os conceitos de saúde e neurose indissociáveis ou superpostos, com variações meramente de grau, e b) defini-los com autonomia e independência, positivando as suas particularidades.

* * *

Três passagens exibem com detalhes a tese que nomearemos de *quantitativista*, no sentido conferido ao termo por George Canguilhem em *O normal e o patológico* (1943/2002). Em ordem cronológica, Freud alude, em uma primeira passagem, ao caráter comum do processo de formação dos sintomas neuróticos e dos atos falhos e sonhos, o que considera um *ponto de partida para o prosseguimento de suas investigações.* Mostra-se alinhado, sem referenciá-las, às teses de Comte, Claude Bernard e Broussais (Canguilhem, 2002), nas quais saúde e doença diferem por razões de grau ou quantidade. O trecho de *Sobre a psicopatologia da vida cotidiana* (1901/1996) é longo, mas vale citá-lo na íntegra por ser uma das três oportunidades em que se encontra de maneira explícita o bordão: *somos todos um pouco neuróticos.*

Só poderemos ter uma visão correta do singular trabalho psíquico que produz tanto os atos falhos quanto as imagens oníricas quando tivermos conhecimento de que os sintomas psiconeuróticos, e especialmente as formações psíquicas da histeria e da neurose obsessiva, repetem em seu mecanismo todas as características essenciais desse modo de trabalhar. Portanto, esse é o ponto de partida para o prosseguimento de nossas investigações. Para nós, contudo, há ainda outro interesse especial em considerar os atos falhos, os atos casuais e os atos sintomáticos à luz dessa última analogia. Se os compararmos aos produtos das psiconeuroses, os sintomas neuróticos, duas afirmações frequentemente repetidas – a saber, que a fronteira entre a norma e a anormalidade nervosas é fluida e que todos somos um pouco neuróticos – *adquirirão sentido e fundamento. Antes mesmo de qualquer experiência médica, podemos construir diversos tipos dessas doenças nervosas meramente insinuadas – de formes frustes das neuroses: casos em que os sintomas são poucos, ou ocorrem raramente ou sem gravidade; em outras palavras, casos cuja moderação está no número, na intensidade e na duração de suas manifestações patológicas. Por conjetura, entretanto, talvez nunca se chegasse justamente ao tipo que mais frequentemente parece constituir a transição entre a saúde e a doença. De fato, o tipo que estamos considerando, cujas manifestações patológicas são os atos falhos e sintomáticos, caracteriza-se pelo fato de os sintomas se localizarem nas funções psíquicas menos importantes, ao passo que tudo aquilo que pode reivindicar maior valor psíquico permanece livre de perturbações. Uma distribuição dos sintomas contrária a essa – seu aparecimento nas funções individuais e sociais mais importantes, a ponto de serem capazes*

> *de perturbar a alimentação, as relações sexuais, o trabalho profissional e a vida social – é própria dos casos graves de neurose e os caracteriza melhor do que, por exemplo, a multiplicidade e o vigor de suas manifestações patológicas.*
>
> *Mas o caráter comum a todos os casos, tanto os mais leves quanto os mais graves, e que é igualmente encontrado nos atos falhos e casuais, é que os fenômenos podem ser rastreados a um material psíquico incompletamente suprimido, o qual, apesar de ser repelido pela consciência, ainda assim não foi despojado de toda a sua capacidade de se expressar. (Freud, 1901/1996, pp. 271-272, grifos nossos)*

A tese relevante é a seguinte: as produções psíquicas podem ser reportadas a um *material incompletamente suprimido, que, embora afastado da consciência, não foi privado de toda capacidade de se expressar*. Logo, a fonte da neurose – o recalcado que alcança a consciência e a ação motora por via de seus substitutos – tem fluxo constante e perene, o que torna difícil demarcar o que seria ou não neurótico. Freud está com essa ideia em mente quando afirma que as fronteiras entre a saúde mental e a doença são fluidas. As suas origens comuns e o método de investigação freudiano justificam o foco no gradiente de intensidade, na especificação de casos leves e graves de neurose, com a consequente aproximação da normalidade aos primeiros.

Não obstante, o argumento das fronteiras fluidas só autoriza em abstrato nomear como *neuroses leves* construções dinâmicas de natureza prática inócua. Nas palavras de Freud, são "de formes frustes das neuroses: casos em que os sintomas são poucos, ou ocorrem raramente ou sem gravidade; em outras palavras, casos cuja moderação está no número, na intensidade e na duração de suas manifestações patológicas". Nessa mesma clave, encontram-se os casos brandos, da transição doença-saúde, igualmente inofensivos do ponto de vista pragmático:

> *De fato, o tipo que estamos considerando, cujas manifestações patológicas são os atos falhos e sintomáticos, caracteriza-se pelo fato de os sintomas se localizarem nas funções psíquicas menos importantes, ao passo que tudo aquilo que pode reivindicar maior valor psíquico permanece livre de perturbações.*

De posse dos clássicos critérios nosológicos de *frequência*, *duração* e *intensidade*, e acrescendo a estes o da *localização*[1] dos sinais e sintomas, Freud se mostra equipado para perceber a gravidade e a relevância de cada quadro. Contrasta os casos leves com os que atingem e problematizam os valores vitais do ser humano: a nutrição, o sono, a sexualidade, a produtividade e a sociabilidade. Sob o pano de fundo das expressões *brandas* da neurose, argumenta o autor:

> *Uma distribuição dos sintomas contrária a essa – seu aparecimento nas funções individuais e sociais mais importantes, a ponto de serem capazes de perturbar a alimentação, as relações sexuais, o trabalho profissional e a vida social – é própria dos casos graves de neurose e os caracteriza melhor do que, por exemplo, a multiplicidade e o vigor de suas manifestações patológicas.*

---

1 O critério nosológico da *localização* das formações substitutivas já é, por si só, *qualitativo*, posto que classifica os setores da existência conforme o grau de importância ou valor vital para o indivíduo.

Ora, se as manifestações do recalcado se diferenciam conforme o grau de prejuízo gerado nas funções psíquicas de maior valor vital, caberia perguntar se seria legítimo sustentarmos a existência de *neuroses brandas* que qualificam como *neuróticas* configurações que não apresentam qualquer prejuízo significativo. No natural exercício classificatório que gradua a passagem do *grave* para o *leve*, é arriscado esquecermos que a ampliação ou a redução quantitativas resultam em estados qualitativamente distintos, que exigem nomeações específicas – como bem provou Canguilhem (2002) em suas críticas aos quantitativistas.

Assim, o termo *neurótico* só preserva valor semântico e nosológico quando relacionado a sofrimentos e angústias e a rebaixamentos das funções vitais que *prejudiquem consideravelmente ou de forma significativa* a vida do indivíduo. Usado indistintamente para além dessa seara, é uma adjetivação difusa e sem utilidade evidente, insustentável à luz dessa e de outras formulações freudianas.

O argumento das *fronteiras fluidas*, empregado para caucionar a hipótese da superposição dos estados saúde/doença, aparece ainda com mais força em "Análise da fobia de um garoto de 5 anos" (Freud, 1909/2015a):

> *O fato de que não se pode traçar uma nítida fronteira entre adultos e crianças "neuróticos" e "normais"; que "doença" é um conceito-soma de natureza apenas prática; que predisposição e vivência têm de juntar-se para permitir que se ultrapasse o limiar desta soma; que, em consequência disso, muitos indivíduos passam continuamente da classe dos sãos para a dos doentes nervosos, e um número bem menor faz esse caminho na direção contrária – são coisas que já foram ditas com tal frequência e tiveram tal ressonância, que certamente não me encontro sozinho ao afirmá-las. (p. 281)*

Como muitos transitam da saúde para a doença e poucos fazem o inverso, isso indica uma tendência neurótica nos indivíduos, fruto de contingências de vida e de traços constitucionais. A noção é impactante e curiosa, mas em nada autoriza a hipótese da justaposição dos estados de saúde e doença. A existência de uma tendência à neurose, válida ou não, pressupõe, e não exclui, a ideia de um estado saudável contraposto. Por sua vez, a inexistência de fronteiras definitivas implica a ocorrência de casos de franja, por definição inclassificáveis, e em posições gradativas tendentes a cada um dos lados do continuum. O que significa dizer que do cinza que ocupa o centro da escala, surgem paulatinamente as marcas características dos polos da saúde ou da neurose.

A homogeneidade do barro não resulta na mesmidade das configurações e das modelagens finais. É perfeitamente compatível pensar em processos e causas comuns e em resultados e consequências heterogêneos. Foi exatamente essa a crítica de Georges Canguilhem aos teóricos quantitativistas da saúde e da doença, dentre os quais se incluem versões do próprio Freud.

Canguilhem revelou a base qualitativa implícita no raciocínio quantitativista das relações entre saúde e doença. Fez notar que a variação de quantidade de um determinado componente vital estabelece um divisor de águas para justificar a mudança de estado da saúde para a doença e vice-versa. Como se chega a esse valor de fronteira? Não seria por um cálculo matemático, diz Canguilhem, mas por depoimentos de dor e incômodo e por meio de observações comportamentais de redução da vitalidade em terrenos fundamentais da existência, ambos expressões de ordem subjetiva e qualitativa.

Os fenômenos constituintes da saúde e da doença, embora comuns e diferenciados por grau, não podem ser comparados como modos aumentados ou diminuídos, ampliados ou reduzidos da mesma matéria. A diferença de quantidade implica diferença de qualidade. E é essa última que atribui nomes aos estados finais. Serão configurações *diferentes*, e não *mais ou menos semelhantes*, embora causadas por doses ou recepções diversas de um mesmo estímulo. Foi no texto "Saúde mental, produto da educação?" que vi pela primeira vez aplicada à psicanálise essa ótica do bom senso canguilhemiano: "mesmo considerando as teorias que estabelecem uma continuidade entre o psicológico e o psicopatológico, existe lugar para se afirmar a alteridade de um fenômeno para com o outro" (Costa, 1984/1986, p. 78).

Restringir a diferença a questões de grau ou quantidade equivale a confundir *causa* com *resultado*. Um copo e uma garrafa pet que possuem como matéria-prima comum o plástico não são, por conta disso, uma garrafa pet *um pouco copo* ou um copo *um pouco garrafa pet*. Do mesmo modo que, ambos derivados do petróleo, diesel e gasolina não são combustíveis equivalentes, que proporcionam desempenho maior ou menor para um mesmo veículo. Em outros termos, não são *mais ou menos* a mesma coisa ou a mesma coisa em graus diversos. São formas singulares de uma mesma matéria. A questão saúde-doença não é diferente. Faz-se necessário distinguir o geral do específico ou o elemento comum dos particulares.

A crítica de Canguilhem explora uma omissão muitas vezes cometida pelo próprio Freud, embora a observação cuidadosa dos escritos freudianos, nos quais os conceitos de saúde e neurose, ou normalidade e doença, são contrapostos, nos faça perceber que Freud ora era um adversário, ora um parceiro de Canguilhem. A ideia de um limiar de somação a partir do qual a disposição e as eventualidades da vida precisam combinar-se para, ultrapassando-o, redundar em desequilíbrio psicológico é um dos melhores argumentos a favor do consórcio Freud-Canguilhem. O que é o mesmo que dizer que, antes do limiar, há saúde e não uma neurose incipiente; e, após o limiar, uma neurose e não uma saúde embrionária.

A fluidez da fronteira alerta-nos para reais necessidades teóricas e éticas: de não se apagarem as diferenças, mas de se averiguarem os casos de franja e as singularidades individuais na constituição dos estados de saúde e doença. Os mesmos dispositivos, em doses equivalentes, podem engendrar em um sujeito um quadro doentio, em um outro, um quadro saudável, e ainda formas intermediárias e indiferenciadas. Uma razão a mais para que não haja uma delimitação precisa e rígida dos terrenos do normal e do patológico, apenas bom-senso pragmático.

* * *

Uma segunda tentativa de aproximação entre a normalidade e a neurose vai aparecer no artigo "Sobre as teorias sexuais infantis" (1908/2015b). Freud, dessa vez, intenciona evitar que os neuróticos sejam destacados como uma classe especial de pessoas, em uma clara alusão crítica à tese da degenerescência de Charcot.

> *Não faço caso da objeção de que os neuróticos seriam uma classe especial de gente, caracterizados por uma predisposição degenerada, cuja infância não permitiria conclusões sobre a vida infantil das demais pessoas. Os neuróticos são indivíduos como os outros, não há como separá-los nitidamente dos normais, na sua infância não é fácil distingui-los dos que permanecerão sadios depois. Um dos mais valiosos resultados de nossas investigações psicanalíticas é que as suas neuroses não têm um conteúdo psíquico especial, próprio apenas deles, mas que, na expressão de C. G. Jung, eles adoecem dos mesmos complexos com que nós, indivíduos sadios, lutamos. A única diferença é que os sadios conseguem dominar esses complexos sem danos graves, reconhecíveis na vida prática, enquanto os neuróticos obtêm a*

> *supressão desses complexos apenas ao preço de custosas formações substitutivas, ou seja, malogram na prática. (pp. 392-393)*

A mesma ponderação ocorre em "Uma recordação de infância de Leonardo da Vinci" (1910/1976):

> *Devemos enfatizar que em nenhum momento incluímos Leonardo entre os neuróticos ou, conforme a expressão deselegante, "doentes de nervos" [*"Nervenkranken"*]. Quem se queixar de que nos atrevemos a aplicar-lhe concepções obtidas da patologia continua apegado a preconceitos que hoje em dia abandonamos justificadamente.* Já não acreditamos que saúde e doença, normais e nervosos, devam ser diferenciados nitidamente e que traços neuróticos tenham de ser vistos como provas de uma inferioridade geral. *Hoje sabemos que os sintomas neuróticos são formações substitutivas para certas repressões que tivemos de realizar no curso de nosso desenvolvimento de criança a adulto civilizado, que todos nós produzimos tais formações substitutivas, e que apenas o número, a intensidade e a distribuição delas justificam o conceito prático de doença e a conclusão de haver uma inferioridade constitucional. Segundo pequenos indícios na personalidade de Leonardo, podemos situá-lo na vizinhança do tipo neurótico que denominamos "obsessivo" e comparar sua atividade pesquisadora à "ruminação obsessiva" dos neuróticos e suas inibições às assim chamadas "abulias" dos mesmos. (p. 209, grifos nossos)*

Nos trechos citados, há duas espécies de argumentos. A primeira é a rejeição à tese charcotiana da existência de um sistema nervoso degenerado nos histéricos. Em 1908, Freud afirma: "Não faço caso da objeção de que os neuróticos seriam uma classe especial de gente, caracterizados por uma predisposição degenerada". Em 1910, que não mais se acredita que "traços neuróticos tenham de ser vistos como provas de uma inferioridade geral". Com base nisso, Freud evita a distinção categórica, de natureza constitucional, entre saúde e doença. Discorda da *etiologia* proposta por Charcot para a explicação da neurose: a distinção entre saudáveis e degenerados. E para tanto, questiona e problematiza a diferença entre saudáveis e neuróticos na vida adulta e, em especial, na infância. Diz o autor: "Os neuróticos são indivíduos como os outros, não há como separá-los nitidamente dos normais, na sua infância não é fácil distingui-los dos que permanecerão sadios depois". A crítica teórica totalmente pertinente à tese de Charcot traz como consequência, não obstante, um certo descuido, negligência ou omissão das distinções fenomenológicas entre a saúde e a doença. Vale destacar que a contraposição a Charcot é uma das razões principais para a defesa da *neurótica ampliada* em Freud.

A segunda espécie de argumento estabelece o Édipo – em específico, o modo de enfrentá-lo por superação, fixação ou regressão – como um ponto nodal da avaliação saúde/doença. Na passagem citada do texto "Sobre as teorias sexuais infantis", declara: "Um dos mais valiosos resultados de nossas investigações psicanalíticas é que as suas neuroses não têm um conteúdo psíquico especial, próprio apenas deles, mas que, na expressão de C. G. Jung, eles adoecem dos mesmos complexos com que nós, indivíduos sadios, lutamos". O complexo em questão é o de Édipo. E a diferença destacada é que, na lida com este, os neuróticos adoecem e os saudáveis lutam. Do detalhamento dessa tese se ocupa o trecho que segue de *Totem e tabu* (1913/2015c):

> *A psicanálise nos ensinou que a primeira escolha sexual do menino é incestuosa, concerne aos objetos proibidos, à mãe e à irmã, e também nos deu a conhecer as vias pelas quais ele se liberta, ao crescer, da atração do incesto. Já o neurótico representa para nós um quê de infantilismo psíquico, ele não conseguiu libertar-se das condições infantis da psicossexualidade ou reverteu a elas (inibição no desenvolvimento e regressão). Em sua vida psíquica inconsciente, então, as fixações infantis incestuosas da libido têm ainda – ou novamente – um papel determinante. Por isso chegamos a ver a relação com os pais, dominada por anseios incestuosos, como o complexo nuclear da neurose. O descobrimento dessa importância do incesto para a neurose depara naturalmente com a descrença geral das pessoas adultas e normais. (p. 25)*

Do solo comum da escolha de objeto de amor incestuosa, o indivíduo saudável, após luta, *se liberta*, enquanto o neurótico a ele *se aprisiona* e adoece. Há, portanto, *falhas* ou *fracassos* nas operações psíquicas que redundam em uma neurose e, consequentemente, custos relevantes. As pessoas passam pelo Édipo, *a única diferença é que as sadias sabem superar esses complexos sem sofrer danos graves e visíveis na vida prática, enquanto nos casos nervosos a supressão dos complexos só obtém êxito às custas de dispendiosas formações substitutivas, isto é, do ponto de vista prático trata-se de um fracasso.*

Está sublinhada a dimensão *prática* do conceito freudiano de doença, reiterada em outros textos. Como disse Freud no texto sobre Leonardo da Vinci:

> *Hoje sabemos que os sintomas neuróticos são formações substitutivas para certas repressões que tivemos de realizar no curso de nosso desenvolvimento de criança a adulto civilizado, que todos nós produzimos tais formações substitutivas, e que apenas o número, a intensidade e a distribuição delas justificam o* conceito prático de doença *e a conclusão de haver uma inferioridade constitucional.*

Em resumo, é preciso *danos graves e visíveis, dispendiosas formações substitutivas* e *um fracasso do ponto de vista da vida prática* para que se justifique freudianamente o diagnóstico *prático* da neurose.

* * *

Na terceira e última tentativa de selar uma indistinção entre saúde e doença, extraída do livro *Compêndio de psicanálise* (1940 [1938]/2015d), Freud reafirma a impossibilidade de quadros saudáveis puros:

> *As neuroses e psicoses são os estados em que se manifestam os distúrbios no funcionamento do aparelho. Como objeto de estudo escolhemos as neuroses, pois somente elas parecem acessíveis aos métodos psicológicos de nossa intervenção. . . . As neuroses não têm – como as doenças infecciosas, por exemplo – causas específicas. Seria inútil procurar por agentes patogênicos nelas. Acham-se ligadas à assim chamada norma por transições fluidas, e, por outro lado, dificilmente há um estado reconhecido como normal, em que não se comprovem indícios de traços neuróticos. (p. 240)*

No trecho, Freud afirma que a neurose não possui determinantes específicos, que seria ocioso buscar nela excitantes patogênicos. O argumento pretende servir, mais uma vez, à aproximação entre a neurose e a saúde. Derivadas dos mesmos processos, não haveria um evento causal específico para cada uma. Mas se Freud não define a neurose como um quadro resultante de um modo de operação singular ou de uma condição constitucional precária, como queria Charcot, tampouco a trata como a expressão de um funcionamento psíquico banal ou paradigmático.

O autor é preciso quando afirma que neurose e psicose são "estados em que se manifestam distúrbios no funcionamento do aparelho". E a palavra *distúrbio* possui uma marca semântica particular, perdendo completamente o sentido caso seja usada em situações, como vimos anteriormente, nas quais os efeitos produzidos são amenos ou discretos, mais para o *neutro* do que para o *negativo*. Não caberia, por exemplo, afirmar que uma canção de ninar produziu um *distúrbio* levíssimo no sono de uma criança que dormiu rapidamente e por oito horas seguidas, com semblante sereno, e acordou com bom humor e disposição no dia seguinte. Da mesma forma que não existe *neurose* inofensiva, não existe *distúrbio* insignificante. Fica claro que, para Freud, traços neuróticos que não geram danos ou prejuízos, portanto, *distúrbios*, não justificam a adjetivação.

Por conseguinte, formações substitutivas, atos falhos e sonhos não são, em estrito senso, nem *saudáveis*, nem *neuróticos*. É razoável guardarmos os termos *sintoma* e *traços neuróticos*, como defendemos antes, para eventos que gerem efeitos negativos relevantes, dado que as expressões em questão se associam de imediato, na obra de Freud, ao contexto da psicopatologia. O critério da importância *prática* desfaz a razoabilidade da imputação teórica generalista. Se só concebemos o que é *ser neurótico* pelos resultados práticos efetivos, então as noções de sintoma e traços neuróticos, junto com os conceitos de saúde e doença, devem ser manejadas como *valores a posteriori*, e não como *fatos a priori*. Refletem a avaliação consequencialista que fazemos de algo, a relevância positiva ou negativa auferida, e não a mera descrição objetiva de um ente em abstrato e em essência.

* * *

Os pontos levantados na discussão dos textos citados permitem alcançar os fins visados neste artigo. As passagens supostamente favoráveis a uma neurótica ampliada, com afirmações literais de Freud de que *somos todos um pouco neuróticos*, contêm o suficiente para a comprovação do contrário. Em cada uma delas, a noção de saúde é preservada na conta de percepções defendidas pelo próprio autor. Se não fosse assim, não faria sentido Freud se perguntar a razão de pessoas semelhantes em termos de disposições inatas, experiências de vida e desafios existenciais alcançarem resultados distintos em termos de qualidade de vida.

No *Compêndio de psicanálise*, Freud (1940[1938]/2015d) constatou: "As pessoas neuróticas têm aproximadamente as mesmas predisposições dos demais indivíduos, vivenciam as mesmas coisas, não têm tarefas diferentes para realizar. Por que, então, vivem de maneira tão mais difícil, com mais sensações desprazerosas, dores e angústia?" (p. 150). E no texto "Autobiografia" (1925/2011) é exposta, finalmente, a síntese perfeita do que consideramos uma leitura adequada da questão saúde-doença em Freud:

> *Antes devo dizer que em nossa crescente experiência o complexo de Édipo revelou-se cada vez mais claramente o núcleo da neurose. Ele se tornou, ao mesmo tempo, o auge da vida sexual infantil e o ponto nodal de onde partem todos os desenvolvimentos posteriores.*

> *Mas com isso desapareceu a expectativa de descobrir, mediante a análise, um fator específico para a neurose. Foi preciso admitir, como Jung soubera tão bem expressar em sua época analítica inicial, que a neurose não tem um conteúdo especial que lhe seja exclusivo, e que os neuróticos fracassam nas mesmas coisas que os normais têm êxito em dominar. Tal percepção estava longe de ser um desapontamento. Ela se harmonizava inteiramente com uma outra, a de que a psicologia das profundezas encontrada pela análise era justamente a psicologia da vida psíquica normal.* Conosco havia sucedido o mesmo que aos químicos: as grandes diferenças qualitativas dos produtos derivavam de mudanças quantitativas nas combinações dos mesmos elementos. *(pp. 142-143, grifos nossos)*

Embora em diversas ocasiões anteriores e posteriores a 1925 Freud tivesse identificado e exibido as *grandes diferenças qualitativas dos produtos* saúde-neurose, derivadas de *mudanças quantitativas* nas proporções e nas combinações dos elementos envolvidos, não havia feito menção de forma explícita ou em termos literais a essa transformação e essa diferença como o fez no trecho citado. Desde 1900 persistia a ambiguidade. Na teoria, Freud (1900/1976) afirmava, em "A interpretação dos sonhos": "a pesquisa psicanalítica conhece apenas diferenças quantitativas, e não fundamentais, entre a vida psíquica normal e a neurótica" (p. 417). Ou seja, não há *diferenças de princípio* ou de *fundamento* entre o saudável e o neurótico. Logo na sequência, na observação empírica, desdizia o enunciado em abstrato:

> *Os sonhos ingênuos de pessoas saudáveis contêm um simbolismo muito mais simples, mais transparente e*

> *mais característico do que os de pessoas neuróticas, nos quais, devido à censura mais eficiente e à deformação onírica mais extensa dela resultante, o simbolismo é frequentemente atormentado, obscuro e difícil de interpretar. (pp. 417-18)*

À luz dessas considerações, a sentença "Somos todos um pouco neuróticos" é uma formulação questionável. Não é difícil perceber a autonomia da noção de saúde em psicanálise. Difícil é entender por que persistimos defendendo o contrário. Há, certamente, razões complexas para tanto. Matéria para novas reflexões.

Referências

Canguilhem, G. (2002). *O normal e o patológico.* Forense Universitária. (Trabalho original publicado em 1943).

Costa, J. F. (1986). Saúde mental, produto da educação? In J. C. Freire, *Violência e psicanálise.* 2a ed. Graal. (Trabalho original publicado em 1984).

Freire, P. (1970). *Pedagogia do oprimido.* Paz e Terra. (Trabalho original publicado em 1968).

Freud, S. (1976). A interpretação dos sonhos. In S. Freud, *Edição standard brasileira das obras psicológicas completas de Sigmund Freud* (Vols. IV-V). Imago. (Trabalho original publicado em 1900).

Freud, S. (1976). Uma recordação de infância de Leonardo da Vinci. In S. Freud, Edição standard brasileira das *obras psicológicas completas de Sigmund Freud,* (Vol. X). Imago. (Trabalho original publicado em 1910).

Freud, S. (1996). *Sobre a psicopatologia da vida cotidiana.* In S. Freud, Edição standard brasileira das *obras psicológicas completas de Sigmund Freud* (Vol. VI). Imago. (Trabalho original publicado em 1901).

Freud, S. (2010). Novas conferências de introdução à psicanálise: a dissecação da personalidade psíquica. In S. Freud, *Obras completas* (Vol. 18). Companhia das Letras. (Trabalho original publicado em 1933).

Freud, S. (2011). Autobiografia. In S. Freud, *Obras completas* (Vol. 16). Companhia das Letras. (Trabalho original publicado em 1925).

Freud, S. (2015a). Análise da fobia de um garoto de cinco anos. In S. Freud, *Obras completas* (Vol. 8). Companhia das Letras. (Trabalho original publicado em 1909).

Freud, S. (2015b). Sobre as teorias sexuais infantis. In S. Freud, *Obras completas* (Vol. 8). Companhia das Letras. (Trabalho original publicado em 1908).

Freud, S. (2015c). Totem e tabu. In S. Freud, *Obras completas* (Vol. 11). Companhia das Letras. (Trabalho original publicado em 1913).

Freud, S. (2015d). *Compêndio de psicanálise.* In S. Freud, *Obras completas* (Vol. 19). Companhia das Letras. (Trabalho original publicado em 1940[1938]).

Laplanche, J., & Pontalis, J. B. (2001). *Vocabulário da psicanálise.* Martins Fontes. (Trabalho original publicado em 1967).

Roudinesco, E., & Plon, M. (1998). *Dicionário da psicanálise.* Zahar.

Wilde, O. (2002). *O retrato de Dorian Gray.* Martin Claret. (Trabalho original publicado em 1890).

11. Psicanálise e pragmática da linguagem

Flávio Ferraz

O trabalho de Jurandir Freire Costa, em toda a sua extensão, percorreu diversas temáticas, sempre deixando como resultado artigos e livros que se tornaram referências para a psicanálise e as ciências humanas brasileiras em geral. Foi assim com objetos de investigação como a história da psiquiatria no Brasil, a ordem médica, a violência, o racismo, o homoerotismo, o amor romântico, a ética, e a pragmática da linguagem em suas relações possíveis com a psicanálise. Ainda que se trate de pesquisas temáticas sobre objetos diversos, que foram se sucedendo no tempo em sua pesquisa acadêmica, é possível distinguir uma linha mestra, tanto teórica como ética, que as conecta e lhes confere uma identidade, digamos, filosófica.

Como objeto deste artigo, tomei o trabalho de Jurandir associado ao estabelecimento das relações possíveis entre a psicanálise e a pragmática da linguagem. Embora essa operação esteja presente, de certo modo, em boa parte de seus escritos, creio ter sido no capítulo inicial do livro *Redescrições da psicanálise*, intitulado "Pragmática e processo analítico: Freud, Wittgenstein, Davidson, Rorty" (Costa, 1994b), que o autor se debruçou mais detidamente sobre a questão, explicitando, de maneira mais acabada, o arcabouço teórico que embasa um segmento considerável de seu pensamento clínico. Portanto, esse texto será a referência fundamental no diálogo que estabelecerei com suas ideias.

Pretendo examinar sua proposta de tomar a pragmática da linguagem como fundamento possível tanto de uma teoria do sujeito quanto do método psicanalítico. Tal fundamento, como demonstra nosso autor, pode ser colocado, com vantagens éticas e metodológicas, no lugar das primeiras justificativas epistemológicas de Freud, por um lado, e das subsequentes proposições neoestruturalistas da escola lacaniana, por outro.[1] Ao fim, defenderei a ideia de que o fundamento proposto por Jurandir se encontra mais afinado com as exigências que a psicanálise enfrenta na atualidade, relativas ao que, *grosso modo*, tem sido definido como afirmações identitárias em geral. Falar em "redescrições" do sujeito na clínica psicanalítica, *stricto sensu*, impõe uma correspondente mudança *lato sensu*, que vem a ser as "redescrições da psicanálise", título do livro em que está o artigo que nos guia.

Conheci Jurandir no ano de 1992, quando ele esteve no Departamento de Psicanálise do Instituto Sedes Sapientiae, em São Paulo, ministrando um seminário sobre a assim chamada "perversão". Foi quando veio à luz o livro *A inocência e o vício* (Costa, 1992), o primeiro volume de seus estudos sobre o homoerotismo, que tive a oportunidade de resenhar para a revista *Percurso* (Ferraz, 1992). Nesse livro, tanto quanto no segundo volume dessa extensa pesquisa, *A face e o verso* (Costa, 1995), estavam presentes

1 Laplanche (1992) faz exatamente uma operação de troca de fundamentos para a psicanálise, afastando a necessidade de demolir o corpo funcional de sua clínica. Ele utiliza a metáfora da troca ou recuperação dos alicerces de uma construção, cuidando que se faça um escoramento enquanto a obra se processa, de modo a não deixar desmoronar o edifício.

preocupações de ordem teórica e clínica que, de forma direta ou indireta, atravessam toda a sua obra.

A assunção radical do princípio de que a identidade sexual e o desejo são contingentes, não podendo, portanto, situar-se no plano da natureza, já marcava o posicionamento ético e metapsicológico que incidia numa espécie de crítica às versões biologizantes e adaptativas do legado de Freud. Além disso, mostrava-se ali a influência que o autor recebia da pragmática da linguagem, expressa, por exemplo, numa certa acepção de verdade que se assumia como suporte para repensar a "verdade" do sujeito, perseguida pela clínica psicanalítica desde seu surgimento. Claro, na esteira desse problema assomava-se a própria definição de sujeito, para a qual se entrevia seu entendimento como uma construção no seio da linguagem, mas pensada já de maneira diferente do que pregava a psicanálise de inspiração neoestruturalista.

Desde então tive o privilégio de, junto com tantos leitores do Brasil, acompanhar o pensamento de Jurandir e receber sua influência intelectual em toda a minha trajetória, seja na pesquisa acadêmica, seja na clínica psicanalítica. Em 1999 tive a fortuna de tê-lo na banca examinadora de minha tese de doutorado, no Instituto de Psicologia da Universidade de São Paulo.

A problemática das descrições e redescrições do sujeito no processo analítico, de modo incidental, já vinha à baila nos estudos sobre o homoerotismo, quando se tratava de examinar a forma como os sujeitos se descreviam – por exemplo, ao chegarem à entrevista com o analista. Dizer-se "homossexual" era uma descrição que trazia o mais essencial de sua identidade?

Para um aprofundamento teórico sobre esse problema, que não é de pequena monta para a prática psicanalítica, Jurandir se valia de um dos pilares da pragmática da linguagem, a saber, a noção de *redescrição*, penso eu que como apoio para enfrentar a alienação dos sujeitos em autodescrições por vezes imobilizadoras e mesmo opressoras. No citado artigo "Pragmática e processo analítico" (Costa, 1994b), o autor afirmava que os instrumentos teóricos da pragmática da linguagem podiam conviver teoricamente com a psicanálise com expressivos ganhos éticos, o que ele próprio demonstrara em trabalhos anteriores sobre o racismo e o homoerotismo.

O artigo em questão tem como ponto de partida a célebre menção de Freud (1905/1981e) a Leonardo da Vinci, na oposição que este fazia entre escultura e pintura, tomando-a como metáfora para a diferença radical entre os métodos da sugestão e da psicanálise propriamente dita, cuja técnica ainda se buscava afirmar:

> *Há, na realidade, a maior antítese possível entre técnica sugestiva e analítica – a mesma antítese que, com relação às belas-artes, o grande Leonardo da Vinci resumiu nas fórmulas:* per via di porre e per via di levare. *A pintura, afirma Leonardo, opera* per via di porre, *pois ela aplica uma substância – partículas de cor – onde nada existia antes, na tela incolor; a escultura, contudo, processa-se* per via di levare, *visto que retira do bloco de pedra tudo o que oculta a superfície da estátua nela contida. De modo semelhante, a técnica de sugestão visa a processar-se* per via di porre; *não se interessa pela origem, força e significação dos sintomas mórbidos, mas ao revés, superpõe algo – uma sugestão – na expectativa de que será bastante vigorosa para impedir que a ideia patogênica venha a expressar-se. A terapia analítica, por outro lado, não procura acrescentar nem introduzir nada de novo, mas retirar algo, fazer aflorar alguma coisa, sendo que para esse fim se preocupa com a gênese dos sintomas mórbidos*

> *e o contexto psíquico da ideia patogênica que procura remover. (pp. 270-271)*

Esse trecho de Freud tornou-se bastante conhecido e foi frequentemente citado como expoente, a um só tempo, da técnica e da ética psicanalíticas. Não é difícil compreender que nele se expõe com clareza a necessidade imperiosa que tinha a psicanálise de superar a técnica da sugestão para se firmar como método capaz de fazer emergir o inconsciente, tomado como a própria verdade oculta (recalcada) do sujeito. E, pelo lado da ética, já se assinalava uma espécie de protótipo dos ideais de abstinência e neutralidade, que seriam explicitamente postulados anos mais tarde, nos artigos sobre técnica (Freud, 1915/1981d).

A renúncia que o analista devia fazer aos próprios juízos de valor e a seus eventuais desejos sobre o paciente seria a condição para que este se libertasse dos ideais parentais, ou seja, para sua desalienação em relação ao desejo do outro, como expressaria Freud (1938/1981c) de modo contundente, anos depois, no *Esboço de psicanálise*, texto que se tornaria uma espécie de inventário de sua obra:

> *Por mais que o analista possa ficar tentado a transformar-se num professor, modelo e ideal para outras pessoas, e criar homens à sua própria imagem, não deve esquecer que essa não é a sua tarefa no relacionamento analítico, e que, na verdade, será desleal a essa tarefa se permitir-se ser levado por suas inclinações. Se o fizer, estará apenas repetindo um equívoco dos pais, que esmagaram a independência do filho através de sua influência, e estará simplesmente substituindo a primitiva dependência do paciente por uma nova. Em todas*

> *as suas tentativas de melhorar e educar o paciente, o analista deve respeitar a individualidade deste. (p. 202)*

Tudo isso é fácil de compreender quando relacionado com a necessidade da suspensão do desejo alienante do outro e da superação da sugestão. Mas, com todas as vênias possíveis, o que quero aqui problematizar é a própria procedência da afirmação de Leonardo e, *a fortiori*, de sua adoção por Freud. Espanta-me que ela tenha sido repetida *ad nauseam*, sem que sua flagrante fragilidade lógica fosse denunciada por nenhum autor, ao menos pelo que me consta. É tentador tomar por sintomático esse possível equívoco perpetuado, mas por ora deixarei de lado uma abordagem por esse viés. Vamos ao ponto.

É bastante compreensível que Freud comparasse o método analítico ao trabalho do arqueólogo, que cuida de fazer aparecer aquilo que se encontra soterrado, uma vez que o objeto descoberto *de fato* está sob a terra ou algum escombro. Assim, a representação inconsciente atingida pela análise, ao menos segundo os ideais iniciais da teoria clínica psicanalítica, ali estaria pronta para ser descoberta.[2] Trata-se do que Jurandir chama em seu texto de *metáfora da estátua oculta* (Costa, 1994b). Mas, se examinarmos a comparação feita por Leonardo entre pintura e escultura, vamos entrever que ali existe um pressuposto absurdo, que é o de que *a estátua se encontra oculta dentro da pedra a ser esculpida*. Como assim? Existe uma estátua dentro da pedra, à semelhança do objeto que jaz sob a terra na ruína arqueológica? É claro que não!

Não deixa de ser sintomático que Freud, que utilizava a metáfora da escavação arqueológica para o processo de investigação

2 Ainda que se saiba que a avaliação do valor de uma peça encontrada no trabalho do arqueólogo também está sujeita a uma teoria precedente que lhe designe a significação.

analítica, tenha usado essa passagem de Leonardo. Mas deixemos isso de lado, por ora. O que vale dizer, por enquanto, é que a comparação feita por Leonardo se aplica apenas à superficialidade da natureza das diferentes técnicas, a da pintura e a da escultura. Ou seja, só diz respeito ao fato de que uma leva a tinta para a superfície da tela, e a outra funciona por retirada de partes da pedra. Mas claro está que a pedra, em estado bruto, é algo tão virgem de forma artística quanto uma tela em branco! Nesse sentido, não há diferença entre pintura e escultura: em ambas, o artista é quem dá forma e vida à obra. Desse modo, o que se pode dizer, preliminarmente, é que Freud, para falar do ato analítico de atingir uma suposta "estátua" pronta e oculta, isto é, o inconsciente recalcado, lança mão da comparação com uma técnica, a da escultura, que forja sobre a pedra uma imagem, mas sobre uma pedra bruta, que nada guarda de formas previamente existentes dentro de si.

A razão pela qual me detenho aqui nessa comparação problemática, feita por Leonardo e repetida por Freud, é o fato de Jurandir ter tomado como eixo de sua discussão exatamente a procedência da ideia de que a análise de fato opera *per via di levare*, como quis Freud e como a tradição psicanalítica adotou à guisa de regra de ouro do método clínico. Jurandir desenvolve sua argumentação rumo à demonstração de que a análise não pode operar *per via di levare*. Mas sustentar que o trabalho analítico se dá *per via di porre*, sem evidentemente retroceder à técnica da sugestão, exigirá uma fundamentação baseada tanto numa ética quanto numa lógica próprias de certa concepção de sujeito em sua relação com a linguagem. Essa empreitada teórica se desenvolveu por meio de um recurso minucioso à pragmática da linguagem, pareada com uma crítica de concepções de sujeito próprias da psicanálise fundamentada nas teorias neoestruturalistas. Sigamos pela trilha aberta por Jurandir para compreender seu argumento.

Supondo que a "escultura oculta" exista, ela seria definida como um precipitado de representações recalcadas que, em última instância, constituiria a própria "verdade" histórica ou vivida do sujeito, como se depreende de uma leitura mais literal de Freud, particularmente na parte de sua obra anterior ao advento da segunda tópica. Ocorre que essa escultura seria uma metáfora escondida a pedir um "intérprete", ou seja, um analista que, enquadrando a fala do analisando em suas normas técnicas, obtém o passado inconsciente – sexual e infantil – como verdade do sujeito contida no dito e na transferência.

Outra forma de encarar a questão, que contém uma crítica a essa visão que se considera, digamos, mais "ingênua", provém da corrente neoestruturalista da psicanálise. Segundo essa versão, a verdade do inconsciente não estaria materializada nem seria "histórica", como se supõe na estrita leitura de Freud. Lembranças esquecidas ou representações recalcadas só podem ser pensadas quando se recorre à noção de uma linguagem como estrutura que permite a transição de um acontecimento sem sentido para um acontecimento com significação. Ou seja, em vez de pensar em termos de verdade histórica ou materialidade intacta da representação recalcada, julga-se necessária uma forma linguística que nos faça compreender os fenômenos como aquilo que entendemos que são. A "escultura oculta", em vez de conjunto de representações recalcadas na tópica do sujeito, passa a ser definida como a própria "arquitetura da linguagem", ou "arquitetura que determina o sentido que o sujeito dá de sua história, independente de suas intenções conscientes ou das intenções do intérprete" (Costa, 1994b, p. 10).

Tentando superar a ideia inicial freudiana da materialidade de um inconsciente como local em que se conservam representações recalcadas, a corrente neoestruturalista vem radicalizar a ideia contrária, ou seja, a de que no inconsciente não há histórias do sujeito, mas um sujeito da estrutura. Segundo Jurandir, essa visão tem como corolário a conclusão de que "a metáfora da escultura escondida seria o 'mito epistêmico' infantil da psicanálise" (p. 13).

Cito Jurandir:

> *O que importa em um processo psicanalítico é mostrar como o determinismo estrutural deu origem a um sujeito do desejo, no qual sintomas e histórias de vida são meros acasos retrospectivamente racionalizados como* história psicológica. *Esta é a verdade analiticamente pertinente, verdade que não está sujeita às exigências de verificação requeridas por sentenças que afirmam a existência de propriedades de coisas ou eventos.* Per via di levare, *sim. Mas de modo radical. Além das verdades históricas ou das histórias contadas, a análise, se realmente é psicanálise, exibe o "sem-sentido" do sujeito e do desejo na estrutura da linguagem. (p. 13, grifo do original)*

Pode-se concluir que, seja na versão freudiana, seja na neoestruturalista, o processo analítico se define como uma operação que se dá, invariavelmente, *per via di levare*, visando à descoberta de uma representação recalcada, com sua materialidade histórica, ou da verdade do sujeito do desejo estruturado como uma linguagem.

É aí que entra a proposição de Jurandir no sentido de encarar de modo diferente esse escopo do método, substituindo-se os fundamentos epistemológicos anteriores por outros presentes na pragmática da linguagem. O ideal de um processo analítico definido pela descoberta do inconsciente, seja este histórico ou linguístico, pode ser assimilado, segundo nosso autor, ao que Rorty (1979/1988) chamou de ideal de *autopurificação*, ao qual se opõe o ideal de *autoenriquecimento*. A substituição do primeiro pelo segundo, de acordo com Jurandir, traria diversas vantagens teóricas, que ele procura demonstrar pelo recurso às teorias pragmáticas de Davidson, Rorty e Wittgenstein, mediante a crítica a três dos pressupostos teóricos embutidos no ideal de autopurificação: "a) o sujeito como termo extralinguístico; b) a linguagem como uma 'estrutura invisível'; c) a verdade como tribunal de crenças" (Costa, 1994b, p. 15). Detenhamo-nos particularmente no primeiro deles.

Para Rorty (1979/1988), o ideal de autopurificação, decorrente do idealismo racionalista pós-kantiano, conduz à noção de um sujeito descolado dos processos que o constituem, a exigir, portanto, que se considere a existência de uma subjetividade discernível da realidade linguística que a forja. Assim, o sujeito só poderia ser um significante à parte dos outros, de modo a ocupar um lugar especial a partir do qual imanta os demais significantes. Na teoria neoestruturalista, o sujeito tem essa primazia porque só ele fala, fazendo com que a cadeia significante possa circular e, assim, funcionar como linguagem. De forma muito sucinta, o que Jurandir vê como uma das falhas de tal concepção é que a ideia de sujeito acaba tendo que preceder à teoria que, em princípio, deveria explicar sua gênese. Para o processo analítico, o impasse seria assim equacionado:

> *A questão é, do lado do sujeito interpretado: por que imaginá-lo como distinguível da linguagem? Por que defini-lo como um significante especial, portador das significações obrigatórias do desejo do Outro, por força das leis do parentesco? Do lado do intérprete, a questão é: quem ou o que autoriza um falante a imaginar que pode descrever a forma lógica inicial da linguagem, sem recorrer a teorias históricas ou operacionalmente contextualizadas? Até posterior contra-argumentação, penso que só crenças idealistas e racionalistas poderiam*

> *tornar plausível esta maneira de conceber o sujeito no processo psicanalítico. (Costa, 1994b, pp. 20-21)*

O que se oferece, então, no lugar do ideal de autopurificação? Junto com Rorty, Jurandir propõe o ideal de autoenriquecimento, que, deixando de lado a indagação de qual é a verdadeira essência do sujeito, pergunta-lhe como ele pode se redescrever de modo a tornar-se melhor para consigo mesmo. Ora, uma indagação desse tipo operaria, portanto, *per via di porre*, em oposição à *via di levare* implícita nas metáforas da escultura oculta e da estrutura invisível.

Se o sujeito, de acordo com a pragmática, não mais ocupa o lugar de significante privilegiado ou à parte dos demais significantes, ele não é mais o referente metafísico da atividade de organizar experiências e produzir julgamentos, nem remanescente lógico necessário à estrutura para explicar o surgimento das significações. Ele será, de outra maneira, "parte da rede de crenças e desejos que deve ser postulada como causas interiores do comportamento linguístico de um organismo singular" (Rorty, citado por Costa, 1994b, p. 21), numa concepção originalmente devida a Davidson. Ademais, os enunciados que o constituem são *intencionais*, no sentido dado a esse termo por Brentano (1874/1995) e adotado pela fenomenologia de Husserl (1901/1975), para a qual o termo *intencionalidade* quer dizer "endereçamento e finalidade".[3] Assim, todo comportamento linguístico pode ser justificado por força de seu fim, que, em última instância, será o de alterar estados mentais do sujeito.

Chegamos agora ao momento de examinar o modo como a introdução do referencial da pragmática poderia contribuir para pensar um processo psicanalítico comprometido com a desalienação e o ganho de autonomia dos sujeitos. Creio ser possível

3 Em Husserl já estava presente a ideia de língua como comportamento social.

articular a proposta de Jurandir com as exigências que hoje são feitas à psicanálise pelos movimentos culturais de afirmação de identidades que, até então, podiam estar recalcadas sob o véu de várias formas de normatividade, as quais, silenciosamente, prestavam-se como auxiliares de políticas de hegemonia e dominação.

O caminho da pragmática, como vimos, é o de indagar ao sujeito qual o modo de se redescrever que o torna melhor para consigo mesmo. Uma concepção de processo analítico assim orientada atenderia ao mesmo tempo a dois imperativos, o primeiro de ordem lógica, e o segundo de ordem ética. Antes de concluir com o ganho ético desse modo de encarar a análise, quero passar rapidamente por considerações epistemológicas que dão indicações de que a *via di levare* é, em última instância, um ideal inviável.

Começo pela própria evolução da obra de Freud. Nos tempos iniciais, como está muito bem marcado já nos *Estudos sobre a histeria* (Breuer & Freud, 1895/1981), a causa do sintoma é procurada como elemento material – o traço de memória esquecido – necessário à validação do método. Por exemplo, o que explica os sintomas conversivos de Elisabeth von R. é o pensamento que ela teve, quando da morte da irmã, de que, a partir daquele instante, o cunhado estaria livre e disponível para ela. Temos aí um exemplo acabado da operação *per via di levare*, pela qual a representação patógena inconsciente é descoberta.

Ocorre que, com o advento dos artigos sobre técnica dos anos 1910, particularmente "A dinâmica da transferência" (Freud, 1912/1981b), o método analítico se descola da busca da "coisa em si" das ideias recalcadas, para operar sobre o atual da neurose de transferência. Há um deslocamento de objeto que acontece em virtude de um reconhecimento da inviabilidade da pretensão original. Ou seja, constata-se que não existe algo como uma representação arcaica intacta, cujo acesso se dê independentemente da situação transferencial atual. E o mais interessante é que o método funciona, até melhor do que ao tempo do antigo pressuposto epistêmico. Com esse deslocamento, a psicanálise freudiana supera os imperativos da epistemologia das ciências da natureza rumo a um novo objeto, que se pode chamar de *psíquico*, e não mais de *natural*.

Mezan (2002), num trabalho minucioso sobre a epistemologia da psicanálise, apresenta a passagem da concepção de objeto natural para a de objeto psíquico, encontrável apenas no campo da transferência. Podemos pensar, em paralelo, na mudança semelhante que se operou na sociologia, que abandona a ideia de *fato social* de Durkheim, então circunscrito e tratado metodologicamente à moda de objeto natural, para a constituição do objeto *cultural*, cuja investigação se daria por meio de outra metodologia. Em síntese, é a natureza do objeto que exige o método a ele adequado. Laplanche (1992) diz algo semelhante quando afirma que é a *objetalidade* que se encontra na investigação psicanalítica, e não a *objetividade*, sendo esta própria da psicologia. Isso significa que a psicanálise, historicamente, transpôs o objeto da conservação para encontrar o objeto da pulsão.

Em suma, ainda que Freud tenha mantido até o fim seu discurso de defesa da psicanálise como ciência dura, ele opera uma mudança de método inegavelmente exigida pelo encontro de um outro objeto, o da pulsão. Ora, se trabalha-se "em transferência", a causa material do sintoma fica em segundo plano. Isso se torna patente, de forma acabada, no artigo "Construções em análise" (Freud, 1937/1981a), quando se diz que uma construção, sendo plausível, propicia o mesmo grau de *insight* e mudança psíquica que, nos primórdios da teoria psicanalítica, só seria admissível quando se tratasse da recordação de uma representação recalcada.

Para além de Freud, há outros pontos de apoio ao argumento de que a *via de levare* não se sustentou. No sistema kleiniano, por exemplo, a análise passa a operar exclusivamente na transferência. O passado não se busca, ele *está* no presente. Há até mesmo um questionamento da necessidade de estabelecer ligação do atual com sua raiz infantil, uma vez que os efeitos esperados sobre o sujeito devem decorrer da interpretação do *hic et nunc* da sessão analítica, e não da proposição de uma cena arcaica. Em Bion e Winnicott, é a própria *experiência* emocional da análise a assumir o lugar da recordação *stricto sensu*. *Rêverie* e *holding*, herdeiros da *continência* kleiniana, ocupam o lugar central do trabalho de análise.

Para além dessas considerações de cunho epistemológico, temos enfim as considerações éticas que, no entanto, não são separáveis das outras. Retomemos a pergunta de Jurandir sobre os ganhos que a fundamentação pragmática, no lugar da neoestruturalista ou da clássica freudiana, traria para a clínica psicanalítica. Claro está que falar em *via di porre*, a partir de tudo que se argumentou, não tem mais nada a ver com a retomada do método sugestivo, ao qual Freud (1905/1981e) aplicou a expressão.

A autodescrição feita por um paciente pode estar ancorada na rede de crenças e desejos que o constitui, mas de modo a lhe tolher a realização. Dizer-se negro, homossexual, nordestino etc. de modo preconceituoso – contra si mesmo – denuncia a alienação numa rede de crenças que se costuma chamar de *discurso do outro*. Uma nova autodescrição, assistida pelo analista, pode permitir o câmbio para outras redes de crenças que *implicam o próprio remanejamento do sujeito*. Isso porque, na concepção que se assume a partir da pragmática da linguagem, o sujeito *é*, ele mesmo, parte da rede. E, em oposição ao método sugestivo, não se impõe nada a esse sujeito; apenas se permite que ele próprio se autodescreva de acordo com a rede de crenças que lhe for mais favorável, no sentido da dignidade.[4] E ele se transforma por força da redescrição linguística.

---

4 Dignidade, como salienta Muniz Sodré (2023), é "indissociável, em Kant, de duas outras características do humano: a liberdade e a razão" (p. 83).

Esse ponto de vista a respeito do processo analítico impõe uma consideração ética sobre os discursos, fundamentada no entendimento da dimensão perlocutória da linguagem, definida como os efeitos produzidos pelo enunciado no interlocutor: "O sentido de um enunciado é composto de um *conteúdo proposicional* e de um *conjunto de circunstâncias*, o contexto, que conferem força ou eficácia transformadora ao que é dito. Ao falar, podemos modificar estados anteriores do sujeito e do mundo" (Costa, 1994a, p. 16, grifos do original).

Portanto, certas formas de autodescrição alienantes se alinham ao que, em psicanálise, se denomina *compulsão à repetição*. A escolha moral de outras autodescrições teria o efeito análogo ao reconhecimento do traumático, que, na análise, propicia ao sujeito a saída da repetição mortífera, pela dissolução da recusa (ou desmentida). Afinal, como afirma Jurandir, "o modo como o sujeito é 'marcado pelo significante' repercute no desejo e torna-o sensível às mudanças da língua" (Costa, 1994a, p. 16).

Uma redescrição levada a cabo pelo próprio sujeito pode apoiar-se em concepções favoráveis a si que ele encontra no meio cultural, que são "verdades" a substituir outras "verdades", desfavoráveis, que lhe são impostas.[5] Por essa razão, têm sido cada vez mais importantes as transformações civilizatórias que engendram novas descrições e oferecem aos sujeitos novas concepções e novos vocabulários que os definem. Isso se verifica, de maneira cristalina, na questão da reavaliação das identidades raciais e sexuais. A possiblidade de novas autodescrições (que seriam então a *via di porre*

5 Muniz Sodré (2023) lembra Wittgenstein para defender que "conceber uma linguagem é conceber uma forma de vida". Isso tangencia o problema da discussão sobre a essência da verdade: "Verdadeiro e falso é o que os homens *dizem*; e é na linguagem que as pessoas concordam. Não se trata de uma concordância de opiniões, mas de formas de vida" (pp. 151-152, grifos do original).

em nova acepção) se amplia quando sustentada por construções culturais ou mudanças na *Weltanschauung*.

Tangemos aqui, de novo, o tema da intencionalidade dos enunciados linguísticos tal como formulado pela pragmática. Davidson, tratando da relação entre intencionalidade, causas e motivos, postula que "afirmar que um evento pode ser redescrito sem perder sua identidade quer dizer que pode ser reconhecido como o mesmo evento, embora interpretado com diferentes sentidos" (citado por Costa, 1994a, p. 32). Para Wittgenstein,

> *reduzir crenças morais a fatos empíricos significa, no mais das vezes, dissimular: a) que o que se descreve como "realidade material", como fato bruto, nada mais é do que "realidade linguística", sem suporte têmporo-espacial, como na efetiva realidade material dos objetos físicos; b) que estas "realidades linguísticas", malgrado o conteúdo descritivo de sua forma gramatical, em absoluto são neutras quanto a valores. (citado por Costa, 1994a, p. 32)*

Ora, a "escultura oculta" nada mais é que a ilusão da "realidade material". Portanto, a troca do ideal de autopurificação pelo de autoenriquecimento, na proposta de Rorty (1979/1988), impõe-se tanto por exigência lógica quanto por necessidade ética.

Para finalizar, cito uma importante consideração de Ana Maria Sigal (2023), que ilustra com clareza o ponto de vista que aqui tentamos consolidar, em sua incidência sobre a clínica:

> *Temos que estar atentos, repensar nosso fazer e rever a teoria – pois o que era tratado anteriormente como falta de autoestima em pacientes negros ou pardos, em uma compreensão leviana, hoje tem que ser entendido*

> *como sofrimento psíquico causado em negros e negras devido ao preconceito e às discriminações raciais: é necessário legitimar esse sofrimento e é neste sentido que dizíamos que o diagnóstico também é político. Se não houvéssemos deslegitimado as falas destes indivíduos, nossa escuta poderia ter sido outra. Sabemos que este é um começo, que muito temos a aprender e que toda esta luta afeta também a psicanálise e a nós como psicanalistas.*

Não há como encerrar senão enfatizando a coerência lógica entre uma atitude clínica como essa e a fundamentação de sujeito que Jurandir busca extrair da pragmática da linguagem para fundar uma psicanálise eticamente melhor.

Referências

Brentano, F. (1995). *Psychology from an empirical standpoint*. Routledge. (Trabalho original publicado em 1874).

Breuer, J., & Freud, S. (1981). Estudos sobre a histeria (1893-1895). In S. Freud, *Edição standard brasileira das obras psicológicas completas de Sigmund Freud* (Vol. II). Imago. (Trabalho original publicado em 1874).

Costa, J. F. (1992). *A inocência e o vício: estudos sobre o homoerotismo*. Relume-Dumará.

Costa, J. F. (1994a). Introdução: como nos espelhos, em enigmas. In J. F. Costa, *A ética e o espelho da cultura* (pp. 17-55). Rocco.

Costa, J. F. (1994b). Pragmática e processo analítico: Freud, Wittgenstein, Davidson, Rorty. In J. F. Costa (Org.), *Redescrições da psicanálise: ensaios pragmáticos* (pp. 9-60). Relume-Dumará.

Costa, J. F. (1995). *A face e o verso: estudos sobre o homoerotismo 2*. Escuta.

Ferraz, F. C. (1992). Um grito de alerta. Resenha de A inocência e o vício: estudos sobre o homoerotismo, de Jurandir Freire Costa. *Percurso*, 5(5), 64.

Freud, S. (1981a). Construções em análise. In S. Freud, *Edição standard brasileira das obras psicológicas completas de Sigmund Freud* (Vol. XXIII). (Trabalho original publicado em 1937).

Freud, S. (1981b). A dinâmica da transferência. In S. Freud, *Edição standard brasileira das obras psicológicas completas de Sigmund Freud* (Vol. XII). (Trabalho original publicado em 1912).

Freud, S. (1981c). Esboço de psicanálise. In S. Freud, *Edição standard brasileira das obras psicológicas completas de Sigmund Freud* (Vol. XXIII). (Trabalho original publicado em 1938).

Freud, S. (1981d). Observações sobre o amor de transferência (Novas recomendações sobre a técnica da psicanálise 3). In S. Freud, *Edição standard brasileira das obras psicológicas completas de Sigmund Freud* (Vol. XII). (Trabalho original publicado em 1915).

Freud, S. (1981e). Sobre a psicoterapia. In S. Freud, *Edição standard brasileira das obras psicológicas completas de Sigmund Freud* (Vol. VII). (Trabalho original publicado em 1905).

Husserl, E. (1975). Investigações lógicas: sexta investigação. In E. Husserl, & M. Merleau-Ponty, *Investigações lógicas: sexta investigação/Textos escolhidos* (Os pensadores, Vol. 41, pp. 7-187). Abril. (Trabalho original publicado em 1901).

Laplanche, J. (1992). *Novos fundamentos para a psicanálise*. Martins Fontes.

Mezan, R. (2002). Sobre a epistemologia da psicanálise. In R. Mezan, *Interfaces da psicanálise* (pp. 436-519). Companhia das Letras.

Rorty, R. (1988). *A filosofia e o espelho da natureza*. Dom Quixote. (Trabalho original publicado em 1979).

Sigal, A. M. (2023). Aula inaugural 2023 – Apresentação do curso Clínica Psicanalítica: Conflito e Sintoma. *Boletim Online, 66*. Recuperado de: https://sedes.org.br/Departamentos/Psicanalise/boletimonline/2023/04/13/aula-inaugural-2023-apresentacao-do-curso-clinica-psicanalitica-conflito-e-sintoma/

Sodré, M. (2023). *O fascismo da cor: uma radiografia do racismo nacional*. Vozes.

12. Psicanálise e educação: é possível experiência criativa no espaço escolar?

Maria Regina Maciel

Introdução

Conheço Jurandir desde minha infância. Ambos de Recife, compartilhamos vários amigos. Desses laços afetivos comuns, a generosidade foi seu traço que sempre mais me chamou atenção. Mais tarde, quando comecei a ler psicanálise, deparei com seus livros. Estes, além de trazerem um frescor ao que estudava, acompanharam-me em meu percurso. Sou grata ao impacto que seus escritos tiveram sobre mim. Por isso, vocês podem imaginar a honra que senti ao ser convidada para escrever um capítulo do livro comemorativo de seus 80 anos de vida.

Ao longo do presente texto, voltarei a falar da influência do pensamento de Jurandir sobre meu próprio trabalho. No momento, vou introduzir o tema sobre o qual me debruçarei: o campo da interseção entre psicanálise e educação. Esse ponto de cruzamento começa com os textos de Freud sobre educação. Esses são os textos fundadores desse tipo de reflexão, que tem atraído crescente interesse, tanto entre educadores quanto entre psicanalistas.

No meu caso específico – já que, além de psicanalista do Círculo Psicanalítico do Rio de Janeiro (CPRJ), tive experiência como alfabetizadora de adultos, movida pelas ideias de Paulo Freire, fui psicóloga de creche e professora da Universidade do Estado do Rio de Janeiro (Uerj) –, a intenção ao estudar o que se passa na interseção desses dois campos deve-se a algo que, à primeira vista, pode parecer ingênuo. Porém, trata-se de uma aposta na existência de lugares em que não somente reproduzimos a ordem social, mas também rompemos com o velho, permitindo o inesperado. Experiências criativas podem emergir quando esses campos se encontram?

Tomando como base alguns dos textos em que Freud se debruçou sobre o tema da educação, comecei a pensar sobre essa relação privilegiando três de seus conceitos: inconsciente, transferência e sublimação.

No que tange ao inconsciente, Freud (1917/1976) refere-se à possibilidade de transmissão de conhecimento levando-se em consideração esse sistema psíquico. Nas suas palavras: "saber nem sempre é a mesma coisa que saber" (p. 332). Dando importância ao que chamou de "terceiro golpe, de natureza psicológica" (p. 175), na humanidade – diante do qual afirma que "o ego não é senhor da sua própria casa" (p. 178) –, podemos nos conceber também como sujeitos do desconhecimento, no qual algo sempre escapa à pretensão de controle consciente, por exemplo, de tudo o que aprendemos. Freud (1932/1976), ao dizer que está "pensando nas aplicações da psicanálise à educação, à criação da nova geração" (p. 179), refere-se à tentativa da "educação psicanalítica" (p. 184) de procurar um "ponto ótimo" (p. 182) que possibilite proibição de pulsão sem doença neurótica. Ele afirma que cada criança tem seu "ponto", o que nos possibilita questionar o valor de uma educação de massa.

No que diz respeito à transferência, encontramos referências à relação professor-aluno sob o aspecto de um fenômeno que não se passa apenas entre paciente e terapeuta, mas que perpassa as relações humanas. Na clínica psicanalítica, a transferência constitui seu próprio instrumento de trabalho. Mas na escola esse fenômeno também ocorre. A aquisição de conhecimento depende da relação do aluno com seus professores e colegas.

Freud faz referência à relação transferencial diante da qual professores e colegas tornam-se representantes de pais e irmãos. Não somente na relação analítica, repetimos nossas experiências infantis vividas na atualidade. Freud (1914a/1974) menciona a importância do professor para o aluno: "é difícil dizer se o que exerceu mais influência sobre nós e teve importância maior foi a nossa preocupação pelas ciências que nos eram ensinadas, ou pela personalidade de nossos mestres" (p. 286). Com isso, aponta para o valor da psicanálise para o próprio educador. Aconselha que este "se submeta a uma análise e a experimente em si mesmo" (Freud, 1925/1976, p. 342). Afinal, o educador pode orientar e servir de modelo para o aluno. Dessa maneira, o professor não deve só se contentar com o conteúdo de sua instrução, mas levar em consideração o que se passa nas entrelinhas, no modo como o conteúdo programático é transmitido.

Por fim, privilegiando o conceito de sublimação, vemos que Freud liga a atividade educativa à capacidade sublimatória. Seus argumentos afirmam que a curiosidade intelectual é derivada da curiosidade sexual. Porém, ele nos alerta para mantermos em mente que o desvio pulsional necessário não deve ser excessivo e chegar a inibir nossos desejos. Afinal, nem todos "possuem a arte de sublimar suas pulsões" e "a ambição educativa é de tão pouca utilidade quanto a ambição terapêutica" (Freud, 1912/1969, pp. 157, 158). Entendo que Freud aponta, neste caso, para o cuidado que devemos ter ao buscar sublimação pulsional. Os resultados, necessariamente, serão insatisfatórios. Nem todo pulsional é sublimado.

Os conceitos freudianos mencionados estão aqui apenas como introdução a este diálogo entre os campos da psicanálise e da educação. Junto à noção de criatividade de Winnicott (que trabalharemos mais adiante), eles me servem de alicerces teóricos para uma prática educacional que permita não somente a transmissão da tradição, mas o surgimento de novas formas de pensar, de sentir, de se organizar.

Com esse objetivo em mente, outro de meus alicerces que merece ser mencionado é a concepção de que a prática psicanalítica deve levar em consideração os processos de subjetivação contemporâneos. Quanto a isso, devo repetir que os textos de Jurandir Freire Costa me serviram de inspiração. Assim, a seguir vamos a alguns de seus textos. Basicamente, eles me sugerem que a psicanálise deve estar comprometida com este mundo e não precisa se restringir à prática de consultório. Veremos isso no próximo item deste capítulo.

Posteriormente, trabalharemos a noção de criatividade em Winnicott. Essa noção, inclusive, foi desenvolvida por Jurandir em alguns de seus recentes escritos. Ela me auxilia na sustentação do debate sobre uma educação não somente reprodutora da ordem social, mas também transformadora de si e do mundo.

Terminarei com um relato de experiências. Julgo que as duas experiências expostas (sustentadas pelos pressupostos psicanalíticos e praticadas no espaço escolar) indicam que a prática educacional pode, sim, ser criativa.

Processos de subjetivação contemporâneos

Aprendi com meu mestre Jurandir que a psicanálise é deste mundo. Nesse sentido, o papel do psicanalista pode ser o de fornecer argumentos para pensar nossa contemporaneidade. O maior temor de Jurandir sempre foi o esvaziamento prático de palavras como solidariedade, justiça e bem comum. Por isso seu apelo à responsabilidade de cada um de nós diante do debate intelectual acerca, por exemplo, do triste e atual espetáculo social brasileiro.

Isso pode ser claramente encontrado num singelo livro de Jurandir denominado *Por uma questão de vergonha: psicanálise e moral* (Costa, 1989a). Neste texto – a partir dos escritos de Hélio Pellegrino, particularmente "Pacto edípico e pacto social" (1983) –, Jurandir afirma: "cultura narcísica descreve a constância de certos padrões de reação moral que impregnam o imaginário social constituído" (p. 43). Esses padrões estão ligados à "aderência ao mecanismo conservador de autopreservação, bem mais sensível a soluções mágicas que soluções reais, como a observação das leis de trânsito" (p. 38). O ego se defende num "mínimo eu", e o que podemos observar são cidadãos desobedecendo regras do convívio social.

É interessante perceber o quanto isso é atual, posto poder nos remeter ao que assistimos no Brasil de hoje. Pessoas insatisfeitas com o resultado das eleições presidenciais brasileiras de 2022, embora um tanto recolhidas no momento, após tentativa golpista de 8 de janeiro de 2023, ainda se acham no direito de impedir a livre circulação de carros nas estradas do país. Como Jurandir mesmo disse: "numa sociedade 'sem lei nem rei', como na ficção freudiana do estado de horda, os indivíduos tendem a comportar-se obedecendo exclusivamente ao regime de auto-satisfação libidinal" (p. 34).

A cultura narcísica produz o sujeito ressentido e às voltas com um sentimento de injúria narcísica. Junta-se a ela a cultura do cinismo, que "enfatiza os processos de justificação do *status quo*, por parte daqueles que, cientes dos instrumentos da avaliação crítica, usam estes instrumentos com o objetivo de reforçar a prática social dominante" (p. 25). Incrível como essas palavras parecem "moeda corrente" se pensarmos, por exemplo, na invasão dos prédios dos três poderes por parte dos manifestantes antidemocráticos, naquele janeiro de 2023. A atrofia da esfera pública caminhou a passos largos.

Jurandir nos ensinou que a psicanálise pode servir para melhorar o convívio humano. Para tal, devemos soltar a imaginação, enquanto atividade que principia aquilo que está em ruptura com o velho, permitindo o inesperado. No mesmo ano que publicou o livro a que me referi anteriormente, ele publicou *Psicanálise e contexto cultural: imaginário psicanalítico, grupos e psicoterapias* (Costa, 1989b). Debruçando-se sobre o ego imaginário, Jurandir se propôs dar conta da relação entre sujeito e cultura. Com essa concepção, entende que "a diversidade social marca o sujeito, sem que com isto ele perca seu estatuto de sujeito do desejo ou do inconsciente" (p. 2). No mesmo movimento, Jurandir mantém sua escolha ética de sustentar a psicanálise como um "produto da cultura humana, ao qual todos têm direito a ter acesso. Nem que seja para, depois de conhecê-la, recusá-la ou criticá-la" (p. 7).

Quando eu era professora associada da faculdade de pedagogia da Uerj, seus textos acompanharam as aulas que ministrava. Era o caso de *Ordem médica e norma familiar* (Costa, 1979), livro anterior aos dois outros já citados. Esse livro foi importante para entendermos, entre outras coisas, que a educação moral extinguiu das casas e dos colégios a violência punitiva dos castigos físicos coloniais. Criou-se a figura do indivíduo bem educado, concomitantemente à redução da família a possível fator patogênico suscetível à intervenção médica. Produzida pela ordem médica, a norma familiar solicita, de forma constante, a presença de intervenções disciplinares por parte dos agentes de normalização. Eu colocava esse livro na bibliografia do curso que ministrava por julgar que ele nos ajuda a pensar criticamente tanto sobre a desnaturalização dos fatos quanto sobre a construção da visão de que o aprendizado tem que ser, necessariamente, escolar e gradual.

Nesse sentido, a violência, por exemplo, não é um fenômeno natural. Ela só existe no contexto da interação humana. É isso que podemos apreender de outro importante livro do mestre: *Violência e psicanálise*. Ao tematizar criticamente a violência, ele afirma ser tarefa do pensamento psicanalítico refletir, ao menos, sobre o impacto da violência cotidiana na dinâmica intrapsíquica do sujeito. Nesse encaminhamento, alerta-nos para o risco de privilegiarmos o formalismo em detrimento da complexidade de nossa realidade.

Nesse último livro, deparamos com seus questionamentos acerca da crença, muito difundida, de que a saúde mental depende da educação. Ao contrário do que creem muitos agentes de saúde, Jurandir procurava demonstrar que "a educação psicológica não produz saúde mental, mas reproduz, tão somente, a ordem social" (p. 64). Retomando ideais que encontramos em *Ordem médica e norma familiar*, Jurandir assinala que o movimento higiênico-pedagógico dos séculos XVIII e XIX deu origem a esse tipo de crença, além de ter efetivado esse projeto, apoiado nas escolas e nas famílias. Trata-se, todavia, de um equívoco do movimento higiênico-pedagógico.

Quando trabalhei no campo da interseção entre psicanálise e educação, meu diálogo com Jurandir continuou fundamental. Dos seus livros mais recentes (Costa, 1998, 2004, 2011), privilegio as partes que dialogam, sobretudo, com Winnicott. Mais particularmente, a noção de criatividade do psicanalista inglês. Isso porque, com ela, e todas as noções que com ela se entrelaçam, a educação pode ser pensada não somente como reprodutora da ordem social, mas como espaço possível para o surgimento de novas ordens sociais. Penso que, neste momento, há uma certa mudança de perspectiva com relação à educação. Ela não é somente reprodutora, sendo capaz também de engendrar novas ordens.

Com Jurandir, aprendi que novos termos surgem quando o dispositivo teórico tradicional começa a falhar. Já introduzindo o que veremos no próximo item deste capítulo: se a pulsão freudiana precisa ser barrada, a agressividade criativa winnicottiana precisa da sobrevivência do objeto para expandir-se. Nesse último caso, o objeto com valor afetivo é o que tanto fornece resistência à agressividade quanto permite que ela continue a se manifestar como experiência criativa. A cultura passa a ser entendida não só como o que diz não à pulsão, mas também como o que diz sim à imaginação criativa (Costa, 2000).

Hoje penso que esses "novos termos", ao contrário dos tradicionais, se mostram mais interessantes para refletir sobre os processos de subjetivação contemporâneos, particularmente no que diz respeito à prática educacional, tema do capítulo. Eles servem de suporte teórico na aposta em uma educação mais crítica e criativa. Aposta que julgo necessária, se quisermos ir na contramão de um mundo desolador como o nosso.

O pensamento de Winnicott, sua noção de criatividade e a prática educacional

Quando eu era professora da faculdade de pedagogia da Uerj (e sendo psicanalista), propus atividades práticas nas escolas. Winnicott foi se tornando um autor cada vez mais importante para pensar a interseção entre esses dois campos, o que implicou uma certa mudança de perspectiva, já apontada. Tomemos, por exemplo, o tema do narcisismo.

Na perspectiva freudiana, podemos pensar o narcisismo como uma fase da evolução sexual intermediária entre autoerotismo e amor de objeto. Freud dá-lhe o nome de "narcisismo" e assim chama o momento em que "o sujeito comporta-se como se estivesse amoroso de si próprio" (Freud, 1913/1974, p. 112). Além de fase evolutiva, podemos pensá-lo como uma estagnação da libido, quando nenhum investimento objetal permite ultrapassar o investimento libidinal do ego. Nas suas palavras: "a libido afastada do mundo externo é dirigida para o ego e assim dá margem a uma atitude que pode ser denominada de narcisismo . . . também temos uma antítese entre a libido do ego e a libido objetal. Quanto mais uma é empregada, mais a outra é esvaziada" (Freud, 1914b/1974, pp. 91-92).

Não vamos entrar nas várias modificações de ponto de vista de Freud sobre o narcisismo ao longo de sua obra. O que nos interessa aqui é mencionar o fato de esse conceito encontrar-se numa rede conceitual ligada a outros tantos conceitos, como é o caso da castração. Podemos dizer que, nessa rede, a castração tem uma função normativa tanto para quem a teme, no caso dos meninos, quanto para quem a sente como um dano sofrido, no caso das meninas. Refiro-me também ao primado do falo na imagem do ego e na significação narcísica. Em ambos os sexos, a castração aparece como uma espécie de regulador necessário do narcisismo de cada um e das trocas inter-humanas. A partir da trama conceitual freudiana, portanto, é possível dizer que algo do narcisismo deve ser superado pela ameaça de castração.

Todavia, a superação do narcisismo, a partir dos textos de Winnicott, toma um rumo diferente. Essa superação passa pelo incentivo à criatividade. Para esse autor, as ações criativas "vinculam o passado, o presente e o futuro" (Winnicott, 1971/1975b, p. 151) e contribuem para o sentir-se real. Afinal, permitem experiências que colaboram para a continuidade do sentimento de existência. No caso de não termos essas experiências – em virtude da ameaça de invasão ou do abandono –, poderá ocorrer, por defesa, um fechamento sobre si mesmo, de cunho defensivo.

A teoria freudiana e a teoria winnicottiana podem nos levar a práticas educacionais diversas. Se privilegiarmos os conceitos de narcisismo e castração da primeira e a noção de criatividade da segunda, é possível dizer que na teoria de Freud o adulto pune a desobediência e premia a obediência, ao passo que na teoria de Winnicott o adulto pode, em colaboração com a criança, assumir o lugar de quem instiga a criatividade. Pensando em termos de prática educacional, minha escolha ética pende para a colaboração que instiga criatividade.

Criatividade, em Winnicott (1971/1994), refere-se "ao estar vivo". Nas suas palavras: "primeiro existe a criatividade que pertence ao estar vivo, e o mundo é apenas um mundo subjetivo. Depois, vem o mundo objetivamente percebido e a destruição absoluta dele e de todos os seus detalhes" (p. 179). A criatividade depende da "sobrevivência do objeto" para possibilitar experiências criativas, quando podemos falar em "uso do objeto". Basicamente, nas palavras de Winnicott, esses termos querem dizer que o bebê passa a poder usar criativamente um objeto quando a "mãe suficientemente boa" sobrevive à sua agressividade.

A agressividade aqui ganha um valor positivo e refere-se àquilo que cria a qualidade de externalidade. Segundo Winnicott (1971/1994): "a destruição desempenha o seu papel na construção da realidade, situando o objeto fora do self. Para que isto aconteça, são necessárias condições favoráveis" (p. 175). Ele continua: "a pulsão é destrutiva e a sobrevivência do objeto conduz ao uso do objeto" (p. 186).

Entrecruzados com a noção de criatividade, deparamos, também, com termos como "self" e "espaço transicional". Devemos esclarecer que o self é um "fenômeno subjetivo", e não "pessoa total". Uma das melhores definições de self em Winnicott encontrei em Pontalis (2005). Nas suas palavras: "o *self* não é elã vital, mas, no espaço psíquico, o representante do vivo: espaço aberto, digamos assim, nas duas pontas, para o ambiente que primeiro o nutre e que ele, em troca, cria" (p. 197). Nesse mesmo diapasão, o espaço transicional é "espaço de jogo, de fronteiras móveis, que faz nossa realidade" (p. 209). Os fenômenos transicionais têm como "protótipo infantil" o balbucio do bebê e podem ser encontrados também na arte.

Ainda sobre espaço transicional, vemos que ele é lugar de cooperação entre mãe/bebê, no qual devemos entrar numa "concordância" de nunca perguntar se o objeto foi criado ou se estava ali para ser criado (Winnicott, 1953/1975a, p. 28). Desse dito de Winnicott, podemos entender que o bebê cria o objeto transicional desde que este esteja efetivamente lá. Ou seja, o objeto precisa estar presente antes de faltar ou ser alucinado.

Sabemos que essa área intermediária entre "fenômeno subjetivo" e "realidade compartilhada", além de poder existir na clínica psicanalítica, pode ser expandida para outras áreas da vida. Particularmente, o próprio Winnicott (1953/1975a) se refere a ela poder se expandir para a arte e a religião. Nas suas palavras:

> *Estou, portanto, estudando a substância da ilusão, aquilo que é permitido ao bebê e que, na vida adulta, é inerente à arte e à religião, mas que se torna marca distinta de loucura quando um adulto exige da credulidade dos outros, forçando-os a compartilharem de uma ilusão que não é própria deles. Podemos compartilhar do respeito pela* experiência ilusória, *e, se quisermos, reunir e formar um grupo com base na similaridade de nossas experiências ilusórias. Essa é uma raiz natural do agrupamento entre os seres humanos. (p. 15)*

Questiono-me, então: por que não expandir essa "experiência ilusória", de que fala o autor, para a prática educacional? E, vale esclarecer, "experiência ilusória" aqui não é engano, e sim aquilo que passa pela onipotência e, no tempo de cada um, chega ao despertar de sua ilusão, com a falha dos cuidados comuns. Esse processo de desilusionamento permite experiências criativas.

Acredito que seu ponto de vista pode incidir sobre um determinado fazer educacional mais horizontalizado. Seus textos alicerçaram-me, por exemplo, na maneira como eu conduzi "rodas de conversa" com crianças e jovens no espaço escolar.

Em minhas "rodas de conversa" com crianças e jovens no espaço escolar, propus que ali ninguém fosse excluído do brincar, posto que ser privado desse último significa sentir-se privado do sentimento de continuidade de existência. O ambiente escolar pode ser usado como espaço transicional, que, por seu turno, assegura a criatividade e a expansão do concernimento em relação ao outro. Minha aposta foi a de que os episódios de violência com que deparava ao caminhar pelos espaços escolares, por exemplo, pudessem se converter em criação cultural.

Outro norteador desses meus trabalhos no âmbito escolar, que passo a relatar no próximo subtítulo, foi o que afirmou Winnicott (1971/1984) em suas "consultas terapêuticas" realizadas em instituições. Essas "consultas" me serviram de referência não só porque, na história da psicanálise, foram uma novidade em relação ao padrão clássico até então vigente, mas também, no que tange a suas formas de atuar, pelo aspecto propiciador de desbloqueios que permitem que a criança crie seu caminho, a partir da relação que se estabelece e que pode ser capaz de favorecer a emergência do brincar mútuo e da comunicação significativa. Nessas consultas, definidas por sua flexibilidade, Winnicott utilizava-se frequentemente do "jogo do rabisco", que, pela qualidade vivencial, contém confiabilidade e mutualidade. Os encontros estabeleciam-se como uma espécie de jogar alegre, com destaque para o gesto espontâneo como expressão do expandir-se e do transformar-se.

Finalizando com o relato de experiências

Duas de minhas experiências de "rodas de conversa" com crianças e jovens no espaço escolar foram particularmente marcantes. Uma delas foi com crianças numa escola pública da Zona Sul do Rio de Janeiro. A outra, com secundaristas que ocuparam suas escolas a partir da greve dos professores em 2016.

A primeira dessas duas experiências se passou a partir de um pedido da professora de uma das turmas da escola em que eu estava coordenando uma pesquisa (Maciel, 2016). A professora me procurou no corredor, ao saber da nossa presença (minha e de duas bolsistas) na escola, e se queixou da indisciplina das crianças em sala de aula, o que a fazia se sentir exausta no final do dia.

Quando cheguei para a reunião com o grupo de crianças, elas estavam inquietas e fazendo barulho; estava difícil haver silêncio e concentração que viabilizassem o diálogo. Espontaneamente, a partir do barulho, elas começaram a fazer uma batucada. E eu entrei na brincadeira. Comecei também a batucar. Surpreendentemente, isso foi o início de uma sintonia que possibilitou conversas posteriores (o que, até então, pelo ruído, era impossível). Essa situação pode ser pensada em termos de uma impulsividade que não estaria encontrando lugar para transformação, de pulsional bruto em material moldável pela forma. A batucada pareceu-me expressão dessa transformação.

Entendi que a sintonia musical permitiu um encontro no qual, posteriormente, pudemos trocar ideias sobre o cotidiano vivido pelos estudantes. A postura, nessa perspectiva, não foi a de impor uma reflexão – o que estava gerando a resistência já manifestada no barulho –, mas, a partir do espaço criado na batucada, a de possibilitar outras tantas transformações.

O barulho caótico e provocador das crianças pôde se transformar em batucada, bem cultural comum, longe, portanto, de uma educação moral na qual as crianças se tornariam indivíduos bem educados. Novos "combinados" puderam ser formulados, agora com as crianças participando e mais dispostas a cumpri-los.

Passemos para o segundo relato dessas experiências. Ela teve lugar com jovens secundaristas que tinham ocupado sua escola após a greve dos professores. Meu contato com eles foi movido pelo olhar de cidadã sobre uma parcela da população que sempre foi meu foco de interesse e atenção. Além disso, mais particularmente, minha filha na época era uma jovem militante de esquerda, o que acabava por provocar minhas lembranças do que fui e, de certa forma, ainda sou. Aqui cabe um adendo, antes de começar a contar essa experiência com os jovens que ocuparam suas escolas, a fim de mapear o contexto em que vivíamos.

Os movimentos de ocupação das escolas por parte de jovens secundaristas brasileiros em 2016 podem ser concebidos como herdeiros das manifestações políticas de 2013, que aconteceram reunindo vários setores da população, não apenas estudantes, num movimento múltiplo em seus focos. Aquelas manifestações nos possibilitaram perceber um novo impulso para a política, muitas vezes surgido a partir de indignações éticas com acontecimentos cotidianos na vida das pessoas. A nossa interpretação é a de que a ocupação daquelas escolas – ao menos no caso dos secundaristas do Rio de Janeiro – foi desencadeada mais por solidariedade à greve dos professores do que por antagonismos já postulados entre essas duas categorias. Outra mudança diz respeito à acentuação recair mais sobre questões locais específicas do que propriamente sobre a organização social mais ampla como os estados nacionais modernos, ponto essencial do pensamento político de até então.

Sabemos, contudo, que o foco das reivindicações em determinados grupos específicos e questões locais pode tornar pobre o horizonte da vida política. Nesse sentido, sabemos que as escolas são instituições reprodutoras das desigualdades sociais estruturais.

Entretanto, no âmbito das práticas educacionais, acreditamos que essas mudanças na forma de fazer política podem alertar os psicanalistas para algumas transformações em suas maneiras de atuar no espaço escolar (Maciel, 2018).

Naquele contexto, tive a oportunidade de observar tentativas de organização política e de sociabilidade mais horizontalizadas e coletivamente postas. Conheci algumas dessas escolas ocupadas, nas quais pude observar uma aguda crítica às maneiras de representação política. A proposta era tomar decisões em grupos. As palavras de ordem eram dadas em forma de jogral que ecoava pelos cantos da escola.

Uma de minhas lembranças das idas àquelas instituições refere-se a um momento em que os alunos receberam a visita de um professor de matemática de uma universidade próxima que tinha ido conhecê-los e ofereceu dar uma aula. Os jovens estavam felizes por participar de tal momento. Isso me chamou a atenção, já que, usualmente, sabemos que essa matéria gera aversão na maioria deles. Ao observar essa cena fiquei pensando o quanto ocupar espaços de forma lúdica, coletiva e criativa pode modificar tendências e, diversamente, proporcionar momentos de alegria.

Nossa proposta foi a de, primeiramente, observar os jovens nas suas próprias escolas públicas ocupadas. Depois, se eles demonstrassem interesse, coordenar "rodas de conversa" enquanto lugar de pensamento sobre suas experiências naquele contexto e naquele momento.

Na minha primeira visita a uma determinada escola ocupada, os próprios jovens pediram para que as pesquisadoras coordenassem esse dispositivo grupal. No curso do processo, foi sublinhado por eles o fato de não terem contato com os estudantes das escolas privadas da redondeza. Demonstraram desejo de aproximação, ao mesmo tempo que rivalidades apareciam. As coordenadoras do grupo, então, propuseram uma próxima roda de conversa, na semana seguinte, para a qual convidariam os estudantes de duas escolas particulares da vizinhança. A proposta foi aceita de pronto.

Na semana seguinte, um grande grupo foi formado, com a participação de aproximadamente 60 secundaristas de três escolas (a pública ocupada e outras duas particulares, próximas geograficamente). O primeiro momento foi tenso e intenso. Um clima de provocação e desconfiança reinava. Isso foi percebido quando, por exemplo, disseram que não entravam no *shopping* do bairro tanto quanto os estudantes mais favorecidos economicamente, das outras duas instituições que lá estavam.

As coordenadoras procuraram não esconder as tensões. Contudo, também procuraram estabelecer um ambiente que possibilitasse uma convivência possível – o que se mostrou um movimento frutífero. No término dessa roda de conversa, vários e-mails, números de WhatsApp e perfis de Facebook foram trocados, junto com a promessa de se falarem quando se encontrassem nas ruas do bairro. Afinal, apesar das diferenças e das desigualdades sociais a serem enfrentadas, aquele, por outro lado, era um espaço de todos.

À guisa de conclusão

A psicanálise não precisa se restringir à prática de consultório. Como bem nos sugeriu Jurandir, ela pertence a este mundo. E ambos vão se influenciando.

Neste capítulo, quando nos debruçamos mais especificamente sobre o entrecruzamento entre psicanálise e educação, introduzimos alicerces teóricos já presentes nos escritos do próprio Freud. Julgamos que esse debate se enriqueceu com a noção de criatividade de Winnicott. Ela nos apoiou em nossa postura ética de não sucumbir ao cenário desolador de nossos dias.

Com esses pressupostos em mente, fomos a campo. E, conforme nosso relato de experiência, julgamos que podemos responder afirmativamente à pergunta levantada no título deste artigo. Sim, é possível a experiência criativa no espaço escolar. Afinal – como vimos nas "rodas de conversa" com crianças e jovens, tanto quando o barulho se modificou em batucada e diálogos como quando provocações e desconfianças se tornaram debates tensos, porém frutíferos –, a agressividade pode se transformar em criatividade. Acredito que é nisso que devemos apostar.

Referências

Costa, J. F. (1979). *Ordem médica e norma familiar*. Graal.

Costa, J. F. (1984). *Violência e psicanálise*. Graal.

Costa, J. F. (1989a). *Por uma questão de vergonha: psicanálise e moral*. EDUC.

Costa, J. F. (1989b). *Psicanálise e contexto cultural: imaginário psicanalítico, grupos e psicoterapias*. Campus.

Costa, J. F. (1998). *Sem fraude nem favor: estudos sobre o amor romântico*. Rocco.

Costa, J. F. (2000). Plaidoyer pelos irmãos. In M. R. Kehl (Org.), *Função fraterna* (pp. 7-30). Relume-Dumará.

Costa, J. F. (2004). *O vestígio e a aura: corpo e consumismo na moral do espetáculo*. Garamond.

Costa, J. F. (2011). *O risco de cada um: e outros ensaios de psicanálise e cultura*. Garamond.

Freud, S. (1969). Recomendações aos médicos que exercem a psicanálise. In S. Freud, *Edição standard brasileira das obras psicológicas completas de Sigmund Freud* (Vol. XII, pp. 149-159). Imago. (Trabalho original publicado em 1912).

Freud, S. (1974). Totem e Tabu. In S. Freud, *Edição standard brasileira das obras psicológicas completas de Sigmund Freud* (Vol. XIII, pp. 20-191). Imago. (Trabalho original publicado em 1913).

Freud, S. (1974). Algumas reflexões sobre a psicologia escolar. In S. Freud, *Edição standard brasileira das obras psicológicas completas de Sigmund Freud* (Vol. XIII, pp. 285-288). Imago. (Trabalho original publicado em 1914a).

Freud, S. (1974). Sobre o narcisismo: uma introdução. In S. Freud, *Edição standard brasileira das obras psicológicas completas de Sigmund Freud* (Vol. XIV, pp. 89-119). Imago. (Trabalho original publicado em 1914b).

Freud, S. (1976). Conferência XVIII: fixação em traumas: o inconsciente. In S. Freud, *Edição standard brasileira das obras psicológicas completas de Sigmund Freud* (Vol. XVI, pp. 323-336). Imago. (Trabalho original publicado em 1917).

Freud, S. (1976). Prefácio a juventude desorientada de Aichhorn. In S. Freud, *Edição standard brasileira das obras psicológicas completas de Sigmund Freud* (Vol. XIX, pp. 341-343). Imago. (Trabalho original publicado em 1925).

Freud, S. (1976). Conferência XXXIV: explicações, aplicações e orientações. In S. Freud, *Edição standard brasileira das obras psicológicas completas de Sigmund Freud* (Vol. XXII, pp. 167-191). Imago. (Trabalho original publicado em 1932).

Maciel, M. R. (2016). *Psicanálise e educação*. Pearson.

Maciel, M. R. (2018). Jovens ocupam as escolas: novas ações políticas e psicanálise. *Percurso: Revista de Psicanálise, XXXI*(61), 51-58.

Pellegrino, H. (1983, 11 set.). Pacto edípico e pacto social (da gramática do desejo à sem-vergonhice brasileira). *Folhetim da Folha de S.Paulo*.

Pontalis, J.-B. (2005). *Entre o sonho e a dor*. Ideias & Letras.

Winnicott, D. W. (1975a). Objetos transicionais e fenômenos transicionais. In D. W. Winnicott, *O brincar e a realidade* (pp. 13-44). Imago. (Trabalho original publicado em 1953).

Winnicott, D. W. (1975b). O lugar em que vivemos. In D. W. Winnicott, *O brincar e a realidade* (pp. 145-152). Imago. (Trabalho original publicado em 1971).

Winnicott, D. W. (1984). *Consultas terapêuticas*. Imago. (Trabalho original publicado em 1971).

Winnicott, D. W. (1994). Sobre o uso de um objeto. In D. W. Winnicott, *Explorações psicanalíticas* (pp. 170-191). Artes Médicas. (Trabalho original publicado em 1971).

13. Sujeito, subjetividade e processos de subjetivação na obra de Jurandir Freire Costa

Mário Eduardo Costa Pereira

Introdução

Autor de uma obra original, vasta, erudita e rigorosa, Jurandir Freire Costa é uma referência inspiradora, mas também desafiadora para todos os que se dedicam ao campo da saúde mental, da psicanálise e da psicopatologia. A amplitude de sua reflexão, que se estende a domínios intelectualmente tão sofisticados como a cultura, a história, a epistemologia, a política e a ética, pode suscitar no leitor que se aproxima de seu pensamento uma atitude de respeitosa intimidação, apenas matizada pela mansuetude e pela generosidade de seu estilo.

Uma ou duas chaves de leitura, arrisco-me aqui a sugerir, auxiliariam talvez a gradual instalação de um recém-chegado em seu universo teórico. Inicialmente, a clara opção de Jurandir por situar suas elaborações, não sem notável humildade, sempre como um *work in progress*, ou, como diria Freud (1926/1976) em "A questão da análise leiga", *open to revision*. O caráter não dogmático de suas asserções assume nesse autor um estatuto não apenas metodológico, mas deliberadamente ético. Em sua obra, a pesquisa e a teoria estão sempre a serviço da inesgotável tarefa de revitalização do pensamento, de modo a evitar que este se degrade em uma língua morta. Em segundo lugar, mas não menos importante, por mais sofisticadas que sejam suas construções teóricas, estas têm sempre como horizonte contribuir para o avanço na elucidação de problemas concretos, sejam da clínica, sejam da ética e da política naquilo que estas incidem efetivamente na vida subjetiva e no sofrimento psíquico.

Tendo por pano de fundo essa primeira visão do conjunto da obra de Jurandir Freire Costa, pretendo neste texto situar teoricamente e dialogar com um dos elementos fundamentais de seu pensamento: suas concepções relativas aos conceitos de sujeito e de subjetividade, centrais para disciplinas tão diversas como a psicanálise, a fenomenologia e a psicopatologia, bem como suas contribuições ao estudo das formas histórico-culturais de subjetivação. Não sugiro, com a eleição dessa temática, que exista no trabalho daquele autor um projeto específico de sistematização desses conceitos. Trata-se, antes, de uma tentativa de explicitação e de diálogo com as grandes linhas de investigação seguidas por Jurandir, que tem na reflexão psicanalítica sobre o sujeito, a subjetividade e os processos de subjetivação uma de suas contribuições teóricas mais originais e importantes.

Para isso, iniciarei pela proposição de um painel geral das grandes questões filosóficas, linguísticas e psicológicas tradicionalmente ligadas ao tema do sujeito, de modo a situar, ainda que em linhas amplas, as posições e as contribuições específicas de Freire Costa em relação a essa tradição teórica e seus impasses.

A questão do sujeito e seus grandes eixos de debate

A questão do sujeito é tão originária quanto central para o pensamento ocidental. Encontramos suas raízes já na filosofia grega antiga, em especial em Platão e Aristóteles. Em certo sentido, seria possível realizar uma completa releitura de toda a história da racionalidade e da ética de matriz greco-latina e judaico-cristã tendo como eixo organizador o tema do sujeito.

Evidentemente, os propósitos aqui são bem mais modestos. Nesta primeira parte, serão apenas elencadas e situadas as grandes áreas temáticas e as principais questões deixadas em aberto nessa aventura intelectual do Ocidente, sobre as quais a obra de Jurandir Freire Costa toma posição clara e aporta contribuições significativas. Por certo, outras matrizes de pensamento – indiana, chinesa, budista, africana, dos povos originários ameríndios, entre outras – teriam muito a contribuir nesse debate, mas sua abordagem estaria fora do escopo do aqui proposto.

Sujeito e substância

Uma das grandes dificuldades para aqueles que, como Jurandir Freire Costa, se dedicam ao estudo do conceito de "sujeito" é o fato de que este encontra suas raízes nas próprias origens da metafísica. De certa forma, muito dos desafios colocados àqueles que se servem conceitualmente desse termo consiste na necessidade de se explicar o tipo de posição teórica assumida – de preferência emancipatória – em face da maciça herança substancialista que esse termo carrega.

Enquanto referências fundamentais para a razão ocidental, "sujeito" e "substância" emergem como conceitos a partir de uma mesma matriz de interrogações filosóficas portando sobre nada menos que o estatuto ontológico do ser, tal como exemplarmente manifesto no *Organon* (1985) e na *Metafísica* (2005) de Aristóteles.

Ao se interrogar sobre os fundamentos de uma ciência do ser enquanto tal, sobre os princípios de uma filosofia primeira, o estagirita sustenta que a mais fundamental das categorias, definidora de tudo o que existe de modo efetivo no mundo, é justamente a de substância, a *ousia*.[1] Apenas a substância existe de fato; ela seria a essência material de todo ente (no âmbito da *physis*), imutável em si mesma, mas que dispõe da propriedade de suportar, de sustentar as qualidades e os predicados que singularizam o ser.

É nessa subjacência sustentando as formas concretas do existir que se ancora nossa concepção ocidental de "sujeito". *Subjectum* é o termo latino que traduzia o *hypokeimenon* dos gregos, a propriedade fundamental da substância, *ousia*, de sustentar e de se deixar moldar pelas múltiplas influências determinantes de sua forma e suas qualidades. Originalmente, portanto, o sujeito remetia a essa condição de subjacência própria à substância, oferecendo suporte material, essência imutável, às diferentes modalidades de predicação do ser.

No capítulo terceiro do livro Z de sua *Metafísica*, Aristóteles explicita essas relações entre substância (*ousia*) e sujeito (*hypokeimenon*), enquanto disponibilidade daquela de sustentar predicações e atualizar-se sob uma forma específica, nos seguintes termos:

> *A substância (ousia) é entendida, se não em mais, pelo menos em quatro significados principais: considera-se que substância de alguma coisa seja a essência, o universal, o gênero e, em quarto lugar, o substrato [o sujeito =* hypokeimenon*]. O substrato (*hypokeimenon*)*

1 "'Substância' é a tradução em português do termo latino *substantia*, que, por sua vez, foi uma das palavras escolhidas, durante a recepção latina da filosofia grega clássica, para verter o termo grego *ousia*. *Substantia*, que tem origem no verbo *substare* (estar sob), designa o que subjaz: o que, em cada coisa, permanece o mesmo nas mudanças pelas quais elas passam, ou, ainda, o que, em cada coisa, a torna sujeito ou substrato de propriedades. *Ousia*, por sua vez, é o particípio presente do verbo ser: nomeia aquilo que, em cada coisa, determina que ela seja o que ela é (pode-se dizer ainda sua essência ou *essentia*), para além do que ela foi ou eventualmente venha a ser" (Levy, 2023, p. 17).

é aquilo de que são predicadas todas as outras coisas, enquanto ele não é predicado de nenhuma outra. (Aristóteles, 2005, p. 291)

Sujeito e gramática

No *Organon*, sua decisiva coleção de trabalhos sobre lógica, Aristóteles não estabelece uma conexão explícita entre ontologia (a filosofia do ser) e gramática (o estudo das regras da linguagem). No entanto, pode-se ali identificar algumas relações indiretas entre os dois campos.

Assim, já na abertura desse tratado, no texto dedicado às "Categorias", Aristóteles apresenta uma classificação das coisas em diferentes categorias ou predicados. Essas categorias têm implicações ontológicas, pois estão relacionadas com a modalidade segundo a qual concebemos a realidade. Além disso, a gramática é essencial para identificar as partes constituintes das frases e expressar corretamente as categorias em linguagem.

O grande filósofo ali reconheceu a conexão entre a linguagem e o pensamento. A seus olhos, a linguagem é uma ferramenta essencial para a elaboração de ideias e conceitos. A gramática, por sua vez, é o estudo das regras que governam a estrutura das frases e a combinação de palavras para expressar pensamentos e ideias. A ontologia, na perspectiva aristotélica, influencia a forma como pensamos sobre o mundo e, portanto, como expressamos nossos pensamentos em linguagem. Tal fato impõe a análise lógica de proposições gramaticais para que se possa melhor delimitar o estatuto mesmo do sujeito. Aristóteles desenvolveu, assim, seu sistema de lógica categórica, que envolve o estudo do uso de sujeito e predicado em proposições formais. A gramática ajudaria a identificar os termos e os elementos de uma proposição, permitindo sua análise lógica.

Em "Categorias", a gramática desempenha um papel especialmente importante na expressão e na análise das categorias ontológicas: substância, quantidade, qualidade, relação, lugar, tempo, posição, estado, ação e paixão. As categorias ontológicas, por sua vez, estariam relacionadas com as categorias gramaticais que são usadas para expressar e descrever as diferentes facetas da realidade substancial na linguagem. Por exemplo, as categorias gramaticais de sujeito e predicado são essenciais para a construção de proposições que expressem a existência e os atributos das substâncias. Sob essa ótica, o sujeito é a substância, imutável em sua essência, que serve como substrato sobre o qual se expressam predicados que lhe dão sua forma concreta de existência.

Dessa maneira, a substância (*ousia*) aristotélica não possui o mesmo estatuto ontológico das demais categorias. Apenas a substância de fato existe: Aristóteles destaca que as substâncias são as realidades fundamentais e individuais, que existem independentemente de outras coisas. Elas são representadas por substantivos na linguagem. Por meio da gramática, os substantivos são utilizados para nomear e referir-se às substâncias particulares presentes na realidade ontológica. As demais categorias qualificam e singularizam a substância, estabelecendo a forma como aquela existe concretamente.

A gramática desempenharia, assim, um papel fundamental na análise lógica de proposições em relação às categorias ontológicas. A concepção aristotélica de uma ciência do ser enquanto tal (ontologia) sustenta um dos pilares de sua racionalidade na análise lógica da linguagem. A estrutura linguística estaria a tal ponto articulada à estrutura ontológica que o estudo da gramática constituiria por si mesmo uma via privilegiada para a análise do ser.

Em certo sentido, as elaborações teóricas de todos aqueles que, como Jurandir Freire Costa, se debruçam sobre o tema do "sujeito" não deixam de ser um prolongamento do acerto de contas infinito com essa *archè* aristotélica, que concebe o sujeito fundamentalmente como substância, como essência imutável, assujeitada à contingência das formas e dos predicados, que lhe conferem modos de existência concretos. Mas muitos séculos se passarão antes que o sujeito (*ousia/hypokeimenon*) viesse a ser concebido como o agente, como a fonte autônoma de seus pensamentos, atos e criações.

Do sujeito enquanto substrato de predicados ao sujeito como agente racional autoconsciente e autônomo

Nossa concepção intuitiva contemporânea de "sujeito" se impõe como tão autoevidente, tão naturalmente ancorada em nossas convicções cotidianas fundamentais, que parece dispensar, para fins práticos, uma definição mais explícita e formal. Ela remete espontaneamente ao âmbito sobretudo do pensamento e da ação, supondo-lhes um agente, uma fonte mental que os produziria e regularia. Tal instância viria a ser reconhecida e designada como um "eu", tomado como causa eficiente e responsável moral pelos atos e pelos pensamentos daquele ser humano singular. Na verdade, sob essa ótica, "eu", "sujeito" e "ser" – inclui-se aqui a "alma", tal como concebida pelos filósofos medievais – seriam termos semanticamente equivalentes, remetendo àquilo que cada humano tem de próprio, de singular e de fundamental, funcionando como agente de sua vida mental e de seus atos.

Ao lado dessas características, algumas outras propriedades emergirão como imanentes e definidoras do sujeito: a consciência de si mesmo e da realidade externa; a razão, concebida não apenas como racionalidade, mas em especial como discernimento das consequências morais dos próprios atos; e a intencionalidade, enquanto impulsionadora ativa da consciência e das expressões subjetivas, inquietantemente próxima dos elementos mais passionais da vida psíquica, como a volição, os apetites e o desejo.

Esse panorama geral de nossa forma amplamente hegemônica de conceber "o sujeito humano" – e que facilmente pode ser tomada como universal, atemporal e necessária – na verdade descreve em grandes linhas a forma antropológica contingente, temporal e historicamente delimitada do que se convencionou designar como "o sujeito moderno". Essa é a modalidade prevalente de se conceber, nos tempos atuais, aquilo que cada humano singular teria de definidor de sua humanidade. Evidencia-se aqui o imenso salto que precisaria ser dado entre o sujeito-substância-subjacência aristotélico, definido fundamentalmente por sua passividade em se deixar modelar pela contingência, pelos predicados, pela forma, e a concepção moderna e contemporânea que vê no sujeito a fonte mental, o agente lúcido e racional de seus pensamentos e de suas ações.

Para assumir seus traços contemporâneos, o sujeito precisou abandonar seu caráter de puro "ato", que teria na figura de Aquiles uma referência maior na Antiguidade grega, para vir a se definir como "interioridade", "profundidade" e "reflexão íntima", como já é imediatamente visível na obra de Agostinho de Hipona, na qual já se pode ler que a verdade habita o interior do homem e que se um homem deseja conhecer a si mesmo, necessita conhecer sua substância interior, não como representação, mas como real de seu próprio ser (*De Trinitate*, livro X, 10.16, p. 701): "conhecendo-se a si, a mente conhece a sua substância e, quando tem a certeza de si, tem a certeza da sua substância".

Essa invenção do cristianismo, a do sujeito como interioridade, antecipa e prepara o terreno para o momento, segundo Heidegger (1941/2007), fundante da subjetividade moderna: o cogito cartesiano. A concepção de sujeito daí decorrente será aquela de um eu interior, habitante exclusivo de um espaço subjetivo interno, uma substância pensante capaz de animar e dirigir a *machina corporis* (Libera, 2008).

Em sua monumental *Archéologie du sujet*, Alain de Libera (2007) trata explicitamente da premissa intelectual, tão importante na história do pensamento filosófico e leigo, segundo a qual "toda ação supõe um sujeito que a realiza" (p. 49). No plano linguístico, Libera evoca aquilo que Nietzsche (1886/2001) denunciaria em *Além do bem e do mal* como "a superstição dos lógicos" (p. 26): a pseudoverdade *a priori* de que ao sujeito gramatical "eu" corresponderia um agente substancial pensante subjacente; "superstição da alma que ainda hoje continua a ser fonte de queixumes com a superstição do 'sujeito' e do 'eu'" (p. 7). A essa crítica fundamental fariam eco, com perspectivas teóricas bastante diferentes, correntes de pensamento tão diversas como a filosofia analítica anglo-saxônica e a psicanálise, em especial aquela de Lacan, mas também a de Jurandir Freire Costa.

Em sua análise do famoso "Cogito, ergo sum", Alain de Libera (2007) sugere que esse princípio marca a identificação do ser com o pensamento e a representação, uma ideia que passaria a dominar nossas mentalidades. Dentro dessa visão, o pensamento é atribuído a uma substância pensante, um equivalente filosófico da alma pessoal e autônoma, que se torna a fonte do controle do corpo, dos atos e do próprio pensamento.

Com esse advento, passamos a considerar como autoevidente a concepção do sujeito humano em termos de pensamento racional consciente – e, em primeiro lugar, consciente de si mesmo, instalado na posição de testemunha privilegiada dos próprios processos e conteúdos mentais –, dispondo de livre-arbítrio e, como tal, responsável moral por seus atos. Autorreflexão, autonomia e responsabilidade passariam a constituir as características essenciais da forma socialmente compartilhada de se conceber o humano.

Toda a concepção ulterior de cidadão, nos Estados liberais, e de sujeito de direito, nos Estados democráticos, estará fortemente ancorada nessa modalidade moderna do sujeito. É também essa ideia de racionalidade autônoma e consciente de si mesma que estará na base da ciência moderna e de seu sujeito da ciência, a ser descartado, em sua subjetividade, no ato do conhecimento.

O sujeito entendido como essência e substância, herdado dos gregos, daria origem a entidades metafísicas como a concepção patrística e, sobretudo, escolástica da alma; a mente enquanto substância pensante autônoma em relação ao corpo; o psiquismo enquanto entificação psicológica do ser; e o sujeito psíquico enquanto fonte autônoma, espiritual, dos desejos, das fantasias e dos atos marcados de subjetividade. Um imenso trabalho de depuração linguística e conceitual se colocaria assim para os audaciosos exploradores desse campo intelectual.

Aqui, a psicanálise, campo sobre o qual Jurandir Freire Costa reconhece seu próprio fundamento teórico e clínico, traz alguns pontos radicais de ruptura com as visões tradicionais relativas ao sujeito, que necessariamente incidiriam sobre o pensamento desse autor e para os quais ele próprio aporta contribuições decisivas. Veremos isso em seguida, como desdobramento da dimensão de indivíduo autônomo própria à subjetividade moderna, que se estende até nossos tempos.

O sujeito, sua singularidade e o outro: a perspectiva psicanalítica

Um outro tópico fundamental para se situar o campo contemporâneo dos debates em torno do sujeito e das questões éticas a ele ligadas diz respeito especificamente à ideia do sujeito como unidade essencial autoconsciente e separada de forma radical em relação ao outro, seja este tomado como o outro próximo, seja como essa figura mais abrangente da alteridade representada pela cultura e pela sociedade, ou ainda, esse outro radical da linguagem, junto ao qual o sujeito buscaria se significar.

A ideia de que o círculo, ou mesmo a esfera, com sua consistência tridimensional fechada em si mesma, seria a melhor representação do sujeito moderno concebido como indivíduo, como unidade autônoma de existência e de desenvolvimento possível, persiste de forma central nos tempos contemporâneos. Contudo, disciplinas como o marxismo, a antropologia cultural, a fenomenologia e a própria psicanálise questionam radicalmente a redução do humano à ideia de uma mônada existencial, circunscrita por limites muito claros e polo de todas as realizações possíveis.

No que concerne à psicanálise, desde sua *Contribuição ao estudo das afasias*, de 1891, Freud já colocava o outro como matriz fundamental para a construção do sujeito. Sua tese, naquele momento tão precoce do que seria a aventura psicanalítica, era a de que o aparelho de fala (*Sprachenapparat*) de um humano só pode se constituir efetivamente enquanto tal se exposto à fala de outros humanos. Assim, desde os seus primórdios, a teoria freudiana situa a alteridade como constituinte daquilo que o aparelho da alma (*Seeleapparat*) tem de mais simbólico e de mais singular.

No pensamento do criador da psicanálise, sujeito singular e laço social não se opõem, não são mutuamente contraditórios, mas antes se continuam um no outro. Tal visão se manterá intacta ao longo de toda a obra freudiana. O outro estará presente desde antes do início de cada vida humana singular, constituindo por dentro esse ser assujeitado à linguagem e ao simbólico, ao corpo, à sexualidade e ao gozo do outro, de modo que esses outros próximos, depositários inconscientes da tradição, da cultura, das tramas entre erotismo e linguagem mais íntimas ao sujeito, constituirão o âmago do si mesmo.

Doravante, esse outro primordial, efetivamente encarnado nos outros concretos da vida do pequeno humano, estará fadado a jamais ser completamente reconhecido (*das Unerkannten*, diria Freud, já desde *A interpretação dos sonhos*), espécie de coisa (*das*

Ding) perdida fundante do sujeito, passando a fazer parte – enquanto furo na autossignificação – do inconsciente não recalcado, cujos retornos na cena atual serão subjetivamente experimentados como estranha e inquietante familiaridade.

É essa presença íntima do outro, constituinte do mais íntimo de cada um, mas jamais reconhecida como tal, inapreensível enquanto imagem de si diante do espelho, que fará Lacan afirmar que "o Inconsciente é o discurso do Outro" (1960/1998). Não é disso que fala Freud em *O eu e o isso* (1923/2011), quando evoca um inconsciente não recalcado, fundado em traços mnêmicos (*Erinnerungsspuren*, p. 382) não reconhecidos (*unerkannt*, p. 388) enquanto tais, pois provêm necessariamente do campo do outro imemorial, transgeracional? Para expressar essa estranha condição topológica de um espaço subjetivo "interior" inteiramente moldado por uma alteridade ancestral constituinte, para sempre perdida enquanto representação apreensível do outro, Lacan criaria o famoso neologismo de "extimidade".

Em seu *Projeto para uma psicologia científica* (1895/2003), Freud expressará da maneira menos metafísica possível a constituição da singularidade do eu como fruto das marcas e dos trilhamentos associativos deixados no sistema neuronal pela experiência contingente e pela exposição à materialidade lógico-formal da linguagem, tal como proposta a partir do campo simbólico do outro. Vemos assim em Freud uma exigência radical colocada ao campo das neurociências: como deveria funcionar o cérebro humano para estar à altura de dar conta dos fenômenos simbólicos observados na clínica com os histéricos e da constituição de um sujeito singular a partir de sua imersão no campo do outro?

De fundamental importância para o debate psicanalítico sobre a constituição do sujeito é a disposição de abertura ao outro imposta pela condição originária de desamparo (*Hilflosigkeit*) do pequeno humano, incapaz de realizar por si próprio as medidas necessárias para a sobrevivência e para o alívio de seus desconfortos. Nesse ponto, como veremos, Jurandir Freire Costa traz uma de suas contribuições mais inovadoras e significativas.

Por fim, nessa sintética retomada de alguns dos parâmetros fundamentais da psicanálise abordados na obra de Jurandir, é necessário destacar a superação do dualismo mente/corpo, cujo paradigma pode ser referido à concepção de sujeito derivada do cogito cartesiano, nas obras de Freud e de Winnicott, entre outros destacados autores desse campo. Para Freire Costa, pensar o sujeito é concebê-lo de forma encarnada e social.

A obra de Jurandir Freire Costa em face da "questão do sujeito"

Jurandir Freire Costa se inscreve nesse extenso debate sobre a chamada "questão do sujeito" por meio de diferentes perspectivas, como a das incidências epistemológicas, éticas e clínicas desse conceito, a do reconhecimento da "subjetividade" como dimensão incontornável e propriamente humanizante da experiência psíquica e a do estudo das dimensões histórico-culturais das "formas de subjetivação". Em todas elas, suas contribuições dialogam e tentam propor novos caminhos aos impasses e às aporias que historicamente emergem dos esforços de teorização do "sujeito", bem como ao seu emprego no campo clínico.

Ele reconhece explicitamente os riscos ligados ao uso da noção de sujeito, como sua reificação – herança da metafísica aristotélica –, sua redução ao mecanicismo ou ao "psicologismo" e a deriva metafísico-espiritualista que o faz corresponder à ideia de "alma". Contudo, mesmo se a captura pela dimensão imaginária e o perigo da degradação do sujeito à condição de substância essencial subjacente às manifestações concretas do ser estão sempre a rondar aqueles que se servem teoricamente desse termo, nem por isso

Jurandir parece se deixar fascinar pela solução lacaniana, a qual, em certo momento do ensino do psicanalista francês, tenderia a conceber o sujeito privilegiadamente pela via do simbólico: "Nossa definição do significante (não existe outra) é: um significante é aquilo que representa o sujeito para outro significante", diria Lacan (1960/1998, p. 833) de forma lapidar.

Sobretudo ao longo dos anos 1960 e no início dos anos 1970, antes da progressiva derrogação desse conceito no pensamento lacaniano em favor de sua noção de *parlêtre*, o sujeito é sempre constituído e definido por meio da linguagem, mais especificamente pela estrutura do significante. Essa concepção da linguagem vai contra a abordagem mais tradicional em que a linguagem é simplesmente um instrumento que o sujeito utiliza para expressar seu pensamento interno. Ao colocar o significante no centro de sua teoria, Lacan desloca o foco do significado e da consciência individual para a estrutura linguística, argumentando que o sujeito é produzido e interpelado por essa estrutura.

Para Jurandir Freire Costa, contudo, a ênfase exclusiva no aspecto abstrato, lógico-formal da constituição do sujeito deixaria de fora justamente a dimensão encarnada, histórica, sociocultural e política (ou seja, politicamente transformável) do processo de construção dos sujeitos e das subjetividades.

Costa (2007) argumenta que a constituição do sujeito não pode ser entendida separadamente de sua inserção em uma época e um contexto histórico determinados. Ele enfatiza que o sujeito é moldado e influenciado por processos históricos e que a subjetividade é uma construção que se transforma ao longo do tempo. A cultura desempenharia, assim, um papel central na formação do sujeito. A subjetividade, em sua visão, é constituída por práticas, normas e valores culturais. Nesse sentido, se opõe à ideia de que haja uma essência de sujeito universal e imutável, destacando a diversidade das formas de subjetividade em diferentes contextos culturais.

Correlativamente, Jurandir critica as abordagens que procuram definir o sujeito em termos universais, independentemente de seu contexto cultural ou histórico. Ele argumenta que isso leva a uma compreensão empobrecida e potencialmente etnocêntrica da subjetividade. E é justamente sob essa perspectiva que ele busca um diálogo interdisciplinar envolvendo psicanálise, sociologia, antropologia e história.

O neopragmático do pensamento de Jurandir Freire Costa relativo ao sujeito e à subjetividade

A meu ver, seria exagerado e inapropriado ler a obra de Jurandir Freire Costa como a proposta de fundação de uma psicanálise neopragmática ou mesmo supor a divisão de sua produção em um momento neopragmático em oposição a outros, menos específicos. Creio ser mais preciso defini-la como um esforço ético para enfrentar desafios clínicos e cristalizações teóricas, concebendo a constituição do sujeito como concretamente encarnada, aberta ao outro, à história e à cultura, portanto, modificável tanto pela intervenção analítica no âmbito do tratamento como pela ação política no campo social e das mentalidades.

Tendo em vista essa ressalva, podemos destacar que, em 1995, Jurandir retoma do neopragmatismo a definição de sujeito como rede articulada de crenças e desejos postulada como causa interior dos atos de fala. Sua preocupação aqui é clara, de caráter assumidamente ético:

> *para o neo-pragmatismo, nenhum procedimento racional consistente pode afirmar a permanência empírica ou conceitual de uma mesma identidade essencial do mundo, do sujeito e da linguagem. Conhecemos contingências e não necessidades. . . . saber quando e como*

> *teve início o "sujeito da autonomia, da vontade e da interioridade" só tem interesse, se se trata de conservar ou alterar esta descrição, em função de propósitos éticos. (Costa, 1995, p. 125)*

É assim também que em seu artigo "Pragmática e processo analítico: Freud, Wittgenstein, Davidson, Rorty", Jurandir Freire Costa (1994) já assumia uma postura bastante deflacionada da linguagem, concebendo-a simples e concretamente como "a soma dos nossos atos de fala" (p. 39). O que lhe importa aqui não é conceber a linguagem como espécie de superestrutura lógica, atemporal, mas antes como prática intrinsecamente ancorada na vida individual e coletiva tal como efetivamente estas se dão no plano simbólico, histórica e contingencialmente localizadas. Como bem destaca Almeida (2006):

> *para esse autor, a linguagem é indissociável daquilo que fazemos enquanto falamos, assim como aquilo que fazemos e falamos é indissociável da linguagem. Nesse conjunto pragmático da linguagem como comportamento, não há elemento isolável da forma de vida na qual a linguagem se exerce e dentro da qual se pratica. Tudo isso concorda plenamente com o princípio wittgensteiniano de que "o sentido de uma palavra é o seu uso na fala" (Wittgenstein, 1953, § 43). (p. 102)*

A questão do sujeito lida a partir das neurociências e a elas dirigida

As principais posições de Jurandir Freire Costa relativas ao conceito de sujeito e seus usos em psicanálise e em psicopatologia podem, de forma relativamente inesperada, ser elucidadas justamente por meio de dois textos em que discute a relação entre psicanálise e neurociências. Estes são o capítulo "A psicanálise e o sujeito cerebral", do livro *O risco de cada um e outros ensaios de psicanálise e cultura* (Costa, 2007), e o artigo intitulado "The subject of psychopathology: of what plural is it made?" (Costa, 2019), publicado em coautoria com Benilton Bezerra Jr. e Jairo de Almeida Gama na revista *Philosophy, Psychology, & Psychiatry*.

Esses artigos delineiam uma análise complexa e penetrante da noção do sujeito na psiquiatria e na psicopatologia, sob a perspectiva da pertinência de seu emprego, levando-se em conta as teorias neurocientíficas contemporâneas. O artigo de 2019, por exemplo, relembra que, aos olhos de certos críticos, "sujeito" não passaria de uma noção idealística irrelevante e inconsistente para a pesquisa da vida mental, rejeitando que essa "ficção imaginária" possa ser considerada como "causa" dos transtornos mentais e a base de sua cura.

Desde um ponto de vista mais teórico, "sujeito" é apenas "aquilo que a fala vernácula diz que é, ou seja, um marcador autorreferencial que indexa a singularidade sensório/motora dos organismos humanos" (p. 89). Falta-lhe substância – no sentido aristotélico – para poder ser incluído no mundo das realidades naturais. Correlativamente, exclui-se a ideia de que o sujeito seja constituído de partículas como vontade, liberdade, autonomia etc. Com uma nítida matriz aristotélica, tais críticas sustentam que o que existe são organismos concretos, com condutas visíveis e representações mentais dessas condutas, em constante interação com o meio.

Em resposta a tais posições, os autores consideram que "A tese da insubstancialidade do sujeito é certamente indispensável para a compreensão da psicopatologia. Mas apoiá-la em bases puramente neurocognitivas nos parece um empreendimento infrutífero" (p. 96). Tal perspectiva destaca a complexidade do sujeito e a necessidade de abordagens multifacetadas para compreendê-lo.

O texto finalmente enfatiza a relevância da noção do sujeito na compreensão da psicopatologia. Argumenta que a alteração neural por si só não pode determinar o que é patológico; são as regras culturais que atribuem essa designação: "Qualquer psicopatologia é a psicopatologia de um 'sujeito' cuja imagem de 'normalidade', 'tipicidade' ou 'funcionalidade' é sempre relativa a um determinado contexto sociocultural" (p. 96). Sublinha-se, assim, a intrincada relação entre o sujeito e seu contexto cultural, ressaltando a necessidade de se considerarem os fatores socioculturais ao abordar a psicopatologia.

Por fim, o artigo destaca que a compreensão do sujeito é vital para a psicopatologia e que a sua insubstancialidade não diminui a sua relevância, mas aprofunda a nossa compreensão da complexa realidade humana.

"A psicanálise e o sujeito cerebral" (Costa, 2007) destaca, por sua vez, que ninguém experimenta sua vida mental como um efeito imposto por automatismos neurais, mas é o sentimento de autonomia intencional que confere ao sujeito a convicção de legítima existência: "o sujeito é um evento autônomo, imprevisível e irredutível ao que o causa" (p. 27).

O sujeito, o outro e a cultura: a superação da ética sacrificial

Na introdução de *O risco de cada um*, Jurandir Freire Costa (2007) considera que seus artigos ali publicados têm como intuito fundamental enriquecer o debate sobre as formas de subjetivação. Para isso, é necessário investigar não apenas a constituição do sujeito na relação com o outro imediato, o próximo, mas sobretudo junto ao outro suposto e instalado em uma dimensão transcendente: "a relação do sujeito com o Outro nas hierarquias simbólicas tradicionais rege-se pela moral do sacrifício, cujos pilares são o sentimento de culpa e o desamparo" (p. 8).

É assim que o autor vem propor que se pode ressignificar o ato sacrificial mediante a crítica de seus pressupostos. Em outros termos, ele se opõe a reduzir a descrição da vida exclusivamente à perspectiva do mal radical, segundo a qual, em sua condição de desamparo, o sujeito teme de forma constante a morte, tanto pelo abandono como pelo ódio e pela invasão ativos da parte de quem poderia fazê-lo viver (p. 10). E é dessa forma que Jurandir buscará recurso no pensamento de Winnicott para conceber uma nova possibilidade de relação do sujeito com o Outro transcendente, agora baseada na espontaneidade e na confiança.

Sob essa ótica, ele considera que a cultura não está fadada a gerar a culpa ou a impotência dos sujeitos diante de seus próprios impulsos mortíferos. Pelo contrário, ela seria "o terreno privilegiado da manifestação da espontaneidade criadora" (p. 11). A ideia de um outro primordial, transcendental e confiável viria assim a constituir uma aposta, cujo sucesso não seria sua realização absoluta, mas os efeitos que dela se obtém.

O desamparo não seria um fundo trágico do ser, sempre predispondo à angústia, mas um espaço potencial no qual, sob circunstâncias favoráveis tornadas disponíveis por um outro propício, permitem uma apropriação ativa e criativa do mundo e de si próprio. A tragédia não precisa ser, de forma necessária, o ambiente estético sobre o qual se desenrolam as existências individuais, tampouco sobre o qual repousaria o laço social.

É nessa mesma perspectiva que se situaria a experiência subjetiva vivida como interioridade em face de um mundo externo, segundo Jurandir, "condição necessária, mas não suficiente para que venhamos a estabilizar o sentido do self ou da identidade" (p. 43).

Aqui, contudo, caberia uma dupla interrogação. 1) Onde situar uma terceira hipótese alternativa, irredutível à concepção da relação com o outro transcendental sob a modalidade seja do "mal radical", seja da "confiança", mas a partir da serena descoberta, do descortinamento e da aceitação – potencialmente libertadora – de algum outro? 2) Até que ponto e em que concepção de mundo existencial valeria a pena considerar como subjetivamente interessante, ou mesmo pertinente, a estabilização do sentido do self e da identidade?

Para concluir

Por fim, é importante destacar um outro recurso radical que Jurandir toma ao pensar o Outro transcendente, seja ele confiável ou simplesmente inexistente, como em minha interrogação: aqui, a atitude do sujeito pode ser simplesmente de pura entrega. Um "*let it be*" que convida à criação e ao desfrutar da experiência de existir segundo as coordenadas mesmas que a vida propõe.

Sim, a obra de Jurandir é uma obra do sim, uma grande *Bejahung*, uma afirmação pronta a se entregar, sem reservas, à vida, a Eros, àquilo que faz laço.

Referências

Almeida., J. J. R. (2006). A psicanálise pragmática e o paradoxo da interpretação. *Natureza Humana* [online], *8*(1), 87-132.

Aristóteles. (1985). *Organon. I – Categorias. II – Periérmeneias.* Guimarães.

Aristóteles. (2005). *Metafísica.* Loyola.

Costa, J. F. (1994). Pragmática e processo analítico: Freud, Wittgenstein, Davidson, Rorty. In J. F. Costa (Org.), *Redescrições da psicanálise: ensaios pragmáticos.* Relume-Dumará.

Costa, J. F. (1995). O sujeito em Foucault: estética da existência ou experimento moral? *Tempo Social*, *7*(1-2), 121-138.

Costa, J. F. (2007). *O risco de cada um e outros ensaios de psicanálise e cultura*. Garamond.

Costa, J. F., Bezerra Jr., B., & Gama, J. A. (2019). The subject of psychopathology: of what plural is it made? *Philosophy, Psychiatry, & Psychology*, *26*(2), 89-97.

Freud, S. (1983). *Contribution à la conception des aphasie* (C. van Reeth, Trad.). PUF. (Trabalho original publicado em 1891).

Freud, S. (1976). A questão da análise leiga. In S. Freud, *Edição standard brasileira das obras psicológicas completas de Sigmund Freud* (Vol. XX, pp. 211-300). Imago. (Trabalho original publicado em 1926).

Freud, S. (2003). Projeto de uma psicologia. In O. F. Gabby Jr., *Notas a projeto de uma psicologia: as origens utilitaristas da Psicanálise* (pp. 186-189). Imago. (Trabalho original publicado em 1895).

Freud, S. (2011). El yo y el ello. In S. Freud, *Manuscritos inéditos y versión publicada*. Mármol-Izquierdo. (Trabalho original publicado em 1923).

Heidegger, M. (2007). A metafísica como história do ser. In M. Heidegger, *Nietzsche* (Vol. II). Forense Universitária. (Trabalho original publicado em 1941).

Lacan, J. (1998), Subversão do sujeito e dialética do desejo no inconsciente freudiano, In J. Lacan, *Escritos* (pp. 807-842). Jorge Zahar. (Trabalho original publicado em 1960).

Levy, L. (2023). Introdução. In L. Levy *et al.* (Orgs.), *Substância na história da filosofia*. Editora UFPel.

Libera, A. de. (2007). *Archéologie du sujet: naissance du sujet*. Vrin.

Libera, A. de. (2008). When Did the Modern Subject Emerge? *American Catholic Philosophical Quarterly*, *82*(2), 181-220.

Nietzsche, F. W. (2001). *Além do bem e do mal ou prelúdio de uma filosofia do futuro*. Hemus. (Trabalho original publicado em 1886).

Santo Agostinho. (2007). *Trindade. De Trinitate*. ed. bil. Paulinas.

Wittgenstein, L. (1953). *Philosophical Investigations*. Basil Blackwell.

14. Encontros que fizeram diferença: a relação de amizade e a troca intelectual entre Jurandir Freire Costa e Contardo Calligaris

Rosane Monteiro Ramalho

Há muitos anos, entrei numa unidade de internação feminina em um grande hospital psiquiátrico no Rio Grande do Sul. Juntamente com o chefe de unidade e outros profissionais, fui conhecer o local em que iria começar a trabalhar. Eu era bem jovem e era meu primeiro dia de trabalho naquele manicômio. Já na entrada da unidade, tivemos que desviar de uma mulher nua que gritava e se arrastava pelo chão, toda molhada em um frio dia de inverno, no meio de uma grande poça de urina. Fiquei chocada com a situação, e mais ainda com a total indiferença das pessoas diante daquela situação grotesca, que tratavam como se fosse algo banal. Algumas passavam literalmente por cima do corpo daquela mulher, sem sequer lhe dirigir um olhar. Perguntei quem era ela, qual o seu problema, e o que poderíamos fazer para ajudá-la. A resposta de todos foi que ela era "assim mesmo".

Eu me perguntava o que levava aquelas pessoas, aqueles "profissionais", a reagirem assim. Será que as pessoas que trabalhavam em um manicômio, após algum tempo, se acostumavam com o que, a princípio, poderia tê-las chocado e lhes causado indignação?

Ou, pior, será que aquela cena sequer havia chegado algum dia a lhes surpreender e causar algum incômodo?

Logo percebi que situações como aquela não só eram vividas cotidianamente naquele hospital, mas eram recorrentes em inúmeros outros manicômios pelo país afora. Tais cenas ilustravam de maneira contundente o alvo do movimento de transformação do cenário psiquiátrico que naquele momento estava em curso e no qual me engajei.

Estávamos em meados de 1990, no auge da luta antimanicomial e da reforma psiquiátrica no Brasil. A luta antimanicomial promoveu um forte movimento pela aprovação de leis que visavam à substituição gradativa do sistema asilar por uma rede de serviços assistenciais (centros de assistência psicossocial, hospitais-dia, residenciais terapêuticos e internações psiquiátricas em hospitais gerais) e à regulamentação da internação psiquiátrica compulsória. Fizemos muitas manifestações para que as leis fossem aprovadas no legislativo, o que acabou, por fim, acontecendo – primeiramente no próprio Rio Grande do Sul (lei de autoria do deputado estadual Marcos Rolim, em 1992), e em seguida no Brasil (lei de autoria do deputado federal Paulo Delgado, em 2001).

Nesse movimento, a presença dos psicanalistas teve um papel fundamental, o que fez da reforma psiquiátrica brasileira uma experiência bastante singular. A psicanálise se fez presente tanto na teorização e na orientação prática de experiências clínicas (por exemplo, na clínica das psicoses, dos quadros limítrofes, das adicções), quanto na formulação de bases conceituais para o suporte de políticas assistenciais fundadas no princípio da atenção psicossocial.

Para mudar a realidade asilar hegemônica no Brasil, no entanto, era necessário não apenas lutar contra os hospícios e a pavorosa realidade que abrigavam. Era preciso também compreender como tinha sido possível que aquela realidade se instalasse e se consolidasse por tanto tempo. Ao lado das razões de natureza política, social, econômica e cultural, era preciso entender a dinâmica subjetiva que sustentava as relações dentro do universo asilar, que tornava possível que uma cena terrível como aquela fosse vivida como parte aceitável de um cotidiano. Era necessário elucidar os mecanismos institucionais e a gramática subjetiva que viabilizavam a naturalização do abandono, a objetificação de sujeitos, a violência sistemática e banalizada contra pessoas fragilizadas.

Essa questão que me interpelava foi – vim a descobrir – um desafio que entrelaçou a trajetória pessoal e a produção intelectual de dois grandes psicanalistas, cujo percurso marcou não apenas a minha vida pessoal e profissional, como também o campo psi brasileiro.

Em 1989, eu estava participando de seminários com Contardo Calligaris, em Porto Alegre, quando tive a sorte de conhecer pessoalmente Jurandir Freire Costa, na primeira reunião do projeto "O Sexto Lobo: Clínica do Social". Esse encontro fez uma diferença enorme na minha vida.

Durante a sua fala, pude reconhecer em Jurandir algo que se foi se confirmando a cada palestra sua que eu escutava e a cada escrito seu que eu lia. Com sua escuta sensível às questões humanas, com sua vasta erudição, com seu interesse genuíno por outras áreas de saber, com seu espírito de antropólogo – sempre atento às questões culturais e às transformações sociais –, com a forma assertiva e corajosa de seu engajamento político diante das questões de seu tempo, Jurandir vem, há décadas, inovando como poucos a psicanálise e suas possiblidades de intervenção na cultura.

A palestra proferida por Jurandir naquele primeiro encontro foi um alento. Ela me permitiu aprofundar o entendimento de questões e inquietudes que a experiência com a loucura no manicômio me causava. Foi publicada com o título "Psiquiatria burocrática: duas ou três coisas que sei dela", no livro *Clínica do social* (Aragão et al., 1991), que reuniu trabalhos apresentados naquele encontro. Esse artigo de Jurandir passou a ser uma das referências bibliográficas fundamentais nos programas de Residência Médica em Psiquiatria e Residência Multiprofissional em Saúde Mental de que participei como professora e supervisora, em Porto Alegre e no Rio de Janeiro.

O projeto "O Sexto Lobo: Clínica do Social" consistia num fórum de trabalho que se reunia periodicamente. Foi composto por Jurandir Freire Costa, Contardo Calligaris e Octavio Souza (psicanalistas) e por Luiz Tarlei de Aragão (antropólogo). O projeto, segundo os autores, tinha o objetivo de criar as condições de um diálogo pluridisciplinar para intervir no discurso social segundo uma ética compatível com a ética da psicanálise. Partia da consideração de que não existe uma psicanálise do individual e outra "aplicada" ao sintoma social, uma vez que o sintoma é sempre social. Nas palavras de seus organizadores, não se tratava de constituir uma doutrina psicanalítica sobre o sintoma social. Tratava-se de inventar uma prática discursiva *no* social.

O título "O Sexto Lobo" foi escolhido a partir de um dos pacientes mais famosos de Freud, conhecido como "Homem dos Lobos" por causa de um sonho, também famoso, em que, segundo o paciente, apareciam "seis ou sete lobos". O paciente desenhou a cena do sonho, mas no desenho só apareciam cinco lobos. Os organizadores consideraram ser legítimo se perguntar sobre o sexto e o sétimo lobos. E mais especificamente, ao escolherem o sexto, fizeram dele "o emblema de algo que às vezes possa – no cotidiano da prática psicanalítica – vir a ser desconhecido." (Aragão et al., 1991 p. 11).

A que poderia se referir esse "algo"? A construção de Freud a partir do relato de seu paciente relaciona o sonho à "cena primitiva"

– no caso, ao encontro do paciente criança com a cópula do casal parental que é a sua origem. Nessa perspectiva, podemos pensar que o desenho da árvore dos lobos, feito pelo paciente de Freud, remeteria a uma espécie de árvore genealógica para o sujeito. E, assim, o lobo a mais, esquecido no desenho, poderia servir para lembrar que a "origem" do sujeito (ou o campo que o determina) extrapola o quadro da família. Então, segundo os organizadores, a "árvore genealógica", que às vezes a psicanálise parece limitar à família, conta com um ou dois lobos a mais. Enfim, haveria sempre um "sexto lobo".

A interlocução e a relação de amizade entre Jurandir e Contardo havia começado antes, quando este o procurou logo após ter lido um texto que Jurandir acabara de publicar: "Narcisismo em tempos sombrios" (Costa, 1988). O artigo teve uma importância significativa para a constituição do projeto "O Sexto Lobo", conforme consta no livro *Clínica do social*. Na coletânea, o texto de Jurandir sobre a psiquiatria burocrática dialoga com alguns textos publicados anteriormente por Contardo (1986, 1988), nos quais apresentava o tema que estava desenvolvendo àquela época, em sua tese de doutorado.[1] Por sua vez, o trabalho de Contardo, intitulado "A sedução totalitária" (Calligaris, 1991a), não corresponde ao que ele apresentou no encontro que deu origem à coletânea e foi escolhido justamente por trazer uma análise da perversão social que dialoga com a desenvolvida por Jurandir em seu artigo.[2]

Jurandir inicia o texto "Psiquiatria burocrática: duas ou três coisas que sei sobre ela" falando de uma cena vivida por ele em 1987, no Centro Psiquiátrico Pedro II (CPPII), no Rio de Janeiro.

---

1 A tese, defendida em 1991, só viria a ser publicada postumamente, em 2022, por iniciativa de Jurandir Freire Costa e Octavio Souza.

2 O trabalho apresentado por Contardo no primeiro encontro do Sexto Lobo viria a ser publicado como o primeiro capítulo do seu livro *Hello Brasil!* (Calligaris, 1991b).

Um homem negro, alto e magro acabava de ser hospitalizado e estava sendo conduzido para a unidade de internação, acompanhado por atendentes. Usava uniforme do hospital muito mais curto do que seria o seu tamanho – e feminino. Todos pareciam estar à vontade com a situação. A cena parecia não causar incômodo algum. A resposta que recebeu à sua pergunta sobre o porquê de aquele homem estar vestido daquela forma foi que não havia roupas masculinas disponíveis e ele deveria dirigir suas perguntas ao administrador do hospital. Sua surpresa foi ainda maior quando soube que afinal não faltavam uniformes masculinos no estoque, e sim capacidade administrativa para fazerem chegar as roupas adequadamente aos seus destinos. A explicação era a de que o pedido burocrático vindo da administração das unidades não havia chegado em tempo hábil à administração geral. A conclusão era, portanto, que faltava agilidade à "máquina".

Essa situação me fez lembrar do que eu também via no manicômio de Porto Alegre: internos, em dias gelados no frio sulino, com pouquíssimas roupas, e totalmente inadequadas para a temperatura que fazia. Quando tentei me informar sobre o motivo daquilo, descobri que também não acontecia por falta de roupas de inverno, mas por total inércia administrativa. A solicitação envolvia vários protocolos em diversos setores diferentes, o que fazia com que o processo se tornasse extremamente moroso. O resultado disso era que as roupas de inverno acabavam chegando, de fato, aos pacientes somente na primavera.

Em seu texto, Jurandir ressalta que a cena era apenas um exemplo "escabroso" entre outros ainda piores: "mortes por negligência, excessos de medicação, brutalização física ou humilhações morais dos internos, etc." (Costa, 1991, p. 42). A cena descrita é pinçada do teatro de horrores porque o ajuda a pensar o que define por "psiquiatria burocrática". A expressão lhe ocorreu a partir de um comentário brincalhão que circulava nos meios psiquiátricos à época, segundo o qual, "enquanto a Itália inventava a 'psiquiatria democrática', o Brasil respondia com a 'psiquiatria burocrática'" (p. 42).

Sua análise, porém, o fez concluir que, infelizmente, o fenômeno burocrático não se restringia ao ambiente manicomial. Revelava, na verdade, algo presente de forma insidiosa e profunda em nossa realidade social como um todo. A burocracia asilar mostrou-se um caso extremo "de infestação, pela 'máquina', da sociedade brasileira". Ela apresentava-se, então, como um caso exemplar para analisar um fenômeno mais amplo e de consequências mais profundas, que contagiava o país "com a virulência de uma epidemia grave".

Para desenvolver sua hipótese, Jurandir se apoia na noção de "montagem perversa", desenvolvida por Contardo. Aplicada ao funcionamento dos laços sociais, essa noção oferecia um caminho teórico de resposta à pergunta que me fazia desde a visão da indiferença diante da paciente nua em meio à urina, naquela entrada no asilo em Porto Alegre, e que Jurandir se fez ao deparar com a sensação de normalidade ao redor do interno vestido de forma inapropriada, no CPPII. Como era possível que aquilo acontecesse de forma tão natural, sem criar sequer incômodo ou constrangimento nas pessoas que deveriam ser as responsáveis pelo tratamento dos pacientes? A noção de "montagem perversa" permitia jogar luz naquilo a que a brincadeira acerca da "psiquiatria burocrática", como todo bom chiste, aludia sem revelar de imediato.

Ainda hoje é evidentemente possível, e politicamente necessário, denunciar a indiferença diante do sofrimento do outro, a desumanidade do isolamento, a crueldade no trato das pequenas coisas do dia a dia dentro do asilo, a estigmatização imposta pelo olhar e pelas palavras dirigidas aos pacientes, e assim por diante. Mas para que qualquer tentativa de superação dessa realidade sinistra efetivamente tenha êxito, como Jurandir aponta em seu artigo, é preciso entender como se torna possível que essa realidade se sustente e se reproduza.

Isso não se dá pela ação de sádicos ou monstros que buscam ativamente gozar com o sofrimento físico e moral imposto a um outro, mas pela (in)ação de pessoas comuns, de indivíduos que não desconhecem racionalmente valores e ideais culturais hegemônicos no social (lei, justiça, responsabilidade, cuidado), mas se portam como se estivessem anestesiados em relação a eles, resistindo a qualquer tentativa de mudança dessa realidade. Que modo de agenciamento subjetivo, que tipo de dinâmica e economia psíquicas entram em ação para tornar esse quadro possível?

No artigo, além de Contardo, outra referência relevante para a análise que Jurandir desenvolve sobre como "compreender o jogo burocrático como uma forma de perversão" é a contribuição de Hannah Arendt. Jurandir toma, principalmente, seus trabalhos sobre filosofia política, sobretudo sobre o totalitarismo (Arendt, 1976, 1979a, 1979b). Neles, a filósofa alemã desenvolve a ideia de que na gênese da burocracia totalitária estão dois fenômenos intrinsecamente mesclados: de um lado, a perda da cidadania por parte de uma grande quantidade de indivíduos e, de outro, a experiência de governo dos estados imperialistas. Arendt chamou esses indivíduos, expulsos da sociedade em que viviam por motivos históricos ou político-econômicos, de "homens supérfluos" – ou seja, desprovidos de qualquer direito enquanto cidadão, de identidade, enfim, de um lugar de existência para si.

Das respostas possíveis à superfluidade, Jurandir toma duas para pensar: uma é a delinquência; a outra, a obediência. Na delinquência, o oprimido se insurge contra o opressor. No caso da obediência, sublinha, a resposta envolve tanto os sujeitos que ocupam o lugar do opressor quanto os que ocupam o lugar do oprimido. Do lado do oprimido, a obediência seria um recurso último para uma existência que não encontra mais sentido algum. Como ilustração, alude ao exemplo mais acabado da superfluidade – os internos nos campos de concentração – e toma as palavras de Primo Levi: "Logo vem outro alemão, diz que devemos colocar os sapatos num canto, e assim o fizemos, porque tudo já acabou, sentimos que estamos fora do mundo, que só nos resta obedecer" (citado por Costa, 1991, p. 44). Jurandir conclui:

> *Obedecer significa ocupar-se de imediato com o imediato. Significa não poder parar para pensar nas consequências do que é feito. Obedecer sem consentir é proceder conforme gestos automáticos, despidos de vínculos com valores sociais ou pessoais, gestos esses que seriam inaceitáveis caso o sujeito dispusesse da liberdade de agir e pensar. (p. 44)*

Do lado do opressor, a obediência também vem como uma resposta, embora de outra forma, ao mesmo sentimento de superfluidade. A necessidade de pertencimento a algo – pátria, nação, comunidade ou um ideal comum a outros homens – leva o indivíduo que se sente supérfluo, desgarrado, um pária, a imaginar-se uma peça de uma engrenagem, parte de uma realidade maior que o transcende e o inclui. Nas palavras de Jurandir: "Fazendo parte da 'máquina', o indivíduo encontra seu mundo, sob a figura do destino ou de qualquer outra ideia similar" (p. 45).

Esse pertencimento funcionaria como uma via possível de demissão da condição de sujeito, operando, então, como um movimento de defesa contra as inevitáveis vicissitudes que essa condição implica. A dissolução de sua singularidade pela imersão subjetiva em algo que o transcende lhe oferece, assim, uma saída para o sentimento de superfluidade.

Talvez o exemplo mais conhecido de descrição desse processo se encontre na análise que Arendt realizou sobre o caso Eichmann, como ressalta Jurandir. Ao contrário do sentimento prevalente à época, Arendt percebeu que Eichmann não era um louco, ou um monstro sádico que gozava com os abomináveis sofrimentos impostos às suas vítimas. Na sua mais famosa expressão – "a banalidade do mal" –, descreveu o que vira: Eichmann era simplesmente um homem comum, estúpido, obediente a Hitler e fiel cumpridor de seus deveres como funcionário do Estado. No seu julgamento, continuava chamando de "evacuação" e "emigração" a deportação para campos de concentração e extermínio. Admitia sem constrangimento que, embora não odiasse todos os judeus, os enviaria para a morte novamente, caso a obediência assim o exigisse. Eichmann era o funcionário exemplar, identificado com um destino ao qual não podia se opor, e sempre abria mão de pensamentos próprios em prol da máquina.

Tomando as análises de Arendt sobre o totalitarismo como paradigma de estudo das burocracias, Jurandir procura enfatizar os traços comuns a todas elas:

> *a anulação do indivíduo, a obediência cega a regulamentos que fazem as vezes de lei, e, finalmente, a construção de mundo social fantasmagórico, regido por "forças" ou "ordens" que emanam de Ninguém, porque são tidas como oriundas da Tradição, da Raça, do Costume, do Estado, ou simplesmente da versão abastardada de destino, que é o "não tem jeito", "sempre foi assim e assim vai continuar sendo". (Costa, 1991, p. 48)*

A outra referência utilizada por Jurandir para pensar a psiquiatria burocrática foram as ideias de Contardo acerca da perversão como um laço social, que vinha desenvolvendo no final dos anos 1980 como tema de sua tese de doutorado. O texto de Contardo ("A sedução totalitária") publicado no livro *Clínica do social* era parte de um livro em preparação, para o qual havia pensado até em um título: *Ensaio sobre a perversão como patologia social.* Era na verdade sua tese de doutorado (defendida em 1991)[3] e reuniria esse e outros artigos, produzidos nos anos anteriores, em torno desse tema central. Jurandir teve acesso a esses artigos, e a interlocução entre os dois fez parte da elaboração e do desenvolvimento da tese – como o próprio autor reconhece nos agradecimentos. Por isso optei por tomar a tese (e não apenas os escritos citados no texto de Jurandir) como referência para comentar a contribuição de Contardo para a construção da análise de Jurandir sobre a psiquiatria burocrática.

Em sua tese, Contardo também é instigado a buscar entender as razões psíquicas da "banalidade do mal" formulada por Arendt. Sua questão fundamental é como entender a gênese desse "mal que está ao alcance de todo mundo", como lhe dissera seu pai certa vez. Um mal diferente daquele que vemos em ações individuais ou coletivas em que a presença de um gozo sádico com a dor moral ou física imposta ao outro abre a possibilidade de se falar em patologia ou monstruosidade. Nesse sentido, interroga-se sobre as razões que teriam levado um número tão grande de pessoas, aparentemente comuns, a cometer tantas atrocidades, como foi o caso no nazismo e em outros estados totalitários. Na gênese desse mal praticado por pessoas comuns, Contardo identifica o que ele chamou de "paixão de ser instrumento".

Para entender essa "paixão de ser instrumento", ele começa sua tese analisando a experiência dos membros do 101º Batalhão de Reserva da Polícia Alemã, sediado na Polônia. Ao final da guerra, os soldados que o compunham haviam exterminado mais de 38

3 *Recherche sur la Perversion comme pathologie sociale: la passion de l'instrumentalité* [Pesquisa sobre a perversão como patologia social: a paixão da instrumentalidade], defendida na Universidade de Psicologia e Ciências da Educação da Université de Provence Aix-Marseille 1, na França.

mil judeus. O batalhão era formado por jovens comuns, que pouco se consideravam antissemitas, e que – informação surpreendente para muitos leitores – tinham a liberdade de se negar a aceitar a ordem de executar crianças, mulheres e idosos, e mesmo de desistir da tarefa a qualquer momento. O que teria levado essas pessoas a se engajarem, voluntariamente, no cumprimento de ordens terríveis (que eles próprios qualificavam como "provações", ou como "repulsivas") que poderiam recusar? Como entender a necessidade de manter a obediência em atos aparentemente desprovidos de satisfação – que se expressava no cerceamento de condutas consideradas motivadas "pelo desejo", e não "pela obediência"?

Os depoimentos dos jovens soldados do 101º Batalhão ecoam os oferecidos por outros notórios carrascos nazistas – entre eles Eichmann. Em todos, alguns pontos surpreendentes chamam a atenção: não sentiam ódio especial dos judeus e de outros grupos humanos que seriam aniquilados; não obtinham prazer com a dor, o sofrimento ou a morte que infligiam às vítimas; e desprezavam, e às vezes até puniam, os que mostravam prazer sádico em matar ou que matavam pessoas que, pelo regulamento, não lhes cabia exterminar. Mais espantoso ainda, todos consideravam moralmente reprovável o que haviam cometido, mas afirmavam que haviam feito um sacrifício "corajoso", necessário, em nome de um dever maior (vinculado à causa da raça, da Alemanha, do Führer).

Nos muitos depoimentos não surgiram evidências da presença de um gozo sádico da parte deles – ao contrário do que, a princípio, era amplamente suposto. Muitos foram submetidos a avaliações psiquiátricas e testes psicológicos, e os resultados repetidamente concluíram que se tratava de "pessoas normais". Contardo se interroga sobre que espécie de gozo os teria levado então a fazer o que faziam – uma pergunta que o próprio Primo Levi havia feito: "Lá nos esperavam o trem e a escolta para a viagem. E lá recebemos as primeiras pancadas, o que foi tão novo e absurdo que não chegamos a sentir dor, nem no corpo nem na alma. Apenas um profundo assombro: *como é que, sem raiva, pode-se bater numa criatura humana*? (citado por Calligaris, 2022, p. 43).

Nos depoimentos dos carrascos, um fato decisivo para compreender o porquê dos seus atos se destaca: o que os movia era a aspiração a serem bons funcionários. Era isso, e não o ódio ou o ressentimento em relação às vítimas, que os tornava capazes das atrocidades que haviam cometido. Para Contardo, o carrasco nazista, ao servir a uma causa superior de forma incondicional, se fazia instrumento de um outro absoluto. Ressalta, porém, que nesse caso, em vez da identificação com o líder – como costuma acontecer nos fenômenos de massa descritos por Freud (1921/1980) –, a identificação aqui é outra.

A identificação, nesse caso, é com um objeto que imaginariamente completaria o Outro, numa perspectiva totalizante. Reeditaria, assim, uma identificação fundamental na constituição de todo sujeito, que é a de ter-se imaginado como objeto que teria completado o Outro primordial – a mãe. Contardo, tomando os últimos textos de Freud e textos de Lacan, ressalta que esse objeto é também considerado falo imaginário materno ou fetiche, uma vez que é o objeto que viria a completar o que supostamente faltaria à mãe. Nesse sentido, enfatiza Contardo, podemos pensar que o fetichismo, então, em vez de ser considerado uma patologia, é o representante de algo universal na constituição do sujeito.

Esta miragem de completude (eu ideal), embora impossível, segue, porém, no horizonte de toda busca para o neurótico. Este sonha poder prescindir da falta, da castração, enfim, paradoxalmente, de sua condição de sujeito. Assim, mesmo sendo uma ilusão, ele pode buscar ser aquilo que imaginou ter sido (eu ideal) em detrimento do que o orienta para o que almeja ser (ideal de eu) – os princípios inspiradores que lhe permitiriam, justamente, responder à falta de maneira simbólica.

Nesse sentido, Contardo estabelece uma distinção entre a perversão social e a chamada perversão sexual. Ele critica a categoria clínica de perversão, e toma como exemplo a figura nosológica do sadomasoquista. Na prática sadomasoquista há, na verdade, uma encenação da fantasia de se fazer objeto para o outro num roteiro consensual, mas que é delimitada no tempo e no espaço. Ou seja, a cena sadomasoquista mimetiza essa entrega ao outro, consistindo em uma forma de gozo sexual, sem, no entanto, haver o risco de ser tragado pela "função de instrumento". Contardo enfatiza que o prazer sexual é sempre uma barreira à dessexualização – traço essencial da paixão de ser instrumento.

Considera, portanto, que a perversão só existe no laço social. A "paixão da instrumentalidade" – a busca pelo pertencimento, quase orgânico, a uma totalidade –, por se constituir numa via de escape às incertezas e às angústias inerentes à posição de todo sujeito, explicaria a tendência que os neuróticos têm de entrarem em montagens perversas. Assim, essa tentação pode se apresentar para qualquer um, no seu cotidiano mais ordinário. Ceder à tentação de se fazer instrumento de uma totalidade leva o neurótico à servidão voluntária e ao aniquilamento de sua subjetividade, onde o que conta não é o ódio nem alguma motivação ideológica, mas o fazer parte de uma montagem, de um universo burocrático (um universo comum em que se realiza – pela instrumentalidade compartilhada entre todos – um simulacro do eu ideal).

Entre os fatores que podem levar alguém a ceder à tentação de se fazer instrumento, Contardo aponta as experiências de "solidão pessoal ou social", o "fracasso nas relações com os outros", a "chance de esquecer as preocupações ou dúvidas" e a insuficiência de ideais do eu à disposição do sujeito. Sublinha, ainda, a importância exercida pelo individualismo (Dumont, 1985) que caracteriza a nossa cultura ocidental, na medida em que faz dos indivíduos os supostos mestres autônomos do próprio destino e, portanto, os únicos fiadores e responsáveis pelo sentido de suas existências. Nesse quadro, os ideais do eu passam a ser considerados "inimigos aparentemente declarados de nossa 'autonomia'".

As ideias de Jurandir sobre a burocracia psiquiátrica como expressão de um laço social perverso foram fundamentais para mim. Aliás, não só para mim, mas para o movimento da reforma psiquiátrica brasileira. Poder entender a burocracia psiquiátrica como perversão social me ajudou a elucidar o que se passava no manicômio. Jurandir enfatiza que, na burocracia, fica atrofiada a capacidade de pensar. Passam a valer apenas os regulamentos, os protocolos – enfim, o funcionamento da máquina. Ao ser evocado o regulamento, a dúvida fica abolida. Assim, em vez de pensar, as pessoas obedecem. Mas ao se liberarem da tarefa de pensar, acabam se liberando também do desejo, da falta, da castração, ou seja, justamente da sua posição de sujeito. No asilo, então, o que importa é o funcionamento da máquina.

Tal funcionamento, porém, como nos aponta Jurandir, não é somente encontrado no manicômio, mas se mostra também presente, de forma mais ampla, na nossa realidade social. Jurandir (2022) ressalta, ainda, que a "doença burocrática", a verdadeira perversão, é aquela em que o sujeito abre mão de seu desejo para entregar-se a um gozo sem desejo, prazer, alegria ou entusiasmo. No burocrata – parente próximo dos androides criados pela ficção de Phillip Dick, tema que Jurandir desenvolve em seu livro *O ponto de vista do outro* (Costa, 2010) –, há somente a "crueldade sem ódio" dirigida ao outro, ao diferente.

Compreender esse mecanismo nos ajuda no entendimento da perversão inscrita na realidade manicomial. Além disso, nos permite perceber a existência de montagens perversas de forma mais ampla no social, de modo a ficarmos advertidos em relação a elas. Sabemos que não é tarefa fácil, uma vez que a paixão pela instrumentalidade é uma tentação para todo neurótico.

A intensa e profícua troca entre Jurandir e Contardo seguiu por muitos anos em publicações e encontros de trabalho, em que as ideias de um e de outro continuaram conversando e se influenciando mutuamente.

No último desses encontros do qual pude participar, que aconteceu em dezembro de 2019 e reuniu colegas e amigos durante um final de semana em Itatiaia, no Rio de Janeiro, não sabíamos que Contardo já estava com a doença que o levaria em 2021. Ele estava conosco como sempre – com o entusiasmo, a provocação e a alegria que o caracterizavam. Num determinado momento de conversa informal, lhe perguntei se algum dia publicaria, afinal, a sua tão aguardada tese. Ele me respondeu, de forma divertida, dizendo que "algo ficaria para a posteridade". Soube, mais tarde, que ele tinha dado essa mesma resposta para outros amigos que também lhe haviam sugerido a publicação.

Seu desejo acabou sendo realizado. A sua tese foi finalmente publicada postumamente, editada de forma primorosa pelos seus grandes amigos Jurandir e Octavio Souza, com o título: *O grupo e o mal: estudo sobre a perversão social* (Calligaris, 1991/2022). Numa prova de que a troca que se iniciou nos anos 1980 continua em curso, Jurandir escreveu um precioso prefácio para o livro (Costa, 2022).

A amizade e a troca intelectual entre Jurandir e Contardo não se deu por acaso. É curioso pensar o que teria aproximado um psicanalista pernambucano, que se caracterizou pela circulação livre entre as orientações teórico-clínicas do campo psicanalítico, e um psicanalista milanês lacaniano de referência em seu campo de origem. O próprio Jurandir algumas vezes mencionou, publicamente, a surpresa que teve quando Contardo o procurou para trocarem ideias: "Preciso te avisar que não sou lacaniano", adiantou. "Pois é por isso mesmo que quero conversar com você!", ouviu como resposta.

Quem sabe não seja, afinal, tão difícil entender o que os aproximava, para além das diferenças de origem, de trajetória e de posição diante de tópicos como política ou religião, por exemplo. É que, em ambos, a curiosidade não se limita às fronteiras estabelecidas, e a reflexão teórica é acionada justamente para atravessá-las, sempre em busca de maneiras mais agudas de refletir sobre as injunções que a vida não cessa de nos impor individual e coletivamente, e de responder a elas de maneira mais interessante.

A originalidade que decorre dessa maneira de tomar o pensamento, como exercício de liberdade e experimentação, nem sempre foi acolhida facilmente. Jurandir e Contardo fazem parte daquelas pessoas acerca de quem não era incomum ouvirmos, aqui e ali, que "deixaram de ser psicanalistas", pela maneira inesperada e provocadora com que confrontaram visões consolidadas em nosso campo acerca da cultura e da subjetividade contemporâneas. Mas é justamente essa originalidade que os torna tão importantes e marca o legado de ambos como fundamental. Afinal, a vitalidade da psicanálise sempre dependeu, em sua história, de psicanalistas que assumissem "o risco de cada um" na construção de um pensamento sempre em movimento.

Referências

Aragão, L. T. de, Calligaris, C., Costa, J. F., & Souza, O. (1991). *Clínica do social: ensaios*. Escuta.

Arendt, H. (1976). *As origens do totalitarismo: imperialismo, a expansão do poder*. Documentário.

Arendt, H. (1979a). *As origens do totalitarismo: totalitarismo, o paroxismo do poder*. Documentário.

Arendt, H. (1979b). *As origens do totalitarismo: o anti-semitismo, instrumento do poder*. Documentário.

Calligaris, C. (1986). Perversão: um laço social. Cooperativa Jaques Lacan.

Calligaris, C. (1988). Bem-estar na civilização: a perversão como um laço social [exemplar fotocopiado]. Conferência proferida na Reunião Lacanoamericana de Psicanálise, Gramado.

Calligaris, C. (1991a). A sedução totalitária. In L. T. de Aragão, C. Calligaris, J. F. Costa, & O. Souza, *Clínica do social: ensaios*. Escuta.

Calligaris, C. (1991b). *Hello Brasil!* Escuta.

Calligaris, C. (2022). *O grupo e o mal: estudo sobre a perversão social*. Fósforo. (Trabalho original desenvolvido em 1991).

Costa, J. F. (1988). Narcisismo em tempos sombrios. In J. Birman (Org.), *Percursos na história da Psicanálise*. Taurus.

Costa, J. F. (1991). Psiquiatria burocrática: duas ou três coisas que sei sobre ela. In L. T. de Aragão, C. Calligaris, J. F. Costa, & O. Souza, *Clínica do social: ensaios*. Escuta.

Costa, J. F. (2010). *O ponto de vista do outro: figuras da ética na ficção de Graham Greene e Phillip K. Dick*. Garamond.

Costa, J. F. (2022). Prefácio. In C. Calligaris, *O grupo e o mal: estudo sobre a perversão social*. Fósforo.

Dumont, L. (1985). *O individualismo: uma perspectiva antropológica da ideologia moderna*. Rocco.

Freud, S. (1980). Psicologia de grupo e análise do eu. In S. Freud, *Edição standard brasileira das obras psicológicas completas de Sigmund Freud* (Vol. XVIII). Imago. (Trabalho original publicado em 1921).

15. Autenticidade, self criativo e self pragmático

Pedro Salem

Lá se vão aproximadamente trinta anos desde que, quando estudante de Psicologia no início dos anos 1990, ouvi Jurandir pela primeira vez em uma conferência na Pontifícia Universidade Católica do Rio de Janeiro (PUC-Rio). Mesmo sem a consciência da dimensão do percurso que ele já trilhara no campo da psicanálise e da saúde mental brasileiras, encantei-me à primeira vista. Sua clareza e sua erudição, que mais tarde perceberia aliadas a uma imensa honestidade intelectual e humana, logo me fascinaram.

Tal qual um farol, que aponta caminhos quando falha o senso de orientação próprio, segui seus cursos no Pinel, seus seminários no Instituto de Medicina Social (IMS) e no Círculo Psicanalítico do Rio de Janeiro (CPRJ), suas supervisões clínicas e o grupo das sextas-feiras, em nada dogmático, mas cujas "catedrais" teórico-clínicas temos nos esforçado por desvendar e construir nesses últimos mais de vinte anos. Sob sua orientação acadêmica sempre me senti em uma brincadeira de "ligue os pontos": sobre seu pontilhado preciso, cabia a mim traçar e dar forma ao trabalho, contando, é certo, com o seu estímulo para deixar de lado o traçado original e incluir minhas contribuições pessoais. Aliás, o espírito colaborativo e o respeito pelas escolhas e pelos percursos individuais sempre encontraram amplo espaço no convívio com Jurandir. Sua generosidade ímpar, somada ao verdadeiro interesse em que possamos manter viva a curiosidade que anima a busca pelo conhecimento, é sempre uma inspiração.

Vale lembrar que Jurandir não se contenta com fórmulas do tipo que parece dizer tudo, mas corre o risco de não dizer nada. Não se satisfaz em repetir definições que não possam ser dissecadas ao ponto de se tornarem ferramentas para uso próprio, sobretudo se estiverem a serviço do bem comum e do alívio do sofrimento humano. Só tenho a agradecer o privilégio de conviver com Jurandir por todos esses anos, tão raras são as oportunidades na vida de ver conjugadas em uma só pessoa tantas e tamanhas qualidades. Enfim, a Jurandir, pelo prazer de pensar.

* * *

Em seu premiado livro *Ruído branco*, Don DeLillo (1984/2023) retrata a vida de uma família norte-americana que vive em uma pequena e próspera cidade universitária. O romance é protagonizado por um casal que, se poderia dizer, reproduz um modo de vida e traços subjetivos que seriam identificados como próprios de um certo tipo cultural americano das décadas de 1970 e 1980. A dinâmica do casal é marcada pela hipocondria de ambos e o amor conjugal, por uma irônica competitividade em torno do pavor de quem irá morrer primeiro, deixando o outro desamparado e abandonado à própria sorte.

Aterrorizados pelo medo da morte e absorvidos pela inquietação com o corpo e com técnicas de autocuidado, sofrem de sentimentos de vazio e futilidade contra os quais procuram um bálsamo. Encontram-no não apenas na expectativa da descoberta científica de um misterioso medicamento que atua sobre o centro nervoso responsável pelo medo da morte, mas também nos supermercados, descritos como uma espécie de templo que, nas palavras de um personagem, "recarrega-nos espiritualmente . . . é uma espécie de porta ou de caminho" (p. 45).

Frequentadores assíduos deste local privilegiado de socialização e encontro de uma "sensação de bem-estar, segurança e contentamento" (p. 28) conferida por produtos com cores vivas e brilhantes, em embalagens familiares, e cupons de descontos dispostos em "carrinhos resplandecentes", os personagens procuram também contornar a sensação de incapacidade, insuficiência e inautenticidade que os acompanha. Entre o psicofármaco e o supermercado, o casal encontra seus vícios e seus refúgios envoltos em uma intensa preocupação com a própria sobrevivência.

Ironicamente, uma nuvem tóxica produzida por um acidente próximo à pequena vila apavora seus habitantes, que, ameaçados pela contaminação radioativa, são obrigados a abandonar suas casas e evacuar às pressas a cidade. Uma discussão travada entre personagens sobre a fascinação humana por tragédias acaba por despertar em um deles o gozo com o tema. Aparentemente revelando uma destacada preocupação com a autenticidade pessoal, refere-se de forma mordaz aos californianos e à sua familiaridade com catástrofes naturais: "[eles] inventaram o conceito de 'estilo de vida'. Só isso é suficiente para os condenar eternamente" (p. 75).

Considerado uma sátira da cultura de consumo norte-americana, o romance retrata alguns dos principais ingredientes de estudos que, sobretudo a partir dos anos 1970, procuraram relacionar características das sociedades ocidentais contemporâneas a uma série de aspectos da restruturação da vida mental dos sujeitos. Em linhas gerais, procuraram encontrar nas mudanças do individualismo e em suas novas configurações as causas de determinadas formas de mal-estar subjetivo.

Em seu livro *A cultura do narcisismo*, Christopher Lasch (1983) integrou tais esforços e, inspirado por autores da escola de Frankfurt, empreendeu uma análise da sociedade americana revelando aquilo que nela encoraja e dá ensejo ao surgimento do indivíduo narcísico. De forma geral, a proliferação de imagens e de ideologias terapêuticas, a racionalização da vida interior, o consumismo, mudanças na vida familiar e padrões variáveis de socialização constituíam, de acordo com o autor, as principais transformações socioculturais que, afirmadas a partir da segunda metade do século XX, estariam na base da formação do narcisismo contemporâneo.

O diagnóstico traçado por Lasch é bastante conhecido: a contrapartida subjetiva de tais fatores seria encontrada em indivíduos acometidos por estados de ansiedade crônica, insegurança, desorientação e perda do sentido de continuidade histórica, associados à excessiva atenção conferida à própria identidade e à satisfação pessoal. Desencantados com o esbatimento dos ideais propalados nos anos 1960 e diante das ameaças nucleares e ecológicas que se avizinhavam, tais indivíduos sucumbiram à "ética da sobrevivência". Alienados da esfera pública e distantes de quaisquer compromissos para além da própria realização, o tipo narcísico, orbitando em torno de seu "mínimo eu", tornou-se obsessivamente preocupado com seu bem-estar e, assombrado pelo medo da morte, viu-se perseguido por *um sentido de vazio interior* (Lasch, 1987).

Não caberia, neste contexto, enunciar os detalhes e a riqueza das ideias de Lasch, que, embora alvo de inúmeras críticas, que vão desde a sua inconsistência teórica até o seu conservadorismo de tonalidade nostálgica, marcaram diversos estudos que, na sequência, voltaram suas atenções para as causas e os efeitos de uma sociedade crescentemente alienada da preocupação com a vida comum e de quaisquer compromissos para além do eu. Queixas de insatisfação difusa, sentimentos de futilidade, perda de referências identitárias, tédio e falta de sentido da vida estão entre as modalidades de sofrimento destacadas por aqueles que também se encarregaram de examinar os efeitos subjetivos das alterações nos modos de socialização promovidas pelo novo ideário individualista (Salem, 2004).

O que interessa aqui destacar é, sobretudo, a forma como, em meio às transformações assinaladas, o *ideal da autenticidade pessoal* passou a permear a emergência desse tipo cultural e acabou por se impor como critério incontornável para a construção das identidades pessoais. A ideia do autodesenvolvimento, associada à busca pela autenticidade, emergiu como a celebração de um novo conjunto de práticas e crenças que imprimiram uma importante marca na história das mentalidades modernas. Traduzido pela busca de uma espécie de regime de verdade em relação à própria subjetividade, por um acordo íntimo consigo mesmo ou pela procura da felicidade conforme as próprias leis, o ideal de autenticidade teria se configurado como um "operador de transformação radical da identidade pessoal, da relação do eu com os outros e com o coletivo" (Lipovetsky, 2022, p. 27).

Baseado nos estudos de Lasch, Costa (1984) afirma que

> *torturado pela obsessão do prazer e da* "autenticidade" *o narciso de nossa época tornou-se intransigente e tirânico em relação a tudo e a todos que porventura possam opor-se à gratificação imediata de seus desejos. . . . O círculo vicioso da angústia perante o desempenho "sadio" diante do sexo, do corpo e das* relações humanas "autênticas" *[constituiria] a razão principal do embotamento de sua sensibilidade política e do aguçamento de sua "sensibilidade terapêutica". (p. 144, grifos nossos)*

Nesse contexto de valorização da autenticidade pessoal, propomos inicialmente examinar suas origens, suas transformações recentes e seus impactos na subjetividade dos indivíduos contemporâneos. Abordaremos em seguida, ainda que brevemente, a discussão de alguns autores sobre a relação entre autenticidade e a cultura do narcisismo. Por fim, recorreremos a noções do psicanalista D. W. Winnicott com o objetivo de contrapor interpretações subjetivistas desse ideal e um suposto compromisso inevitável que estabeleceria com quaisquer valores que excedam o eu.

Exaltada como "a ética dominante da época contemporânea" (Taylor, 1992; Lipovetsky, 2022) e reconhecida como um direito subjetivo fundamental dos indivíduos, a cultura da autenticidade possui uma história herdeira das novas aspirações de liberdade e autodeterminação germinadas desde o início da modernidade. Na sequência de autores como Lionel Trilling (1972) e Charles Taylor (1992), Lipovetsky (2022) traça uma breve história desse ideal, cuja origem remonta à segunda metade do século XVIII e que encontra em Rousseau seu principal precursor. O filósofo teria sido o primeiro "a erigir a sinceridade para consigo como ideal supremo, como virtude individual, como dever imprescritível" (p. 34), valor exaltado pelos movimentos românticos por meio do culto à interioridade e da glorificação da individualidade singular. Em meio a um ideário que fez equivaler liberdade de autodeterminação e ideais de realização pessoal, a aspiração por uma espécie de correspondência ao "*verdadeiro eu*" e à autodefinição de acordo com os ditames da vida interior fez da autenticidade peça indispensável dos ideais de felicidade modernos.

Em sua primeira fase, originada a partir da segunda metade do século XVIII, constituir-se como ser autêntico implicava uma espécie de atitude "heroica" revelada na sinceridade face a si próprio. Longe de então configurar-se como valor hegemônico, a autenticidade seria conquistada pela via de sacrifícios pessoais que envolviam coragem e ousadia para contrapor-se aos valores dominantes, afirmando assim a própria verdade.

Apanágio de poucos, evidenciava-se como virtude de uma elite ilustrada que, segundo Lipovetsky, obedecia a dois paradigmas. Por um lado, o da *expressividade individual*, segundo o qual o ser autêntico procurava fazer coincidir a expressão do eu com o acesso à interioridade pela via de um trabalho introspectivo. Por outro, o da *autoprodução do eu*, no qual a existência autêntica obedeceria menos a uma lógica expressivo-psicológica do que a uma determinação voluntarista segundo a qual o indivíduo é criador de sua consciência, desafia valores e decide por si só o curso da própria existência.

Tendo atravessado dois séculos praticamente incólume, teria sido sob a ideologia da contracultura dos anos 1960 que o ideal da autenticidade sofreu sua primeira grande inflexão. Forjado pela oposição à alienação e à opressão atribuídas a diversas esferas da vida social, o culto da autenticidade afirmou-se como sinônimo de anticonformismo, contestação e subversão do sistema hegemônico que não faria senão distorcer as expressões mais espontâneas e verdadeiras dos indivíduos, tornando-as artificiais e inautênticas. Associado, portanto, ao espírito libertário e antiautoritário dos anos 1960, o etos da autenticidade vinculou-se aos ideais de ruptura e transgressão, eleitos como os principais instrumentos de embate contra os constrangimentos impostos à liberdade e à autodeterminação individuais. Não mais alcançada por meio do diálogo solitário consigo mesmo, a autenticidade passou a refletir tanto o espírito comunitário da época quanto as novas reivindicações de desenvolvimento da própria subjetividade.

Por fim, em sua forma contemporânea, a autenticidade teria sido depurada de seu valor anticonformista anterior. Sujeito a uma ampla expansão e impulsionado por uma disposição soberana do eu, "ser eu próprio" tornou-se um valor interiorizado e um ingrediente central do repertório que compõe os ideais de felicidade e de realização pessoal.

De um modo geral, Lipovetsky também reconhece nas formas contemporâneas da autenticidade parte dos atributos da cultura do narcisismo. Ao descrever a forma como a sociedade de consumo "personifica o processo de normalização da ética do florescimento subjetivo através de suas encarnações nos prazeres . . ., experiências sensitivas e gozos de colher sem estar à espera" (p. 81), ele afirma que a cultura da autenticidade foi incorporada a uma nova economia do desejo e ao aprofundamento da obsessão pelo eu. Despida de sua dimensão contestatória, a autenticidade teve seu valor alterado de acordo com as novas exigências de liberdade subjetiva, cada vez mais distantes do conjunto de valores e das regras tradicionais anteriores.

Mais recentemente, Byung-Chul Han (2022) também se encarregou de refletir sobre mudanças nos dispositivos de socialização que têm alterado profundamente os processos de formação da identidade. Integrando em suas análises elementos que assumiram nas últimas décadas uma dimensão inédita na vida dos indivíduos – como a enorme difusão das tecnologias de informação e a proliferação das redes sociais –, o filósofo tem sinalizado a forma como "a crescente atomização e narcisificação da sociedade" (p. 35) provoca uma espécie de apagamento do valor da alteridade, bem como uma grave ameaça aos processos democráticos.

O autor ressalta os modos como a informação e seu processamento determinam de forma decisiva os processos sociais, econômicos e políticos: no chamado regime da informação, ao contrário de um regime de imposição disciplinar, o controle dos corpos se dá pela exploração de dados, pelo poder de acesso à informação e, fundamentalmente, pela via da *liberdade*. É sob a sedução da livre escolha, da transparência, da possibilidade de se autodeterminar que os indivíduos se oferecem aos novos dispositivos de poder.

Já não mais dócil ou obediente diante das técnicas anteriores, o indivíduo contemporâneo "julga-se livre, autêntico e criativo" (p. 10). Entretanto, o autor também chama a atenção para as formas de sofrimento implicadas nesses novos dispositivos: os imperativos da transparência e da constante necessidade de produzir-se a si mesmo são correlatos do esgotamento, do cansaço crônico e da depressão subjetiva.

Lipovetsky (2022), por sua vez, também adverte para a forma como a cultura da livre disposição do eu e do princípio do "*be yourself*" se faz acompanhar de consumos patológicos e compulsivos, de dependências, ansiedade, solidão e da sensação de vazio. A cultura que exalta o autodesenvolvimento, sublinha o autor,

> *não consegue criar a sensação de que se está a evoluir no que diz respeito à "vida verdadeira". Quanto mais legítimo é ser eu, . . . mais aumenta a sensação de fracasso subjetivo, a impressão de ter falhado na vida, aumenta o desfasamento entre as aspirações à autorrealização e uma realidade com frequência insatisfatória. (p. 250)*

Em suas considerações sobre o valor da autenticidade, Charles Taylor (1992) defende que esse ideal teria sido, em parte, injustamente demonizado sob a pena daqueles que se propuseram a identificar as causas do mal-estar contemporâneo. Se bem reconhece nas transformações do individualismo, em suas tensões e em seu lado sombrio causas das expressões narcísicas da subjetividade, problematiza as leituras que o associam à "decadência" ou "declínio" da civilização, afirmando que poucos hoje estariam dispostos a renunciar às conquistas que libertaram os indivíduos das amarras de uma ordem social que ditava o lugar que cada um ocupava no mundo. Definindo-o, portanto, como uma conquista incontornável do mundo moderno, Taylor identifica as consequências de um exagero no culto ao eu sem, no entanto, pretender dispensar os benefícios da liberdade de agir conforme as próprias convicções e de um maior controle sobre a existência pessoal, atitudes impensáveis sob os auspícios de sociedades tradicionais.

Defende a ideia de que a autenticidade, apesar de suas formas "degradadas", permanece um ideal "extremamente valioso" que convida os indivíduos a uma vida mais plena e os reenvia à responsabilização pelos próprios atos. Não subscreve à tese de Lasch de que os objetivos de autorrealização devam ser necessariamente contaminados pelo culto ao eu. A plena realização de si, diz o autor, "longe de excluir as relações estáveis e as exigências morais que transcendem o eu, na verdade as requerem" (p. 78, tradução nossa). Se a busca pela autenticidade poderia dar suporte à ideia de um eu desimpedido de constrangimentos, Taylor argumenta que antes, pelo contrário, a autenticidade pressupõe o reconhecimento mútuo, bem como compromissos éticos e pessoais incontornáveis.

Dito de outra forma, descartar o ideal da autenticidade em função de suas manifestações narcísicas significaria abdicar de um importante valor em função daquilo que o compromete. O problema, diz ele, não está tanto no ideal de autenticidade quanto na forma que acabou por assumir. A busca de autorrealização encerrada no terreno frágil e movediço da própria interioridade e combinada com uma forma de liberdade como pura autodeterminação conduz, essa sim, às experiências de desorientação e perda de sentido da vida.

Afirma, assim, que a crença de que a originalidade dos indivíduos poderia se dar no contexto de um "relativismo brando", no qual cada um teria a capacidade de conferir sentido pessoal a si próprio e ao mundo, desconsidera fatos fundamentais. Em primeiro lugar, Taylor chama a atenção para a própria condição dialógica da construção identitária. Não nos tornamos quem somos senão em um contexto de trocas intersubjetivas, pelas quais o reconhecimento do outro e a forma como impacta nossa própria subjetividade impõem restrições à ideia de que a identidade seria fruto de algum tipo de autoengendramento interior. Se a *descoberta de si* se tornou um componente fundamental da realização pessoal, é importante reconhecer que ela se dá necessariamente em meio a uma comunidade linguística a que se tem acesso pelo diálogo e pela interação com os outros. Em segundo lugar, o autor enfatiza a ideia de que o significado que somos capazes de atribuir a nós próprios e ao mundo só ganha relevância em contraste com um pano de fundo de inteligibilidade que se encontra, inevitavelmente, para além da capacidade de atribuição individual de sentido.

Isso leva o autor a considerar que não se deve pensar na autenticidade ignorando os *horizontes de significação* preexistentes e independentes das inclinações individuais. Embora o subjetivismo conduza os indivíduos a uma espécie de apologia da escolha individual e à crença de que esta pode ser autodeterminada, Taylor argumenta que "o ideal da livre escolha não se sustenta por si mesmo, porque requer um horizonte de critérios importantes que ajudem a definir em que medida a autodeterminação é significativa" (p. 48, tradução nossa). Assim, ao transformar a escolha em um fim em si mesmo, nega-se um horizonte de significação que confere valor àquilo que se escolhe. A apologia da escolha individual, defende Taylor, "é o tipo de gesto autodestrutivo que fazemos frequentemente em nossa sociedade subjetivista" (p. 45, tradução nossa).

A ideia de que cada ser escolhe o seu próprio destino com base em injunções pessoais tornou-se uma espécie de obrigação para o indivíduo contemporâneo que, associada à ideia de que só é autêntica na medida em que se dá em um contexto de ruptura com aquilo que excede o eu, faz desse ideal uma promessa vazia e silenciosa. Taylor denuncia a forma como o autocentramento excessivo promove uma falsa crença e uma abstração, a saber, a de que é possível constituir e experimentar um sentido próprio independente de uma experiência comum, para além dos contornos do eu. E adverte:

> *O agente que procura o sentido da vida, que tenta se definir de modo significativo, deve se situar em relação a um horizonte de questões essenciais. É o que existe de autodestrutivo nas formas da cultura contemporânea que se fecham sobre a autorrealização em oposição às exigências da sociedade ou da natureza, e que viram as costas à história e às exigências da solidariedade. (p. 48, tradução nossa)*

Versões da autenticidade e da autorrealização que tendem a negligenciar os horizontes de significação resultam, portanto, em um retraimento da vida, uma vez que ignorar "tudo o que transcende o eu" significa suprimir as condições de sentido e, ao mesmo tempo, "cortejar a futilidade". Mesmo reconhecendo que os diversos elementos que compõem esse ideal podem ser concebidos em contraste com as normas sociais e os valores morais consensualmente aceitos, Taylor evita fazer desse aspecto o seu predicado central.

Nesse contexto, formas de vida que apregoam o desenvolvimento do eu independentemente das exigências de laços com os outros e de qualquer dimensão que não aquela forjada sobre as aspirações e os desejos individuais acabam por minar as próprias condições da autenticidade. Esse ideal, assevera Taylor, só pode se realizar plenamente em referência a algum tipo de realidade que possua uma significação independente de nós mesmos ou de nossos desejos. "Se ser autêntico é ser sincero consigo mesmo, recuperar seu próprio '*sentimento de existência*', nós só chegaremos aí plenamente se reconhecermos que esse sentimento nos liga a um todo mais vasto" (p. 97, tradução nossa). Em outras palavras, despido do sentido de pertencimento a uma ordem comum, o ideal de autenticidade estaria fadado às distorções que levam às suas variantes preponderantemente narcísicas.

Embora a noção de autenticidade não constitua um tema privilegiado pela literatura psicanalítica, é possível inferir sua presença tácita por diferentes vias. Na medida em que o ideal da autenticidade, conforme indicado, possui um pé no racionalismo dos iluministas e outro no expressivismo dos românticos, não é preciso ir longe para destacar seu parentesco com o imaginário subjacente à invenção da psicanálise. Como se sabe, a entronização da ideia de que a construção das identidades é fundada em atributos e sentimentos privados constituiu o solo original de fomento da psicanálise, bem como a matriz fundamental sobre a qual se erigiu o valor da autenticidade como ideal privilegiado na constituição das subjetividades.

Ademais, ao considerarmos o conflito como centro normativo da formação subjetiva moderna (Bezerra, 2002), poderíamos argumentar que os constrangimentos neuróticos afastam os sujeitos de desejos e pulsões recalcadas, resultando, *grosso modo*, em uma maior distância de expressões autênticas do seu psiquismo. E mesmo quando a autenticidade não é explicitamente invocada por aspirantes ao tratamento psicanalítico – o que ocasionalmente acontece –, ainda assim pacientes e analistas comumente aludem à autenticidade na forma como caracterizam os objetivos do tratamento e as demandas feitas ao par analítico. No que diz respeito aos objetivos de uma análise, portanto, se poderia considerar que a busca por uma espécie de correspondência a si mesmo, de fidelidade à própria vida interior ou, ainda, a uma ética do desejo, seria enumerada por alguns como parte das ambições psicanalíticas.

Ocorre, contudo, que é justamente esse tipo de versão subjetivista que se tornou alvo de críticos da psicanálise, seja pelos dispositivos de poder aí implicados, seja pelo risco dos desvios narcísicos que uma exagerada "sensibilidade terapêutica" poderia promover. A ascensão da cultura da autenticidade e sua relação com as apostas na interioridade e no percurso arbitrário dos desejos poderiam, nesse sentido, ser associadas com a psicanálise como palco privilegiado da preocupação excessiva com os destinos do eu.

No que diz respeito à psicanálise de D. W. Winnicott, em particular, também é plausível compreendê-la pela aproximação a um ideal de autenticidade. Termos como *gesto espontâneo*, *verdadeiro* e *falso* selves, *sentimento de futilidade*, ou ainda os riscos da *obediência* e da *submissão*, dentre outros, podem ser evocados como sendo tributários de uma espécie de gramática da autenticidade. Entretanto, inspirados sobretudo nas considerações de Taylor (1992) e Costa (2002), pretendemos revisitar brevemente algumas ideias de Winnicott de modo a compor um cenário de versões menos restritivas desse ideal ou, ao menos, procurar desvincular sua compreensão das tonalidades narcísicas e exageradamente subjetivistas que poderiam fazê-lo rivalizar com as esferas que ultrapassam o eu. Se há algum lugar privilegiado para as manifestações do ideal da autenticidade na obra de Winnicott, como veremos, este não é o da esfera da intimidade solitária do sujeito, mas os espaços de partilha e interação com o outro.

Ao procurar desvincular a associação apressada entre ato ético e transgressão, Costa (2002) oferece elementos fundamentais para o tratamento dessa questão. Aparentemente próximo a Taylor, ele procura reabilitar a ideia de que alguns indivíduos podem ser criativos em sintonia com desempenhos morais consensualmente admitidos. Ou seja, recusa a ideia de que o ato criador implicaria, inevitavelmente, um ato transgressor. Por trás de sua intenção está a constatação de que, recentemente,

> *o tema da normalidade psicológico-moral foi substituído pelo da ética do sujeito ou do desejo, da estética*

> *da existência, do estilo único de vida, etc, expressões que realçam a ideia de "solução criativa" dos conflitos pessoais e sugerem, quase todas, que tal solução implica maior ou menor grau de "transgressão" das normas morais. (p. 63)*

Desse ponto de vista, a realização do ideal da autenticidade enquanto criação de si dependeria, necessariamente, da ruptura com modelos preexistentes de conduta baseados na escolha contingente dos próprios desejos.

Evitando, porém, reconhecer na ideia de transgressão um predicado central do ato ético, Costa encontra na noção de *ato criador* um referente preferencial. Sendo a criatividade "o impulso, vontade, desejo ou disposição para desenvolver, complexificar, diversificar e manter viva a pluralidade expressiva do sujeito" (p. 65), ela não se instala em necessária oposição às moralidades dominantes, embora esse possa ser um de seus destinos privilegiados. Costa esclarece que

> *o sujeito, ao enriquecer o mundo moral com um fato imprevisto, pode vir a infringir regras morais corriqueiras. Outras vezes, no entanto, pode agir em sintonia com os marcos gerais da moralidade e, mesmo assim, produzir gestos inovadores que dizem respeito a si e aos outros. (p. 65)*

Sugere, portanto, que o principal na criação ética é o compromisso com o alargamento e a mobilidade próprios à instituição permanente de novas normas de vida. É nesse contexto que as considerações de Costa sobre a noção de criatividade em Winnicott servem como inspiração para o exame da autenticidade.

Para avançarmos na sua análise, vale desde já lembrar que a ideia de criatividade em Winnicott não se encontra necessariamente vinculada à criação artística. Criatividade, segundo o psicanalista, é um dado primário da relação entre o sujeito e o seu ambiente. Dependente de certas qualidades, como regularidade e previsibilidade, o meio *suficientemente bom* torna-se confiável e permite à criança descobrir-se equipada com a capacidade para ser criativa. Este processo resulta do que Winnicott define como o estado de *preocupação materna primária*, meio pelo qual o ambiente se identifica com as necessidades da criança e cria as condições para que esta possa vir a *sentir-se real*, sendo gradativamente introduzida no campo da realidade compartilhada. Para Winnicott, o *sentir-se real* é o que faz a vida ser digna de ser vivida.

Assim, o fundamental é que o sujeito possa manter viva, ao longo do tempo, a sua "capacidade de criar o mundo". De acordo com Phillips (1988), *sentir-se real* constitui não apenas o termo central da descrição fenomênica do viver criativo, como também se aproxima da ideia de autenticidade. Segundo ele, "enquanto Freud estava preocupado com as possibilidades comprometidas de satisfação do indivíduo, para Winnicott essa é apenas uma parte de uma questão mais ampla das possibilidades do indivíduo para a *autenticidade pessoal*, que ele chamará de '*sentir-se real*'" (p. 7, grifos nossos, tradução nossa). Aponta, assim, para um modo de satisfação cujo referente não está nas experiências de prazer-desprazer descritas como variações na tensão libidinal do sujeito, mas em formas de realização que implicam, necessariamente, o viver criativo e a preservação do sentimento de continuidade da existência.

Dissociada de apreciações normativas quanto a determinados tipos de ação, em sua origem a criatividade refere-se mais propriamente à "sensação individual de realidade da experiência do objeto", da qual depende a constituição da *área de ilusão*. Uma vez que o ambiente oferece ao bebê o objeto adequado no tempo certo da satisfação da sua necessidade, ele experimenta a "ilusão" de ser seu próprio criador. Esse objeto achado/criado constitui a base da crença "onipotente" de que o sujeito é capaz de encontrar no mundo a matéria-prima não apenas da satisfação de suas necessidades, mas também da sua atividade criativa.

O esforço da criança, ao encontrar os limites impostos pelo objeto, faz nascer uma área neutra da experiência a não ser contestada. Os fenômenos transicionais, participando da composição da área da ilusão, assumem uma função central no processo de desilusão da criança: o importante não é definir o estatuto dos objetos a partir de um teste fiel da realidade nem delimitar com precisão a fronteira entre ficção e realidade, mas lidar com o meio preservando seu quinhão de ilusão e de onipotência necessário à apercepção criativa do mundo.

O que Winnicott sublinha, em suma, é a importância das experiências vividas no campo transicional para que o sujeito possa *sentir-se real* e, assim, manter vivo o *sentimento de continuidade da existência*. Vale lembrar, conforme assinala Costa (2002), que esse sentimento em nada se assemelha à ideia de completude, pois

> *a continuidade da existência não é um fóssil do destino pulsional que aspira a voltar ao estado inconsciente de totalização solipsística, e sim um sentimento ativo, criador da experiência da unicidade de si que acompanha e dá sentido às mudanças do self na interação com o meio. (p. 72)*

O acesso à realidade compartilhada depende da resistência dos objetos e dos obstáculos impostos ao agir espontâneo da criança, na medida em que, por meio de sua motilidade, o bebê "precisa de algo para empurrar" (Winnicott, 1950/2000, p. 298). Pela alteração funcional do ambiente, que se mostra *resistente* à atividade do sujeito, "o impulso agressivo se satisfaz ao multiplicar as ações que buscam dobrar o objeto às suas exigências. Por meio deste trabalho, a realidade externa se enriquece com coisas e eventos que espelham a potência do eu" (Costa, 2004, p. 119).

O atrito gerado entre o apetite agressivo do bebê e a resistência do ambiente revela, portanto, os efeitos de sua ação no mundo, ajuda na construção dos seus próprios limites e "satisfaz um desejo de diferenciação" (Phillips, 1988, p. 109). Se o objeto sobrevive à agressividade da criança e é assim colocado fora de sua área de projeção, "cria-se um mundo de realidade compartilhada que o sujeito pode usar e que pode retroalimentar a substância diferente-de-mim dentro do sujeito" (Winnicott, 1975, p. 131).

No contexto da compreensão do valor do agir criativo para o *sentir-se real*, Winnicott dirige seu interesse teórico-clínico para as manifestações do *verdadeiro* e do *falso selves*. Ele localiza a emergência do verdadeiro self na atividade criadora original do bebê e em sua apercepção do mundo, posto dependerem justamente da experiência de ilusão e da sua relação com os objetos subjetivos. O verdadeiro self provém, de um lado, da atividade agressivo-criativa do sujeito relacionada à ação das funções do corpo; manifesta-se, por outro, na experiência de onipotência e na sua reprodução futura. Expressão de um potencial herdado investido da impiedade (*ruthless*) que se revela no gesto espontâneo, traduz uma espécie de "idioma" único da personalidade do sujeito (Bollas, 1989/2019). Todavia, é importante salientar que

> *o verdadeiro self não é uma sombra inarticulada do eu nem uma entidade mística e autossubsistente extraída de algum velho sótão do idealismo metafísico, mas uma noção naturalista e pragmática, utilizada para designar o fluxo contínuo de experiências que se exprime*

> *livremente no momento da ação.* Seu motor é a espontaneidade criadora; seu meio, a realidade transicional; e seu fim, a permanente recriação do sujeito e de suas formas de vida. *(Costa, 2002, p. 75, grifos nossos)*

Note-se, portanto, que desse ponto de vista o trânsito subjetivo por essa dimensão do self não implica o acesso à "verdade" íntima do sujeito ou uma sintonia estreita com uma espécie de reservatório privado do seu mundo fantasmático. Ao verdadeiro self não se acede "por meio do insight e da introspecção" (Bollas, 2019, p. 17, tradução nossa). Caracterizar esse modo de expressão do self como "verdadeiro" pode incorrer no risco de distorcer o que sua descrição possui de mais fundamental. Não exatamente o fato de que reflete uma espécie de "verdade interior", um "roteiro oculto guardado na biblioteca do inconsciente" (Bollas, 2019, p. 17, tradução nossa) ou uma substância intrínseca e autêntica do ser, mas uma dimensão que abrange o agir criativo do sujeito e que se atualiza por meio do "uso do objeto" (Winnicott, 1975).

Assim, mais do que verdadeira, essa qualidade do self poderia ser descrita pela ótica do viver criativo; um *self criativo*. Se bem que seja por vezes descrito como "isolado, secreto e silencioso", a ser preciosamente preservado das formas de intrusão do ambiente que poderiam comprometer a experiência de onipotência do sujeito, sua manifestação está fundamentalmente ligada ao campo transicional.

No entanto, lembra Winnicott (1960/1990), "não há sentido na formulação da ideia do self verdadeiro, exceto com o propósito de tentar compreender o falso self" (p. 136). Ou seja, de sua perspectiva clínica importa notar as situações em que o indivíduo vê paralisada sua capacidade criativa e sucumbe às manifestações do falso self, posto que "o sintoma de uma vida não-criativa é o sentimento de que nada tem significado, o sentimento de futilidade, de que nada importa" (p. 136). No caso de falhas na constituição da experiência de ilusão, seja por intrusão ou privação do ambiente, "o indivíduo sobrevive falsamente" e se vê "seduzido à submissão" (p. 134).

Winnicott descreve as manifestações do falso self em uma espécie de espectro, que abrange "desde o aspecto polido normal do self ao marcadamente clivado falso e submisso self, que é confundido com a criança inteira" (p. 137). Assim, se parte da sua apresentação pode comprometer a totalidade da dinâmica subjetiva, precisamente quando "se implanta como real" e domina a personalidade do sujeito, o falso self também possui claramente uma "finalidade positiva, a preservação do indivíduo a despeito de condições ambientais anormais" (p. 131).

Note-se, portanto, como o falso self torna-se, de um lado, responsável pelo sentimento de futilidade e pela perda do sentido da vida derivados das intrusões e das falhas do meio e, de outro, é representado pelas formas de sociabilidade e interação que levam em conta as demandas do ambiente. Aqui, relaciona-se com a renúncia da onipotência, proporcionando ao sujeito um "lugar na sociedade", conquista impossível de se sustentar sob o regime exclusivo do verdadeiro self.

Na medida em que, dentre suas principais funções, encontra-se a proteção do self criativo por meio de respostas pragmáticas às exigências do ambiente, o falso self se apresenta como uma instância defensiva cujas atribuições têm a ver com a preservação de uma certa eficiência do repertório de ações do sujeito no mundo. É, nesse caso, fruto de uma clivagem que constitui uma aquisição do crescimento pessoal. Responsável por uma espécie de conciliação-submissão às imposições do ambiente, pode ser considerado *falso* sobretudo no contraste que estabelece com o self verdadeiro. Mas é, antes de tudo, um *self pragmático*.

Pode-se inferir, portanto, que a interrupção da capacidade criativo-normativa do sujeito deriva principalmente da paralisação da interação dinâmica entre as manifestações criativa e pragmática do self. Se a hipertrofia do mundo mental e seu efeito de rompimento do sentimento de continuidade da existência decorre do trauma gerado pela intrusão do ambiente – que obriga o sujeito a reagir renunciando à sua atividade criativa –, em contraste, "a psique é aquela parte de nós que representa por meio do self e de representações de objeto a dialética da negociação do verdadeiro self com o mundo real" (Bollas, 2019, p. 9, tradução nossa).

Em outros termos, a descontinuidade traumática que incide sobre o sentimento de continuidade da existência do sujeito e suas variações patológicas corresponderiam, nesse caso, ao rompimento da relação dialética entre self criativo e self pragmático. Se, de um lado, o self criativo em sua versão original corre o risco de enclausurar o sujeito na onipotência narcísica que rege sua relação com os objetos subjetivos, de outro, o self pragmático, destacado da atividade criadora, enrijece condutas transformando-as em versões imitativas, adesivas ou mesmo normóticas da relação com o ambiente. Uma vez que a dimensão pragmática do self ganha contornos puramente instrumentais, o self criativo fica tão bem oculto que "a espontaneidade não é um aspecto das experiências vividas pelo bebê" (Winnicott, 1960/1990, p. 134). Sobressai aqui o aspecto de submissão, futilidade e a perda da capacidade criadora do sujeito.

No contexto das ideias desenvolvidas por Winnicott sobre tais modalidades do self, Phillips (1988) afirma que "mais uma vez é a figura do artista que encarna o *impulso para a autenticidade* que é, para Winnicott, exemplar para essa integridade do ser que ele valoriza acima de tudo" (p. 151, grifos nossos). Feita a ressalva anterior de que a ideia de criatividade em Winnicott não se restringe àquela expressa em obras de arte, Phillips parece reforçar a associação que estabelece com a autenticidade.

Taylor (1992) tece considerações sobre o modo como a criação artística tornou-se historicamente o protótipo da definição de si. Na medida em que, a partir do início do século XIX, o paradigma da arte transpunha-se da ideia de *imitação* para a de *criação*, impôs-se a tendência a ver na vida do artista a essência da condição humana. Surgia então, para além da ideia expressivista segundo a qual nos tornamos nós mesmos a partir da expressão do que somos, a noção de que a descoberta de si exige uma criação original, e não mais a reprodução de algo que já existia anteriormente. Segundo Taylor, a associação entre a descoberta de si e a exigência da fabricação de algo novo e original viria a "cumprir um papel capital na evolução da ideia de autenticidade" e confirmar "nossa tendência a considerar de algum modo os artistas como modelos de definição do eu" (p. 70, tradução nossa).

Segundo o autor, é precisamente a aproximação entre autenticidade e arte que permite explicar algumas transformações desse ideal nos últimos dois séculos, "em particular, o desenvolvimento de formas que opuseram as exigências de autenticidade às da moral" (p. 73, tradução nossa). Na medida em que o ser autêntico reivindica originalidade, ele facilmente apela à revolta contra as convenções e contra a moral, compreendida como aquilo que constrange a expressão do que seria mais profundo e original nos indivíduos.

Ocorre que Taylor parece não endossar por completo essa manifestação do ideal da autenticidade. Não acredita que todas as vias de expressão da autenticidade devam ser tomadas como igualmente legítimas, posto poderem colidir com valores caros à civilização. Entende que os esforços para "deslegitimar os horizontes de significação" podem acabar por fazer emergir formas desviantes desse ideal. O mesmo poderia ser dito em relação à noção de autenticidade subjacente à ideia winnicottiana de criatividade. Tomar a figura do artista como uma das manifestações do impulso para a autenticidade requer o cuidado de lembrar que "realmente só criamos aquilo que descobrimos [e que] até mesmo nas artes não podemos ser criativos no vácuo" (Winnicott, 1970/1999, p. 39).

Parece-nos que, ao distanciar-se da equivalência compulsória entre criatividade e transgressão ou originalidade radical, Winnicott oferece não exatamente a oportunidade de responder à questão acerca dos critérios da vida autêntica, mas de substituí-la pela definição do viver criativo. A eventual pergunta acerca da possibilidade de sabermos se estamos sendo "fiéis a nós mesmos" ou apenas agindo em conformidade com a moral existente perde valor. Conforme já indicado, de modo a *sentir-se real*, autêntico e criativo, não é preciso que o sujeito rompa com todo e qualquer horizonte de significação anterior. Pelo contrário, como nada se cria "no vácuo", a ideia mesma de originalidade é deflacionada: o sujeito só manifesta sua espontaneidade e sua autenticidade na medida em que o ambiente se lhe apresenta como obstáculo e permite, pelo "uso do objeto", sua intervenção criativa.

Sendo a experiência cultural um derivado dos fenômenos transicionais e do brincar, Winnicott faz questão de lembrar que este "lugar onde vivemos" é sempre povoado por horizontes prévios de sentido. Ao servir-se da noção de "cultura" para definir o terreno próprio à manifestação da espontaneidade criadora, Winnicott (1975) afirma estar

> *pensando na tradição herdada, . . . em algo que pertence ao fundo comum da humanidade, para o qual indivíduos e grupos podem contribuir, e do qual todos nós podemos fruir, se tivermos um lugar para guardar o que encontramos . . . Em nenhum campo cultural é*

> *possível ser original, exceto em uma base de tradição. (p. 138)*

Assim é que o *espaço potencial* se constitui entre as dimensões subjetiva e objetiva dos objetos por meio da "integração entre originalidade e a aceitação da tradição como base da inventividade" (p. 139).

Esse espaço-sede que acolhe o sentimento de continuidade da existência, o *sentir-se real* e, se quisermos, o ideal de autenticidade winnicottiano não se constitui na exclusividade do campo privado da subjetividade. É apenas em meio a horizontes de significado comuns que pode o sujeito ser autêntico e criativo. Ademais, como lembra Costa (2007), o fruto da criatividade "não é algo que se possui individualmente, mas que se divide com o outro, sob pena de não haver investimento, paixão ou entusiasmo pelo objeto criado" (p. 13).

O *sentir-se real*, garantido pela criatividade que habita a realidade transicional e efeito da resistência do outro/objeto à ação do sujeito, faz da autenticidade pessoal um elemento que só pode ser conquistado "em relação a uma realidade superior que possua uma significação independente de nós mesmos ou de nossos desejos" (Taylor, 1992, p. 88, tradução nossa). Nessa acepção, e eventualmente mais distante dos desvios que levam às suas variações narcísicas, a autenticidade encontra-se radicada no espaço potencial, tornando-se tributária do interjogo entre o indivíduo e o ambiente, entre o eu e o outro e, ainda, dependente da articulação entre as manifestações *criativa* e *pragmática* do self.

Referências

Bezerra, B. (2002). O ocaso da interioridade e suas repercussões sobre a clínica. In C. A. Plastino (Org.), *Transgressões* (pp. 229-238). Contracapa.

Bollas, C. (2019). *Forces of destiny: psychoanalysis and human idiom*. Routledge. (Trabalho original publicado em 1989).

Costa, J. F. (1984). Sobre a "Geração AI-5": violência e narcisismo. In J. F. Costa, *Violência e psicanálise* (pp. 117-189). Graal.

Costa, J. F. (2002). Criatividade, transgressão e ética. In C. A. Plastino (Org.), *Transgressões* (pp. 63-76). Contracapa.

Costa, J. F. (2004). O uso do corpo como objeto transicional. In J. F. Costa, *O vestígio e a aura: corpo e consumismo na moral do espetáculo* (pp. 89-127). Garamond.

Costa, J. F. (2007). *O risco de cada um e outros ensaios de psicanálise e cultura*. Garamond.

DeLillo, D. (2023). *O ruído branco*. Relógio D'Água. (Trabalho original publicado em 1984).

Han, B.-C. (2022). *Infocracia: a digitalização e a crise da democracia*. Relógio D'Água.

Lasch, C. (1983). *A cultura do narcisismo: a vida americana numa era de esperanças em declínio*. Imago.

Lasch, C. (1987). *O mínimo eu: sobrevivência psíquica em tempos difíceis*. Brasiliense.

Lipovetsky, G. (2022). *A sagração da autenticidade*. Edições 70.

Phillips, A. (1988). *Winnicott*. Harvard University Press.

Salem, P. (2004). *Do luxo ao fardo: um estudo histórico sobre o tédio*. Relume-Dumará.

Taylor, C. (1992). *Le malaise de la modernité*. Editions du Cerf.

Trilling, L. (1972). *Sincerity and authenticity*. Harvard University Press.

Winnicott, D. W. (1975). *O brincar e a realidade*. Imago.

Winnicott, D. W. (1990). Distorção do ego em termos de verdadeiro e falso "self". In D. W. Winnicott, *O ambiente e os processos de maturação: estudos sobre a teoria do desenvolvimento emocional* (pp. 128-139). Artes Médicas. (Trabalho original publicado em 1960).

Winnicott, D. W. (1999). Vivendo de modo criativo. In D. W. Winnicott, *Tudo começa em casa* (pp. 23-40). Martins Fontes. (Trabalho original publicado em 1970).

Winnicott, D. W. (2000). A agressividade em relação ao desenvolvimento emocional. In D. W. Winnicott, *Da pediatria à psicanálise* (pp. 288-304). Imago. (Trabalho original publicado em 1950).

16. Sobre psicanálise e religião: a alguns metros do brincar e o uso do objeto

José Henrique Lobato Vianna

> *A quinhentos metros, os vossos belos olhos desaparecem; e essa claridade do vosso rosto; e a fascinação da vossa palavra. É uma pena, mas a quinhentos metros, tudo se torna muito reduzido; sois uma pequena figura sem pormenores; vossas amáveis singularidades fundem-se numa sombra neutra e vulgar. . . .*
>
> *Bem sei que tendes muitas inquietações: há um mês de maio na vossa memória, e um campo em flor, e um arroio que cantava numas pedrinhas . . . Mas, para quem vos olha a uma distância de quinhentos metros, essas dimensões que levais convosco deixam de existir.*
>
> Cecília Meireles (1962)

A quinhentos metros de um mês de maio, ou seria um seis de maio? Olhos desaparecem, rostos clareiam e palavras fascinam, um campo em flor, um arroio cantante nas pedrinhas, e a distância de quinhentos metros de muitas inquietações. Sensações que podemos pensar como parte da relação mãe-bebê ou mesmo da leitura de um texto (pode ser de um psicanalista). E os afetos com que tais coisas marcam nossos corpos? Quais transições do pensamento nos escapam e quais delas absorvemos em nossa memória corporal? Proximidade? Distância? Fusão? Separação? Eu? Não eu? Como nos constituímos como pessoas, com certa autonomia?

Como diria Baruch Spinoza (1979), somos afetados e afetamos os outros, nossos corpos pensantes sinalizam o quanto somos marcados pela experiência e o quanto isso reflete no que somos enquanto humanidades. Na transicionalidade do ser, vivenciamos as marcas que recebemos em nossa pele, em nossos corpos, ou como diria Donald W. Winnicott, em sua extensa bibliografia, como vivenciamos o *holding* e o *handling* em nosso soma nas trocas relacionais com o ambiente, com os outros. Assim, para Winnicott, daríamos continuidade à nossa tendência ao desenvolvimento emocional.

Até onde a religião e a psicanálise nos afetam? Quais são os "encontros marcados" com esses dois objetos que transicionam? Precisamos nos afastar quinhentos metros para que os seus pormenores se reduzam e as suas "amáveis singularidades" fundam-se na sombra neutra e vulgar da nossa memória? Como as humanidades fazem uso desses objetos?

"Venha para o mundo de uma forma criativa, crie o mundo; só o que você criar terá significado pra você" (Winnicott, 1994b, p. 90), dessa forma criativa se dariam as primeiras mamadas teóricas do filhote humano para Winnicott. O bebê, ao ser "iludido" pela mãe cuidadora de que foi ele quem "criou" o objeto amado – o seio – e ainda dentro deste tempo onipotente, "divino maravilhoso", fará novas transições em suas experiências de continuidade do ser ao longo da existência de seu tempo de vida, mesmo já passando por "desilusões" na sua temporalidade e limitações no cotidiano.

Em sua teoria do desenvolvimento emocional humano, Winnicott (1990) busca sempre o sentido de saúde no indivíduo: "a saúde da psique deve ser avaliada em termos de crescimento emocional, consistindo numa questão de maturidade" (p. 30). Segundo ele, o bebê humano na continuidade de ser, na fase que denominou dependência absoluta, entre o nascimento e os primeiros cinco meses de vida, e imerso naquilo que denominou elaboração imaginativa, passaria por três processos bastante precoces: integração, personalização e realização, os quais marcariam sua história com a saúde, com o viver espontâneo.

Na saúde, a tendência ao desenvolvimento buscaria conquistar uma unidade para a psique e o soma, "uma identidade experimental do espírito, ou psique, e a totalidade do funcionamento físico" (Abram, 2000, p. 194), conduzindo o bebê ao funcionamento corporal e, consequentemente, ao desenvolvimento da personalidade. Sobre esse ponto específico, Winnicott (1984/1994a) dirá que "este estágio integrador poderia ser chamado de estágio do 'EU SOU'. Gosto deste nome porque me recorda a evolução da ideia do monoteísmo e a designação de Deus como o 'Grande EU SOU'" (p. 89), aqui, um "dEUs", vivido na onipotência infantil da criação do mundo? Do mundo das ideias?

Passados os seis primeiros meses de vida, entende ele que o bebê manteria uma relação de dependência relativa do cuidador, iniciando seu processo de "nascimento pra si", em que seu corpo, não mais "colado" ao da mãe (ou de seu cuidador), é sentido e vivido de forma distinta. Viveria ainda a figura materna como em duas configurações: mãe objeto (dos períodos de agitação/excitação) e mãe ambiente (quando de sua tranquilidade/paz).

Para Winnicott, o papel do ambiente é de extrema importância para se pensar a sobrevivência do objeto, no caso a mãe/cuidador, e, consequentemente, o uso dele na relação de continuidade do ser da pessoa humana. Para fazer o uso de um objeto, o bebê precisaria ter desenvolvido a capacidade de usar o objeto, sendo esta a principal mudança do princípio de realidade. Tal capacidade não seria inata nem seria uma certeza em termos de seu desenvolvimento. Ao se tornar capaz de usar o objeto, o bebê conquistaria habilidades e delas usufruiria na continuidade do ser, tendo num ambiente facilitador e suficientemente bom garantias para as suas conquistas posteriores.

Para Winnicott, ocorreria no primeiro momento do desenvolvimento do bebê a relação de objeto e somente na sequência o uso do objeto. O que acontece nesse momento entre a relação e o uso seria percebido a partir da retirada do objeto da área de controle onipotente do bebê, como um fenômeno externo, e não como entidade em si mesma. Tal etapa de vida seria crucial no desenvolvimento emocional e seu fracasso, o mais complicado em termos de reparações.

Para o autor, a mudança da relação com o objeto para o seu uso aconteceria a partir da destruição e da sobrevivência ou não deste. Haveria uma posição que intermediaria isso, em que a pessoa se relaciona com o objeto, o destrói a partir de sua externalização, podendo ele sobreviver ou não a esse feito. Tal etapa, para o autor, denotaria outro momento do uso da teoria das relações de objeto. Dirá ainda:

> *O sujeito diz ao objeto: "Eu destruí você", mas o objeto está lá para receber a comunicação. De agora em diante o sujeito diz: "Olá, objeto! Eu destruí você"; "Eu amo você"; "Você tem valor para mim porque sobreviveu quando o destruí"; "Embora ame você, eu o destruo o tempo todo em minha fantasia (inconsciente)". É nesse ponto que a fantasia começa para o indivíduo. O sujeito pode agora usar o objeto que sobreviveu. (Winnicott, 1951/2019, p. 146)*

Seria a partir da destruição e da sobrevivência dos objetos que o humano poderia fazer outros usos em seu percurso existencial, inclusive, tal conquista o retiraria da área de controle onipotente, ajudando-o na construção da autonomia.

A alguns metros do corpo materno e das experiências de separações vividas pelo nascituro, podemos pensar nas memórias corporais que constituirão as características pessoais do ser humano. Singularidades, subjetividades, interioridades, vida mental ou outros conceitos que, ao longo do tempo, elencamos para entender o mundo interno ou o psiquismo do ser humano foram norteando discussões e, assim, construímos saberes que dessem sentido a nossa grande jornada existencial. Dos primeiros humanoides aos atuais, muitas configurações de ser no mundo se apresentaram e transformaram nossas condições de vida. As religiões, por traduzirem muito dessas experiências imemoriais, e a psicanálise, que segundo Winnicott era o fenômeno altamente aperfeiçoado do século XX, também nos possibilitaram pensar sobre o uso de um ou mais objetos sobreviventes do mais arcaico e primitivo nas/das humanidades.

O pensamento de Winnicott, como diria Abram (2010), "alicerçado na dialética do e entre o desenvolvimento freudiano e o kleiniano" (p. 215), oferece um avanço na ideia psicanalítica do sujeito, nos apresentando noções das primeiras experiências do bebê humano com o ambiente onde ele se encontra e onde tais vivências se tornam conquistas em seu desenvolvimento emocional. Ele clama pelo brincar como garantia de saúde psíquica e nos convida a usar o objeto que transiciona em nossos corpos de modo natural e vivo.

Meio como Lupicínio Rodrigues, que nos lembra que o pensamento é uma coisa à toa, mas como a gente voa quando começa a pensar, Winnicott propõe o transicional como marca humana de experiência de vida e criação, pelo qual o ser humano pode, inclusive, chegar na casa que "fica lá detrás do mundo/ Onde vou em um segundo quando começo a cantar".

Para Winnicott (2000), existem objetos que transicionam numa área intermediária da experiência, desenvolvendo habilidades neste pequeno ser humano que alcançou condições de unidade, possuindo uma realidade interna e dela fazendo uso em sua continuidade de ser. Dirá ainda que existe uma terceira parte na vida psíquica desse pequenino, a qual denomina região intermediária da experimentação, em que as contribuições da realidade externa, bem como da realidade interna, se misturam produzindo efeitos na sua constituição enquanto sujeito humano.

Assim, teremos objetos ou fenômenos transicionais que ao longo da continuidade vivente apresentaremos, relacionaremos e dos quais faremos uso a partir de nossas próprias experiências de vida com aquilo que nos circunda. Criamos o mundo em nossa atividade mental e dele traremos produções para o diálogo maior que é o viver. O objeto literário, os objetos religiosos, a linguagem, dentre outros, são criações da cultura humana de que faremos uso neste espaço/tempo das experimentações que se chama: vida.

Winnicott (1951/2019) dirá que "naturalmente, o objeto em si não é transicional. O objeto representa a transição do bebê de um estado de fusão com a mãe para um estado de relação com a mãe como um ser externo e separado" (p. 35), em que ocorreria a primeira posse "não eu", uma das tantas conquistas do bebê humano na tendência ao desenvolvimento emocional, experimento da apresentação à relação e, consequentemente, ao uso do objeto como marcas das criações do viver, algo entre o mundo interno e o mundo externo, constituindo, assim, o objeto como algo que transiciona.

Abram (2000), ao expor a linguagem transicional de Winnicott, comenta o emprego do termo cobertura egoica, utilizado pelo autor para expor as proteções do cuidador para com o bebê, cuidados estes contra as agonias impensáveis, as mais primitivas da vida psíquica humana. Entendendo que tais agonias adviriam das distorções do desenvolvimento, o bebê experienciaria sensações de ser feito em pedaços, cair interminavelmente, isolamento completo devido às falhas comunicacionais e ruptura entre psique e soma. É com ela, cobertura egoica, que no bebê resultará o que ele chamou de "*self* unitário, que se constitui naquilo que o bebê lança mão a fim de integrar sua experiência, formar uma personalidade e tornar-se ele mesmo" (p. 122).

Winnicott (1983) traz os seguintes comentários:

> *A integração está intimamente ligada à função ambiental de segurança. A conquista da integração se baseia na unidade. Primeiro vem o "eu" que inclui "todo o resto é não-eu". Então vem "eu sou, eu existo, adquiro experiências, enriqueço-me e tenho uma interação introjetiva e projetiva com o não-eu, o mundo real da realidade compartilhada". Acrescente-se a isso: "Meu existir é visto e compreendido por alguém"; e ainda mais: "É me devolvida (como uma face refletida em um espelho) a evidência de que necessito de ter sido percebido como existente". Em circunstâncias favoráveis a pele se torna o limite entre o eu e o não-eu. Dito de outro modo, a psique começa a viver no soma e uma vida psicossomática de um indivíduo se inicia. (p. 60)*

Na continuidade de ser, a criatura humana vai se constituindo a partir das conquistas que o habilitam a se desenvolver. Na sua ontologia, o ser humano tende a se desenvolver em busca da vida, da criação. Afinal, em sua onipotência primeira, o bebê, grande criador, percebe objetivamente e concebe subjetivamente o mundo, a "conta-gotas"; sai da elaboração imaginativa e cria símbolos, objetos que se relacionam, e logo a seguir fará uso deles.

A existência acontece na interação, na relação com o objeto, na realidade compartilhada com o outro, no psicossoma. A psique viva no soma, onde a pele, maior órgão do corpo humano, limita o eu do "não eu", ou como diria Didier Anzieu (1989), a pele, como o mais vital de todos os órgãos dos sentidos, a que memoriza as marcas do mundo externo e com isso possibilita ou impossibilita o desenvolvimento emocional, uniria e separaria as diferentes sensorialidades, tendo "papel de intermediária, de entremeio, de transicionalidade" (p. 20).

E nessas transições retomamos o ponto das memórias corporais que ressoam quando da experiência religiosa. Mario Aletti (2007), ao comentar sobre o pensar a religião em Winnicott como mais um uso do objeto que transiciona, diz que "Winnicott aponta o brincar como *(to) play*, que evoca o brincar criativo e divertido, mais do que como *game*, que indica um jogo com regras precisas e estabelecidas" (p. 24). A área intermediária, da ilusão, das transições entre o fora e o dentro, na qual acontecem as experiências, inclusive as de cunho religioso, seria a área transicional, uma área funcional na evolução das manifestações, que acompanha toda a vitalidade psíquica da experiência pessoal criativa – para Winnicott, não seria um momento ou fase do desenvolvimento, mas algo contínuo que se prolonga em todo o processo de integração da tendência ao desenvolvimento do humano em nós. No seu pensamento subjaz a ideia de ilusão criativa infantil como constituinte do humano, e na sua onipotência divina, em outras transições, aparece o "iludir-se" que retorna no campo das religiosidades. Surgiria assim mais uma composição deste trato com o mais arcaico e primitivo no humano, algo que sobreviveu à destruição e agora pode ser usado de novo, o dEUs SOU sobrevivente dos tempos precoces?

Podemos brincar ainda mais e fazer uso do objeto transicional em outros expoentes, como Françoise Dolto (2010, 1981, 1979). Ela nos traz, em sua história de vida, sobretudo no que tange ao universo das experiências religiosas, o quanto o uso desses objetos marcou sua vivência. Ela irá destacar em "quantos metros" pôde se aproximar e se distanciar das coisas ligadas ao sagrado em sua jornada no campo da psicanálise.

Seus afetos estão impressos no corpo, na pele, onde o uso do objeto, destruído e sobrevivente, se torna presente em seu discurso. Marcas das trocas afetivas que deram sustentação a sua existência. Terços, cantos, orações, crenças, objetos passados a partir de um encontro com mãe, pai, avó, avô ou outro familiar que tenha trazido o cuidado e o amor devotados em comum, um ambiente facilitador que pode ajudá-la em sua continuidade de ser.

Dirá em entrevista a Gérard Sévérin sobre as marcas indeléveis da vivência familiar no campo da religiosidade. Memórias corporais que representam sua intimidade com o campo da fé, da crença em algo, que para ela se expressava tanto na religiosidade quanto na psicanálise. Dirá ela sobre o uso destes objetos:

> *No tempo de minha infância, eu ouvia na igreja os textos dos Evangelhos – ou os lia – como passagens de uma história, a de Jesus e do mundo de seu tempo e de lugares ensolarados. . . . Depois cresci, sofri, fui analisada, tornei-me médica e psicanalista. . . . A Bíblia, os Evangelhos começaram a questionar-me e eu a reagir a sua leitura. Surpreendia-me esse retorno súbito de interesse, à medida que aumentava minha experiência de vida e, sobretudo, de clínica analítica, pela descoberta da dinâmica do inconsciente e do modo pelo qual, a partir de Freud, descobrimos sua força e descodificamos suas leis. Cada vez mais, me certifico de que o que descobrimos a respeito do ser humano, esses textos já veiculavam e deixavam entender. Isso se evidencia nesse tesouro de palavras reunidas. (Dolto, 1979, p. 9)*

Temos em Marie Balmary (1997), outra psicanalista francesa, mais argumentos dessas transições. Suas leituras versaram, dentre tantas outras coisas, pelos caminhos de Sigmund Freud e pela Bíblia Sagrada, tendo neles, a seu ver, o "bom uso do objeto", "devotados em comum". Dificuldades iniciais surgiram apontando incompatibilidades entre esses universos e, assim, a necessidade de distanciamento. Deveria ficar distante, a muitos metros, do ideário do sagrado, pois o "fascínio da palavra" poderia trazer outros desafios e dúvidas em relação ao campo analítico, "quanto a essas leituras, eu pensava que uma questionava a outra, pareciam anular-se mutuamente" (p. 7). Algo suscitava espanto em seus pensamentos, como também em Dolto, sobre a proximidade dos campos fundamentados em relatos, o universo do sagrado e os escritos psicanalíticos, ambos norteadores das experiências de vida, do pensar a continuação do ser humano ao longo de uma história. Tais jornadas e leituras levaram Balmary a outro empreendimento.

Aluna de Jacques Lacan, Balmary dele se aproximou após o famoso psicanalista ter ciência de que Sorbonne havia recusado a sua pesquisa, ou, como ela comenta, a sua tese. Por dois encontros falaram sobre suas inquietações, e, no final de um dos respectivos contatos, Lacan lhe pede que deixe algo em espécie, coisa que ela recusa e ele aceita, segundo Balmary (2007), com uma "humildade inesperada" (p. 7). A partir de tal movimento, volta-se para outro "desejo", o de encontrar Marc-François Lacan, conhecido como Marc, monge beneditino e irmão caçula do psicanalista. Um dos pontos de suas reflexões era "como um intérprete reconhecido dos textos bíblicos conciliava a leitura desses textos com a leitura da obra de seu irmão que ele seguia atentamente?" (p. 8).

Alguns encontros se deram e ela pôde, como pesquisadora, vivenciar surpresas acerca da "fé" no sagrado e na psicanálise. Dirá Balmary (2007) sobre essa experiência:

> *O psicanalista tinha me recebido como um mestre que recebe generosamente uma estudante sem universidade. Mas lá onde ele tinha permitido que eu me inscrevesse, não havia lugar para mim, exceto se eu tivesse desistido do meu próprio pensamento; ou seja, se, de fato, eu renunciasse à minha própria pesquisa. . . . O religioso tinha me acolhido como um pesquisador acolhe outro pesquisador, para que eles simplesmente contem um ao outro sobre suas tentativas, suas apalpadelas e suas descobertas. (p. 10)*

Além de Dolto e de Balmary, podemos transicionar em outros autores que tomaram a psicanálise como caminho e uso do objeto e que também expressaram suas ideias acerca do campo das religiosidades, como, em solo tupiniquim, Hélio Pellegrino, Gilberto Safra e Jurandir Freire Costa, dentre outros.

No livro *Hélio Pellegrino A-Deus*, de 1988, em homenagem à passagem de morte de Hélio Pellegrino, vários autores ligados à psicanálise transitaram pelo tema do sagrado. Costa (1988), um desses autores, irá tecer os seguintes comentários acerca desse campo:

> *A origem do sagrado não residia no sentimento de impotência, mas no sentimento de potência. O homem imaginava o sagrado, pois só o sagrado poderia dar um mínimo de sentido ao milagre, da linguagem, em sua adequação ao mundo. Se o sujeito não sabe nem tem como explicar a miraculosa propriedade que tem a linguagem de parecer isomorfa às estruturas das coisas, ao ponto de transformá-las, criá-las e recriá-las, como só um Deus poderia fazer, a quem ou ao que recorrer, para entender o que se passa no terreno da recriação*

> *permanente do mundo, através desta mesma linguagem? (p. 93)*

Os argumentos de Costa dialogam com o trato dos estudos de Sigmund Freud, sobretudo no texto *Moisés e o monoteísmo*, em que, pela religião mosaica, Deus foi apresentado por imagens. Seria pela linguagem humana, capaz de operar mudanças significativas no mundo interior e exterior, que viria a força do pensamento e a crença no sagrado, seria pela onipotência mágica das palavras, enquanto marcas subjetivas, que se daria sua constituição e organização. Costa dirá ainda que o sagrado "é o que é conhecido porque não se pode conhecer. O sagrado está no limite do dizível. É aquilo que brota do sentimento de poder da linguagem humana, e não do sentimento de impotência, produzido pela fantasia infantil" (p. 93). Assim, o ser humano, ao deparar com o campo do mistério no sagrado, poderia inclusive enunciá-lo enquanto tal.

Ele vai além da linguagem: "o encontro com Deus, para quem crê, dá-se na revelação do mistério. O sagrado emerge quando o espírito humano chega ao auge de sua potência, enquanto criador" (p. 94). Poderíamos aqui voltar ao bebê, que em sua onipotência absoluta cria o objeto, se relaciona e subsequentemente faz uso dele, o dEUs SOU ao qual Winnicott nos apresentou, o seu objeto discursivo que transiciona? O grande mistério estaria na criação e em como se faz uso do objeto no campo das sacralidades?

Aqui poderíamos pensar também sobre o objeto transicional, que para determinadas coletividades se torna vivo e anunciado pelas brumas leves das paixões que vêm de dentro, nos sinais das manhãs de domingo advindos dos sinos das catedrais, como novas composições do "fora", do "dentro" e do "entre" que Winnicott nos apresenta em seu objeto literário?

Winnicott (2000), ao dizer acerca desses símbolos que transicionam nas comunidades de fé cristã que "a hóstia do santo sacramento, a qual simboliza o corpo de Cristo, . . . para a igreja católica ela é esse corpo, e que para a comunidade protestante ela é um *substituto*, uma evocação, não sendo em sua essência o verdadeiro corpo em si mesmo" (p. 322), entende que em ambas as comunidades se trataria de um símbolo que retrata uma ideia que liga o sujeito a suas primeiras possessões "não eu", podendo ele fazer uso do objeto, aqui transformado no pão ou hóstia.

Seriam esses objetos, criados pelos grupos sociais, sinais de um retorno à dependência relativa ou absoluta dos primórdios da vida do bebê humano? As religiões, com suas configurações simbólicas, seriam outras habilidades conquistadas ao longo da vida humana, por cujas manifestações de fé, das formas mais plurais possíveis, manifestassem algo do vir ao mundo criativamente, do criar o mundo e fazer uso dessas criações como algo de sentido para o existir, ou mesmo, como o próprio autor falou, das primeiras manifestações de posse não eu do bebê?

O mundo roda, como um moinho, como um pião, ou seria na roda-gigante das voltas do coração? O tempo, nas transições que ele nos apresenta, rodou num instante e carregou lembranças de memórias para algum lugar... para alguns metros num longe/perto do passado e, assim, o objeto sobrevivente ressurge em pensamentos, rituais, celebrações, encontros que demarcam outros territórios de afetos.

Surge de novo Cecília Meireles (1962):

> *A quinhentos metros, na verdade, há muita ausência, vamos acabando muito depressa. Pensai que, geralmente, neste mundo, há sempre cerca de quinhentos metros de uma pessoa para outra! Somos só desaparecimentos. E apenas quando conseguimos ficar, também, a quinhentos metros de nós mesmos, encontramos algum sossego. Porque, então, é a vez dos nossos tormentos*

> *mudarem de proporções e aspectos. De serem vistos só de longe, sem pormenores, sem voz, sem ritmo: nem mês de maio, nem flores, nem arroio. Talvez a memória serenada. Talvez nem a memória... – É assim a quinhentos metros!*

Numa sexta-feira, num encontro semanal online com Jurandir Freire Costa, ouvimos dele próprio esse belo poema de Cecília Meireles. Estávamos todos nós do grupo de estudos muito mais que quinhentos metros distantes dele em virtude das condições sanitárias pelo advento da covid, mas a proximidade se deu (se dá) a cada momento de escuta, reflexão e aprendizagem. Para ele, quero retomar apontamentos acerca de seu pensamento e seu discurso no uso dos objetos ligados ao campo do sagrado.

Numa memória serenada, como ilustra Cecília Meireles, o menino de Camaragibe me levou para o eu adolescente de Nova Iguaçu e o uso do objeto a partir de alguns textos lidos de dois autores: Hélio Pellegrino e ele próprio, Jurandir Freire Costa, nas folhas do antigo *Jornal do Brasil*, e o rodamoinho avivou ainda outras memórias da vivência na pastoral da juventude católica e das leituras pungentes de Leonardo e Clodovis Boff, Dom Hélder Câmara, Dom Pedro Casaldáliga, Dom Adriano Hipólito, dentre outros. Objetos sobreviventes de um mundo juvenil se destacaram e ressurgiram, não numa "confusão de línguas" ferencziana, mas num brincar contagiante, no campo dos afetos.

Ao ter em mãos o livro *A ética e o espelho da cultura* (Costa, 1994), pude folhear e ler alguns textos de um tempo em que a psicanálise estava longe de meu campo literário. Tal publicação faz um apanhado de textos de Jurandir Freire Costa, apresentados em vários jornais ao longo do tempo. Primeiro fiz uso do objeto literário, de base psicanalítica, a partir dos textos de Jurandir e Hélio, depois os outros autores surgiram para me ajudar a "brincar" e fazer uso do objeto psicanalítico, de forma mais intensa e, às vezes, "tensa".

Num seminário organizado na Pontifícia Universidade Católica do Rio de Janeiro (PUC-Rio), pelos idos de 1999/2000, que tratava sobre o tema do *amor*, Costa (2000) traz reflexões acerca de "certas coisas" que o humano foi perdendo em relação ao cuidado, a uma ética voltada para o outro, e rememora as experiências de solidariedade e compaixão – e, segundo os comentaristas, para um mundo melhor. Dirá ele:

> *Há coisas bonitas do passado que não achamos graça hoje. Por que será que não achamos bonito sair de casa e dedicarmos a quem precisa? Certas coisas se perderam. Será que é muito difícil mostrar que não estamos sós no mundo?*
>
> *Nunca se viu uma civilização que prega amai-vos uns aos outros, que tenha a frieza e indiferença em relação a quem não mora dentro da mesma casa. Já não digo o próximo, porque não falamos com o vizinho do lado. Quando vemos o que foi o anarquismo, o cristianismo primitivo, os primeiros passos do socialismo utópico, notamos que o próximo estava mais próximo, ninguém reclamava o próprio espaço. (p. 128)*

O mundo atual, segundo ele, mostra uma cultura que nos marca a partir de valores discutíveis, na qual subjaz, na prática subjetiva, organizativa, uma necessidade de se pensarem os valores nas/das relações humanas de modo ascético, na qual as discussões perpassam pelos objetos externos que representam a alma, o espírito, a mente, a psique. Comenta sobre a ideia de ascese, palavra grega que traz o cuidado e a responsabilidade sobre si mesmo e sobre o outro, de forma variada nas trocas afetivas atuais, apresentando o ideário de que somos produto da nossa ação sobre nós próprios, como ponto marcante daquilo que poderemos vir a ser. Seus argumentos nos levam a pensar naquilo que nos escapa, como um objeto "mal sobrevivente", nos exercícios de cuidado para consigo próprio ou para com o outro. O amor ao objeto (si mesmo ou o outro) não sobreviverá nas humanidades? Estaríamos perdendo este encontro com o outro? Tem "certas coisas" que também não saberíamos dizer?

Transicionando ainda pelas interrogações ontológicas do ser, chegamos ao ideário do amor, uma das máximas do discurso religioso, e aos argumentos decorrentes deste debate/embate. Voltemos a pensar de que forma fazemos uso dos objetos.

Dívidas do amor devotado e comum do cuidador inicial represados em corpos e mentes? Sem amor estamos amputados de nossa melhor parte? A vida poderia ser mais tranquila e livre de dores quando não amamos? Amar é sofrer? Quais seriam os dilemas do amor? Inquietações acerca dessa afeição que Costa (1998) nos instiga a pensar. O autor nos dirá que, no amor romântico, a felicidade estaria na erotização dos afetos, dominando o imaginário que teria no amor erótico o "supremo bem".

> *Penso que o amor nem é uma impostura, como querem alguns, nem é o sagrado profanado por nossa "impiedade narcísica", como querem outros. O amor é uma crença emocional e, como toda crença, pode ser mantida, alterada, dispensada, trocada, melhorada, piorada ou abolida. O amor foi inventado como o fogo, a roda, o casamento, a medicina, o fabrico do pão, a arte erótica chinesa, o computador, o cuidado com o próximo, as heresias, a democracia, o nazismo, os deuses e as diversas imagens do universo. Nenhum de seus constituintes afetivos, cognitivos ou conativos é fixo por natureza.*

> *Tudo pode ser recriado, se acharmos que assim deve ser, em função do que julgarmos melhor para todos e cada um de nós. Para isso, entretanto, é preciso mostrar que nossas convicções amorosas podem ser aperfeiçoadas, qualquer que seja o sentido que venhamos a dar ao termo perfectibilidade. (p. 12)*

Costa (1996) já havia explorado outros pontos dessas lógicas humanas em busca de entender a vida, a morte, o amor e o destino, dentre tantas outras interrogações, como mote para sua jornada existencial. Vemos isso a partir de seu "destino" ao tratar do filme do diretor Tim Robbins, *Os últimos passos de um homem*, de 1996, que explora a história verídica entre a freira católica Helen Prejean (Susan Sarandon) e o detento Matthew Poncelet (Sean Penn), julgado pelo estupro e pela morte de uma jovem junto a seu namorado e condenado ao corredor da morte por esses dois assassinatos. A freira em questão aceita ser o guia espiritual desse homem em "seus últimos passos", contrariando muitos com essa opção.

Um dos temas retratados por Robbins versava sobre a morte e sua negação. Costa dirá sobre a ideia de morte:

> *ela é, para a maioria de nós, o sem-sentido; aquilo que perturba a vida; a sombra e o silêncio que anunciam o sondável fim. Tim Robbins pensa na contramão. A atitude da freira é a de fazer da morte, por assim dizer, o último passo da vida. Só na morte a vida aparece em sua plenitude, só na morte podemos dizer se vivemos a boa ou a má vida. Até a hora de morrer, jamais sabemos o que faremos no momento seguinte. Mas no minuto final, podemos saber em que "destino" transformamos nossas contingências. Sem a consciência da morte, a vida, eticamente considerada, seria*

> *impensável e impossível! O Bem só existe quando temos, à nossa disposição, exemplos de "homens que foram bons"; de homens que, depois de terem existido, deixaram-nos o legado de suas vidas como sendo vidas justas e boas. (p. 7)*

Costa comenta a atitude de Prejean como "não cúmplice da cultura masoquista do amor-padecimento": ela teria a liberdade de amar ou não um sujeito condenado por tantos olhares e julgamentos, entendendo que essa "liberdade" não a redimia de se sentir responsabilizada por esse homem, ou seja, ele, assassino, seria mais um humano no mundo, digno, inclusive, de amor. Costa trará o apóstolo Paulo de Tarso como referência para a discussão deste tema,

> *as palavras de Paulo sobre o amor, em Tim Robbins, explodem em toda a grandeza e vitalidade. A maior das três virtudes, disse Paulo, é o amor porque mesmo quando a fé e a esperança não mais forem necessárias, o amor continuará sendo na plenitude. Esta ética amorosa, de tão simples tradução na vida da freira, contrasta violentamente com nossa moral de umbigo, voltada para a devoração de coisas e amores que parecem multiplicar pequenas e infernais culpabilidades em escala industrial. Ao contrário da irresponsabilidade, da culpa e do sofrimento que cultivamos teimosa e insensatamente, na nossa adesão hipnótica ao despotismo da paixão romântica, o amor em Tim Robbins acompanha a vida e a morte, sem a agonia do medo e da solidão. (p. 9)*

O amor aqui viria pela responsabilidade, pelo cuidado para com o outro. Como todos podemos viver ameaças, "agonias impensáveis" ou coisas afins, Costa (2007) falará dos "riscos" que o campo religioso também traz para o sujeito empedernido, perseverante, naquilo que poderia ser seu objeto sobrevivente, ou naqueles elencados aos temas das "catequeses" ritualísticas.

Ao comentar, novamente em Freud, que a religião seria uma maneira inconsciente de tornar o mais infantil em nós aceitável ao campo da consciência, ou uma ação de defesa do eu em relação às possíveis ameaças da integridade narcísica, Costa (2007) fará uso de seu objeto transicional, seu pensamento, e passará por outros autores, como William James, John Dewey, Henri Bergson, e debaterá sobre a profissão de fé. Transicionará por alguns conceitos e pensamentos, como "sintoma" ou "fetiche", "provas empíricas acerca da crença" ou mesmo do "irracional", "ilusório" e "alienado", que argumentam determinados postulantes das ciências sobre crença e fé como algo ligado à transcendência, entendendo também que "a crença na verdade científica não é menos impermeável à crítica que a crença religiosa" (p. 135). A seu ver:

> *o motivo central da interpretação da religião como contrafação compensatória das fraquezas humanas deriva da noção de "sujeito" utilizada pelos teóricos da psicanálise. A psicanálise, como mencionei, persiste marcada pela grade teórica do materialismo racionalista dos séculos XVIII e XIX. O ser humano, de acordo com essa matriz, "se subjetiva", isto é, se habilita a adquirir os predicados próprios ao sujeito, ao reagir às coerções, solicitações, estímulos ou determinações do ambiente. A concepção do sujeito como* conjunto de reações físico-mentais ao meio *sublinha e reforça a imagem do indivíduo como subproduto da escassez, falta, carência ou precariedade. (p. 138)*

O que somos, o que desejamos, o que fazemos seriam determinados pelas reações que temos ao ambiente. Somos afetados pelas ações do mundo externo e reagimos a elas, primeiro pelas "sensações físicas", depois transformadas em "representações mentais", que se organizariam para suprir o que falta, o que carece ao corpo, ao indivíduo, ao humano, saindo desta "forma" o sujeito, com suas características físico-mentais. Mas, na vida mental, aquilo que tem a ver com a crença teria outras categorias de sentido, sendo "o psiquismo uma totalidade que se exprime em formas particulares. . . . Somos, a um só tempo, sensação, representação, ação ou quaisquer outros predicados que venhamos a atribuir às imagens que temos de nós" (p. 139).

Para Costa, o entendimento acerca da religião como "reparação" ou "falsificação ilusória" de perdas ou outras ameaças deriva dessa concepção da natureza do sujeito e da ideia de vida mental como algo ligado ao reativo, às repetições decorrentes das tentativas de resolutividade àquilo que o ambiente suscitou.

Ao comentar sobre a obra de Graham Greene, escritor, romancista e jornalista britânico, autor de livros expressivos, como: *O Expresso do Oriente*, de 1932, *Poder e glória*, de 1940, e *Nosso homem em Havana*, de 1958, Costa (2010) traz um dos elementos marcantes desse ensaísta católico, o destino. Dirá sobre Greene que:

> *seus textos, embora recheados de referências religiosas, estão longe de ser um catecismo para almas pacatas. A greenlândia fica a leste do Éden. É o lócus fictício do sujeito dividido entre o imperativo ético e a transgressão das regras morais; o grau zero da luta encarniçada entre a fé e a descrença; a malignidade e a bondade; a estupidez e a sensatez, enfim, entre a busca incessante da justiça e os obstáculos que adiam sua chegada. (p. 31)*

Ele nos apresenta, em Greene, indivíduos desencantados, desamparados e obcecados em entender a "lógica" ideia do bem e do mal, cujos destinos pairavam nessa busca incessante e afirmativa do entendimento desse lugar entre virtude e vício, o que fez com que Greene elegesse personagens carregados do espectro religioso como fontes inspiradoras de seus objetos literários, cujo centro gravitacional era a ideia de justiça, a partir do constructo ideológico judaico-cristão. Seria na fé, sobrevivente à desconstrução de crenças, que Greene iria explorar "o trágico destino do homem no estado decaído" (p. 31) e seus problemas da ordem do político-social de seu tempo.

Volto assim às transições do eu adolescente e faço uso do objeto literário que sobrevive em memórias corporais juvenis e dos textos lidos do *Jornal do Brasil*. Destaco aqui o de 6 de maio de 1997 (aniversário de Sigmund Freud e de Jurandir Freire Costa), "O que era aquilo, companheiro?":

> *Éramos todos jovens, na faixa de 17, 18 e 19 anos de idade, recém-admitidos na Faculdade de Medicina do Recife. Depois da aula de anatomia, o catedrático avisou que haveria uma palestra do professor Paulo Freire. A maioria ficou para ouvi-lo. Com voz pausada e serena, Paulo Freire começou a falar. Foi breve, muito breve. A verdade é clara. Primeiro, disse-nos que não pode haver democracia plena onde existem crianças e adultos analfabetos. Segundo, disse-nos que não existe ninguém "ignorante" ou "inculto", quando sabemos ouvir o que o outro tem a dizer. Finalmente, pediu-nos uma pequena parte de nosso tempo, só uma pequena parte, para repartirmos com quem não tinha o enorme bem que possuíamos, ou seja, poder conhecer mais sobre o mundo e a vida por meio da leitura.*

> *Logo, logo, muitos de nós estavam nas favelas, morros, mangues e bairros da periferia. Numa gota de gramática, um mar de entusiasmo. A crença era uma só: sem pensar e compreender as razões e consequências de nossas ações, não somos livres. Disto não arredamos o pé, você sabe, mestre Paulo, você sabe. Nossa meta era o gênero humano. . . . ele estava ali, na sala de aula; nos encontros associativos; nas discussões sobre higiene, educação e trabalho . . . Era assim que imaginávamos a convivialidade, a lealdade, a amizade, a cortesia, a dignidade e a honra num Brasil de todos e para todos. (Costa, 1999, p. 93)*

Parafraseando e fazendo uso do objeto escrito no tributo a Paulo Freire, faço minhas as belas palavras de Jurandir Sebastião Freire Costa: "não busque o que se perdeu! Lembre-se de Hannah Arendt: 'Os homens, embora devam morrer, não nascem para morrer, mas para recomeçar'" (p. 95). Como na exaltação dos alunos da *Sociedade dos poetas mortos*, e a alguns metros do "meu Mr. Keating" – "Oh, captain! My captain!" –, expresso minha gratidão pelo uso do objeto literário que me ajudou a transicionar em muitas ideias e textos. Obrigado pela sua existência no meu brincar e na minha realidade!

Referências

Abram, J. (2000). *A linguagem de Winnicott*. Revinter.

Abram, J. (2010). Donald Woods Winnicott (1896-1971): uma introdução breve. *Livro Anual de Psicanálise, XXIV*, 215-243.

Aletti, M. (2007). Arte, cultura e religião na vida adulta: rabiscos winnicottianos. In I. G. Arcuri, & M. Ancona-Lopez (Orgs.), *Temas em psicologia da religião*. Vetor.

Anzieu, D. (1989). *O eu-pele*. Casa do Psicólogo.

Balmary, M. (1997). *O sacrifício proibido: Freud e a Bíblia*. Paulinas.

Balmary, M. (2007). *O monge e a psicanalista*. Vozes.

Costa, J. F. (1988). Sobre psicanálise e religião. In J. C. Moura (Org.), *Hélio Pellegrino A-Deus*. Vozes.

Costa, J. F. (1994). *A ética e o espelho da cultura*. Rocco.

Costa, J. F. (1996). Tempo de responsabilidade em Os últimos passos de um homem. *Tempo e presença*, (286), 5-9.

Costa, J. F. (1998). *Sem fraude nem favor: estudos sobre o amor romântico*. Rocco.

Costa, J. F. (1999). O que era aquilo, companheiro? In J. F. Costa, *Razões públicas, emoções privadas*. Rocco.

Costa, J. F. (2000). O amor hoje e sempre. *Magis – Cadernos de Fé e Cultura*, (36).

Costa, J. F. (2007). O risco de cada um. In J. F. Costa, *O risco de cada um e outros ensaios de psicanálise e cultura*. Garamond.

Costa, J. F. (2010). Ética e justiça: não se pode pedir demissão de Deus. In J. F. Costa, *O ponto de vista do outro*. Garamond.

Dolto, F. (1979). *O Evangelho à luz da psicanálise*. Imago.

Dolto, F. (1981). *O Evangelho à luz da psicanálise: livro 2*. Imago.

Dolto, F. (2010). *A fé à luz da psicanálise*. Verus.

Meireles, C. (1962). A quinhentos metros. In C. D. de Andrade et al., *Quadrante 1*. Editora do Autor.

Spinoza, B. (1979). *Pensamentos metafísicos: Tratado da correção do intelecto; Ética; Tratado Político; Correspondência*. Abril Cultural.

Winnicott, D. W. (1983). A integração do ego no desenvolvimento da criança. In D. W. Winnicott, *O ambiente e os processos de maturação: estudos sobre a teoria do desenvolvimento emocional.* Artmed.

Winnicott, D. W. (1990). *Natureza humana.* Imago.

Winnicott, D. W. (1994a). *Explorações psicanalíticas.* Artes Médicas. (Trabalho original publicado em 1984).

Winnicott, D. W. (1994b). A comunicação entre o bebê e a mãe e entre a mãe e o bebê: Convergências e divergências. In D. W. Winnicott, *Os bebês e suas mães* (pp. 79-96). Martins Fontes.

Winnicott, D. W. (2019). Objetos transicionais e fenômenos transicionais. In D. W. Winnicott, *O brincar e a realidade* (pp. 13-44). Ubu. (Trabalho original publicado em 1951).

Winnicott, D. W. (2000). Objetos transicionais e fenômenos transicionais. In D. W. Winnicott, *Da pediatria à psicanálise.* Imago.

17. Žižek e a declinologia

Alexandre Ribeiro Wanderley

Em seu livro *La société du malaise*, o sociólogo Alain Ehrenberg (2010) examina o *corpus* de trabalhos psicanalíticos e filosóficos de orientação lacaniana que sustentam a tese de que o modo de organização social pautado no indivíduo como valor supremo vem se mostrando, desde a pós-modernidade (ou hipermodernidade), crescentemente incompatível com uma vida coletiva sustentável. Nesse contexto, a publicação em 1997 do livro *Um mundo sem limite: ensaio para uma clínica psicanalítica do social*, de Jean-Pierre Lebrun, obra de ampla divulgação, teria representado um divisor de águas em um campo fortemente marcado pelo estruturalismo e tradicionalmente avesso à teorização das relações entre subjetividade e cultura. Na esteira da inovação de Lebrun e encorajados por proposições do jovem Lacan, que afirmara a "relatividade sociológica do Édipo", ou do Lacan da maturidade, que anunciava o "*objeto pequeno a* no zênite social" e a emergência da "época da criança generalizada", diversos autores passaram a usar o vocabulário lacaniano para abordar os impactos subjetivos das transformações socioculturais em curso no Ocidente a partir da segunda metade do século XX (Melman, 2003; Chemama, 2006; Recalcati, 2004; Dufour, 2005; Hiltenbrand, 2005).

Segundo Ehrenberg, as hipóteses formuladas por Marcel Gauchet sobre os "efeitos de dessimbolização" do neoliberalismo, apresentadas originalmente em *La Religion dans la démocratie*, de 1998, causaram grande impacto no meio intelectual francês. Para ele a noção de "dessimbolização" criada por Gauchet reforçou o espectro da radicalização da dissolução dos laços sociais, tornando-se uma espécie de significante-mestre em torno do qual gravitam as noções de "cultura perversiforme" ou "psicotiforme", "nova economia psíquica", "mutação antropológica", "extinção da culpabilidade", "desmoronamento normativo ocidental", entre outras. Ehrenberg cunhou o termo *declinologia* para se referir a essa literatura.

Em que pese a importância dada por Ehrenberg à obra seminal de Lebrun, dez anos antes da publicação de *Um mundo sem limite* outro autor lacaniano já se ocupava do assunto. Trata-se do filósofo e psicanalista teórico esloveno Slavoj Žižek, cujo nome não figura nas referências bibliográficas de *La société du malaise*. Uma das razões presumíveis dessa ausência concerne à abrangência dos seus objetos de investigação (especialmente no âmbito da análise de fenômenos políticos contemporâneos), aliada ao fato de se tratar de um escritor a um só tempo prolífico e assistemático, o que dificulta a localização do tema da declinologia em seus escritos. "Existe algum assunto no mundo imune ao moinho intelectual de Žižek?", indagou certa vez Terry Eagleton (2008). Acrescentem-se as idiossincrasias pessoais de um filósofo *pop* iconoclasta e trocista, que fazem recair sobre ele a reputação de alguém que não se leva a sério e que nem sempre é seriamente considerado no meio acadêmico.

Neste capítulo apresentaremos algumas reflexões de Žižek acerca do impacto do *ethos* contemporâneo sobre a subjetividade, dispersas ao longo de sua obra, cotejando-as com as teses de autores lacanianos mencionados no estudo de Ehrenberg. A fim de enriquecer a discussão, nos serviremos de estudos de Jurandir Freire Costa sobre subjetividade e cultura, em particular os que abordam o debate sobre a *crise da transcendência*, que chamamos de "querela do declínio do Simbólico" (Wanderley, 2012). Para Jurandir, vale dizer, Žižek é "um dos mais inteligentes e criativos intelectuais do campo da psicanálise de filiação lacaniana" (Costa, 2007, p. 128), motivo pelo qual explorou as hipóteses do filósofo em seu seminário "Transcendência e formas de subjetivação", realizado no Instituto de Medicina Social ao longo do ano de 2008.

O interesse de Jurandir pelo impacto do imaginário cultural nos modos de subjetivação e de expressão do sofrimento humano é um dos fios condutores que atravessa e orienta a sua obra. Se tal viés já é discernível em certa medida em seus primeiros livros, *História da psiquiatria no Brasil*, de 1976, trabalho de pós-graduação apresentado em 1974 à École Pratique de Hautes Études de Paris, sob orientação do etnopsiquiatra Georges Devereux, e *Ordem médica e norma familiar*, de 1979, é no último ensaio do livro *Violência e psicanálise* (1984/1986) que Jurandir adentra efetivamente o campo teórico que posteriormente será visitado pelos ditos declinologistas. Nele, o autor retoma criticamente as teses de Cristopher Lasch apresentadas em *A cultura do narcisismo* (1979/1983).

Curiosamente, Žižek vai se aproximar do problema pela mesma via, três anos mais tarde. Embora já houvesse discorrido brevemente sobre as injunções de gozo nas sociedades de consumo em uma de suas teses de doutorado, estabelecendo analogias entre a "sede paradoxal" provocada pela ingestão de Coca-Cola e o objeto *a* ("quanto mais o sujeito goza, mais é empurrado para o gozo"), no livro *Eles não sabem o que fazem: o sublime objeto da ideologia* (1987/1992) Žižek se debruça sobre os argumentos de Lasch, vertendo-os no vocabulário lacaniano na intenção de lhes conferir "consistência teórica". Nessa obra encontramos, a nosso ver, a primeira tentativa de apreensão dos dilemas da subjetivação na pós-modernidade mediante utilização de instrumental teórico lacaniano.

Dito esquematicamente, Lasch procura aproximar a descrição do "narcisista patológico", tal como definido por Otto Kernberg, à do indivíduo urbano típico, estabelecendo relações causais entre o declínio da autoridade paterna e a mudança no perfil dos pacientes que começaram a buscar tratamento psicanalítico no pós-guerra. No lugar dos quadros neuróticos clássicos, queixas de "insatisfação difusa com a vida", "sentimentos de vazio", "oscilações violentas da autoestima". De acordo com Kernberg, o narcisista patológico ganha uma "sensação de autoestima aumentada somente quando se liga a figuras admiradas e fortes, cuja aceitação ele deseja muito, e por quem precisa sentir-se apoiado" (citado por Lasch, 1979/1983, p. 62).

Žižek critica Kernberg por patologizar a norma social contemporânea do *culto ao eu* e, paralelamente, assimilar a finalidade terapêutica da análise à adaptação do sujeito ao *American way of life*, expressão do "narcisismo normal". No mesmo diapasão da leitura crítica de Žižek, Jurandir se utiliza da distinção assinalada por Devereux entre traço étnico e traço psicopatológico para argumentar que Lasch confunde os dois traços, tomando a noção de narcisismo patológico como sinal patognomônico da sociedade americana.

A despeito das observações críticas, ambos os autores reconhecem o valor do retrato feito por Lasch. De acordo com Jurandir, a cultura americana não pode ser dita patogênica por criar o seu tipo ideal, associado ao culto da celebridade, mas pode, como qualquer cultura, favorecer a resposta psicopatológica ao impor a certos indivíduos "um desempenho psicológico cujos requisitos excedem os meios de que dispõem . . . para atingirem os fins desejados" (Costa, 1984/1986, p. 149). Daí decorre a sua hipótese de que o narcisismo característico das sociedades de consumo não é patológico, mas *regenerador*. Dessa perspectiva, o fechamento do narcisista em si mesmo é defesa ante a força coercitiva dos ideais imaginários de juventude, fama, saúde e beleza. Jurandir volta ao tema no artigo "Narcisismo em tempos sombrios", texto em que, aliás, faz a sua primeira menção a Žižek. Nele, caracteriza a cultura do narcisismo como aquela em que o ego é levado a "ativar paroxisticamente os automatismos de preservação, em face do recrudescimento da angústia de impotência", tornando "extremamente difícil a prática da solidariedade social" (Costa, 1988, p. 165).

Žižek (1987/1992), por sua vez, sublinha a contraintuitiva conexão entre a noção de supereu utilizada pela psicologia do self e a tese lacaniana do imperativo superegoico de gozo. Em linhas gerais, sugere que a rarefação de ideais simbólicos ligados a causas transcendentes é proporcional à hipertrofia da dimensão imaginária da vida subjetiva, o que deixaria o sujeito mais vulnerável às investidas do supereu. Ele invoca o conceito de *identificação* como meio de ressaltar os traços distintivos do eu ideal, do ideal do eu e do supereu. À identificação imaginária do eu ideal – *i(a)* – e à identificação simbólica do ideal do eu – I(a) – Žižek contrapõe o supereu "sem nenhum elemento da identificação", "ordem traumática aterradora, feroz, sentida como estranha e não-integrável, em suma, real". Em suas palavras:

> *A partir dessas distinções, portanto, podemos dizer que, no caso do "narcisismo normal", i(a) é mediatizado por I(a), subordinado à identificação simbólica, ao ideal do eu, enquanto que, no caso do "narcisismo patológico", i(a) não é sustentado, não é estruturado por I(a) – temos uma identificação imaginária que não é regida pelo ideal do eu simbólico, e é justamente isso que Kernberg descreve como o "grande eu patológico". Essa "patologia", longe de ser marginal, cada vez mais constitui a norma na atualidade. . . . O risco do chamado "advento do homem psicológico" é realmente a*

> *redução da dimensão subjetiva à vivência imaginária – Christopher Lasch descreve essa tendência de maneira admirável em seu livro* O complexo de Narciso. *(p. 71)*

Aludindo ao desinvestimento do "indivíduo narcísico" em compromissos simbólicos que lhe permitiriam ultrapassar a obsessão por si mesmo, Žižek continua:

> *esse desmoronamento do ideal do eu acarreta, segundo Lasch, o surgimento de uma lei muito mais louca e feroz, de um "supereu materno" que não proíbe, mas que inflige o gozo e pune o "fracasso social" de um modo muito mais severo – toda a conversa sobre o "desmoronamento da autoridade paterna" só faz dissimular o ressurgimento dessa instância incomparavelmente mais opressiva. Falar de um supereu materno mais "arcaico", mais opressivo, parece uma tese não-lacaniana, pré-lacaniana – pois bem, aí está a surpresa, o próprio Lacan evoca, no seminário sobre as formações do inconsciente, o "supereu materno", mais arcaico do que o supereu clássico descrito no final do Édipo: "será que não há, por trás do supereu paterno, o supereu* materno, *ainda mais exigente, ainda mais opressivo, ainda mais devastador, ainda mais insistente na neurose do que o supereu paterno? (15 de janeiro de 1959)". (pp. 71-72)*

No livro O *sujeito incômodo: o centro ausente da ontologia política*, publicado vinte anos mais tarde, Žižek volta a abordar o assunto praticamente nos mesmos termos:

> *Esta desintegração da autoridade paterna tem duas facetas: por um lado, as normas do interdito* simbólico *são cada vez mais substituídas por ideais* imaginários *(êxito social, excelente forma física...). E, por outro, a falta do interdito simbólico elicia o reaparecimento de figuras ferozes do supereu. Temos, portanto um sujeito que é extremamente narcísico – que apreende tudo como uma ameaça potencial para o seu precário equilíbrio imaginário . . .; contudo, longe de lhe permitir flutuar livremente num equilíbrio imperturbável, esse fecho narcísico sobre si deixa o sujeito à mercê de um (nem tanto) terno supereu que o ordena a gozar. Desse modo, a subjetividade dita "pós-moderna" implica uma espécie de "superegotização" direta do* ideal imaginário, *causada pela falta do interdito simbólico adequado. (Žižek, 2007, p. 365, tradução nossa)*

No artigo "Os complexos familiares na formação do indivíduo", Lacan (1938/2003) traça os contornos da família nuclear burguesa salientando a figura de um pai que jamais está à altura do mandato simbólico que lhe é outorgado. Uma das características da família conjugal é a concentração de determinadas funções da socialização na figura paterna, que antes eram exercidas separadamente e por diferentes atores. Como ilustração, Lacan menciona estudos etnológicos de culturas matriarcais nas quais a tarefa da transmissão dos tabus estava a cargo do tio materno, ao passo que o pai ficava liberado de qualquer função repressora. Na configuração da família moderna ocidental, o pai passa a ser percebido pela criança a um só tempo como agente principal dos interditos culturais, modelo ideal de conduta e ainda aquele que tem acesso privilegiado ao gozo sexual.

A respeito da leitura historicista do Édipo, Lacan escreve:

> *Se ficou evidente na análise psicológica do Édipo que ele deve ser compreendido em função de seus antecedentes narcísicos, isso não quer dizer que ele se funde fora da relatividade sociológica. O móbil mais decisivo de seus efeitos psíquicos, com efeito, prende-se a que a imago do pai concentra em si a função de repressão juntamente com a de sublimação. (p. 62)*

O incremento de tensão na dinâmica familiar resultaria da unificação das duas funções da autoridade paterna, bem como da rivalidade que se estabelece nas relações entre pai e filho, que para Lacan dão impulso ao dinamismo, à criatividade e à competitividade que caracterizam o individualismo moderno: "Por encarnar a autoridade na geração mais próxima e numa figura familiar, a família conjugal coloca essa autoridade ao alcance imediato da subversão criadora" (p. 65).

Mas, na descrição lacaniana da estrutura familiar moderna, o traço enfatizado concerne à impossibilidade de a figura paterna assumir exclusivamente o papel de portadora fundamental da tradição e da moralidade. Donde o "lado obscuro" do processo de integração da criança na ordem simbólica, acompanhado pela iminência de irrupções de raiva excessiva por parte de um pai tomado por sentimentos de impotência. "Nossa experiência", observa Lacan, "leva-nos a apontar a determinação principal [da neurose] na personalidade do pai, sempre de algum modo carente, ausente, humilhada, dividida ou postiça" (p. 67).

Tudo se passa como se a família nuclear moderna só pudesse se constituir já semeando a crise da autoridade paterna. Daí não decorre, entretanto, um repúdio de sua parte às novas configurações familiares que já se anunciavam quando da publicação dos "Complexos familiares": "Não estamos entre os que se afligem com um pretenso afrouxamento dos laços de família", escreve Lacan, para em seguida afirmar: "Mas um grande número de efeitos psicológicos parece-nos decorrer de um declínio social da imago paterna" (p. 67).

"Para onde vai Édipo?" é a pergunta que nomeia o extenso capítulo final do livro *O sujeito incômodo*. Nesse texto, Žižek (2007) põe o foco no desenvolvimento da crise da investidura simbólica concebida em seu sentido mais amplo, isto é, não apenas referida à dimensão psicológica do pai imaginário, o "pai humilhado", mas às transformações normativas que implicaram a "radicalização da inexistência do grande Outro" (p. 321).

Dentre os diferentes significados da noção de *grande Outro* no glossário lacaniano (*tesouro da linguagem*, *conjunto de todos os significantes que não pode conter a si mesmo* etc.), o *grande Outro* como ficção simbólica que possui poder performativo sobre os sujeitos é a definição da qual Žižek se serve mais frequentemente. Da perspectiva freudiana, o termo refere-se à instância dos ideais do eu, que Lacan definiu como ponto no infinito a partir do qual o sujeito se avalia, em busca do reconhecimento e do amor do Outro.

A formulação lacaniana da *inexistência do grande Outro* concerne à inconsistência do Outro (salvo na percepção psicótica do mundo), entendido como ordem simbólica na qual estamos imersos: "A ordem simbólica é o mar em que nado, mas que permanece essencialmente impenetrável – nunca posso pô-la diante de mim e segurá-la" (Žižek, 2010, p. 16). Tal assertiva não implica, contudo, a negação dos efeitos performativos desta ficção necessária à constituição da subjetividade. Para Lacan o *grande Outro* não existe, mas funciona.

Se a modernidade desembaraçou-se da religião como discurso encompassador e da fixidez dos lugares sociais demarcados por laços de sangue, nem por isso livrou-se da ordenação patriarcal do mundo. O edifício social moderno deu sustentação ao

Nome-do-Pai e às suas figurações, seja o líder político, militar ou religioso, o mestre, o dono do capital ou o chefe de família. Žižek sublinha que, enquanto as instituições modernas (sobretudo o Estado-nação e a família nuclear burguesa) mantiveram-se suficientemente fortes para orientar as condutas individuais, era possível aceitar tacitamente o que diziam as figuras simbolicamente investidas sem submeter imediatamente o dito à crítica. A confiança na instituição simbólica só é efetivamente abalada no contexto do ocaso das metanarrativas e da rarefação dos ideais de eu transcendentes, quando o código de ficções aceitas deixou progressivamente de servir de fonte normativa.

Nos "trinta anos gloriosos" que se sucederam ao período do pós-guerra, assistiu-se à crescente emancipação dos indivíduos dos enquadramentos institucionais modernos, notadamente os movimentos políticos reivindicatórios das ditas minorias, concomitantemente à edificação das sociedades de consumo. O que parecia autoevidente nos usos e costumes passou a ser, sobretudo a partir da década de 1960, colonizado pela reflexividade e vivenciado como sujeito à decisão pessoal. Assim, quando alude à inexistência *atual* do *grande Outro*, Žižek se refere à perda de eficácia do poder performativo das ficções simbólicas na modernidade. Para ele, é apenas no período pós-moderno que a tese da inexistência do *grande Outro* se radicaliza e ganha seu sentido forte.

Um dos pontos de ruptura de Žižek com os teóricos da Escola de Frankfurt concerne à discussão sobre os "destinos do supereu" no capitalismo tardio. Marcuse, por exemplo, afirma que o declínio da autoridade paterna debilitou o supereu, dificultando a internalização de normas e interditos pelos sujeitos. Para Žižek o declínio da *imago paterna* enfatizado por Lacan é coetâneo de outras modalidades de pressão e punição superegoicas: "o aspecto do supereu no hedonismo 'não repressor' de hoje (a provocação constante à qual estamos expostos, que ordena ir até o fim e explorar todos os modos de *jouissance*) reside na maneira como a *jouissance* permitida transforma-se necessariamente em *jouissance* obrigatória" (Žižek, 2011, p. 57). Ele localiza historicamente o momento em que o "dever do gozo" se disseminou nas sociedades ocidentais como sendo "o momento político preciso em que a sequência emancipatória de 1968 exauriu o seu potencial" (p. 57).

Em conferência realizada em Milão, em 12 de maio de 1972, Lacan esboçou o arcabouço do "discurso do capitalista", o "quinto discurso" (Demoulin, 2009). Ele se referiu a um sujeito que se acredita capaz de recuperar efetivamente o gozo perdido no momento da "queda" do *objeto a*. Para explicitar o argumento, cabe uma rápida digressão sobre a noção de *objeto a*, que Lacan afirmava ser a sua única contribuição à teoria psicanalítica.

Embora seja um neologismo com diversos sentidos, o sentido usual é o de que o objeto em questão não é meta do investimento pulsional, mas causa do desejo – não está no fim, mas na origem do desejo. Trata-se de objeto espectral resultante da perda de gozo que sucede à interdição da Lei e à captura do corpo pré-simbólico pela rede significante, momento mítico em que o sujeito mínimo da experiência da castração percebe que algo de seu corpo se perdeu (o protótipo do objeto *a* relaciona-se à perda do seio como parte do complexo nutricional).

Conhecido por ilustrar conceitos por meio de exemplos retirados da cultura popular, em diversos escritos Žižek compara o *objeto a* e o núcleo vazio da subjetividade ao Kinder Ovo, espaço oco recoberto por uma casca de chocolate que guarda em seu interior um brinquedinho de plástico que nunca se repete. O fato de o brinquedinho ("tesouro oculto") nunca ficar à altura da expectativa que desperta, levando as crianças a pedirem mais e mais ovos, remete ao caráter elusivo do *objeto a*: cada vez que é "tocado", perde o brilho e o encanto, deixando sempre a sensação de que não era exatamente aquilo o que se buscava (Žižek & Daly, 2006).

A ideia do excesso de gozo irremediavelmente perdido no assujeitamento à ordem significante remete Lacan à noção marxiana de *mais-valia*, que aponta para o "a mais" de trabalho do qual o trabalhador se vê apartado. É assim que, parodiando Marx, Lacan cria a noção de *mais-gozar* para designar o objeto *a*. O rompimento da hipotética unidade mãe-bebê causado pela introdução do terceiro termo na relação dual produz, a um só tempo, a angústia da separação e a nostalgia de uma suposta plenitude. Assim, o objeto *a* evoca tanto a angústia da separação como o impulso à recuperação da unidade perdida.

Lacan disse a respeito de maio de 1968 que, se os estudantes estavam à procura de um novo Mestre, eles o encontrariam. Para Luis de Miranda (2009), ele se referia ao Mestre Capital. Se a promessa de recuperação do gozo é constitutiva do desejo e da subjetividade, é no contexto das sociedades de consumo que Lacan formula o *ideal de mais-gozar* como tendência (sempre malograda) de foraclusão da castração. A promessa do gozo democraticamente repartido teria estabelecido uma nova modalidade de laço social em torno do *ideal de mais-gozar*. Donde a provocação de Lacan de que no capitalismo somos todos proletários.

O capitalista que se apropria da mais-valia do trabalhador não pode, em certo sentido, usufruir do *mais-gozar* porque também ele é capturado pelo dinamismo da máquina voraz do Capital: é preciso fazer mais dinheiro, para acumular mais, para gozar mais. Não estamos mais diante da angústia do calvinista incerto da predestinação, cujo ascetismo Weber divisou na origem do capitalismo. A angústia em jogo é a do sujeito que se imagina (virtualmente) privado de algum gozo, acossado pela crença da *existência* do Outro gozador, sem falta nem objeto *a*.

À queda dos significantes-mestres patriarcais sucedeu-se a ascensão do objeto *a* ao "zênite social", na expressão de Lacan apresentada em *Radiofonia*. Desse prisma, o objeto *a* é o significante-mestre do qual somos cativos. São essas as razões que levam Žižek a considerar que, quando se trata de examinar os dilemas da subjetividade pós-moderna, o potencial heurístico do supereu lacaniano é superior ao do supereu freudiano, e Lacan, um pensador incontornável.

Definindo o que designa de "nova economia psíquica" como "economia organizada pela exibição de gozo", Charles Melman (2008) escreveu: "Não é mais possível hoje abrir uma revista, admirar personagens ou heróis de nossa sociedade sem que eles estejam marcados pelo estado específico de uma exibição do gozo. Isso implica deveres radicalmente novos, impossibilidades, dificuldades e sofrimentos diferentes" (p. 16).

Žižek não mostra maiores preocupações com a fenomenologia da clínica, talvez por sua formação psicanalítica ser exclusivamente teórica, mas aqui e ali se pode divisar em seus textos considerações acerca de modalidades de sofrimento proeminentes na contemporaneidade. A depressão como sintoma social é uma delas, como veremos adiante.

Se o imperativo de gozo pode ser facilmente articulável ao fenômeno das toxicomanias e das compulsões em geral, para Žižek (2007) a outra face do empuxo ao gozo é a dificuldade em gozar, dada a pressão ansiogênica do "supereu insaciável". Ele lembra a inversão lacaniana da fórmula de Dostoiévski ("se Deus está morto nada está permitido") para argumentar que a modificação da natureza da proibição gerou novas inibições. Em matéria de comportamento sexual, por exemplo, Žižek sustenta que a expansão da indústria dos medicamentos para disfunção erétil só faz confirmar a hipótese de Lacan. Ele também observa o resultado paradoxal da diminuição da atividade sexual provocado pelo mero desinteresse, expressão talvez de um modo inconsciente de resistência à obrigação ao gozo: "Não apontará nesse sentido o fato de, segundo a maioria das sondagens de opinião, as pessoas se sentirem cada vez menos atraídas pela atividade sexual? Esta indiferença inquietante pelo prazer sexual intenso contrasta brutalmente com a ideologia oficial da nossa sociedade pós-moderna, voltada para a gratificação imediata e para a busca do prazer" (p. 495). Ainda assim, para Žižek é preciso lutar contra as pressões do ideal de *mais-gozar*, o que incluiria um novo mandato social para os analistas: o de assegurar ao analisando a possibilidade de fazer face ao gozo como dever.

Em débito com os ideais culturais de satisfação do capitalismo tardio e descrente da sua capacidade de imaginar e criar novos mundos, o indivíduo contemporâneo é descrito por Žižek como suscetível à autodepreciação superegoica e, sobretudo, como indivíduo cuja capacidade de desejar encontra-se embotada. Seguindo a proposição de Lacan no "Seminário 7" segundo a qual abrir mão do desejo é o que torna o sujeito triste e culpado, e recorrendo uma vez mais à cultura popular, Žižek (2003) extrai da literatura de horror fantástico de Stephen King o termo *undead* para aludir à "atitude sobrevivencialista" e "apática" dos indivíduos "sem brilho nos olhos", que se dedicam a uma "vida cheia de prazeres menores cada vez mais refinados e artificialmente excitados": "Na medida em que 'morte' e 'vida' designam para São Paulo duas posições existenciais (subjetivas), e não fatos 'objetivos', é justificável que se faça a pergunta paulina: 'Quem está realmente vivo hoje?'" (p. 108).

Se de um lado pesa o sentimento de insuficiência no usufruto das sensações diante dos imperativos de gozo, de outro a instabilidade emocional associada à precariedade da identidade pessoal calcada em ideais imaginários torna o sujeito visceralmente dependente da aprovação e do reconhecimento do Outro. Nessa direção, Contardo Calligaris (1999) observou, com humor, que na *cultura do narcisismo* "ficamos, sobretudo, deprimidos, pois qualquer furúnculo na ponta do nariz afeta o que mais nos importa: nossa própria imagem".

Os autores lacanianos mencionados no estudo de Ehrenberg subscrevem à tese da depressão como sintoma social. Em *Novas formas clínicas no início do terceiro milênio*, Melman (2003) chega mesmo a se referir à depressão como "patologia predominante": "Se me sinto amado pelo ideal, tudo vai bem. Mas se eu tiver a impressão de estar em falta com ele, caio em depressão, não busco mais minha referência em uma dimensão vertical, mas no valor que os outros me atribuem" (p. 100). O autor retomou o argumento nos diálogos com Lebrun em *O homem sem gravidade*, descrevendo a experiência subjetiva de um "eu que se vê exposto" e "frágil", necessitando ser "confirmado incessantemente" e que, "diante dos acasos inevitáveis" de seu percurso, "muito facilmente pode se ver murcho, em queda livre, e, portanto, exposto àquilo com que todos lidamos, a frequência de estados depressivos diversos" (Melman, 2008, p. 40). Já Roland Chemama (2006), no título do livro *Dépression, la grande névrose contemporaine*, explicita a sua hipótese de que Lacan se referia tacitamente à depressão quando aludiu à "grande neurose contemporânea" nos "Complexos familiares".

Lebrun, Melman e Chemama mencionam em alguns de seus textos a noção de "indivíduo insuficiente", apresentada por Ehrenberg em *La fatigue d'*être *soi: dépression e société* (1998). Em linhas gerais, o sociólogo analisa as transformações normativas associadas a duas "ondas emancipatórias" que marcaram a história do individualismo na pós-modernidade: nas décadas de 1960 e 1970, o culto da autenticidade e da singularidade ("seja você mesmo!"); e, na década de 1980, o imperativo da ação individual ("faça você mesmo!"). A hipótese central de Ehrenberg é a de que o aumento desmesurado da responsabilidade individual favoreceu o sentimento de insuficiência dos que não se sentem à altura dos ideais postos na "era da possibilidade ilimitada" (Wanderley, 2000).

A obra foi bem recebida no meio acadêmico e teve ampla repercussão, mas segundo o autor suscitou leituras equivocadas, como a de que ele teria sustentado a tese do "desaparecimento da culpabilidade". Numa passagem de *La société du malaise*, Ehrenberg (2010) retoma o argumento de *La fatigue d'être soi* na intenção de desfazer mal-entendidos:

> *Quando a referência à autonomia domina os espíritos, quando a ideia de que cada um pode ser alguém por si mesmo, progredindo a partir de sua própria iniciativa, se torna um ideal inserido em nossos usos cotidianos a questão é de tipo "depressivo": serei eu capaz de realizar tal feito? A culpabilidade neurótica evidentemente não desapareceu, ela tomou a forma da insuficiência depressiva. No deslocamento do permitido ao possível, a assertividade pessoal e a afirmação de si passam ao coração da sociabilidade democrática. . . . A transformação da normatividade situa o indivíduo sobre uma linha que vai da capacidade à incapacidade. Quando o cursor se aproxima da incapacidade, a impotência faz aparecer sua culpabilidade de não estar à altura. É sobre o modo do* déficit, *da insuficiência ou do* handicap *que aparece a culpabilidade. (p. 13, tradução nossa)*

Žižek (2007) compartilha da opinião de que o sentimento de culpa não declinou junto com as instituições modernas, mas passou a ser eliciado principalmente pela desobediência à obrigação de gozo ou pela incapacidade de maximizá-lo:

> *Mesmo no caso de um sujeito narcísico que se dedica a "cuidar de si", o seu "uso dos prazeres" é apoiado pela injunção incondicional inconsciente de um supereu que lhe ordena que goze – esta não será a prova última do sentimento de culpa que o persegue quando falha na sua busca de prazer? (p. 495)*

Lebrun e Melman divergem de Žižek nesse ponto. "Experimenta-se hoje muito menos culpa", diz Melman, no que é acompanhado por Lebrun: "Por vezes ela absolutamente não existe!". Ambos formulam a hipótese de que, no contexto da "mutação do laço social" e da "supressão da transcendência", o "homem sem gravidade" não é o tipo clássico neurótico que mobiliza o mecanismo defensivo do recalque, mas do *desmentido*, defesa perversiforme ante a "desrealização" da "psicose social". "Nem por isso são perversos no sentido estrito – no sentido da estrutura perversa", diz Lebrun (2008) em outro estudo. "Mas são muito porosos à perversão, tendem a esporar-lhe a economia. Propomos falar deles como de 'perversos comuns', perversos 'sem Outrem'" (p. 346).

Dany-Robert Dufour (2005) é bem mais incisivo:

> *A pós-modernidade não é a simples queda dos ideais do eu . . . estamos na época da fabricação de um "novo homem", de um sujeito acrítico e psicotizante, por uma ideologia também conquistadora, mas provavelmente muito mais eficaz do que o foram as grandes ideologias (comunistas e nazistas) do século passado. O que o neoliberalismo quer é um sujeito dessimbolizado, que não esteja mais nem sujeito à culpabilidade, nem suscetível de constantemente jogar com um livre arbítrio crítico. . . . Com efeito, não é impossível que, depois do inferno do nazismo e do terror do comunismo, uma nova catástrofe se perfile. (p. 210)*

Ehrenberg argumenta que as transformações normativas que caracterizam as sociedades regradas pelo ideal da autonomia implicam novos dilemas, mas de modo algum prenunciam o "colapso do aparato civilizatório". Para ele, o alegado processo de decomposição das sociedades ocidentais, longe de constituir um fato corroborado pela clínica, revelaria paixões escondidas.

A leitura sintomática de Ehrenberg se apoia nas noções de *necessidade lógica da interdependência*, de Louis Dumont, e de *inquietude individualista*, de Alexis de Tocqueville. *Grosso modo*, retém de Dumont a perspectiva de que o holismo não desaparece numa sociedade individualista, mesmo que os valores de interdependência social estejam submetidos hierarquicamente aos valores de independência dos indivíduos. De Tocqueville, sublinha o argumento de que a tensão entre aproximação e distanciamento social é constitutiva de todas as sociedades democráticas, e que nesse contexto a inquietação dos indivíduos quanto à coesão da sociedade é basilar. Assim, a literatura declinológica seria expressão de uma tensão constitutiva.

Para Ehrenberg, o temor da radicalização da dissolução dos laços sociais mobilizaria afetos mais intensos no caso do individualismo francês, razão por que a França, palco da grande revolução democrática ocidental, seria o centro irradiador do discurso declinológico. Daí a afirmação de que a declinologia lhe serve mais como objeto de estudo para a elaboração de uma *sociologia do individualismo* (francês) do que como narrativa psicanalítica útil para compreender a condição humana na atualidade. "A psicanálise do laço social não nos traz nenhuma informação sobre o estado do mundo", diz Ehrenberg, "ela busca antes mobilizar o leitor servindo-se de representações coletivas disponíveis para sublinhar a profunda dependência dos indivíduos uns em relação aos outros" (2010, p. 238).

Em conferência proferida por ocasião do trigésimo aniversário da morte de Lacan, Élisabeth Roudinesco afirmou que Žižek possui o mérito de fazer ressair em seus textos um "Lacan revolucionário", ao contrário do "Lacan restaurador" discernível em alguns autores franceses. O próprio Žižek (2008) não se furta a emitir juízos de valor quanto ao posicionamento de outros teóricos, como afirmou em entrevista concedida ao jornal *The Guardian*:

> *Agora as pessoas não se sentem mais culpadas quando têm prazeres ilícitos, como antes, mas quando não são capazes de aproveitá-los, quando não chegam a gozar. Mas, de outro lado, não se deve concluir, como certos semilacanianos como Pierre Legendre, que seja preciso restabelecer a Lei e a Ordem simbólica como espaço de transgressão.*

Se, por um lado, a análise de Ehrenberg oferece subsídios para a crítica do pessimismo catastrofista observável em alguns textos da "psicanálise do laço social", por outro, incorre no risco de desconsiderar sofrimentos reais não assimiláveis às "inquietudes individualistas" postuladas por Tocqueville. Seja como for, se fosse leitor de Žižek, Ehrenberg talvez tomasse como exemplo de declinologia afirmações como a de que o "sujeito pós-moderno é desprovido de qualquer interdito simbólico interiorizado" (2007, p. 497). É possível que tivesse a mesma impressão se lesse a passagem do texto "Narcisismo em tempos sombrios" em que Jurandir adverte sobre o risco do "pânico narcísico" em decorrência da "falência dos ideais" (Costa, 1988, p. 175).

Todavia, em *O vestígio e a aura* (2004), *O risco de cada um* (2007) e *O ponto de vista do outro* (2010) –, Jurandir discute o tema *crise da transcendência* sem dar margem a esse tipo de leitura. Na introdução de sua coletânea de ensaios sobre psicanálise e cultura, por exemplo, Costa (2007) formula a hipótese da "transcendência escondida", a qual se coaduna em larga medida ao exame crítico de Ehrenberg. Referindo-se ao tema do *Outro transcendente*, Jurandir objeta à crença no advento de uma sociedade de indivíduos que se comportariam como "átomos erráticos", bem como questiona o discurso apocalíptico dos que "lamentam as boas e velhas neuroses perdidas". A hipótese da *transcendência escondida*, "expressão imprecisa e provisória", sublinha ele, remete não ao ocaso da transcendência, mas sugere uma "nova relação do sujeito com o transcendente". Jurandir pondera que o fato de termos nos tornado indivíduos "desenraizados" não redundou no "relativismo moral":

> *Considero que continuamos referidos ao Outro transcendente, isto é, àquilo que dá sentido à nossa existência como seres livres e autônomos, e que este Outro se corporifica no cânone da racionalidade grega e da espiritualidade judaico-cristã. Embora seja verdade que a autoridade de líderes espirituais, adultos, educadores, pais etc. perdeu grande parte de sua força normativa . . . persistimos prestando contas do que queremos ser a algo que ultrapassa a imanência de nossas vontades, emoções ou razões. (pp. 8-9)*

Mais adiante, prossegue:

> *Esse Outro foi e pode vir a ser imaginarizado de várias maneiras, segundo as formas de vida, os jogos de linguagem ou as estratégias de poder/saber predominantes em um dado período histórico-cultural. . . . O que mudou, na contemporaneidade, não foi a relação do sujeito com seus ideais éticos básicos; mudaram as formas de subjetivação e as imagens da Alteridade. (p. 14)*

Referências

Calligaris, C. (1999, 1 jul.). Chega de angústia, chegou a depressão. *Folha de S.Paulo*.

Chemama, R. (2006). *Dépression: la grande nevrose contemporaine*. Erès.

Costa, J. F. (1986). *Violência e psicanálise*. 2a ed. Graal. (Trabalho original publicado em 1984).

Costa, J. F. (1988); Narcisismo em tempos sombrios. In J. Birman (Org.), *Percursos na história da psicanálise*. Taurus.

Costa, J. F. (2004). *O vestígio e a aura: corpo e consumismo na moral do espetáculo*. Garamond.

Costa, J. F. (2007). *O risco de cada um: e outros ensaios de psicanálise cultura*. Garamond.

Costa, J. F. (2010). *O ponto de vista do outro: figuras da ética na ficção de Graham Greene e Phillip K. Dick*. Garamond.

Demoulin, C. (2009). *Se passer du père?* Érès.

Dufour, D.-R. (2005). *A arte de reduzir as cabeças*. Companhia de Freud.

Eagleton, T. (2008, 23 abr.). The phenomenal Slavoj Žižek. *Times Literary Supplement: Times Online*, 1-4.

Ehrenberg, A. (1998). *La fatigue d'être soi: dépression et société*. Odile Jacob.

Ehrenberg, A. (2010). *La societé du malaise*. Odile Jacob.

Hiltenbrand, J.-P. (2005). *Insatisfaction dans le lien social*. Érès.

Lacan, J. (2003). Os complexos familiares na formação do indivíduo. In J. Lacan, *Outros escritos*. Jorge Zahar. (Trabalho original publicado em 1938).

Lasch, C. (1983). *A cultura do narcisismo: a vida americana numa era de esperanças em declínio*. Imago. (Trabalho original publicado em 1979).

Lebrun, J.-P. (2004). *Um mundo sem limite: ensaio para uma clínica psicanalítica do social*. Companhia de Freud. (Trabalho original publicado em 1997).

Lebrun, J.-P. (2008). *A perversão comum: viver junto sem o Outro*. Companhia de Freud.

Melman, C. (2003). *Novas formas clínicas no início do terceiro milênio*. CMC.

Melman, C. (2008). *O homem sem gravidade: gozar a qualquer preço*. Companhia de Freud.

Miranda, L. de. (2009). *Peut-on jouir du capitalisme? Lacan avec Heidegger et Marx*. Max Milo.

Recalcati, M. (2004). A questão preliminar na época do Outro que não existe. *Latusa Digital*, 1(7).

Žižek, S. (1992). *Eles não sabem o que fazem: o sublime objeto da ideologia*. Jorge Zahar. (Trabalho original publicado em 1987).

Žižek, S. (2003). *Bem-vindo ao deserto do Real: cinco ensaios sobre o 11 de Setembro e datas relacionadas*. Boitempo.

Žižek, S. (2007). *Le sujet qui fâche: le centre absent de l'ontologie politique*. Flammarion.

Žižek, S. (2008, 9 jun.). *Interview*. The Guardian. https://slavoj-zizek.blogspot.com/2009/12/o-desejo-ou-traicao-da-felicidade.html

Žižek, S. (2010). *Como ler Lacan*. Zahar.

Žižek, S. (2011). *Primeiro como tragédia, depois como farsa*. Boitempo.

Žižek, S., & Daly, G. (2006). *Arriscar o impossível: conversas com Žižek*. Martins Fontes.

Wanderley, A. A. R. (2000). *A distimia e a construção do indivíduo insuficiente: um estudo sobre a depressão na contemporaneidade* [Dissertação de mestrado]. Instituto de Medicina Social, Universidade do Estado do Rio de Janeiro.

Wanderley, A. A. R. (2012). *A querela do declínio do simbólico. Perspectivas e impasses do pensamento de Slavoj Žižek* [Tese de doutorado]. Instituto de Medicina Social, Universidade do Estado do Rio de Janeiro.

Parte III

Ética e subjetividade

18. A autêntica personalidade ética de Jurandir Freire Costa: o exemplo da justiça hiperbólica

Bethânia Assy

Em *Uma ética da personalidade* (1996), Agnes Heller reconstrói um fundamento à dignidade da ação humana entre universalidade e contingência. Para isso, a autora (Heller, 1984; Heller & Fehér, 1991) demanda uma intensa combinação entre uma visão moral universal e valores básicos aliados à necessidade urgente de responder às exigências de mudança da vida cotidiana, no que denomina condição política da pós-modernidade. O fato de a pessoa se tornar a sua escolha existencial torna teoricamente disponível uma ética da personalidade. É dessa forma que a autora apresenta a escolha individual como o fundamento dessa ética.[1]

A fim de defender de forma veemente a moralidade e de identificar uma ética da personalidade como uma autêntica teoria moral, Heller introduz então dois tipos de escolhas existenciais: sob as égides da diferença e da universalidade. Na primeira, a partir principalmente de Nietzsche, o "permanecer fiel a si próprio", a vocação

---

1 Heller oferece um trabalho sofisticado sobre a noção de contingência. De acordo com a autora, nascemos sob o limiar da indeterminação radical, confrontados numa dupla contingência: circunstância de nascimento e posição social, por um lado, e vocação, por outro (Heller, 1984).

se identifica com uma ética da distinção, da diferença, própria da personalidade. A segunda, sob a égide da universalidade, significa uma escolha acessível a todos, ao contrário de uma escolha cuja base é a diferença e que pressupõe certas capacidades específicas, própria das habilidades e vocações. Nessa escolha com base na universalidade, escolhe-se a si próprio como uma pessoa decente.

A autora sustenta que a escolha existencial primária é a de nos tornarmos moralmente decentes. Essa é a escolha que engloba todas as outras esferas. Escolher uma forma ética na vida cotidiana é fundamentalmente mais existencial do que uma escolha vocacional. Heller claramente expressa predileção pela decência de Kierkegaard em relação à grandiosidade e à nobreza de Nietzsche. A afeição de Heller pelo filósofo dinamarquês se respalda em um predicado exclusivo para o ato ético: a autenticidade da decência. A autenticidade não é um gesto sentimental, mas uma "escolha existencial", o salto kierkegaardiano distintivo, por meio do qual atravessamos de uma esfera à outra. Nesse sentido, o destino autêntico de cada um é o antônimo existencial da determinação comum a todos (Heller, 2011).

Heller reitera que existe um ato consciente ao fazer a escolha ética. Difícil de identificar claramente seu ponto de partida, o mais provável é considerar a escolha existencial como um momento metafórico de revelação da mudança de vida que nem sempre se manifesta num único gesto. O ponto crucial parece ser antes a continuidade de atos intencionais na vida (a sequência de compromissos) que qualificam a escolha como destino.

De acordo com essa gramática moral proferida por Heller, é possível escolher o tipo de responsabilidade que se quer assumir para o resto da vida. E essas escolhas baseiam-se na qualidade ética da ação e na individualidade da pessoa. Em outras palavras, a chave da autenticidade da ética da personalidade de Heller parece ser "a atitude moral de assumir a responsabilidade pelas ações como o curso de ação escolhido" (Grumley, 2005, p. 190, tradução nossa).

A autenticidade da ética da personalidade descrita por Heller encontra eco na ética de responsabilidade pessoal em Hannah Arendt. Essa última está ainda mais diretamente aliada à visibilidade de nossas ações e opiniões articuladas publicamente, que, por sua vez, estão associadas ao cultivo de um *ethos* público. O critério final é *quem* somos na esfera pública da aparência, nesse espaço simultâneo de publicidade, alteridade, juízo e ação política (Arendt, 1958/1993).

Assim, tanto em Heller quanto em Arendt, o ponto capital para uma *práxis* ética da visibilidade é como o sujeito se singulariza na comunidade política. De acordo com esse critério, a distintividade, a autenticidade ética de cada um de nós está conexa ao domínio da responsabilidade.

Essa é a chave de leitura deste texto para comentar a trajetória intelectual do professor Jurandir Freire Costa. Gostaria de destacar dois pontos de sua personalidade ética: primeiro a ideia de que Freire Costa unifica uma personalidade ética que agrega as duas éticas da personalidade de Heller: de acordo com os modelos da diferença e da universalidade. Segundo, por consequência, o fato de que, como figura pública, Jurandir Freire Costa aporta a dimensão ética do exemplo, no seu caso, o compromisso incansável com o outro no espaço público.

O primeiro ponto exprime a possibilidade de a personalidade ética agregar as duas éticas da personalidade de Heller: tanto de acordo com o arquétipo da diferença quanto com o arquétipo da universalidade. Em certa medida, Costa unifica essas duas éticas da personalidade. Ou melhor dito, no seu caso, o modelo da diferença, das capacidades, está impregnado no modelo da universalidade, da decência. Em sua personalidade ética se dá a unidade de trabalho e de vida, de talento intelectual e de escolha ética, uma dessas raras unidades entre vocação e decência.

Jurandir Freire Costa revela o modelo da diferença, da notoriedade e da singularidade próprio de sua vocação. A exemplo da distinção intelectual, é um dos mais notáveis intérpretes da psicanálise no Brasil. Gerações de estudiosos de campos distintos se beneficiaram e se beneficiam das eloquentes reflexões e da criatividade conduzidas por Jurandir Freire Costa sobre psicanálise em diálogo com a crítica da cultura, a história social da psiquiatria, a ética e a linguagem e seus tantos desdobramentos. Foi ainda precursor em temas imprescindíveis à psicanálise, como em seus textos sobre racismo e violência, ao propor uma reflexão incontornável na articulação entre a noção do sujeito na psicanálise e a teoria social. Na trajetória do autor de *O ponto de vista do outro*, a essa ética da distinção também se acresce uma ética da personalidade sob o arquétipo da decência.

Ainda em *A short history of my philosophy*, Heller (2011) remata sua autobiografia se interrogando se um filósofo está no dever de viver de acordo com a sua filosofia. Ou seja, se, diante da vocação intelectual, o filósofo profissional tem o dever moral de conduzir sua vida de acordo com sua filosofia. A própria Heller responde: "a missão moral de um filósofo é viver – e agir – de acordo com a sua filosofia". E adiciona: "Sei de mim mesmo que nunca escrevo ou digo nada sobre os meus pensamentos e sentimentos que de fato não penso nem sinto" (p. 44).

Jurandir se guiou incansavelmente pelo que Heller nomeia de um paradigma social *a priori* de *racionalidade da razão* (Bernstein, 1994). A razão é aqui entendida sobretudo como uma experiência reguladora diária de bom senso, de categorias discriminatórias de orientação de valores, da exigência de um senso comum regulado ao valor da racionalidade pública do espaço compartilhado e suas instituições. E a orientação para o valor da civilidade pública pertence à nossa racionalidade social. Isso significa que o exercício da racionalidade da razão na vida cotidiana implica que normas e regras sejam tomadas como garantias da sociabilidade.

Para Freire Costa esse paradigma social de compromisso moral esteve sempre atravessado por um rosto privilegiado: o sujeito em sofrimento psíquico e social, que abordaremos mais adiante. Assim, em ambos os modelos de uma ética da personalidade, a trajetória intelectual do professor Jurandir Freire Costa se caracteriza pela autonomia de um pensamento que continua a ter uma reivindicação ética da universalidade, sem perder a dimensão da distinção da vocação na égide da diferença.

O segundo aspecto que gostaria de ressaltar é que, como figura pública, Jurandir Freire Costa aporta a dimensão ética do exemplo, no seu caso, o exemplo da decência intelectual no espaço público. Como já descrito, o critério próprio de autenticidade tão evidente e expressivo na ética da personalidade (segundo o modelo da universalidade) é a decência. E o que nos permite reconhecer a marca da decência, de acordo com Heller, é a noção kierkegaardiana de exemplo.

Em *Uma ética da personalidade*, Heller (1996) define a sua ética como uma ética da inimitabilidade. Na própria modelagem de nossa singularidade, no entanto, exemplos ocupam um papel central. Não se inicia *ab ovo* nem se cria *ex nihilo*. Exemplos não substituem a singularidade, mas, ao revés, atuam como ferramentas à constituição da própria singularidade de tantos outros sujeitos.

O exemplo figura como uma imagem autêntica da universalidade revelada na singularidade. Esse aspecto é ilustrado pelo diálogo imaginário encenado por Heller entre Fifi e sua avó. Em sua primeira carta à avó, Fifi escreve: "Até agora confiava na minha capacidade de distinguir o certo do errado; *aprendi a fazê-lo com você*". E acrescenta:

> *Mesmo que você não tenha me ensinado várias normas, . . . fui criada como uma menina que conhecia suas responsabilidades, a consciência à qual teria que prestar contas, que nem tudo é moralmente permitido. . . . Você nunca usou os termos "ruim" ou "bom" nesse contexto. Você nunca disse "você é uma menina boa" ou "você é uma menina má".* Você elogiava ou condenava somente meus atos e feitos. *(Heller, 1996, pp. 223-224)*

Tais exemplos particulares, vividos na experiência cotidiana de cada um de nós, podem desempenhar um papel decisivo na conexão com figuras públicas.

Exemplos públicos também desempenham uma função crucial. A exemplaridade nos diz como distinguir a decência. Entre outros exemplos, Heller, no seu diálogo fictício entre Fifi e a avó, menciona Jane Austen, George Sand, Rosa Luxemburgo e Hannah Arendt como algumas dessas pessoas decentes. Para Heller, todas elas tiveram uma vida difícil. Não eram felizes no sentido trivial do termo. Não sofrendo de inseguranças pós-modernas contemporâneas, eram personagens nobres, amigos leais, e ainda rodeados de beleza e criatividade.

Esses são aspectos que o próprio Jurandir Freire Costa (2002), no prefácio à entrevista concedida por Agnes Heller a Francisco Ortega em visita ao Brasil, aponta. Costa destaca que, à primeira vista, as respostas de Heller parecem decepcionantes, uma vez que poderia ensejar pouca originalidade definir a decência como a encarnação de ideais como generosidade, coragem, altruísmo, criatividade, compromisso para com os outros, respeito pelo bem comum, entre outros valores sociais culturais ocidentais emblemáticos. Complementa questionando: por que razão, então, descrever o habitual senso comum precisamente como um salto, como uma escolha existencial, como uma ética de personalidade?

Jurandir então nos lembra que Heller sublinha a ideia de que o bom, o correto, o justo e o decente são valores produzidos pela práxis humana e, portanto, ao alcance de todos, e conclui que a autora almeja recuperar a dignidade da experiência e da vida cotidiana e compartilhada. A sua exigência é negar a ética como o lugar da excepcionalidade. A marca ética na vida desses exemplos assinalados por Heller não está inscrita apenas na excepcionalidade do que sofreram, fizeram ou disseram; mas na radicalidade com que abraçaram os seus próprios destinos. O potencial humano manifesta-se na e pela decência com que nos mantemos leais a nós mesmos.

Assim, ao tomar como exemplos de decência mulheres e homens notáveis – ilustrados por um sistema ético ocidental –, Heller não infere de forma alguma a reprodução da ação ética para a reprodução de clichês morais. Significa antes mostrar que a vida social e cultural compartilhada gera valores que só sabemos que são valores porque pessoas admiráveis são capazes de viver uma forma de vida de acordo com aquilo em que acreditam. Nas palavras de Jurandir Freire Costa (2002), a preocupação de Heller não é provar que podemos definir o que são valores como "decência" ou "autenticidade". A autora pretende antes demonstrar que fomos e ainda somos capazes de criar e agir de acordo com eles.

No espaço público compartilhado, ou, nas palavras de Heller, na experiência da vida cotidiana, a autora assinala que as individualidades autênticas se tornam as figuras representativas de uma época: as encarnações concretas das mais altas qualidades. A autora os nomeia de "indivíduos representativos – que individualmente incorporam as máximas genéricas evolutivas de uma dada sociedade" (Heller, 1985, p. 16).

No final de *A short history of my philosophy*, Heller (2011) conclui: "Como defensora da ética da personalidade, não posso negar que a vida de uma pessoa é principalmente a sua própria obra, e isto também é verdade sobre a minha própria vida". E continua: "Mas uma vida tem várias histórias; diferentes histórias podem ser *contadas* sobre a mesma vida, incluindo a minha. Esta é apenas uma delas" (pp. 224-225).

Uma das inúmeras formas de *contar* a história do compromisso ético, acadêmico e profissional do professor Jurandir Freire Costa com o sujeito em sofrimento psíquico e social está em suas ilações em torno da noção de justiça no seu escrito tardio, *O ponto de vista do outro* (2010). Nessa obra Freire Costa, de certa forma, se aproxima da tradição da teoria crítica do direito (CLS) ao deslocar a pergunta central sobre o sujeito da injustiça das direções em linhas gerais articuladas pelas teorias clássicas da justiça.

Estas, em geral, permanecem balizadas entre universalidade formal *vs.* localismo substancial; igualdade abstrata *vs.* identidades particulares; neokantismo universalista (Rawls, 1999; Habermas, 1995; Benhabib, 1996) *vs.* comunitarismo aristotélico-hegeliano (MacIntyre, 1984; Walzer, 1983; Taylor, 1991). Refletem as teorias político-filosóficas sobre justiça de maior relevo, cujos aportes privilegiam, por um lado, procedimentalismo formal, ideal normativo regulativo, racionalidade instrumental e imparcial, neutralização do político e, por outro, particularismo histórico, contexto cultural específico, racionalidade prática, substancialização das identidades políticas. Particularmente, a neogramática normativa kantiana de teorias formais de justiça privilegia princípios morais e abordagens procedimentais, presumivelmente universais do ponto de vista da representação do sujeito (Rasmussen, 1995; Forst, 2002, 2011; Nussbaum, 2006; Gargarella, 2008). Um dos custos dessa abstração é a negação de atribuição de valor teórico às experiências concretas de injustiças.

A partir desse diagrama clássico, na composição complexa entre indivíduo e coletividade, essas duas respostas mais correntes polarizam o processo de subjetivação política nas demandas por justiça. Uma aferição imediata dessa binária posição teórica remete a relação indivíduo-sociedade, em grande medida, a uma concepção de sociedade que aposta na inclusão por inferência, cuja perspectiva contrafática inclui a todos, mas efetivamente promove proteção seletiva.

Em direção antagônica, o evento singular de injustiça é um imperativo que compele a uma conceituação de justiça capaz de ativar um processo ilimitado de representações, além das meras repetição e unidade fundadas em macrocategorias do eixo universalidade-identidade. Valoriza justamente o estatuto epistemológico da experiência mesma, factual, concreta, de injustiça, nesse caso, as próprias experiências de injustiça socioeconômica às quais os sujeitos estão submetidos, ou seja, marginalização, morte social e invisibilidade política.

As vulnerabilidades de raça, classe, gênero e deficiência fornecem a substância dos invisíveis sociais, econômicos e políticos de subúrbios e favelas das grandes periferias, povos tradicionais e originários, indivíduos marginalizados dos movimentos sociais, vítimas de violência de Estado, pessoas em situação de rua, imigrantes não documentados, sujeitos institucionalizados em sistemas prisionais e socioeducativos, manicômios, manicômios judiciais e sistema prisional, para citar alguns exemplos notórios de tantas subjetividades não representadas nacionais e supranacionais, que passam à margem do debate universalistas *vs.* multiculturalistas.

Passo a mencionar alguns elementos relevantes a uma epistemologia do sujeito da injustiça social a partir do diálogo com o capítulo sobre Derrida e Caputo, "Justiça e messianismo", em *O ponto de vista do outro* (2010). Nesse capítulo Jurandir Freire Costa explora a ideia de John Caputo sobre a justiça hiperbólica (Caputo, 1993; Caputo & Derrida, 1997).

O primeiro elemento que gostaria de destacar diz respeito à temporalidade da injustiça. O fenômeno concreto de injustiça opera uma noção epistemológica da temporalidade com base na urgência, ao revés da historicidade progressiva teleológica. Aqui é fundamental a distinção entre tempo histórico cronológico e progressivo e tempo factual da urgência (*chronos* contra *kairos*) (Costa, 2010).

A noção de ruptura com a antinomia da temporalidade do processo de meios-fim é a temporalidade da história do fenômeno da injustiça (Benjamin, 1982/2002, 1955/1991; Rosenzweig, 2000, 2005; Kavka, 2004). A recusa à aderência a este padrão linear de considerar a história, que é um dos aspectos fundamentais da filosofia de Franz Rosenzweig, se apoia no que Emmanuel Levinas chamou, no prefácio de *The star of redemption*, de "gesto operativo" (citado por Mosès, 1992). Uma narrativa descontínua dos eventos visa transmitir as fraturas opressivas e violentas da história, para além da casualidade racional. "Uma cronologia numérica (a contagem de anos) é convertida aqui em valores subjetivos, em uma soma de experiências pessoais, em suma, em uma memória" (Mosès, 1992, p. 60, tradução nossa).

Como formula Walter Benjamin (1982/2002), a história sofre uma constante e abrupta atualização, transforma o presente em consciente e urgente, uma *hipertemporalização* qualitativa do próprio tempo. Amalgamados no instante presente da ação, o passado-presente-futuro é lançado no instante imediato. O presente messiânico significa precisamente esse sempre novo instante, capaz de manter um *entre-temps* (Löwy, 2001). Creio que isso significa a imprevisível ocorrência da urgência diante da vulnerabilidade, da precariedade e da ameaça à vida e à dignidade do sujeito da injustiça social.

Um segundo elemento de uma epistemologia do sujeito da injustiça social pode ser descrito em termos de espacialidade, seu *tópos*, sua práxis propriamente dita. O acontecimento de injustiça provoca uma disjunção entre o direito e a justiça. A partir da noção de *justiça hiperbólica* elencada por Jurandir (Costa, 2010; Caputo, 1993), é possível inferir que cada evento de injustiça social é singular e carrega uma dimensão de *práxis* e espacialidade em pelo menos três desdobramentos que se imbricam.

Um primeiro desdobramento representa a materialização do sujeito da lei abstratamente representado. Implica localizar as circunstâncias substanciais e simbólicas de vulnerabilidade histórica, política, social e cultural do evento da injustiça, seus marcadores intersecionais (Collins & Bilger, 2021) de raça, classe, gênero, marcadores de deficiência, entre outros.

Como consequência, aponta-se um segundo desdobramento. Na injustiça diante da lei, a materialidade da experiência de injustiça é capaz de provocar deslocamentos e inscrições de novos sentidos e significados da injustiça dentro da própria gramática geral normativa da justiça. Habilita o exercício gradual e permanente de novas práticas políticas e sociais do próprio direito em apreender, compelir, enfatizar a inclusão de novos sentidos, forçar novas interpretações, denunciar contradições, delatar brutalidades, exigir juízos e novas inscrições, dentro de um vocabulário genérico da justiça (Costa, 2010; Caputo & Derrida, 1997).

Por fim, um terceiro desdobramento implica uma dinâmica performática, no sentido de que compromete *ação e práxis* imprevisíveis por parte dos sujeitos submetidos à injustiça social. De maneira evocativa Zamora (2008) enfatiza:

> *Referindo-se a um outro fenômeno mítico, a saber, o direito, Benjamin adverte que por meio da correlação entre culpa e retribuição não é possível captar a*

> *experiência do tempo, que não é uma figura do direito, mas sim, uma figura da justiça e do perdão, quer dizer, que tem a ver com a possibilidade de algo realmente novo que escape à coação de repetição. (p. 83)*

Testemunhar endossa uma dimensão ético-política da narrativa, relacionada à radicalidade irredutível do outro (Draï, 1996). Também na ideia de subtração de Rosenzweig, o espaço deixado pela voz testemunhal é a própria possibilidade de remediar "a ferida do inacabado". A narrativa pessoal atenta à impossibilidade de compleição de qualquer representação totalizante (Bensussan, 2001). Como Bensussan apontou, a narrativa testemunhal dos sofrimentos das vítimas, como pensada por Benjamin, é a marca constante da impossibilidade da captura total, que é a própria condição de possibilidade de abertura constante em direção à justiça.

Um outro elemento de uma epistemologia da injustiça ainda mais implicado com a justiça hiperbólica nos termos de Jurandir Freire Costa (2010) é o dom do amor (*the gift of love*). A irrepresentabilidade das histórias singulares de sofrimento e dor irreparáveis de injustiça social desvela um elemento estrutural da justiça: amor (*kardia*). O amor apresenta um imperativo urgente da injustiça. Motiva e ativa um processo ilimitado de outras representações, para além da mera repetição (Douzinas & Warrington, 1994). No referencial da teologia política, Rosenzweig (1921/2005) menciona que a estrutura da lei hebraica articula quatro noções de justiça: uma dimensão jurídica propriamente dita (*din*); uma dimensão de justiça, o justo (*justiciel*); uma dimensão de benevolência, compaixão (*rahmanout*) e, por fim, uma dimensão de gratuidade, de dom (*hessed*).

A dimensão jurídica (*din*) aporta a reparação permanente, imprime a ordem, a medida, a sentença. O *din* significa a necessidade da universalização da regra. O momento imprescindível do jurídico que impede o anarquismo da atomização, o direito-*din* que imprime o rigor, a estrita e imperativa proporcionalidade.

A dimensão do justo (*justiciel*) já seria a reparação da falha, na medida em que incide sobre as eventuais negociações ou falta de justiça, opera a falha da justiça como direito. O melhor vocabulário que expressa o *justiciel* é a equidade, sua instância redistributiva. Essas duas dimensões, *din-justiciel*, operam na temporalidade da reparação procedimental.

No limite desviante do *justiciel* tem-se a passagem do ontológico ao ético, no qual figura a terceira dimensão da justiça da lei hebraica: o compassivo, a benevolência (*rahmanout*). Opera na necessidade do encontro com a singularidade suprimida pelo julgamento, o momento de reedificação. Paradoxalmente, o rigor da lei (*din*) é a garantia de que a abertura para esse imprevisível não seja a aniquilação de destruição da ordem. O desvio (a dimensão irrepresentável deste sujeito) separa e ao mesmo tempo aproxima o direito e a benevolência, sem, contudo, suprimir a irrepresentabilidade que permanece estrutural entre eles. É justamente a potência do perpétuo desequilíbrio entre rigor e benevolência, na sua singularidade, que mantém a possibilidade de produzir estabilidade e renovação.

A metarrealidade jurídica, sua promessa prescritivo-normativa, convoca uma suspensão que não é nem ficção jurídica contrafática, nem resultado de convenção (Caputo, 1993). Aqui a justiça apresenta a contradição de ser ao mesmo tempo uma simbologia que opera com e contra o direito, imprime o momento de julgar o injustificável quando este aparece justificado pela regra geral. Segundo Bensussan (2001), a benevolência consiste, "segundo sua primeira significação e sua etimologia, *em dar ao direito um amanhã* (*mahar*) . . . permite que o julgamento não seja feito segundo princípios rígidos totalmente estranhos aos sentimentos das partes" (p. 178). Evoca uma exterioridade do tempo, que mantém o direito à espera do justo. É uma exterioridade que, ao mesmo tempo, conserva uma tensão com a interioridade das regras técnicas e procedimentais, a fim de não sucumbir a uma idealidade ineficaz de uma transcendência vazia.

Por fim, a estrutura da lei hebraica apresenta uma quarta dimensão: a da gratuidade, de dom (*hessed*). A reparação, vista pelas lentes de Rosenzweig (1921/2005), nega a racionalidade ponderativa como capaz de abolir ou se igualar às fraturas e às falhas da lei universal (*din*), como figura, via de regra, delineada pela medida equitativa do justo meio. Lei e reparação implicam uma ligação necessária com outra dimensão da justiça, ligada à ética da alteridade, uma ética na qual a face do outro é insubstituível. Uma vez que é impossível calcular a realidade de um sofrimento ou a verdade de uma aflição, a justiça se converte em uma invocação, de forma que o grito de injustiça é uma invocação que qualifica uma ausência, o dom (*hessed*), que dá lugar à narrativa testemunhal que dá voz à dor e ao clamor inenarrável.

Na benevolência e no dom opera a temporalidade que mais se acerca da urgência diante do sofrimento e da violência da injustiça social. A singularidade de todo sujeito é expressão da humanidade em cada um, e a injustiça social extrapola a medida proporcional neoaristotélica do legal e do equilíbrio relativo do todo com as partes. O dom é a textura do justo como possibilidade constante de uma fratura na história procedimental do progresso. A marca de uma filosofia da exterioridade, o dom é a resposta diante da impossibilidade da reparação.

Levinas (1971), afinado à leitura de Rosenzweig, descreve o dom, a doação como o despojamento diante do outro: "em todas as situações nas quais a urgência imediata de fazer se impõe diante da temporalidade de um acordo, é preciso inventar-lhe um ato, uma intervenção, uma resposta, da qual a regra não está inscrita em nenhum dever" (p. 90). Opera uma espécie de sombra etimológica que cria uma duração ética do tempo. A reapropriação e a restituição aperfeiçoam a lógica de um sistema no qual a justiça é articulada a partir do modelo de dívida, compensação e extinção. Essa lei de propriedade incide sobre um juízo que visa, via de regra, ao retorno à instância doadora. Já uma diacronia do tempo na injustiça, sua dobra no tempo, permite a reflexão sobre justiça como uma dimensão descomedida, como gratidão do dom. Essa *gratitude* promove uma abertura, uma disjunção no tempo presente (Critchley, 1990).

Essa dimensão do dom (*hessed*), a impossibilidade mesma de dimensionar o sofrimento da injustiça, abriga a pergunta central da justiça hiperbólica em Caputo, que atravessa a reflexão que Freire Costa (2010) faz em *O ponto de vista do outro*: "O que nos interpela quando somos convocados a fazer justiça?" (Caputo, 1993, p. 192). A impossibilidade de mensurar, representar e reparar o sofrimento da injustiça carrega o imperativo de amor, da *kardia* (Costa, 2010). O próprio sofrimento do irrepresentável da injustiça revela a sua exigência mais radical: um salto em direção a um sujeito em particular em frente de mim, *aqui e agora*, urgente, seja familiar ou estranho, adversário ou amigo (Critchley, 1990).

Assim, o último elemento que gostaria de mencionar para uma epistemologia da injustiça em diálogo com *O ponto de vista do outro* é o outro concreto irredutível da injustiça e a demanda infinita por responsabilidade que ele evoca (Levinas, 1971; Caputo & Derrida, 1997). A articulação de uma fenomenologia da injustiça social se situa entre a normatividade e a ética. Na demanda por responsabilidade, a moralidade abstrata prescritiva encontra uma de suas materializações na ética da alteridade e da responsabilidade com o outro. Essa responsabilidade é a força da justiça. A fim de articular dois níveis de responsabilidade, reproduzo mais uma vez a interpelação elaborada por Caputo (1993), e reproduzida por Costa (2010), em relação à responsabilidade da *kardia* que vincula o eu e o outro: "O que nos interpela quando somos convocados a fazer justiça?" (p. 192).

O primeiro nível de responsabilidade implica a dimensão de como cada um de nós responde à emergência do sofrimento singular concreto e intolerável do outro da injustiça social, *aqui e agora*. Uma margem substancial e emblemática dos sujeitos de invisibilidade social e política permanece suspensa sob a positividade inclusiva normativa abstrata ou sob o vocabulário ontológico da autônoma da vontade, do livre-arbítrio, ou mesmo da classificação específica de pertença cultural. O sujeito da injustiça tem uma face particular, cada um em sua singularidade. Como já mencionado, as vulnerabilidades de classe, gênero, raça e deficiência fornecem os principais marcadores dos invisíveis sociais, culturais, econômicos. Como cada um de nós responde ao ser interpelado por esse sujeito da injustiça social?

Outro aspecto que Costa (2010) ressalta é justamente como esses sujeitos são construídos cultural, histórica e socialmente como sendo o inimigo, o bárbaro, o feio, o bruto, o selvagem, o não civilizado, os *damnés de la terre*. Costa cita Caputo e enfatiza qual seria o perfil do sujeito implicado no mito *da justiça hiperbólica*, que tem a noção de *kardia* como central: "O mandamento [de *kardia*], como tal, não tem conteúdo específico. . . . Ele é instituição, na consciência já aberta ao horizonte da alteridade, de uma relação efetiva ao absolutamente Outro. . . . Ora, é esta relação que Rosenzweig chama amor" (p. 120). Quando estamos diante do sofrimento do outro, o que está em pauta é a decisão ética. A dimensão da responsabilidade em face da injustiça social possui um rosto concreto, irreduzível, uma urgência em face da vida precária do outro singular.

O segundo nível de responsabilidade corresponde à dimensão coletiva de como cada um de nós reage diante da injustiça, se considerarmos uma concepção não identitária de pertencimento.

Seria possível nomear um tipo de experiência de amor que nos move a responder ao sofrimento do outro por meio de um agir político em conjunto com uma provável ética política pós-identitária dos afetos (do amor). Aqui a terminologia de Badiou (2003) sobre o amor inspira o que nomearia de uma fidelidade ao sujeito da injustiça. O evento de injustiça social apela para o imperativo de ser capaz de um trabalho fiel no enfrentamento à injustiça. É um trabalho de amor, um trabalho que nos ultrapassa, que exprime e excede o próprio sujeito. Agir politicamente em conjunto contra a injustiça social situa a resistência do amor, e do trabalho do amor, no núcleo da responsabilidade para com o outro.

Ainda acompanhando as inferências de Costa sobre a justiça hiperbólica de Caputo, o sujeito comprometido com a *kardia* é compassivo a uma comunidade sem comunidade, a uma identidade sem identidade, na qual o outro e o eu estão ligados por uma imprescindibilidade (Agamben, 1996). E cito Costa (2010): "Após o longo percurso, voltemos à interrogação inicial: qual a força que legitimaria a fonte extralegal da justiça?" (p. 275). Entendida como mito hiperbólico, como democracia por vir e como experiência da *kardia*, Costa conclui: "pode-se dizer que a força da justiça reside na subjetividade responsável pelo amor ao Outro" (Caputo & Vattimo, 2007, pp. 126-127).

O ponto de vista do outro (Costa, 2010) é uma das inscrições de como, no caso de Jurandir, a ideia helleriana de que "*pessoas admiráveis são capazes de viver uma forma de vida de acordo com aquilo em que acreditam*" está atravessada por uma das perguntas centrais do livro: como cada um de nós responde ao ser interpelado pelo sujeito da injustiça social? Como profissional, intelectual, figura pública, professor universitário e amigo, Jurandir Freire Costa consagra pelo menos cinquenta anos de trajetória de *uma subjetividade responsável pelo amor ao Outro*.

Referências

Agamben, G. (1996). *La comunidad que viene*. Pre-Textos.

Arendt, H. (1993). *A condição humana*. Forense Universitária. (Trabalho original publicado em 1958).

Badiou, A. (2003). *Saint Paul: The Foundation of Universalism*. 2003.

Benhabib, S. (1996). *Democracy and Difference: Contesting the Boundaries of the Political*. Princeton University Press.

Benjamin, W. (1991). Theses on the Philosophy of History. In *Illuminations: Essays and Reflections*. Schocken Books. (Trabalho original publicado em 1955).

Benjamin, W. (2002). *The Arcades Project*. Harvard University Press. (Trabalho original publicado em 1982).

Bensussan, G. (2001). *Le temps messianique. Temps historique et temps vécu*. Librairie Philosophique J. Vrin, Paris, 2001.

Bernstein, R. (1994). Agnes Heller: Philosophy, Rational Utopia and Praxis. In A. Heller, *The Social Philosophy of Agnes Heller*. Rodopi.

Caputo, J. (1993). *Demythologizing Heidegger*. Indiana University Press.

Caputo, J., & Derrida, J. (1997). *Deconstruction in a Nutshell: A Conversation with Jacques Derrida*. Fordham University Press.

Caputo, J., & Vattimo, G. (2007). *After the Death of God*. Columbia University Press.

Critchley, S. (1990). *The Ethics of Deconstruction: Derrida and Levinas*. Edinburgh University Press.

Collins, P. H., & Bilge, S. (2021). *Interseccionalidade*. Boitempo.

Costa, J. F. (2002). Prefácio. In A. Heller, & F. Ortega, *Agnes Heller: Entrevistada por Francisco Ortega*. Editora UERJ.

Costa, J. F. (2010). *O ponto de vista do outro*. Garamond.

Douzinas, C., & Warrington, R. (1994). *Justice miscarried: Ethics, Aesthetics and the Law*. Edinburgh University Press.

Draï, R. (1996). *La pensee juive et l'interrogation divine: Exegese et epistemologie*. PUF.

Forst, R. (2002). *Contexts of Justice: Political Philosophy beyond Liberalism and Communitarianism*. University of California Press.

Forst, R. (2011). *The Right to Justification: Elements of a Constructivist Theory of Justice*. Columbia University Press.

Gargarella, R. (2008). *As teorias da justiça depois de Rawls: um breve manual de filosofia política*. Martins Fontes.

Grumley, J. (2005). *Agnes Heller: A moralist in the vortex of history*. Pluto Press.

Habermas, J. (1994). *The Inclusion of the Other: Studies in Political Theory*. MIT Press.

Heller, A. (1984). *A Radical Philosophy*. Basil Blackwell.

Heller, A. (1985). Everyday Life, Rationality of Reason and Rationality of intellect. In A. Heller, *The Power of Shame: A Rational Perspective*. Routledge, Kegan Paul.

Heller, A. (1996). *An Ethics of Personality*. Blackwell.

Heller, A. (2011). *A Short History of my Philosophy*. Lexington Books.

Heller, A., & Fehér, F. (1991). On Being Satisfied in a Dissatisfied Society. In A. Heller, & F. Fehér, *The Postmodern Political Condition*. Polity Press, Blackwell Publishers.

Kavka, M. (2004). *Jewish Messianism and the History of Philosophy*. Cambridge University Press.

Levinas, E. (1971). *Totalité et Infini: Essai sur L'Exteriorité*. Martinus Nijhoff.

Löwy, M. (2001). *Walter Benjamin: Avertissement d´incendie*. PUF.

MacIntyre, A. (1984). *After Virtue: A Study in Moral Theory*. University of Notre Dame Press.

Mosès, S. (1992). *System and Revelation: The philosophy of Franz Rosenzweig*. Wayne State University Press.

Nussbaum, M. (2006). *Frontiers of Justice*. Harvard University Press.

Rasmussen, D. (Ed.). (1995). *Universalism vs. Communitarianism: Contemporary Debates on Ethics*. MIT Press.

Rawls, J. (1999). *A Theory of Justice*. rev. ed. Harvard University Press.

Rosenzweig, F. (2005). *The Star of Redemption, Part One* (Book Two: Reality of the World). The University of Wisconsin Press. (Trabalho original publicado em 1921).

Rosenzweig, F. (2000). *Philosophical and Theological Writings*. Hackett.

Taylor, C. (1991). *The Ethics of Authenticity*. Harvard University Press.

Walzer, M. (1983). *Spheres of Justice: A defense of Pluralism and Equality*. Basic Books.

Zamora, J. A. (2008). Dialéctica mesiánica: tiempo y interrupción en Walter Benjamin. In G. Amengual, M. Cabot, & J. L. Vermal (Eds.), *Ruptura de la tradición: estudios sobre Walter Benjamin y Martin Heidegger*. Trotta.

19. Entre o quotidiano e o ideal

Romildo do Rêgo Barros

Decifrar senhas e fabricar softs é o último e pequeno abrigo dos inquietos e audaciosos. O sonho cabe no computador; o Eldorado, a Utopia, na gadget city.

Costa (2000, p. 73)

Este meu texto é uma homenagem, o equivalente escrito de um abraço, por ocasião dos 80 anos do meu amigo Jurandir Freire Costa. É bem mais uma homenagem do que um artigo que pretenda demonstrar, aprofundar ou desfazer um argumento.

Conheço Jurandir há muitos anos. Já éramos amigos na metade dos anos 1960, quando a nossa terra em transe ousava os seus primeiros balbucios de resistência. Uma parte da juventude brasileira, sobretudo nos meios estudantis, começava então a se bater contra o autoritarismo, preparando e já exercendo, com seus erros e acertos, o futuro resgate da democracia.

Jurandir pertence, portanto, a uma geração para a qual o interesse científico, literário e profissional nunca se afastou dos ideais políticos e sociais. Pelo contrário, nasceram juntos. É com esse cabedal que ele chega aos 80 anos, e nada indica que mudou alguma coisa nesse seu debate entre ciência, política e sociedade, fundado em uma ética de raízes, eu arriscaria o adjetivo, tradicionais.

Jurandir fez da ética um núcleo duro, que não está sujeito a grandes variações, nem temporais, nem discursivas. Nesse sentido, defende uma posição antirrelativista, contrária a uma das tendências importantes dos nossos tempos. Isso empresta a seus textos e à sua retórica o tom permanente de combate que os leitores e ouvintes habituais reconhecem facilmente. Uma frase em um dos seus livros ilustra bem esse combate: "tudo que é sólido desmancha no ar, *exceto a ética*" (Costa, 2010, p. 144), acrescentando um suplemento ao celebérrimo aforismo do Manifesto de Marx e Engels.

São, portanto, os encontros e desencontros éticos o que orientam e servem de eixo para o que Jurandir nos tem dito ao longo dos anos – aos seus alunos, primeiramente, e em seguida a uma parte importante do público leitor do país.

Narcisismo vs. *cidadania*

Lacan disse certa vez que a invenção da psicanálise foi um ato de caridade de Freud, no sentido, segundo entendo, de que esse ato abriu novas portas para a ética. Jurandir, por sua vez, situa o narcisismo, associado ao cinismo, como uma das misérias dos nossos tempos de pós-ditadura, em contraposição ao que seria o exercício da cidadania: "as pessoas foram empurradas para um regime de economia mínima – o eu mínimo – que realçou seu narcisismo em detrimento da sua possibilidade de exercício da cidadania" (Costa, 2000, p. 63).

Impõe-se uma pergunta fundamental: se opusermos a caridade freudiana ao egoísmo no qual fomos lançados, poderá a psicanálise ser um dos instrumentos de combate ao narcisismo contemporâneo e suas consequências deletérias?

A psicanálise é um dos efeitos do predomínio da ciência, ou do discurso científico. Este laço de origem não pode ser desfeito, por mais que a psicanálise seja criticada a partir da ciência.

Ao mesmo tempo é uma práxis (tratamento do real por meio do simbólico), que dá às relações entre teoria e prática uma temporalidade bem própria, que já foi salientada por Freud: cada experiência prática pode desautorizar o que se sabia até então. A ética, que inspira ambas, experiência e teoria, está em crise permanente, a ponto de podermos dizer que a ética é a crise.

Cada caso como se fosse o primeiro

Em novembro de 2010, no auditório da Universidade do Estado do Rio de Janeiro (UERJ), participei, a convite de Jurandir, da mesa de lançamento de *O ponto de vista do outro*, um de seus livros. Na ocasião, eu dizia:

> *O que move Jurandir, até onde pude perceber, é uma inquietação bem sua a respeito da ética, que insiste ao longo da sua obra com influências e temas diversos, e que abrange desde a procura de uma razão para não nos destruirmos até o que podemos esperar do futuro. É uma inquietação tão fundamental que todo o resto empalidece: as denominações religiosas, a política, a psicanálise, a moral, a lei e as instituições.*

E talvez, até, o lugar e a prioridade do saber.

Se é verdade que o saber faz parte dos domínios que podem perder importância diante da ética, não seria um grande risco supor que é neste ponto, de um certo desprezo pelo saber prévio ou oficial, que a psicanálise interessou Jurandir: como forma de tratamento do sofrimento humano, claro, mas também como ocasião de construir um saber que, em cada caso particular, ainda não existia.

Terá outro sentido o conselho de Freud quando ensinou aos psicanalistas que tratassem cada caso como se fosse o primeiro...?

Os ideais

Se fosse possível escolher um termo, um significante-mestre que, na minha opinião, condensaria os trabalhos de Jurandir e suas relações com a psicanálise, eu escolheria o termo "ideais", assim, no plural.

Não que eu considere Jurandir um idealista; pelo contrário, ele é até bem realista. Basta ler suas crônicas para os jornais – que é onde ele encontra o melhor do seu estilo, na minha opinião, porque inclui uma certa dose de fúria – que se vai constatar esse realismo. O mundo do qual ele fala é o mesmo que vemos desfilar pelas ruas, com as mesmas pessoas, as mesmas alegrias e as mesmas dores. Jurandir sequer lhes acrescenta um tom grandiloquente ou adjetivo raro. Ele fala de pessoas que poderiam ser nossos vizinhos ou parentes, nunca afastados dos seus cotidianos.

A marca particular do autor, o seu *poinçon*, aquilo que aponta para o lugar de onde ele fala, é sua referência – em geral indireta – aos ideais: um homem comum falando para outros homens comuns, mas com o dedo apontado para o ideal, que certamente não é inteiramente acessível... e talvez nem exista como coisa "de se pegar", segundo a expressão de Carlos Drummond de Andrade (1967) em um poema publicado três dias após a morte de João Guimarães Rosa.

Nem pelos ideais, nem sem eles

Ninguém pode viver pelos ideais. Ninguém pode viver sem eles. Pelos ideais, corremos o risco de sufocar diante do impossível de alcançar; sem eles, perdemos o horizonte moral que justifica estarmos vivos.

Nem por eles, nem sem. Como dar forma a uma ética a partir disso?

Uma ética se constrói em intervalos: faz-se o possível, mas sem perder de vista um horizonte que, como o arco-íris, não se vai alcançar nunca. E sabe-se disso.

Uma ética se constrói em intervalos: isso somente é possível se a pensarmos em movimento, com escolhas e decisões a serem tomadas a cada vez. Ou seja, incluindo-se nela a contingência, que nunca é ideal.

Tudo indica que esse paradoxo não tem solução, pela razão mais simples do mundo: é que vem dele a energia que nos faz ir em frente... apesar de tudo.

Referências

Andrade, C. D. de. (1967, 22 nov.). Um chamado João. *Correio da Manhã*.

Costa, J. F. (2000). *A ética e o espelho da cultura*. Rocco.

Costa, J. F. (2010). *O ponto de vista do outro: figuras da ética na ficção de Graham Greene e Philip K. Dick*. Garamond.

20. *A inocência e o vício* trinta anos depois: uma mirada antropológica

Sérgio Carrara

Há alguns meses recebi o convite para participar de uma coletânea em homenagem ao professor Jurandir Freira Costa. Com o convite, vinha apenas a orientação das organizadoras e organizadores para que me sentisse livre para abordar qualquer uma das inúmeras dimensões de seu trabalho intelectual. Fiquei feliz, honrado e, obviamente, inquieto.

Nas últimas décadas, na Universidade do Estado do Rio de Janeiro (UERJ), convivi com o Jura, como os mais próximos costumam chamá-lo, em uma dessas singulares configurações sociológicas a que chamamos de "departamento". No início de nosso convívio departamental, eu era um pós-graduando angustiado, trabalhando em uma dissertação de mestrado; ele, já doutor, um consagrado intelectual e pesquisador. Apesar de estarmos em pontos bem distintos em nossas trajetórias acadêmicas, nossos trabalhos cruzavam-se em alguns pontos.

Matutei um tempo sobre o convite. Quanto à forma, escrever um texto-homenagem não deixa de ser um desafio, principalmente quanto à dosagem de afeto ou de *subjetividade* que nele se deixa transparecer. O modelo se aproximaria mais a uma carta, um testemunho ou um artigo acadêmico? Escreveria sobre (e para) ele como missivista, depoente, testemunha ou comentarista?

Quanto ao conteúdo, também pairavam algumas dúvidas. De início, pensei em dialogar com sua produção sobre a história da higiene mental e da psiquiatria no Brasil, conforme desenvolvida em *Ordem médica e norma familiar*, publicado em 1979. Esse livro se tornaria referência incontornável para os estudos sócio-históricos sobre os saberes médicos no país, além de ter sido pioneiro na aplicação do aparato analítico foucaultiano entre nós. Em parte, foi a leitura de *Ordem médica e norma familiar* a responsável pela aproximação de um estudante de antropologia interessado na história dos manicômios judiciários com o Instituto de Medicina Social (IMS), onde Jurandir desenvolveu aquela pesquisa.

Depois, tendo em vista os rumos que meu próprio trabalho tomou nos últimos 20 anos, pareceu mais instigante focar em suas reflexões sobre sexualidade e homoerotismo masculino, que foram elaboradas na passagem dos anos 1980 para os 1990, quando, já colegas de instituição, participamos de um mesmo projeto de pesquisa sobre os impactos sociais do HIV-Aids no Brasil.

Quando tomei essa decisão, logo me veio à lembrança uma cena. O ano devia ser 1993 ou 1994. No mercado municipal da pequena cidade em que me criei e que então visitava, encontro um antigo professor de física do colégio estadual. Um sujeito magro, alto e um tanto desengonçado, que olhava o mundo através de óculos com grossas lentes. Quando não estava trabalhando, costumava se deslocar pela cidade seguido por simpáticos cachorros de rua. Um ser meio mítico, seguramente visto como *exótico*, do qual se contavam muitas histórias, como a de que, terminada a faculdade, teria vagado uns anos pela Europa na vã esperança de encontrar pessoalmente o cineasta Ingmar Bergman, a quem idolatrava. Entre suas inovações didáticas, às vezes trazia oculto em uma vetusta pasta preta um relógio despertador com a campainha programada para soar inesperadamente no meio da aula. O sinal indicava o momento em que ele parava de "dar a matéria" e colocava em uma vitrola portátil um disco de música clássica "para relaxar um pouco". Era um desses professores cuja singularidade abre uma espécie de portal além do qual as e os estudantes podem suspeitar a existência de outros universos e outras humanidades.

No mercado, ele me reconheceu e, entre alfaces e couves, contou que, depois de ter mencionado em uma de suas aulas sua inclinação sexual por outros homens, passou a sofrer perseguições por parte da secretaria estadual de educação. Naquele momento, estava compulsoriamente afastado do ensino. Depois de falar sobre o teor de sua defesa na sindicância aberta pela secretaria, comentou algo como: "Nós, que somos *homoeróticos*, temos que reagir!". Curioso, perguntei de onde ele havia tirado aquela expressão para se autodefinir. Respondeu que tinha lido sobre aquilo em um excelente livro de um professor do Rio de Janeiro. Não se recordava bem do nome do autor, mas o título era *A inocência e o vício*. Falava do livro que Jurandir havia publicado em 1992! Entre surpreso e orgulhoso, contei que Jurandir era meu colega de departamento, no IMS da UERJ.

Confesso agora que não sei bem se minha surpresa derivava do fato de ter inesperadamente encontrado o Jurandir ali, entre alfaces e couves; se do fato de o livro ter chegado tão longe, tão rápido e tão fundo na sociedade brasileira; ou se, finalmente, da constatação de que, utilizando o termo para, nos termos do filósofo Ian Hacking, designar um tipo de pessoa – os *homoeróticos* –, o professor de física estava caminhando em direção oposta ao que propunha Jurandir em seus estudos sobre homoerotismo. De todo modo, mesmo reinterpretado, o livro parecia ter confortado – empoderado, diríamos hoje – o injustiçado professor, dando subsídios à sua luta para voltar à sala de aula, algo que nunca aconteceria.

Infelizmente, o professor de física já não está mais entre nós. Mas o livro de Jurandir continuou na minha estante, como continua e continuará em muitas outras. Além de artigos, suas reflexões sobre homoerotismo masculino ainda mereceriam um outro livro, *A face e o verso: estudos sobre homoerotismo II*, apresentado originalmente como tese para o concurso de professor titular (Costa, 1995).

Se me concentro aqui em *A inocência e o vício*, é por suspeitar que podemos considerá-lo como marco inaugural dessa reflexão, elaborada na interface entre a psicanálise e a antropologia. Como argumentarei, além de sua importância para a própria definição dos horizontes que se desenhavam naquele momento para o campo de estudos sobre o que hoje convencionamos chamar de *diversidade sexual e de gênero* ou de *dissidência sexual e de gênero*, o trabalho também influiu na própria trajetória da *política LGBTI+* entre nós (voltarei mais à frente a esse acrônimo). Espero poder sustentar convincentemente que essas expressões e, em certa medida, o uso que atualmente fazemos delas são caudatárias de uma reflexão coletiva que teve justamente em *A inocência e o vício* um momento emblemático. Argumentarei que essa obra não apenas impactou a vida do meu antigo professor de física e de muitas outras *pessoas homoeroticamente inclinadas*, mas foi também crucial para a construção do mundo que habitamos e continua surpreendentemente atual para sua análise. Não se trata aqui, enfatizo, de elaborar uma revisão sistemática do legado de Jurandir nesse tema, mas apenas de revisitar antropologicamente uma reflexão e o seu contexto.

Abordo *A inocência e o vício* como espécie de evento ou acontecimento situado em uma encruzilhada histórica. Talvez algo que, no vocabulário foucaultiano, poderia ser considerado um *efeito-instrumento*, ou seja, algo que é a um só tempo causa e consequência de determinado processo histórico. A partir do ponto em que esse *livro-acontecimento* e a reflexão que ele materializa emergiram, navegaremos um pouco a montante e depois a jusante do fluxo histórico do qual faz parte.

O ponto de partida, no duplo sentido de *início* e de *separação*, será a passagem dos anos 1980 para os 1990, justamente o momento em que a promulgação de uma Constituição Cidadã marcava simbolicamente o fim da ditadura civil-militar que governava o país por mais de 20 anos. Foi também o momento em que IMS abrigou a já mencionada pesquisa sobre os impactos sociais da Aids no Brasil, da qual *A inocência e o vício* foi um dos melhores frutos.

De modo geral, os anos que precederam imediatamente a publicação do livro foram de intensa movimentação em torno da construção de um projeto democrático para o país. Desde o final dos anos 1970, com a volta dos exilados e o início da desmontagem do regime ditatorial, o país fervilhava. Às lutas sindicais e camponesas que voltavam a ganhar força somavam-se *novos movimentos sociais* que, além do movimento feminista, indígena e negro, também incluíam o então chamado Movimento Homossexual Brasileiro.

Como registrado por diferentes autores, o movimento nascia em meio a marcados conflitos quanto aos melhores modos de organização da luta e quanto à própria definição do sujeito político que a empreendia ou em nome do qual ela se fazia. Quanto ao último ponto, estava em discussão a própria natureza da homossexualidade e aquilo que, na causa da *liberação homossexual*, estava (ou devia estar) em pauta. De um lado, havia quem considerasse a homossexualidade como marcador de um tipo específico de pessoa, no caso, uma minoria estigmatizada e oprimida, por séculos alvo de violência e discriminação. De outro, havia quem a considerasse não como marcador de um tipo de pessoa, mas de um tipo de desejo, mais ou menos partilhado por todo mundo. A palavra de ordem que propunha a *liberação homossexual* assumia, portanto, sentidos diferentes, desenhando horizontes igualmente diversos para a ação política.

Como registrou o antropólogo Edward MacRae, em trabalho[1] diversas vezes citado em *A inocência e o vício*, a divisão do movimento quanto a se constituir ou não em torno de uma identidade homossexual teria sido uma das causas da fragmentação do primeiro grupo ativista brasileiro, o grupo Somos-São Paulo (Carrara & Simões, 2007). Coisa que, logo após, também aconteceria com o Somos-Rio, cuja dissidência, o hoje extinto grupo Auê, articulava de modo bem explícito a posição que via a homossexualidade como marcador de um tipo de desejo, e não de um tipo de pessoa. Segundo os ativistas Leila Míccolis e Herbert Daniel (1983), então líderes do grupo,

> *uma das características que diferia o Auê dos outros grupos brasileiros estava em que foi o primeiro a não aceitar uma "identidade" homossexual, aprofundando a discussão e a crítica à falsa dicotomia que divide os seres em dois [homossexuais e heterossexuais] . . . Passou-se então a usar a palavra homossexual apenas como adjetivo de comportamento e jamais como classificação de pessoas. (pp. 100-101)*

1 Trata-se do livro *A construção da igualdade: identidade sexual e política no Brasil da "abertura"* (MacRae, 1990), originalmente uma tese defendida na Universidade de São Paulo (USP), em 1986, com o título *O Militante Homossexual no Brasil da Abertura: uma etnografia a respeito dos movimentos sociais na década de 70.*

Assim, o movimento em seu início apresentava diferentes estilos de militância (Facchini, 2005); o que, aliás, acontecia também em outros países. Em livro de 1983, Peter Fry e Edward MacRae registram que, nas primeiras organizações ativistas americanas, opunham-se, de um lado, os *moderados* ou *homófilos*, que tratavam os homossexuais como minoria discriminada e "desejavam provar que [eles] eram simplesmente cidadãos decentes, perfeitamente integráveis a sociedade existente", e, de outro, os *radicais*, que "colocavam em questão a inevitabilidade da dicotomia hétero/homossexual" (Fry & MacRae, 1983, p. 99).

No Brasil, ao longo dos anos 1980 acabariam por prevalecer estilos mais *moderados* de militância, com a consequente valorização de uma identidade homossexual. Interessante exemplo desse processo pode ser visto na mudança do nome de uma das principais organizações da época. Liderado pelo ativista João Antônio Mascarenhas, o Triângulo Rosa foi fundado no Rio de Janeiro como "Grupo de Liberação Homossexual", mas, em 1986, passaria a se apresentar como "Grupo de Defesa dos Direitos dos Homossexuais" (Câmara, 2002, p. 80).

Parte da nascente literatura acadêmica sobre diversidade sexual e de gênero nas ciências sociais, principalmente na antropologia, enfrentava os mesmos desafios e conflitos. Nesse campo, a manifestação mais evidente de uma posição *radical* se materializaria em 1983, com o lançamento do livro *O que é homossexualidade*, dos antropólogos Peter Fry e Edward MacRae. Nele, os autores propunham uma versão alternativa, "relativizante e antropológica" sobre o tema e, em sua introdução, chegavam a vaticinar que, justamente por trazer em seu título a expressão homossexualidade, o livro seria visto no futuro como uma "curiosidade da década de 1980".

Um dos principais focos da crítica era o pensamento psiquiátrico, considerado central no processo de criação de identidades sexuais estanques. Para criticá-lo, os autores recorriam à famigerada escala produzida pelo entomologista e sexólogo norte-americano Alfred Kinsey. Baseados na Escala Kinsey, afirmavam que, na *realidade*, haveria um contínuo de experiências que não permitia estabelecer seguramente qualquer ponto de corte que separasse homossexuais de heterossexuais. Tal oposição e tais categorias seriam fruto da história e da cultura e estariam difundidas principalmente nas camadas médias urbanas; ou seja, não existiam (ou não existiam do mesmo modo) em outras classes, épocas e sociedades.

Essa discussão sobre a natureza da homossexualidade se desdobrava em incertezas sobre tratar-se de uma *condição* ou de uma *opção* sexual, sendo a última expressão de uso bastante corriqueiro à época. Quando, em meados de 1980, lutou-se pela inclusão na nova Constituição da condenação explícita da discriminação da homossexualidade, ainda havia muitas dúvidas se o que devia ser proscrito era a discriminação por *preferência*, *opção* ou *orientação* sexual. Na discussão entre os grupos e entre eles e especialistas (principalmente antropólogos e psicanalistas), a expressão *orientação sexual* passou a ser considerada como a que melhor descreveria a natureza da homossexualidade.

Apesar de o movimento ter conseguido, em 1985, que o Código 302.0 da Classificação Internacional de Doenças – categoria diagnóstica "homossexualismo" – passasse a não ser mais de utilização obrigatória no Brasil, a campanha pela inclusão da expressão *orientação sexual* no texto da Constituição seria derrotada. Já se vivia então o pânico moral desencadeado pela epidemia de HIV-Aids, que fazia recrudescer o preconceito e a violência contra gays e travestis. O ativismo voltava-se à construção de uma resposta à epidemia de Aids e ao seu contexto, tendo como princípio norteador a ideia de que a Aids era um problema de todos e não apenas dos gays, e que as políticas de prevenção deveriam focar nas práticas sexuais e não nas identidades.

Foi nessa atmosfera de medo, esperança e urgência que a pesquisa que daria origem ao livro *A inocência e o vício* se desenvolveria.

* * *

A inocência e o vício (Costa, 1992) dialoga fortemente com o contexto social e intelectual que o envolve, ao mesmo tempo que ajuda a deslocá-lo em determinado sentido. Poderia ser alinhado às perspectivas mais *radicais* que, no campo político e acadêmico, problematizavam a existência de um "homossexual natural", trans-histórico e transcultural. Conforme escreve Jurandir: "Nenhuma divisão das pessoas em classes lógicas, famílias naturais ou conjuntos gestálticos é natural" (p. 25).

No que talvez possamos chamar de sua mínima ontologia, ele concebe as pessoas como "feixes de crenças e desejos", nos termos do filósofo D. Davidson; como fluxos e devires sempre cambiantes, e não como suportes orgânicos de estruturas psíquicas ou identitárias. Conforme escreve: "A particularidade do homoerotismo em nossa cultura não se deve à pretensa uniformidade psíquica da estrutura do desejo comum a todos os homossexuais; deve-se, sugiro, ao fato de ser uma experiência subjetiva moralmente desaprovada pelo ideal sexual da maioria" (p. 22).

Para Jurandir, sem qualquer esperança no sucesso de tentativas de ressignificação, o vocabulário ou discurso da homossexualidade seria inseparável da linguagem do preconceito, da "montagem imaginária da discriminação" que o forjou. Ao projetar como norma o homem branco, heterossexual, pai de família, viril, proprietário e metropolitano, a linguagem do preconceito contra o homoerotismo compõe a própria fábrica do mundo burguês e capitalista. Apoiado em M. Foucault, J. Weeks, R. Rorty, L. Wittgenstein, D. Davidson e J. Lacan (J. Austin só apareceria em sua tese de professor titular), a linguagem é tomada pelo autor como uma força performativa, e não como mero meio de representação do *real*. É na linguagem que mundos e, sobretudo, tipos de pessoas são criados.

Nesse sentido, Jurandir se alinhava criticamente ao que nós, antropólogos, chamávamos à época de *construcionismo social*. As reflexões de J. Butler ou A. Mbembe ainda não habitavam nossas estantes e as perspectivas pós-estruturalistas e as objetividades situadas ainda não tinham ganhado o mundo. Mas já era disso que Jurandir tratava. No campo intelectual, às perspectivas mais *radicais*, como a dele e as dos antropólogos com quem dialogava, viria a se somar, nos anos 2000, a perspectiva *queer*, que, diferentemente do homoerotismo, acabaria constituindo-se, ela mesma, como mais uma identidade, a das pessoas *queer*, representadas pela letra "Q" presente nos acrônimos contemporâneos.

Ao emprestar o termo *homoerotismo* do psicanalista S. Ferenczi, Jurandir não nos convidava a atribuir um valor positivo à homossexualidade. Conforme insiste: "o termo não é um novo nome de batismo para uma mesma e velha realidade existencial, a 'realidade homossexual'" (p. 23). Para sair da engrenagem linguística da discriminação e do preconceito, para ele, seria necessário "desfazê-la, e não reformá-la preservando os termos de sua definição e deixando-a intocada na base" (p. 35). O trabalho de Jurandir, assim, fazia parte e ao mesmo tempo aprofundava o fluxo histórico mais geral que, no início do terceiro milênio, levaria à difusão, na antropologia e especialmente entre estudiosas e estudiosos da sexualidade e do gênero, das chamadas teorias pós-estruturalistas e à virada performativa, leia-se construcionista, nas ciências humanas e sociais.

Porém, seu construcionismo, arriscaria dizer seu nominalismo, era singular e se mantinha absolutamente avesso ao relativismo ético e moral que levava muitos de nós a uma espécie de beco sem saída quando se tratava de agir no mundo ou de atuar junto aos que se engajavam em sua transformação. Aos impasses do relativismo, Jurandir oferecia saídas neopragmáticas que podiam orientar escolhas entre diferentes mundos sociais disponíveis ou imaginados. E, sem qualquer hesitação, postulava que a escolha deveria recair sobre aquele que apresentasse maior potencial para "estender tanto quanto possível a referência do pronome 'nós' ou reconhecer um número cada vez maior de pessoas como 'um de nós'" (p. 24); aquele que pudesse ser mais eficaz para barrar o crescimento da *indiferença*, que ele caracteriza, "com certeza", como "o mais desumanizante de todos os sentimentos que podemos experimentar em relação ao outro". A proposta era, portanto, promover uma "epistemologia da solidariedade" (p. 143).

Como já se pode suspeitar, a reflexão ética desenvolvida em *A inocência e o vício* permanece incrivelmente atual e traz chaves fundamentais para a análise do discurso fascista que nos últimos anos nos capturou e torturou moralmente. Discurso da indiferença e do ódio, movido pela pulsão de morte; discurso particularmente desumanizante em relação às pessoas LGBTQIAP+ que, com outras *minorias*, deviam *colocar-se em seu lugar* e se calar ou, então, desaparecer.

O trabalho de Jurandir abriu caminho, penso eu, para um diálogo muito mais equilibrado e produtivo entre academia e movimento social, uma vez que, em sua proposição, não está mais em causa a *verdade* última sobre identidades e subjetividades, mas uma *verdade* negociada, ética e politicamente significativa. É nesse sentido que, em *A inocência e o vício*, ele dialoga com a então emergente "ideologia gay" e define, seguindo E. MacRae, a identidade gay como "modelo de identidade de resistência" (p. 164).

Apontava, assim, para o potencial de pluralização de experiências que essa ideologia implicava e para o fato de que rompia com o discurso da homossexualidade, sobretudo com o paradigma da inversão sexual a ele subjacente. Mas Jurandir não deixava de apontar o perigo de a identidade gay pretender-se hegemônica, afirmar-se como uma nova norma, construída a partir de padrões de respeitabilidade moral e apresentação de si mais próximos da heterossexualidade. Sem ter ainda a palavra, não deixava de se referir ao que hoje chamamos de *heteronormatividade*, ou seja, à incorporação por homens gays de modelos hegemônicos de masculinidade.

No plano do ativismo, o uso de categorias como *homossexual* e *homossexualidade* passaria, enfim, a ser sistematicamente criticado e hoje se tornou obsoleto. Mas o que se colocou no lugar não foram o homoerotismo ou pessoas homoeroticamente inclinadas. As identidades persistem e penso que isso acontece em parte pelo fato de que, em sua luta pela cidadania, o próprio movimento ter se enredado progressivamente em processos de Estado. Desse enredamento se materializaria nos anos 2000 uma "população LGBT", hoje LGBTI+ e, em certos contextos, LGBTQIAP+, como objeto de políticas públicas e sujeito de direitos específicos (Aguião, 2018). Assim, mesmo fora do enquadramento da homossexualidade, impõem-se novas territorializações e fixações identitárias.

O processo é, no entanto, paradoxal. Com o progressivo desmantelamento da linguagem do preconceito e a consequente diminuição da pressão social que fazia com que uma multiplicidade de subjetividades e experiências se comprimisse em uma única categoria, temos que a homossexualidade não apenas se apaga, mas literalmente explode.

Sob as forças centrípetas da identidade e as forças centrífugas de experiências singulares, a homossexualidade dá lugar a toda uma miríade de diferentes modos de construção de si, seja no plano da sexualidade e do gênero, seja em seus avessos, na negação das polaridades e dos binarismos que habitam tal plano. O acrônimo que os agrupa foi se desdobrando e hoje abriga, segundo o contexto, lésbicas, gays, bissexuais, travestis, transexuais, transgêneros, intersexos, queers, assexuais, não bináries, pansexuais, polissexuais e demissexuais, entre as identidades mais visíveis. E o mais interessante é o fato de os acrônimos atuais trazerem sempre, ao final, um intrigante "+", cuja função parece ser a de manter a série de categorias sempre aberta às contingências dos desejos e das crenças.

O arco-íris parece ser mesmo o símbolo natural para essas identidades paradoxais que se estabilizam na instabilidade, unificam-se na diversidade e normalizam-se na dissidência. Identidades (ou quase identidades) inquietas, plurais, sobrepostas, além de interseccionadas por outros marcadores sociais da diferença, como raça, classe, origem regional ou geração. Para o horror dos amantes da ordem (simbólica, epistemológica, política), a partir do desmantelamento ou das ruínas da homossexualidade (e, talvez, da própria sexualidade) surge, assim, como parecia sonhar Jurandir, um mundo muito mais complexo e um "nós" muito mais inclusivo.

É certo que, nos últimos anos, em parte como reação a todo esse processo, assistimos alarmados ao recrudescimento dos discursos de ódio e à intensificação do gozo com a destruição física e moral de pessoas às quais ainda se recusa em muitos círculos o pleno pertencimento à cidadania e à humanidade. Mesmo assim, não podemos deixar de reconhecer que o mundo do final do século XX, em que Jurandir escreve, e o mundo da passagem do século XIX para o XX, sobre o qual ele escreve, eram muito mais hostis e muito menos vivíveis para dissidentes das normas de sexualidade e gênero. Hoje seguramente o meu professor de física não teria sido afastado da sala de aula, ao menos não tão silenciosamente.

Mesmo que ainda sob ataque, o mundo contemporâneo e seus horizontes foram forjados em larga medida por pessoas como o Jura, por pessoas empenhadas na erótica tarefa de construção de um "universo de sentido [mais] compatível com a sobrevida dos humanos", como escrevia ele em *A inocência e o vício*. Assim, como antropólogo, como participante ativo da luta pela cidadanização das pessoas LGBTQIAP+ no país e, sobretudo, como pessoa homoeroticamente inclinada, gostaria de finalizar esse meu texto-homenagem agradecendo ao Jurandir por sua obra. Tenho certeza de que meu antigo professor de física, caso pudesse, se juntaria a mim nesse reconhecimento.

Referências

Aguião, S. (2018). *Fazer-se no "Estado": uma etnografia sobre o processo de constituição dos "LGBT" como sujeitos de direitos no Brasil contemporâneo.* Eduerj.

Câmara, C. (2002). *Cidadania e orientação sexual: a trajetória do Grupo Triângulo Rosa.* Academia Avançada.

Carrara, S., & Simões, J. (2007). Sexualidade, cultura e política: a trajetória da identidade homossexual masculina na antropologia brasileira. *Cadernos Pagu*, (28), 65-100.

Costa, J. F. (1992). *A inocência e o vício: estudos sobre o homoerotismo.* Relume-Dumará.

Costa, J. F. (1995). *A face e o verso: estudos sobre homoerotismo II.* Escuta.

Facchini, R. (2005). *Sopa de letrinhas? Movimento homossexual e produção de identidades coletivas nos anos 90.* Garamond.

Fry, P., & MacRae, E. (1983). *O que é homossexualidade.* Brasiliense.

MacRae, E. (1990). *A construção da igualdade: identidade sexual e política no Brasil da "abertura".* Unicamp.

Míccolis, L., & Daniel, H. (1983). *Jacarés & lobisomens: dois ensaios sobre a homossexualidade.* Achiamé.

21. A chave

Maria Clara Dias

Este artigo é um intento indireto, mas sincero, de prestar uma homenagem a Jurandir Freire Costa.

Conheci Jurandir aos 20 anos, ao ser convidada a participar de seus cursos na Universidade do Estado do Rio de Janeiro (UERJ). Quase quarenta anos se passaram. Durante esse período o interesse comum por alguns temas fez com que voltássemos a cruzar nossas trajetórias em espaços distintos como o Instituto de Filosofia e Ciências Sociais da Universidade Federal do Rio de Janeiro (IFCS/UFRJ) e a cidade de Itatiaia/RJ.

Ao receber o convite para compor este livro não pude deixar de percorrer, com muita saudade, a lembrança desses momentos. Eu estava sendo convocada a retomar um diálogo que para mim havia sido fundamental, justo agora, quando o meu crescente ranço pela academia havia feito com que prometesse a mim mesma abandonar a escrita filosófica. Como romper minha promessa sem me sentir uma fraude? Era preciso refazer de forma distinta toda essa trajetória e retornar às questões que nos moveram ao longo desses anos. Questões que, pelo menos no meu caso, guiaram o rumo das minhas investigações filosóficas e, também, da minha existência.

Nesse sentido, assumo este texto como uma homenagem a este querido, embora distante, parceiro de inquietações, mas também como uma forma de inventário[1] das questões que nortearam minha trajetória filosófica e que busquei integrar à narrativa de quem sou, até o momento que resolvi romper com a escrita acadêmica. Dessa forma, não pretendo estabelecer diretamente um diálogo com a obra de Jurandir, mas retomar questões que pareciam instigá-lo, não apenas sob o ponto de vista teórico, mas, como a mim, também existencial, e apresentar o modo como fui reunindo ao longo desses anos um leque de respostas/narrativas que me permitiram uma compreensão integrada delas.

Peço desculpas de antemão ao leitor se o núcleo de questões aqui elencadas lhe for indiferente e se as soluções lhe parecerem inadequadas ou insatisfatórias. Nesses casos, peço que assumam o papel de um psicanalista e tomem o que se segue como um, entre outros possíveis, processo de construção narrativa do eu. Como autora, assumo o risco do enfado, em troca do compromisso com a sinceridade da fala.

Pretendo abordar dois grandes temas e fornecer uma concepção integrada de ambos: o eu e a ética. As indagações acerca de quem somos, ou seja, do eu, suscitará questões relativas à relação entre mente e corpo, ao problema dos *qualia*, aos limites da mente e à identidade pessoal. Já a abordagem da ética partirá da indagação dos limites da comunidade moral, da distinção entre agentes e concernidos morais e suas consequências no âmbito de ações e compromissos para com outros indivíduos.

---

1 Algumas passagens deste texto podem ter sido retiradas de outros livros ou artigos meus, com ou sem modificações. Algumas de minhas falas, tais como exemplos, estão de tal forma internalizadas que já não saberia dizer quando as usei pela primeira vez. De qualquer forma, se estão aqui é porque as julguei a melhor forma de expressar o que tenho a dizer e me eximo da tarefa inútil de buscar identificar a primeira vez em que apareceram impressas.

Uma compreensão funcional do que somos

Compreender o que somos, nossa forma de interação com os outros seres humanos e o mundo ao nosso redor, é certamente uma das questões filosóficas que nos persegue desde a mais tenra idade. Talvez essa seja mesmo a questão com a qual iniciamos o exercício do filosofar, que acompanhará alguns de nós durante toda a nossa existência.

Embora possamos sentir o movimento do nosso corpo, ouvir nossa própria respiração e ver nossa imagem projetada num espelho, parecem ser nossos desejos, nossas crenças e, sobretudo, nossas sensações os primeiros depositários do que identificamos como quem somos. Na história da filosofia essa trajetória é ilustrada por Descartes pela célebre constatação do "penso, logo existo". A assunção de um acesso privilegiado aos nossos próprios estados mentais fez com que nossa identificação enquanto *res cogitans* fosse assegurada como a única certeza num mundo manipulado por um possível "gênio maligno". Com o cogito é resgatada também a veracidade de todos os seus modos de existência. Somos assim identificados, antes de mais nada, com o conjunto de nossos estados mentais: o pensar, o duvidar, o desejar etc.

Apenas depois de um longo e tenebroso império da dúvida hiperbólica resgatamos, também, nossa identidade como *res extensa*. De apenas uma mente, passamos a ser então uma mente e um corpo e, com isso, instauramos um problema que até hoje ocupa uma posição de destaque na filosofia: qual a relação entre estas duas partes, mente e corpo, com as quais, aparentemente, estamos identificados? Na busca de uma resposta satisfatória a essa questão, busquei não apenas esclarecer o que somos, como justificar ou negar o status especial reclamado para nós, humanos, no mundo ao qual pertencemos.

Procurei defender uma perspectiva funcionalista da mente e, por conseguinte, uma concepção materialista do ser humano. Dentro dessa perspectiva, defendi que aquilo a que atribuímos as propriedades mentais não pode ser identificado nem como uma entidade não física, nem com o cérebro. Com isso, busquei suprimir o dualismo mente-corpo, tanto em sua versão cartesiana quanto na versão materialista contemporânea. Propriedades mentais, como as demais propriedades físicas, são atribuídas a sistemas e a funções realizadas por eles. Para defender essa perspectiva, procurei, em primeiro lugar, compreender nossas intuições acerca do caráter peculiar dos eventos mentais e, em seguida, inseri-los em uma descrição estritamente funcional.

Qualquer que seja a nossa definição de "mundo físico", parece haver um conjunto de propriedades que, à primeira vista, não parecem ser atribuídas significativamente aos objetos físicos. Minhas experiências perceptivas conscientes, minhas sensações corporais, emoções, paixões e humores parecem reportar-se a mim de tal forma que meus demais pertences – meus livros, minhas fotos, minha casa e minhas roupas, por mais personalizados e relacionados à minha personalidade que eu queira interpretá-los – efetivamente não o fazem. É nesse sentido que pareço ser o sujeito único da minha dor e que esta pareça só existir quando referida a mim. Outra pessoa poderia vir a possuir a minha casa ou se apossar de meus livros, mas estes não deixam de existir tão logo deixem de ser possuídos por alguém.

A "monopolização" de fenômenos mentais por um sujeito parece caracterizar uma forma de pertencimento intrínseco alheia aos demais objetos físicos que estão, contingentemente, sob o meu poder. Não deveríamos, então, distinguir os objetos aos quais tenho um acesso privilegiado, enquanto sou aquele que os *vivencia intrinsecamente* – isto é, os objetos que só podem ser "tidos" e conhecidos na *minha* perspectiva experiencial e que não subsistem a não ser em relação com sujeitos de experiência – de outros objetos aos quais me relaciono simplesmente porque sou aquele que, contingentemente, os *possui*?

A crença no caráter inalienável de nossos próprios estados ou de nossa relação para com nós mesmos é, cotidianamente, revelada por meio de frases como "ninguém mais pode sentir a minha dor" ou "cada um sabe a dor e a delícia que é ser o que é".[2] Acreditamos que dor, tristeza, alegria e demais estados de espírito só existem enquanto são vivenciados ou atribuídos a um sujeito. Como, então, compatibilizar a adoção de uma perspectiva materialista/fisicista de tudo o que existe com nossa crença cotidiana de que são exatamente esses estados que determinam o que somos e nossa atuação no mundo?

Seria possível explicar no vocabulário fisicista o que é ser o sujeito de determinadas vivências ou retratar esse ponto de vista privilegiado que, inevitavelmente, assumimos diante de nossas sensações, emoções e humores? Caso contrário, não seríamos obrigados a reconhecer um fosso entre as explicações materialistas/fisicistas e o que mais intimamente julgamos saber acerca de nós mesmos e de nossa forma de estar e atual no mundo?

Diante desse dilema, vislumbramos, ao menos, três alternativas: (i) aceitar a existência de tais objetos e a irredutibilidade deles ao domínio do mundo físico; (ii) provar que tais objetos não existem ou que *não* possuem realmente as propriedades mencionadas; (iii) reconhecer a existência dos objetos em questão e de suas propriedades características, negando, porém, que estas não se apliquem também aos objetos físicos.

A primeira alternativa é claramente dualista, ou melhor, reabilita um dualismo ontológico no qual a relação entre o mental e o físico torna-se contingente, arbitrária ou mesmo impossível.

2 Trecho da música "Dom de iludir", de Caetano Veloso.

Sob a suposição de que o mundo físico é causalmente fechado – ou seja, de que para todo evento físico deva haver ao menos uma causa física –, estaríamos então impossibilitados de estabelecer relações causais entre o grupo de eventos aos quais supomos pertencer nossas sensações, emoções, paixões e humores, por um lado, e os eventos físicos, por outro. Na melhor das hipóteses, os eventos mentais poderiam ser efeitos, mas jamais causas de eventos físicos; ou seja, poderíamos assumir uma perspectiva epifenomenalista, mediante a qual o mental seria considerado causalmente inerte. Mas estaríamos realmente dispostos a admitir que nossos estados mentais sejam causalmente irrelevantes?

Nossas convicções materialistas do século XXI tornam difícil compreender o que seriam objetos que não produzem efeito no mundo físico. Em outras palavras, postular a existência de algo parece implicar o reconhecimento de suas relações causais relativamente a outros objetos ou eventos físicos. Mediante tais convicções, a segunda alternativa propõe a eliminação do mental ou sua redução ao físico, negando a própria existência de eventos mentais ou o reconhecimento das propriedades que lhe foram anteriormente atribuídas. Essa alternativa deixa intacto o fisicismo, porém não nossas práticas cotidianas de atribuição de poderes causais a nossos estados mentais enquanto tais.

A terceira alternativa parece compatível com o fisicismo, com um dualismo ou pluralismo de propriedades e com uma certa compreensão do caráter peculiar de algumas de nossas vivências. Tal alternativa partilha com a anterior o núcleo das intuições fisicistas e a diferença entre ambas é bem mais sutil do que nos pode parecer à primeira vista. Algum tipo de reducionismo, ou mesmo de eliminação, parece também aqui inevitável. A diferença consiste apenas no fato de essa última buscar conciliar o fisicismo com algumas de nossas mais caras intuições acerca de nossos estados subjetivos. Mas que estados subjetivos especificamente? Que características peculiares a eles parece razoável sustentar junto ao fisicismo, ou seja, sem que tenhamos que abandonar o núcleo de nossas convicções fisicistas?

O que parece oferecer resistência a uma redução fisicista não são os estados mentais em geral, mas certos estados mentais, cujo conteúdo parece tornar-se acessível única e exclusivamente a partir da perspectiva de quem vivencia a própria experiência. Tal conteúdo encerra o que chamamos de *qualia*: o caráter subjetivo da experiência ou o que costumamos denominar nossa consciência fenomenal. Trata-se do núcleo de vivências para o qual Thomas Nagel (1974) introduziu a expressão *what-it-is-like-to-be*, ou seja, aquilo que faz com que propriamente nos reconheçamos como sujeitos de nossa experiência subjetiva. Para Nagel, tal conteúdo acompanharia todo tipo de evento intencional, ou seja, todo tipo de relação que envolve a consciência e seus objetos, constituindo o seu caráter subjetivo, irredutível.

Mas precisamos realmente supor que todo evento mental vem acompanhado de propriedades irredutíveis que devam ser necessariamente apreendidas apenas a partir da perspectiva daquele que vivencia a própria experiência? Diante dessa questão, procurei defender uma postura bem mais restrita. Uma postura que, ao contrário de Nagel, exclui desse âmbito todos os estados mentais cujo conteúdo relevante pode ser descrito como uma atitude proposicional. Este é o caso, por exemplo, de nossas crenças e nossos desejos. Para justificar tal restrição, procuro mostrar que é possível fornecer, ao menos *prima facie*, uma descrição funcional de tais estados mentais, e que tal descrição parece não eliminar ou excluir nenhum elemento relevante para a compreensão destes.

Para exemplificar o que seria uma descrição funcional, podemos recorrer ao exemplo de uma máquina programada para realizar um tipo de funcionamento específico. Neste caso, as ilustrações vão desde máquinas mais simples, como as que nos oferecem refrigerantes mediante a introdução de moedas de um determinado valor, até as máquinas conexionistas de tipo PDP (*Parallel Distribution Process*) ou redes neurais. Parece evidente que a complexidade das funções que usualmente realizamos exige que sejamos exemplificados por modelos flexíveis e bastante complexos. Complexos talvez o suficiente para não sermos, ainda, capazes de descrevê-los. Nesse sentido a proposta funcionalista pode parecer vulnerável a uma objeção de fato, mas o que importa aqui é que, ao menos *prima facie*, nada parece impedir que possamos assumi-la como a forma mais adequada de descrever o que somos.

Seres humanos, segundo uma descrição funcional, poderiam, assim, operar como um programa flexível composto de vários módulos. No primeiro módulo estaria um *scanner*, responsável pela recepção dos *inputs*. A partir daí, podemos imaginar vários módulos, entre os quais um módulo avaliador, responsável pela seleção das informações que chegaram à etapa final, qual seja, a produção de um comportamento específico.

A peculiaridade desse tipo de programa estaria na sua capacidade de aprender, ou seja, de alterar o produto em função de um novo *input* que incluiria os efeitos produzidos pelo comportamento do agente nas etapas anteriores. Em outras palavras, o *output* gerado promoveria respostas externas que, por sua vez, seriam introduzidas no *input* e avaliadas pelo programa de forma a fornecer um novo resultado. É desse modo que um modelo programado para reconhecer letras, como o que é utilizado com sucesso nos correios, altera, ou melhor, aprimora sua *performance* na medida em que lhe são oferecidas grafias variadas de uma mesma letra e o programador responde negativa ou positivamente ao seu reconhecimento ou não de uma letra. Tais modelos são capazes de reordenar os seus dados de forma a passar a reconhecer características anteriormente ignoradas.

Com base na análise funcional de modelos com programa flexível, passaríamos então a atender a algumas das principais características do modelo humano, como nossa capacidade de aprender a partir das experiências vividas e de responder de forma diferenciada, inédita, a novas situações. O processo de avaliação dos dados informacionais obtidos e a resposta consecutiva caracterizam o que julgo compreendermos como a capacidade de deliberar. Nesse sentido, nosso tão proclamado poder de deliberação nada mais expressaria do que a totalidade do processo que envolve verificação, seleção e avaliação de informações e, finalmente, uma resposta comportamental. Do mesmo modo, podemos ainda descrever o que chamamos de liberdade como uma capacidade de produzir respostas/ações com base em avaliação e ponderação das diversas informações obtidas.

Supondo, assim, que uma descrição funcional de estados mentais reconhecidos como atitudes proposicionais, ou seja, com conteúdo proposicional, seja possível e que com uma tal explicação nada de essencial a eles se perca, o problema da lacuna explicativa ou o problema da redução fisicista passa a se reportar, exclusivamente, ao suposto conteúdo subjetivo irredutível da experiência: a chamada consciência fenomenal. Como encaixá-la em uma descrição física do mundo?

Para responder a esta questão, ou melhor, para explicar em termos funcionais como propriedades "*what-it-is-like*" podem desempenhar um papel causal genuíno em nossas disposições comportamentais, recorri à teoria PANIC (Poised Abstract Nonconceptual Intentional Content) desenvolvida por Michael Tye (1995).

A teoria PANIC é uma teoria sobre os eventos ou estados fenomenais que reconhece como fenômenos intencionais, porém, ao mesmo tempo, como fenômenos não conceituais. Tais estados podem acompanhar outros estados intencionais de conteúdo proposicional e servir de *background* para processos cognitivos envolvendo estados intencionais de conteúdo proposicional. O decisivo, porém, é que os estados fenomenais intencionais *não* são eles mesmos conceituais.

Sensações corporais como a dor de dente ou o orgasmo são representacionais no sentido de que refletem causalmente, em circunstâncias normais, alterações em partes específicas do corpo. Essas alterações formam o conteúdo representacional das sensações corporais. Tais representações (i) são o *output* de receptores nervosos respondendo a estímulos diversos no nosso corpo e (ii) integram o *input* dos processos cognitivos em que são, pela primeira vez, revelados cognitivamente ao sujeito das representações. Mediante a ação de processos cognitivos operando sobre as representações não conceituais, o sujeito se torna, então, consciente de (*aware of*) seus estados fenomenais.

Tornar-se consciente de suas próprias experiências é um processo cognitivo que subsome, pela primeira vez, a experiência fenomenal a conceitos. Só então o sujeito experiencial adota uma atitude epistêmica (cognitiva) diante de seus estados fenomenais. Abaixo desse nível de consciência (*awareness*) estaria, portanto, o que compreendemos como consciência fenomenal (*consciousness*). O conteúdo fenomenal seria, assim, mais bem descrito como representações não conceituais de alterações físicas prontas a integrar o *input* intencional de processos que têm como *output* outros estados intencionais de conteúdo proposicional, como crenças e desejos. Assim, ser o sujeito de uma experiência fenomenal significaria ter, no *input* de certos processos cognitivos, representações adicionais, representações não conceituais que poderiam promover respostas diferenciadas.[3]

---

3 Esta interpretação permitiria uma resposta diferenciada ao experimento de Mary, criado por Jack Jackson (1982). Mary seria uma cientista que conhece

Ao identificar um evento mental por suas propriedades funcionais, estaríamos, então, reconhecendo o caráter necessário de um componente material, porém não reduzindo o evento em questão às propriedades físicas da estrutura material que o realiza. Dessa forma podemos também resgatar a convicção de que alguns processos mentais podem ser realizados em estruturas com propriedades físicas distintas. Eles seriam, por assim dizer, multiplamente realizáveis.

De acordo com uma perspectiva funcionalista, a forma adequada de individuar uma entidade não seria por recusa a suas propriedades físicas, mas por meio de suas propriedades funcionais. A pergunta acerca do que somos será, assim, respondida por referência a uma rede de processos que envolve a *performance* de distintas funções, algumas das quais usualmente descritas por um vocabulário mentalista. A essa rede chamaremos "eu".

O "eu" assim entendido não é uma unidade transcendente que controla todo o sistema, nem uma parte específica dele. Ele é uma rede ou uma conjunção de processos. Enquanto tal, ele está projetado no mundo e em constante processo de transformação. Seu campo informacional é composto de dados oriundos tanto dos limites internos, quanto externos ao próprio corpo, sendo que os registros deixados em livros, diários, computadores e no nosso meio ambiente ocupam um papel fundamental em nosso *set* informacional.

---

tudo acerca de leis, objetos e propriedades do mundo físico e vive em um quarto preto e branco. Jackson nos desafia a responder se Mary teria aprendido algo novo ao sair do quarto e ver pela primeira vez tomates vermelhos. De acordo com essa interpretação, Mary passaria a dispor de representações não conceituais do por ela já anteriormente discriminado conceito de vermelho, que passariam a integrar agora o *input* de sua experiência de ver a cor vermelha. Como em qualquer outro caso, a presença de novos *inputs* poderia, então, alterar a resposta comportamental produzida. Sobre a aplicação da teoria PANIC ao caso de Mary, ver: Jackson (1982, 1986, 1998), Tye (1995) e Dias (2012).

Nossa memória não contém apenas informações registradas por um processo de introspecção ou por um exame de nosso cérebro ou sistema neurológico. Ela envolve também os diversos objetos e processos a partir dos quais expandimos nossas mentes. Nosso processo cognitivo se estende, necessariamente, para além do nosso cérebro e dos limites do nosso corpo,[4] pois ele envolve, como parte constitutiva de seu mecanismo, os *inputs* que compõem o conteúdo de nossos pensamentos e o que em vocabulário kantiano chamaríamos de síntese destes por meio de conceitos. A linguagem é ela mesma um artefato que incorporamos à nossa estrutura cognitiva e que assume o papel de projetar no mundo parte de nossos conteúdos mentais.

O papel desempenhado por objetos localizados fora dos limites do nosso corpo, ou ainda por artefatos, no nosso processo cognitivo talvez explique por que nosso raciocínio se vê debilitado quando perdemos nossa agenda ou as informações que guardamos em nossos computadores. Pode explicar também a falência cognitiva de idosos que são afastados do lugar, das pessoas ou dos objetos que lhes eram familiares.

Da mesma forma, não é difícil reconhecermos o papel que certos objetos desempenham para a manutenção do nosso equilíbrio emocional ou mesmo para a garantia de nossa integridade pessoal. Exemplos corriqueiros são paninhos ou bichos de pelúcia nos quais as crianças se apoiam para dormir ou se sentir mais seguras; obras de arte, como composições musicais, livros e pinturas, que nos ajudam a assumir uma atitude mais introspectiva e compreender melhor nossos próprios sentimentos; elementos do meio ambiente com os quais alguns grupos culturais se sentem identificados.

Se essa descrição do que somos for, realmente, sustentável, teríamos então que enfrentar suas consequências. O "eu", esta

4 Sobre este tema e a noção de mente estendida, ver: Clark (2010).

entidade narrativa à qual reportamos não apenas nossa cognição, mas a totalidade de nossos estados psicológicos, não poderá mais ser simplesmente compreendido como uma entidade que se relaciona ou representa o mundo, mas como uma rede de processos no mundo. O "eu" passa a ser lido simultaneamente como o vestígio, as marcas colhidas do que fomos, o instantâneo de nossas ações presentes e a imagem projetada do que acreditamos seguir sendo.

Vemos, assim, esmaecer a ideia de uma base fixa, imutável, detentora do que imaginamos ser a nossa essência propriamente humana. A pergunta acerca da identidade de cada ser deverá ser respondida por referência a uma rede de processos que envolve a *performance* de distintas funções, em momentos distintos de sua existência. Dessa forma, a descrição funcional do que somos parece já não garantir aos seres humanos um lugar privilegiado entre as demais entidades existentes. Somos um tipo de sistema funcional dentre outros e somos, simultaneamente, um sistema funcional integrado e parte de outros sistemas funcionais. Tais considerações terão um papel fundamental no modo como passamos a compreender nossas relações com as demais entidades e nosso lugar no mundo.

De uma concepção funcional do indivíduo a uma concepção moral mais inclusiva

Quais seriam as consequências de uma tal concepção do eu no plano da filosofia prática, ou melhor, da ética, da bioética e da filosofia política? Seria uma concepção minimalista do que somos, como a aqui defendida, descomprometida com uma natureza humana fixa e/ou transcendente, capaz de dar conta da pretensão de universalidade do nosso discurso moral?

Desde que comecei a percorrer as perspectivas morais propostas pela tradição filosófica e suas correspondentes teorias de justiça, sempre me surpreendi com o fato de parecerem não corresponder a nossas mais básicas intuições morais. Mais especificamente, elas identificavam o núcleo da moralidade ou dos indivíduos aos quais devemos consideração moral ao grupo dos indivíduos capazes de deliberar e agir moralmente, a saber: os agentes morais. Essa fórmula, sustentada na identificação dos seres humanos como racionais e livres, por conseguinte, como capazes de assumir o papel de agentes morais, fazia de nós o foco da moralidade.

Entendi, então, que para ampliar o escopo da moralidade – e, sobretudo, tornar os agentes morais apenas um segmento do grande conjunto de indivíduos a que devemos respeito moral – era necessário fornecer uma nova caracterização de indivíduo, capaz de incluir no conjunto dos chamados concernidos morais diferentes entidades.

Seguindo a estratégia adotada na minha caracterização do que somos, desenvolvi uma perspectiva que adota como concernido moral indivíduos entendidos como sistemas funcionais. Dessa maneira, traduzi (Dias, 2015, 2016, 2017, 2019) o princípio universal do respeito como uma demanda por respeito ou consideração aos funcionamentos básicos dos diversos sistemas e, como fim último da moralidade, o florescimento destes. Por funcionamentos básicos compreendo aqueles que garantem a integridade do núcleo identitário de cada indivíduo. Tais funcionamentos poderão variar tanto entre os diferentes indivíduos quanto também em um mesmo indivíduo em momentos distintos de sua existência. A esta concepção moral denominei perspectiva dos funcionamentos (PdF).

Ao introduzir tal perspectiva, pretendia romper com uma concepção de moralidade estruturada segundo o paradigma contratualista, em que o grupo dos indivíduos identificados como agentes morais é também o grupo dos concernidos. Em uma concepção desse tipo, pautada no exercício da racionalidade e da autonomia das possíveis partes integrantes de uma situação contratual, não haveria espaço para o reconhecimento moral de indivíduos que jamais seriam capazes de ocupar o papel de agente moral. Procurei mostrar que este seria o caso de muitos seres da espécie humana que, por razões das mais diversas – razões que nos reportam tanto à sua constituição biológica quanto a fatores de ordem socioeconômica ou fatalidades que obstruam o bom exercício de seus funcionamentos –, jamais exercerão, de forma satisfatória, a racionalidade e a autonomia exigidas. Ao tomar como exemplo esse grupo, nada pequeno, de seres humanos, pretendia apontar uma incongruência em nossas atitudes morais corriqueiras e, ao tentar corrigi-la, finalmente promover uma ampliação dos limites da nossa comunidade moral.

Servi-me, assim, de uma convicção amplamente compartilhada: a crença de que usualmente não excluímos como objeto de nossa consideração moral os seres humanos nada ou pouco racionais e autônomos. A esse grupo pertencem, por exemplo, crianças pequenas e pessoas com acentuada deficiência cognitiva ou distúrbios mentais graves. Se de fato pensamos assim, isso significa que já estamos dispostos a distinguir entre os agentes morais – aqueles que tomam atitudes morais e são moralmente responsáveis por elas – e os que chamo de concernidos morais, ou seja, os seres que incorporamos à nossa comunidade moral e que julgamos objeto de nossa consideração moral, à revelia da consciência que possam ter sobre isso. Esse passo, acrescido da proposta de redefinição do que somos, gera, então, uma concepção moral que, tendo como foco os sistemas funcionais, incorpora seres humanos, animais não humanos, objetos inanimados e até mesmo o meio ambiente.

Se adotarmos como foco da moralidade os funcionamentos básicos dos diversos sistemas e, ao mesmo tempo, compreendermos como funcionamentos básicos aqueles que garantem a identidade própria de cada sistema, então estaremos moralmente comprometidos com demandas diversas, incomensuráveis entre si e, consequentemente, não hierarquizáveis. Aqui a única hierarquia identificável será entre funcionamentos básicos e não básicos, porém não entre sistemas. A suposta simplicidade ou complexidade de um sistema não desempenhará qualquer papel no valor moral que lhe é atribuído. Nesse sentido, funcionamentos complexos, como a capacidade de refletir e deliberar sobre as próprias ações, de elaborar um projeto de vida, pensar e gerir as normas da sociedade, nada mais serão do que funcionamentos/capacidades próprios a um grupo de específico de sistemas funcionais/indivíduos, não conferindo este um status moral superior.

Ter ou não uma determinada capacidade é tão somente um fato. A partir de sua constatação, condutas específicas serão exigidas. Contudo, o reconhecimento de capacidades específicas não justificaria a atribuição de maior ou menor valor moral ao grupo de seres em questão. O que uma conduta moral correta exige é a adequação entre o reconhecimento das capacidades ou características dos sistemas funcionais e o respeito correspondente a suas formas de implementação específicas.

No caso de conflito entre funcionamentos básicos de sistemas distintos, teremos que mensurar o peso dos funcionamentos em questão, no âmbito de cada sistema. Assim, diante da necessidade de eleger entre funcionamentos básicos, tudo que nos resta é analisar as características particulares da situação e buscar minimizar o dano provocado, agindo da forma que melhor se adeque ao nosso sistema de crenças e valores atuais.

O que será moralmente adequado ou não, em cada contexto, dependerá de uma compreensão do que seriam os funcionamentos básicos, dos diversos sistemas funcionais envolvidos. Nesse sentido, uma mesma atitude pode ser moralmente condenável ou não em função do modo como ela afeta sistemas funcionais ou indivíduos distintos.

Não seria, por exemplo, moralmente condenável desconsiderar a participação de crianças nas eleições presidenciais. Podemos justificar tal atitude alegando que elas não possuem conhecimento adequado das questões políticas relevantes, para deliberar de forma competente nesse processo. Do mesmo modo, é razoável deixarmos que um veterinário decida sobre a alimentação adequada de nossos animais de estimação, ignorando muitas vezes sua predileção por alimentos nocivos a sua saúde. Nestes casos, não apenas não nos sentimos moralmente culpados, como ainda acreditamos estar cumprindo nosso dever para com o bem-estar ou a saúde deles.

Enfim, nosso comprometimento moral para com o florescimento ou o desenvolvimento pleno dos funcionamentos básicos de cada indivíduo deve estar baseado no reconhecimento do que para cada um constitui seu núcleo identitário, no decorrer de sua existência. Dessa forma, aplicar a PdF significa, na prática, investigar o que, nos diversos contextos, podemos identificar como funcionamentos básicos e buscar promover as medidas necessárias para que tais funcionamentos possam ser exercidos.

Sob o ponto de vista da bioética e da ética aplicada como um todo, isso significa abrir mão de fórmulas ou princípios esvaziados de conteúdo e da perspectiva de agente moral desterritorializado. A atitude moral mais adequada será, em cada caso, a mais compatível com a identificação e a promoção dos funcionamentos básicos de todos os envolvidos. Isso supõe um compromisso com a investigação e a escuta, capazes de ampliar nosso *set* informacional e, por conseguinte, nosso universo de crenças e valores.

Para dilemas morais não há respostas já prontas e infalíveis. Nosso universo de crenças e valores não nos transcende, mas imana da nossa vida concreta em sociedade e da necessidade de melhor harmonizarmos nossas próprias demandas com a de todos os seres que conosco habitam este planeta. Quando mais soubermos acerca de nós mesmos e de todo o nosso entorno, mais próximos estaremos de tomarmos decisões acertadas. Quanto mais coerentes formos para com nossas crenças e valores, mais próximos estaremos de ser o tipo de pessoa que elegemos ser. Quanto mais amplo for o universo daqueles que julgamos objeto de nosso respeito ou consideração moral, mais próximos estaremos de fazer valer a pretensão universal do nosso discurso moral.

Sob o ponto de vista político, isso significa, no mínimo, demandar políticas públicas mais focadas nas diferenças específicas de indivíduos e/ou grupos que não se encaixam nos padrões normativos hegemônicos; garantir a participação e/ou expressão de todos os segmentos que compõem a sociedade; e implementar práticas educativas de sensibilização, para que ampliemos nossa capacidade de ver, escutar e apreender demandas alheias. A adoção de uma tal perspectiva moral requer, então, um olhar e uma escuta apurados para que possamos apreender demandas até então inauditas. Nem todos somos livres e racionais, mas todos temos uma forma própria de estar no mundo que nós, agentes morais, precisamos ajudar a construir.

Gostaria de concluir este texto com agradecimentos. Em primeiro lugar agradeço a meu homenageado, Jurandir Freire Costa, por ter sido esta pessoa maravilhosa que, mesmo de longe, sempre me incentivou a seguir e a valorizar minhas ideias. Em seguida, agradeço a todos que, ao meu lado, aplicaram a perspectiva dos funcionamentos, emprestando a ela uma *expertise* que, sem vocês, jamais teria alcançado. Finalmente, agradeço aos que chegaram ao final deste texto e exercitam a generosa atitude da escuta.

Referências

Clark. A. (2010). Memento's Revenge: "The Extended Mind, Extended". In K. Sterenly, & R. A. Wilson (Orgs.), *The Extended Mind* (pp. 43-66). MIT Press.

Dias, M. C. (2012). *Ensaios em filosofia da mente*. Amazon.

Dias, M. C. (Org.). (2015). *A perspectiva dos funcionamentos: em defesa de uma abordagem moral mais inclusiva*. Pirilampo.

Dias, M. C. (2016). *Sobre Nós: expandindo as fronteiras da moralidade*. Pirilampo.

Dias, M. C. (Org.). (2017). *Bioética: fundamentos teóricos e aplicações*. Appris.

Dias, M. C. (Org.). (2019). *Perspectiva dos funcionamentos: fundamentos teóricos e aplicações*. Ape'Ku.

Jackson, F. (1982). Epifenomenal Qualia. *Philosophical Quarterly*, 32, 127-136.

Jackson, F. (1986). What Mary didn't know. *Journal of Philosophy*, 83, 291-295.

Jackson, F. (1998). *Mind, Method and Conditionals*. Routledge, Kegan Paul.

Nagel, T. (1974). What Is It Like to Be a Bat? *The Philosophical Review*, 83, 435-450.

Tye, M. (1995). *Ten Problems of Consciousness*. MIT Press.

22. Esperanças públicas e aspirações privadas: psicanálise e religião na perspectiva de Jurandir Freire Costa

Benilton Bezerra Jr.

Num pequeno comentário em que descreve o que chama de "intelectual humanista", o filósofo pragmatista Richard Rorty (1989a) sugere que o universo das humanidades pode ser dividido *grosso modo* em dois grupos de pessoas. A distinção não tem a ver com áreas de atuação, objetos de estudo ou correntes teóricas preferenciais e, na verdade, atravessa os departamentos universitários, as instituições de pesquisa e as comunidades profissionais.

Um grupo é formado por pessoas que se empenham em dominar as teorias e os conceitos do seu próprio campo, respeitando os objetos de reflexão e as fronteiras temáticas, teóricas e metodológicas que o definem. Agem assim porque querem contribuir para a produção do conhecimento de uma forma sólida, bem fundada. No outro estão aquelas pessoas que, embora igualmente dedicadas a fazer o seu trabalho com rigor, têm no fundo mais apreço pela imaginação teórica do que pelo respeito aos fundamentos estabelecidos. Imaginam a atividade intelectual como um exercício de ampliação contínua de horizontes pessoais e coletivos, mais do que um esforço para estabelecer fronteiras seguras para o pensamento.

Esses últimos são os intelectuais humanistas. Para eles, falar de "ensino" e "pesquisa" é um jeito muito pobre de se referir ao que fazem. Seu objetivo não é simplesmente produzir e transmitir conhecimento. O que os move é o desejo de inquietar os espíritos – o seu próprio e o dos outros – na esperança de precipitar, por meio da reflexão intelectual, um movimento em direção a melhores versões de si mesmos e do mundo. Pensando rortyanamente, diríamos que os primeiros são mais admiradores de Platão, São Tomás de Aquino, Lévi-Strauss e do primeiro Wittgenstein. Os segundos, por outro lado, são mais atraídos por gente como Nietzsche, Foucault, Sartre e o segundo Wittgenstein.

Por isso, a real função social dos intelectuais humanistas é, no fundo, instilar dúvidas, e não produzir convicções. Quando se debruçam sobre seus objetos de reflexão, o fazem para renovar as perguntas sobre eles, mais do que para encontrar respostas definitivas para as interrogações que suscitam. Para um intelectual desse tipo, teorias e conceitos não são criados para polir melhor o pensamento de modo a fazê-lo refletir com mais fidedignidade as realidades da mente ou do mundo. São ferramentas que nos permitem redescrevê-las de forma a ampliar nossa capacidade de agir sobre elas de maneira mais interessante.

Tropecei nesse pequeno comentário de Rorty enquanto pensava sobre qual tema escolher para falar do lugar especial e da importância enorme de Jurandir Freire Costa na psicanálise e na cultura brasileira. Na verdade, encontrei esse texto quando buscava um outro escrito do filósofo, intitulado "Trotsky e as orquídeas selvagens" (1999). Juntos, os dois textos me deram o mote para falar de Jurandir a partir de dois pontos de observação: o estilo de seu pensamento, que me remete à figura do intelectual humanista de Rorty, e a importância das aspirações privadas caminhando ao lado das esperanças públicas, que me faz lembrar das orquídeas selvagens. Ambos também me ajudaram indiretamente a escolher o tópico do meu comentário sobre Jurandir: a maneira como ele aborda a relação entre psicanálise e religião.

No charmoso ensaio de colorido autobiográfico e título intrigante, Rorty (1999) conta como suas origens pessoais se refletiram na sua maneira peculiar de habitar o mundo da filosofia. Todo o percurso de seu pensamento pode, de alguma maneira, ser traçado de volta a seu ponto de partida – um dilema infantil. Rorty nasceu perto de Nova York, no início dos anos 1930. Seus pais, militantes de esquerda, próximos de Dewey e grandes admiradores de Trotsky, criaram o filho num ambiente muito politizado – "eu cresci sabendo que todas as pessoas decentes eram, se não trotskistas, no mínimo socialistas" (p. 6, tradução nossa). Boa parte do seu tempo livre depois da escola (onde volta e meia apanhava de valentões) era dedicado a atividades políticas como distribuir panfletos para causas progressistas. O ambiente de sua infância traçou o seu destino: "Assim, aos 12, eu sabia que o sentido de ser um humano era dedicar a vida lutando por justiça social" (p. 6, tradução nossa).

Mas Rorty tinha também outros interesses, só que privados e solitários. O principal deles era o fascínio pelas orquídeas selvagens que cresciam nas montanhas perto de onde morava, e que ele chegou a pesquisar e explorar com afinco. Rorty não sabia como compatibilizar o prazer secreto com as orquídeas e a responsabilidade de lutar por um mundo melhor, mas não queria abrir mão nem de uma coisa, nem de outra. Por isso, quando, aos 15, entrou precocemente na universidade, o seu grande projeto era "reconciliar Trotsky e as orquídeas selvagens". Queria encontrar uma matriz intelectual ou estética que permitisse juntar numa só perspectiva aquelas duas vocações contrastantes: a vontade de contribuir para transformações sociais na esperança de maior justiça social (simbolizada pelas ideias de Trotsky) e o desejo de explorar os caminhos idiossincráticos que pudessem levar à felicidade pessoal (representadas pelo seu encanto com as orquídeas).

Rorty cedo concluiu que a tentativa de articular essas direções numa única perspectiva filosófica criava mais problemas do que resolvia, pois somente a religião lhe parecia oferecer um caminho assim, e ele não era religioso, era um humanista secular e ateu. Curiosamente, porém, o projeto filosófico neopragmático que passou a construir foi paulatinamente modificando sua posição perante a religião. Ao final de sua trajetória, havia adotado uma atitude basicamente não teísta e anticlericalista, mas acentuadamente favorável ao valor positivo da experiência religiosa pessoal (Višňovský, 2016). Essa mudança decorre do esforço do pragmatismo em superar a ênfase epistemológica no tocante ao religioso e focar na capacidade conversacional humana.

Ao se afastar da distinção kantiana tradicional entre o cognitivo e o não cognitivo, Rorty advoga em favor de uma outra distinção que considera mais interessante, entre as esferas pública e privada – que têm espaços lógicos distintos e diferentes necessidades a serem satisfeitas. Enquanto na esfera pública a concordância intersubjetiva é fundamental, na esfera privada o privilégio é concedido ao autoaperfeiçoamento mediado pela imaginação. A religião deixa de ser analisada como equívoco epistêmico para ser vista como exercício estético privado.

Para Rorty, é essa distinção público-privado que permite a William James (1991) apreciar a variedade das experiências religiosas sem que isso implique que todos na esfera pública tenham que adotar as crenças por elas veiculadas, ou se submeter ao dogmatismo e ao autoritarismo das instituições religiosas. Rorty retém essa ideia e passa a se definir como anticlerical em vez de ateu, por causa do peso metafísico presente no discurso ateísta militante, ainda preso a querelas epistemológicas sobre a existência ou não de Deus (Rorty & Vattimo, 2006).

Em *Contingência, ironia e solidariedade* (Rorty, 1989b), ele formula a posição contida nesse deslocamento afirmando que não há nenhuma necessidade imperiosa de uma pessoa entrelaçar seu equivalente pessoal de Trotsky com seu equivalente pessoal das orquídeas selvagens. Esperanças públicas e aspirações privadas podem eventualmente andar de mãos dadas, mas não necessariamente e, talvez, não preferencialmente.

Aproximados um do outro, os dois textos de Rorty me sugeriram o fio de conversa que procurava: falar do estilo de pensamento e da trajetória de Jurandir, que me remetem à figura do intelectual humanista rortyano, e explorar a maneira como, dessa posição, e na contramão do pensamento psicanalítico hegemônico, ele aborda de forma original a relação entre psicanálise e religião.

Rorty teve um lugar muito importante na trajetória intelectual de Jurandir. Boa parte de suas contribuições pessoais mais significativas foi alavancada pela exploração das ousadas leituras rortyanas da filosofia da linguagem, da filosofia da mente, da teoria do conhecimento e da filosofia moral. Jurandir, como se sabe, foi inclusive um dos principais responsáveis pela introdução da obra do filósofo americano no cenário intelectual brasileiro. Rorty chegou a apresentar, atendendo a um convite de Jurandir, um seminário sobre filosofia da mente e loucura num hospital público do Rio de Janeiro – o Instituto Phillipe Pinel, onde à época Jurandir trabalhava na formação de residentes.

A importância da matriz filosófica pragmática, e sobretudo neopragmática, na obra de Jurandir pode ser entrevista num pequeno artigo de jornal dedicado a Rorty e publicado posteriormente em *A ética e o espelho da cultura* (Costa, 2000). Neste artigo ele condensa o que lhe parece ser a contribuição fundamental do filósofo americano para a psicanálise: a discussão da noção de sujeito. Na leitura que Rorty faz da teoria freudiana do psiquismo, o sujeito é apresentado como "despojado de todo suporte supostamente 'essencial', seja de natureza idealista ou realista. Sem nenhuma substância própria, nem corpo, nem conceito; nem sensível, nem inteligível; nem superficial, nem profundo, o sujeito é uma 'realidade linguística' – realidade psíquica, disse Freud" (p. 138). Por ser um efeito de linguagem, reflete necessariamente os contextos historicamente contingentes nos quais os indivíduos se subjetivam.

A consequência dessa premissa é enorme:

> *nenhuma identidade subjetiva – emocional, intelectual, sexual, etc – é "natural" ou "universal". Nossas crenças sobre o que é normal ou anormal, natural e antinatural nas condutas humanas... exibem opções e preferências morais da cultura a que pertencemos.... o sujeito descrito desta forma não possui centro ou núcleo verdadeiro, nem estrutural nem histórico. (p. 138)*

Jurandir sublinha uma consequência decisiva dessa descrição: a noção de que o essencial, em Freud, não é a descoberta de explicações causais deterministas e supostamente científicas do que sentimos, pensamos e fazemos. O fundamental na psicanálise estaria na "escuta solidária das existências individuais em conflito com os vocabulários morais dominantes" (p. 139). Depois é que vêm as metapsicologias. Em outras palavras, primeiro o reconhecimento e o acolhimento da experiência, depois o esforço de torná-la teoricamente inteligível, em busca da melhor forma de agir sobre o que dela se apresenta como problema.

Assim como ocorreu com Rorty, os primeiros anos de vida de Jurandir lhe serviram de norte existencial. Ele nasceu em 1944 e passou a infância em numa vila operária na pequena cidade de Camaragibe, nas cercanias de Recife. Adolescente, foi para a capital, onde se formou em Medicina quando o país ainda estava em pleno regime militar. O estudo da medicina e o engajamento político correram em paralelo, e a entrada na militância política foi uma consequência natural de sua filiação aos movimentos católicos politicamente engajados, que no início dos anos 1960 eram muito ativos.

Formado, foi para a França, iniciando sua formação psicanalítica. No final dos anos 1960 e no início dos anos 1970, Paris fervilhava, e a transmissão da psicanálise era fortemente influenciada pela atmosfera de ebulição intelectual e política da época. Ao voltar para o Brasil na segunda metade da década de 1970, essa mesma combinação o aguardava.

No Rio de Janeiro, tornou-se professor do departamento de psiquiatria da Universidade do Estado do Rio de Janeiro (UERJ). Sua formação plural na França, sua experiência como psiquiatra na rede pública francesa e os estudos de etnopsiquiatria na École Pratique des Hautes Études lhe conferiam um perfil singular. Não demorou muito para que se juntasse a um grupo de professores e pesquisadores que se dedicava a criar um ousado e inovador programa de pós-graduação, que tinha como objetivo sacudir as bases do campo da saúde pública brasileira. Esse programa foi o núcleo em torno do qual se desenvolveu o Instituto de Medicina Social (IMS) da UERJ, do qual Jurandir rapidamente se tornou um dos expoentes.

O IMS acabou de fato ocupando um lugar decisivo no campo da saúde no Brasil, e isso por dois motivos. Primeiro, pela profunda renovação que promoveu nas bases conceituais do campo da saúde pública, incorporando definitivamente a ele as ciências humanas e a psicanálise. Além disso, professores e os alunos do IMS estiveram entre os principais atores que forjaram a criação do Sistema Único de Saúde (SUS) na esteira da Constituição de 1988 e participaram da implementação da reforma psiquiátrica no Brasil, que ganhou tração nos anos 1980 e passou a modificar profundamente o cenário da saúde mental no país. Uma das características marcantes desse movimento no Brasil – diferentemente do que ocorreu em outros contextos – foi a grande presença de psicanalistas, tanto entre os pensadores quanto entre os executores.

Jurandir se destacou nos dois grupos. Contribuiu com vários escritos que se provaram seminais (Costa 1984/2021b, 1989a, 1989b, 1991) e atuou no dia a dia institucional dos três maiores dispositivos da assistência psiquiátrica pública, palcos da luta antimanicomial no Rio de Janeiro.

Nos manicômios em transformação, claro, nem tudo eram flores. Em determinado momento, Jurandir chegou a ser, junto com vários colegas, objeto de transferência compulsória como punição por resistir a tentativas de desmanche da reestruturação radical das propostas assistenciais.[1]

Como bem diz Christian Dunker (2021) no posfácio à edição revista de *Violência e psicanálise*, Jurandir introduziu na psicanálise brasileira "um engajamento consequencial típico daqueles que conseguem ao mesmo tempo frequentar o jogo da pesquisa e da academia sem perder a experiência clínica e a proximidade com o sofrimento social direto" (p. 228). O próprio Jurandir, em mais de uma ocasião, fez menção ao envolvimento "meio militante e intempestivo" e à sua dificuldade de se restringir ao "tom exato da discussão acadêmica" que sempre estiveram presentes na sua forma de ocupar simultaneamente os espaços da academia, da clínica e do posicionamento público.

Para várias gerações, diz Dunker, Jurandir se tornou "uma espécie de modelo prático de como a psicanálise poderia abrasileirar-se sem perder o rigor jamais" (p. 228). Circulando livremente pelos grandes referenciais teóricos do campo, Jurandir sempre sustentou um não alinhamento a qualquer orientação teórico-clínica

---

1 Junto com vários colegas, Jurandir foi afastado, sem aviso prévio, do então Centro Psiquiátrico Pedro II (hoje Instituto Municipal de Assistência à Saúde Nise da Silveira) e encaminhado para trabalhar na Colônia Juliano Moreira.

particular, preferindo renovar a psicanálise a partir de um diálogo crítico com as ciências da linguagem, a história das mentalidades, a crítica aos processos de individualização da modernidade, o questionamento dos limites do movimento contemporâneo de naturalização reducionista da vida psíquica, e assim por diante. Esse posicionamento pode ser facilmente encontrado em muitas de suas discussões originais, como as que tratam do homoerotismo, dos processos de normalização da família no Brasil, das relações entre linguagem e subjetividade, da sociedade de consumo, do amor romântico etc.

No entanto, é curioso notar que um tema particularmente caro a Jurandir não aparece no cuidadoso recenseamento desses temas realizado por Dunker: a religião. Jurandir jamais escondeu dos pares e do público sua condição de psicanalista e religioso. Esse é um traço que Jurandir compartilha com pouquíssimos psicanalistas brasileiros – Hélio Pellegrino e Edson Lannes, no Rio de Janeiro, são outros exemplos raros que me ocorrem. Para a maioria dos psicanalistas, a ideia de um psicanalista religioso é desconcertante, extravagante, quando não francamente um oxímoro. Juntar teoria psicanalítica e crenças religiosas sem ser para explicar as segundas pela primeira é considerado algo próximo, ironicamente, de uma blasfêmia.

O perfil de "intelectual humanista rortyano" também aqui se revela. Em vez de fazer da religião um objeto de explicação por parte da psicanálise, Jurandir inverte o jogo e toma a reflexão sobre a experiência religiosa como catalisadora de uma análise crítica de certas concepções sobre o sujeito e a vida psíquica presentes em algumas descrições psicanalíticas. De sua perspectiva, em vez de ser explicada pela psicanálise, a religião passa a poder contribuir para ampliar e enriquecer sua teorização sobre a experiência subjetiva.

Uma maneira de organizar a aproximação à sua leitura das relações entre religião e psicanálise é circunscrever alguns de seus fios condutores: o exame da tese acerca da morte da transcendência a partir da ascensão da modernidade laica; a discussão acerca da natureza "primária" ou "secundária" do fenômeno religioso na subjetividade humana; e as implicações (para o entendimento das relações entre psicanálise e religião) do modo como são concebidos conceitos axiais na psicanálise, como os de sujeito e ilusão.

A abordagem que Jurandir faz da religião se baseia inicialmente numa crítica à noção bastante difundida de que a modernidade ocidental historicamente implicou o fim do papel que a transcendência exercia na regulação moral da convivência humana. Decorrente de uma certa interpretação da "morte de Deus" e da "saída da religião" como resultados da emergência da modernidade, essa tese assume a visão de que "após a etapa histórica de laicização ou secularização dos valores morais judaico-cristãos estaríamos em vias de abandonar tudo que nos liga a esse passado" (Costa, 2010, p. 12).

Nessa perspectiva, a defesa da autonomia do sujeito moderno contra a heteronomia – figurada na imagem de alguma potência supra-humana todo-poderosa – é vista como um movimento cujos efeitos colaterais acabaram sendo o desmoronamento "dos princípios de sentido e valor", a "deserção cívica" e o "declínio da moral comum", ou a autocomplacência do "self entrincheirado" (pp. 12-22). O resultado desse processo seria a decadência ética nas esferas pública e privada com a qual convivemos na contemporaneidade. "A moralidade, diz-se, perdeu a solenidade de suas origens, afogada em injustiças econômicas, leviandade cultural, negligência cívica e carência dos horizontes de reparação" (p. 12).

Jurandir se insurge contra a interpretação. Para ele, nosso ideário ético fundamental, baseado nos valores judaico-cristãos, não foi perdido. A laicização e o desencantamento do mundo moderno não significaram o fim da religião, e sim a secularização do imaginário teológico anterior. A religião deixou de ser o fundamento último além do qual não era possível ir, para se tornar uma das formas possíveis de orientar nossa existência. O apelo a forças divinas foi substituído pela aposta na capacidade humana de determinar seu próprio futuro. A esperança teria tomado o lugar da fé. A política substituiu a religião como principal agência legítima de regulação dos destinos humanos, enquanto a ciência tomou seu lugar na tarefa de explicar o mundo. Deus deixou de ser a única explicação de tudo para ser uma fonte opcional de inspiração para os ideais que norteiam a vida humana, mas estes estão compulsoriamente presentes na vida psíquica tal como a psicanálise a vê.

Assim, diz Jurandir, não faz sentido afirmar que o mundo desencantado no qual vivemos perdeu seus parâmetros éticos e morais, simplesmente porque é impossível conceber a vida subjetiva, ao menos na tradição freudiana, sem a incidência, na sua origem e na sua conjugação cotidiana, de alguma forma de idealidade transcendente, de algum parâmetro que possibilite a compreensão do que eu sou a partir da imagem do que pretendo ser.

Freud se via como um herói da tradição laica ocidental, junto com Copérnico e Darwin, e se considerava um homem da ciência – o que, no contexto de seu tempo, implicava quase automaticamente um explícito antagonismo em relação à religião. O forte materialismo empirista de Freud o fazia imaginar que a ciência (que para ele inclui a psicanálise) e a razão poderiam cumprir o papel de anteparo (sem o autoengano das ilusões religiosas) contra o sentimento de precariedade ontológica e de resposta à necessidade de dar sentido à existência.

Jurandir não concorda com essa visão. Num artigo publicado em 1988 em homenagem a Hélio Pellegrino, ele sumariza sua análise dos limites e dos equívocos da leitura freudiana da religião, na qual distingue dois grandes padrões de interpretação do religioso.

Um acabou se tornando o mais difundido, e não à toa, pois era o preferido de Freud. Está espalhado em diversas obras como "Atos obsessivos e práticas religiosas", *Totem e tabu, Psicologia das massas e análise do eu, O futuro de uma ilusão, O mal-estar na cultura* etc. O segundo, menos visível e mais explorado pela posteridade pós-freudiana, "é apenas insinuado nas entrelinhas, nos atos falhos da escrita freudiana, como no caso de *Moisés e o monoteísmo*" (Costa, 1988, p. 86).

Na primeira interpretação, a religião é basicamente descrita como um expediente criado para conter a angústia e amenizar o desamparo essencial da condição humana, uma defesa contra tudo que, por escapar a nosso controle, ameaça a integridade narcísica do eu. Essas ameaças derivariam principalmente de dois fatores: o medo da morte, causado pela situação de impotência e desamparo ligada à precariedade ontológica humana, e o desejo de matar, herdeiro da culpa pelo assassinato mítico do pai primordial – em outras palavras, o medo de matar a quem se ama e odeia ao mesmo tempo, o pai.

A religião aliviaria o medo da morte por meio da idealização de uma figura onipotente, detentora de poder absoluto sobre a vida e a morte – uma espécie de superpai capaz de exorcizar a angústia vivida nos tempos de prematuridade biológica e de dependência total do outro. Freud (1910/1974a) chega a ser explícito sobre isso no ensaio sobre Leonardo ao afirmar que o Deus pessoal não é, psicologicamente, outra coisa que um pai mais poderoso. Na vida adulta, essa angústia primordial seria substituída e atualizada pela experiência de fragilidade do eu frente à consciência da morte e à imprevisibilidade inerente à relação com a natureza e os semelhantes. A invenção de deuses antropomórficos seria, então, o resultado do temor, da culpa e do desejo de proteção.

Jurandir localiza um dos calcanhares de Aquiles desse modelo na concepção de *ilusão* que ele contém. Freud define a ilusão da perspectiva de um racionalista empírico: como uma crença em cuja motivação a satisfação do desejo prevalece, tornando prescindível sua validação por meio de seu confronto com a realidade. Para Freud, o perigo dessa estratégia defensiva residiria na ignorância que ela implica e na intolerância dogmática e na crueldade que ela pode acionar. Se não compreendemos a razão de ser do sentimento religioso, sentimos e pensamos como crianças, neuróticos obsessivos ou "primitivos". Somos facilmente capturados pelo narcisismo das pequenas diferenças e levados a localizar em algum "outro" o "mal" que nos ameaça – hereges, dissidentes, feiticeiras, devassos, judeus etc. –, que passamos a querer controlar, afastar e eventualmente eliminar.

Freud, é claro, não imaginava que a vida psíquica pudesse existir sem as ilusões. Elas são parte integrante da vida, na medida em que produzem algum alívio para o mal-estar inerente à existência humana. Mas, na sua visão, o desejo de onipotência expresso na religião deveria encontrar um destino menos funesto, que poderia ser alcançado por meio das vias sublimatórias oferecidas pela arte e pela ciência.

Um romancista é senhor do destino de seus personagens, mas sabe que sua ficção não oferece uma representação fidedigna da realidade. O cientista, este, sim, tem compromisso com representações acuradas da realidade. No entanto, pela própria natureza do procedimento científico, sabe que essa descrição é sempre transitória e revisável. Por acreditar que a religião não passava de um erro promovido pela ilusão, Freud imaginava que o avanço da ciência corresponderia provavelmente ao decréscimo de interesse coletivo por ela. Ao fim e ao cabo, para Freud, o futuro da ilusão religiosa seria seu desaparecimento progressivo no patrimônio cultural da humanidade.

Jurandir observa, no entanto, que o *Mal-estar na cultura* contém um pequeno comentário de Freud que contraria sua teoria geral da religião. Relatando os progressos formidáveis alcançados pela ciência e pela tecnologia, Freud (1930/1974b) sugere que o homem moderno teria se tornado uma espécie de "deus protético" (p. 111). Ou seja, o progresso da ciência, em vez de esvaziar as ilusões religiosas, criou mais uma. Expulso pela porta da frente do racionalismo científico, "o desejo de Deus" teria sorrateiramente entrado de volta pela porta dos fundos das aspirações humanas. Freud, no entanto, não tirou maiores consequências de sua própria observação. Por quê?

Para a maior parte da literatura crítica sobre a psicanálise, essa dificuldade de Freud tinha direta ligação com o credo cientificista ao qual se sentia filiado. Mais uma vez, Jurandir discorda do entendimento comum, sublinhando que, para Freud, a ideia de uma razão desencarnada, desprovida de interesses libidinais e transparente a si própria, não fazia o menor sentido. Nisso ele estava inteiramente na contramão do positivismo racionalista de sua época. Como então compreender sua hesitação em extrair as consequências possíveis de seu *insight*?

A sugestão de Jurandir é que, além da concepção da ilusão como sintoma defensivo, pelo menos outros dois elementos se conjugam para manter Freud na *blitzkrieg* antirreligiosa: a percepção da religião como fato secundário e a noção de desamparo como axial na concepção de sujeito.

Na maioria dos textos freudianos, a religião é tratada automaticamente como um fato *secundário*, um fetiche ou uma ilusão para reparar traumas da realidade, e não um fenômeno *primário*, espontâneo, que precisa ser reconhecido como tal. Descrevê-la assim naturalmente inclina o pensamento a querer encontrar as causas que "explicam" a religião e que, uma vez elucidadas, poderiam ser "superadas". Mas entender a religião como um fenômeno secundário não é um imperativo do pensamento, é uma escolha. Trata-se, como em qualquer teoria, de uma estratégia discursiva opcional que tem suas consequências. Se, ao contrário, tomarmos a religião como fato primário, como resultado de uma atividade espontânea do espírito humano, ela não só deixa de ser "explicável" por uma causa psíquica identificável pela psicanálise como passa a colocar em questão certas premissas muito difundidas acerca de seu objeto fundamental – o sujeito.

Quanto ao segundo elemento, ainda fortemente influenciada pelo paradigma materialista do final do século XIX, a teorização freudiana tende, na maior parte do tempo, a ver o processo de subjetivação do indivíduo humano como uma resposta a coerções, estímulos e solicitações do ambiente. Constituímos nosso ser subjetivo em resposta às determinações que vêm de dentro (natureza) e de fora (cultura). A constituição do sujeito seria, no limite, o resultado do desequilíbrio inerente à ação dos organismos no meio ambiente físico e humano. Seria um efeito *reativo* à precariedade ontológica, à impotência originária, e à dependência inaugural e às incertezas na relação com o outro. É essa concepção que está na raiz da ideia de um sujeito impotente e desamparado que apela à religião como defesa contra o medo da morte e das forças libidinais que o arrastam.

Contudo, Jurandir (Costa, 1988) mostra como Freud, com seu jeito desassombrado de pensar, mais comprometido com a ampliação de horizontes do que com o estabelecimento de fundações seguras para suas ideias, era levado aqui e ali a incorrer numa contradição que abria inesperadamente um outro caminho para o pensamento. Armado com uma lupa, Jurandir extrai do estudo sobre Moisés e o monoteísmo uma passagem desse tipo. Nela, Freud diz que um dos elementos mais importantes criados pela "religião mosaica" foi a interdição de representar Deus por meio de imagens, privilegiando a ideia abstrata de um Deus que não podia ser apreendido pela semelhança com figuras humanas. Esse pequeno trecho pouco desenvolvido, diz Jurandir,

> *vira de ponta-cabeça a interpretação psicanalítica do religioso. Freud não percebeu que, na primeira afirmação sobre a originalidade da religião de Moisés, a idéia de Deus não era obstáculo ao progresso do espírito humano, e sim motopropulsor da superação de sua condição animal. Sem querer, como num ato falho, ele colocava o desconhecimento da natureza divina, não como causa de neurose individual ou coletiva, mas como causa do que ele considerava as altas realizações do intelecto do homem . . . O Deus que antes vinha ocupar a função de freio na emancipação do humano era, agora, condição da liberdade espiritual do homem. (p. 92)*

Outra observação crucial de Freud nesse texto subverte ainda mais os postulados iniciais de sua visão da religião: a onipotência do pensamento e a crença no sagrado seriam explicadas como tendo origem na percepção do poder performativo da linguagem, na força mágica das palavras, capazes de mudar materialmente o mundo exterior e de criar, com o sagrado, algo para além dele. Ora, vista desse ângulo, diz Jurandir, a religião

> *deixa de ser o efeito de alguma "causa" para se tornar um fato primário original, que serve de fundamento aos sentidos precários e contingentes da existência humana. O sagrado já não é mais visto como fruto do desamparo, da impotência, ou da ignorância. A religião nada tem a ver com erros cognitivos ou desvios afetivos cometidos na interpretação de um fato da existência. É um jogo de linguagem cujos termos não podem ser trocados sob pena de se deixar de jogar o jogo. (p. 92)*

A religião e o sagrado passam, assim, a ser vistos como expressão da potência criadora da linguagem humana, e não como recurso ilusório contra a impotência. A experiência religiosa só é possível por essa capacidade paradoxal da linguagem de criar ao mesmo tempo o tangível e o intangível, o reconhecível e o mistério, o que pode ser dito e o incomunicável. Freud não leu *A paixão segundo GH*, de Clarice Lispector. Mas, se tivesse tido a oportunidade, provavelmente veria neste trecho do final do romance uma belíssima descrição dessa potência:

> *Eu tenho à medida que designo – e este é o esplendor de se ter uma linguagem. Mas eu tenho muito mais à medida que não consigo designar. A realidade é a matéria-prima, a linguagem é o modo como vou buscá-la – e como não acho. Mas é do buscar e não achar que nasce o que eu não conhecia, e que instantaneamente reconheço. A linguagem é o meu esforço humano. Por destino tenho que ir buscar e por destino volto com as mãos vazias. Mas – volto com o indizível. O indizível só me poderá ser dado através do fracasso de minha linguagem. Só quando falha a construção, é que obtenho o que ela não conseguiu. (Lispector, 1964, p. 178)*

Freud não teve tempo de desenvolver o *insight* contido em *Moisés e o monoteísmo*. Mas a posteridade freudiana o acolheu e expandiu, mesmo que indiretamente, pela mão de autores que não se detiveram especificamente sobre a religião. Winnicott, por exemplo, nunca a tomou como objeto privilegiado de reflexão. No entanto, suas teorias sobre objetos e experiências transicionais permitem ver símbolos, rituais e práticas religiosos como pertencendo a esse campo da vida subjetiva. Comunidades religiosas podem ser vistas como ambientes que propiciam o *holding* necessário para a busca de sentido pessoal na existência e para a experimentação de áreas não integradas da experiência.

Winnicott, diz Jurandir (2007), desloca o eixo da concepção freudiana de sujeito – das modalidades sintomáticas de defesa contra demandas pulsionais e externas para a imaginação criadora primária e a agressividade. A inspiração darwiniana faz com que Winnicott enxergue na fonte da vida subjetiva não o desamparo ou irrupções pulsionais destinadas à incompletude ou à destrutividade, mas um ímpeto vital na direção do desenvolvimento. Esse enquadre geral permite abordar a questão da religião por um ângulo diferente daquele inicialmente proposto por Freud.

Embora a mesma palavra – ilusão – seja usada para caracterizar o fenômeno religioso, na perspectiva winnicottiana ela não é descrita como um movimento defensivo ou como uma estratégia escapista em relação à realidade. Ao contrário, ela é uma categoria central da sua teorização do funcionamento psíquico. No processo de amadurecimento do self, a ilusão é um instrumento fundamental na construção do espaço transicional, que permite ao eu flexionar o movimento entre a realidade interna e a realidade externa. Ela aparece como uma maneira criativa de dar sentido à existência num universo silenciosamente indiferente aos destinos humanos. É um modo de lidar com a vida que não tem origem na impotência e no desamparo, mas, como a arte, tem sua fonte na capacidade humana de encantamento e de agir criativo. Assim, a perspectiva winnicottiana permite enxergar a religião não como um autoengano, mas como seu oposto: uma contribuição potencial para o desenvolvimento, a continuidade e a integração na experiência criativa do ser – um campo de experimentação subjetiva, de vivência de encantamento, de contemplação do indizível.

Em termos rortyanos, a distinção público-privado reserva à religião um espaço de experimentação imaginativa pessoal descolado das exigências e das necessidades inerentes ao espaço público.

Nos termos winnicottianos que Jurandir adota, a crítica ao mito fundador do desamparo permite ver, no motor de emergência do psiquismo, não a falta, mas a ação, o movimento da vida expresso na agressividade e na criatividade. A religião deixa de ser essencialmente uma defesa (embora possa eventualmente ser, claro) para se apresentar fundamentalmente como expressão da criatividade primária na construção de sentidos que organizam a experiência subjetiva.

Nunca houve, que eu saiba, uma conversa direta entre Rorty e Jurandir sobre os caminhos (e possíveis descaminhos) a que a experiência religiosa poderia levar no processo de construção de um mundo mais plural e solidário. Vagamente inspirado em Borges, porém, imagino o psicanalista religioso e o filósofo anticlerical numa cena possível: após um longo e animado debate sobre o papel da religião na busca de uma maneira suficientemente boa de articular esperanças públicas e aspirações privadas, a conversa dá lugar a um instante de silêncio. Rorty aproveita, puxa da carteira a foto de sua orquídea selvagem favorita e a mostra a Jurandir. Este admira por um momento a flor, se levanta da poltrona e põe para tocar o quinteto para cordas em dó maior, de Schubert. Os dois sorriem. Nada mais é dito, nem é necessário.

Referências

Costa, J. F. (1988). Sobre psicanálise e religião. In J. C. Moura (Org.), *Hélio Pellegrino A-Deus*. Vozes.

Costa, J. F. (1989a). *Psicanálise e contexto cultural: imaginário psicanalítico, grupos e psicoterapias*. Campus.

Costa, J. F. (1989b). *História da psiquiatria no Brasil: um corte ideológico*. Campus.

Costa, J. F. (1991). Psiquiatria burocrática: duas ou três coisas que sei dela. In L. Aragão et al., *Clínica do social: ensaios*. Escuta.

Costa, J. F. (2000). Rorty e a psicanálise. In J. F. Costa, *A ética e o espelho da cultura*. Rocco.

Costa, J. F. (2007). *O risco de cada um*. Garamond.

Costa, J. F. (2010). *O ponto de vista do outro: figuras na ficção de Graham Green e Phillip K. Dick*. Garamond.

Costa, J. F. (2021a). *Violência e psicanálise*. 4a ed. rev. e ampl. Zagodoni. (Trabalho original publicado em 1984).

Costa, J. F. (2021b). Saúde mental: produto da educação? In J. F. Costa, *Violência e psicanálise*. Zagodoni. (Trabalho original publicado em 1984).

Dunker, C. (2021). Posfácio. In J. F. Costa, *Violência e psicanálise*. 4a ed. rev. e ampl. Zagodoni.

Freud, S. (1974a). Leonardo da Vinci e uma lembrança de sua infância. In S. Freud, *Edição standard brasileira das obras psicológicas completas de Sigmund Freud* (Vol. XI, pp. 53-124). Imago. (Trabalho original publicado em 1910).

Freud, S. (1974b). O mal-estar na civilização. In S. Freud, *Edição standard brasileira das obras psicológicas completas de Sigmund Freud* (Vol. XXI, pp. 81-170). Imago. (Trabalho original publicado em 1930).

James, W. (1991). *Variedades da experiência religiosa: um estudo sobre a natureza humana*. Cultrix.

Lispector, C. (1964). *A paixão segundo GH*. Editora do Autor.

Rorty, R. (1989a). The Humanistic Intellectual: Eleven Theses. *Viewpoints*, (10).

Rorty, R. (1989b). *Contingence, Irony and Solidarity*. Cambridge University Press.

Rorty, R. (1999). Trotsky and the Wild Orchids. In R. Rorty, *Philosophy and Social Hope*. Penguin Books.

Rorty, R., & Vattimo, G. (2006). *O futuro da religião: solidariedade, caridade e ironia*. Relume-Dumará.

Višňovský, E. (2016). Rorty's Philosophy of Religion. *Human Affairs*, *26*, 329-339.

23. Compromisso social como ética da psicanálise

Aida Novelino

> *Com o humanamente útil não tratamos de verdade; tratamos de justiça.*
>
> Jurandir Freire Costa (1998, p. 8)

Jurandir Freire Costa é um teórico que acompanho de perto e de longe, sem descontinuidade, desde meus tempos de graduação universitária, quando tive o privilégio de tê-lo como professor (éramos, ambos, muito jovens). Referência constante na minha vida profissional, seus escritos trazem uma teoria viva, que enriquece e estimula o modo de pensar a psicanálise e a clínica psicanalítica. Em suas formulações, prática clínica e metapsicologia se articulam de modo indissociável sem o viés da abstração conceitual diletante que está presente em parte da produção no campo psicanalítico. Com Jurandir, a teoria é posta a serviço do entendimento e da transformação das dores da existência, sem nunca ser concebida como uma doutrina que limita o pensamento com explicações *a priori* ou que estabelece verdades últimas sobre o humano.

O campo freudiano é a referência que embasa o diálogo mantido por Jurandir com pensadores que produziram teorias em domínios diversos do saber, pensadores que produziram teorias em domínios diversos do saber *e que são buscados numa interlocução* profícua e contínua com a psicanálise, ampliando nessa troca a visão sobre a condição humana. A partir da construção teórica de Jurandir, somos premidos a "aprender, e rapidamente, a pensar como historiadores dos nossos próprios objetos e conceitos, a pensar como antropólogos de nossa própria cultura, a renovar a psicanálise a partir das ciências da linguagem, a criticar a psiquiatria sem piedade, mas a conhecê-la muito mais do que imaginava nossa vã psicopatologia", como escreveu Christian Dunker (2021, p. 228) no posfácio do livro *Violência e psicanálise.*

O Brasil é o foco do interesse de Jurandir. Sua lente ilumina a experiência vivida em circunstâncias brasileiras, particularmente daqueles colocados à margem dos padrões ideais das categorias normativas. Em entrevista ao primeiro número do *Anuário Brasileiro de Psicanálise* (1991) – não por acaso, intitulada "Por uma psicanálise humanamente útil" –, Jurandir afirma seu compromisso em colocar a teoria a serviço da transformação dos mecanismos sociais de opressão, de discriminação, de estigmatização daqueles que se situam nas categorias marginalizadas e desqualificadas das hierarquias valorativas estabelecidas. Sobre isso ele declara: "sempre achei muito ruim as pessoas encararem a diferença de maneira hierárquica, fazendo dessa hierarquia intolerância e perseguição aos supostos inferiores. . . . Quando estou funcionando fora disso, não consigo me sentir autêntico" (p. 14).

Tomei a ideia de uma "psicanálise humanamente útil" como fio condutor dessas considerações sobre o pensamento de Jurandir por meio do destaque de alguns escritos seus. Essa expressão, constantemente utilizada e ressaltada por ele como meta a ser alcançada, foi a primeira ideia que me ocorreu ao iniciar a escrita deste texto e a chave que orientou meu recorte temático de sua obra. Uma psicanálise humanamente útil é o norte das formulações de

Jurandir, perspectiva que tem como base o pensamento do filósofo pragmático Richard Rorty. "Alinhar-nos na perspectiva de Rorty significa apenas que o fator humanamente útil, como dizia Wittgenstein, tem um peso fundamental em nossa escolha prática", escreveu (Costa, 1989, p. 13).

Com base no pensamento desse autor, Jurandir direciona suas formulações por um caminho teórico em que o desejo de solidariedade se sobrepõe ao desejo de objetividade. Enquanto a meta da objetividade buscar a verdade que se oculta por trás das aparências, o conhecimento que visa à solidariedade circunscreve seus achados aos limites da situação cultural específica; "na medida em que uma pessoa está buscando solidariedade, não pergunta sobre a relação entre as práticas desta comunidade determinada e algo que está fora dela" (Rorty, 1989, p. 167, tradução nossa). Assim, é no interior dessa proposta que se encontra a concepção de psicanálise humanamente útil, proposta que subentende o comprometimento contínuo de quem busca o conhecimento com os fenômenos estudados.

A contingencialidade do sujeito, de importância central na teoria de Freud e ponto de partida da filosofia pragmática, é um dos pilares no desenvolvimento de uma psicanálise humanamente útil. Nesse sentido, Jurandir diz em seminário realizado pela Fiocruz, cujo foco era o paradigma pragmático no entendimento da subjetividade humana:

> *A ideia de contingência afirma que o sonho de encontrar no fundo de cada um de nós uma ideia que está lá como uma pedra bruta e que nos explique como o mundo deve se organizar de tal forma que sejamos capazes de enunciar verdades válidas para todos ou válida para cada um, em todos os momentos ou em todas*

> *as circunstâncias, pois bem, é a renúncia a esse tipo de sonho que Richard Rorty discute. (Costa, 1996, p. 6)*

As noções de contingência, transitoriedade e não essencialidade do sujeito são centrais nos escritos de Jurandir. Em consonância com a perspectiva pragmática, ele entende que é por meio da linguagem que a experiência humana se organiza. Assim, em vez da realidade objetiva que contenha a verdade em sua essencialidade, são as descrições que elaboramos na convivência com outros que afetam o modo como agimos, sentimos e pensamos.

Pelo fato de sermos seres de linguagem, as categorias que criamos para nomear e interpretar a maneira de estarmos no mundo estão diretamente atreladas ao momento histórico e às circunstâncias da cultura. É justamente por essa visão sobre a condição humana que Jurandir entende os vocabulários, as teorias e as crenças como transitórios e perecíveis. Sobre isso, no mesmo seminário ele observa:

> *Preferir a solidariedade é preferir fazer julgamentos éticos sempre com a ideia da contingência de nossas crenças; sempre com a ideia de que somos organismos humanos que, um dia, criaram a ideia de que existe um sujeito moral que é aquele que delibera, age e é responsável por suas ações. Devemos guardar essa imagem não porque ela seja "naturalmente obrigatória" ou "sobrenaturalmente determinada", mas porque, diante das imagens morais [de] que dispomos, nenhuma outra pareceu-nos até agora mais feliz ou bem-sucedida em preservar os valores que prezamos. (p. 7)*

Nessa linha de pensamento, propõe que a clínica tenha como meta o "ideal de autoenriquecimento", que o sujeito, em vez de buscar um núcleo essencial do seu ser, utilize a linguagem para descrever a si e aos outros de forma que possa reorientá-lo para um modo de vida mais satisfatório, que possa lhe expandir a potencialidade de ser feliz (Costa, 1994).

A transitoriedade da teoria e da vida faz parte das reflexões desenvolvidas por Jurandir em todos os seus escritos, junto com a preocupação de contribuir, a partir da psicanálise, para a melhoria das condições da existência humana. A psicanálise, como teoria dos processos mentais inconscientes, permanece ocupando o centro do seu interesse teórico por considerar que ela possibilita, de forma inigualável, um instrumental teórico privilegiado para o entendimento e a explicação dos negócios humanos. Uma psicanálise humanamente útil, vitalizada pela revisão crítica de alguns dos seus pressupostos, supõe um olhar atento às particularidades do fato cultural em interação com o psiquismo.

Os fenômenos psíquicos, sempre situados no tempo histórico e no espaço de práticas sociais específicas, passam a ser compreendidos de forma a não estarem atrelados à ideia de definições universais. As situações ganham sentido dentro da perspectiva de um conjunto de crenças e códigos valorativos. Apenas assim têm a possibilidade de ser transformadas e ressignificadas em relatos que organizem novos modos de experiência. A abstração, alienada do dia a dia da experiência empírica, passa a ser um exercício estéril do pensamento e rompe o fio do compromisso com o humanamente útil.

De acordo com essa perspectiva, o sofrimento, o mal-estar e os sintomas só cobram sentido quando analisados em referência ao ambiente que sustenta e produz os ideais normativos, os quais, por sua vez, delimitam horizontes de possibilidades no contínuo processo de construção das subjetividades. Como entender processos psíquicos fora dos enquadramentos de gênero, raça, classe social, modelos de família, códigos de sentimentos e valores e regras morais que pautam as interações interpessoais e direcionam as trocas intersubjetivas? A naturalização de modos de sentir e agir, subsumida na defesa de um psiquismo invariável prescindindo da diversidade das configurações históricas, é desmontada tendo em vista que aquilo que foi naturalizado como essência humana é fruto de circunstâncias sociais e da tradição cultural.

No âmbito da compreensão de que as subjetividades estão enraizadas nas particularidades socioculturais, Jurandir se dedicou ao estudo da família brasileira e à minuciosa análise do modelo do amor romântico, delineando seu enraizamento histórico. Ainda, analisou o entrelaçamento da burocracia com as iniquidades do tratamento dispensado aos asilados do hospital público psiquiátrico, trouxe para o centro de interesse da psicanálise o tema do racismo, ressaltando as marcas decorrentes da violência racista na dinâmica intrapsíquica, e pesquisou os efeitos devastadores da intolerância sobre as pessoas à margem dos padrões de heteronormatividade. Antecipou, assim, temas alheios às abordagens do campo psicanalítico, dando ênfase a questões consideradas de menor importância para uma perspectiva que busca constâncias universais para encontrar invariantes explicativos do psiquismo humano.

Nesse sentido, o modelo de família saudável brasileira é analisado com riqueza de dados históricos no livro *Ordem médica e norma familiar* (1979). O tema é apresentado a partir do exame detalhado das suas origens formadoras e das mudanças socioculturais ocorridas na sociedade brasileira rumo à urbanização, que teve início na segunda metade do século XIX. Examinados em seus pormenores, os hábitos e os vínculos afetivos que compõem o que até hoje se considera "família estruturada" são direcionados aos seus alicerces de construção histórica do Brasil oitocentista.

A família contemporânea é situada historicamente a partir de um passeio que percorre vasta e substancial documentação histórica, textos teóricos e literatura ilustrativa dos hábitos e dos costumes da época em seu processo de transformação e consolidação. Os conflitos, as inquietações e as mazelas relacionais da família são, assim, retirados da abstração essencialista preconizada por algumas abordagens psicanalíticas e redirecionados para as conjunturas históricas dos eventos que gestaram e consolidaram os moldes atuais da família contemporânea. Ao localizar a família em sua constituição histórica, o ângulo de análise da dinâmica relacional ganha caráter de transitoriedade, uma vez que carrega em si as marcas do seu caminho histórico.

Acontece que a crença na naturalidade das configurações familiares predomina ainda hoje. Muitas características da família mais próximas da sociedade patriarcal do início do século XX se mantêm como ideal normativo, entre outras causas, pela força das explicações essencialistas. As mudanças ocorridas nas práticas sociais, particularmente dos papéis de gênero, sucumbem ao poder da ideologia mantendo como referencial um cenário afetivo que não se encaixa na dinâmica social atual.

A psicanálise não fica fora do conjunto das formulações que orientam a família em direção aos ideais culturais; ao contrário, ao lado de outros campos de saber define as regras do bom funcionamento familiar. Sentimentos, emoções e comportamentos formulados como decorrência natural de uma dinâmica psíquica invariável são assumidos como regra universal da dinâmica psíquica subjacente aos relacionamentos e aos vínculos afetivos. Assim, a gestação de adultos saudáveis encontra nesse modo de funcionamento sua explicação naturalizante.

No cerne dessa dinâmica, a mãe tem o protagonismo. O processo de domesticação da família oitocentista pelo Estado conferiu à função materna, por exemplo, o ônus e o bônus de ocupar o lugar privilegiado de esteio estrutural da família feliz e saudável. A devoção da mãe ao filho ganhou status de nobreza e excelência na manutenção do bem-estar físico e mental da prole, atribuindo-se à mulher-mãe a suprema aura de amor incondicional indispensável ao desenvolvimento psíquico dos filhos. Ao pai, provedor, cabe o controle e o poder regulador da família, que, dependente da sua autoridade protetora, deve a ele obediência e respeito.

Ao naturalizar a qualidade dos laços familiares, bem como das trocas afetivas desenvolvidas no interior da família burguesa, particularmente na relação mãe-filho, a psicanálise contribuiu para seu mal-estar. No interior desse quadro de entendimento maternagem e culpa tornam-se praticamente aliados indissociáveis, sinalizando o sentimento de inadequação que inevitavelmente vem acompanhando o exercício dessa função. Corroborando essa perspectiva, ao analisar a construção dos modelos ideais de mãe nos últimos duzentos anos, Elizabeth Badinter (1985) escreveu: "a angústia e a culpa maternas nunca foram tão grandes como no nosso século, que se pretendia, no entanto, liberador" (p. 296).

As resistências do campo teórico psicanalítico para acompanhar as mudanças ocorridas na dinâmica familiar, fixando-se num modelo de família que não condiz com o concreto da experiência na atualidade, são analisadas por Jurandir no prefácio do livro *A função fraterna* (Kehl, 2000). Sua crítica dirige-se exatamente ao apego doutrinário de teorias que recusam absorver as mudanças ocorridas na organização familiar e na forma como o sofrimento vem se apresentando na prática clínica.

Jurandir critica o fechamento teórico em torno da função paterna e da trama edípica, especialmente por desconsiderar as mudanças sociais transcorridas, fixando-se num ideal nostálgico de sociedade que não encontra respaldo empírico, e o fato de permanecer como chave de compreensão das relações afetivas na atualidade. Esse excesso de fidelidade à teoria, em grande parte devido ao distanciamento da realidade empírica que a deveria conduzir, produz cegueira para as mudanças nas modalidades de sofrimento, o que vai se refletir negativamente na escuta clínica.

"Por que, de repente, esse apego a verdades analíticas ou verdades por definição em uma disciplina que se quer empírica?" (p. 14), pergunta-se Jurandir acerca da relutância em abandonar esquemas teóricos descolados da realidade empírica, propondo, para isso, a busca de outro paradigma que contemple a mudança. Se a psicanálise tem como norte o sujeito do dia a dia da cultura, cuja marca é a variabilidade e não a estagnação em configurações sociais e arranjos psíquicos *ad aeternum*, não há sentido em congelar ideias e teorias em conceitos imutáveis. As imagens teóricas precisam seguir o fluxo das mudanças para dar conta de modo exitoso das formas de sofrimento psíquico; a operacionalidade da prática clínica é seu objetivo, e não a perpetuação de uma lógica teórica que se nutre, apenas, dos conceitos no interior da teoria. O apego a teorias que aprisionam o pensamento nos limites dogmáticos resulta na separação entre teoria e prática clínica, transformando-se, então, "em mera linguagem utilizada por todos, mas despida de sentido", como criticou Osmyr Gabby Jr. (1994, p. 5).

A ideia de natureza humana está subjacente à postura teórica de manutenção irrestrita de quadros explicativos que supõem ter atingido o estatuto de verdade e o limite das definições definitivas. Quem é o pai do qual tanto falamos em psicanálise?, pergunta-se Jurandir. Essa função ainda existe tal qual preconizam as teorias ou há muito perdeu o lugar de honra tão cultivado pelos psicanalistas?

O declínio da função paterna é um dado constatável na sociedade de hoje, no entanto, isso não significa necessariamente prenúncio de quebra do pacto civilizatório, como supõem os teóricos que enxergam nas configurações familiares do passado o modelo último e definitivo de família. Eternizar esquemas explicativos não impede a realidade de se transformar, apenas afasta o pensamento da sua fonte empírica de produção e evidencia a crença na existência de uma essência humana que, se alterada, acarretará desordem e destruição da convivência em sociedade. A resposta que Jurandir oferece a esse tipo de questão é dada pela escolha de outro modelo teórico que possa iluminar a realidade empírica em suas novas configurações subjetivas, emergentes da ordem social em transformação.

Na teoria de Donald Winnicott, encontra formulações que operam teoricamente num quadro explicativo em que o psiquismo se organiza em contínua troca com o ambiente. Jurandir se nutre daquilo que, em Winnicott, vai ao encontro da construção de uma teoria que seja humanamente útil. Em Winnicott a cultura não é exterior ao sujeito, pelo contrário, o sujeito está submerso nela e é parte dela. O pensamento de Jurandir segue em constante diálogo com Winnicott, nele encontrando substrato teórico e consolidando suas elaborações.

Ainda na temática da tecitura dos laços amorosos que embasam e justificam a família ideal, Jurandir analisa o amor romântico no livro *Sem fraude nem favor* (1998). Com a densidade teórica que marca seus escritos, aponta para o desmonte da ideia de que os modos de amar resultam inevitavelmente de uma essencialidade humana que atravessa, inabalável, os diferentes momentos culturais. "O amor é uma crença emocional e, como toda crença, pode ser mantida, alterada, dispensada, trocada, melhorada, piorada ou abolida" (p. 12), esclarece na apresentação da série de artigos que estudam pormenorizadamente a evolução histórica do ideal de amor. A naturalidade e a universalidade da experiência amorosa como invariante no tempo e no espaço são criticadas como entidade que paira acima das convenções estabelecidas socialmente e situadas no contexto cultural de onde se originam.

Apesar de incompatível com as condições históricas e as práticas sociais que deram origem ao ideal de amor, o modelo romântico insiste e persiste nos corações e nas mentes, regendo com intensidade significativa a experiência afetiva dos sujeitos, não obstante o mal-estar daí decorrente. Imiscuem-se no dia a dia das vivências amorosas pela força normativa da tradição e continuam resistindo às mudanças como máscaras desvitalizadas que teimam em aderir ao semblante da vivência amorosa, gerando dor e sofrimento em virtude da sua incompatibilidade com as novas circunstâncias (Rolnik, 1989).

Ao analisar o ideal amoroso em suas origens históricas, Jurandir o situa na ordem das produções humanas, junto com outras crenças que constituem o ideário cultural. Nesse sentido, a diversidade das experiências amorosas pode ser vista como variações subjetivas singulares, e não valoradas por um viés prescritivo que mede a adequação a partir da ideia de um modo natural de amar. Ao perder de vista o sujeito inserido no contexto valorativo da sua época, a psicanálise corre o risco de se tornar um recurso argumentativo sofisticado dos códigos de conduta vigentes, um instrumento conceitual normalizador atrelado a um passado que não encontra sentido no presente.[1]

Se o ideal romântico tem o estatuto dos ideais arcaicos, como escreveu Jurandir, para que mantê-lo no horizonte da felicidade eterna? Não seria melhor contemplá-lo como o resquício de um belo arranjo do passado que, no presente, perdeu a luminosidade, como tão bem ponderou Jurandir ao final do livro citado?

O afastamento de concepções essencialistas encontra-se também na base da revisão do conceito de violência elaborado por Jurandir no primeiro ensaio do livro *Violência e psicanálise*, lançado em 1984 e reeditado em 2021 por sua importância teórica e temática. Nele, o conceito é revisitado por meio de complexo diálogo com numerosos pensadores, e a metapsicologia psicanalítica é utilizada para iluminar a realidade brasileira nos múltiplos aspectos da violência estrutural, que se refletem no cotidiano das relações sociais.

---

1 Sobre esse assunto, ver Preciado (2022).

Destituído da visão ontológica defendida por muitos autores, inclusive os do campo psicanalítico, o conceito de violência é redirecionado para uma abordagem que o desarticula de pressupostos naturalizantes. Jurandir ressalta a provisoriedade e a operacionalidade das definições de violência que serão desenvolvidas por ele ao longo do texto, esclarecendo que são as formas empíricas e contingentes da violência que orientam suas elaborações. A meta explicitada é elaborar uma noção de violência que possa se aproximar da complexidade do real, deixando distante uma linha de raciocínio que privilegia a abstração atribuindo à violência "uma condição necessária e suficiente da cultura" (Costa, 1984/2021, p. 34).

Fenômeno que inquieta grandes centros urbanos por sua constância e atinge o Brasil em proporções alarmantes, a violência permaneceu inexplicavelmente à parte das discussões no interior da psicanálise. Embora considerada por boa parte dos psicanalistas o ponto de partida da constituição do psiquismo, raramente é elaborada em termos conceituais como fenômeno cultural que, para ser compreendido, requer a análise das circunstâncias em que ocorre.

Jurandir critica a suposição de naturalidade atribuída à violência pelos autores psicanalíticos ressaltando, de forma pertinente, que essa postura contradiz a visão corrente na psicanálise de que o psiquismo está imerso na cultura em sua constituição. Para ele, a psicanálise abdicou do seu "potencial crítico ao capitular diante da violência" (p. 30), assumindo, assim, uma compreensão essencialista, que desvirtua o pressuposto teórico da constituição cultural do psiquismo. O rumo das suas reflexões segue outro **sentido:** situar a emergência do fenômeno da violência na peculiaridade das formações culturais onde é gerado.

A abordagem da violência empreendida pelo autor segue caminho oposto ao do viés ontológico. Além de recusar a ideia de que ela está na base do psiquismo como fator inerente e inelutável do tornar-se humano, nega, também, sua qualidade instintiva. A violência não é, para ele, uma força pulsional irracional e disruptiva que precisa ser contida pela repressão social para que não se mostre em sua exuberância ao menor deslize das barreiras criadas para contê-la. A agressão, sim, é o motor que nos move em direção à construção da realidade do mundo social.

Violência, define Jurandir,

> *é o emprego desejado da agressividade, com fins destrutivos. Esse desejo pode ser voluntário, deliberado, racional e consciente, ou pode ser inconsciente, involuntário ou irracional... é porque o sujeitado (ou o observador externo à situação) percebe no sujeito violentador o desejo de destruição (desejo de morte, desejo de fazer sofrer) que a ação agressiva ganha o significado de ação violenta. (p. 45)*

Esse é o estatuto atribuído à violência no âmbito do seu pensamento: ao identificar um desejo de destruição no ato violento, Jurandir o afasta, de uma vez por todas, da ontologia humana. Recorre então ao conceito de agressão desenvolvido por Winnicott, um dos pilares da sua teoria. A mudança de paradigma se faz necessária para sedimentar o caminho de revisão conceitual que pretende empreender. O conceito de agressão de Winnicott oferece argumentos de referência para embasar a perspectiva de contingencialidade atribuída à violência no convívio humano.

Agressão e violência não se confundem no âmbito das teorizações de Winnicott. É o outro, representante da cultura e encarregado dos primeiros cuidados do bebê, quem vai qualificar e nomear gestos e condutas a partir do quadro valorativo do ambiente cultural. A agressão, compreendida no âmbito das noções desenvolvidas por Winnicott, é um conceito forjado, bem como as demais noções do campo psicanalítico, para interpretar os fenômenos que aparecem na clínica, sendo, portanto, indissociáveis dos fatos empíricos. É, portanto, o ambiente externo que modela as feições que a agressão vai adquirir nos negócios humanos, e a violência é apenas uma delas.

As concepções que norteiam o desenvolvimento de uma psicanálise humanamente útil permeiam a discussão sobre os parâmetros que delimitam o conceito de violência. Os efeitos decorrentes da atribuição de essencialidade à violência sobre a dinâmica das relações sociais são evidentes e preocupantes. Se entendemos a violência como fenômeno inerente à dinâmica das trocas interpessoais e intersubjetivas, ela será assimilada como inevitável e, em decorrência, trivializada. Da banalização da violência decorre sua aceitação como faceta da condição humana da qual não se pode escapar e, talvez, esta crença seja "um dos aliados mais fortes de sua perpetuação" (p. 48), reflete Jurandir.

Aceita, assim, como destino inevitável e originária do aparato instintual humano, a violência passa a povoar o imaginário cultural como flagelo a ser combatido pela opressão ostensiva ou sutil, única solução restante. Reposicionar a noção de violência numa chave de compreensão em que seja vista como resultante, e não como elemento fundante, da cultura abre espaço para pensar caminhos de arranjos sociais menos bélicos e mais solidários.

No ensaio "Da cor ao corpo: a violência do racismo", Jurandir trata das circunstâncias específicas do racismo brasileiro. Esse texto, que faz parte do livro *Violência e psicanálise*, foi prefácio do livro de Neuza Santos *Tornar-se negro*, quando foi editado na década de 1980. Nele, a definição da violência como desejo de ferir ganha vida e concretude na exemplificação do racismo brasileiro: "Ser negro é ser violentado de forma constante, contínua e cruel, sem pausa ou repouso, por uma dupla injunção: a de encarnar o corpo e os ideais do Ego do sujeito branco e de recusar, negar e anular a presença do corpo negro" (Costa, 1984/2021, p. 124). No contexto das classificações do país de ontem e de hoje, apenas os que se encaixam dentro dos limites de ajustes das normas psicossociossomáticas – denominação utilizada por Jurandir – definidas "pela classe dominante branca ou que se define dessa maneira" (p. 124) podem caber dentro dos critérios de humanidade.

A temática do racismo trazida à baila por Neuza Santos, autora do livro prefaciado por Jurandir, permaneceu à margem da pauta de debates da psicanálise brasileira, apesar da sua relevância, até recentemente. Hoje, o tema do racismo ganhou o realce merecido, entre outros que figuravam no rol das questões invisibilizadas, como questões referentes ao gênero e às sexualidades fora do eixo binário e heteronormativo. Jurandir foi um pensador pioneiro no que diz respeito ao conjunto dessas temáticas negligenciadas, quem sabe silenciadas, no domínio da psicanálise.

Analisada por Jurandir em seus efeitos devastadores, a chaga racista que destrói de modo corrosivo a identidade das pessoas negras no Brasil é esmiuçada sob as lentes da metapsicologia psicanalítica. O ideal de branquitude ofertado pela cultura como possibilidade única de reconhecimento humano lança a pessoa negra num vazio de modelos identitários; não há ofertas fora do perfil da branquitude. A pessoa negra transita, então, no espaço social em que impera a ausência de modelos identificatórios que possam servir de matrizes de ancoragem às trajetórias alternativas ao ideal branco.

Jurandir expõe suas elaborações acerca da psicodinâmica do racismo com a qualidade do comprometimento com a dor do outro, marca da sua implicação na construção de uma psicanálise humanamente útil. Os argumentos se desdobram numa proximidade afetiva com o sofrimento contundente que sobressai nas palavras de Neuza, em nada semelhante à aridez dos discursos assépticos que regem parâmetros acadêmicos. A intensidade afetiva provocada nele pelo relato de Neusa é traduzida, a meu ver, no seu tocante comentário feito sobre o texto: "aqui, a dor cria a noção; a indignação, o conceito; a dignidade, o discurso" (p. 123).

O tratamento psicanalítico no extramuros das convencionalidades da psicanálise, alvo dos estudos de Jurandir no livro *Psicanálise e contexto cultural* (1989), é abordado na mesma linha de preocupação com o desenvolvimento de uma psicanálise humanamente útil. O objetivo é analisar o método psicanalítico no espaço da intervenção terapêutica no ambulatório do hospital público onde trabalhou, juntamente com uma equipe de profissionais, com a população de baixa renda que buscava atendimento para o sofrimento mental. Como sempre, a ideia de que teoria e clínica psicanalítica devem se voltar para a compreensão do sofrimento psíquico em suas especificidades, sendo, portanto, transitórias, está presente em seus argumentos.

O contexto é o ambulatório do hospital público Pedro II, onde a população atendida difere largamente da habitual clientela da clínica privada. No ambulatório público, são as pessoas provenientes das classes economicamente desfavorecidas sobrevivendo em condições precárias de moradia e à margem dos bens culturais que buscam tratamento para seus sintomas. Os recursos de linguagem dessa clientela se distinguem bastante dos costumeiros códigos linguísticos onde circulam os bem-nascidos que frequentam os consultórios privados dos psicanalistas, o que requer alterações metodológicas dos dispositivos de atendimento clínico.

Com o intuito de adequar o tratamento psicanalítico às exigências de ordem prática do ambiente do hospital de modo a garantir sua eficácia clínica, Jurandir optou pela psicoterapia de grupo. Esse trabalho ilustra de modo exemplar o constante empenho de Jurandir em produzir teorização em que a articulação entre prática clínica e teoria esteja necessariamente presente e voltada para o entendimento e o tratamento das pessoas na realidade concreta do cotidiano.

O livro foi escrito por Jurandir sob o impacto do desmonte da equipe de psiquiatras com a qual trabalhava numa pesquisa sobre a viabilidade de estender a prática psicanalítica aos usuários de baixa renda em hospitais públicos. No caso, pessoas que buscavam aquele hospital para tratamento psiquiátrico. A tonalidade emocional da escrita reflete o impacto gerado pela interrupção do trabalho de investigação. Convém lembrar que a disponibilização de atendimento psicoterapêutico às classes desfavorecidas era precária naquele período e, salvo honrosas exceções, ainda hoje fica aquém do esperado.

Ao discutir a ampliação da prática psicanalítica para além dos muros do consultório, Jurandir se detém em revisões críticas de alguns cânones cultivados pela comunidade psicanalítica, por exemplo, a diferença feita entre psicoterapia e psicanálise e a noção de grupo como entidade abstrata cuja dinâmica psíquica se processa de modo próprio, independentemente do contexto social em que atua. É dentro do rigor e da consistência teóricos que caracterizam sua trajetória e com os olhos voltados para aquilo que se encaixa no propósito do que constitui o humanamente útil que essas questões são tratadas.

A psicoterapia de grupo, solução encontrada para tratar os pacientes em condição de desorganização psíquica grave atendidos no hospital, é revisitada em seus pressupostos. A ideia de grupo como entidade quase metafísica, atingindo realidade ontológica por meio da linguagem de alguns teóricos da psicanálise, é rechaçada em prol da compreensão não essencialista que ancora o grupo em sua realidade empírica. Para Jurandir, "o grupo terapêutico é apenas um conjunto de pessoas que aceitam explicitamente submeter-se às cláusulas do contrato psicoterápico. . . . Os grupos definem-se pela prática, pelos objetivos explícitos em torno dos quais se formaram, nada além" (p. 51).

O grupo também não é visto como recurso de qualidade inferior a ser disponibilizado para a clientela pobre, mas como método eficaz para criar condições favoráveis ao enquadramento terapêutico naquelas circunstâncias ambulatoriais. A ética e o rigor que devem orientar a prática clínica dispensam a rigidez dos argumentos a favor de um enquadramento circunscrito na imagem de uma "redoma extramundana, capaz de filtrar as impurezas do social, para deixar passar apenas o ouro puro do inconsciente e da realidade psíquica" (p. 30), critica com ironia Jurandir. A meta é oferecer aos pacientes não habituados ao uso dos códigos linguísticos desfrutados pelas camadas privilegiadas oportunidade de tratamento terapêutico que possa aliviar o sofrimento mental.

Jurandir segue com a crítica, dessa vez à costumeira distinção entre psicoterapia e psicanálise. Autorizada pela comparação feita por Freud entre o chumbo e o ouro para distinguir a psicoterapia da psicanálise, a presunção de que a psicoterapia é uma psicanálise adulterada é lugar-comum entre muitos psicanalistas, ancorada na suposição de que somente abrigado entre quatro paredes dos consultórios privados o método psicanalítico conseguiria se manter fiel aos princípios de excelência.

Esse tipo de distinção qualitativa entre uma e outra modalidade de tratamento psicoterapêutico é refutada por Jurandir. Para ele, trata-se de um argumento que serve apenas para abastecer,

> *na maioria das vezes, ou uma visão absolutamente ingênua e idealizada – para não dizer ideológica – da eficácia da psicanálise, ou a pura e simples defesa de interesses econômicos e de prestígio social por parte de alguns psicanalistas. Esses últimos teimam em fabricar uma imagem da prática psicanalítica aureolada de nobreza teórica que só prejudica a serenidade com que a*

> *descoberta de Freud pode ser avaliada em seus defeitos e virtudes. (p. 11)*

Defeitos e virtudes fatalmente presentes numa obra de grande porte como aquela que foi desenvolvida por Freud. Com base em seu pensamento são sustentados argumentos que seguem direções diferentes a depender da escolha e da interpretação dos conceitos e das formulações teóricas. Jurandir segue um caminho cuja meta é a construção de uma psicanálise humanamente útil. A psicanálise apresentada por ele percorre vias de pensamento que, embora dirijam o olhar para o intrapsíquico, procuram no contexto social suas raízes.

Para Jurandir, o melhor e o pior da condição humana são fruto das formas como a convivência em sociedade se organiza. A crueldade, assim como a solidariedade, pode comandar as trocas humanas a depender dos significados que predominam em determinado momento histórico. É a insanidade sociocultural, e não a existência de forças ocultas inconscientes, que pode despertar o perverso que dorme em qualquer um de nós, escreveu Jurandir no prefácio do livro *O grupo e o mal* (Calligaris, 2022).

É em consonância com essa imagem do que constitui o humano, puramente humano, que Jurandir propõe ao final do diálogo sobre as clínicas sociais e a luta antimanicomial (Clínicas Sociais, Psicanálise e Filosofia UNIFESP, 2022) que a psicanálise acrescente o estudo do trabalho da esperança às suas teorizações sobre o trabalho do sonho e o trabalho do luto. Essa é uma proposta que se encaixa perfeitamente em sua busca por uma psicanálise humanamente útil.

Referências

Badinter, E. (1985). *Um amor conquistador: o mito do amor materno*. Nova Fronteira.

Calligaris, C. (2022). *O grupo e o mal: estudo sobre a perversão social*. Fósforo.

Clínicas Sociais, Psicanálise e Filosofia UNIFESP. (2022, 11 jun.). *Rememoração da luta antimanicomial e das Clínicas Sociais dos anos 70 e 80* [Vídeo]. YouTube. https://www.youtube.com/live/OSttyTso020?si=ORDDPUckGe7WEd6.

Costa, J. F. (1979). *Ordem médica e norma familiar*. Graal.

Costa, J. F. (1989). *Psicanálise e contexto cultural: imaginário psicanalítico, grupos e psicoterapia*. Campus.

Costa, J. F. (1991). Por uma psicanálise humanamente útil. *Anuário Brasileiro de Psicanálise, 1*(1).

Costa, J. F. (1994). *Redescrições da psicanálise: ensaios pragmáticos*. Relume-Dumará.

Costa, J. F. (1996). *Richard Rorty e a construção da subjetividade humana*. Seminário do Departamento de Ciências Sociais, Salão internacional da Escola Nacional de Saúde Pública Sergio Arouca (ENSP/Fiocruz).

Costa, J. F. (1998). *Sem fraude nem favor: estudos sobre o amor romântico*. Rocco.

Costa, J. F. (2021). *Violência e psicanálise*. 4a ed. rev. e ampl. Zagodoni. (Trabalho original publicado em 1984).

Gabby Jr., O. F. (1994). *Freud: racionalidade, sentido e referência*. Unicamp.

Kehl, M. R. (2000). *A função fraterna*. Relume-Dumará.

Preciado, P. (2022). *Eu sou o monstro que vos fala: relatório para uma academia de psicanalistas*. Zahar.

Rolnik, S. (1989). *Cartografia sentimental: transformações contemporâneas do desejo*. Estação Liberdade.

Rorty, R. (1989). Solidarity or Objectivity? In M. Krausz (Ed.), *Relativism: interpretation and confrontation*. Notre Dame Press.

24. As origens da interioridade[1]

Cláudia Passos-Ferreira

Interno, interior e interioridade são termos usados para descrever tudo que estaria dentro e se diferenciaria de tudo que estaria do lado de fora. Heuristicamente, usam-se os adjetivos *interno* para qualificar o mental e *externo* para qualificar tudo que se oporia ao mental. Interno-externo confunde-se com dentro-fora da cabeça ou do corpo. Ao definir o interior em oposição ao exterior, criam-se polos opostos que se codeterminam: mente-mundo, indivíduo-cultura, organismo-ambiente, eu-outro, e um dos problemas

1 Este capítulo é retirado da minha tese de doutorado (Passos-Ferreira, 2006), que investiga a origem externalista do autoconhecimento. O artigo combina temas da obra de Jurandir Freire Costa relacionados à constituição do self e à concepção de mente. Uma marca da originalidade do pensamento de Jurandir é a capacidade de transformar questões clínicas singulares sobre a identidade dos sujeitos em questões filosóficas conceituais, no presente caso, em questões sobre a metafisica do self. Eu sou imensamente grata a Jurandir pelo aprendizado, pelo suporte e pela amizade nesses 25 anos, iniciando em 1997 como sua orientanda de mestrado, depois de doutorado, seguindo-se anos de supervisão clínica. Trabalhar com Jurandir formou meu pensamento acadêmico, minhas escolhas, meus interesses e minha ética profissional. Seu compromisso ético com o processo intelectual é fonte constante de inspiração.

dessas oposições gira em torno das explicações sobre as determinações entre mente e mundo.

Intuitivamente, diríamos que a mente existe *dentro* do indivíduo e os estados mentais ocorrem *dentro da cabeça*. Nesse sentido, as fronteiras da mente seriam determinadas pelas fronteiras do indivíduo e a mente existiria dentro de indivíduos, constituindo assim aquilo que em grande parte os caracteriza e configura suas identidades. Nessa acepção, os limites da mente são identificados se não aos limites da extensão do cérebro, ao menos da extensão da pele. Tanto a fronteira temporal da mente quanto a espacial seriam determinadas pelo corpo e pelo tempo de existência do indivíduo.[2]

Essa forma de conceber a mente adota o *indivíduo* como entidade paradigmática de análise do comportamento humano e dos estados psicológicos. O *indivíduo* é o ponto de partida das teorias explicativas em psicologia, biologia e ciências sociais, as chamadas *ciências frágeis* (Wilson, 2004). Estas estão organizadas, *grosso modo*, em torno de duas tendências teóricas opostas: o *internalismo*, que defende uma perspectiva individualista, e o *externalismo*, que enfatiza o papel determinante do ambiente externo

---

2 A concepção interiorizada da mente é a metáfora central do indivíduo moderno (Taylor, 1997). A identidade moderna caracteriza-se pela ideia de que somos um self introspectivo separado do mundo externo. Do ponto de vista epistêmico, o self possuiria uma percepção de si como um espaço interior que guardaria pensamentos, desejos e intenções. A consciência seria algo independente, localizada no interior do corpo e, na sua vertente reducionista mais recente, no interior do cérebro (Bauman, 1998; Ehrenberg, 2000; Sennett, 2002; Ortega, 2002; Costa, 2004). Ao longo do século XX, observa-se a despsicologização da pessoa, com enfraquecimento da identidade sentimental, e a sua biologização, com processos identificatórios apoiados na corporeidade e nas experiências sensoriais (Russo & Ponciano, 2002). O sujeito sentimental deu lugar ao sujeito cerebral (Ortega & Vidal, 2004) e ao sujeito somático (Costa, 2004).

na explicação do mental. Ambas as tendências expressam paradigmas predominantes na exploração da mente.

No debate entre individualismo e externalismo, a noção central é da *determinação mente-mundo*. Tanto o externalista quanto o individualista reconhecem que o ambiente do indivíduo tem um papel causal em seus pensamentos e, consequentemente, na sua mente. Ambos consideram que o agente humano interage causalmente com o mundo obtendo informação sobre ele pela percepção sensorial e pelas trocas comunicativas com os outros. Nessa interação, tanto o indivíduo quanto o ambiente sofrem modificações e um é causa da transformação do outro. O conteúdo da mente não é causalmente isolado do ambiente em que vivemos, pois o mundo participa causalmente do que percebemos, desejamos e pensamos.

Não obstante, individualistas e externalistas discordam sobre o modo como a mente é determinada pela natureza do mundo. Para analisar a tese de que a mente é em parte determinada pelo ambiente do agente, é preciso explorar as condições sob as quais uma diferença no mundo implica uma diferença na mente.[3]

O *individualismo* em psicologia afirma que os estados psicológicos deveriam ser construídos sem referência a qualquer coisa além da fronteira do indivíduo – o *indivíduo* é o paradigma explicativo do que determina os estados mentais da pessoa (Mendonça, 1997). Assim, os fenômenos mentais são analisados a partir do que acontece com a pessoa e de como ela responde ao seu ambiente físico sem referência ao que acontece no contexto social no qual está situada. As teses individualistas estão na origem do mentalismo cartesiano e ganharam novo fôlego no debate contemporâneo com o nativismo, fruto da virada linguística e das ciências cognitivas (Wilson, 2004). Os estudos sobre o funcionamento mental e

---

3 Para uma análise do debate entre internalismo e externalismo do mental, ver Passos-Ferreira (2006, 2010b).

as estruturas linguísticas inatas originaram modelos internalistas da mente e uma semântica individualista que enfatizam o papel central que as propriedades internas do indivíduo ocupam na economia causal da mente.

Em reação aos reducionismos e aos equívocos promovidos pelos modelos explicativos individualistas, o *externalismo* da mente defende a tese de que os conteúdos de nossos pensamentos são determinados por nossos contextos sociais, interpessoais e institucionais. Um dos desafios da tese externalizada da mente é como conceber o universo psicológico da pessoa, seu *mundo interior*, de modo a preservar o relato introspectivo da experiência humana em primeira pessoa. Adotar a tese externalista não é necessariamente sinônimo de abandono da dimensão da *interioridade* do indivíduo. Mesmo num relato externalista do mundo, a experiência psicológica introspectiva guarda relevância explicativa na compreensão do que é a pessoa.

Neste artigo, proponho uma *perspectiva externalista* dos processos que constituem a interioridade, cujas origens são externas e relacionais. Adoto um tipo de *externalismo metafísico* que é compatível com a noção de autoconhecimento e acesso privilegiado por introspecção. No que se segue, primeiro eu apresento a crítica anti-individualista ao mito da interioridade e discuto as teses anti-individualistas da interioridade de Jurandir Costa (2007a, 2007b). Em seguida, mostro como a proposta externalista de Costa pode ser compatível com a ideia de introspecção e acesso privilegiado, se adotarmos o modelo externalista de Donald Davidson. Por último, distingo dois tipos de autoconhecimento: *autoconhecimento por interação* e *autoconhecimento por introspecção*, e mostro que a adoção do externalismo metafísico é compatível com a *tese pluralista* de que podemos ter autoconhecimento por interação e por introspecção, e que tanto externalistas quanto internalistas poderiam aceitar o pluralismo de autoconhecimento que defendo.

O mito da interioridade

A ideia da psicologia introspectiva de que nossos estados mentais são propriedades essencialmente internas do indivíduo e podem ser introspectados sofreu várias críticas, e sua ilogicidade foi mostrada pela filosofia da linguagem na crítica ao *mito da interioridade* (Bouveresse, 1976; Costa 1994; Ryle, 1984; Wittgenstein, 1953/1997). O mito da interioridade afirma a existência de operações internas ao sujeito que seriam fundamento da linguagem e do conhecimento sobre a experiência individual (Bouveresse, 1976). Isso levou à criação de conceitos psicológicos que descreveriam os estados internos do sujeito como processos inacessíveis de "fora", dos quais o sujeito seria o único a ter conhecimento e que teriam somente uma relação causal contingente com o exterior.

O que interessa na crítica filosófica do mito da interioridade explicitado por Ludwig Wittgenstein (Descombes, 2004) não é mostrar o emprego linguageiro das noções de interior, mas, sobretudo, mostrar o emprego metafórico transferido da noção que consiste em identificar os atos mentais de alguém a partir de sua expressão *discursiva*. A transferência metafórica é praticada quando transferimos a descrição mental para a descrição linguística identificando os pensamentos pela proposição linguística que seria necessária formar para comunicá-los. A mitologia surge da criação de uma "linguagem do pensamento", um discurso interno que se localizaria "dentro" da mente ou do cérebro.

Wittgenstein foi o primeiro a argumentar contra a existência de uma linguagem privada. A ideia de uma linguagem privada afirma que as operações básicas da linguagem seriam operações mentais cujo resultado consistiria na expressão verbal (externa) da vontade e das afecções anímicas (internas), ou seja, as palavras proferidas pelo falante estariam referidas a algo interno, como as sensações e as motivações. Em seu argumento da linguagem privada, Wittgenstein rejeita a tese de uma linguagem privada que não possa ser intersubjetivamente observável ou partilhável, que só se refira às sensações exclusivas de seu único usuário, e cujas expressões refiram-se apenas aos processos internos desse usuário (Faustino, 1995; Wittgenstein, 1953/1997).

Essa dicotomia interno-externo dominante na filosofia cartesiana está na origem da noção solipsista de mente como o espaço interior habitado por entidades mentais privadas que se opõem ao mundo exterior (Descartes, 1641/2000). O "espaço interior" é um recipiente para os conteúdos que representam e espelham a realidade externa. A *mente interior* é desprovida de caracteres extensos e guarda a noção de imaterialidade da alma e dos processos mentais. A dicotomia interno-externo está apoiada na impressão natural de que, por trás do nosso comportamento, haveria uma distinção entre o mundo físico, contendo matéria e objetos tangíveis, inclusive corpos humanos, e o mundo privado dos fenômenos mentais. Haveria um contraste entre o mundo dos objetos materiais e o mundo das ideias etéreas que constituiriam propriedades privadas do indivíduo.

Em reação ao dualismo mente-mundo e ao introspectivismo, o behaviorismo propõe explicar os estados psicológicos do indivíduo em termos de disposição comportamental. A expressão behaviorista mais importante é a crítica de Gilbert Ryle (1984) à noção de *mente interior*. A crítica de Ryle se centra na noção de interioridade como equivalente a eventos privados, conhecidos de modo imediato pela introspecção. O behaviorismo rejeita a ideia de fenômenos mentais como estados internos privados reduzindo-os às disposições comportamentais.

Nessa acepção, as proposições psicológicas de primeira pessoa são *exteriorizações*, expressões da esfera mental. As exteriorizações não são *acerca do* comportamento, são *iguais* ao comportamento. A exteriorização de uma sensação, por exemplo, é um comportamento linguístico entendido como continuação de um comportamento pré-linguístico que se tornará um jogo de linguagem quando compreendido por outra pessoa. Desse modo, o aprendizado da gramática da exteriorização das sensações é o aprendizado de um modo de manifestação de uma prática social. Um dos problemas dessa posição é criar um problema oposto, como um *mito da exterioridade*, no qual o mental é reduzido a tudo que é externo e exteriorizado.

Não obstante, expandir a mente para além da fronteira do que caracteriza o interior psíquico do indivíduo não significa necessariamente o abandono das metáforas espaciais na caracterização do mental. É possível aceitar a força do argumento anti-individualista, mas limitar a sua significação. O dualismo interno-externo, embora duramente criticado por Wittgenstein e seus seguidores, tem sido revisto e reatualizado, desempenhando papel central na explicação psicológica dos comportamentos do indivíduo pelas ciências cognitivas e neurociências.

Existem dois tipos de processos mentais em que o dualismo interno-externo ainda se aplica: o comportamento intencional e a experiência introspectiva. A distinção entre interno e externo ao organismo parece necessária para explicar a ação intencional humana, ou mesmo o comportamento de qualquer sistema. O comportamento é um movimento endógeno produzido internamente, um movimento que tem sua origem causal dentro do sistema cujas partes estão em movimento. Nesse sentido, interno não significa simplesmente dentro do corpo, sob a pele; interno inclui a noção de uma parte própria ou integral do organismo exibindo o comportamento. No entanto, afirmar que um comportamento é interno ao organismo não significa dizer que é produzido no interior deste, ou que independe de suas interações exteriores, mas tão somente que está associado aos movimentos endógenos do organismo concebido como um sistema em interação na direção do mundo.

Considerando os conteúdos mentais do agente como aquilo que explica a sua ação intencional, pode-se afirmar que o mental está sempre delimitado ao agente situado. Podemos identificar o mental apenas em pessoas localizadas espacialmente. Não existe o mental fora da existência espacial corporal. O agente situado existe do lado de fora, nas exteriorizações da mente, na história e na linguagem, em ações e falas. Contudo, o comportamento como exteriorização do agente, para ser compreendido como um ato intencional deste, precisa ser considerado como sendo gerado pelo próprio agente, por sua rede de crenças e desejos (Passos-Ferreira, 2011, 2022).

A distinção entre interno e externo também se aplica à explicação da experiência introspectiva interna. É inegável a experiência existencial de habitarmos um corpo com vida interior e pensamentos introspectivos que não comunicamos aos outros. A palavra introspecção vem do latim *introspecto*, que significa "ação de olhar para dentro", "penetrar". Essa ação captura a forma como tradicionalmente concebemos nossa apreensão dos estados mentais (Bezerra Jr., 1996). Esses termos expressam, numa linguagem espacial, uma divisão entre o mundo interno e o mundo externo.

Contudo, a conotação espacial dessa linguagem é puramente metafórica. Dizer que um estado ou entidade é interno à mente não é dizer que isso implica uma dada fronteira espacial. Se a distinção entre "o que está dentro da mente" e "o que repousa fora da mente" fosse apenas espacial, a diferença entre a introspecção e a exterocepção seria trivial, uma mera questão de olhar em diferentes direções.

O behaviorismo parece explicar como conhecemos a mente dos outros – os conteúdos mentais são expressos no comportamento –, mas não explica como conhecemos e temos acesso a nossa própria mente. Parece haver uma aparente contradição entre a *exteriorização do agente* e a *experiência introspectiva*. Porém, a inclusão da exteriorização do agente como critério do mental não torna obsoleta a noção de *interioridade*. Ao contrário, para entendermos a exterioridade humana, ou seja, a ação intencional do agente, precisamos redefinir o que é a *interioridade*. Se a mente não é caracterizada por aquilo que permanece no seu interior, ou se não é concebida como um recipiente de representações, fantasias ou ideias, então, o que caracteriza a experiência da vivência interior descrita pelo relato em primeira pessoa?

A noção de self interior em Costa

Em "O self e a interioridade" (2007a),[4] Costa mostra que a ideia espacial do "self interior" ou de uma experiência interior pode ser analisada de duas formas: uma se refere ao *sentido* do termo e outra, à sua *função* na vida mental.

Em relação ao *significado* do termo, afirma Costa, "utilizamos os vocábulos de forma *teoricamente infundada, mas psicologicamente justificada*" (p. 43, grifo do original). Isso quer dizer que nos equivocamos no sentido dos termos, mas temos razões psicológicas que justificam seu emprego. Costa sugere que "consideremos os *predicados mentais* denominados de 'interiores' como a descrição, feita de outra perspectiva, de atividades 'exteriores' dos organismos humanos na interação com o meio. Interior e exterior são

4 Para quem se interessa por filosofia da psicanálise e acompanha a obra de Jurandir Freire Costa, o livro *O risco de cada um* é uma leitura obrigatória. Diferente dos livros em que o autor defende uma tese central sobre a relação entre psicanálise, subjetividade e cultura e tece o arcabouço teórico para a conclusão desejada, quer seja sobre racismo, amor romântico, homoerotismo, identidade somática ou ética, *O risco de cada um* é uma coletânea de artigos. Nele, Costa esclarece e aprofunda os pressupostos teóricos de muitos de seus argumentos, com clareza e honestidade intelectual. É um acerto de contas teórico em que o autor revisita suas intenções e apostas teóricas. Para quem gosta do exercício filosófico, é um primor.

duas formas fenomênicas da mesma relação concreta e material do self com seu mundo" (p. 43, grifo do original). Ele sugere que empreguemos o termo *interioridade* como "um fenômeno público relacional, fundado na corporeidade física e sobre o qual podemos fazer afirmações empíricas testáveis" (p. 43). Nessa acepção, o *interior* é aquilo que é "formado pela autopercepção corporal, pelas representações dos objetos e situações ambientais e pelas narrativas em primeira pessoa sobre nós mesmos", e o *exterior* é formado "pelos objetos e eventos cujas existências ou realidades independem de percepções particulares de sujeitos particulares" (p. 44).

E qual é a *função* exercida pela experiência interior na vida mental? Como afirma Costa, a *interiorização* dos predicados mentais é a condição necessária para a *estabilização do sentido do* self, pois o sentimento de continuidade da existência depende da internalização das expressões externas do *self* sobre o meio e do fluxo de trocas entre o mundo interno e o externo. O *self* "é o efeito do esforço constante dos organismos humanos para unificar o dessemelhante, predizer o imprevisível, reproduzir o que nos satisfez e explorar o que não conhecemos. Esse conjunto de atividades físico-mentais é o que chamamos de criatividade e que depende da vida interior para se exprimir" (p. 57).

Portanto, para expressão de nossa ação criativa no mundo, é necessária a experiência de ser uma existência contínua. *A função do* self *e da experiência da interioridade* é a *criação de um sentimento de continuidade do ser de onde possa emergir a ação criativa.*

Portanto, uma das funções da interioridade é estabilizar um sentido de continuidade da identidade que favoreça a integração entre a exteriorização do agente pela ação criativa e a experiência introspectiva. Uma das características que identificam uma pessoa essencialmente como a pessoa que ela é depende da internalização das ações externas do agente que está na base do sentimento de ser um self que persiste no tempo. A *continuidade da consciência reflexiva* estabelecida pela memória do passado de nossas ações e pela projeção de expectativas futuras, ou seja, aquilo que caracteriza nossa vida mental, é um dos candidatos psicológicos para esse estatuto de identificação.[5]

Nessa acepção, a *interioridade* é caracterizada pelo sentimento de continuidade da experiência subjetiva da pessoa. Há uma experiência que é ter consciência de nossos vários estados mentais, ou seja, uma fenomenologia de nossa vida mental que é tida e experimentada. Um dos aspectos dessa vida interior é o perspectivismo. Ou seja, o fato de experimentarmos o mundo de uma dada perspectiva.

Porém, existe uma distinção entre ser um ponto de vista subjetivo e se conceber como um ponto de vista subjetivo. Todo ser consciente – mesmo os seres sencientes não humanos – é sujeito de suas experiências no sentido de que as experimenta de um ponto de vista singular. Contudo, nem todo ser consciente é autoconsciente. Um ser autoconsciente é aquele que não somente é sujeito de suas experiências fenomenais, mas possui a capacidade de conceber a si mesmo como um ponto de vista subjetivo e poder pensar sobre si mesmo como um ponto de vista pessoal.

A autoconsciência e o autoconhecimento são essenciais para a constituição da perspectiva de primeira pessoa. Como diz Lynne Baker (1998), "um ser consciente torna-se autoconsciente ao adquirir uma perspectiva de primeira pessoa – uma perspectiva a partir da qual pensa-se sobre si mesmo como um indivíduo frente ao mundo, como um sujeito distinto de tudo o mais" (p. 328, tradução nossa).

---

5 Para uma discussão detalhada sobre modelos externalistas (triádicos e ecológicos) da gênese do self, ver Passos-Ferreira (2007, 2012, 2014); e, sobre o papel da ação corporal na constituição do self, ver Costa e Passos-Ferreira (2010).

A autoconsciência emerge progressivamente no desenvolvimento. Antes de conceptualizar a consciência de si como "eu", o bebê tem acesso a uma série de informações que estruturam a experiência subjetiva da primeira pessoa. Ao chorar, gritar ou assinalar a presença de dor, ele mostra a singularidade de sua posição encarnada. Porém, nesse estágio, a posse de sensações ou sentimentos discriminados ainda não se faz acompanhar da atribuição a si mesmo do que experimenta. O bebê, poderíamos dizer, ocupa uma posição subjetiva no mundo que ainda não é uma perspectiva sobre si e sobre o mundo.[6] A emergência da autoconsciência e do autoconhecimento está associada à aquisição dos conceitos que permitem fazer referência ao eu e a seus estados mentais e corporais (Passos-Ferreira, 2010a, 2012).

Ora, são os processos formadores da autoconsciência e do autoconhecimento que nos permitem pensar em nós mesmos de uma forma única, a forma fenomenologicamente descrita como "de dentro". Isto é, não pensamos em nós mesmos como um objeto, uma entidade "self", um corpo ou um "eu" desencarnado. O que é particular acerca do "eu" é que nos referimos a nós mesmos de um modo que os outros não podem fazê-lo, que caracterizamos, na linguagem ordinária, como a percepção, a representação ou a visão do interior. Pensamos em nós mesmos "de dentro".

A atividade introspectiva é um aspecto central de nossa vida mental interior. A forma como nos constituímos como pessoa é diretamente determinada pelo modo como nos autopercebemos e

---

6 Baker (1998) distingue tipos *forte* e *fraco* dos fenômenos de primeira pessoa. Os fenômenos *fracos* são exibidos por seres sencientes, capazes de solucionar problemas por meio de atitudes perspectivais que explicam seu comportamento intencional, mas que não possuem a capacidade de reconhecer a si mesmos como um ponto de vista subjetivo. Meu foco aqui é na perspectiva *forte* de primeira pessoa. Para uma análise dessa distinção, ver Passos-Ferreira (2006; 2010a).

autorrepresentamos e pelas narrativas que construímos. Contudo, não é a atividade introspectiva que está no ponto de origem da interioridade. A experiência de ser um self que persiste no tempo está associada à experiência prévia de habitar um corpo em interação com o ambiente. Nossa interioridade emerge de um complexo espaço de interação com pessoas e um mundo compartilhado de objetos físicos e culturais. *As origens de nossa interioridade são, portanto, externas e relacionais.*

Externalismo e variedades de autoconhecimento

A defesa da tese individualista ou externalista dos conteúdos mentais acarreta modificações consideráveis na forma como concebemos o mental e os processos introspectivos. O autoconhecimento é o conhecimento direto que temos de nossos estados mentais. É consensual na filosofia a ideia de que há uma assimetria entre a forma como conhecemos nossos pensamentos e a forma como conhecemos os pensamentos dos outros. Desde Descartes (1641/2000), somos levados a considerar que temos acesso privilegiado aos conteúdos de nossos pensamentos pela introspecção, e que esse conhecimento é infalível e confiável. Descartes defende a autoridade do conhecimento em primeira pessoa de seus próprios estados mentais, postulando-o como apriorístico e independente do conhecimento do mundo externo.

Contudo, se a origem da interioridade, do autoconhecimento, é externa e relacional, como podemos ter acesso privilegiado a nossos conteúdos mentais? Se o externalismo defende a tese de que os conteúdos mentais são em parte determinados pelos contextos interativos e ambientais do indivíduo, é preciso explicar como temos acesso direto por introspecção aos conteúdos da experiência fenomenal – por exemplo, não é por inferência ou investigação empírica que sei que estou com dor e sei o que estou pensando;

sei o que estou o pensando de modo imediato e direto (ver Passos-Ferreira, 2006, 2013).

A tese central do externalismo afirma que o conteúdo dos estados mentais é constituído, em parte, pelas relações com o ambiente. O externalismo é a visão de que algum elemento crucial no conteúdo dos estados representacionais é determinado por algo que é exterior a esses estados e à pessoa que os possui, portanto, não está localizado na pessoa. Esse elemento determinante pode ser a conexão causal com o contexto físico (Putnam, 1975/1995), com o contexto social (Burge, 1988), com o contexto perceptivo (Davidson, 2001a) e com o contexto biológico (Dretske, 1997). Um dos problemas do externalismo é como compatibilizar o fato de que os estados psicológicos aparecem em nossa mente com a tese de que são parcialmente determinados pelo contexto externo.

A adoção da tese externalista coloca em dúvida a suposição cartesiana de que temos acesso privilegiado aos conteúdos de nossos pensamentos, restringindo, assim, a autoridade da primeira pessoa. Na visão externalista, o pensamento é identificado pela relação entre o indivíduo e alguma coisa *fora* da sua cabeça. Se o pensamento não está completamente na cabeça, não pode ser apreendido pela mente no modo que é requerido pela autoridade da primeira pessoa. Isso parece significar, em alguma medida, uma renúncia ao autoconhecimento como um conhecimento *a priori* de nossos estados mentais.

O externalismo perceptivo de Davidson (2001a), baseado na origem intersubjetiva da mente, oferece uma solução a esse problema. Ao definir conhecimento como, de início, intersubjetivo, Davidson inverte a lógica cartesiana que pretende construir uma visão do mundo a partir do indivíduo e de seu ponto de vista subjetivo. É a partir da *interação triangular* eu-outro-mundo e das trocas comunicativas que desenvolvemos um conhecimento compartilhado sobre o mundo externo, sobre o que o outro pensa e sobre o que ocorre dentro de nós mesmos. O externalismo de Davidson oferece uma solução ternária eu-intérprete-mundo para as origens do autoconhecimento.

Para Davidson, se admitimos a autoridade da primeira pessoa, temos que admitir que existe um modo de conhecimento que exibe uma diferença em relação ao modo como conhecemos a mente dos outros. O ponto de vista da primeira pessoa não pode ser separado da sua experiência. Do ponto de vista empírico, não há uma desconexão entre minha experiência subjetiva e a compreensão do comportamento do outro. Isso ocorre simultaneamente. Mas não é a partir da minha experiência interna que conheço o mundo, a mente do outro ou a minha própria mente. Em resumo, é por meio da minha *interação com o mundo* que me conheço. Para Davidson, o que garante a relação de veracidade entre o eu e seus estados mentais é a relação triangular entre eu, intérprete e mundo.

Davidson (2001a) defende um tipo de externalismo *metafísico*, no qual os conteúdos da mente são parcialmente determinados pelas relações com o mundo externo, mas também um tipo de externalismo *epistemológico* (Davidson, 2001b). Em sua epistemologia externalizada, o autoconhecimento deriva da interação com o mundo e seus objetos. Nessa acepção, o autoconhecimento é interativo. É necessária a mediação da alteridade, de um outro que interpreta o mundo, para que eu tenha conhecimento dos meus estados mentais.

Porém, existe uma versão fraca da tese externalista que combina o externalismo metafísico com uma epistemologia *internalizada*, ou seja, um conhecimento por introspecção. Ou seja, a relação interativa com o mundo externo não é a única forma de conhecer a nossa mente. O autoconhecimento também pode ser obtido por pura introspecção. Apesar de os conteúdos mentais serem *metafisicamente* determinados pelo contexto físico, social, biológico e perceptivo, podemos conhecer nossos conteúdos mentais por *introspecção direta*, por acesso direto e privilegiado a esses conteúdos.

A tese mais plausível, e que adoto aqui, é o *pluralismo* dos modos de conhecimento de si: o *autoconhecimento interativo* e o *autoconhecimento por introspecção*. Portanto, o externalismo metafísico é consistente com o *autoconhecimento por introspecção*.

Se aceitarmos a posição pluralista, na qual é possível dois tipos de autoconhecimento (por interação e por introspecção), podemos entender o problema da interioridade de um ângulo novo. A interioridade para além de uma função da experiência psicológica, como aponta Costa (2007a), também se refere ao modo como temos acesso aos nossos conteúdos mentais. Mesmo que os conteúdos mentais sejam processos corporais, pautas de comportamento e disposições, como afirma Costa (2007b), nosso conhecimento sobre esses conteúdos pode ser direto e temos acesso privilegiado a eles por introspecção.

Ou seja, existe uma assimetria entre o modo como tenho acesso a meus pensamentos e minhas sensações e o modo como conheço a mente dos outros e o mundo. Os conteúdos da minha mente estão disponíveis diretamente à minha consciência, e disponíveis para o controle da ação. Nesse sentido, a adoção do externalismo metafisico não implica necessariamente a rejeição da autoridade da primeira pessoa e do acesso epistêmico privilegiado aos conteúdos mentais.

Costa (2007b) parece estar em acordo com essa ideia quando afirma que temos *privacidade ôntica* (no sentido de ter a posse) dos nossos conteúdos mentais. A privacidade ôntica dos conteúdos mentais parece nos dar acesso direto a esses conteúdos, como sentimentos, emoções, desejos, intenções e pensamentos.

Costa (2007a) destaca dois tipos de conteúdos mentais que vivenciamos como experiências internas e exercem a função da experiência psicológica de interioridade. Um são as experiências que limitam a ação do self – como a experiência emocional impulsiva e compulsiva que escapa ao controle volitivo e cognitivo. O outro são as experiências de autolimitação que protegem o self de intrusões do ambiente – como o segredo, que protege os desejos do self e garante privacidade e liberdade de pensamento, as fantasias, os devaneios e a própria rememoração. Costa argumenta sobre a relevância dessas experiências internas para o desenvolvimento do sentimento de continuidade do ser.

O que interessa para o meu argumento aqui é a tese de que temos acesso privilegiado a essas experiências; conhecemos essas experiências não de modo interativo, mas por introspecção direta – tenho acesso direto aos meus desejos, emoções, segredos, devaneios e lembranças. Não apenas o self tem "a posse" dessas experiências (privacidade ôntica), por que as vivencia, mas tem acesso a elas de modo privilegiado e direto, "de dentro".

Um problema residual é se haveria um tipo de conteúdo mental que resistiria ao externalismo metafísico, ou seja, um tipo de conteúdo mental estreito (*narrow content*) que seria metafisicamente determinado por estados internos do indivíduo de modo independente do ambiente externo. Certos conteúdos da consciência fenomenal parecem ter seus conteúdos representacionais determinados por sua fenomenologia, ou seja, pelo modo como aparecem à consciência do indivíduo. A tese da intencionalidade fenomenal afirma que certos conteúdos são metafisicamente determinados por aspectos fenomenais (ver Chalmers, 2004). Disso decorreria que alguns conteúdos seriam metafisicamente determinados por propriedades internas ao organismo, como os sentimentos subjetivos, os afetos conscientes propostos por Mark Solms (1997), ou as emoções compulsivas propostas por Costa (2007a). A adoção da tese do conteúdo estreito seria compatível com um tipo de externalismo metafisico fraco, no qual os conteúdos fenomenológicos seriam determinados apenas pela propriedades internas do indivíduo. Mas não vou defender essa tese aqui; isso é tema para um outro artigo.

Referências

Baker, L. R. (1998). The first-person perspective: a test for naturalism. *American Philosophical Quarterly*, 35(4), 327-348.

Bauman, Z. (1998). *O mal-estar na pós-modernidade*. Jorge Zahar.

Bezerra Jr., B. (1996). *A paixão da linguagem. Processos de subjetivação contemporâneos: uma leitura de Clarice Lispector* [Tese de doutorado]. Instituto de Medicina Social, Universidade do Estado do Rio de Janeiro.

Bouveresse, J. (1976). *Le mythe de l'intériorité*. Éditions de Minuit.

Burge, T. (1988). Individualism and Self-Knowledge. In P. Ludlow, & N. Martin (Orgs.), *Externalism and Self-Knowledge*. Cambridge University Press.

Chalmers, D. (2004). The representational character of experience. In B. Leiter (Org.), *The Future for Philosophy* (pp. 153-181). Oxford University Press.

Costa, J. F. (1994). Pragmática e processo analítico: Freud, Wittgenstein, Davidson e Rorty. In J. F. Costa, *Redescrições da psicanálise: ensaios pragmáticos* (pp. 121-167). Relume-Dumará.

Costa, J. F. (2004). *O vestígio e a aura: corpo e consumismo na moral do espetáculo*. Garamond.

Costa, J. F. (2007a). O self e a interioridade. In J. F. Costa, *O risco de cada um e outros ensaios de psicanálise e cultura*. Garamond.

Costa, J. F. (2007b). As vassouras da feiticeira. In J. F. Costa, *O risco de cada um e outros ensaios de psicanálise e cultura*. Garamond.

Costa, J. F., & Passos-Ferreira, C. (2010). A noção de espaço em Balint. In E. M. V. do Nascimento, & R. de C. F. Gonzáles (Orgs.), *A clínica psicanalítica: reflexões teóricas e incidências institucionais na contemporaneidade* (pp. 127-139). Edufba.

Davidson, D. (2001a). *Subjective, Intersubjective, Objective: Philosophical Essays Volume 3*. Oxford University Press.

Davidson, D. (2001b). Epistemology Externalized. In D. Davidson, *Subjective, Intersubjective, Objective*. Oxford University Press.

Descombes, V. (2004). Un dedans derrière ce qui est le dedans. *Rue Descartes*, (43), 8-15.

Descartes, R. (2000). *Meditações metafísicas*. Martins Fontes. (Trabalho original publicado em 1641).

Dretske, F. (1997). *Naturalizing The Mind*. MIT Press.

Ehrenberg, A. (2000). *La fatigue d'être soi. Dépressión et Société*. Odile Jacob.

Faustino, S. (1995). *Wittgenstein: o eu e sua gramática*. Ática.

Mendonça, W. (1997). Descartes, individualismo e autoconhecimento. In S. Fuks (Org.), *Descartes: um legado científico e filosófico* (pp. 217-228). Relume-Dumará.

Ortega, F. (2002). Da ascese à bio-ascese, ou do corpo submetido à submissão ao corpo. In M. Rago, L. B. L. Orlandi, & A. V. Neto (Orgs.), *Imagens de Foucault e Deleuze: ressonâncias nietzschianas*. DP&A.

Ortega, F., & Vidal, F. (2006). O sujeito cerebral. Novo paradigma defende abordagem multidisciplinar para compreender a experiência humana. *Scientific American Brasil*, 52, 20.

Passos-Ferreira, C. (2006). As origens da interioridade: autoconhecimento e externalismo [Tese de doutorado]. Instituto de Medicina Social, Universidade do Estado do Rio de Janeiro.

Passos-Ferreira, C. (2007). Além das fronteiras da consciência: o self externalizado em Winnicott e Dennett. In B. Bezerra Jr., & F. Ortega (Orgs.), *Winnicott e seus intercessores*. Relume--Dumará.

Passos-Ferreira, C. (2010a). O desenvolvimento da autoconsciência em bebês. In *Nascimento: antes e depois – cuidados em rede* (pp. 133-144). Honoris Causa.

Passos-Ferreira, C. (2010b). Externalismo do mental. In M. C. Dias (Org.), *Filosofia da mente, ética e meta-ética: ensaios em homenagem a Wilson Mendonça* (pp. 99-180). Multifoco.

Passos-Ferreira, C. (2011). *A máquina semântica de Freud: do mecanismo à intencionalidade*. Annablume.

Passos-Ferreira, C. (2012). Intersubjetividade e autoconsciência. In N. Coelho Jr., P. Salem, & P. Klatau (Orgs.), *Dimensões da intersubjetividade* (pp. 163-179). Escuta.

Passos-Ferreira, C. (2013). Externismo do conteúdo mental e acesso privilegiado. *Itaca*, *22*, 133-154.

Passos-Ferreira, C. (2014). O self como centro de ação em James e Winnicott. Ágora, *17*, 27-42.

Passos-Ferreira, C. (2022). Freud's views on mental causation. In J. Mills (Org.), *Psychoanalysis and the mind-body problem* (pp. 69-87). Routledge.

Putnam, H. (1995). The Meaning of "Meaning". In *Mind, Language and Reality: Philosophical Papers Volume 2*. Cambridge University Press. (Trabalho original publicado em 1975).

Russo, J. A., & Ponciano, E. L. T. (2002). O sujeito da neurociência: da naturalização do homem ao re-encantamento da natureza. *Physis: Revista de Saúde Coletiva*, *12*(2), 345-373.

Ryle, G. (1984). *The Concept of Mind*. University of Chicago Press.

Sennett, R. (2002). *A corrosão do caráter*. Record.

Solms, M. (1997). What is Consciousness? *Journal of the American Psychoanalytic Association*, 45(3), 681-703.

Taylor, C. (1997). *As fontes do self: a construção da identidade moderna*. Edições Loyola.

Wilson, R. (2004). *Boundaries of the Mind: The individual in the Fragile Sciences*. Cambridge University Press.

Wittgenstein, L. (1997). *Philosophical Investigations*. Wiley-Blackwell. (Trabalho original publicado em 1953).

25. A genealogia do amor romântico e a contribuição de Rousseau ao debate

Gabriela Bastos Soares

Os livros de Jurandir Freire Costa, desde a minha graduação em Psicologia, foram uma fonte infinita de vontade de saber e de inquietações, o que me levou desde muito cedo a buscar em Jurandir uma referência para minha formação e minha produção acadêmicas.

Em 1994, quando entrei para o mestrado em Saúde Coletiva do Instituto de Medicina Social (IMS) da Universidade do Estado do Rio de Janeiro (UERJ), Jurandir estava desenvolvendo pesquisa sobre sexualidade e amor. O tema influenciou as dissertações e as teses de seus orientandos que estavam em formação na época, e eu tive o privilégio de me debruçar sobre o assunto da genealogia do amor a partir da análise da obra de Jean-Jacques Rousseau.

Além das orientações no mestrado e no doutorado, das participações nas pesquisas e nos debates das quartas-feiras, tive o privilégio de conviver e participar dos laços de amizade e do sentimento de família que Jurandir e Célia tão generosamente me possibilitaram, sempre aos domingos, sempre disponíveis, sempre presentes. Nessa trajetória pude conviver com um exemplo de pensador e ser humano ético, sensível e altruísta que Jurandir, de forma tão extraordinária, expressa ser. Sua inquietação em pensar maneiras de construir um mundo diferente, plural, que possam trazer uma expansão da categoria do humano e da afirmação de que todas as vidas importam, é uma marca na sua obra.

Em *O vestígio e a aura* (Costa, 2004), Jurandir explicita, a partir de Walter Benjamin, o que considera como o coração da vida subjetiva: "é intuitivo admitir que vivemos entre o passado e o futuro. Menos evidente é pensar que a relação mantida com os dois é assimétrica. Nossa relação com os vestígios do passado é de posse e proximidade; com a aura do futuro, de distância e despossessão" (p. 11). O passado traz a base dos ideais tradicionais que possibilitam a confiança na construção de um futuro que se torne legível. Nesse sentido, entender a construção de nossas crenças e nossos ideais viabiliza que possamos redescrever sobre os vestígios do passado novos referentes que promovam novos estilos de vida e visões de mundo, de forma a criar o "suficientemente bom", "de fazer o possível para que o melhor se torne uma real possibilidade para todos ou para a maioria" (p. 21).

Pensar a genealogia do amor romântico faz parte desse percurso teórico que busca entender as descrições subjetivas atuais e o mal-estar contemporâneo em torno das relações pessoais a partir dos vestígios do passado. O ideal do amor romântico[1] pode ser visto como mais um dos valores que, historicamente, se tornou relevante no Ocidente. O movimento romântico, originado no século

1 O ideal é um meio utilizado pela sociedade para regular seus membros. Esses ideais são históricos e, consequentemente, contingentes. Nenhum ideal é definitivo. Portanto, em cada sociedade, numa determinada época, são prescritos códigos de condutas e sentimentos que são tidos como a regra a ser seguida. Essa definição dos ideais favorece a noção de que os valores que regulam o comportamento das pessoas não são naturais ou universais (Costa, 1994). Nesse sentido, o ideal do amor romântico pode ser visto como mais um dos valores que historicamente tornou-se relevante como regra a ser seguida pelos membros pertencentes à sociedade ocidental.

XVIII, difundiu a ideologia que situou o sentimento amoroso num novo patamar. O amor foi idealizado e passou a ocupar um lugar especial na vida das pessoas, tornando-se o centro regulador dos comportamentos privados.

Jurandir, no livro *Sem fraude nem favor: estudos sobre o amor romântico* (Costa, 1998), a partir da busca do entendimento da construção do amor romântico e do declínio das tradições vivenciadas na contemporaneidade, faz uma análise das diferentes descrições do amor encontradas no decorrer dos tempos e como o amor romântico teve um papel complexo no século XVIII como alicerce de um novo modelo de sociedade. No capítulo "Sobre a gramática do amor romântico", Jurandir descreve com maestria as estratégias argumentativas de autores realistas e idealistas sobre o amor, com versões variadas de como sentimentos, sensações, crenças e julgamentos se inter-relacionam no vocabulário do amor. Finaliza sua análise com as possibilidades atuais de descrição do amor a partir de um contexto em que as sensações assumem o lugar privilegiado dos sentimentos, problemática que retomaremos no final deste artigo.

Nesse percurso, o interesse no entendimento dos referentes do vocabulário do amor romântico me levou à análise da obra de Rousseau, reconhecido pela sua contribuição, a partir do Romantismo Francês, para a construção de algumas características do amor romântico e da família burguesa que ainda são utilizadas na idealização do sentimento amoroso na atualidade. Descrevo no próximo tópico, de forma breve, a contribuição de Rousseau e os referentes que foram associados à ideia de amor romântico para que seu projeto tivesse êxito.

Amores perfeitos e famílias felizes

A crença no ideal do amor romântico teve seu início no século XVIII, com uma significativa contribuição das ideias de Rousseau.

Pode-se dizer que Rousseau promoveu a imagem de sujeito amoroso e as regras necessárias ao seu desempenho, propondo um ideal de amor ainda presente na contemporaneidade. Em suas obras, Rousseau tentou demonstrar que caminhos deveriam ser seguidos para sua proposta ser alcançada com sucesso. Para o homem ser feliz bastava perseguir a evolução natural dos seus sentimentos.

A retomada das construções teóricas de Rousseau relativas ao amor tem como perspectiva a importância do amor na filosofia por ele pensada e o papel desse sentimento no seu projeto político. Algumas críticas podem ser feitas às suas ideias (Soares, 1997), mas centraremos a análise deste artigo na questão da naturalização da tese rousseauniana e nas consequências que ela implica para o ideal do amor romântico. A tentativa de naturalizar o sentimento amoroso é o meio encontrado para dar plausibilidade ao seu projeto político.

Rousseau viveu numa época de transição na França. A partir da metade do século XVIII, a base do Antigo Regime começava a entrar em colapso, sendo questionada de forma decisiva em decorrência da debilidade e da desordem que começavam a reinar (Elias, 1993). Assim, Rousseau tomou como base do enunciado filosófico a moral. Sua crítica à sociedade se fundamentava nesse ponto de vista: era por ser moralmente inaceitável que a ordem social deveria ser criticada. Contestou os valores e a estrutura social monárquicos, tentando criar uma sociedade diferente: democrática, igualitária e burguesa por excelência.

Sua moral tinha como fundamento a natureza, concedendo valor extremo aos desejos e às necessidades naturais. O novo mundo idealizado seria composto por indivíduos que reconhecessem a condição de seres livres, iguais e dotados de direitos. A legitimidade das regras morais passava, desse modo, a estar referida à própria vontade, e não mais a Deus, ao Estado ou à razão. A norma perdia sua transcendência e buscava no eu, no que havia de mais natural no homem, sua legitimação. Por essa via, a experiência íntima viria a ter a função privilegiada de pivô da organização social.

Como deveria existir algo na natureza humana que fosse a base da nova modalidade de vínculo, Rousseau dá à sexualidade um peso importante na construção das relações pessoais. A nova fórmula proposta poderia ser descrita da seguinte forma: amor e sexo juntos podem se tornar a base sólida das relações sociais. Assim, o indivíduo conseguiria abandonar o egoísmo natural para formar o solo consistente da sociedade. Portanto, foi na sexualidade que Rousseau encontrou a forma de justificar a noção do sujeito "naturalmente sentimental", unindo amor ao sexo e fazendo dessa união o pilar de uma nova fundamentação para a existência do corpo político. Criou, assim, um novo ideal de felicidade, no qual amor, sexo e política se apresentaram como salvação do indivíduo e da sociedade.

Por que amor e sexo? Para Rousseau (1762/1992), o sexo é naturalmente referido a uma dimensão corporal. Mas é considerado natural apenas enquanto se relaciona à questão da reprodução. Na relação com o outro, ao entrar em jogo ser querido ou preferido, o sexo cai sob o domínio do amor-próprio. E, na ligação com o outro pela via do amor-próprio, procura-se unicamente conquistá-lo, sem que haja envolvimento sentimental. Desse modo, o amor-próprio sozinho não seria capaz de criar vínculos permanentes, e surge a necessidade de amor ao outro. Só nesse último caso seria possível construir uma relação verdadeira, baseada na associação do sexo ao amor.

O primeiro sentimento a ser despertado teria de ser o amor, que, juntamente com a imaginação, proporcionaria a energia necessária para que o sexo fosse plenamente realizado. O elo entre amor e sexo foi a maneira encontrada por Rousseau para que houvesse investimento em um único companheiro e num vínculo permanente.

Assim, o ideal do amor romântico implicava duas qualidades: a reciprocidade e a exclusividade. Para ser completo o amor tem que ser uma troca de sentimentos, e a exclusividade seria a relação com um único parceiro.

A imaginação era mais um elemento determinante no aperfeiçoamento amoroso. Ela teria uma função essencial na manutenção da possibilidade de procura do parceiro ideal. No estado natural, qualquer mulher poderia satisfazer às necessidades de um homem, mas, pela imaginação, as escolhas seriam feitas a partir de critérios mais rígidos. Ao depender da imaginação, o sexo deixaria de ser unicamente físico e se ligaria à imagem idealizada. Ela seria a estratégia para criar aspirações que não seriam satisfeitas imediatamente: represar a sexualidade a fim de drená-la para o parceiro ideal.

Também por meio da imaginação seria preenchida a necessidade de ilusão da alma. Segundo Rousseau, o homem sempre precisou de alguma ilusão para viver, e a imaginação seria um componente importante ao se vincular à ilusão para possibilitar o ideal da parceria amorosa. Até porque o amor, como qualquer desejo, acabaria com a posse do objeto. "E o que é o verdadeiro amor, ele próprio, senão quimera, mentira, ilusão? Amamos muito mais a imagem que criamos que o objeto ao qual aplicamos" (p. 390). Assim, o amor temperado pela imaginação poderia se tornar o cimento da ordem social.

A fórmula rousseauniana, entretanto, estava longe de satisfazer todos os requisitos necessários à estabilidade da organização social. A efemeridade do sentimento amoroso não era compatível com a duração exigida pelos vínculos sociais. Avaliado do ponto de vista individual, o amor-ilusão se mostrava uma boa saída para o egoísmo. No contexto da teoria político-social, o conceito de ilusão era insuficiente. Só um amor ancorado na realidade poderá garantir a meta da socialização pretendida. Rousseau, então, procurou compensar a falha na teoria introduzindo o valor da família. A família se tornou a solução de compromisso entre interesse pela pessoa amada e interesse pela comunidade.

Para haver o investimento na família, o casamento terá que se apoiar em outras bases.[2] A escolha dos parceiros deveria ser livre. Cada futuro cônjuge deveria saber selecionar o melhor para si, pois seria um compromisso assumido para o resto da vida. A liberdade seria o novo fundamento do casamento, em que fidelidade e eternidade do vínculo seriam os requisitos básicos da ligação. Além disso, a finalidade natural do casamento seria a reprodução. Rousseau dizia que, "assim como é preciso que o homem morra, é preciso que se reproduza, a fim de que a espécie dure e que a ordem do mundo seja conservada" (p. 374).

A relação com a família era, para Rousseau, a única maneira de se viver bem numa sociedade dominada pela disputa na política e no trabalho. Como afirma Lasch (1991), a família passou a ser o refúgio do mundo cruel. Maridos e esposas encontravam alívio para suas tensões na companhia um do outro. Foi a partir disso que a família burguesa começou a se estabelecer na Europa Ocidental e nos Estados Unidos. A família se converteu em uma instituição de valor imprescindível e se tornou o lugar central para o desenvolvimento dos afetos e, principalmente, do amor. Esses sentimentos seriam necessários para manter a harmonia entre os cônjuges e entre pais e filhos. Os filhos ganharam lugar de destaque na nova configuração, pois precisavam ser amados e educados da melhor forma possível.

O homem, como pai, e a mulher, como mãe, seriam o que de mais profundamente humano poderia existir. Isso os distingue dos

---

2 O casamento, até então, era tido como um contrato para intercâmbio de riquezas. Essa dinâmica pode ser percebida por meio de uma prática social comum antes do século XIX: o dote (Costa, 1989).

animais, pois sua responsabilidade não acabaria com a reprodução. Os filhos precisam dos cuidados dos pais, porque a simples maturação sexual não bastaria para educá-los na direção do amor e do respeito pelas instituições sociais. Por outro lado, não se conseguiria êxito na educação se a relação não fosse com o parceiro ideal, pois se o dever de ter filhos e educá-los não estivesse ligado a algo que proporcione prazer, como o amor, não se conseguiria o empenho necessário à realização da tarefa.

Nesse contexto pode-se entender o papel relevante da diferenciação sexual no pensamento de Rousseau, naturalizando uma bipartição que nem sempre foi evidente. A família feliz só seria possível dada a complementaridade dos sexos. Os comportamentos "femininos" e "masculinos" foram enaltecidos como potencialidades naturais, realçadas por ele como ideais.

Foi com base nessas concepções que Rousseau (1761/1994) escreveu seu romance *Júlia ou a nova Heloísa*, na tentativa de colocar em prática a psicologia por ele imaginada como fundamento da sociedade. Rousseau explorou no livro as dificuldades da tese de que o amor torna o homem particularmente feliz e bom cidadão. A temática amorosa foi o centro do romance. No entanto, diferentemente das recomendações sobre o amor centrado na família, no romance ele mostra o amor de vários ângulos. Três perspectivas se destacam: o sentimento amoroso "irracional" e voltado para o elogio de si mesmo; o sentimento amoroso de renúncia ou abstinência; o sentimento amoroso voltado para a construção da família.

O primeiro é uma espécie de sentimento que pode ser tido como sinônimo de apaixonamento romântico. O amor é exaltado em função do próprio êxtase sentimental. Essa vertente do amor foi amplamente estudada por Rougemont (1939/1988). Em sua obra *O amor e o Ocidente*, ele tenta mostrar a influência do amor cortês sobre o romantismo amoroso. Para tanto, utiliza o mito de Tristão e Isolda e realça como verdadeiro tema da lenda a separação dos amantes em nome da paixão e do amor, colocando a felicidade e a própria vida num segundo plano. Nessa tradição o amor vem do sofrimento e é reconhecido pelo sofrimento que produz. Por que suportar o sofrimento? Porque o próprio fato de amar já é suficiente, ou seja, o que está em jogo é o amor pelo amor e nada mais. Os obstáculos para sua realização funcionariam como um reforço para o próprio sentimento. A consumação do amor não seria vista como necessária na medida em que ele poderia ser alimentado exclusivamente pela ilusão.

A segunda modalidade de expressão amorosa é a renúncia, na qual os amantes se absteriam da consumação do amor para mantê-lo vivo, havendo uma transformação do sentimento diante das dificuldades para sua realização no plano real. A saída encontrada é abrir mão da realização para desfrutar plenamente o sentimento por meio da imaginação. O amor, idealizado e inalcançável, poderia ser usufruído de forma intensa e perene. A consumação faria perder o esplendor do sentimento. O encanto seria abandonado com a posse. Abstendo-se, poderia haver a perpetuação da imagem do mais puro e belo amor. Essa seria a recompensa da renúncia: recusa-se a consumação do amor para fazê-lo sobreviver mais tempo.

Mas como se dá esse mecanismo de continuidade do sentimento sem a consumação na realidade? Pela imaginação. A imaginação faz com que os amantes contemplem a experiência e se iludam com ela. A "abstinência amorosa" poderia ser vista como um dos legados rousseaunianos. Seria uma saída possível para viver o amor, visto que este seria, por princípio, impossível de ser realizado. Só se deseja aquilo que falta; a partir do momento que se possui, deixa-se de desejar. Se não houver desejo, não haverá paixão. E a paixão é um ingrediente indispensável no amor ao outro. Portanto, a abstinência seria uma maneira de realizar o amor na imaginação, o que era considerado por Rousseau como a possibilidade de realização plena.

Esse amor, contudo, não fundamentaria a coesão social, conforme indicado anteriormente. Rousseau não pensava em elogiar um amor politicamente descomprometido. Para politizar o amor ele contava com a família. Essa é a terceira perspectiva do seu trabalho. Só na família amorosa se encontrariam a paz e a felicidade. O sentimento despertado por essa união teria um valor fundamental para a manutenção da felicidade. O amor sozinho seria um sentimento fadado a se desgastar com o convívio, tendo que ser transformado em outros sentimentos para manter o laço afetivo. Os sentimentos nascidos dos laços familiares seriam mais duradouros. A relação com a família, quando houvesse honestidade e virtude, faria nascer sentimentos ternos, que poderiam ser mais duráveis e tão doces quanto o amor.

Assim, o amor à família foi a justificativa encontrada por Rousseau para que as pessoas se responsabilizassem pelo casamento e por sua manutenção. Esse amor familiar pode ter as mesmas qualidades do amor ao outro, com a possibilidade de durar mais por ser construído sobre fundamentos menos fugazes: o amor aos filhos – que se tornam dependentes da educação dos pais para serem bons cidadãos – e o amor ao cônjuge – que vai ser construído a partir de amizade, sinceridade e cumplicidade.

Essas são as diferentes descrições do amor feitas por Rousseau na *Nova Heloísa*. Os referentes do amor seriam, então, vários, e o privilégio na adoção deles dependeria do ponto de vista que o intérprete adotasse. O sentimento amoroso não estaria relacionado de modo obrigatório à construção da família, à abstinência ou ao apaixonamento. Todas seriam alternativas possíveis para as relações amorosas.

Uma das consequências dessas novas possibilidades amorosas seria a relativização da importância da família. A família como um "dever" dos indivíduos na formação de uma sociedade coesa ou como meio de usufruto da felicidade pessoal seria o fundamento do complexo amoroso familiar imaginado por Rousseau. Outras relações – como a fraterna, por exemplo – seriam tão importantes quanto a família para manter laços essenciais à união dos indivíduos. Os imperativos de liberdade de escolha e respeito ao outro da sociedade ocidental contemporânea seriam mantidos e exercidos. A possibilidade de escolher seria endossada por ideais alternativos disponíveis.

Nesse contexto, Júlia seria a nova Heloísa. Sua história estaria diretamente relacionada à da Heloísa de Abelardo.[3] Mas, diferentemente da Heloísa de Abelardo, o destino encontrado pela "nova Heloísa", de Rousseau, foi a renúncia ao objeto amado e a construção da família com outro homem. A "nova Heloísa" se distingue da antiga principalmente pelo sentimento concedido à construção da família. Foi por meio da família que ela pôde ser feliz, e não pelo amor ao qual renunciou. A nova Heloísa não tinha mais o destino trágico, que era reflexo da época em que Heloísa viveu. A nova Heloísa viveu em um novo mundo, onde a família começava a ter importante papel na vida das pessoas.

Pode-se dizer que a família e os sentimentos necessários para sua manutenção foram intensamente teorizados no século XIX. O projeto político de Rousseau obteve êxito na medida em que formou a teoria que forneceu os principais referentes das relações amorosas utilizados ainda hoje.

Na atualidade, as discussões sobre as relações amorosas são múltiplas. Na continuidade da análise sobre o vocabulário do amor romântico rousseauniano, o foco recai sobre duas direções. A primeira discute a viabilidade do ideal. Parte-se do princípio de que o amor conjugal parece não mais se sustentar, visto que a família tem perdido cada vez mais seu lugar de expressão amorosa.

3 Para entender a história de Heloísa e Abelardo, ver Duby (1995).

A família pensada por Rousseau entrou em colapso principalmente depois da revolução sexual dos anos 1960, que permitiu a liberação sexual e deu novo estatuto para a mulher. Esse fato tem pelo menos duas importantes consequências para o amor e sua relação com a família.

Em primeiro lugar, para atingir a satisfação sexual não é mais necessária a existência do amor, o que implica uma desestruturação dos pressupostos amorosos de parceria exclusiva e permanente. Se a satisfação sexual é facilmente obtida, não é necessário encontrar o par perfeito para haver relação. Não existindo a idealização do par perfeito para a relação sexual, dificilmente haverá o investimento em um único parceiro para toda a vida.

A segunda consequência diz respeito ao papel da mulher. Não basta ser mãe e esposa; esses papéis não são suficientes para as realizações femininas. Assim, a família perdeu espaço, já que a reprodução e a educação dos filhos não mais sustentam os laços conjugais. Inexistindo os laços, se desfazem os sonhos de família perfeita construída e mantida pelo amor. A família nos moldes românticos não é mais o protótipo das relações amorosas, o que não implica dizer que não existam nem sejam possíveis famílias constituídas sob esta base. Daí a necessidade de se pensar em alternativas para o ideal do amor romântico.

Das possibilidades desenvolvidas por Rousseau, o viés da abstinência não parece um investimento plausível para os indivíduos narcísicos que compõem o mundo atual. A renúncia ao prazer e ao desejo são incompatíveis com a descrição dos sujeitos contemporâneos. Apesar das tendências modernas de "estética da solidão",[4]

4 A amizade é entendida como uma possibilidade da estética da existência para o presente (ver Foucault, 1982/2004; Ortega, 2000). Ortega entende que a amizade pode ser uma aposta na reinvenção do político na atualidade. Por meio do agir, da liberdade e da experimentação, novas imagens da amizade são possíveis, associando as artes de si às relações intersubjetivas.

que possivelmente têm suas raízes na ética da abstinência, essa não é a regra geral. Assim, resta o apaixonamento. O problema é que o apaixonamento, como proposto por Rousseau, só é viável quando articulado à ideia da família e da abstinência.

A maior dificuldade se encontra na forma de conciliar a dupla injunção de um ideal impossível e da promessa de felicidade perene que o acompanha. É como se ao mesmo tempo fosse recomendado: "amarás aquele que for teu perfeito e pleno objeto de amor" e "nunca saberás que é o teu complemento, porque mesmo que o encontre não terás certeza de que é realmente ele".

Tal versão do apaixonamento parece ser uma descrição plausível do ideal amoroso da atualidade, principalmente quando se vê o sofrimento dos indivíduos que não conseguem "amar romanticamente". É como se as pessoas vivessem à procura do par perfeito, sem nunca encontrar. Em uma sociedade na qual a regra é a individualização, cada pessoa se torna tão singular que, dificilmente, encontra seu complemento. Mas não só isso. O fundamental é que, não podendo seguir as regras de satisfação por renúncia ou abstinência, nem solucionar o dilema pela adesão ao ideal do amor familiarista, os sujeitos ficam entregues a um impasse, sem horizonte de alternativas que viabilizem melhores opções.

A segunda direção da nossa análise das relações amorosas discute a origem e o papel do amor romântico e seu lugar na sociedade atual. O "amor à família" pensado por Rousseau tinha, acima de tudo, um papel político a desempenhar: manter as pessoas unidas por laços doces e ternos. O homem era levado a desenvolver aquilo que ele tinha de "bom" para se relacionar com as pessoas. A preocupação com o outro era um item essencial ao funcionamento da filosofia rousseauniana.

Essa perspectiva é abandonada pelos indivíduos na contemporaneidade. A cultura do consumo e do narcisismo leva cada um a pensar somente em si. Não há espaço para consideração ao outro. O bom desempenho como pai/mãe deixa de ser primordial e o bem-estar de cada uma das partes interessadas se sobressai, restando a desproteção dos filhos.

Por outro lado, a lei do consumo redefine, imaginariamente, o outro como objeto. O problema é que o objeto a ser consumido é constantemente modificado pela lei do mercado e ligado a novos objetivos – fabricados para que o consumo seja incentivado, não satisfazendo nunca o consumidor. Permanece sempre a sensação de que o objeto presente ainda não é o melhor possível e, portanto, existe outro que promete uma maior possibilidade de realização e completude. Transpondo a relação com objetos para as relações pessoais, as pessoas passam a "experimentar" os vários "objetos" disponíveis sem nunca se satisfazerem com o "produto".

Nesse contexto, o amor se tornou um ideal difícil de ser realizado. Afinal, o investimento em objetos tem um retorno mais imediato e certo. A estratégia de *coisificar* o sujeito permite se esquivar temporariamente da possibilidade de frustração diante do que é desejado. No amor, pensado romanticamente, essa manobra não é possível, pois depende do sentimento do outro, que nem sempre está disposto a conceder o que lhe é solicitado. Dessa perspectiva, o amor na atualidade poderia ser visto como algo obsoleto e fora de moda, um investimento impossível para pessoas que só se preocupam consigo e com objetos.

No entanto, essa não parece ser a regra geral. Apesar dos impasses, a recorrência ao ideal não cessou. Estudos das últimas décadas mostram que o amor romântico ainda é entendido como ideal de referência para as relações afetivas na atualidade (Costa, 1998; Kehl, 1996; Lázaro, 1996; Lins, 2012). O sonho de uma relação sincera, fiel e permanente, de uma família em que os pais desempenhem da melhor maneira possível seus papéis, é, em geral, o que se espera de uma vida bela e plena. Essas possibilidades são permeadas pela ideia de que amar romanticamente é uma tarefa simples e que está ao alcance de todos (Costa, 1998).

Assim, pode-se considerar que a cultura do consumo[5] promove uma configuração das relações que conduz à recorrência ao ideal amoroso. Em uma cultura na qual tudo é efêmero e fugaz, procurar a promessa de uma felicidade durável é uma opção sedutora. O amor, mais uma vez, se torna a salvação para o caos existente. Aquilo que Rousseau construiu para organizar a vida social é utilizado agora para dar sentido à esfera de realização pessoal.

O problema é que o amor pensado por Rousseau era socialmente plausível na dimensão política, mas na dimensão filosófica era insustentável. Os pressupostos de complementariedade dos amantes e de eternidade do vínculo eram possíveis quando tinham uma finalidade maior do que a satisfação dos sentimentos. O amor era um meio, e não um fim em si mesmo. Para os sujeitos contemporâneos, entretanto, o amor se tornou um fim em si mesmo, mantendo-se, contudo, as regras amorosas com formulações muito semelhantes às do romantismo rousseauniano. Porém, ao deixar de existir um objetivo exterior ao sentimento, o amor se torna instável.

Como diz Bloom (1996), "qual é o futuro de uma ilusão que sabemos que é uma ilusão?" (p. 101), principalmente quando é a única ilusão possível. Nesse sentido, o próprio autor complementa: "daqui em diante, homens e mulheres são exortados a pôr todos os seus ovos na cesta do amor romântico, suplantando todos os antigos encantos desmoralizados que costumavam ser encontrados na religião e na pátria" (p. 101). De fato, o mundo de hoje se tornou extremamente pobre não só em aventuras amorosas, mas em

5 Costa (2004), no livro *O vestígio e a aura*, reúne artigos que dão continuidade à pesquisa sobre o mal-estar na cultura contemporânea, com foco na crise de valores associados ao culto ao corpo e à aparência, ao consumismo e à cultura de imagem. A pesquisa sobre a cultura do consumo é enriquecida e novas leituras do fenômeno podem ser entendidas a partir dessa obra.

qualquer outra esfera de ideais. Além do ideal do amor romântico, existe o ideal do consumo. Esse último, no entanto, tem se mostrado cada vez mais incapaz de responder aos anseios dos sujeitos.

O reconhecimento da historicidade das premissas do amor romântico por Rousseau talvez possa ter um "efeito terapêutico". A desnaturalização do amor permite apontar para outras possíveis descrições das relações pessoais. Por um lado, pode-se pensar na manutenção do ideal amoroso atual, sem que as pessoas se sintam culpadas por não alcançarem ou não seguirem esse ideal. A atenuação da culpa por não o realizar pode ser favorecida pela compreensão das contradições internas ao ideal do amor romântico. Por outro lado, a atenuação da culpa por não o seguir se torna viável, e até mesmo necessária, quando pensamos nos ideais éticos da sociedade ocidental na atualidade. Nesse sentido, pode-se visualizar uma alternativa mais interessante, na qual haveria a pluralização de padrões diversos de realizações amorosas.

No lugar da tirania de um único ideal, teríamos o horizonte de vários tipos possíveis de relações amorosas, com a preservação da liberdade humana de imaginar muitos ideais de felicidade (Costa, 1998). O sujeito amoroso seria apenas uma das figuras possíveis de realização. Não seria o modelo exclusivo e estaria aberto à invenção de novos vínculos. A imagem do sujeito amoroso, como pensado por Rousseau, passaria a ser apenas mais uma imagem em um mundo mais livre e aberto às formas de realização pessoal que seriam tantas quantas a criatividade humana fosse capaz de imaginar.

O amor na contemporaneidade

Do século XVIII à atualidade, o ideal do amor romântico esteve presente na sociedade ocidental de diferentes formas. O fascínio por esse ideal foi decorrente, em grande parte, da sua promessa de felicidade. Por meio dele os indivíduos tinham a possibilidade de sentirem-se completos, física e emocionalmente. O amor passou a ser o centro regulador de comportamento. O que se faz por amor, para o amor e com amor tem grande destaque na vida das pessoas.

Entretanto, esta idealização do amor, como qualquer outra idealização, corre o risco de tornar-se tirânica. Quando as pessoas passam a investir num único ideal como significativo para o alcance da felicidade, cria-se um modelo compulsório de realização que está arriscado a ser expresso no sofrimento e na resignação àquilo que a vida pode ter de pior. Isso porque, enquanto um ideal não passível de relativização, provoca sofrimento psíquico naqueles que não conseguem comportar-se como prescreve a regra. Por outro lado, quando os ideais são vistos como contingentes, eles tornam-se apenas mais um tipo de resposta possível às alternativas de autorrealização, quer seja amorosa – quando pensada em termos não só do amor romântico, mas em outros amores plausíveis –, quer seja em qualquer outro domínio da vida humana.

Atualmente uma problemática a mais se impôs. Como indicado por Lasch (1983, 1991), Costa (1998), Calligaris (1996) e Lins (2012), o sujeito contemporâneo é profundamente indiferente a tudo que não seja do interesse dele mesmo. A fragilidade desse ideal na contemporaneidade tem sido um fator gerador de muito mal-estar. "Sem a retaguarda dos laços culturais mais vastos, o amor tornou-se derrisório. Em vão quisemos fazer dele um só e o mesmo passaporte para a 'ilha dos prazeres' e para o céu das emoções perenes" (Costa, 1998, p. 20).

Os novos referentes não coadunam com a fórmula do amor romântico e com a valorização dos sentimentos: paixão pelo efêmero e pelas sensações. "Vivemos numa moral dupla: de um lado, a sedução das sensações; de outro, a saudade dos sentimentos. Queremos um amor imortal e com data de validade marcada: eis sua incontornável antinomia e sua moderna vicissitude" (Costa,

1998, p. 21). A satisfação sentimental, base essencial do romantismo, estava associada a questões que não se reduziam ao prazer das sensações. O amor à família, a compaixão, o amor aos filhos eram projetos desenvolvidos a longo prazo. Os ideais atuais são instantâneos, vinculados aos prazeres que as sensações são capazes de proporcionar.

Costa (1998) evidencia algumas dissonâncias entre o ideal e suas possibilidades atuais. Dentre várias perspectivas analisadas, duas reforçam os argumentos que buscamos na análise de alternativas em Rousseau. Em primeiro lugar, os referentes atuais vinculados ao mundo das sensações não se adequam ao mundo dos sentimentos. Ainda nesse descompasso, começamos a acreditar que os sentimentos também podem responder como os referentes das sensações, evitando o desprazer e o sofrimento.

Então, podemos dizer que na atualidade o amor romântico precisa ser reinventado e vinculado a novos referentes. Na articulação de crenças, julgamentos, sentimentos e sensações, a redescrição do amor pode tentar superar a sua incoerência da gramática dos sentimentos românticos no mundo das sensações e buscar alternativas para a descrição de prazer/desprazer, sofrimento/gozo.

O julgamento, articulado com novos referenciais e crenças, pode alterar o entendimento do sujeito sobre sua liberdade e sua decisão sobre formas possíveis de amar. Isso pode incluir referenciais diversos; na história do amor no Ocidente já tivemos muitos referentes distintos do amor romântico. Também podemos preservar referentes do ideal romântico e propor alternativas coerentes com esse ideal na contemporaneidade. Entender as dissonâncias existentes e buscar formas de realização, com todos os riscos que as escolhas trazem.

Finalizo citando novamente *O vestígio e a aura*:

> *Em conclusão, criticar pontos de estrangulamento da cultura atual não é pedir que ideais cediços ressuscitem, nem apontar com o dedo para utopias salvadoras. É dar crédito ao novo início. É tentar mostrar, como disse Foucault, as heterotopias possíveis. É seguir a recomendação pragmática de Wittgenstein, William James, James Dewey ou Henry Bergson; onde houver uma contradição, faça uma redescrição! Mude a perspectiva de observação, troque as premissas dos raciocínios, explicite os acordos tácitos que fundam as conclusões consensuais e, por fim, submeta a sua opinião aos outros. No mínimo, o que parece sem sentido ganha um novo sentido; no máximo, recuperamos o tônus da vontade de sentir, pensar, julgar e agir em liberdade.* (Costa, 2004, p. 21)

Agradeço a Jurandir por ter sempre me instigado a manter vivo o tônus da vontade de novos inícios, com a curiosidade e a ação necessárias para tentar construir alternativas éticas mais plurais e edificantes para as nossas vidas.

Referências

Bloom, A. (1996). *Amor e amizade*. Mandarim.

Calligaris, C. (1996). *Crônicas do individualismo cotidiano*. Ática.

Costa, J. F. (1989). *Ordem médica e norma familiar*. Graal.

Costa, J. F. (1994). *A ética e o espelho da cultura*. Rocco.

Costa, J. F. (1998). *Sem fraude nem favor: estudos sobre o amor romântico*. Rocco.

Costa, J. F. (2004). *O vestígio e a aura: corpo e consumismo na moral do espetáculo*. Garamond.

Duby, G. (1995). *Heloísa, Isolda e outras damas do século XII*. Companhia das Letras.

Elias, N. (1993). *O processo civilizador: formação do Estado e civilização*. Jorge Zahar.

Foucault, M. (2004). *A hermenêutica do sujeito*. Martins Fontes. (Trabalho original publicado em 1982).

Kehl, M. R. (1996). *A mínima diferença: masculino e feminino na cultura*. Imago.

Lasch, C. (1983). *A cultura do narcisismo*. Imago.

Lasch, C. (1991). *Refúgio num mundo sem coração. A família: santuário ou instituição sitiada?* Paz e Terra.

Lázaro, A. (1996). *Amor, do mito ao mercado*. Vozes.

Lins, R. N. (2012). *O livro do amor: do Iluminismo à atualidade*. Best Seller.

Ortega, F. (2000). *Para uma política da amizade: Arendt, Derrida, Foucault*. Relume-Dumará.

Rougemont, D. de. (1988). *O amor e o Ocidente*. Guanabara. (Trabalho original publicado em 1939).

Rousseau, J.-J. (1992). *Emílio ou Da Educação*. Bertrand Brasil. (Trabalho original publicado em 1762).

Rousseau, J.-J. (1994). *Júlia ou a nova Heloísa*. Hucitec. (Trabalho original publicado em 1761).

Soares, G. B. (1997). *Refúgio em um mundo sem coração: um estudo sobre o amor na obra de Rousseau* [Dissertação de mestrado]. Instituto de Medicina Social, Universidade do Estado do Rio de Janeiro.

Parte IV

Psicanálise, violência e racismo

26. Sobre psicanálise e crítica em Jurandir Freire Costa

Tales Ab'Sáber

De onde vem nosso impulso de crítica da cultura? Qual a luta, das ideias e da vida, que se expressa necessariamente como crítica, que abraçamos até ela se tornar nosso próprio lugar no mundo?

Se somos ativamente críticos hoje e agora, e se a própria crítica é combatida nesta época por um *simulacro de crítica* – a real ordem dos novos fascismos, reafirmação estratégica do próprio poder –, é porque há uma história da subjetividade como um *sujeito dividido para a própria política e a própria cultura*. Um sujeito que aprendeu a expressar a sua instabilidade, a sua própria crise agora permanente, também como um grande problema na cultura, em um seu teatro projetado dos valores e das possibilidades do mundo e no mundo. *Um sujeito do inconsciente como um sujeito de política*, se quisermos adiantar o relógio dos conceitos.

A pergunta sobre o bem e o mal na cultura e na política, a angústia de uma *ontologia feita com a dúvida sobre o estado do mundo*, o *sentimento do mundo*, a *minima moralia*, o *sentimento da dialética*, é um fato primordial de sentido, um ato psíquico, como dizia Freud, que se enraíza nas imagens primeiras da emergência de uma razão das coisas e uma razão sobre as coisas, sua metafísica e o seu *desejo*. Naqueles primeiros fogos e sua luz, limítrofes com outras ordens de mundo, em que era concebido por um ato de razão, já habitava a razão do mundo como política. Lá onde um dia se perguntou *sobre o que faz algo ser verdade* na sua própria forma e razão de ser, naquele momento quando a metafísica fez emancipar a filosofia e a ciência de si, no momento imediatamente seguinte a esse acontecimento, luz ou catástrofe, ou até mesmo em seu momento ainda anterior, se *pergunta da razão e da verdade no mundo dos homens*, do mundo organizado pelos homens para os homens, da forma e do vir a ser melhor da vida social.

Mal-estar na civilização, a pergunta política e o trabalho de buscar a verdade na ação do poder não deixam de ecoar como coisa da vida humana. Ou, uma dúvida sobre a vida e o mundo, sujeito e sociedade, que definia, em conjunto com a cisão da razão com a natureza e a cultura, todo o destino de uma específica humanidade. Uma vida social condenada ao moderno, parece que desde sempre, porque condenada já então à instabilidade da própria ação de sentido diante das coisas e diante do mundo, igualmente instáveis, quando postos sob o signo da dúvida universal, de política e de ciência.

Porque o filósofo – que foi condenado pela própria pergunta na oposição concreta que enfrentava e criava às coisas já existentes, aos mundos já existentes – de fato se questionava sobre o que seria a justiça e o que seria a República verdadeira. Isso pouco depois de Édipo, inconsciente de tudo o que seus atos implicavam, ter matado o rei, o pai, e ter descoberto, com este *ato na frente da própria consciência*, ser um sujeito da política: política como sua tragédia e como catástrofe na cidade. Também depois de Antígona ter questionado o escorregamento ético do valor do poder e da cidade, que não correspondiam a seu saber do que funda a cultura: enterrar os próprios mortos, a política primeira da civilização. E depois do deus Dionísio voltar um dia do Oriente para a cidade, como *um velho jovem, um homem mulher, um senhor da ordem e do caos*, das bacantes, e ter *exigido* da cidade do poder estruturado e tradicional, a cidade do Estado moral do rei Penteu, o reconhecimento *de sua outra ordem*, vagabunda, erótica, impermeável à estrutura...

Depois dos mitos, na forma política do teatro subjetivante e provocador do pensamento *pelo corpo*, o filósofo, o cientista político, já emancipado na própria dúvida e já projetando vida nova, de fato se pergunta: mas o que é uma tirania? O que é uma aristocracia? O que é um demagogo, uma teologia política...? E por fim, mas por princípio, o que é a democracia? Encenada para ser reconhecida, como problema vital da vida do herói *que é nela*, a política se torna matéria de avaliação e entendimento, *buscando sua própria ordem da verdade* – bem como, na ciência, as próprias coisas do mundo se submetem às perguntas que as distanciam de outras formas de elas serem, as distorcem de modo próprio.

Segue o baile, permanente, da vida instável do homem com a cidade e seus nomes: a dúvida teológico-política; o poder do guerreiro, do sacerdote, do comerciante; as revoluções palacianas, o cálculo político, se o poder deve ser temido ou amado; a razão transcendente *e pura* que justifica democracia e liberalização; a revolução social total na história, a economia política, a guerra imperialista, a tradição dos oprimidos como o lastro da verdade; as políticas nacionais de sacrífico social absoluto pela modernização acelerada, o pacto entre indústria e terror, seja o do socialismo real, seja o de um país de origem ibérica colonial escravista católico periférico e "atrasado"...

Seja em que mundo for, seja em que cenário se habite, seja como se conceba a vida e o futuro, lá está a dúvida, uma face da fratura da razão com o mundo, do desejo móvel sobre a realidade, realidade que a própria vida política *torna móvel*, de como se deve organizar, viver, trabalhar, considerar potenciais de poder e de poderes, e por que, de que modo e quando se deve lutar. O que é justo e desejável *no trabalho coletivo do mundo*, em cada sujeito da política.

A relação de psicanálise, política e cultura é tão rica e complexa, tão constante e criticada quanto a relação da psicanálise consigo mesma. Existiram certa política e certa cultura necessárias sem as quais a psicanálise não poderia ter acontecido: fundo liberal da vida e da subjetivação, que visa e cobra a autonomia individual como ideal social; sociedade efetivamente desencantada, em que angústia, sofrimento e sintoma não são mais vividos como problema de caráter religioso; valor geral da ciência no mundo, que permite ao analista sustentar um lugar de *racionalidade própria*; sujeito de exigências e de realidade social amplamente modernas, quer dizer, em localização e transformação permanentes; sujeitos emancipados, portadores de alguma razão comum na história, fundamento necessário de democracia ou socialismo.

São bem conhecidos os vários discursos de crítica da cultura que Freud formulou nessas condições, sem as quais a psicanálise não teria possibilidade de existir, ao mesmo tempo que elaborava a própria psicanálise. São os vários – ao menos cinco – discursos culturais e críticos que ele pensou entre a psicanálise e o seu mundo. Poderíamos chamar esses trabalhos e essas percepções de *as politicidades*, as potências de política, próprias da primeira psicanálise.

Se lembrarmos de *A interpretação dos sonhos* (1900/2019), com seus grandes campos de questões sociais e culturais que envolviam diretamente o homem Freud, temos um primeiro mapa nítido das suas várias *políticas da psicanálise*, suas *politicidades*. Em primeiro lugar, e fundamentalmente, a intensificação da crítica de si mesmo, da crise e das múltiplas forças de identificação e móveis que atravessam o próprio eu. O *mundo mesmo por excelência da psicanálise*.

Como se tornou fundamento do saber analítico, o *eu* de *A interpretação dos sonhos* não é um, não é unificado em si mesmo, mas passa a ser pensado no reconhecimento contraditório de suas variadas faces *no próprio processo de análise*. Esse processo tem algo de doloroso e dialético, é preciso reconhecer-se contra si mesmo, e Freud conjuga permanentemente em seu trabalho *desejos recalcados e agressividade, disfarces da própria verdade e da própria vontade de poder*. Tudo isso elevado *ao pensamento amplo da própria experiência da análise*. É a região central e original da psicanálise, em que toda a crítica possível será autocrítica.

Será dessa tensão de multiplicidades, jogos de esconde, intensidades esquecidas e desconhecidas e realizações alucinatórias de violências de toda ordem, nos sonhos, como desejos ocultados do próprio eu, que os desconhece em si mas os conhece na vida *do sonho/análise*, que Freud – por verdade universal, ou por universalização ilusória de sua situação histórica – alcançará a luta interiorizada *do infantil com o social*, do menininho com seu imenso pai, o que ele chamará de Édipo em psicanálise.

Ao longo do percurso de *A interpretação dos sonhos*, desconstrução primeira e regressiva segundo o próprio Freud, rumo ao complexo embate de *mútua castração*, em sonhos, do menino e de seu pai – o horizonte mais pessoal e original do entendimento de sua análise –, Freud também desfila e dá a ver os verdadeiros campos de conflitos sociais nos quais estava envolvido, como tensão da vida neurótica em seu presente histórico, *como política*: a luta epistemológica e ética contra os colegas e adversários que negavam a psicanálise (*sonho de injeção de Irma*, por exemplo); o conflito permanente com o antissemitismo, comum em sua cultura e seu mundo (*sonho do tio Joseph e a série de sonhos de Roma*); a crítica política explícita à cultura de privilégios e irracionalidades, não democrática nem liberal, do Antigo Regime da Viena e do Império Austro-Húngaro em que vivia (*sonho do conde Thun*).

Esses são apenas os campos mais visíveis, nos sonhos de Freud, da relação entre o *eu da análise* e sua crítica e autocrítica no mundo histórico, *dos reais poderes que o cercam*, momento importante de um eu em contradição. Um eu que toma consciência de que observar e tratar das próprias contradições subjetivas é considerá-las também em relação a um quadro próprio de contradições históricas. Porque, desse modo, *o princípio de realidade* abstrato do fundamento teórico da psicanálise é de fato um princípio *político* de *realidade concreta*, do embate, ou dos embates, *entre o eu e o poder*, de um sujeito historicamente situado que tenta se localizar entre o desejo, a verdade e a crítica na própria história.

Sabemos do desenvolvimento dessa sensibilidade formativa do sujeito Freud para o vínculo de análise e cultura, *eu em trabalho com o mundo*, do desenvolvimento dos grandes discursos psicanalíticos de Freud sobre a cultura, a partir desse núcleo dialético da crítica de si mesmo. No final da década de 1900, na desmontagem do modo de ser da formação *obsessiva*, Freud põe sob a crítica desencantadora de sua psicanálise *as práticas religiosas* (Freud, 1907/2016a), e, na comparação entre a amplitude e as tensões subjetivas do desejo sexual feminino e seu lugar de inominável, de objeto e de controle na cultura burguesa patriarcal de seu tempo, faz a crítica aos modos de entendimento dos desejos e das possibilidades da mulher em seu tempo, segundo sua psicanálise, modos *sociais e políticos* produtores de sintomas (Freud, 1908/2016b). Nesses pequenos textos de crítica do mundo com a psicanálise, desde a crítica dialética interior ao próprio sujeito da clínica psicanalítica, exatamente como ocorreu em *A interpretação dos sonhos*, Freud antecipa em tudo, com força de intervenção polêmica, seus grandes estudos por vir dos anos 1920, com seu grande núcleo de crítica *da autoridade da religião* e *da cultura como ordenação marcada por alguma violência e barbárie* vs. *a cultura como criação e força de vida*.

Além desses campos de *politicidade* de seu pensamento crítico com a psicanálise, presentes desde *A interpretação dos sonhos*,

Freud também fará, no início da década de 1920, a primeira grande crítica das congregações de grupos e de massas ao redor da força de identificação, de base amorosa, com um líder absoluto, aquele que ocupará lugar *no eu dos adeptos como seu próprio ideal* (Freud, 1921/2012). Não por acaso, Freud, que já havia desmontado os vínculos ocultos de poder e desejo em si próprio, já havia criticado o caráter infantil obsessivo da formação religiosa, já havia criticado a cultura repressiva patriarcal fazendo efeitos sobre a vida amorosa de uma mulher, *será também o primeiro dos críticos do fascismo*, o primeiro a localizar o seu forte caráter *psicopolítico*, o primeiro a dar sinal da sua presença contemporânea, a nomeá-lo de certo modo com sua psicanálise e a dar instrumentos significativos de mediação para sua superação. Porque, para ele, a crítica interiorizada mais profunda do poder em si próprio sempre foi crítica dialética das formas do poder no mundo, formas que se enraízam em um sujeito de desejo, de política do desejo, que a psicanálise quer conhecer e ajudar a transformar.

De todos os *psicanalistas políticos* que conhecemos, Jurandir Freire Costa é o que mais se aproxima dessa condição original da psicanálise freudiana: não há psicanálise ativa no mundo que não seja trabalho sobre o próprio mundo. De fato, o psicanalista brasileiro nunca isolou o pensamento psicanalítico da crítica da cultura. Ele não reproduziu a falácia tão comum, em si mesma política, de que a vida da psicanálise estava condenada pela própria natureza ao seu confinamento entre as quatro paredes do cuidado de um indivíduo, em um mundo estrito de sentidos *de si a si*. Um indivíduo, se possível, pensado sem o seu mundo para uma psicanálise pensada *sem a sua dimensão de crítica*.

Psicanalista consciente do potencial de intervenção e esclarecimento das forças e dos impasses do mundo histórico e social que seja possível à psicanálise, consciente da sua real dimensão dialética, Jurandir Freire Costa produziu pensamento em psicanálise de modo rente às formas – e, especialmente, às violências – da cultura: em seu caso histórico, desde o seu *self político* psicanalítico, principalmente as do Brasil, em estado-limite de superação da ordem autoritária e criação de alguma democracia. Uma nova democracia possível, a ser trabalhada, desde sua origem e fundação, com o valor de crítica da psicanálise.

Ao mesmo tempo, de modo muito precoce em relação às facilitações ideológicas dos novos tempos "abertos" que se seguiram à nossa ditadura modernizante regressiva de 21 anos, já nas raízes da outra modernização própria de nossa *redemocratização* (de 1984 a... 2013, talvez...), o psicanalista já observava um novo caráter problemático de subjetivação, narcísico e hedonista, individual e antipolítico, que a nova cultura massiva da mercadoria imprimia e imprimiria ao sujeito de desejo do tempo, à própria formação do caráter cidadão entre nós. E aquilo que a observação teórica *de nova esquerda* de Jurandir Freire Costa percebeu teria grandes consequências no mundo brasileiro que se constituiria a partir dos anos 1980.

Criticando a violência e o autoritarismo à brasileira, Jurandir já previa, de modo inédito entre nós, o impasse do conflito sem síntese entre o desejo coletivo e livre de democracia e a realização alienada e destrutiva de uma ordem capitalista mais ampla e geral, que enquadrasse em seus termos, fetichistas e repressivos, injustos e individualistas, o desejo do compromisso por justiça e por direitos que emergia. Para ele, entender os impasses de um tempo explícito de exceção, em seu modo conservador do pior do velho autoritarismo brasileiro, era elevar a crítica do contexto e da conjuntura até *um mais longe*, onde *a própria democracia se impediria, bem como seria impedida, de ver e pensar*. A democracia brasileira deveria ser entendida, já em seu princípio, tanto na natureza das forças sociais que a barravam quanto na ordem estrutural das formas de subjetivação – biopolítica, como diria Foucault na mesma época – próprias ao capitalismo contemporâneo.

Assim, se a democracia brasileira por vir implicava um solo comum de encontro e reconhecimento, um estado de espírito de cuidado com o sujeito de desejo a ser trabalhado, próprio à ética da psicanálise, de permanente atenção aos desequilíbrios da violência no humano, como já havia sido pensado desde Freud, a crítica da verdade social em desequilíbrio mais constante, e de fundo, que impedia as próprias condições da democracia implicava a desmontagem das facetas repressivas e sedutoras do próprio capitalismo existindo entre nós, seus produtos de cultura e subjetivação. Um tanto como os filósofos críticos que *usaram* a psicanálise – no sentido de Winnicott do termo, usaram para *ser no* objeto – visando desarticular os meandros e as práticas radicais da cultura da assimilação e da reprodução da vida sob a ordem geral do mercado total, Adorno, Horkheimer e Marcuse, podemos dizer que, com repertório polêmico próprio a seu tempo, Jurandir Freire Costa também foi, por sua própria exigência crítica, um real freudo-marxista, que se posicionava com a história e a crise cultural do Brasil. Para ele também, como para aqueles, *se não se quiser falar de capitalismo, deve-se calar sobre democracia*.

Assim constitui-se um discurso crítico mais amplo *do todo com o indivíduo*, atento ao tempo e original, desde a experiência histórica do Brasil:

> *A conversão do corpo e do sexo em objeto de consumo alterou profundamente a representação que o sujeito tem destes componentes de sua identidade. Esta alteração, é bom não esquecer, visa unicamente a atender as necessidades político-econômicas do capitalismo tardio, isto é, manter os valores e as hierarquias de classes, num universo social urbanizado, industrializado*

e uniformemente integrado pelos meios de comunicação de massa. Por conta destes objetivos, a imagem do corpo foi culturalmente transformada, em dois sentidos: no primeiro, o corpo e o sexo são exaltados como prova das virtudes do capitalismo. Os indivíduos são convencidos de que nenhuma sociedade é ou foi capaz de outorgar tanta "liberdade", autonomia, prazer e bem-estar a seus membros. Cria-se o mito da igualdade diante do prazer, simulacro da igualdade diante dos direitos dos homens, e reforça-se a ideologia da competição e do sucesso individual. Só os incapazes, os que opõem entraves psicológicos à aquisição desse bem-estar, permanecem marginalizados da democracia do corpo e do prazer. De um só golpe, são enaltecidos o progresso técnico-científico, produtor de bem-estar, e o modo de vida da sociedade. Economia e política capitalistas são, deste modo, sacralizadas. Este é o lado feérico, festivo, da alteração da imagem corporal. É o lado que exibe a excelência do regime.

O segundo sentido complementa o primeiro e procura sanear as mazelas e detritos que o desencantado progresso técnico não consegue esconder. Esta mesma sociedade que diz liberar os corpos de sua função instrumental (trabalho e reprodução da espécie) para entregá-los ao seu "direito ao prazer" é a sociedade que polui o ambiente, incentiva a competição e a concorrência por prestígio, status, celebridade; fabrica guerra entre sexos e gerações, mata muitos de fome e abarrota uns poucos de comida e, enfim, ameaça a todos, democraticamente, com a eminência do enfarte.

O lado sujo do capitalismo vem à tona como um recalcado. E, como não pode deixar de ser visto, tem de ser travestido. Toda a destruição que a irracionalidade político-econômica deste sistema fomenta é assepticizada sob o disfarce do stress. Cinicamente, a publicidade e os meios de comunicação de massa reciclam os objetos da indústria do supérfluo e da moral do consumo, definindo-os como uma espécie de "mal natural". (Costa, 1984, p. 178)

Como se sabe, mesmo quando interessados em tensões de produção *formal* entre o sujeito do desejo, próprio da psicanálise, e a cultura, os psicanalistas procuram evitar a crítica aberta e o nome da coisa, das condições de alienação e vida sob o momento do capitalismo. Durante muito tempo, entre nós, articular crítica da cultura, do sujeito do inconsciente e do capitalismo foi anátema cuidadosamente evitado por psicanalistas pouco interessados em questionar o próprio lugar no trânsito e na acumulação de valores e mercadorias no mercado geral das classes e seu imaginário.

Isso foi assim até muito recentemente, quando a crise universal da degradação ambiental acelerada, a paralisação econômica da ideia de progresso e democratização pela vida do consumo, sob a forma do desemprego crônico, a denúncia das insistências racistas articuladas à própria reprodução da vida das classes e a tendência fascizante e regressiva geral e mundial, para dar resposta ao impasse real da democracia liberal com o capitalismo, generalizou a consciência, mesmo que como moda, de que nossa vida política e econômica global é um problema, concreto e ordenado sob a forma do capital, antes de ser alguma solução. O caráter virtualmente fascizante e a destruição irresponsável e generalizada de ambiente e natureza deixaram de poder ser ocultados, e sua percepção projeta, pela primeira vez, uma ampla crítica global e de massas dos próprios fundamentos do mundo em que vivemos.

Porém, Jurandir Freire Costa, já no início dos anos 1980 – antes da retomada de alguma democracia e da nossa percepção da corrosão total da vida e do ambiente, do mundo em impasse de trabalho, e da existência em pleno inferno do *plano de imanência permanente da imagem-mercadoria entre nós*, em cada celular pulsando todo o tempo... –, pensava, em termos próprios e linguagem aberta, a ordem da subjetivação com a ordem real, material e política da perversão administrada de um mundo em crise. O sistema geral da celebração fetichista, que envolvia e convocava os corpos para o gozo de sua própria vida, antes mesmo de ser o fundamento oculto de nossa democracia, para o psicanalista já não pagava a sua real repressão socialmente constituída, a recusa de percepção do mal e a naturalização acrítica, sintomática, de sua própria produção de violência.

Toda essa construção de crítica de desencantamento da ideologia se faz em conjunto com a checagem, no escrito, das noções psicanalíticas que estão em jogo na própria crítica. No caso, o entendimento da ordem teórica original do *narcisismo* por Freud e seu deslocamento e redesenho técnico-político pela produção da vida sob os efeitos do mercado total das existências, sua ordem técnica atual. Daí o balanço mediador entre o conceito psicanalítico, sua descrição do mundo e sua torção e deslocamento pelo próprio mundo, que o altera, ser o caráter desta crítica:

> *Propor prazer ao invés de sofrimento nada tem de reprovável, ainda menos de violento. A tendência a evitar o sofrimento e querer o bem-estar é, inegavelmente, uma aspiração de qualquer ser humano. A mistificação da ideologia do prazer não está no protesto contra a repressão e sim na própria natureza do prazer que ela*

> *prega. Sofrer, nesta ideologia, significa* privar-se de um prazer que está sempre no corpo do outro e jamais no corpo próprio. *O outro, fique claro, não é nenhum agente empírico, indivíduo concreto, palpável ou encontrável. O outro é uma abstração reificada do corpo inventado pela sociedade de consumo. . . .*
>
> *A imagem freudiana do bebê saciado, gozando da plenitude narcísica e indiferente ao mundo, não se adequa ao narcisismo de hoje. "O narcisismo com o qual convivemos é o narcisismo do 'órgão lesado', do corpo privado de prazer. A insatisfação do homem urbano origina-se nesta nova 'doença' da cultura do consumo, ou seja, na convicção de que seu corpo está sempre aquém do padrão de 'normalidade' decretado pela publicidade". (Costa, 1984, p. 180)*

Então, não será de nenhum modo acaso que, com esta forma aguda de ser *psicanalista político* ao tempo das grandes esperanças brasileiras, de alguma maneira já perdidas no pacto original com a forma técnica do capital de propor, de organizar e de exigir a vida, Jurandir seja o primeiro entre nós a reconhecer, a partir da leitura da obra originária de Neusa Santos Souza (1983/2021), e aprendendo com ela, a natureza perversa e duplamente alienada, para a vida social branca e para a psicanálise que insistia em não saber, da profunda e constante produção racista existente por aqui.

A sensibilidade formada para a crítica do analista que não reconhece uma verdadeira democracia em uma ordem avançada de cultura *do capital*, com suas mazelas impensadas, também reconhecia, com a analista mulher negra, a recusa subliminar de uma cultura em nomear as suas violências racializantes, ainda que generalizadas, porém, como toda ordem de gozo de ideologia, *inexis-*

tentes para o poder que as articula e as usa. E, nesse ponto, também a psicanálise se torna problema de uma específica alienação.

O não pensamento histórico próprio de uma psicanálise inventada como pura transcendência não reconhece as violências, teóricas e clínicas, que operam sobre a natureza social da experiência de um verdadeiro outro. Como o problema do capitalismo, com sua produtividade de adesão e destruição, não existiu para um abstrato *princípio de realidade*, reduzido aos ideais transcendentes vazios da psicanálise, o escandaloso racismo à brasileira, que "não existia" para o próprio sistema de privilégios e poder que gozava dele *como coisa em si, puro ato em lugar de pensamento*, também não existia para a psicanálise. Daí Jurandir, em parceria com Neusa Santos, adiantar em décadas (em relação à presença constante da questão hoje) o problema da violência histórica e da autocrítica:

> *O negro sabe que, hoje como ontem, pela fome de lucro e poder, o branco condenou e condena milhões e milhões de seres humanos à mais abjeta miséria física e moral.*
>
> *O negro sabe tudo isso, e talvez muito mais. Porém a brancura transcende o branco. Eles – indivíduo, povo, nação ou Estados brancos – podem "enegrecer-se". Ela, a brancura, permanece branca. Nada pode macular essa brancura que, a ferro e fogo, cravou-se na consciência negra como sinônimo de pureza artística, nobreza estética, majestade moral, sabedoria científica, etc. O belo, o bom, o justo e o verdadeiro são brancos. O branco é, e continua sendo, a manifestação do Espírito, da Ideia, da Razão. O branco, a brancura, são os únicos artífices e legítimos herdeiros do progresso e desenvolvimento do homem. Eles são a cultura, a civilização, em uma palavra, a "humanidade".*

> *O racismo esconde assim seu verdadeiro rosto, leva o sujeito negro a desejar, invejar e projetar um futuro identificatório antagônico em relação à realidade de seu corpo e de sua história étnica e pessoal. Todo ideal identificatório do negro converte-se, desta maneira, num ideal de retorno ao passado, onde ele poderia ter sido branco, ou de projeção de um futuro, onde seu corpo e identidade negros deverão desaparecer.*
>
> *Não é fácil imaginar o ciclo entrópico, a direção mortífera, imprimida a este ideal. O negro, no desejo de embranquecer, deseja, nada mais, nada menos, que a própria extinção. Seu projeto é o de, no futuro, deixar de existir, sua aspiração é a de não ser ou não ter sido.*
>
> *Porém, como não ver, através dessa mesma demonstração, que a* ideologia de cor *é, na verdade, a superfície de uma ideologia mais daninha, a* ideologia do corpo. *De fato, parece-nos evidente que o ataque racista à cor é o* close up *de uma contenda que tem no corpo seu verdadeiro campo de batalha. Uma visão panorâmica, rapidamente, nos mostra que o sujeito negro ao repudiar a cor repudia radicalmente o corpo. (Costa, 1984, p. 106)*

Então, refletindo de volta a *crítica negra* sobre a própria posição social e a teoria, Jurandir aponta para a psicanálise realmente existente, que não sabe sobre estas formações reais de ódio e dissolução de si no racismo realmente existente, como uma própria modalidade política de autoproteção e reprodução, em seu não querer saber, dessa modalidade de violência:

> *A violência racista pode submeter o sujeito negro a uma situação cuja desumanidade nos desarma e deixa perplexos. Seria difícil encontrar o adjetivo adequado para nomear essa odiosa forma de opressão. Mais difícil ainda, talvez, é entender a flácida omissão com que a teoria psicanalítica tratou, até então, este assunto. Pensar que a psicanálise brasileira, para falar do que nos compete, conviveu tanto tempo com estes "crimes de paz", adotando uma atitude cúmplice ou complacente, ou, no melhor dos casos, indiferente, deve conduzir-nos a uma outra questão: que psicanálise é esta? Que psicanalistas somos nós? (Costa, 1984, p. 116)*

Inevitavelmente, tal pensamento em que psicanálise não se distingue de crítica, e em que o *self político* do psicanalista reconhece a dinâmica concreta e dialética da própria crítica, sempre pensando e repensando no mesmo movimento de localização os próprios objetos psicanalíticos com que opera, deveria alcançar os níveis políticos *mais profundos* da própria formação, e das ideias, ou ideais, para o poder e para a vida humana, *da própria psicanálise.*

Que psicanálise é esta? Que psicanalistas somos nós? A dúvida sobre as posições sociais e as incorporações ideológicas no plano da própria vida comum do psicanalista seria aprofundada, por rigor, necessidade dialética, até o nível da fundação ideológica e dos compromissos de civilização, de violência e civilização, ou de *Eros e civilização*, da própria psicanálise. O pensamento do psicanalista crítico *necessariamente* chegaria ao que os analistas entendem como *princípio do político*, habitando a própria psicanálise, como ética e necessidade do seu próprio movimento:

> *Passando direto ao que nos importa,* [em vários trabalhos] *a violência . . . ou é tratada como um tabu,*

cercado e protegido do pensamento, por uma aura romântico-pessimista, indicativa, talvez, de "nobreza intelectual"; ou é considerada o zero e o infinito da existência do sujeito, tornando-se uma espécie de categoria a priori *irredutível a qualquer análise. Indo de um polo a outro, a psicanálise entra no compasso das ideologias modernas. Fala de violência diminuindo seu impacto e atenuando seu horror. Pois, no momento em que a define como sinônimo da morte, do que há de impensável e intocável na experiência humana,* sacraliza-a. *E, no momento em que a define como a "condição de possibilidade natural" do existir humano (dado o seu caráter de impulsão primeira e permanente do psiquismo),* banaliza-a. *A violência torna-se o trivial variado de toda atividade ou experiência psíquicas, dando o seu toque ao inconsciente, ao sonho, à sexualidade, à relação inevitável com o outro, etc. (Costa, 1984, p. 14)*

Em face disso, compete perguntar como e por que a psicanálise, desprezando os fundamentos de sua própria prática e teoria, pôde concluir que a violência é o solo da humanização? Seguramente por confundir poder com violência. Mas, como tentamos insistentemente demonstrar, esta concepção é insustentável. Por que seria violento, em si, o aporte libidinal da mãe para o filho, se esta é a condição para que este entre no jogo do prazer e venha a usufruí-lo? Por que seria violenta a ação da linguagem sobre a sexualidade, se esta é a condição para que o sujeito entre no universo da troca, que lhe confere a identidade na ordem da diferença dos sexos e das gerações? (Costa, 1984, p. 59)

Jurandir Freire Costa se pergunta, por fim, e por princípio, se o jogo infinito do homem com sua cultura, do sujeito com o poder que o enquadra, deve ser lido com base em *um princípio universal da violência*. Para ele, a resposta é evidente: seja que necessidade humana nos habite para o embate com o outro, ou com a falsificação violenta do poder, a psicanálise deve se pensar do lado claro *do jogo, do prazer* e *da linguagem*. E não no lugar da própria violência, constelada como forma de submeter o outro e degradar a própria vida. A psicanálise, para o analista pernambucano brasileiro, bem como para Freud, quando se põe diante das mesmas questões, tem um compromisso real e primeiro com a vida e com a criação, avesso autônomo da violência. Esse é o princípio necessário de toda crítica.

Referências

Costa, J. F. (1984). *Violência e psicanálise*. Graal.

Freud, S. (2016a). Atos obsessivos e práticas religiosas. In S. Freud, *Obras completas* (Vol. 8). Companhia das Letras. (Trabalho original publicado em 1907).

Freud, S. (2016b). A moral sexual "cultural" e o nervosismo moderno. In S. Freud, *Obras completas* (Vol. 8). Companhia das Letras. (Trabalho original publicado em 1908).

Freud, S. (2019). A interpretação dos sonhos. In S. Freud, *Obras completas* (Vol. 4, pp. 225-257). Companhia das Letras. (Trabalho original publicado em 1900).

Freud, S. (2012). Psicologia de massas e análise do eu. In S. Freud, *Obras completas* (Vol. 15). Companhia das Letras. (Trabalho original publicado em 1921).

Souza, N. S. (2021). *Tornar-se negro*. Zahar. (Trabalho original publicado em 1983).

27. Jurandir Freire Costa e o lacanismo à brasileira

Christian Ingo Lenz Dunker

Tenho dito que o processo de renovação democrático, que se iniciou em 1984 com a retirada gradual dos governos militares e se consolidou com a Constituição de 1988, produziu um admirável impulso para a renovação da psicanálise brasileira. Muitos enfatizam o papel do lacanismo nesse processo ressaltando, por exemplo, o Congresso da Banana, ocorrido no início dos anos 1980, em meio a uma espécie de enfrentamento consciente da aceitação incondicional de uma nova onda colonizadora. Mas, olhando a história com um tanto mais de distanciamento, se pode perceber claramente como aquele momento gestou diferentes programas teóricos, clínicos e críticos que se realizaram par e passo com a capilarização do sistema editorial, universitário e associativo entre os psicanalistas, que agora se abre para um novo momento.

Para minha geração Jurandir sempre foi uma espécie de modelo prático de como a psicanálise poderia se abrasileirar sem perder seu rigor, jamais. Para um estudante de psicologia nos anos 1980, isso significava que nós podíamos ter o nosso Foucault, chamasse ele Roberto Machado, Maria Helena Patto ou Jurandir Freire Costa (1976/2007a). Mas para isso era preciso aprender a pensar como historiadores de nossos próprios objetos e conceitos. Pensar como antropólogos de nossa própria cultura. Renovar a psicanálise a partir das ciências da linguagem. Criticar a psiquiatria sem piedade, mas a conhecer muito mais do que imaginava nossa vã psicopatologia antes de *Ordem médica e norma familiar* (Costa, 1983).

Em setembro de 1983, no suplemento Folhetim da *Folha de S.Paulo*, saía o artigo de Hélio Pellegrino, "Pacto edípico, pacto social", em que líamos, abismados, em tempos de Diretas Já e reabertura política:

> *Os migrantes, os paus-de-arara, os bóias-frias, os 40 milhões de brasileiros reduzidos à pobreza absoluta, esses não têm nada – absolutamente nada – que os leve a respeitar e prezar a sociedade brasileira. Eles são cuspidos e enxovalhados, enquanto seres humanos e força de trabalho. . . . O pobre absoluto não tem por que manter o pacto social com uma sociedade que o reduz à condição de detrito, ao mesmo tempo em que, nos seus estratos dirigentes, se entrega à corrupção e ao deboche impune. Ele tem toda razão de odiar e repelir essa sociedade. Ao romper com o pacto social, na medida em que não tenha uma alternativa político-transformadora – e libertadora – rompe, ao mesmo tempo, e por retroação, com a Lei da Cultura.*

Se o texto de Pellegrino era uma espécie de manifesto-denúncia, uma dobradura inesperada da psicanálise como dispositivo crítico, cujo horizonte era o próprio processo social brasileiro, Jurandir Freire Costa era sua sistematização. O primeiro capítulo tangível de um programa que se imporia ao debate psicanalítico dos próximos trinta anos. Seus cinco ensaios para uma teoria de Brasil que compõem *Violência e psicanálise* (Costa, 1984/2021) tornaram-se para os futuros psicanalistas de minha geração um farol e um precedente incontornável para tudo o que veio depois. Premonitórios em relação aos seus três temas cruciais: identidade, racismo e violência, e propedêuticos em relação aos seus três contextos: saúde mental, cultura e metapsicologia crítica da psicanálise. Todos eles atravessados pelo conceito metapsicológico de narcisismo. Estamos aqui cinco anos antes da queda do Muro de Berlin, um ano antes do Diretas Já e da abertura política, doze anos antes de *Deslocamentos do feminino*, de Maria Rita Kehl, catorze anos antes de *Mal-estar na modernidade*, de Joel Birman, dezoito anos antes de *Pactos narcísicos no racismo: branquitude e poder*, de Cida Bento.

Jurandir corrompeu um tipo de ensaísmo cultural descritivo feito por não psicanalistas, como Cristopher Lasch, Philip Rieff (na verdade Susan Sontag), e depois por Zygmunt Bauman, Richard Sennett e Giles Lipovetsky. Ele introduziu um engajamento consequencial típico daqueles que conseguem ao mesmo tempo frequentar o jogo da pesquisa e da academia, sem perder a experiência clínica e a proximidade com o sofrimento social direto. Outra novidade trazida para a época é que ele, em vivo contraste com o mito francês do herói intelectual solitário, contra tudo e contra todos, parecia pensar em grupo, em diálogo aberto com Contardo, Octávio, Benilton, Luiz Cláudio.

Para quem vinha do pensamento uspiano, a geografia dividia-se entre o estruturalismo francês e a teoria crítica alemã. Quando Jurandir chegou com os americanos, os pragmatistas e a filosofia da mente, de Wittgenstein, Davidson e Rorty, foi recebido com certa suspeita. A pequena presença da crítica americana da cultura, a prevalência das experiências italiana, francesa e inglesa na reforma antimanicomial brasileira e o papel colonizador da psicologia social americana durante a ditadura ainda jogavam um peso forte.

Depois do desbunde, a tropicália psicanalítica brasileira dedilhava as cordas de uma outra internacionalização, movida pela retomada do debate sobre brasilidade, busca pela abertura política e democratização das associações formativas. O Círculo Brasileiro de Psicanálise, a Associação Psicanalítica de Porto Alegre, o projeto Sexto Lobo (Aragão et al., 1991) traziam para dentro das instituições modelos de formação alternativos, advindos do lacanismo e dos exilados argentinos, com um forte desejo de democratização da psicanálise.

A expansão dos cursos de psicologia e do acesso às universidades em geral, o crescimento das pós-graduações e a expansão dos debates culturais públicos, à época fortemente dependentes dos encartes dos grandes jornais, nos faziam perguntar se a psicanálise era apenas mais uma prática fora de lugar ou se tinha vindo para ficar como parte da emancipação do país. Jurandir percebeu logo que a psicanálise poderia oferecer uma ética capaz de engajar criticamente os funcionários da elite educativa, assim como a universidade podia injetar doses massivas de espírito crítico nos obedientes e dóceis candidatos a psicanalistas.

Enquanto admirávamos, invejosamente, a elegância discreta de Jurandir, inquietava seu contumaz e consistente não lacanismo. Depois aprendemos que era algo parecido com o heideggerianismo de Luiz Cláudio, o feminismo de Maria Rita, o foucaultianismo de Joel, ou o relacionalismo do último Contardo. Mas o que soava realmente desagradável para quem queria pensar para a frente é que ele mostrava como a filosofia da linguagem tinha caminhado depois de Lacan, deixando para nós um sabor amargo de anacronismo.

O que faltava ao narcisismo dos americanos sobrava na sua versão nacional: violência. Violência que não deve ser encarada, como muitas vezes ainda vemos nos discursos psicanalíticos, como um conceito predicativo, remetido a uma significação mais ou menos estável, coincidente consigo mesma e inerente à pulsão de morte. Fazer a crítica da violência demanda arqueologia de suas condições históricas, mais ou menos como ele fará em relação às noções de amor romântico, de homoerotismo, de paixão, como antes fizera com o tema da loucura. Mas já ali comparecia a nota técnica de que o Brasil não funcionava perfeitamente no esquema da *História da loucura*, assinalado o rapto do capítulo sobre o alienismo.

Quando, recentemente, Paul Preciado (2020) fez críticas contundentes à maneira como a psicanálise lacaniana entendia gênero e sexualidade, isso causou certo furor entre os jovens estudantes. Compreensível, afinal, os psicanalistas brasileiros demoraram para dissociar, explicitamente, as noções de perversão e homossexualidade, mas a crítica não era minimamente nova para quem tinha lido *A inocência e o vício: estudos sobre o homoerotismo* (Costa, 1992) e *A face e o verso: estudos sobre o homoerotismo* (Costa, 1995).

É possível que o problema aqui ultrapasse a habitual e compreensível juvenilização da crítica, que demanda apagamento de suas próprias condições de possibilidades formativas, mas remonte ao ponto de confronto entre o estruturalismo lacaniano e o historicismo de Jurandir. Durante os anos 1990, temas contemporâneos como processos de individualização na modernidade (Costa, 1999, 2007b), transformações da moralidade (Costa, 2004) ou o papel das narrativas nos modos de subjetivação (Costa, 1998) eram assuntos secundários, uma espécie de *hobby* para quem não estava a fim de estudar Lacan a sério. Isso mudou quando o debate que se seguiu aos anos de redemocratização colocou no centro da controvérsia as "novas formas de sofrimento", também chamadas à época de "novos sintomas". Desde o fim dos anos 1990 até o novo engasgo democrático brasileiro, quando a pauta mudou novamente, a epistemologia da prática clínica era um assunto de estrutura, não de história (Costa, 1994).

O recalque da história no interior do processo de endocolonização e recolonização da psicanálise lacaniana à brasileira não é compatível com a persistência dos temas e dos autores dialéticos em Lacan. Ele acusa um transporte equívoco e sem mediação, tanto das críticas de Lacan ao desenvolvimentismo anglo-saxônico quanto ao grande desconhecimento do que significou o historicismo francês. O que passava um tanto desapercebido na controvérsia com a recepção do lacanismo milleriano não é tanto que este estava impregnado de alhtusserianismo marxista, mas da filosofia analítica da linguagem.

Em 1989, quando Jurandir fez a crítica da teoria do sentido que estávamos recebendo junto com a leitura milleriana de Lacan, ele parecia ler melhor o ex-aluno da filosofia analítica da linguagem, leitor de Frege e editor do anuário lógico *Cahier por l'analyse* do que aqueles que se atinham a Saussure e ao genérico do estruturalismo francês. Miller trabalhava com um certo entendimento do programa de redução da linguagem à lógica contra o qual Davidson e a filosofia pragmática da linguagem tinham uma crítica eficaz e direta. Sem isso não era possível acompanhar as flutuações de emprego das noções de sentido, significação e significado no texto de Lacan e que eram, por assim dizer, clarificadas e elucidadas por Miller. Tais flutuações não podiam ser resolvidas apenas pelos desdobramentos do conceito ampliado de significante, mas dependiam, como percebeu Jurandir, também de alguém como Waldir Beividas e de uma melhor compreensão do conceito de Imaginário, ambiguamente definido pelo campo do especular, do fantasmático e da compreensão compartilhada.

A crítica do imaginário tinha um papel estratégico na distinção entre a verdadeira psicanálise e seus desvios, cópias ou simulacros, bem como entre psicanálise e psicoterapia e entre esta e sua forma ainda menor, a psicoterapia grupal. O processo de higienização do imaginário tinha por trás de si, como acertadamente Jurandir percebeu, uma problemática teoria da identificação:

> *o Ego enquanto dispositivo homeostático; enquanto perseveração na própria forma; enquanto mecanismo ou sistema de representações, responsáveis por uma certa forma de aparecimento do sujeito. Com Lacan, o ciclo se fecha. Tudo o que afirmamos sobre a identidade pessoal e subjetiva, culturalmente selada pela diversidade de universos simbólicos, pode agora se arrematado pela teoria das identificações imaginárias do Ego. (Costa, 1989, p. 157)*

O tema voltará em *O vestígio e a aura*, de 2004, como crítica de uma certa compreensão do imaginário em Lacan, tanto pela identificação com a figura histórica e social do indivíduo, quanto pela sua diluição nos aspectos sensíveis da personalidade, como afetos e corporeidade. Mas, agora, Jurandir parece antecipar a onda de incorporação do lacanismo crítico, de Žižek a Butler, de Didi-Huberman a Foster, ao apontar para a noção de abjeção como tudo o que não se integra à equação de equivalência entre imaginário e narcisismo.

Pensar a historicidade do corpo e dos afetos, por exemplo, na passagem da tirania da intimidade para a tirania da corporeidade, exige ultrapassar o imaginário da perfeição da imagem, incorporar o imaginário nas recalcitrâncias, abjeções e estranhezas, bem como entender a dobra simbólica impulsionada pelas narrativas sobre as falhas da imagem corporal (Costa, 2004). Nesse sentido o uso da noção de narrativa na psicanálise de extração lacaniana deve muito ao trabalho seminal e criativo de Jurandir.

O estruturalismo que adotou a linguística de Saussure como ciência-modelo haveria traído sua inspiração metodológica original e transformado a noção de estrutura da relação entre signo e significante, ou entre código e mensagem, não mais em um modelo ou uma conjectura, mas algo mais real do que aquilo que se está a simbolizar. Isso precipita uma alternativa entre um metodologismo formal e uma ontologia que não explicita seus compromissos, ou pior, metafísica revestida de tom científico.

Jurandir levantou acertadamente a desconfiança quanto à tradução, paridade ou sincronia entre o nível invisível e virtual da estrutura e os acontecimentos linguística ou pragmaticamente considerados. Se assim fosse, como se passaria da pura forma estrutural ao que é extraestrutural? Ora, a fixidez e a transcendência de um lado e a mutabilidade e a imanência do outro remontam a uma concepção excessivamente kantiana e, portanto, demasiadamente epistemógena de linguagem. A partir da filosofia analítica da linguagem, é possível recolocar a pergunta sobre a relação entre pensamento e linguagem, ou entre conceito e significante, colocando o problema do reconhecimento à frente da questão do conhecimento.

O projeto de uma redescrição pragmática da psicanálise, independentemente de sua consecução e seu acabamento, permitiu iluminar a importância da distinção, em Lacan, entre as ideias de ato analítico e discurso analítico. Ao forçar a problematização do conceito de significado, para além de sua identificação ao imaginário, fica clara a lacuna na teoria lacaniana para explicar as determinações simbólicas pelos "usos em contexto" do significante em suas relações com uma possível sintaxe estrutural. Sem isso, as noções de causalidade e verdade, valorizadas por Lacan ao longo de todo o seu trabalho, são difíceis de justificar.

> *Mas se é assim, como saber se o que vemos é um elemento de estrutura ou um elemento de conteúdo, exceto por uma estipulação preliminar do que é "estrutural"?*

> *E se reconhecemos a sinonímia, isto é, se sabemos sistematicamente reconhecer o que é um elemento de estrutura e o que não é, como podemos adquirir este tipo de conhecimento a não ser empiricamente? Eu tenho que ser treinado para reconhecer a identidade de um fato de estrutura e poder aplicar corretamente o termo. (Costa, 1994, p. 37)*

O uso abusivo da noção de estrutura, indiferente às formas históricas de individualização e às variantes antropológicas do próprio método estrutural, permitiria justificar uma espécie de universalidade conservadora das relações humanas, particularmente reificando modalidades de sofrimento e resignando-se diante de certos exercícios do poder. Portanto, neste "outro retorno a Freud" (Costa, 1994, p. 15), um retorno a Freud contra Lacan, há um retorno com história e estrutura. A pertinência da objeção tinha lá seus prós e seus contras, mas independentemente disso Jurandir permitia reencontrar Freud contra Freud, ali onde víamos apenas Lacan. Vejamos um exemplo:

1. A observação psicológica de que a sexualidade incide na criança de forma traumática, logo violenta, como apresentado em *Três ensaios para uma teoria da sexualidade*.
2. A hipótese antropológica de que a civilização dependeu de um ato violento, o parricídio descrito em *Totem e tabu*.
3. A ilação metapsicológica de que a pulsão de morte implica agressividade, violência e destrutividade, como se depreende de *Além do princípio do prazer*.

Na leitura ideológica padrão da psicologia do desenvolvimento, antropologia e metafísica são mobilizadas para justificar uma espécie de violência imanente. A cultura, como espelho invertido da pulsão, apenas mitiga o fracasso das soluções de conflito, cuja síntese aparece na correspondência com Einstein, em *Por que a guerra?*, fechando o argumento de renúncia definitiva ao estado de paz perpétua. Conclusão: cultura e psiquismo só existem e se transformam pela intercessão da violência (Costa, 1994, p. 17).

A tese de que existe de uma violência estrutural contamina-se com o uso psicanalítico da noção de estrutura, que é em princípio não transformável, ou seja, assim como não se passa da neurose para a psicose, a hipótese da violência estrutural essencializaria a violência, seja pelo naturalismo (estádio do espelho), seja pelo culturalismo (metáfora paterna), seja pelo psicologismo (trauma, supereu).[1]

Como se a lei universal da proibição do incesto, a diferença entre cultura e natureza, os maus encontros contingentes fossem idênticas à lei individualizada historicamente na esfera do ordenamento jurídico, ambas reunidas pela meta-lei trans-histórica da linguagem.

Três narrativas de base concorrem para essa leitura. Redução da violência à agressividade, dedução indevida da violência como associação entre morte e destrutividade e o erro lógico ao atribuir violência em um estado de natureza, pré-civilizacional. Se existiu, real ou miticamente, a horda primitiva, a ela não se aplica a violação da lei. Esse terceiro erro é conhecido em ciência política e herdado de um certo tipo de leitura de Hobbes, Locke ou Rousseau que entende a noção de contrato, tematizada nestes autores, como noção antropológica, e não um mito eminentemente político.[2]

---

1 Por razões inversas este será o resultado também daqueles que, como Bordieu e Passeron, pensam a cultura como violência simbólica simplesmente porque ela "seleciona arbitrariamente, em função de necessidades sociológicas que atendem alguns grupos e classes dominantes, certas significações do universo de reprodução cultural" (Costa, 1994, p. 19).

2 "*Um contrato só pode ser feito quanto a instituição do prometer e as normas referentes ao cumprimento das promessas são estabelecidas. Logo o alegado estado*

Freud, colega de Hans Kelsen, parecia ciente dessa dificuldade ao esclarecer, em sua resposta a Einstein, que o fim das guerras dependeria do surgimento de uma autoridade central, dotada do poder de exercer violência capaz de arbitrar todos os conflitos de interesse. Mas ainda assim deveríamos estar atentos à diferença de prevalência entre a violência individual e a violência da comunidade (Costa, 1994). Ou seja, nem só da oposição entre cultura e natureza vive a antropologia. Se os sistemas de aliança nem sempre se subordinam às estruturas de parentesco é porque indivíduo e coletivo, particularmente a partir da modernidade, não dependem apenas do mito, mas também da história para produzir as determinações e as indeterminações do sujeito.

O sofrimento moral que afeta diferencialmente as posições de raça, classe, gênero e etnia, é amplamente tematizado, como no ensaio "Da cor ao corpo: a violência do racismo" (Costa, 1984/2021), em torno do trabalho de Neusa Santos Souza. Quando Jurandir observa que as identificações narcísicas, normativas estruturantes, instalam um ideal de eu embranquecedor e fonte de sofrimento continuado para pessoas negras, infere que disso emergirá um "fetiche da brancura" (p. 106), que engendra uma certa relação deficitária ao corpo que altera a economia de prazer e dor, o que mais tarde será abordado na reformulação do conceito de narcisismo.

O ódio ao corpo negro, o progresso vivido como branqueamento, a "ferida do corpo que se transforma em ferida do pensamento" (p. 111), a negação de seu traço de etnicidade (para usar uma expressão que aparece posteriormente no texto), a suspensão da branquitude como "um fenômeno aparentado ao que conhecemos na clínica psicopatológica como alucinação negativa" (p.

---

primordial não é, de modo algum, pré-institucional, nem pré-legal, nem pré-moral. Conclui-se que esse estado não pode funcionar na narrativa de Freud do modo como este procura inculcar" (McIntire, citado por Costa, 1994, p. 36, grifos nossos).

114), tudo isso concorre para uma experiência identitária sofrida, mas que não se pode chamar, como qualquer outra identidade, de patológica. Como não pensar que este sofrimento, histórico, continuado e transgeracional, não se coliga, de modo mais ou menos regular, com a produção de sintomas? Mais ainda, como não pensar que a psicanálise não poderia informar práticas de cuidado de si capazes de mitigar esse sofrimento, de reconhecer sua gênese na violência, e que é possível intervir sobre esse sofrimento?

Ora, clinicamente, será que a melhor forma de intervir sobre o sofrimento talvez não seja a sua interpretação, mas antes a maneira como nós o reconhecemos, o narrativizamos e transitivamos os afetos que nele circulam? O sofrimento se transforma conforme é reconhecido, narrativizado, e seus afetos, compartilhados. Isso nem sempre corresponde a agir sobre suas causas no mundo natural, mas sempre sobre sua causalidade em termos de linguagem. No caso da racialidade, o reconhecimento simbólico desta passa pela equidade, por exemplo, diante de condições de acesso a cultura e educação. Políticas de cotas são formas de reconhecimento, cujo agente é o Estado, mas poderíamos pensar políticas de reconhecimento que passam por comunidades (por exemplo, as comunidades de competência, sugeridas por Lasch), por discursos, por grupos e mesmo por indivíduos.

Igualmente, podemos vislumbrar o papel da psicanálise em práticas de narrativização da violência, ou de transitivação de afetos ligados a condições de invisibilidade, ou seja, lacunas de reconhecimento, análogas à alucinação negativa antes mencionada. Assim, também a crítica de ideias, por exemplo, de consumo, com a qual o livro se encerra, demonstra, pela sua própria existência, como a psicanálise não precisa ser pensada apenas como parte do complexo psi de terapêuticas de ajustamento, mas também como dispositivo crítico das condições de possibilidade históricas que a tornaram possível e a disseminaram no ocidente moderno.

Para isso bastaria partir da citação de Foucault (Costa, 1984/2021, p. 136), na qual o futuro autor de *Hermenêutica do sujeito* declara que, além das tecnologias de produção, de significação e de dominação, existiriam as técnicas do self. Elas existem bem antes da modernidade e jogam com diferentes políticas de sofrimento, se assim podemos traduzir que em uma mesma cultura encontraremos diferentes significações e destinos, por exemplo, para as práticas de violência. Vê-se assim como a existência de uma agressividade própria dos processos narcísicos e pulsionais não precisa se confundir nem se inverter com a naturalização estrutural do trauma social e da violência.

Assim reposicionada a questão, poderíamos ver que a psicanálise não precisa se posicionar como parte de um projeto de educação positiva e profilática, rumo à normalidade, nem como observadora imparcial quando o tema são as identidades sub-reconhecidas. Ela pode se alinhar com os dispositivos e os discursos de contrapoder ao apontar que não precisamos saber nada sobre a produção de sujeitos saudáveis para dizer o que não deve ser aceito em termos de práticas de reconhecimento intersubjetivo, de usos de violência, de relação com ideais ou de descuidado de si, como aparece ostensivamente no caso Y (Costa, 1984/2021).

A introdução do conceito de sofrimento em psicanálise, ou melhor, a sua justificação metapsicológica, poderia nos oferecer um quadro alternativo do problema representado pela cultura do narcisismo e pela hipertrofia da noção de narcisismo, bem apontada por Jurandir Freire Costa. A noção de sofrimento aparece estreitamente ligada à de narcisismo e conexa com um certo tipo de prazer, um modo de relação com o corpo, e uma gramática de fixação entre ideais e a identidade.

A hipertrofia da noção de narcisismo talvez possa ser atribuída ao fato de que ela confunde conceitos conexos como individualização, personalização, identidade e subjetivação. Mas também ao fato de, no interior do pensamento de Lacan, parecer ausente uma categoria de linguagem capaz de apreender, com mais justeza clínica, as transformações engendradas por certas transformações de sentido. Em parte, isso ficou relegado à noção de uso da linguagem, em parte isso foi absorvido pela noção ampliada de equivocação.

Só podemos concordar com o suplemento à teoria do narcisismo representado pelos estudos dos estados traumáticos e das neuroses de guerra. O narcisismo é repositivo, restaurativo e defensivo no sentido de que é efeito do trauma, não sua causa. Mas nesse sentido seria preciso aplicar a renovação da noção de patológico em psicanálise, decorrente da valorização da noção de sofrimento. O narcisismo só é patológico porque ele engendra formas patológicas de reconhecimento, ou seja, não apenas desvio ou ajustamento ao tipo social ordinário, mas um fracasso do reconhecimento por déficit narrativo, por exemplo, por alucinação negativa, por fetichização ou por reificação da relação com o ideal. Ou seja, não é o ideal social, a economia cultural da satisfação, o fracasso da individualização identitária ou o déficit corporal natural que são patológicos, mas a sua interpretação narcísica. Isso se traduz pelo tipo de transformação ou de não transformação que as políticas de sofrimento enfrentam quando se encontram, por exemplo, diante da tramitação da violência.

A relação entre crenças e desejo poderia ser considerada uma propriedade emergente das relações entre saber e narcisismo. Propriedades emergentes de um sistema podem ser de tipo superveniente ou subveniente, ou seja, depois que elas aparecem não há mais retorno ao estado anterior e o fenômeno não pode ser mais reduzido aos seus determinantes e propriedades anteriores. Isso pode variar individualmente, como observou nosso autor: "O sofrimento provocado pelo desvio social pode ou não coincidir com aquele de origem psicopatológica. Há indivíduos que não sentem nenhum desconforto especial por se afastarem do Tipo Psicológico Ordinário, e, no entanto, sofrem de maneira intensa as repercussões e perturbações mentais" (Costa, 1984/2021, p. 74).

Mas não é preciso pensar que o sofrimento do sintoma seja um e o sofrimento causado pelo seu desajuste social ou cultural seja outro. No fundo se trata de identificações ego-sintônicas ou ego-distônicas do sintoma, mas também da inibição ou da angústia pela esfera narcísica do eu. É nesse sentido que a homofobia, por exemplo, é uma verdadeira fobia: os preconceitos sociais são em alguma medida formas patológicas de narcisismo. Não é preciso postular continuidade ou homogeneidade entre social e psíquico, ou entre psíquico e patológico, para reconhecer mútua afetação entre estados distintos de um mesmo sistema. Essa nos parece ser a tese, mencionada por Jurandir, a mobilizar Georges Canguilhem para argumentar que a confusão da continuidade ou homogeneidade entre adultos e crianças é recorrente, apesar das noções freudianas de regressão e fixação e lacanianas de estrutura e retroação (*Nachträglichkeit*).

Ainda que a noção de sujeito não se reduza nem à gramática histórica de individualização, nem aos modos estruturais que definem a pessoa (humano *vs.* inumano), em Lacan ela não pode prescindir destes. Unificar essa dupla oposição com as noções de indivíduo e sociedade é a solução sintomática para o hiato mal pensado e mal admitido entre estruturas antropológicas e narrativas históricas. Ora, o problema precisa descer dois andares para ser bem tratado e Jurandir viu isso logo cedo. Primeiro, há uma cesura dessa dupla exigência no plano da teoria da linguagem, depois há uma discussão, mais densa, sobre a determinação ontológica do sujeito.

De toda forma o alerta estava dado para aqueles que liam Lacan entendendo a violência apenas como mais um capítulo da remanência imaginária, da força mortífera do Real, do excesso incivilizado de gozo, do déficit da autoridade parental edípica. Isso tudo era muito pouco para renovar o programa de modernização da psicanálise brasileira, reduzida ao "novo apalavrado" simbólico, domesticando as emoções identificatórias, coroado pela complacência com o Real. Ora, a utilidade maior da noção de Real é justamente mostrar que existe um hiato não redutível, um monismo não reducionista entre epistemologia do sujeito, como hipótese provisória do indivíduo que assume a língua pela fala, e as variedades culturais de sua expressão simbólica: diferentes línguas, idioletos e lalínguas. Ou seja, existe um hiato entre o sistema imaginário-simbólico da reprodução cultural (o esgoto da civilização) e o sistema simbólico-imaginário das estruturas de parentesco, sobredeterminando e indeterminando o sujeito.

Esse hiato impede que romances familiares, mitos individuais, laços sociais discursivos e dizeres borromeanos se articulem de forma não contraditória e subordinativa. Há incidências locais dos regramentos da lei que nos mostram a dupla face do Real: contingência história e impossível estrutural. Reduzir esse hiato a oposições pré-psicanalíticas, do tipo razão-desrazão, ou afeto e cognição, é justamente recusar a não identidade entre o conceito categorial-representacional e o conceito como realização temporal de uma ideia.

Tal entendimento de estrutura é compatível com a inversão do argumento de *Totem e tabu*[3] produzida por Lévi-Strauss e Lacan.

---

3 Ainda que o argumento de Freud, importado de Darwin e Atkinson, seja antropologicamente falso e que não encontremos empiricamente nem o estado de guerra fraticida, nem os rituais de reedição da expiação paterna, a teoria do poder que Freud introduz com isso pode encontrar subsídios consistentes tanto na tradição de reflexão liberal quanto em autores como Hannah Arendt e Walter Benjamin. No fundo esse raciocínio, ainda que falso, corresponde a um circuito de afetos descritivamente persuasivo, que vai do medo à culpa e retorna.

Não é o pai que cria a lei, mas a lei que cria o pai morto, como "fonte empírica da lei e não seu lugar transcendental" (Costa, 1984/2021, p. 36). Disso advêm consequências igualmente reversas para o conceito de narcisismo, notadamente, a ideia de que quanto mais perto do tipo social ideal, quanto mais o prazer se constrange ao sentimento de adequação identidade, maior o processo de violência contra si próprio. Infiltra-se aqui a noção lacaniana de gozo como um conceito capaz de incorporar os dois traços pendentes da teoria freudiana da violência: a relação entre violência individual e da comunidade (o gozo como interpretação fantasmática do prazer alheio) e a antinomia entre violência como ato e violência contra si em curso nos processos de identificação (o gozo como diferença narcísica).

Disso decorre que a violência estrutural é capaz de destruir o poder, mas incapaz de criá-lo. Disso não decorre que o poder só existe enquanto é exercido. Isso é plenamente sensível no plano político das comunidades. Jurandir trouxe para o debate psicanalítico o terceiro polo das teorias do social, ou seja, além das estruturas antropológicas e das instituições sociológicas, a agência, seja ela pela teoria dos atos de fala, seja pela teoria da ação contingente. Com isso se anuncia um novo terreno de relações, quase sempre considerado anexo ou estranho à psicanálise, ou seja, a política.

É uma variante desse argumento que se insurge quando se trata da participação de psicanalistas na política, entendida como *ocupação* do espaço público e posicionamento diante da relação entre violência e poder. Aqui a afirmação de Jurandir tornou-se absolutamente contemporânea e premonitória: "compete perguntar como e por que a psicanálise, desprezando os fundamentos de sua própria prática e teoria, pode concluir que a violência é o solo da humanização? Seguramente por confundir poder com violência. Mas como tentamos demonstrar esta concepção é insustentável" (Costa, 1984/2021, p. 59).

Ora, o poder dos indivíduos não existe apenas quando ele se exerce sobre o outro, objetiva e propriamente, mas também quando ele se exerce em sua vida de fantasia, de modo sádico ou masoquista, ou ainda por relações de violência de si a si e de extração do gozo. Este é o poder anômalo do ponto de vista político, que remanesce em formas arcaicas de comando como o carisma, em formas regressivas de funcionamento como a identificação de grupo, e em formas pré-políticas da política como o fascismo.

Entre *natureza* e *cultura* há uma contradição (Lévi-Strauss), bem como entre *sociedade e indivíduo* (Bordieu). No ponto de cruzamento dessas duas contradições situa-se a teoria da violência como condição e consequência do poder. Entre *natureza* e *indivíduo* existe uma relação de subordinação (Girard), bem como entre *sociedade* e *cultura* (Arendt). Mas essa subordinação não indica o ponto exato de transição da agressividade para a violência ou da violência para o poder. Finalmente, entre *natureza* e *sociedade* existe uma relação de contrariedade (leitura canônica de Freud), bem como entre agressividade do *indivíduo* e *cultura* da violência (Clastres). Mas essas duas contrariedades são insuficientes para explicar como poder e violência separam-se e reúnem-se em relação ao sagrado, ou seja, em relação aos eventos de exceção lidos como necessários (estruturais) ou contingentes (redutíveis pela ação da educação ou da psicanálise).

De fato, podemos acompanhar Jurandir e Hannah Arendt na tese de que nem todo poder se exerce como dominação, admitindo que existem formas negativas do poder e modalidades de resistência e de contra-hegemonia cultural. Não seria isso que Lacan advogava ao dizer que o psicanalista que não consegue sustentar autenticamente sua práxis tende a transformar sua prática no exercício de um poder? Isso traria uma cláusula de aplicação que restringe essa possibilidade ao caso do desejo daquele que se coloca na transferência, vetando expressamente os casos de sistemas de interesses particulares, de classes ou de grupos.

No fundo, a crítica de Jurandir a um certo uso corrente da noção de estrutura remete ao entendimento da estrutura como um conjunto de lugares vazios, prescritos por uma combinatória simbólica e *ocupados* imaginariamente por personagens, pessoas, coisas e objetos. A palavra-chave problemática aqui é *ocupação*, pois ela nos leva a uma teoria *encarnacionista* da linguagem, na qual a fala é apenas um caso particular da língua, que por sua vez é um caso particular da linguagem, que por sua vez é um caso particular da lógica.

Ora, se a psicanálise participa, como outros discursos, das políticas culturais, ela terá que explicitar melhor seus compromissos com duas outras fronteiras políticas que lhe são contíguas: educação e saúde mental. Fronteiras significam aqui tanto litorais de coabitação quanto territórios estrangeiros onde a psicanálise se transforma em outra coisa que não ela mesma. Contudo, o que dizer de uma atitude discursiva que não esteja a serviço da positivação da norma, mas da sua negatividade? Mas se entendemos educação para a saúde mental como uma certa competência para reconhecer processos psicológicos em si mesmos, isso teria um papel quase irrelevante, pouco afetando a dimensão etiológica da gênese de sintomas e do sofrimento mental: "O que aumentou não foi a saúde mental, mas a capacidade de traduzir sensações psíquicas em sintomas psicopatológicos. . . . A competência psicológica é, em sua essência, um traço da norma do viver social das elites econômico-culturais" (Costa, 1984/2021, p. 71).

Aqui a crítica de Jurandir antecipa a controvérsia atual sobre a avaliação comparativa de eficácia e eficiência psicoterapêuticas.[4]

4 Em 1984 entra em circulação a quarta edição do *Manual Estatístico de Transtornos Mentais* (DSM-IV), que consolida um novo modelo de tratamento e

Tais avaliações presumem tanto a competência para nomear, para reconhecer e para localizar o mal-estar como para identificar seus registros de administração, tratamento e causalidade. Elas contam com ou inoculam no sujeito o vocabulário de auto-observação e autodiagnóstico de que necessitam para extrair índices de adaptação, conformidade psíquica e qualidade de vida.

Porém, "O desvio do Tipo Psicológico Ordinário pode ser causa de sofrimento, mas não é sinônimo de doença mental. Do mesmo modo, a aproximação do tipo pode ser fonte de satisfação sem que, por si só, defina o estado de sanidade mental" (Costa, 1984/2021, p. 73). Ou seja, adaptação e tipicidade, divergência e neurodivergência, conformidade com o tipo social esperado não teriam papel etiológico na produção de sintomas, apesar de criarem, eventualmente, sofrimento. Portanto, não é pela representação de si, pela apropriação cognitiva dos mecanismos indutores do sintoma, pela representação mental do funcionamento do cérebro que ele pode ser revertido. O conhecimento de regras psicológicas não evita a transgressão nem modifica seu funcionamento.

Jurandir intervém em um momento de alta psicologização da sociedade brasileira, com a proliferação de discursos de autocuidado, ideologia das famílias desestruturadas (como berço de adolescentes subversivos), *boom* da psicanálise (consumida crescentemente pelas classes médias) e patologização naturalizante do

---

diagnóstico, modelo que popularizou o autodiagnóstico, particularmente da depressão, da ansiedade e da anorexia. Lembremos também que o Prozac (fluoxetina), conhecido como droga da felicidade, primeiro antidepressivo de nova geração, começou a ser comercializado em 1986. A partir de então o casamento da psicanálise com a psiquiatria bem como seu compromisso psicodinâmico começam a se dissolver. Também faz parte desse cenário o fato de que as primeiras legislações em torno da educação sexual, com ênfase na prevenção de doenças sexualmente transmissíveis, no contexto do HIV-Aids, começam em 1991 e, em 1993, temos as primeiras diretrizes nacionais, em termos curriculares.

fracasso escolar (como déficit cultural). Em 1984, como agora, o risco de que uma política de Estado se apropriasse do complexo psi para propagar de modo ainda mais intenso e extenso uma certa ideologia da individualização não é desprezível.

Nesse ponto as reflexões de Jurandir foram essenciais para nosso trabalho futuro em torno das patologias do social. Ou seja, com a disseminação generalizada do neoliberalismo como modo preferencial de captação do sofrimento psíquico, uma determinada educação em saúde mental se consolidou, e seus traços são conhecidos:

1. As causas das doenças mentais são desequilíbrios no funcionamento cerebral, elas não têm nenhuma relação com nossas formas de vida, com a maneira como descrevemos nosso sofrimento, como trabalhamos, como lidamos com nossos desejos.
2. As causas das doenças mentais são, portanto, individuais. A culpa pelo sentimento de inadequação, pelo fracasso social, e o déficit de reconhecimento narcísico dependem exclusivamente de cada indivíduo.
3. Nenhuma prática de compartilhamento social de afetos, de narrativização do sofrimento, de reconhecimento de conflitos, de expressão transitivista de estados alterados de consciência, de escuta intersubjetiva, de enfrentamento de déficit ou de excesso de sentido tem qualquer papel sobre a dinâmica de nossas patologias sintomáticas. A forma como devemos enfrentar sensações disfóricas ou desagradáveis é modulando a paisagem mental, quer por meio de substâncias lícitas ou ilícitas.
4. As nomeações discursivas de sofrimento e mal-estar adquiriram uma função reversa, capaz de demitir subjetivamente famílias e excluir escolas em relação ao que se passa com seus filhos e alunos. Diagnósticos especializados, massificação da medicalização da infância, política nacional de inclusão,

cancelamento da educação sexual, remoralização da sexualidade sugerem que, se não há uma educação positiva para a saúde mental, é possível pensar, sim, uma educação para o pior.

No entanto, seria preciso questionar a pouca importância dada por Jurandir ao sofrimento narcísico, principalmente sua definição de patológico: "*O específico da psicopatologia reside na incapacidade que tem o sujeito de construir ou se apropriar de objetos socializados.* A interação emocional patogênica impede o sujeito de formular projetos satisfatórios porque neles há sempre um pressuposto incompatível com os universais da cultura em questão" (Costa, 1984/2021, p. 77).

É verdade que há uma dificuldade de construir e se apropriar de objetos socializados na maior parte das estruturas patológicas, mas há que se considerar também que muitas patologias envolvem um excesso de incorporação de normas e leis de ordenamento e produção de sentido.

> *O sofrimento mental psicopatológico tem origem nesta "ausência de sentido" do vivido e não no puro conflito com o Tipo Psicológico Ordinário. O distúrbio mental existe quando as representações de que o indivíduo dispõe para sentir e pensar sua identidade ou as causalidades e finalidades de seus projetos e emoções não se articulam em nenhuma rede de significados presentes em sua consciência socializada. (Costa, 1984/2021, p. 77)*

Ora, não é justo dizer que o sofrimento psíquico *sempre* decorre da falta de sentido, ou seja, da emergência de uma indeterminação de sentido, da anomia ou da incapacidade de integrar ou interiorizar regras sociais. Nem toda falta de sentido é patológica, e nem toda patologia decorre da fratura do sentido, ou do déficit na organização de saber em torno do conflito. Há formas de sofrimento em que há um excesso de determinação simbólica do sofrimento, como parece ser o caso do sofrimento capturado pela narrativa neoliberal anteriormente sintetizada. Ao fim e ao cabo, os chamados sofrimentos narcísicos bem como os transtornos de personalidade (narcisista, histriônico, dependencial, *borderline*) parecem não estar muito bem representados na imagem que temos da psicopatologia definida por sintomas.

Um bom exemplo disso é o caso clínico, trazido por Jurandir, de um menino tomado pelas drogas, depois por neurolépticos, antidepressivos e ansiolíticos, uma vez que ele "forjou uma identidade de 'drogado' e delinquente para escapar da violência" (Costa, 1984/2021, p. 82). O sofrimento gerado por uma vida vivida como um "impostor" é o diagnóstico mais claro e saliente no caso. Aliás, salta aos olhos do leitor a pequena presença de discussões sobre sintomas específicos e a insistência de nosso autor em determinada noção de sofrimento. De fato, se o *locus* da noção de sintoma é o indivíduo, o sofrimento é uma categoria que se aplica a formas de vida. Essa lacuna na teorização do conceito de sofrimento acaba afetando a noção de patologia, que é um dos pontos altos do livro:

> *O fato patológico só existe por oposição ao fato psicológico, isto é, o desenvolvimento psíquico tido como padrão de normalidade. Uma vez que a conduta psicológica normativa, fixada pela cultura, admite em seu repertório estes mecanismos mentais, eles já não podem ser tidos como patológicos. O sujeito já não experimenta estes estados afetivos como compatíveis com os padrões universais de conduta, definidos pela questão em questão. Sem esta cláusula, afasta-se a possibilidade de interpretar o fenômeno como patológico. Estamos no campo do chamado mal-estar existencial, onde o*

> *sofrimento deriva do afastamento entre o* comportamento real do indivíduo *e as características do* tipo psicológico ideal, *determinado pela cultura. (Costa, 1984/2021, p. 185)*

Isso significa que a psicopatologia psicanalítica se divide entre os sintomas, caracterizados pela defesa e destino do que não se incorpora aos processos de socialização, e o mal-estar, como conjunto de condições-limite da existência, descritas por Freud como a degradação do corpo, a força da natureza e a insuficiência de nossas regras sociais, às quais se poderia acrescentar a impotência dos programas de educação e as estratégias terapêuticas compensatórias.

Jurandir tem razão quanto à impropriedade da noção de *sociedade patológica* ou de que existem culturas mais patológicas do que outras, ou momentos culturais patológicos, segundo o caso canônico da sociedade americana dos anos 1970 estudada por Lasch, mas isso não precisa ser defendido por meio de uma espécie de descontinuidade e heterogeneidade entre o psicológico e o patológico. Basta reconhecer que existe uma experiência comum ao patológico e ao psicológico, que é a experiência de sofrimento. Ela não é em si nem patológica, nem normal, mas precursora da formação de sintomas, de angústias e inibições.

Referências

Aragão, L.T., Calligaris, C., Costa, J. F., & Souza, O. (1991). *Clínica do social.* Escuta.

Costa, J. F. (1983). *Ordem médica e norma familiar.* Relume-Dumará.

Costa, J. F. (1989). *Psicanálise e contexto cultural.* Campus.

Costa, J. F. (1992). *A inocência e o vício: estudos sobre o homoerotismo.* Campus.

Costa, J. F. (1994). *Redescrições da psicanálise*. Relume-Dumará.

Costa, J. F. (1995). *A face e o verso: estudos sobre o homoerotismo II*. Campus.

Costa, J. F. (1998). *Sem fraude nem favor: estudos sobre o amor romântico*. Rocco.

Costa, J. F. (1999). *Razões públicas, emoções privadas*. Rocco.

Costa, J. F. (2004). *O vestígio e a aura: corpo e consumismo na moral do espetáculo*. Garamond.

Costa, J. F. (2007a). *História da psiquiatria no Brasil*. Garamond. (Trabalho original publicado em 1976).

Costa, J. F. (2007b). *O risco de cada um e outros ensaios de psicanálise e cultura*. Garamond.

Costa, J. F. (2021). *Violência e psicanálise*. 4a ed. rev. e ampl. Zagodoni. (Trabalho original publicado em 1984).

Pellegrino, H. (1983, 11 set.). Pacto social, pacto edípico. *Folha de S.Paulo*.

Preciado, P. B. (2020). *Eu sou o monstro que vos fala: relatório para uma academia de psicanalistas*. Zahar.

28. O psicanalista e sua ética

Maria Rita Kehl

Moro em São Paulo e Jurandir, no Rio, portanto não acompanho – em reuniões ou supervisões coletivas – sua prática clínica na atualidade. Décadas atrás, tive um contato um pouco maior com ele, em reuniões de psicanálise no Rio de Janeiro. Ainda assim, isso me parece insuficiente para me encorajar a comentar a ética de meu amigo como psicanalista. Hélas: vou tentar assim mesmo, a partir de meu percurso pedestre em torno do Jura.

Em primeiro lugar, conhecendo a pessoa, não encontro em mim nenhum lugar para dúvidas sobre sua postura. Se o sujeito é ético, o psicanalista há de ser. Vou além: sem conhecê-lo intimamente, tenho a impressão de que o estado de espírito angustiado que percebo nele (sem perder, no entanto, a capacidade de rir sempre que a oportunidade se apresenta) talvez seja o preço que ele paga por seu rigor, tanto como psicanalista quanto como homem. Imagino que Jurandir seja daqueles que habitualmente cobra muito de si mesmo.

Também me ponho outras vezes a imaginar como será que Jurandir concilia a religiosidade – é um bom cristão – com sua prática clínica. Bem, penso que, como Hélio Pellegrino, que escreveu

A burrice do demônio (1988), Jurandir não haverá de ser um cristão carola. A ideia de que o demônio, em vez de malvado, seja simplesmente burro desafia a lógica do maniqueísmo. A bondade é tão boa de se exercer que só uma falta total de inteligência faz com que alguém prefira a ruindade. Genial.

Além disso, embora Freud fosse um judeu ateu e tenha considerado as religiões como *ilusões sem futuro* (Freud, 1927/2006), o dispositivo que inventou para minorar (ou mesmo curar) o sofrimento psíquico impede que pensemos nele como um homem incapaz de piedade. Além do fascínio pela investigação do psiquismo, além da necessidade profissional de ter uma boa clínica, o amor ao próximo também move o psicanalista em sua prática. Até o rigoroso Lacan afirmou que a prática do psicanalista é movida por, entre outras coisas, um grande sentimento de amor. Não tenho dúvidas de que essa afirmação também se aplique à clínica de nosso amigo Jurandir.

Na falta de um convívio maior com sua prática psicanalítica, eu me proponho aqui a comentar a ética de Jurandir Freire Costa a partir de um estudo de caso que encontrei em seu livro *Violência e psicanálise* (1984/1986).

No capítulo "Violência e identidade", Jurandir nos apresenta o caso de um jovem de 21 anos que o procurou na clínica. Depois da separação dos pais que desestruturou a família, Y. foi praticamente entregue aos cuidados de uma empregada da casa desde os 4 anos. Sofreu violências, entre elas um estupro (coletivo?), por parte de garotos da vizinhança. Mais tarde, já na pré-adolescência, passou a beber e fumar por influência do pai, que havia se reaproximado dele. O uso da cocaína, iniciado na companhia de outros adolescentes, o levou a uma espécie de surto psicótico. Hospitalizado, tentou suicídio – felizmente não conseguiu. Depois desse episódio, ao sair da hospitalização, começou a análise com Jurandir.

A primeira constatação do psicanalista é generosa e demonstra a falta de preconceito com que Jurandir aborda esse "garoto-problema", que tantos outros analistas poderiam ter abordado a partir de um diagnóstico apressado de perversão. Jurandir observa que grande parte da vida psíquica de Y. havia ficado preservada, tanto do episódio psicótico quanto do uso de drogas. Observou também, comovido, o contraste que o garoto apresentava "entre a simplicidade do falar e a grandeza dos sentimentos" (p. 81).

A genialidade do autor desse estudo de caso está no fato de Jurandir, com sua ética sem preconceitos, ter abordado a delinquência de seu jovem analisando como uma... *impostura*. Segundo o autor, o objetivo de tal impostura seria o de fascinar suas vítimas e ocultar o que, nele, seria desprezível (pelo menos a seus próprios olhos).

O pai de Y., separado da mãe, morava fora do Rio. Quando foi visitar o filho, este já tinha 12 anos. Y., interessado na figura paterna, foi mais tarde encontrá-lo na cidade do interior onde o pai morava. O que aprendeu com o pai? A beber, fumar, frequentar prostitutas. Essa era a versão paterna do que seria necessário para que o garoto se tornasse um homem. O uso de drogas está, por vias sinuosas, ligado ao que representariam, para Y., a masculinidade e a independência. Para nosso autor, a questão principal de seu jovem analisando não seria o prazer obtido por meio da droga, mas a perspectiva que essa lhe conferia de "forjar uma identidade": nem que fosse aquela de delinquente.

Claro que nosso autor não se contenta com essa nomeação. Foi buscar em De Levita, que por sua vez bebeu na fonte de Eric Erikson, uma conceituação mais precisa do que seria a identidade. Esta seria construída a partir dos papéis que o sujeito, pouco a pouco, consolida na vida por meio de seu próprio desempenho social. Jurandir resume a formação da identidade como apoiada, por um lado, no próprio corpo do sujeito (e sua imagem para o outro) e, por outro, em suas interações sociais.

Além disso, uma parte importante da formação da identidade de qualquer sujeito é o sentimento de que alguns traços de sua personalidade – gostos, desempenhos, idiossincrasias etc. – o diferenciam dos outros. Mas – aqui entra Freud – essa "separação" entre o indivíduo e o outro não impede que, na raiz, seu sentimento de identidade esteja apoiado nas primeiras identificações (com frequência, inconscientes) com as figuras parentais. A essência da identidade de cada um é, para o autor, ser "uma ficção necessária" (p. 85) a nos estruturar.

As reflexões de Jurandir nesse estudo de caso são tão densas que corro o risco de fazer aqui uma mera colagem de citações e paráfrases de seu texto. Não é esse meu dever no capítulo que me coube para este livro, como também não o seria o trabalho de "recortar e colar" frases do autor para explicar seu pensamento. Se o fizesse, também estaria tentando ganhar o jogo com um gol de mão...

Portanto, importa ressaltar que nesse estudo de caso a drogadição tenha se estabelecido como uma tentativa de consolidar uma identidade própria, o que revela a fragilidade da constituição desse jovem sujeito. Jurandir recorre, em dado momento, ao pensamento da psicanalista Piera Aulagnier para investigar por que seu paciente precisava da transgressão/drogadição como modo de tentar se constituir como pessoa. Será que (deduzo eu, de suas considerações) a transgressão era, para Y., uma forma de "constituir um segredo" e, dessa forma, sentir-se diferenciado/separado dos outros – ou seja, "idêntico" apenas a si mesmo? Essa pergunta fica por minha conta, como tentativa de resumir a densa argumentação de nosso autor. Mas, sendo assim, Y. teria escolhido o pior caminho possível, pois o abuso continuado de drogas interfere em uma das atividades subjetivas mais preciosas: a capacidade de pensar. O que compromete, ou pelo menos reduz significativamente, a possibilidade de Y. satisfazer seu anseio de "pensar em segredo".

Porém, como Jurandir não reduz a complexidade dos temas que aborda, nem "rouba no jogo" para oferecer um *happy end* ao leitor, logo em seguida a essa passagem constata que, depois de algum tempo (indeterminado) de uso, até a droga deixará de realizar a promessa de prazer ilimitado que parecia garantido. Aqui, o psicanalista percebe que "o sonho acabou" para seu jovem paciente. O que, por sua vez, deu lugar a novo surto e, pior, a uma tentativa de suicídio. Talvez (penso por minha conta), a autoagressão fosse uma forma do sujeito de tentar vingar-se desse corpo que já não lhe oferece prazer.

Arguto e experiente, Jurandir não se intimida ante essa queda. Conclui que o colapso sofrido por Y. teve o efeito de garantir que ele continuasse a viver. No entanto... sem "vida". Sua dinâmica significante se empobrece até, no dizer do autor, "transformar-se em alegoria".[1]

A análise empreendida por Jurandir com seu analisando Y. é longa e complexa. Não posso reproduzi-la toda com o recurso das paráfrases: seria um modo de roubar no jogo. O que me interessa é retornar ao título desse capítulo e assinalar aqui o grande achado do autor nesse estudo de caso: para ele, o recurso de Y. à violência seria uma tentativa de consolidar sua identidade.

Uma tentativa sobredeterminada, como Freud assinalou a respeito de todos os sintomas psíquicos: a violência a um só tempo permitia que o rapaz estabelecesse uma separação em relação ao outro, ao atacá-lo, e se apropriasse de algo que pudesse sentir como "si mesmo". Nem que para isso tivesse que se recolher à "liberdade" (escravizadora...) de abusar das drogas e, sob efeito destas,

1 Vale lembrar aqui a associação estabelecida pelo filósofo Walter Benjamin entre a alegoria e a melancolia. Ele cita um verso de Baudelaire (1861/2012): "Novos palácios, andaimes, lajedos... tudo em mim é alegoria/ E essas lembranças pesam mais do que rochedos".

assegurar-se da suposta potência que experimentava nos atos de violência.

Referências

Baudelaire, C. (2012). *As flores do mal.* Nova Fronteira. (Trabalho original publicado em 1861).

Costa, J. F. (1986). *Violência e psicanálise.* 2a ed. Graal. (Trabalho original publicado em 1984).

Freud, S. (2006). O futuro de uma ilusão. In S. Freud, *Edição standard brasileira das obras psicológicas completas de Sigmund Freud* (Vol. XXI). Imago. (Trabalho original publicado em 1927).

Pellegrino, H. (1988). *A burrice do demônio.* Rocco.

29. Jurandir Freire Costa e a questão da violência

Renato Mezan

O que está acontecendo conosco? O Brasil sempre foi violento.
Mas, agora, esta violência parece fermentar dentro de nós.
Castro (2023)

A Psicanálise deve servir para melhorar o convívio
humano, para exercitar a tolerância e a liberdade.
Para mim, é algo fundamental. O resto todo é derivado.
Costa (1988)

Entre os livros de Jurandir Freire Costa, o que mais admiro é *Violência e psicanálise*. Os cinco capítulos da edição original, em 1984, me causaram viva impressão. Encantavam-me a prosa límpida e ao mesmo tempo contundente, a liberdade com a qual – naqueles tempos bicudos de dogmatismo e luta feroz pelo título de "verdadeira psicanálise" – Jurandir apontava inconsistências e dificuldades nos clássicos da disciplina, analisando-as no detalhe miúdo. O que não o impedia de reconhecer que as *questões* às quais pretendia responder eram de fato importantes e, sempre rente aos textos, propor para elas soluções a partir de princípios estabelecidos em outros trabalhos do próprio autor. E o que dizer da facilidade com que transitava pela literatura filosófica, sociológica, política e etnológica relevante para compreender o mundo em que vivíamos, e ainda vivemos? Difícil não concordar com Christian Dunker (2021) quando o considera "um farol e um precedente incontornável para tudo o que veio depois" (p. 227).

Ao receber o convite para participar de um volume em homenagem aos 80 anos desse mestre de todos nós, não tive dúvida: falaria desse livro seminal, que citava e discutia já no prefácio da minha primeira coletânea, publicada no final da década de 1980 (Mezan, 1988/2005). Na época, interessava-me sobretudo a leitura feita por Jurandir da prática dos psicanalistas no Brasil, determinada tanto por fatores internos à implantação dela por aqui quanto pelas condições sociais e políticas da transição da ditadura para um Estado de Direito que ainda buscava se estabelecer.

No entender de vários estudiosos, essas condições haviam criado na "geração AI-5" uma nefasta combinação de preocupações voltadas para o próprio umbigo, desinteresse pelas transformações pelas quais estava passando o país, e indiferença quanto a mazelas históricas da nossa sociedade: miséria, desigualdade, preconceito – e *violência.* Apesar de no geral subscrever essa descrição dos fatos, Jurandir ia fundo na crítica das hipóteses então em voga para os explicar – estaria se engendrando uma "cultura do narcisismo", e o tipo de subjetividade que dela resultaria seria não apenas narcísico, mas também patológico.

Com quatro décadas de distância, o que pensava naquela época continua a ser válido, afirma nosso autor na apresentação à nova edição de *Violência e psicanálise* (Costa, 1984/2021): as variedades de violência então estudadas permanecem como chagas abertas na nossa formação social, e até se agravaram. Há, no entanto, uma nova dimensão dela – o "ódio cultural" – a ser compreendida e combatida.

Se por um lado essa nova face da violência tem características próprias, entre as quais a sua rápida disseminação via redes sociais, por outro ela brota das mesmas condições que produziam as já conhecidas. Por isso, continua a ser necessário entender no que consiste a violência, inclusive desconstruindo algumas concepções que ou a tomam por fundamento da civilização (a "sacralizam", diz Jurandir), ou expandem de tal maneira o significado do termo que acabam por "banalizá-lo", vendo em todos os atos, pensamentos e criações dos homens a marca de uma violência que seria congênita à nossa psique.

Para o comentário que se segue, tomei como fio condutor o percurso da clínica *stricto sensu* à rigorosa teorização que a sustenta, e que, a meu ver, ela contribui para enriquecer. Nossa primeira visita será ao capítulo "Violência e identidade", no qual são apresentadas a história de um tratamento psicanalítico e as "interrogações" a que ele deu origem. O relato dos episódios traumáticos que marcaram a vida de Y. ilumina o impacto devastador da violência de que foi alvo sobre a sua subjetividade, e, inversamente, acompanha a constituição de uma identidade delinquente, que foi a maneira que ele encontrou para sobreviver psiquicamente a condições emocionais muito adversas. Vamos então à história de Y., e ao que ela ensinou ao seu psicanalista.

A vida por um fio

Aos 4 anos de idade, o menino vê os pais se separarem. Precisando trabalhar, sua mãe o deixa a cargo de uma empregada; poucos meses depois, garotos de um morro próximo o curram durante um passeio com ela. Ao que parece, ninguém ficou sabendo do fato, e a moça continuou a "cuidar" do menino até os 8 ou 9 anos, quando é demitida ao se descobrir que o incentivava a fumar maconha e ingerir bebidas alcoólicas. As babás seguintes, descritas como frias ou ríspidas, não deixaram lembranças afetuosas.

Aos 12, o menino vai passar um tempo com o pai, que vivia em outra cidade. Com ele aprendeu a beber e fumar, mas não chegaram a constituir um vínculo emocional significativo. Houve também episódios relacionados com o bordel local, ao qual o pai não quis levá-lo. Indo lá por sua conta, Y. ficou sabendo que o pai era cliente assíduo das prostitutas. "Ruminando" sobre o que elas lhe contaram, chegou à conclusão de que o pai recusara acompanhá-lo ao estabelecimento por medo de ver revelada a sua impotência.

No retorno ao Rio, às voltas com o que restou desse convívio – "excitações, curiosidades, medos, surpresas, mistérios, nada mais além disso" (p. 98) –, o adolescente embarca num trajeto que o conduzirá à beira da morte: desinteressa-se da escola, vicia-se em maconha, cocaína e outras substâncias, e pratica atos que o levam a ser internado em "reformatórios para meninos-problema", nos quais presencia e sofre toda espécie de sevícias, inclusive sexuais.

O quadro se agrava a partir dos 18 anos. Focado exclusivamente na busca por drogas, Y. vai aumentando a quantidade e a frequência do consumo, que só se interrompe com um episódio psicótico: alucina que a mãe, ostentando olhos e uma língua de fogo, "como o diabo", vinha rebolando ao seu encontro. "Ela se transformava em sapo e em cobra... Sentia um medo horrível, não sabia se a mulher ia me matar. Não conseguia cortar aquela, as imagens não desapareciam..." (p. 98). Durante a hospitalização que se segue à crise, tenta se matar; ao sair, volta aos tóxicos, é detido pela polícia, reinternado, e está com 21 anos quando, concluída essa segunda temporada psiquiátrica, encontra Jurandir e começa sua análise.

Antes de passar às "interrogações" sobre o processo terapêutico que viveram juntos, o psicanalista nos informa sobre a vida sexual-afetiva de Y. Como se poderia imaginar, ela é pobre, para não dizer nula: zero amigos, zero relações amorosas, zero prazer na masturbação "mecânica e rara", queixas de impotência nas visitas a bordéis, e apenas duas relações sexuais conduzidas até o fim. Segundo Y., estas só foram bem-sucedidas porque conseguiu receber de certas entidades do panteão africano a "enorme força" necessária para concretizar o coito.

A familiaridade do jovem com os orixás tinha a ver com um interesse pelo que chamava de "história", que, ao lado do gosto pela música e por pintar, fazia parte do que na sua vida psíquica havia "sobrevivido à devastação dos tóxicos". Jurandir concede grande importância a essa preocupação com as origens do mundo e da vida, e também com os costumes e as crenças das "populações antigas", em especial as que se referissem às relações entre opressores e oprimidos. A parte factual do capítulo termina contando como a análise pôde ajudar o paciente a se livrar da dependência química, conseguir um bom emprego, estabelecer relações amorosas razoáveis, se dedicar seriamente à pintura, e ser absolvido das acusações no processo judicial em que era réu.

As "interrogações" que Jurandir se coloca a partir da terapia com esse paciente são de duas ordens. A primeira se refere a ele individualmente: qual o sentido dos sintomas que apresentava, por que tomaram aquelas e não outras formas, como se relacionavam com as circunstâncias traumáticas que enquadraram sua vida, etc. A peculiaridade do *modus jurandiricus* de pensar se manifesta no fato de a segunda ordem de considerações – que incide sobre os fatores sociais relevantes para compreender a patologia do analisando – vir interligada com a primeira, realizando um vaivém entre aspectos bem próximos da organização psíquica de Y. e níveis mais elevados de abstração.

O que permite o engate entre ambas as perspectivas, a meu ver, é a convicção de que *a identidade desse moço se estrutura a partir da maneira como se defende da violência que presidiu a sua vida.*

Fundamentar essa convicção requer definir os conceitos de identidade e de violência de modo tal que – sem concessões quanto à complexidade de cada um – possam dar conta da especificidade *destes* conflitos e *destas* soluções.

Convém aqui dar um exemplo desse recurso, amplamente utilizado ao longo de todo o livro:

> *Perguntamo-nos inúmeras vezes qual a razão da paixão de Y. pela droga* [ordem da singularidade]. *Construímos algumas hipóteses* [articulação entre o singular – razão para tal sintoma em tal pessoa – e a teoria, que trata de processos e mecanismos comuns a muitas pessoas]. *Em todas elas, um aspecto salientou-se: o papel da violência na construção da identidade* [frase-síntese, com um pé na singularidade do próprio Y. e outro na generalidade dos conceitos – a violência, a identidade – que serão empregados para compreender essa especificidade]. *(p. 98)*

Esta "visão binocular" tem várias funções na estratégia argumentativa de Jurandir. Primeiramente, é o esteio metodológico que dá coerência e plausibilidade à construção[1] proposta para o caso de Y. Em segundo lugar, abrindo-se como se fosse a grande angular de uma máquina fotográfica, a lente analítica focaliza a sociedade de consumo que – com algum atraso em relação ao centros do capitalismo – então se instalava no Brasil. Apoiado na leitura com lupa de um amplo elenco de sociólogos, filósofos, antropólogos, pensadores políticos (e psicanalistas), sua conclusão é severa: apesar da fachada "moderna" e "tolerante", esta sociedade é

1 No sentido definido por Freud (1937/1975c) em "Construções em psicanálise": uma visão de conjunto da problemática psíquica do paciente, procurando ligá-la aos acontecimentos-chave da sua vida.

intrinsecamente violenta. Chega-se assim à necessidade apontada anteriormente, a terceira serventia da "visão binocular": conceituar a violência de forma a justificar a tese, não mais num caso singular, e sim como traço fundamental dessa formação histórica, cujo impacto nas subjetividades que ela codetermina é tão imenso quanto variado. É para avaliar esse impacto que a psicanálise pode e deve ser convocada – porém nem sempre, como veremos adiante, os analistas se mostraram à altura da tarefa. Quarta e última função da "visão binocular": levando em conta as diferentes facetas da violência, contribuir para que seja elaborada uma concepção dela psicanaliticamente sustentável. Retornemos então ao texto de Jurandir, para ver como essa concepção opera na prática.

A construção da identidade

Uma das hipóteses aventadas para a constância da ligação de Y. com as drogas é que ela deixou de ser um meio de se dar prazer e passou a fazer parte da *identidade* do rapaz, como se ele se dissesse: "não me limito a *consumir* drogas: *sou* um drogado". Como isso foi possível? São necessárias algumas mediações, que parecem nos afastar do problema, mas na verdade permitem chegar a uma resposta razoavelmente satisfatória. Além de drogado, Y. também assumiu uma "aparência marginal", destinada a ocultar do olhar dos outros "o que sentia e pensava possuir de melhor . . . A lógica da resistência apoiou-se no segredo, que lhe serviu como refúgio num mundo de violência"(pp. 98-99), escreve Jurandir, baseando-se em Winnicott e na sua própria experiência clínica.

No argumento que vai sendo composto, o tema do segredo serve como dobradiça entre as ordens mencionadas anteriormente. Uma "placa" dela vincula o consumo de substâncias ilícitas, que se deve esconder dos agentes da lei, à intensidade das sensações físicas provocadas por elas, quase impossível de comunicar a quem não é usuário (ambos elementos do plano fático, o comportamento e a corporeidade). A outra "placa" está parafusada na teoria: um detalhado exame da noção filosófico-psicológica de *identidade*, contraposta ao conceito psicanalítico de *identificação*. Não é difícil para esse leitor assíduo de Freud comprovar que, no pensamento dele, "a identidade não é um fenômeno simples, mas um complexo produto de mecanismos identificatórios distintos em gênese, natureza e efeitos, um amálgama que o sujeito experimenta e formula como sendo a natureza do seu Eu e do outro" (pp. 103-104).

Além de trabalhos do fundador, Jurandir convoca para apoiar sua demonstração artigos de analistas que abrem outras perspectivas. Uma delas é justamente a do segredo; uma segunda se refere ao corpo, quer como fonte de sensações físicas que o sujeito reconhece como suas, quer como correlato da imagem corporal. Após assinalar a importância dessas duas faces da identidade para compreender o conflito identificatório de Y., somos apresentados às teses de Piera Aulagnier sobre a necessidade, para o eu, de "inocentar o corpo da responsabilidade da morte", bem como de "reconhecer o poder erógeno [dele] como fonte de prazer, e, inversamente, de sofrimento". Para tanto, segundo a psicanalista milanesa, é preciso "encontrar e criar na cena do real um objeto que confirme a existência dessas propriedades" (pp. 102-103). No tocante ao segredo, Piera o considera essencial ao *prazer de pensar*, a não ser confundido com ter pensamentos ou fantasias acerca de situações prazenteiras. Na ausência desse prazer, "torna-se impossível ao sujeito constituir sua identidade, diferenciando-se do outro" (p. 105).[2]

Postas essas balizas conceituais, retornamos ao plano da singularidade. Recebendo do seu corpo provas constantes de que ele era "fonte de sofrimento e ameaça de destruição", Y. usou a droga

2 Uma função semelhante é atribuída por Radmila Zygouris (2022) à mentira infantil.

para "desmentir o real, tentando converter [seu corpo] em lugar exclusivo de prazer. . . . O corpo drogado, eternamente em gozo, ressarciu-se das experiências de curra, espancamentos e humilhações" (p. 106). Em termos metapsicológicos, ele acionou uma defesa maníaca, que por alguns anos conseguiu preservá-lo do enfrentamento com sua real condição de desamparo e impotência.

Além disso, a droga também favoreceu a criação de um "espaço de segredo" nos termos de Piera Aulagnier e de Radmila Zygouris. Benéfico por um certo tempo, esse espaço – por natureza imune a qualquer contestação vinda de outrem – foi aos poucos ampliando o seu raio de abrangência para muito além das ideias ligadas à identidade. Acontece aqui um processo homólogo ao que se deu no tocante ao corpo: "Y. tentou reduzir o pensamento a uma atividade solipsística. Os segredos que procurou defender da intrusão externa dilataram seus limites, envolvendo quase toda a atividade de pensar . . . Seu pensamento foi se tornando um monólogo, sem interlocutores reais ou imaginários" (p. 107).

A essa mesma condição de recusa intransigente do outro podem ser atribuídos os "percalços da sexualidade" do moço. Em tese, afirma nosso autor, a inibição quase total da sexualidade genital poderia ser explicada pelos motivos edipianos habituais ("horror à castração, recuo diante da imago da mãe devoradora", etc., p. 108), mas essa leitura não explicaria a modalidade específica da inibição *deste* sujeito. Jurandir interpreta a convicção de que só com o auxílio dos deuses africanos foi possível consumar o ato sexual como indicando que Y. se identificara com eles, ou com a sua força, ficando assim "protegido de qualquer pensamento que, através do sexo, lhe trouxesse de volta o enigma das origens e limites do prazer e da vida" (p. 108).

Dos deuses à figura do pai o passo é curto, e penso que é essa a razão de ele ser mencionado no parágrafo seguinte ao que acabo de citar. Relembrando que foi depois de ir vê-lo que Y. começou a usar drogas, Jurandir atribui à decepção que resultou do "encontro árido" na cidade em que o pai morava um papel fundamental na sequência de desventuras que envolvem momentos marcantes na vida de Y. – nesse caso, a passagem da infância à puberdade.

O que ele esperava quando embarcou para a cidade paterna? Plausivelmente, uma "alternativa possível" ao universo da mãe, composto de ausência, negligência e abandono – mas o pai não pôde preencher essa expectativa. Retornando ao Rio, Y. reorganiza por assim dizer sua relação com ele atirando em todas as direções: imita seus hábitos (beber, fumar) e assume para si o desinvestimento da sexualidade que lhe atribuía, até mesmo daquela autoerótica (a masturbação "mecânica e rara"). Anos depois, quando a exemplo do pai começa a buscar prostitutas, não consegue completar a relação sexual, numa clara identificação com ele. Mas essa identificação não se limita a copiar o sintoma paterno: Jurandir aponta como Y. transforma essas ocasiões numa afirmação de que não precisava de ninguém mais para obter prazer sexual: "expor-se ao sexo sem a ele render-se . . . constituía o cerimonial em que a cena inconsciente do triunfo, controle e desprezo em relação ao objeto sexual era interminavelmente representada" (p. 109).

A figura de um pai impotente serviu igualmente, diz Jurandir, para significar a "ausência de lei e de ordem que deveriam organizar o caos imaginário do filho" (p. 109), e também para tornar misteriosa a sua própria origem: como poderia ter sido gerado por um homem que não conseguia uma ereção? Seria talvez fruto de um adultério da mãe? Ou ela o teria concebido sozinha? Sem ninguém com quem falar dessas inquietações, o menino deslocou-as para o que veio a chamar de "história" – tudo o que dissesse respeito às origens: da vida, do homem, da civilização, e por conseguinte dele mesmo.

Esse interesse sublimatório ajudou-o a não soçobrar no completo isolamento psíquico; contudo, não foi suficiente para construir referências paternas capazes de alicerçar uma identidade diferente da que a droga parecia poder lhe garantir. Por alguns anos, ela cumpriu bem a função de conter a angústia na qual Y. vivia – mas ao preço de enfurná-lo cada vez mais num mundo sem outro objetivo que o de se dopar. Até que as defesas que havia edificado deixaram de funcionar, e o pensamento, "refúgio contra o mundo", ruiu. Sobreveio então a descompensação psicótica, que, paradoxalmente, "lhe salvou a vida, apontando uma via de escape para o universo de violência que o aprisionava" (p. 110).

As faces da violência

Em suma, podemos dizer que o fulcro da interpretação oferecida por Jurandir para o caso de Y. é que o funcionamento psíquico dele se estruturou como uma série cada vez mais radical de defesas contra a violência. Mas o que significa, exatamente, essa afirmação? Dito de outro modo, como definir esse fenômeno, que se apresenta na vida real – e é concebido pelos especialistas – sob formas tão diversas? As páginas finais do capítulo "Violência e identidade" são dedicadas a uma discussão desse problema.

Segundo nosso autor, a noção de violência implica duas ideias: uma *quantitativa* – é violento o ato no qual o mais forte se serve da desproporção entre sua força e a do mais fraco para o coagir a fazer ou não fazer alguma coisa – e outra *qualitativa* – é violento o ato no qual o abuso de poder pelo mais forte infringe alguma lei ou norma preexistente, configurando assim uma injustiça. Em formulações ligeiramente diferentes, essa concepção percorre o livro inteiro, servindo como parâmetro para avaliar a posição de cada um dos autores com os quais nosso homenageado enceta o debate.

A crítica que endereça a todos eles é simples, mas de grande alcance: por se restringirem ao aspecto quantitativo, ignoram que nem toda desigualdade e nem toda coerção envolvem violência. Na educação, por exemplo, é lícito induzir a criança a assimilar certos hábitos (regras de higiene, disciplina de estudo, etc.); eticamente, não é violento ensiná-la a respeitar os outros, a ser solidária, a adiar ou a abrir mão de um prazer imediato. É óbvio que medidas desse tipo podem ser impostas de modo autoritário ou brutal; no entanto, se proceder assim o adulto (o mais forte) estará infringindo o acordo tácito pelo qual lhe cabe zelar pelo bem-estar da criança. Ou seja: esse caso demonstra mais uma vez como, para compreender o que é a violência, é indispensável o aspecto *qualitativo*.

É ele que Jurandir mais valoriza, e isso desde a primeira página do livro, na qual lemos que a violência não é mera expressão de poder, mas *abuso* dele. Além da dimensão quantitativa, óbvia na própria noção de abuso, a definição enfatiza que o aspecto qualitativo vai muito além do fato de o mais fraco ser alvo da agressividade ou do desejo de domínio do outro: "é preciso que a vítima sinta, da parte do violentador, a disposição para transgredir as leis simbólicas que o proíbem de fazer [dela] objeto do seu gozo ilícito" (p. 15). A ideia vem de longe, pois já figurava no primeiro capítulo da edição original:

> *só existe violência no contexto da interação humana, no qual a agressividade é instrumento de um desejo de destruição.* Quando a ação agressiva é pura expressão do instinto, ou quando não exprime um desejo de destruição, não é traduzida nem pelo sujeito, nem pelo agente, nem pelo observador como uma ação violenta. *(p. 45, grifos do original)*

Essa citação introduz uma nova espiral do argumento: o exame da tradição psicanalítica, que desde Freud situa a origem e a causa da violência no plano das pulsões elementares. Quer se nomeie tal causa agressividade, desejo de destruição, pulsão de morte, raiva narcísica ou outra coisa, Jurandir discorda dessa atribuição, e dedica um espaço considerável do seu livro a refutá-la. Um primeiro motivo para essa oposição intransigente é que, como mostrou Winnicott, nem toda agressividade é violenta (por exemplo, a do bebê). Outro, e mais importante, é que adotar a posição convencional implica limitar-se ao aspecto quantitativo, inclusive da noção de *trauma*, que no nosso léxico psicanalítico é a que mais se aproxima do que comumente se entende por violência.

Antes de prosseguir, convém enfatizar que de modo algum Jurandir recusa a existência no ato violento de um aspecto quantitativo: sem assimetria nas forças em presença, seria impossível que a coerção tivesse êxito. O caráter necessário desse fator, porém, não o torna suficiente para abarcar o que torna violenta uma ação, mesmo que em certos casos a violência surja diretamente da moção pulsional, sem ser mediada pela simbolização ou pelo pensamento.

Estudando o conceito de trauma e algumas situações em que se justifica o seu emprego (neuroses traumáticas, consequências do abuso sexual na infância, etc.), Jurandir ressalta que o definir apenas pela desproporção entre a intensidade do impacto e a capacidade da psique de o absorver (modelo de *Além do princípio do prazer*) acaba por "reduzir a violência psíquica à injúria ou sevícia físicas" (p. 111). Deixando de considerar a segunda e mais importante vertente dos fenômenos violentos, incorremos em equívocos graves, entre os quais o menor não é o de excluir da violência psíquica o fator que a diferencia da física, a saber, o "elemento representativo". O exemplo citado, bem a propósito – pois a observação faz parte do capítulo sobre Y. –, é o da "indiferença, desamor ou desprezo dos pais para com os filhos, que [como todos sabemos] são atitudes violentas" (pp. 111-112).

Uma prova adicional da importância que nosso autor concede a essa segunda vertente está na análise de outra ideia tenaz, que nós analistas compartilhamos com sociólogos, teóricos da política, historiadores e especialistas em disciplinas conexas: a de que a suposta origem da violência no cadinho das pulsões daria conta da sua natureza essencialmente *irracional*. A objeção é dupla: primeiramente, crimes e outros exemplos comprovam que existe violência *premeditada*, portanto, imaginada, decidida e executada pela parte racional da psique. Em segundo lugar, o que dá ao gesto violento a aparência de "irracionalidade" é o seu vínculo com um alvo manifestamente inadequado, o que sugere se tratar de um objeto "substitutivo". Substitutivo do quê? Dos personagens ou situações que, na fantasia inconsciente, ameaçam o sujeito com punições, dores excessivas, humilhações, invasão e controle a partir do seu próprio interior, e até com a morte.

A base conceitual para esses e outros erros, afirma Jurandir, se encontra no mito do parricídio primordial exposto por Freud em *Totem e tabu*. Não podemos aqui entrar no detalhe dessa argumentação, que figura no Capítulo 1 já mencionado; basta dizer que ela visa a mostrar que a culpa pelo crime – elemento fundamental na argumentação freudiana – pressupõe a existência de uma norma frente à qual o ato apareça como condenável. Ou seja: sob o domínio do pai da horda, *havia* uma lei – a que proibia aos filhos ter acesso às fêmeas – e ela não era menos efetiva por ser imposta pela força, em vez de legitimada por algum consenso.

Mesmo que se possa discordar da conclusão de Jurandir, o fato é que sua análise fortalece a tese de que a violência é um fato da cultura, não da natureza. Nada há de extraordinário, portanto, em que ela pressuponha um contrato ao qual quem a pratica desobedece de caso pensado, com o intuito de gozar (sadicamente) do sofrimento imposto à vítima (Khouri et al., 2004; Mezan, 2011).

Se ao apontar a omissão do elemento qualitativo/representacional nas teorias da violência mais aceitas em nosso meio Jurandir se mantém no terreno da divergência teórica, frente a algumas concepções que considera simplesmente absurdas, ele não se priva de usar palavras duras. Uma delas é a assinada pelo psicanalista francês François Gantheret, para o qual a violência, juntamente com a loucura e a paixão, configura o "negativo absoluto" da razão. Não sendo conceitos, mas fenômenos da ordem do *espasmo* ou da *convulsão* (Gantheret, 1980), as três seriam inapreensíveis por ela. O comentário de Jurandir desmonta a falácia, mostrando que mesmo se a violência fosse estranha à razão (não o é), esta é perfeitamente capaz de conceituar e explicar o que foge à sua lógica, por exemplo o inconsciente... Aliás, se a violência fosse de todo impensável, como Gantheret justificaria sua tentativa de refletir sobre ela? Mistério embrulhado num enigma, é o caso de se dizer.

As ruminações do analista gaulês perdem de longe, porém, para as asneiras pomposas de Armando Verdiglione (1978), que não cora ao escrever o seguinte: "Que o sonho exista não apenas no 'dormir', eis aí a violência inerente à hipótese do inconsciente, pela qual o ato de palavra, enquanto ato falho, constitui o sujeito" (citado por Costa, 1984/2021, p. 24). Após mencionar mais dois ou três autores que escrevem na mesma coletânea, todos dizendo coisas sem pé nem cabeça, Jurandir dispara uma flechada certeira: "O que aprendemos com esta série de afirmações? Em primeiro lugar, como a retórica vazia pode despedir a explicação e confundir ainda mais o que se pretendia explicar" (p. 27).

Após esse parêntese quase cômico, retomemos o fio da nossa exposição. A ênfase no fator qualitativo da violência vale como fundamento para o que talvez seja a tese mais importante do livro que estamos comentando: a de que ela permeia o tecido social não por ser conatural à nossa vida intrapsíquica, mas porque é intrinsecamente *intersubjetiva*. Dito de outro modo, a violência da estrutura social (que se manifesta de maneiras diferentes segundo as épocas e as culturas, mas de modo particularmente nítido na sociedade de consumo) impõe a seus membros modelos identificatórios, ideais do ego e condições emocionais que geram sofrimentos muitas vezes insuportáveis.

Um exemplo de como isso acontece está no capítulo sobre o racismo antinegro, que aqui não poderemos estudar como mereceria. Digamos apenas que ele ilustra modalidades menos evidentes de violência social, como a introjeção de um ideal de beleza caucasiano impossível de ser alcançado por uma pessoa de pele escura. Longe de ser rechaçada, tal impossibilidade se converte numa interminável fonte de autodesqualificação[3] – variante tropical do que Ferenczi (1933/1955b) denominou identificação ao agressor. Neste caso, é indireto o fator coerção, e bastante nítida a parcela do que viola o direito de cada um a ser o que e como é.

Temos aqui uma boa entrada para a discussão da violência simbólica, com a qual concluiremos nossas considerações. Antes, contudo, convém assinalar como a maneira pela qual Jurandir concebe a violência opera na sua interpretação da história de Y. Ela passa pela articulação entre violência e narcisismo, já que é na vertente narcísica da psique que se situam tanto a imagem de si quanto os ideais com que o indivíduo avalia seus desejos e suas ações.

Mais uma vez, é em Ferenczi que ele vai buscar subsídios: desta vez, no artigo "Princípio de relaxação e neocatarse" (1930/1955a), no qual o analista húngaro sugere que uma das respostas possíveis para o choque traumático é a *alucinação negativa*. Trata-se de uma experiência de paralisação na atividade psíquica, que culmina no isolamento das representações associadas ao trauma e na expulsão delas para fora do mundo do sujeito.

Algo desse gênero teria acontecido na maneira como Y. entendia o seu "mal-estar em viver": isentou os pais, as babás, as

3 Graças aos avanços no combate ao racismo, é provável que o alcance dessa afirmação tenha diminuído um tanto nas últimas décadas, mas a teorização do processo identificatório sugerida por Jurandir permanece válida.

instituições em que estudou ou foi internado – em suma, todos os elementos da realidade em que estava imerso – de qualquer responsabilidade pelos maus-tratos e pelas negligências de que fora alvo. O vazio resultante da eliminação radical desse conjunto de representações foi preenchido com o interesse pelo que chamava de "história" (as origens da vida, as relações de poder em épocas passadas, etc.) e com as sensações produzidas pelo consumo cada vez mais intenso dos tóxicos.

Na tentativa de preservar a imago materna dessas acusações, o rapaz recorreu sucessivamente ao pai, à droga, e à imputação dos seus sofrimentos à realidade social. Tão sólida se tornou essa defesa que para a abalar foi necessário um surto psicótico: a representação da mãe, removida havia anos da mente, retorna em *fortissimo con tutti* na forma da diaba que tanto o aterrorizou. Mas, para sorte de Y., o delírio (que poderia tê-lo precipitado na via da psicose) revelou-se como primeiro momento de um processo que, com idas e vindas, o levou à análise e a uma evolução favorável. Perguntando-se como isso foi possível, Jurandir conjectura que apesar de tudo o ambiente materno deve ter conseguido fornecer recursos para manter o frágil equilíbrio psíquico de Y., até que a crise provocada pela overdose o fizesse desmoronar. Um desses meios teria sido o arrimo da identidade delinquente, ou antissocial, como a conceitua Winnicott (1971):

> *Os indivíduos antissociais exigem da realidade aquilo que lhes foi extorquido pelo ambiente materno. A delinquência é uma trincheira contra a perda do sentido da realidade . . . O submundo de Y., embora ilusório e efêmero, ofereceu-lhe a única possibilidade que teve de construir sua identidade conforme o princípio do prazer e da preservação da vida. (Costa, 1984/2021, p. 120)*

Violência simbólica e cultura do narcisismo

Em 1979, o sociólogo Luciano Martins publicou um artigo que causou grande celeuma, intitulado "A Geração AI-5". Nele, argumentava que uma consequência do autoritarismo então vigente no Brasil havia sido o surgimento de um novo individualismo urbano, particularmente visível entre os jovens das camadas sociais mais altas. O traço mais saliente desse grupo seria – em contraste com a rebeldia dos seus congêneres na década anterior – a apatia frente ao confisco do espaço público e da vida política pela ditadura militar.

A repressão conseguira seu objetivo: ao discutir o texto de Martins, Jurandir cita trechos de contos populares na época, cujos personagens habitam "um mundo de descrença, cinismo e perplexidade", e resume: "convencidos de que a história perdeu o prumo . . ., céticos em relação a tudo, [esses jovens] parecem buscar no corpo e no prazer que dele podem extrair o que lhes resta do sentimento de identidade histórica e pessoal. É como se o *penso, logo existo* tivesse sido substituído pelo *gozo, logo sou*" (p. 140).

Desse comentário, opulento em ideias e acerado na crítica aos cientistas sociais com os quais debate, reteremos aqui dois tópicos de interesse para a questão da violência: a) como a sociedade de consumo estimula uma subjetividade centrada no bem-estar do indivíduo, e de modo especial na atenção ao seu corpo; b) de que maneiras tal condição envolve para quem vive nessa sociedade uma medida nada desprezível de sofrimento psíquico.

Em relação ao primeiro ponto, Jurandir está de acordo com a descrição que faz Martins do "projeto de vida hedonista" desses jovens: "o que singulariza socialmente a geração pós-68 é o seu *projeto de vida hedonista* e o seu *meio familiar anômico*, em que prevalecem princípios de orientação social baseados no 'respeito' à liberdade e ao desejo de cada um" (p. 161). Mas diverge dele quanto aos motivos aduzidos para essa situação, e – apoiando-se nos pensadores da Escola de Frankfurt – sustenta que "as condutas sociais da Geração AI-5, reprodutoras do autoritarismo, representam principalmente a conversão da família burguesa às ideologias do bem-estar do corpo, do sexo e do psiquismo, típicas da sociedade de consumo" (p. 161).

Um dos efeitos dessa "conversão" é o declínio da autoridade patriarcal, que, segundo uma fina análise de Herbert Marcuse (1972), vinha desde os anos 1950 sendo substituída pela obediência aos padrões normativos impostos pelos meios de comunicação de massa. No entanto, longe de conduzir à libertação dos ideais e dos interditos veiculados pelo pai, ou ao desabrochar das potencialidades de cada um, tais processos estariam atirando o ego numa "condição regressiva" – o "indivíduo-massa", descrito por Freud em *Psicologia das massas e análise do ego*.

Essas notações de Marcuse servem de ponte para a discussão do livro de Christopher Lasch, *Cultura do narcisismo* (1970). Dessa análise da sociedade norte-americana na década de 1960 – a da guerra do Vietnã e dos movimentos da contracultura – Jurandir retém o estudo dos traços que caracterizam o indivíduo que nela nasce e se educa, e que Lasch aproxima aos sintomas da patologia narcísica segundo a psicanálise. Eis alguns deles: "insatisfação vaga e difusa; inconsistência das relações amorosas; hipersensibilidade à frustração; sentimentos de futilidade e de ausência de finalidade na vida; sensação permanente de tédio e vazio interior; depressão; oscilações bruscas na autoestima; dependência fugaz ante experiências afetivas calorosas" (p. 165).

A semelhança com as personalidades narcísicas de que falam Heinz Kohut, Harold Searles, Otto Kernberg e outros salta aos olhos, bem como a presença nelas do superego arcaico descrito por Melanie Klein. Não teria sido, afinal, tão vantajosa a troca do superego que Freud associava à figura do pai (apenas "severo") por essa formação muito mais agressiva, destrutiva e – chegamos lá

– *violenta*, que sob a pena da Grande Dama surge quase sempre acompanhada do adjetivo *overwhelming* (esmagador/a). Nada incompreensível, assim, que o terror de se ver criticado e humilhado por um inimigo interno desse calibre conduza o ego a comportamentos conformistas, passivos e apáticos. Sob a frágil máscara de tolerância e permissividade, o que há é "indiferença para com tudo que não seja do interesse exclusivo do próprio indivíduo . . . A felicidade que lhe cabe é a felicidade desidratada do consumo" (p. 166).

Seria então o americano médio portador de um narcisismo patológico, produzido de modo mais ou menos espontâneo pela sociedade igualmente patológica em que vive? É essa a opinião de Lasch, no entanto recusada por Jurandir. Por quê? Porque, embora a sociedade estadunidense possa (como qualquer outra) se tornar fonte de "estímulos psicopatogênicos", isso não ocorre em virtude do seu funcionamento normal, e sim por falhas nele – especificamente, a de impor a uma parcela dos seus membros "um desempenho psicológico cujos requisitos excedem os meios de que eles dispõem para atingir os fins desejados" (p. 171), como aliás já sugeria Freud (1908/1975a).

O outro autor no qual Jurandir busca ideias para compreender o momento social que vivíamos no ocaso da ditadura é Jean Baudrillard, a cujo livro *La société de consommation* (1970) dedica um detalhado exame. Deixando de lado alguns reparos menores, dele extrai uma tese que lhe prestará bons serviços mais adiante: a de que o sistema industrial moderno *não* tende – como muitas vezes se imagina – a favorecer uma homogeneização no campo do consumo. Ao contrário, "alimenta-se de sucessivas formas de hierarquização de acesso aos bens. . . . O campo estrutural do consumo é formado pela posição relativa que cada indivíduo ocupa na hierarquia de acesso aos bens" (pp. 175-176). Em resumo, a lógica da sociedade de consumo é a da *diferenciação social*, que se expressa num sistema de signos do qual o melhor exemplo é a ditadura da moda.

A dialética da moda prefigura para nós, leitores atuais, o império das redes sociais: por um lado, a injunção de usar ou fazer o mesmo que todos (e de se exibir assim); de outro, o incentivo ao toque pessoal, àquilo que distinguirá a pessoa entre os que seguem o modelo prestigioso, e a ajudará na competição de todos contra todos pelo grande prêmio da sociedade de consumo: o *status*.

A temática do narcisismo vem se alojar sem grande dificuldade nessa ordem de considerações, e, como Lasch, Baudrillard fará uma incursão por essa parte da teoria psicanalítica. Para ele, entretanto, o narcisismo moderno não é patológico, e sim *dirigido* pelas instâncias sociais que fabricam a ideologia sobretudo para o corpo. Mas, segundo a lógica exposta, o investimento no *corpo do consumo* não visa às características específicas da pessoa à qual ele pertence: se volta para "aquilo que . . . exprime a vinculação do sujeito e [seu] posicionamento na pirâmide da diferenciação social", de modo a fazer dele um "reflexo dos signos do sistema da moda" (p. 177).

Chegado a esse ponto do argumento, Jurandir deixa de lado as "imprecisões" em que ao falar do narcisismo incorrem tanto o filósofo francês quanto o historiador americano. e empreende o exame do conceito no seu terreno de origem, a psicanálise. No capítulo sobre a geração AI-5, a seção "Narcisismo: os atropelos de uma noção" discute várias maneiras de defini-lo e de utilizá-lo (Kohut, Kernberg, Herbert Rosenfeld, Lacan, Guy Rosolato) e enuncia a que será adotada por ele. Trata-se de uma das propostas por Freud em "Para introduzir o narcisismo" (1914): a criança ama em si o que nela é amado pelos pais, ou, numa formulação mais ampla, "todo e qualquer narcisismo é dirigido para aquilo que no corpo ou no psiquismo é percebido como objeto do desejo do outro" (Costa, 1984/2021, p. 185).

Até aqui, nada de extraordinário: é Jurandir da gema, percorrendo Freud, a literatura psicanalítica e os autores das disciplinas conexas com o olhar sereno de quem sabe do que está falando e o diz com lucidez, precisão e elegância. Tanto maior é a surpresa do leitor quando, após um rodeio pela questão das neuroses de guerra, depara com uma leitura originalíssima de "Além do princípio do prazer", mais exatamente da passagem em que, falando do choque traumático, Freud (1920/1975b) escreve:

> *é assim que a violência mecânica exercida pelo traumatismo liberaria um* quantum *de excitação sexual que, na ausência de toda angústia correspondente à representação do perigo, seria capaz de exercer uma ação traumática, se, por outro lado, a lesão somática que se produz ao mesmo tempo* não tivesse como efeito fixar sobre o órgão lesado uma espécie de sobrecarga narcísica, *a excitação excessiva. (citado por Costa, 1984/2021, p. 188, grifos do original)*

Segundo nosso autor, com essa observação Freud "enriquece consideravelmente sua teoria do narcisismo". No que consiste o benefício? Reportando-se ao texto de 1914, Jurandir mostra como nele a distinção entre *autoerotismo* e *narcisismo do corpo* (= investimento narcísico do corpo) é apresentada de forma obscura, o que dificulta distinguir entre os investimentos no ego e no corpo próprio, ambos confundidos na noção genérica de um investimento na própria pessoa. Ali também aparecia a ideia de uma atenção especial prestada ao "órgão lesado", porém restrita à doença orgânica ("para quem tem uma dor de dente, o mundo se restringe a ela"). A inclusão desse fato num novo contexto – a discussão do trauma – torna possível compreender que "*o corpo pode ser investido narcisicamente não por ser fonte de prazer, mas porque é causa de dor*" (p. 191, grifos do original).

Vimos há pouco como essa ideia é utilizada para dar conta de vários aspectos da história de Y. Aqui, sua função é bem mais ampla, porque tem como corolário que o investimento narcísico do corpo possa ocorrer para "controlar ou extinguir uma experiência de dor". E Jurandir continua, como que entusiasmado pela descoberta que acaba de fazer:

> *sem esta distinção, é difícil compreender o narcisismo moderno. O mal-estar na cultura atual não se explica, em nossa opinião, por um excesso qualquer de narcisismo. O homem narcísico não sofre por querer "gozar demais" . . . O narcisismo moderno é um* narcisismo regenerador. *O investimento compulsivo do corpo que presenciamos hoje é uma maneira encontrada pelo indivíduo de limitar os efeitos violentos da sociedade de consumo. O indivíduo moderno é um indivíduo* violentado, *antes de ser um* narcisista. *(p. 192, grifos do original)*

A demonstração dessa tese levará a uma nova e mais abrangente definição do que seja a violência. Partindo da análise com lupa dos conceitos psicanalíticos de traumatismo, prazer e dor, Jurandir se detém na diferença entre o traumatismo infantil – por exemplo o da sedução originária, que segundo Laplanche introduz na psique da criança os significantes enigmáticos ligados à sexualidade reprimida do adulto – e o traumatismo da neurose traumática. Por não romper o para-excitações, o primeiro é elaborado segundo o modelo da experiência de satisfação, e por isso pode ser absorvido sem maior dificuldade. Já quem sofre um trauma do segundo tipo vivencia "pânico, terror, confusão, estupor", e procurará se livrar desses sentimentos mediante defesas bem mais radicais, como se recordar inúmeras vezes do incidente traumatizante, ou hiperinvestir com libido narcísica o órgão lesado.

Ambas acarretam uma desorganização severa do sistema de representações, como se uma bomba atingisse a rede de conexões entre elas laboriosamente construída pelo sujeito.[4] E é precisamente esse efeito que passa a especificar o fenômeno da violência:

> *Violência, a nosso ver, é toda ação traumática que conduz o psiquismo ou a* desorganizar-se completamente, *ou a responder ao trauma através de* mecanismos de defesa análogos à economia da dor. *Violenta é qualquer circunstância da vida em que o sujeito é colocado na posição de* não poder obter prazer, *ou de só buscá-lo como* defesa contra o medo de morrer. *(p. 195)*

Dessa definição decorrem várias consequências, das quais cabe aqui mencionar duas. A primeira é que a violência é por natureza *não sexual*, mesmo nos casos em que pareceria brotar de um impulso sexual (por exemplo, no estupro ou na pedofilia). A fantasia do violentador pode ser sexual, mas o seu ato envolve um desejo de morte, jamais um de vida: "a sexualidade é o instrumento, não a fonte da violência sexual . . . O risco [para a vítima] é o da desagregação do núcleo da identidade egóica. A angústia aqui não é a da castração, a angústia é a da morte" (p. 196).

Um segundo derivado dessa conceituação mais psicanalítica é que a sexualidade eventualmente liberada pelo impacto violento será necessariamente narcísica, por uma razão muito simples: é impossível para o sujeito violentado "se ligar ao objeto traumático. Em vez de investi-lo sexualmente, tenta afastá-lo, anular sua existência, ou *evocá-lo para o fixar*, assim como anticorpos diante de um corpo estranho. Este é o modelo da dor" (p. 198).

---

4 Um ponto de vista semelhante é proposto por Luis Carlos Menezes (1997).

Estabelecido esse ponto, podemos retornar à análise da sociedade que nos anos 1970 e 1980 começava a se implantar no Brasil. O que o percurso crítico de Jurandir evidencia é que as modalidades de investimento no corpo e no sexo observadas em muitos jovens brasileiros não provinham de um hedonismo desbragado e no fundo imoral, e sim da reação, por meio do narcisismo defensivo, à violência de que eram alvo. E esta, por sua vez, não estava ligada apenas à repressão militar (embora esta tivesse, obviamente, um papel catastrófico na vida de todos os brasileiros). Mais profunda e sutilmente, originava-se na transformação do corpo e do sexo em *objetos de consumo*, no sentido descrito por Baudrillard e por Lasch.

As últimas páginas da edição original de *Violência e psicanálise* contêm uma primeira versão de vários temas que Jurandir desenvolverá em obras posteriores.[5] Um é a denúncia da falaciosa promessa de prazer contínuo e fácil de conseguir, que acaba por se impor como um ideal superegoico de gozo que Lacan qualificará como "obsceno". Outro focaliza o sentimento de fracasso e impotência que acomete quem se descobre incapaz de atingir tal padrão de desempenho, supostamente já alcançado por muitos outros cidadãos. Lá estão igualmente às compensações ilusórias frente ao terror de se tornar um *loser* (perdedor) e frente à vergonha secreta de já ser um: a atividade compulsiva, a procura de estímulos cada vez mais intensos (no uso de tóxicos, nos exercícios físicos, no frenesi das compras), e, com o avanço das tecnologias médicas, as cirurgias para corrigir esta ou aquela imperfeição corporal.

A essas formas mais familiares de violência simbólica, o novo século veio acrescentar uma ainda mais perniciosa: o ódio cultural, que visa ao extermínio do oponente – de início no plano moral (cancelamento), porém cada vez mais recorrendo ao assassinato

5 Entre outras, no artigo "Narcisimo em tempos sombrios" (1991).

puro e simples. Retomando elementos da "solução final" praticada pelos nazistas, e ampliado pelo advento das redes sociais, o ódio cultural ameaça destruir uma conquista civilizatória que devemos ao Iluminismo: a tolerância, cuja face atual é a exigência de respeito à diversidade nos mais variados âmbitos. Tempos sombrios estes, mas também de esperança, porque de resistência e combate àquela praga contemporânea, que nada mais é que projeção sobre outrem do que tememos em nós mesmos.

Por nos ajudar a compreender essa e outras mazelas da atualidade, devemos a Jurandir Freire Costa um caloroso agradecimento. Manejando com brilho as armas da inteligência crítica e da compaixão solidária, ele nos mostrou como a psicanálise pode realizar sua vocação emancipatória não só enquanto terapia, mas igualmente na árdua tarefa de "melhorar o convívio humano".

Referências

Baudrillard, J. (1970). *La société de consommation*. Gallimard.

Costa, J. F. (1988). As faces da violência. *Revista Percurso*, *1*(2).

Costa, J. F. (1991). Narcisismo em tempos sombrios. In H. Fernandes (Org.), *Tempo do desejo*. Brasiliense.

Costa, J. F. (2021). *Violência e psicanálise*. 4a ed. rev. e ampl. Zagodoni. (Trabalho original publicado em 1984).

Dunker, C. (2021). Posfácio. In J. F. Costa, *Violência e psicanálise*. 4a ed. rev. e ampl. Zagodoni.

Ferenczi, S. (1955a). The principle of relaxation and neocatharsis. In S. Ferenczi, *Final Contributions to Psycho-analysis*. Hogarth Press. (Trabalho original publicado em 1930).

Ferenczi, S. (1955b). Confusion of tongues between adults and the child. In S. Ferenczi, *Final Contributions to Psycho-analysis*. Hogarth Press. (Trabalho original publicado em 1933).

Freud, S. (1975a). La moral sexual cultural y el nerviosismo moderno. In S. Freud, *Obras completas* (Vol. II). Biblioteca Nueva. (Trabalho original publicado em 1908).

Freud. S. (1975b). Introducción al narcisismo. In S. Freud, *Obras completas* (Vol. II). Biblioteca Nueva. (Trabalho original publicado em 1914).

Freud, S. (1975c). Construcciones en el análisis. In S. Freud, *Obras completas* (Vol. III). Biblioteca Nueva. (Trabalho original publicado em 1937).

Freud, S. (1975d). Más allá del principio del placer. In S. Freud, *Obras completas* (Vol. III). Biblioteca Nueva. (Trabalho original publicado em 1920).

Gantheret, F. (1980). *Regard psychanalytique sur la violence*. Separata de uma conferência no Instituto de Psicanálise de Barcelona. Université de Paris VII.

Khouri, M. et al. (Orgs.). (2004). *Leituras psicanalíticas da violência*. Sociedade Brasileira de Psicanálise, Casa do Psicólogo.

Lasch, C. (1970). *The Culture of Narcissism*. Warner Books.

Marcuse, H. (1972). El envejecimiento del psicoanálisis. In H. Marcuse, *La represión sexual en la sociedadcontemporánea*. Ediciones CEPE.

Martins, L. (1979). A Geração AI-5. *Ensaios de Opinião*, 2, 32-71.

Menezes, L. (1997). A técnica em questão. In S. Alonso, & A. M. Leal (Orgs.), *Freud: um ciclo de leituras*. Instituto Sedes Sapientiae, Escuta.

Mezan, R. (2005). Prefácio. In R. Mezan, *A vingança da Esfinge*. Casa do Psicólogo. (Trabalho original publicado em 1988).

Mezan, R. (2011). "Homens ocos, funesto desespero": a Psicanálise diante da violência. In R. Mezan, *Intervenções*. Casa do Psicólogo.

Verdiglione, A. (1978). Introdução. In Colletivo Semiotica e Psicanalisi, *La Violence 1: Actes du colloque de Milan – 1977*. Union Générale d'Éditions.

Winnicott, D. W. (1971). La tendance anti-sociale. In D. W. Winnicott, *De la pédiatrie à la psychanalyse*. Payot.

Zygouris, R. (2022). Minto, logo existo. *Revista Percurso*, *69*, 25-34.

30. As violências e a psicanálise

Julio Sergio Verztman

Um livro em homenagem a Jurandir Freire Costa é tão necessário quanto oportuno. Afinal de contas, trata-se de um autor que contribui incessantemente para a discussão de temas decisivos e, muitas vezes, considerados "embaraçosos" pela comunidade psicanalítica. Isso se amplifica no que tange ao estudo dos processos heterogêneos de subjetivação no Brasil. É marcante a sua afinidade pelo que poderíamos definir por subjetividades *alterizadas, minorizadas e subalternizadas* (Ayouch, 2019) ou pela intelecção de processos que se caracterizam pela subjugação ilegítima do outro.

Uma frase que remonta à década de 1980, época em que conheci Jurandir,[1] ecoou ao longo de minha trajetória de vida e de profissão: "Jamais podemos perder a nossa capacidade de indignação!". Essa frase, dita por ele num debate ao qual um jovem médico assistia entusiasmado, se manteve, para mim, como guia ético delimitador de fronteiras.

1 A partir de agora me referirei ao autor homenageado nesta coletânea simplesmente por Jurandir.

A indignação é uma ferramenta de trabalho pouco tematizada pela psicanálise. Ela coloca em xeque uma prática clínica baseada na neutralidade e na aceitação tácita de aspectos indignos de nossa sociabilidade, os quais podemos inadvertidamente reproduzir na nossa prática. Desse modo, nada mais necessário para nós, psicanalistas brasileiros, do que revisitar os trabalhos de Jurandir.

O destino tem seu próprio modo de operar e ele me trouxe a oportunidade de contribuir para este livro exatamente neste momento histórico. Um período no qual aspectos basilares de nossa forma de olhar para o mundo e para o nosso ofício estão sendo remexidos de ponta-cabeça.

Por um lado, temos a incidência da pós-verdade, da recusa radical da diferença, da busca pela ratificação de uma hierarquia definitiva entre raças, gêneros, classes sociais e culturas, da ocupação predatória, cínica e desinibida do espaço público pelo que se denomina "pensamento conservador de extrema direita". Por outro, temos a difusão de uma *démarche* decolonial, contracolonial ou pós-colonial, que muda decisivamente a lente com a qual percebemos o nosso entorno e a nossa história, tornando-os situados e corporificados. Nessa perspectiva que não podemos mais ignorar, em virtude dos novos problemas que ela se propõe a pensar, temos economizado em indignação, provavelmente em função dos nossos compromissos com o eurocentrismo, com o pacto narcísico da branquitude, com a barra excludente da diferença sexual e com os processos de colonização a que fomos submetidos.

O presente capítulo terá como centro de gravidade as noções seminais contidas no livro *Violência e psicanálise* (Costa, 1984/2021). Essa escolha se deveu a múltiplos fatores. O mais imediato é estarmos iniciando, no Núcleo de Estudos em Psicanálise e Clínica da Contemporaneidade (NEPECC), uma investigação clínica sobre as modalidades de sofrimento vividas por pessoas alvo de violência. A construção do projeto nos levou, logo de cara, a revisitar este livro. Um livro que ainda não encontrou substituto no rigor e na precisão com o qual aborda conceitualmente o tema.

Sua longa introdução, "Por que a violência? Por que a paz?", nos apresenta, sob múltiplas perspectivas críticas, o grave impasse vivido tanto pela psicanálise quanto por seus praticantes ao abordar a violência. Apesar de Freud ter escrito páginas marcantes sobre a agressividade, sobre certos destinos pulsionais destrutivos, sobre os efeitos subjetivos da rivalidade, sobre as engrenagens narcísicas de apagamento da diferença e da alteridade, sobre a deflexão, em direção ao outro próximo, do ódio potencialmente circulante no espaço interno de um grupo (conhecido como "narcisismo das pequenas diferenças"), sobre os efeitos mortíferos de uma forma particular de agrupamento humano conhecido como "massa", ainda assim, a construção de um conceito de violência em nosso edifício teórico é tarefa inconclusa. A palavra "violência" vem sendo usada entre nós ou para descrever aspectos muito heterogêneos entre si, ou para replicar sua semântica habitual no senso comum, ou com um tamanho alargamento de referentes que ela se torna inútil como conceito para nos fazer compreender fenômenos da realidade empírica, seja ela clínica ou relacionada à cultura.

O recorte proposto neste capítulo consistirá em, além de descrever resumidamente algumas linhas de força do livro de 1984, articular essas ideias com a noção de *violência colonial*. Consequentemente, a apreciação conceitual dos quadros da violência será especificada com base no processo colonial. E o projeto de universalismo abstrato da colonialidade será revisitado a fim de amplificar a crítica sobre uma concepção de violência de tal modo generalizada e primitiva que chegaria a ponto de apagar suas incidências diferenciais em grupos humanos mais vulneráveis.

Dois dedos de prosa com Jurandir: a violência em Freud

Para Jurandir, o perigo crucial da imprecisão nocional sobre a violência em psicanálise não é seu vazio conceitual. Se fosse este o caso, seria necessário apenas percebermos a insuficiência dos escritos psicanalíticos sobre a ação violenta. Isso definiria o primeiro passo no sentido de construirmos novas ferramentas de trabalho. Esse vazio conceitual, entretanto, tem raízes de tal modo emaranhadas em diversos campos que a imensa maioria de nós prefere se manter num lugar de onde não podemos avaliar o que chamamos de violência. Trata-se de uma escolha ativa e irrefletida.

Podemos acrescentar que esse déficit teórico-clínico seria, a meu ver, entre outros fatores, derivado do contexto de trabalho dos psicanalistas. Um analista cuja clínica se desenrola em ambiente de consultório privado com clientes de alto poder contratual poderá raramente se ressentir da falta de explicitação descritiva ou compreensiva sobre esse assunto. Já alguém que desenvolve seu trabalho clínico junto a pessoas subalternizadas, que sofrem cotidianamente as consequências da violência de Estado, só poderá se sentir confortável com os nossos constructos teórico-clínicos sobre a violência caso transforme profundamente seu objeto de trabalho para adequá-lo a um suposto *saber já sabido* desde Freud.

Assim, a pertinência da crítica de Jurandir feita em 1984 vai ao encontro das aspirações por uma prática clínica suficientemente dotada de elasticidade a fim de abranger não somente diversas dimensões psicopatológicas, mas também subjetividades que foram excluídas ideologicamente dos benefícios de nossa escuta. Avaliar os desdobramentos da violência não é apenas acrescentar um novo verbete na enciclopédia interminável da psicanálise. Discutir com mais precisão sobre a violência torna-se um fator decisivo para situarmos e corporificarmos a nossa escuta, bem como para enfrentarmos o nosso desafio ético de democratização da formação e da clínica psicanalíticas. O modo como concebemos a violência é um sintoma que visa à manutenção de certo conforto do qual não queremos abrir mão.

Examinemos mais de perto a construção desse sintoma. Para Jurandir, o destino dado à violência em nossa literatura é marcado por dois movimentos igualmente nefastos: a sacralização e a banalização.

> *Indo de um polo a outro, a psicanálise entra no compasso das ideologias modernas. Fala da violência diluindo seu impacto e atenuando seu horror. Pois, no momento em que a define como sinônimo da morte, do que há de impensável e intocável na experiência humana,* sacraliza-a. *E no momento em que a define como a "condição de possibilidade natural" do existir humano (dado seu caráter de impulsão primeira e permanente do psiquismo),* banaliza-a. *A violência torna-se o trivial variado de toda atividade ou experiência psíquica, dando seu toque inconsciente ao sonho, à sexualidade, à relação inevitável com o outro, etc. (p. 28)*

O autor examina extensa literatura a fim de criticar a nossa adesão apressada a esses dois modos de esvaziar a potência da clínica psicanalítica diante da violência. Fazendo um pequeno recorte, podemos sugerir que tanto a sacralização da violência quanto a sua banalização fazem com que as especificidades do ato violento se apaguem em nome de algo que nos unificaria abstratamente. Somos todos marcados pela pulsão de morte, por certos destinos mortíferos inescapáveis, pelo excesso econômico que torna impensáveis e inefáveis certos acontecidos e não acontecidos psíquicos; enfim, fazendo coincidir violência, morte e mortífero, universalizamos e pasteurizamos a nossa relação com o campo do sagrado.

Todas e todos temos um encontro igualmente marcado com a violência, já que esta é definidora de nossa submissão ao universo sagrado da morte.

Mais problemático ainda é o processo de banalização derivado da assunção tácita de que a violência é constitutiva e originária do aparelho psíquico. Nosso nascimento para a vida relacional, para os processos de simbolização, para a ligação libidinal com o mundo, para a experiência sensorial diante da alteridade etc. seria marcado pela alcunha da violência, do mesmo modo que essa palavra é usada para definir o abuso sexual, a injúria racista, a objetificação do outro ou as diversas modalidades de genocídio. A noção de violência se torna de tal modo generalizada e abstrata que nos tornamos anestesiados para conceber violências em relação às quais deveríamos nos indignar.

Se a violência é nossa origem e nosso destino, como agir diante de suas consequências mais palpáveis? Como não nos apassivarmos diante de suas injunções? O percurso crítico realizado por Jurandir teve o objetivo claro de nos engajar eticamente no desafio de nos mantermos psicanalistas diante de nossas resistências à psicanálise. Isso porque alargar a tal ponto o uso do significante violência é um modo de não pensar sobre ela. E nada mais contrário à psicanálise do que se identificar com o mecanismo neurótico de nada querer saber e nada querer pensar.

Fornecerei um panorama breve sobre os campos da obra freudiana discutidos por Jurandir para demonstrar sua tese sobre a sacralização e a banalização referidas.

> *Três tópicos da teoria freudiana prestam-se a interpretações legitimadoras do papel da violência como fato inaugural ou essencial do psiquismo:* a teoria do trauma infantil, em particular, o trauma da sedução, a teoria da pulsão de morte e o estudo de *Totem e tabu*,

> com seus correlatos teóricos, que são o tabu do incesto e o mito do parricídio primordial. *(p. 29, grifos do original)*

Será suficiente para meus objetivos comentar sobre os dois primeiros tópicos. Começarei pela interrogação da confluência entre violência e trauma, ainda hoje bastante difundida em nossa literatura. Especificando o ponto de debate, criarei uma versão resumida sobre a questão: nos constituímos psiquicamente pelo nosso aparato pulsional (na primeira tópica, libidinal), que nos impõe uma medida de trabalho sempre produtora de excesso, de desencontro ou de falta, aos quais respondemos sempre de modo precário, em virtude de nossa prematuração biológica e nossa excessiva dependência do outro. Essa constituição, marcada por uma disrupção de base, é essencialmente traumática e isso caracteriza uma violência originária, inescapável e universal. Nos constituiríamos, na melhor das hipóteses, por meio da violência.

Jurandir lista três fatores que caracterizariam o trauma sexual infantil: o estímulo biológico, o exercício das funções vitais e o estímulo exógeno. Vou me concentrar na discussão sobre o fator exógeno. Este diz respeito à atualização do potencial pulsional, com o qual todos e todas nascemos, no exercício da relação com o outro. O encontro com outro corpo que, do ponto de vista do adulto, é alheio e externo produz uma pletora de experiências sensoriais e relacionais no bebê, com a consequente criação de anseios, de desejos, de novas necessidades, bem como de desencontros, de sofrimentos no encontro e de impossibilidades. O melhor que podemos oferecer a este futuro sujeito que vem ao mundo é construir certas estabilidades e ritmos, como propõe Winnicott, a fim de que ele seja minimamente protegido de irrupções para as quais não está preparado.

Mesmo assim, a difusão psíquica e corporal do que Freud denominava excitações pulsionais – definidas pela elevação da tensão econômica provinda do interior ou da fronteira do psiquismo – torna o aparelho psíquico permanentemente vulnerável ao trauma e à violência traumática. Seguindo esse raciocínio, o aparelho psíquico se origina e se organiza como resposta a essa violência. Violência que tem como um dos pontos de origem o fator exógeno derivado da relação com a alteridade. Como este é um fator inescapável, como estes seres misteriosos que somos nós só existem no plural e em comunidade, a violência estaria na origem da nossa constituição subjetiva. É a força que nos move, é o que não nos deixa em repouso, é o que amplifica o nosso devir.

Jurandir examinou o trabalho de autores como Laplanche e Aulagnier, entre inúmeros outros, a fim de demonstrar a difusão dessa noção de violência originária na literatura pós-freudiana, e também na literatura antropológica e sociológica do período, como pode ser aquilatado pela proposta de *violência simbólica* de Bourdieu e Passeron. Mesmo com suas diferenças de perspectiva, todos os autores examinados contribuem, na visão do psicanalista pernambucano, para a banalização do conceito de violência.

Se há mais continuidade do que descontinuidade no uso da palavra violência entre aquilo que nos constitui e aquilo que nos aniquila, como especificar uma teoria e uma clínica para os efeitos da ação violenta? Como mobilizar nossa sensibilidade clínica a fim de cultivar uma capacidade de indignação em situações que nosso bom senso define como violência ultrajante?

Uma postulação comum a todos aqueles que advogam pela violência originária, segundo Jurandir, seria a versão aristotélica da violência "*como a qualidade do movimento que impede as coisas de seguirem seu movimento natural*" (p. 30, grifos do original). Ora, como pensar em um movimento natural antes do surgimento do psiquismo? Como imaginar que nascemos à força de um impedimento, sendo esse impedimento um móvel de raízes profundamente abstratas? Seria a violência um elemento universal que define todas as possibilidades de começo ou essa força violenta de coerção negativa definiria apenas situações precoces mais específicas, nas quais potenciais subjetivos foram ceifados antes de poderem se constituir?

Os trabalhos mais tardios de Ferenczi, exatamente aqueles que constroem sua "teoria do trauma", foram usados por diversos autores para dar sustentação a essa universalidade de nossa constituição pela violência. A linguagem da paixão, introduzida pelo psicanalista húngaro nesses trabalhos, se tornou um elemento central para caracterizar a ação subjetivante do adulto sobre a criança como violenta. São evidentes os problemas teóricos dessa generalização.

Ferenczi, por meio de sua sensibilidade clínica aguçada, encontrou os termos da confusão de línguas e da assimetria de poder entre a criança e o adulto para caracterizar relações abusivas e violentas em certos casos nos quais o transbordamento pulsional e erótico do adulto incidiu sobre a criança, fazendo com que esta fosse despojada de seu próprio processo de libidinização. Como consequência, o universo psíquico desse adulto tomado pela linguagem da paixão colonizou de modo brutal o psiquismo da criança, tendo como reforço decisivo um ato de desmentido. Podemos – se quisermos especificar melhor as relações entre trauma e violência – chamar essa forma de traumatismo de *traumatismo violento* ou, inspirados em Ferenczi, de *trauma desestruturante*.

Isso não pode se confundir com as situações mais habituais envolvendo adultos e crianças, nas quais a libidinização do corpo do infans a partir do contato com o outro, da sedução dos cuidados maternos ou da construção de trilhamentos sensoriais e afetivos realizados com a participação dos adultos é a via de entrada para a subjetivação. Isso pode ter aspectos traumáticos, mas nada que caracterize violência. Se nossa humanização depende de algo que é por definição incontrolável e empiricamente disruptivo, isso jamais poderia se confundir com violência.

Ou seja, se injunções potencialmente tensas e intensas são a condição de possibilidade para o surgimento do psiquismo, se este é o melhor papel que o adulto pode desempenhar na transmissão geracional, como denominar de violência o que ocorre? Para Jurandir, esse equívoco se deu porque,

> *Pouco a pouco, a teoria psicanalítica migrou das proposições freudianas a respeito da* natureza traumática da sexualidade *para uma concepção da* natureza violenta deste traumatismo. *No cerne da mutação encontramos dois motivos. O primeiro é interno ao campo psicanalítico e baseia-se num equívoco.* Identifica-se trauma infantil com violência, *fazendo do primeiro termo – este, sim, condição* sine qua non *da existência psíquica – sinônimo do segundo, fenômeno gratuito em relação às necessidades do desenvolvimento psicológico da criança . . .*
>
> *O segundo motivo concerne à crença na primazia da violência na gênese da cultura e, por conseguinte, do psiquismo. (p. 36)*

Após esse breve resumo sobre a inconsistência da violência traumática originária, passemos para as relações entre a violência e as teorias sobre a pulsão de morte. Como sabemos, a formulação da nova dualidade pulsional, a qual envolve a proposição de uma pulsão de morte, remonta a "Além do princípio do prazer" (Freud, 1920/2010a). São textos mais tardios, entretanto, aqueles em que podemos encontrar, de modo mais evidente, a articulação entre esse novo componente da teoria das pulsões e a violência.

"Mal-estar na cultura" (Freud 1930/2010b) e "Por que a guerra?" (Freud 1932/2010c) foram uma fonte de inspiração para autores pós-freudianos conceberem a violência como tendo sua origem na destrutividade natural da humanidade a partir desse componente mortífero da pulsão. Especialmente na sua carta a Einstein, a palavra violência passou a ser extensamente utilizada em sua sinonímia com poder, por um lado, e como componente da *natureza humana*, por outro. Apesar de a escrita de Freud ser sedutora a ponto de nos fazer perceber coerência teórica no labirinto conceitual ali construído, o que une algumas de suas propostas são fatores implícitos dificilmente articuláveis entre si. Vejamos.

A hipótese mais extensamente trabalhada por Freud para compreender a violência e a guerra diz respeito a estas serem fruto da inclinação dos humanos para a agressividade e para fazer sofrer seus semelhantes. Tal inclinação destrutiva encontra na teoria da pulsão de morte um corolário heurístico decisivo. Somos seres violentos porque precisamos encontrar palcos possíveis para a satisfação de nossos impulsos para a destruição. A batalha interminável entre Eros e Thanatos, com seus jogos de força, com suas fusões e suas desfusões, cria condições permanentes para a ação violenta. A violência, nesse caso, seria não apenas originária, mas também inevitável, se tornando parte de nosso destino.

Temos ciência das distintas concepções sobre a pulsão de morte forjadas tanto na obra de Freud quanto nos trabalhos de seus seguidores. E muitos são os problemas teóricos não resolvidos para compreendermos as correlações entre destrutividade, pulsão de morte e violência. Em primeiro lugar, abunda nesses textos de Freud a articulação, quase imediata, entre a destrutividade e este móvel pulsional. Mesmo que Freud tenha sugerido a necessidade da mescla pulsional como um facilitador decisivo para a satisfação dos impulsos destrutivos, isso passou a ser confundido com a natureza da pulsão de morte:

> *Freud sempre procurou mostrar o que havia de destrutivo e agressivo no comportamento e nos desejos mais recônditos do sujeito. Depois de seu estudo sobre a pulsão de morte, esta crença tendeu a firmar-se e, retomada a torto e à direito, por seus discípulos e continuadores, passou a funcionar como prova da* violência *existente na "natureza humana" e na "natureza das relações sociais". (Costa, 1984/2021, p. 36)*

O amálgama com as pulsões de vida é a via pela qual a pulsão de morte pode encontrar seu campo performativo, entretanto, a busca do nível zero de tensão, o retorno ao estado inorgânico e a operação pela via do desligamento são alguns dos elementos teleológicos que nos fariam compreender a natureza destrutiva do animal humano. O uso da palavra *satisfação*, tal como em "satisfação dos impulsos destrutivos", é bastante elucidativo da obscuridade do tema. Obscuridade porque permanecem sem resposta as relações entre a pulsão de morte e os impulsos destrutivos, os objetivos desses impulsos destrutivos e o que seria a experiência de satisfação desses impulsos. É preciso lembrar que, na segunda teoria pulsional, a pulsão terá seu movimento cada vez mais caracterizado pela via da regressão do que pela via da satisfação. Isso é especialmente relevante no que tange à pulsão de morte, mais tardiamente concebida.

Desse modo, afirmar que a *satisfação pulsional* é responsável por eventos relacionais tão complexos como aqueles que desembocam na violência necessita de justificativas não explicitadas. Sua explicitação poderia ser assim resumida: alguns contextos desestruturantes e ainda mal compreendidos fazem com que a satisfação pulsional, origem de nossa destrutividade natural, seja endereçada a outros humanos por meio de muitos mecanismos, por exemplo, o narcisismo das pequenas diferenças, o antinarcisismo da indiferença ou o gozo explícito e desinibido com o sofrimento alheio. A explicação desse processo de deflexão para o exterior do aparato para a destruição repousaria sobre a economia pulsional e sobre a impossibilidade homeostática do aparelho psíquico em manter "o mortífero" em seu interior. A fim de nos fazer hesitar na adesão precipitada a essa hipótese da origem pulsional da violência, Jurandir discutiu vários aspectos que não teremos a oportunidade de desenvolver, como a suposta origem irracional da violência e as sinonímias, teoricamente suspeitas, entre violência e poder ou entre violência e agressividade.

Para concluir esta parte do artigo, na qual expus resumidamente as relações entre trauma e violência e entre violência e pulsão de morte, será preciso apresentar uma dentre algumas definições aceitas por Jurandir para caracterizar a violência:

> *Violência é o emprego* desejado *da agressividade com fins destrutivos. Esse desejo pode ser voluntário, deliberado, racional e consciente, ou pode ser inconsciente, involuntário e irracional. A existência desses predicados não altera a qualidade especificamente humana da violência, pois o* animal não deseja, o animal necessita . . .
>
> *Nada disso ocorre na violência do homem. O objeto de sua agressividade não só é arbitrário como pode ser deslocado. Este pressuposto é indissociável da noção de irracionalidade que acabamos de mencionar e corrobora a presença do desejo em qualquer atividade humana, inclusive na violência. É porque o* sujeito violentado *(ou o observador externo à situação) percebe no* sujeito violentador o desejo de destruição *(desejo de morte, desejo de fazer sofrer) que* a ação agressiva ganha o significado de ação violenta. *(p. 45, grifos do original)*

Examinemos alguns aspectos dessa citação. A noção de desejo ocupa o centro de gravidade da proposta de Jurandir. Como sugerem Laplanche e Pontalis (1986), Freud esteve longe de desfazer as inúmeras ambiguidades e imprecisões quanto ao uso desse termo, embora haja poucas dúvidas de que foi o sonho a sua principal fonte de exploração do movimento desejante no psiquismo. Garcia-Roza (1994) sugere uma especificidade para o desejar que dificulta a aplicação da palavra satisfação em sua semântica: "o que pretendo reter, por enquanto, é a afirmação de que um desejo é uma ideia ou um pensamento" (p. 83). Não precisamos seguir inteiramente sua proposta, desproporcionalmente representacional, para marcar algum nível de heterogeneidade entre a realização do desejo e a satisfação pulsional.

A realização de desejo – movimento sempre inconcluso mobilizado tanto por vias regressivas propiciadas pelo universo pulsional quanto por vias progressivas propiciadas pelo encontro com o mundo e com a alteridade – não pode se confundir com a experiência originária ou substitutiva de satisfação definida pela pulsão. Desejo implica organização, estabilização de certas posições subjetivas no mundo, construção do terreno da fantasia e, especialmente, solicitações que fazemos e afetações que sofremos em nossas relações de objeto. Desse modo, o desejo de destruição não pode ser derivado exclusivamente de nossas "pulsões agressivas" (sejam elas quais forem) ou de qualquer destino da pulsão de morte.

Para Jurandir, *a violência é o emprego desejado da agressividade*. Ela seria, portanto, uma das formas de uso da agressividade, e não sua consequência natural. E tal uso é mediado por um tipo específico de desejo, *o desejo de destruição* ou de *fazer o outro sofrer*. Como Winnicott (1950/2000) demonstrou de forma magistral, não podemos confundir a agressividade originária que nos impele em direção ao mundo – não na busca de satisfação, e sim na busca de oposição – com a crueldade, com o intuito de destruição ou de sofrimento alheio. A nossa impiedade primitiva não visa à produção de dor ou de aniquilamento. Ela é simplesmente o que anima o nosso movimento rumo à alteridade, e sua consequência dependerá da interação que nosso gesto despertar. Desse modo, o emprego desejado da agressividade com a finalidade de subjugar o outro, de aniquilá-lo, de fazê-lo sofrer ou de reduzi-lo a um objeto passivo da nossa própria subjetividade dependerá de operações complexas as quais transcendem qualquer destino pulsional específico.

Jurandir introduziu um elemento decisivo em sua formulação a fim de abrir caminho para uma concepção intersubjetiva (e não exclusivamente pulsional) da violência: *o sujeito violentado ou uma testemunha da violência percebe no sujeito violentador o desejo de destruição ou de aniquilamento.* Violência é a palavra que usamos sempre que uma ação ou conjunto de ações for percebida (conscientemente ou de modo deslocado) como portadora de uma intenção destrutiva. Tal ação exclui arbitrariamente o seu alvo do direito de fruir de aspectos basilares de sua existência subjetiva. Geralmente interpretamos algo como violento quando percebemos que acordos básicos para nossa sociabilidade são rompidos, que valores inegociáveis de nossas vidas são invalidados, que potencialidades definidoras da variabilidade humana são interrompidas pela ação calcada num desejo explícito de destruição.

Como a violência é um acontecimento relacional e não exclusivamente pulsional, tudo aquilo que a move deixa rastros, planos de afetação, impactos subjetivos, formas de visibilidade, enunciados e enunciações. Todos esses elementos podem ser reconhecidos pelo sujeito violentado ou por diversas formas de testemunho. Podemos acrescentar que quanto maior for o impacto da violência, mais o seu reconhecimento pelo sujeito violentado se torna deslocado, desfocado, invisibilizado, e sua origem exógena se mistura com sua própria subjetividade.

Aqui temos um ponto de encontro entre um tipo específico de trauma e a violência. Enfrentar seus efeitos é desafio central da clínica psicanalítica contemporânea. É exatamente nesse contexto que as palavras "clínica" e "testemunho" são convocadas conjuntamente para pensarmos algumas de nossas funções como psicanalistas na atualidade. A convocação do nosso testemunho se torna crucial para que a violência possa ser reconhecida. E o reconhecimento da violência é uma operação psíquica, clínica e – por que não dizer – política decisiva para o tratamento e o cuidado daqueles que sofreram suas consequências.

Banalização e sacralização da violência como manifestações do universalismo abstrato

Finalizarei este capítulo fornecendo breves indicações sobre a afinidade entre as hipóteses discutidas e formas violentas de operação postas em marcha pela colonialidade. Darei ênfase à *violência epistêmica* do projeto colonial, com seu modelo eurocêntrico de definir tudo o que é legítimo conhecer e, especialmente, o modo como devemos conhecer.

Parece-me legítimo usar a expressão "violência" nessa grade conceitual, na medida em que o processo de colonização ainda em curso implica num *desejo de destruição* – como definido por Jurandir – dos pilares que constituem o saber alteritário das populações colonizadas. Os estudos decoloniais situam historicamente as formas de violência que produzem populações, sujeitos e grupos subalternizados, exatamente deslegitimando suas formas originárias de saber sobre o mundo.

A violência epistêmica é uma forma de despossessão subjetiva semelhante a outras formas de despossessão que estudamos na psicanálise, com a especificidade de que se dirige a destruir os critérios de produção de verdade de toda uma cultura local, a fim de substituí-los artificialmente pelos critérios da ciência e da cultura eurocêntrica. As culturas, grupos ou sujeitos locais são forçadamente apassivados e se tornam objeto de conhecimento a partir dos interesses e dos métodos de investigação construídos pelo colonizador. Como observa Patricia Hill Collins (2018):

> *Ela [a epistemologia] investiga padrões utilizados para avaliar o conhecimento ou o porquê de considerarmos algo como verdadeiro. Longe de ser um estudo apolítico da verdade, a epistemologia atenta para a maneira com que as relações de poder estabelecem quem é considerado confiável e por que o é. Por exemplo, muitos descendentes de Sally Hemings, uma mulher negra escravizada e colocada a serviço de Thomas Jefferson, insistiram inúmeras vezes que Jefferson era pai dos filhos de Hemings. A história defendida pelos descendentes afro-americanos de Jefferson foi ignorada em favor das versões encampadas por seus descendentes brancos. Os descendentes de Hemings eram sistematicamente desacreditados até finalmente terem sua versão comprovada por testes de DNA . . .*
>
> *O nível epistemológico é importante porque determina quais questões são dignas de serem investigadas, quais abordagens interpretativas serão utilizadas para analisar evidências e qual será a finalidade do conhecimento daí derivado. (p. 154)*

A própria hierarquia na qual a busca de conhecimento ocupa o ápice em comparação com a busca de sabedoria (Collins, 2018) implica uma violência que afasta os sujeitos colonizados de aspectos formadores de suas experiências de ser em conexão com os valores que os constituíram na cadeia das gerações.

As reflexões sobre a violência epistêmica nos arrastam inexoravelmente para o ato de situar e corporificar nossos processos de pensamento. O que estará em jogo nessa perspectiva é menos conhecer o produto do que foi pensado e mais saber o que nos levou a pensar, de onde partimos para pensar, a quais tradições recorremos, a quem serve o que foi pensado e assim por diante. Não será mais possível defender ingenuamente a existência da *Epistemologia*, mas sim aceitar epistemes concorrentes num regime de disputa com alto nível de indeterminação.

A imposição da *epistemologia eurocêntrica* como o padrão ouro para a produção de verdades encontra num tipo de universalismo a sua pedra de toque. A partir da modernidade ocidental, a definição do que é difuso entre os humanos e a proposição de algo específico ou geral do qual partilhamos são determinadas por um movimento centrífugo. Do centro para a periferia. Da teoria do conhecimento para a constituição de interesses, objetos e métodos de pesquisa. De critérios sobre o que é a verdade para a subalternização da alteridade transformada em objeto dessa verdade a ser explorado cientificamente.

Como sabemos, ao menos desde os trabalhos de Canguilhem (1982), todo conhecimento pretensamente factual transporta uma hierarquia de valores junto com seus dados e suas evidências. E o principal valor veiculado pela modernidade europeia, difundido de modo ideológico por sua epistemologia, é uma forma paradoxal de universalismo na qual, curiosamente, os elementos que se encontram num centro aparentemente indefinível não podem ser avaliados por nenhuma episteme alternativa produzida na periferia. Esse processo é descrito pelos estudos decoloniais como *universalismo abstrato*:

> *A longa tradição do cientificismo e do eurocentrismo deu origem a uma ideia de universalismo abstrato,*

> *que marca decisivamente não somente a produção de conhecimento, mas também outros âmbitos da vida: economia, política, estética, subjetividade, relação com a natureza, etc. Em todas essas esferas, nesses mais de 500 anos de história colonial/moderna, os modelos advindos da Europa e seu filho dileto – o modelo norte-americano após a segunda guerra mundial – são encarados como o ápice do desenvolvimento humano, enquanto as outras formas de organização da vida são tratadas como pré-modernas, atrasadas e equivocadas* . . .
>
> *O chamado universalismo abstrato é um tipo de particularismo que se estabelece como hegemônico e se apresenta como desincorporado, desinteressado e sem pertencimento a qualquer localização geopolítica. Esse particularismo disfarçado de universal produz o que o escritor queniano Ngũgĩ wa Thiong'o chamou de "bomba cultural", cujo efeito é aniquilar a crença das pessoas nelas mesmas. (Bernardino-Costa, Maldonado-Torres & Grosfoguel, 2018, p. 13)*

É importante ressaltar que a crítica ao universalismo abstrato da modernidade colonial não é a desconsideração da importância de pensar em universais. Propostas como o *universalismo concreto* ou o *pluriversalismo* têm sido discutidas pelos estudos decoloniais (Bernardino-Costa, Maldonado-Torres & Grosfoguel, 2018). O que se coloca em questão nessa perspectiva é a imposição violenta de valores particulares como se fossem universais. É a proposição de que só há uma tradição cultural que serve de base para a construção de qualquer racionalidade. Na perspectiva da colonialidade, é natural aceitarmos a antiga Grécia como a origem geográfica de nossa racionalidade, uma origem seguida de uma história do pensamento ou da filosofia que tem nos arredores europeus o seu desenvolvimento.

Qualquer pessoa que se proponha a pensar, não importa a tradição na qual foi socializada, deverá fazê-lo segundo certos trâmites cognitivos. Trâmites esses ungidos de valores embutidos – "a bomba cultural" da citação anterior, a qual afeta decisivamente todo um sistema de crenças relacionado com o domínio de si. Os termos ferenczianos do descrédito traumático e da perda da certeza de si (Pinheiro & Viana, 2011) encontram uma nova aplicação para a descrição de processos de expropriação subjetiva em larga escala. Para que um sujeito "periférico" se submeta ao ideal masculino, branco, cis e eurocentrado, será preciso que ele se esqueça, em algum grau, de sua ancestralidade e se afaste de si mesmo. A despersonalização passaria, nesse caso, a espreitá-lo a cada momento.

A banalização e a sacralização da violência criticadas por Jurandir encontram um solo fértil no universalismo abstrato da colonialidade. Essa operação implica que encontremos na "natureza humana" as raízes da violência e a descrição dessa suposta natureza é de tal modo genérica, abstrata e mecanicista que todo nosso esforço para a produção de diferença se esgota na impotência viciada dos dados com que jogamos. Não importa onde e quando estejamos, sempre encontraremos a particularidade da cultura eurocêntrica como ponto de origem e como ponto de chegada das jogadas que fizermos; isso caso não desenvolvamos uma crítica aprofundada da colonialidade.

As proposições da violência como nossa origem universal ou como nosso destino inescapável só encontram difusão em nossa literatura ou em nossa prática clínica porque elas se dirigem a um tipo particular de sujeito, tomado como universal. Um sujeito cultivado por uma tradição individualista, adicto em fazer operações cada vez mais radicais de separação, sejam elas entre natureza e cultura, entre indivíduo e sociedade, entre eu e outro ou entre público e privado. E tudo aquilo que une as dualidades propostas se torna um detalhe irrelevante. Todo o universo relacional e intersubjetivo que as constituiu passa a ser um mero apêndice ou resto desses movimentos de *separação individualista.*

Vamos recorrer uma vez mais a Jurandir para conceber alternativas à banalização da violência e à universalização de características abstratas que a sustenta:

> *Há, por conseguinte, um tipo de conflito que se resolve "sem espadas" e um tipo de pacto que não tem, como premissa, a sujeição dos contratantes, sob a ameaça, latente ou manifesta, da violência. O pacto que tem como cláusula a impunidade da transgressão, justamente por basear-se em* interesses universalizáveis, *definidos como tais pelos próprios contratantes, não exige a obediência imposta pela violência. (Costa, 1984/2021, p. 73, grifos nossos)*

Em vez do universal abstrato, *interesses universalizáveis.* A universalização de tais interesses só se tornará violência caso se difunda sem possiblidade de negociação, sendo esta substituída por imposição "pela espada". Agradeçamos a Jurandir por nos lembrar disso.

Referências

Ayouch, T. (2019). *Psicanálise e hibridez: gênero, colonialidade e subjetivações.* Calligraphie.

Bernardino-Costa, J., Maldonado-Torres, N., & Grosfoguel, R. (2018). Introdução: decolonialidade e pensamento afrodiaspórico. In J. Bernardino-Costa, N. Maldonado-Torres, & R.

Grosfoguel (Orgs.), *Decolonialidade e pensamento afrodiaspórico* (pp. 9-30). Autêntica.

Canguilhem, G. (1982). *O normal e o patológico*. Forense Universitária.

Collins, P. H. (2018). Epistemologia feminista negra. In J. Bernardino-Costa, N. Maldonado-Torres, & R. Grosfoguel (Orgs.), *Decolonialidade e pensamento afrodiaspórico* (pp. 152-188). Autêntica.

Costa, J. F. (2021). *Violência e psicanálise*. 4a ed. rev. e ampl. Zagodoni. (Trabalho original publicado em 1984).

Garcia-Roza, L. A. *Freud e o inconsciente*. Rio de Janeiro, Zahar, 1994.

Freud, S. (2010a). Além do princípio do prazer. In S. Freud, *Obras completas* (Vol. 14, pp. 120-178). Companhia das Letras. (Trabalho original publicado em 1920).

Freud, S. (2010b). O mal-estar na civilização. In S. Freud, *Obras completas* (Vol. 18, pp. 9-89). Companhia das Letras. (Trabalho original publicado em 1930).

Freud, S. (2010c). Por que a guerra (carta a Einstein 1932). In S. Freud, *Obras completas* (Vol. 18, pp. 237-250). Companhia das Letras. (Trabalho original publicado em 1932).

Laplanche, J., & Pontalis, J.-B. (1986). *Vocabulário da psicanálise*. Martins Fontes.

Pinheiro, T., & Viana, D. (2011). Losing the Certainty of Self. *The American Journal of Psychoanalysis, 71*, 352-360.

Winnicott, D. W. (2000). A agressividade em relação ao desenvolvimento emocional. In D. W. Winnicott, *Da pediatria à psicanálise: obras escolhidas* (pp. 288-304). Imago. (Trabalho original publicado em 1950).

31. Analistas pernambucanos: um encontro de gerações

Gilberto Souza

Em uma reunião em que estavam sendo discutidos os critérios para a implementação de políticas de ações afirmativas, tive a infelicidade de escutar uma psicanalista branca defender que a instituição psicanalítica da qual fazemos parte não oferece formação para negros, brancos, indígenas ou mulheres. Em sua concepção, a instituição oferece e deve continuar oferecendo formação psicanalítica para candidatos a analista. Que, na verdade, a "instituição deve selecionar os melhores". Ora, quanto à questão da identidade, psicanaliticamente, isso pode nos parecer óbvio, partindo do pressuposto de que qualquer categoria identitária não contém em si insígnias, propriedades ou credenciais que garantam a estes pobres coitados candidatos os recursos necessários para ocupar a função de analista, afinados ao legado freudiano.

Em parte, poderíamos concordar com a colega, considerando que identidade e os significantes atribuídos a esta, a rigor, não são – ou não deveriam ser – critérios que oferecem credenciais para alguém exercer a psicanálise. Contudo, nos parece oportuno fazer um exercício de imaginação. Pensemos em uma cena na qual tenhamos pedido a indicação de uma psicanalista a um amigo.

Consideremos que, nesta ocasião, não tenhamos estabelecido nenhum tipo de critério na escolha, como: bairro onde se encontra o consultório, faixa de valores cobrado pela analista, gênero ou raça. Então, após receber a indicação, qual o perfil imaginário que se espera que essa analista tenha? Qual é o estilo de roupa? Qual a performance? Qual é o seu cheiro? Qual o estilo do consultório? Quais temas ela aborda em suas transmissões? Qual é a sua cor?

Considerando o cenário brasileiro, perguntas como essas funcionam como uma espécie de luz negra, pondo em evidência o corpo e a identidade do sujeito ocultado da branquitude brasileira. Ou seja, a identidade é um critério regulador do acesso à formação psicanalítica, sim! E estamos falando aqui da identidade branca e de toda a sua cultura enraizada na cena psicanalítica brasileira e mundial.

Há uma razão para esses sujeitos e sua identidade permanecerem ocultos. O branco não se vê como portador de uma raça. A raça é uma categoria criada para distinguir o eu-branco do outro-negro (Faustino, Cardoso & Brito, 2023). Então, quando o sujeito branco escolhe não usar a categoria de raça como critério nas tomadas de decisão institucionais, ele está escolhendo não considerar os negros ou os não brancos nessa tomada de decisão. O resultado é um conjunto de sujeitos brancos tomando decisões institucionais que privilegiam determinados sujeitos racializados em detrimento de outros. A esta dinâmica intrarracial branca, Cida Bento (2022) chama de "pacto narcísico da branquitude". Seria possível quebrar esse pacto? Quais os limites e as possibilidades dessa quebra ou subversão por parte dos sujeitos brancos?

Questões dessa ordem foram endereçadas a Cida Bento e Robin DiAngelo numa entrevista denominada "O branco na luta antirracista: limites e possibilidades" (Amparo, Bento & DiAngelo, 2023). Robin DiAngelo nos responde: "Consciência sem ação não tem significado" (p. 29). Para DiAngelo, são as práticas que denunciam a qualidade do letramento racial e do engajamento antirracista.

A partir de uma narrativa autobiográfica e crítica, a educadora, que é uma das maiores referências no mundo sobre branquitude, diz que não se autodenomina nem uma aliada, nem antirracista. Ela, enquanto uma mulher branca, aponta que não se sente em condições de fazer um julgamento sobre si no que diz respeito a ser antirracista. Diz a autora:

> *Isso não é algo em que eu possa me transformar e depois nunca mais ser racista novamente. . . . Tenho que estabelecer relações autênticas com vocês [pessoas negras], de forma que possamos ter essas* conversas difíceis *e eu possa mostrar para vocês, não que estou livre da minha condição racista da qual eu não estarei livre no meu tempo de vida, mas que, quando isso vem à superfície, eu posso refletir, eu posso buscar fazer diferente e melhor. É dessa maneira que eu tenho estabelecido relações interraciais de confiança. Não afirmando que eu nunca agirei de forma racista. (p. 29, grifo nosso)*

Sobre a defesa branca da agradabilidade, a autora continua: "Há tantos progressistas brancos que acreditam que ser agradáveis significa ser antirracista, que sorrir, menear a cabeça, ser amigável, almoçar juntos, às vezes, significa ser antirracista. Aparentemente, na mente branca, um racista não consegue ser agradável, não sabe sorrir ou agir de forma gentil, o que é um absurdo" (p. 29).

Ainda com DiAngelo, vê-se que:

> Essa cultura da agradabilidade protege o racismo, porque pressupõe que esse desconforto ou conflito é um sinal de problema. *A cultura da agradabilidade é*

> *uma cultura do conforto. Sobre ser aliado ou não, há uma escritora ativista negra, Ijeoma Oluo, que fala que a beleza do antirracismo é que você não precisa estar livre do racismo para se engajar na luta para desafiar o racismo, não só nos outros, mas também em si mesmo, como uma pessoa branca. (p. 30, grifo nosso)*

Propositalmente, elenquei essas extensas citações. Primeiro, para destacar a importância do lugar de fala e do engajamento antirracista da educadora e pesquisadora branca. Segundo, porque ao menos dois pontos nesses trechos nos serão úteis mais à frente. Primeiro ponto, a importância de positivar as "*conversas difíceis*", e o segundo, a "cultura da agradabilidade" como forma de evitar conflitos.

Antes de comentar os trechos destacados, permitam-me a construção de um breve preâmbulo sob a justificativa de situar como se desenvolveu o debate racial na psicanálise brasileira e qual seu estado atual. Em seguida, retomaremos os dois trechos.

Relações raciais na psicanálise brasileira

No intuito de desqualificar ou pormenorizar o debate racial no campo da teoria e da clínica, muitos psicanalistas brancos se referem ao tema das relações raciais na psicanálise como moda ou como uma espécie de engodo narcísico e identitário. Utilizando conceitos como inconsciente e neutralidade, advogam por uma suposta prática psicanalítica verdadeira, elevando o inconsciente a um estatuto metafísico, blindado dos atravessamentos estruturais que compõem a sociedade brasileira. Acredito que possamos nos contrapor a essas narrativas compondo o cenário no qual elas emergem e, em seguida, problematizando a posição desses analistas diante do tema. Então, sigamos!

"Quando a mulher negra se movimenta, toda a estrutura da sociedade se movimenta com ela", foi o que disse Angela Davis em visita ao Brasil, em 2017, sobre o lugar das mulheres negras brasileiras. Estando estas na base da pirâmide de exploração do capitalismo, quando se movimentam, mudam toda a estrutura da sociedade.

Podemos ter como ilustração disso o impacto que as psicanalistas negras causaram e continuam causando na psicanálise brasileira, a exemplo de Virgínia Bicudo, autora de *Atitudes raciais de pretos e mulatos em São Paulo* (1945/2010), Neusa Santos Souza, autora de *Tornar-se negro* (1983/2021), Lélia Gonzalez, autora de *Por um feminismo afro-latino-americano* (2020), e Isildinha Nogueira, autora de *A cor do inconsciente: significações do corpo negro* (2021). As quatro autoras são consideradas pioneiras na abordagem das relações raciais no Brasil a partir da psicanálise e compõem o primeiro grupo de psicanalistas e pesquisadores a abordar o tema do racismo na psicanálise.[1]

Nesse primeiro momento de produção, o sofrimento da população negra foi objeto de estudo privilegiado por parte das autoras. Então, temas como sexismo, mito da democracia racial, não integração do negro na sociedade de classes, miscigenação, processo de branqueamento e ideal de branquitude, mesmo que de forma tímida em relação a outros temas psicanalíticos, passaram a ganhar alguma atenção no campo da psicanálise.

No que diz respeito à discussão teórico-clínica, destacamos Neusa Santos Souza e Isildinha Nogueira. Ambas desenvolveram de forma sistemática seus trabalhos sobre o impacto do ideal de

---

1 Privilegiamos aqui autoras que desenvolveram uma obra sistemática voltada ao tema das relações raciais na psicanálise. Há vários outros nomes que poderiam compor o cenário, mas, para o nosso interesse no momento, as autoras citadas nos parecem mais representativas.

branquitude ou, como Isildinha chamaria, do "mito da brancura" no processo de subjetivação dos sujeitos negros do país. A partir de seus trabalhos, o tema das relações raciais foi introduzido com mais corpo no campo psicanalítico, o que inspirou e inspira a produção de artigos, dissertações e teses.

Em tempo, é de fundamental importância marcar o reconhecimento e a influência da obra de Lélia Gonzalez no campo psicanalítico. Embora não tenha sido psicanalista, Lélia, que reivindicava um feminismo afro-latino-americano, lançava mão da psicanálise para pensar a luta feminista e o racismo na sociedade brasileira.

Por último, mas não menos importante, temos Virgínia Bicudo. A primeira psicanalista mulher e negra brasileira. Virgínia se dedicou a estudar a condição do negro na sociedade de classes. Queria entender se existia ou não "preconceito de cor", como chamava o preconceito racial na época. Por meio de entrevistas, a psicanalista, que fazia o mestrado em sociologia, conclui que havia preconceito de cor. Mesmo o negro tendo uma ascensão de classe economicamente falando, ele não era absorvido pela classe média branca.

Com a defesa em 2002 da tese de doutorado da psicóloga social Maria Aparecida Bento, *Pactos narcísicos no racismo: branquitude e poder nas organizações empresariais e no poder público*, na qual a autora formula a noção de "pacto narcísico da branquitude",[2] e o lançamento do livro *Psicologia social do racismo: estudos sobre branquitude e branqueamento no Brasil*, publicação que ela coorganizou com Iray Carone, compreendemos que houve uma virada epistêmica nos estudos sobre relações raciais no campo da psicologia e da psicanálise no Brasil. Em um primeiro momento a produção das analistas tinha como foco o sofrimento da população

2 A tese de doutorado de Cida Bento resultou num livro chamado *O pacto da branquitude* (2022).

negra brasileira. Ou seja, era discutida uma psicopatologia do negro brasileiro. Com a noção de "pacto narcísico da branquitude", Cida Bento desloca o foco do campo discursivo da identidade negra para a identidade branca, da negritude para a branquitude, o que, por sua vez, contribui para a produção de um volume exponencial de textos psicanalíticos sob essa nova lente de inflexão.

Feito esse trajeto, agora podemos retomar nossa contraposição às narrativas de muitos psicanalistas que tomam o debate das relações raciais na psicanálise como moda ou suas críticas, como um suposto afastamento da verdadeira prática psicanalítica.

Conforme compreendemos, nomear como moda ou tentar desqualificar as crescentes publicações sobre as relações raciais na psicanálise nos parece ser uma defesa dos psicanalistas brancos contra as crescentes críticas sofridas da parte dos psicanalistas agenciados ao campo de produção anticolonialista, contracolonialista e decolonial. Indo mais adiante, e sendo mais específico nesta argumentação, o desconforto em torno da suposta moda e das vicissitudes do debate racial na psicanálise não está relacionado à discussão racial na forma como era discutida antes da noção de pacto narcísico da branquitude. Enquanto esse debate mantinha o sujeito negro como objeto, não era possível observar tantas defesas por parte dos analistas brancos.

O que está no cerne desse desconforto, eu diria, é o branco ter sido incluído no debate enquanto objeto de pesquisa. Com a publicação do texto da Cida Bento, eclodiu uma crescente discussão em que os analistas brancos passaram a ser convidados a rever determinadas posturas e/ou imposturas raciais, o que, por sua vez, anda provocando bastante mal-estar no campo psicanalítico. É como constata Bento: "Uma coisa é falar do problema do racismo institucional, de como afeta os negros, de como isso interfere na sua condição de vida e tal. Outra coisa é situar isso enquanto privilégio do branco, chamar atenção para a manutenção por meio de comportamentos ocultos, na maioria das vezes" (Amparo, Bento & DiAngelo, 2023, p. 26).

Assim, a partir daqui, talvez não pareça especulativo considerar que possamos encontrar em Cida Bento e seu conceito de "pacto narcísico da branquitude" algumas razões pelas quais a teoria psicanalítica tratou com "flácida omissão" o tema da violência racial, como constatou Jurandir Freire Costa.

Além de mestre, um querido aliado

Em *História da psiquiatria no Brasil: um corte ideológico* (1976/2007), *Ordem médica e norma familiar* (1979), "Da cor ao corpo: a violência do racismo" (1983/2021a), prefácio do livro *Tornar-se negro*, de Neusa Santos Souza, e "Do desamparo narcísico ao desespero: incidências da violência racista na economia psíquica" (1992/2021b), Jurandir ainda não dispunha das noções de branquitude, pacto narcísico da branquitude ou fragilidade branca, de forma que, ao longo de seus textos, a identidade branca não é evidenciada como reguladora e perpetuadora de um funcionamento que baliza o racismo institucional.[3] O que, por sua vez, não impediu o autor de se engajar e investigar, ao longo de sua obra,

---

3 Quanto à ideologia racista, gostaríamos de destacar a importância de se distinguir as noções de racismo estrutural e racismo institucional. Conforme Almeida (2019), o racismo estrutural é uma experiência violenta e de caráter sistêmico, constituída por um conjunto de práticas que visam subalternizar determinados corpos com o intuito de manter a hegemonia de grupos brancos sobre grupos não brancos. Dessa forma, podemos compreender que o racismo é uma experiência estritamente política. Por sua vez, o racismo institucional é a via pela qual o racismo estrutural se materializa no tecido social. É por meio das estratégias de poder convencionadas – dentre elas, a branquitude – no seio das instituições que se sustenta o racismo institucional. Convenções que estabelecem, ditam, modelam e regulam os destinos da sociedade. Para o presente momento, essa distinção nos parece oportuna, visto que, neste artigo, sustentamos a hipótese de que a branquitude opera como um dispositivo de poder

os impactos da ideologia eugenista e do racismo nas dinâmicas institucionais e nas práticas clínicas dos psiquiatras e psicanalistas no país.

Embora Jurandir não tenha elegido o tema das relações raciais como ponto central de suas pesquisas, talvez seja possível afirmar que sua indignação diante da opressão vivida pelas minorias não lhe rendeu atalhos para driblar a questão racial brasileira. De forma que, em dois momentos de sua obra, o autor questiona e ao mesmo tempo protesta contra a ausência do debate racial na psicanálise. No prefácio para a obra de Neusa Santos Souza, ele pontua:

> *A violência racista pode submeter o sujeito negro a uma situação cuja desumanidade nos desarma e deixa perplexos. Seria difícil encontrar o adjetivo adequado para nomear esta odiosa forma de opressão. Mais difícil ainda, talvez, é entender a* flácida omissão *com que a teoria psicanalítica tratou, até então, este assunto. Pensar que a psicanálise brasileira, para falar do que nos compete, conviveu tanto tempo com estes "crimes de paz", adotando uma atitude cúmplice ou complacente, ou no melhor dos casos, indiferente, deve conduzir-nos a uma outra questão: que psicanálise é esta? Que psicanalistas somos nós? (Costa, 1983/2021a, p. 36)*

E continua o autor:

> *De Wilhelm Reich, conhecemos a exortação que se tornou quase um símbolo de alerta contra a alienação:* Escuta, Zé Ninguém! *De Fanon, também conhecemos a mensagem vigorosa, emitida no mesmo diapasão:*

regulador dos limites da analisabilidade. Portanto, um mecanismo de poder colonialista que ganha materialidade pela via do racismo institucional.

> Escuta, branco! *Deste trabalho, parece surgir agora um apelo de timbre idêntico:* Escuta, Psicanalista! *Presta atenção a essas vozes que a autora nos fez ouvir. Ela nos mostra o que fomos incapazes de ver. (Costa, 1983/2021a, p. 44, grifos do original)*

Em 2021, comentando um caso clínico publicado em 1992, Jurandir Freire Costa justifica a reedição do texto no Brasil, considerando dois pontos. Diz ele:

> *Em primeiro lugar porque julgo que a questão do racismo não recebeu, historicamente, atenção clínica e teórica que lhe deveria ter sido dada pela psicanálise.* Por razões pouco claras, o tema permaneceu nas sombras e franjas da literatura analítica. *Deste aspecto, republicar este artigo com suas rugas teóricas mostra como ele espelhava, em certa medida, a relativa penúria de reflexão sobre o assunto. Em segundo lugar, porque o texto mostra como todos os vocabulários são mortais. Somos todos analistas e analisandos, sensíveis ao imaginário cultural que modela as crenças acerca de quem somos e as aspirações ao que queremos ser. Nosso desejo reverbera sempre o desejo do outro. Os marcadores culturais intervêm de forma maciça no modo pelo qual construímos nossas identidades egoicas e nossos ideais de eu. (Costa, 1992/2021b, p. 28)*

O que está em jogo, para Jurandir, é pensar quais são os impactos das ideologias racistas no sujeito negro e como as instituições psiquiátricas e psicanalíticas perpetuam esse tipo de ideologia, e essa questão atravessa todas as obras supracitadas do autor.

Vamos a um exemplo. Em 1976, com a agressividade crítica e o rigor investigativo que lhe são próprios, Jurandir Freire Costa publica o livro *História da psiquiatria no Brasil: um corte ideológico*. Nessa ocasião, retoma a história do desenvolvimento da Liga Brasileira de Higiene Mental (LBHM) para denunciar como a LBHM materializou o ideal de eugenia e sua participação no projeto de embranquecimento brasileiro. Amparado pela compreensão de que as práticas institucionais e suas finalidades estão diretamente atreladas ao momento histórico e aos interesses de suas elites, Costa (1976/2007) nos convida a um passeio pelo período pós-abolição no Brasil. Segundo o autor, o nascimento e a operacionalização da LBHM se assentam num ideal de eugenia.

Costa retrata que o advento da LBHM possibilitou a extensão da prática psiquiátrica. Se antes a antropologia do psiquiatra estava voltada aos hospitais e aos espaços asilares, agora a psiquiatria desloca seu olhar para as condições sociais. Com o advento da lógica da prevenção, os psiquiatras encontraram justificativas para expandir seu campo de domínio e passaram a operar intervenções em um novo tipo de sujeito: o sujeito normal ou não doente.

O que estava em jogo naquele momento da psiquiatria brasileira era a tentativa de apaziguamento da tensão inter-racial produzida após o (suposto) processo de abolição. Os intelectuais e a elite da época compreendiam que não seria possível o estabelecimento da democracia tal qual na Europa e nos Estados Unidos por conta das condições culturais e climáticas constituintes do Brasil. Para tanto, o Brasil precisava tornar-se um país branco. Diz Costa:

> *As soluções encontradas para contornar as vicissitudes da República concentraram-se em defender uma democracia inexistente que, em nome da igualdade entre os homens, ratificava as desigualdades. Enquanto membros da elite branca dirigente, ou, pelo menos,*

> *profundamente identificados com ela, os intelectuais participaram deste* tour de force *ideológico, elaborando explicações para as dificuldades econômicas e políticas da República, que subtraíam toda responsabilidade das elites para imputá-la ao povo. . . .*
>
> *O Brasil estava sacudido por revoltas sociais e crises econômicas, não por questões históricas ou políticas, mas – segundo eles – por causa do clima tropical e da constituição étnica do povo. . . .*
>
> *Por conseguinte, se a República desejava salvar a democracia, a primeira medida a tomar era o controle draconiano das pessoas de cor, até que, por intermédio da miscigenação racial com o branco, elas se tornassem capazes de inserir-se convenientemente na sociedade. (pp. 50-51)*

Não é o nosso interesse, neste momento, retomar as práticas psiquiátricas exercidas naquele tempo, mas antes chamar atenção para a lente que Costa utilizou para refletir sobre o impacto das teorias eugenistas no ideal de eu das instituições e da sociedade brasileira, bem como situar a discussão racial presente em sua obra.

Em Costa podemos observar o esforço e a insistência de pensar o sujeito inserido no seu ambiente institucional. Como Robin DiAngelo, o autor não fugiu das "conversas difíceis". Não faz o perfil dele pactuar com a cultura da agradabilidade e evitar os conflitos necessários para que um bom debate e uma argumentação mais robusta floresçam.

Ao tocar em temas como: família, homossexualidade, medicalização da vida, racismo e tantos outros, não foi possível para Costa dar meia-volta e não se ater à questão racial brasileira. Acreditamos que a sua obra pode ser lida politicamente como um protesto à injustiça e como uma busca incessante de combate à hipocrisia profissional tal qual Ferenczi denunciou, criticando a insensibilidades dos analistas.

Ao longo da obra do autor, podemos observar ainda uma constante crítica e um olhar atento às dinâmicas de poder dentro das instituições que favoreciam a população e a elite brancas em detrimento da população negra. Nesse momento, o autor se aproximou bastante do que Cida Bento (2022) chamou de pacto narcísico da branquitude. Temos assim, na obra de Costa, um grande convite aos estudos sobre as racialidades brasileiras.

Ao percorrermos a sua obra, percebendo sua dedicação e sua indignação ao abordar as questões raciais no Brasil, só nos resta uma bela sensação de que podemos encontrar nele um grande mestre e aliado. Um mestre que sedimentou um grande território teórico e clínico ao longo do seu trajeto, contando com o aprimoramento do seu trabalho por parte dos mais jovens.

Em suas falas no grupo que compartilhamos com Guilda Alcestiana, quase semanalmente escutamos o "Jura" – como o chamamos no grupo de estudos – dizer: "já estou muito velho para retomar esses pontos na obra freudiana, mas esse é um problema teórico e clínico importante para vocês mais jovens investigarem". Para quem o conhece, sabe bem que ele é um pesquisador voraz e que segue a todo vapor com suas investigações. Falas como essa traduzem seus convites semanais a um engajamento no campo da investigação psicanalítica que tanto ama. Tem um caráter de recrutamento e engajamento nas investigações analíticas.

Ao receber o convite para este trabalho e retomar os textos de Costa, a sensação que eclodiu foi de ser convocado por vários convites a um engajamento clínico e político com a sociedade brasileira. Talvez seja essa uma das maiores contribuições do autor para as gerações de jovens analistas. Só nos resta agradecer pela bela obra compartilhada e pelas trocas neste belo encontro de gerações de analistas.

O povo pernambucano é conhecido pela "mania de grandeza". Em Recife, temos uma avenida chamada Caxangá, que já foi e ainda é reconhecida pelos pernambucanos como a maior avenida em linhas retas e paralelas da América Latina. Já tivemos o maior shopping da América Latina, o famigerado Shopping Recife. No Parque das Esculturas, espaço composto por obras do artista plástico Francisco Brennand, temos a "Torre do Farol", a qual os pernambucanos dizem ser a maior escultura fálica do mundo (!), dentre outros símbolos. O fato é: o pernambucano gosta de brincar "puxando a sardinha pro seu lado". Inclusive, gostaria de deixar claro uma coisa: Jurandir Freire Costa é pernambucano!

Tudo isso para dizer que essas afirmações pernambucanas geram muitas polêmicas quando escutadas por não pernambucanos, e estas estão longe de se encerrarem! Da mesma forma se estabelecem as afirmações, as contradições e os debates sobre as relações raciais no campo psicanalítico. Encontramos aqui uma tentativa elogiosa de expor a importância da obra de Costa para o campo das relações raciais no Brasil.

Por fim, gostaríamos de pedir licença aos mais velhos e mudar o destino das palavras elogiosas endereçadas originalmente a Ferenczi. Hoje, gostaríamos de dizer que, para Jurandir,

> *Psicanálise . . . [é] uma profissão "severina" e não "hipócrita". Mesmo quando franzina ela quer explodir em vida. Se o outro foi o "inferno", crie-se, imagine-se, invente-se um outro "outro"! Pode sempre existir um outro do outro. E se isto exige o preço de uma "análise mútua"? Corra-se o risco! O analista só não pode repousar no conforto de espectador dessa triste e "sábia solidão", que a dor obrigou alguns a conhecer. É*

cúmplice de Eros, não de pesadelos atrasados ou sonos feitos de infelicidade. (Costa, 1995, p. 17)

Referências

Almeida, S. (2019). *Racismo estrutural*. Pólen.

Amparo, T., Bento, C., & DiAngelo, R. (2023). O branco na luta antirracista: limites e possibilidades. In Ibirapitanga, & L. V. Schucman (Orgs.), *Branquitude: diálogos sobre racismo e antirracismo*. Fósforo.

Bento, C. (2022). *O pacto da branquitude*. Companhia das Letras.

Bicudo, V. L. (2010). *Atitudes raciais de pretos e mulatos em São Paulo*. Sociologia e Política. (Trabalho original publicado em 1945).

Costa, J. F. (1979). *Ordem médica e norma familiar*. Graal.

Costa, J. F. (1995). Uma fonte de água pura. In T. Pinheiro (Org.), *Ferenczi: do grito à palavra*. UFRJ.

Costa, J. F. (2007). *História da psiquiatria no Brasil: um corte ideológico*. 5a ed. rev. Garamond. (Trabalho original publicado em 1976).

Costa, J. F. (2021a). Prefácio à edição original. In N. S. Souza, *Tornar-se negro ou As vicissitudes da identidade do negro brasileiro em ascensão social*. Zahar. (Trabalho original publicado em 1983).

Costa, J. F. (2021b). Do desamparo narcísico ao desespero: incidências da violência racista na economia psíquica. In J. F. Costa et al., *Relações raciais na escuta psicanalítica*. Zagodoni. (Trabalho original publicado em 1992).

Faustino, D., Cardoso, L., & Brito, L. (2023). O protagonismo negro no desvelar da branquitude. In Ibirapitanga, & L. V. Schucman

(Orgs.), *Branquitude: diálogos sobre racismo e antirracismo.* Fósforo.

Gonzalez, L. (2020). *Por um feminismo afro-latino-americano: ensaios, intervenções e diálogos*. Zahar.

Nogueira, I. B. (2021). *A cor do inconsciente: significações do corpo negro*. Perspectiva.

Souza, N. S. (2021). *Tornar-se negro ou As vicissitudes da identidade do negro brasileiro em ascensão social.* Zahar. (Trabalho original publicado em 1983).

32. A violência e o abuso moral[1]

Teresa Pinheiro

Quando eu estava começando a escrever a minha tese de doutorado em Paris, Jurandir Freire Costa chegou na cidade para falar sobre violência em um colóquio do qual participavam psicanalistas franceses e brasileiros. Dentre os franceses estava Piera Aulagnier, que havia lançado anos antes o livro *A violência da interpretação* (1975). Nesse colóquio, Jurandir apontou suas divergências quanto ao uso banalizado do termo *violência* pelos psicanalistas de maneira geral. Entre eles estava Piera Aulagnier, e eu, naquela época, frequentava seus seminários e por ela tinha e tenho profunda admiração. O meu amigo era ousado; sempre o foi. Sua argumentação demonstrava claramente, e de maneira rigorosa, o quanto ele tinha razão. Os dias que se seguiram foram de longas conversas, e foi quando tomei contato pela primeira vez com seu trabalho sobre o tema.

Minha tese, cuja escrita ainda engatinhava, era sobre a teoria do trauma em Ferenczi. Meu trabalho consistia em buscar uma costura metapsicológica em um autor cuja leitura dos textos me

1 Parte das ideias aqui desenvolvidas foram apresentadas em Pinheiro (2020).

surpreendia todos os dias. Nessas conversas fui me dando conta do horizonte que Jurandir apresentava: a possibilidade de a psicanálise transitar por outros saberes, passear em outros campos, buscar outras referências que naquele momento não me seria possível percorrer.

Jurandir me ensinou, mais do que ninguém, que uma análise teórica crítica era a função mesma da psicanálise. Interrogar-se, duvidar do raciocínio comum e óbvio era absolutamente necessário. Nesse sentido, acho que foi um dos precursores da psicanálise brasileira, o primeiro autor que se deu a liberdade de trabalhar com campos de saberes diferentes: a sociologia, a antropologia, a filosofia, a filosofia da linguagem, a ética, a teoria literária, a história, a ficção, enfim, tudo junto e misturado que pudesse ajudá-lo a embasar suas ideias e enriquecer o escopo das suas questões sem perder nunca uma argumentação teórica rigorosa. Essa forma de trabalhar a teoria psicanalítica faz dele, no meu entender, mais do que um teórico da psicanálise: faz dele um pensador.

No livro *Violência e psicanálise* (Costa, 1984), o termo *violência* ganha uma outra dimensão: sai do senso comum para atravessar as entranhas da psicanálise. Jurandir faz uma distinção fundamental entre violência e as questões da agressividade, próprias do aparelho psíquico concebido por Freud. A violência é de outra ordem, e nada tem a ver com a dualidade pulsional ou com o funcionamento do conflito psíquico. A violência é da ordem do trauma e, nesse sentido, não tem vínculo com o recalque. É por esse viés – de como a violência foi abordada no seu percurso teórico – que pretendo trabalhar aqui algo que nos últimos anos vem me instigando no atendimento a algumas pacientes.

Busco dar uma inteligibilidade ao fenômeno da violência como, aí sim, essencial para entendermos o abuso moral de que algumas mulheres são alvo no meio familiar, seja por parte de pais, maridos ou namorados. Vou procurar sair da banalidade do olhar

– que me parece precário – que foca unicamente a questão pelo viés do conceito de masoquismo feminino (vide passividade) e, de outro lado, da vulgaridade brutal da misoginia. Vou me ater exclusivamente às relações entre homens que se sentem superiores diante das mulheres. Isso não quer dizer que esteja descartando o abuso moral que possa existir entre duas mulheres, sejam elas mãe e filha ou duas mulheres adultas em relações familiares, sociais ou de trabalho. Se faço essa exclusão é porque entendo que os caminhos teóricos a percorrer seriam muito distintos.

Julgo que Eliane Brum (2013) expressa muito bem aquilo que esses atendimentos me levaram a refletir:

> *As pessoas quebram. Até as meninas quebram. E, se as meninas quebram, você também pode quebrar. E vai, Catarina. Vai quebrar. Talvez não a perna, mas outras partes de você. Membros invisíveis podem fraturar em tantos pedaços quanto uma perna ou um braço. E doer muito mais. E doem mais quando são outros que quebram você, às vezes pelas suas costas, em outras fazendo um afago, em geral contando mentiras ou inventando verdades. Gente cheia de medo, Catarina, que tem tanto pavor de quebrar, que quebram outros para manter a ilusão de que são indestrutíveis e podem controlar o curso da vida. E dão nomes mais palatáveis para a inveja e para o ódio que os queima. . . . E, Catarina, você tem toda razão de duvidar. Depois de quebrar, nunca mais voltamos a ser como antes. Haverá sempre uma marca que será tão você quanto o tanto de você que ainda não quebrou. Viver, Catarina, é rearranjar nossos cacos e dar sentido aos nossos pedaços, os novos e os velhos, já que não existe a possibilidade de colar o que foi quebrado e continuar como era antes.*

> *E isso é mais difícil do que aprender a andar e a falar. Isso é mais difícil do que qualquer uma das grandes aventuras contadas em livros e filmes. Isso é mais difícil do que qualquer outra coisa que você fará. Existe gente, Catarina, que não consegue dar sentido, ou acha que os farelos de sentido que consegue escavar das pedras são insuficientes para justificar uma vida humana, e quebra. Quebra por inteiro. Estes você precisa respeitar, porque sofrem de delicadeza. . . . Ser forte, Catarina, não é quebrar os outros, mas saber-se quebrado. É ser capaz de cuidar dos seus barcos de papel – e também dos barcos de outros –* não como uma criança que os imagina poderosos, de aço. Mas sabendo que são de papel e que podem afundar de repente. *(p. 410)*

Essa questão clínica, que tem me ocupado nos últimos anos, surge a partir da escuta de relatos de pacientes na clínica privada, nos relatos de pacientes de supervisionandos e no acompanhamento de pacientes atendidos na pesquisa do Núcleo de Estudos em Psicanálise e Clínica da Contemporaneidade da Universidade Federal do Rio de Janeiro (NEPECC-UFRJ). O tema ficou constante nos noticiários, que apontam cada vez mais o aumento acentuado do número de casos de feminicídio e de abuso moral.

O assunto prolifera por toda parte e mais especialmente no país. Tivemos um presidente que afirmou, sem nenhum constrangimento, que uma deputada não merecia nem ser estuprada; ou que teve quatro filhos e deu uma "fraquejada" que resultou na filha caçula. Coroando o seu ideário, tinha por exemplo e admiração o general Ustra, conhecido pelas torturas atrozes que infligiu a homens, mas sobretudo pelo requinte de sadismo diante das mulheres que torturou durante a ditadura militar.

Minha primeira intenção aqui é entender como essa violência se dá e o que faz com que aquela que sofre esse tipo de violência permaneça nesse lugar. Meu caminho será um pouco diferente da articulação de La Boétie (1576/2002) sobre a dialética do senhor e do escravo, em que atenta para o fato de que o senhor tem apenas dois olhos, um único corpo igual a qualquer homem comum, sendo o escravo quem lhe dá muitos olhos, muitos corpos e, portanto, lhe dá tanto poder. La Boétie estava longe de conhecer os requintes do capitalismo e do neoliberalismo. A outra interrogação diz respeito à razão pela qual o abuso de poder aparece no universo masculino como tão atraente e como modo de estar no mundo.

O abuso moral

Vou me ater neste trabalho ao que é chamado de *abuso moral.* O tema é geralmente analisado pelos estudiosos de situações de trabalho, mas quero tomá-lo na forma como ele se estabelece nas relações afetivas.

No site do Conselho Nacional de Justiça (CNJ), o assédio moral é definido como: "toda conduta abusiva, a exemplo de gestos, palavras e atitudes que se repitam de forma sistemática, atingindo a dignidade ou integridade psíquica ou física de um trabalhador" (CNJ, 2016). Já na Biblioteca Virtual em Saúde do Ministério da Saúde (Brasil, 2008), a definição é a seguinte: "O assédio pode ser configurado como condutas abusivas exaradas por meio de palavras, comportamentos, atos, gestos, escritos que podem trazer danos à personalidade, à dignidade ou à integridade física ou psíquica de uma pessoa".

A diferença entre as duas definições está na palavra *sistemática*, empregada pelo CNJ. Podemos dizer também que o abuso psicológico se dá quando uma pessoa se coloca em posição de poder e controle em relação a outra. Mas isso seria pouco para definir o abuso moral, pois este implica outros elementos além do poder e do controle.

Na Lei Maria da Penha, o artigo 7 define assim a violência contra a mulher:

> *São formas de violência doméstica e familiar contra a mulher, entre outras: . . .*
>
> *II – a violência psicológica, entendida como qualquer conduta que lhe cause dano emocional e diminuição da autoestima ou que lhe prejudique e perturbe o pleno desenvolvimento ou que vise degradar ou controlar suas ações, comportamentos, crenças e decisões, mediante ameaça, constrangimento, humilhação, manipulação, isolamento, vigilância constante, perseguição contumaz, insulto, chantagem, ridicularização, exploração e limitação do direito de ir e vir ou qualquer outro meio que lhe cause prejuízo à saúde psicológica e à autodeterminação. (Brasil, 2006)*

É necessário ressaltar algumas características dessas diversas definições: o poder e o controle, a desqualificação sobre outra pessoa, e o fato de que esse exercício é feito de forma sistemática.

O exercício de poder do homem sobre outro homem ou sobre uma mulher é a própria história da humanidade. O *Homo sapiens*, capaz de construir objetos e ferramentas, parece, desde cedo, ter descoberto que poderia imaginar-se também capaz de dominar outros homens e mulheres. O fascínio de ser servido, de exercer poder sobre outro, de se imaginar todo-poderoso percorre o imaginário e o exercício de tal poder. É algo sabido e divulgado ao longo de todos os séculos que conhecemos.

A sociedade contemporânea ocidental traz aspectos ainda mais complexos que parecem exacerbar o modelo de constituição narcísica como forma principal de estar no mundo. Mas esse aspecto vou deixar para mais adiante. Entretanto, nem todo abuso pode ser considerado violência. O uso do poder e do controle pode ficar restrito ao âmbito da agressividade e do sadismo, sem necessariamente ser da ordem do traumático, assim como nem todo trauma é da ordem do patológico.

A pulsão de dominação

Freud empregou a expressão *Bemächtigungstrieb* primeiramente em 1905, nos *Três ensaios sobre a teoria da sexualidade*; a mesma expressão se repete em 1913 e 1915, quando desenvolve a organização anal da pulsão, e, por fim, o termo reaparece em "Além do princípio do prazer", em 1920. *Pulsion d'emprise* foi a tradução da edição francesa. Em português, ganhou diferentes traduções: pulsão de dominação ou pulsão de apoderamento, recentemente adotada pela editora Autêntica.

Segundo Ferrant (2011), a pulsão de dominação é essencial para a aquisição de autonomia motora. Para o autor, o aprendizado de segurar uma colher, levantar-se pela primeira vez, ficar de pé e dar alguns passos são vitórias, fontes de júbilo que esperam ser repetidas e diversificadas ao longo da existência. Nesse sentido, a pulsão de dominação seria o ingrediente fundamental para o controle do próprio corpo, o domínio da estrutura esquelética e muscular, possibilitadora da conquista da alteridade.

Essa conquista da autonomia passaria necessariamente pela dependência do objeto. Crescer, ficar grande, tornar-se si mesmo seriam conquistas no entrecruzamento de quatro pontos de tensão: crescer *para* si próprio e *contra* o outro, *contra* a própria tendência de ficar passivamente dependente do outro e para *atender* ao desejo daqueles (adultos, pai, mãe etc.) que estimulam a autonomia. O bebê deve simultaneamente ter a experiência de moldar o mundo e se moldar. Deve poder experimentar um mundo que se deixa modelar, um mundo suficientemente capaz de ser transformado, disponível e compacto, mas também que seja capaz de *resistir*, de se opor ao domínio de transformação.

A pulsão de dominação, sob o ponto de vista de Ferrant (2011), implica uma relação com o mundo e outras subjetividades e estabeleceria um jogo de moldar, criar, resistir e encontrar resistência. Esse exercício seria indispensável para a constituição do sujeito. Para o autor, estaria na origem do sujeito tirânico o fracasso dessa experiência, o não encontro desses quatro pontos de tensão: desejo de crescer para si e para o outro, contra si (no desejo de passividade) e contra o outro (para se livrar da dependência), bem como da possibilidade de moldar o mundo e se moldar. Resistir ao mundo e o mundo se deixar resistir levariam o sujeito a uma rigidez extrema de controle de si e do outro.

Ferrant acrescenta ainda que o tirano ocupa, ou melhor, coloniza o ideal do eu do assujeitado e que, para que isso aconteça, ele deve seduzir o outro e se apresentar de tal maneira que este se sinta seguro de si e protegido:

> *O tirano seduz narcisicamente seu vassalo dando a este a ilusão de que precisa dele. E é nesse momento que o tirano está mais próximo da sua própria realidade psíquica. . . . Ele [o tirano] constrói a ilusão de partilhar com o outro uma relação real, marcada pela reciprocidade de trocas e de uma intimidade ímpar . . . A estratégia pode de fato combinar duas táticas. Uma delas é deixar perceber seu sofrimento interno: ele joga então com os aspectos da identificação infantil . . . Na outra estratégia é sobretudo a plenitude que é colocada*

> *à frente, a força do seu raciocínio à convicção de uma opinião apoiada em uma dimensão cultural e uma dimensão emocional. O tirano se instala então progressivamente no psiquismo do outro. (pp. 22-23, tradução nossa)*

A ausência dessas experiências daria lugar ao sujeito tirânico ou, como pretendemos supor aqui, daria lugar ao abusador moral? Seria a falta dessa experiência infantil estruturante um facilitador do modo de estar no mundo de um sujeito narcísico e abusivo? A cultura neoliberal atual privilegia o individualismo e recusa a dimensão coletiva. Esse sujeito narcísico abusivo será protagonista e elemento fundamental da sociedade de consumo: vale mais quem tem mais dinheiro. Essa visão de mundo dá as costas à vocação gregária do ser humano.

O modelo socioeconômico neoliberal não só abandona a ideia do Estado como responsável pelo bem-estar social dos cidadãos, mas concebe-o como uma empresa e estende esse princípio aos cidadãos, que se tornam empresários de si. O cidadão passa, dessa forma, a ser tratado como mercadoria pelo Estado e por si próprio. A meritocracia nada mais é do que um parâmetro de gestão de si próprio. Os sujeitos podem ser bons ou maus gestores de si; como mercadoria do Estado, enxergando a si mesmo da mesma maneira, forma uma visão de mundo onde tudo pode ser monetizado. Acrescenta-se a isso a relação com o tempo imediatista. As tecnologias de comunicação, sobretudo as digitais, dificultariam as vivências das experiências de controle?

Essas são perguntas que me atravessam e que não são fáceis de responder. Algumas hipóteses podem ser lançadas: o mundo do espetáculo (Debord, 2007) e a cultura do narcisismo (Lasch, 1983), da performance (Ehrenberg, 2000), da meritocracia e das novas políticas de sofrimento (Safatle, Silva Junior & Dunker, 2021) dispensam o exercício de interioridade. A singularidade fica circunscrita à imagem corporal, às tatuagens, aos bens que a vinheta publicitária promete como acesso à felicidade e apresenta como a forma subjetiva de estar no mundo. Os sujeitos são reduzidos a uma imagem que pode, aos olhos dos outros, definir quem ele é. Isso me leva a supor que saímos da era de *Sua Majestade, o bebê*, para a de *Sua Majestade, o dinheiro.*

Mas é preciso voltar ao universo teórico da psicanálise. A como foi pensado e trabalhado o tema da passividade e do masoquismo feminino.

Os diferentes estatutos da mulher em Ferenczi

Ferenczi tem um olhar peculiar sobre as mulheres. De um lado, são endeusadas e enaltecidas; são seres superiores, mais inteligentes e capazes do que os homens, o que evidencia sua enorme admiração por elas. Por outro, são consideradas como mais aptas a suportar o sofrimento. O feminino é sinônimo de masoquismo para Ferenczi; não no sentido freudiano da passividade, mas da capacidade de sobreviver a um trauma e se adaptar a novas situações. As mulheres são descritas como seres resilientes.

Decididamente, a psicanálise nunca foi muito feliz ao falar das mulheres, apesar do campo de saber psicanalítico ter sido fundado pela escuta das histéricas. Ao atrelar as mulheres à capacidade de suportar o sofrimento, Ferenczi mostra que não fugiu a essa regra. Entretanto, ele faz digressões interessantes, que podem ajudar na reflexão sobre o que procuro entender sobre a posição das mulheres alvo de abuso moral.

No seu primeiro texto psicanalítico, Ferenczi (1908/1992a) analisa a vida sexual das mulheres com parceiros que não tinham nenhuma preocupação com o prazer das parceiras. O ideário da cultura social da época apontava que uma mulher decente e de família não deveria ter prazer sexual. Isso seria exclusivo das prostitutas. Nesse artigo, quase panfletário, ele aponta para o fenômeno da colonização psíquica de que as mulheres eram vítimas. Para ele, estas compravam e adotavam como verdade um ideário que só interessava aos homens e suas ejaculações precoces. No final do texto, Ferenczi convoca as mulheres a lutarem pelo direito a uma vida sexual prazerosa e afirma que essa luta seria mais importante que a defesa do voto, movimento feminino político daquele momento.

A referência à mulher surge novamente em "Thalassa: ensaio sobre a teoria da genitalidade" (Ferenczi, 1924/1992d), em que ele constrói uma teorização acerca das origens da vida sexual. Influenciado pela teoria filogenética de Lamarck, Ferenczi pensa a evolução da espécie a partir da correlação entre as catástrofes da emergência dos continentes da Terra e as catástrofes ontogenéticas relacionadas ao desenvolvimento do humano.

Quando Lamarck (1809/2021) concebe uma filogênese do surgimento da diferença dos sexos, ele propõe que, no período da emergência dos continentes, se fez necessária a procriação pelo encontro de dois sexos distintos. Segundo ele, uma luta feroz se dá entre dois seres com cloaca até que um consegue penetrar o outro. Nasceria assim o sexo masculino (aquele que penetra e ganha a luta!) e o feminino (aquela que é penetrada e perdedora da luta!).

A mulher perdedora, diminuída, ocupa o imaginário da humanidade desde a história de Eva como fruto da costela de Adão. A condição da mulher foi, assim, original e filogeneticamente definida como a de uma perdedora desse embate, invadida e agredida pelo homem. Contudo, por ter sido então obrigada a realizar um esforço adaptativo de superação dessa diferença, ela se tornou um ser mais sensível, inteligente e intuitivo.

A ideia de adaptação em Ferenczi ganha aí uma conotação completamente diferente daquela vinculada a uma concepção de normatização. Ao contrário, significa a capacidade de se reinventar, de se reorganizar psiquicamente de outra maneira diante de uma experiência de perda e, portanto, de desenvolver habilidades próprias. Disso decorre, para esse autor, a herança de uma superioridade feminina em relação aos homens. A mulher é, desse modo, mais adaptada em função de um traumatismo de base, qual seja, a emergência dos continentes que produziu a diferença sexual.

O tema da mulher marcou a entrada de Ferenczi na psicanálise e continuou a perpassar toda a sua obra. Em todos os momentos, essa temática esteve vinculada de uma forma ou de outra ao trauma. O trauma de ser habitada pelo ideal cultural masculino, o trauma da diferença sexual e, a partir dos anos 1930, de uma forma mais emblemática, o feminino associado ao traumático pela via do sofrimento, do masoquismo e da superação às perdas pela adaptação.

Essa articulação é tratada de forma mais evidenciada sobretudo nos textos clínicos escritos no período final de sua vida e obra, em *Notas e fragmentos* (1931), *Artigos póstumos* (1933/1992g) e várias passagens de seu *Diário clínico* (1932/1900). Se sua compreensão da mulher traz ideias originais que merecem ser ressaltadas, como a ideia de ser colonizado – que reconhece o feminino como alvo do descrédito, ou seja, do trauma –, por outro lado, definir a mulher inteligente e sábia como própria para o sofrimento soa algo lamentável. Por essa razão, destaco aqui a noção de um eu colonizado, uma ideia semelhante à da cisão do eu em *Luto e melancolia*, de Freud (1917/1996b).

As teorias do trauma em Ferenczi

Ferenczi vai conceber dois tipos de trauma: o trauma estruturante e o desestruturante. O trauma estruturante é tudo o que obriga o psiquismo a se tornar mais complexo e a sair da pasmaceira. Há aí uma visão curiosa da passividade que não seria própria do feminino, mas uma imagem do psiquismo humano como preguiçoso, que só cresce e ganha autonomia quando isso se faz absolutamente necessário. Nesse caso, diferentemente da proposta de Ferrant (2011), a autonomia não é da ordem do pulsional, mas de uma exigência de fora para dentro e de caráter inevitável. A primeira divisão do eu, como veremos a seguir, seria dessa ordem, bem como a necessidade de falar e abandonar a linguagem de gestos (Ferenczi, 1913/1992b). No trauma algo se perde sempre. Mas, no caso do trauma estruturante, ao perder se ganham muitas outras coisas.

Ferenczi construiu um mito para exemplificar o que considerava como trauma desestruturante de maneira muito resumida: uma criança seria alvo de um abuso sexual por um adulto que a toma por um igual, ignorando que a criança está no registro da ternura, enquanto o adulto está no registro da paixão. No momento subsequente, esse adulto se dá conta e sente culpa. Na linguagem da ternura, essa criança desconhece o sentido da culpa e procura um outro adulto (no caso a mãe) para contar o que se passou e tentar compreender o que é a culpa. Essa mãe, numa defesa radical, sem poder aceitar que aquilo possa ter acontecido, não dá crédito à criança e afirma, de forma peremptória, que nada daquilo aconteceu.

O que será decisivo no trauma patológico é o desmentido, o descrédito. É o advento do desacreditar absoluto que determina o fator traumático. E seria traumático porque aquele que desacredita não é permeado pela dúvida. Em "Análise de crianças com os adultos", Ferenczi (1931/1992e) afirma que, se essa pessoa que desmente tiver um momento de dúvida, for atravessado por alguma dúvida ou titubear um pouco na fala, o evento não será traumático. A sequela do trauma após a comoção psíquica é a perda da certeza de si.

Introjeção, incorporação e clivagem do eu

Abraham e Torok (1995), ao trabalhar a teoria do trauma em Ferenczi, fazem uma distinção entre *introjeção* e o que chamaram de *incorporação*. Introjeção é um conceito criado por Ferenczi em 1909 que dizia respeito à própria constituição do aparelho psíquico. No trauma (Pinheiro, 1993), o que fica inviabilizado é justamente a introjeção; em seu lugar haveria uma incorporação. A introjeção é o que permite ao ser humano ser polissêmico, e a incorporação remete necessariamente à univocidade.

Os autores tomam o modelo metapsicológico da melancolia para demonstrar que ele é semelhante à proposta de Ferenczi na sua teoria do trauma. Se a sombra do objeto caiu sobre o eu, como Freud afirmou em 1917, na teoria do trauma é a incorporação do agressor que tem lugar. Haveria então uma clivagem de tal ordem que impediria qualquer tipo de contato entre as partes clivadas. Tanto na melancolia quanto no trauma patológico, o objeto é um posseiro do eu, e esse objeto é necessariamente um objeto idealizado.

A noção de eu colonizado, que surge em 1908, seria, de alguma maneira, o precursor dessa noção de um eu que pode ser habitado pelo colonizador. Esse modelo é inteiramente diferente da proposta em "Thalassa", em que Ferenczi (1924/1992d) apresenta uma primeira divisão de eu. Nesse texto, a primeira divisão do eu é necessariamente constitutiva do sujeito. Segundo ele, ocorreria, no momento do desmame, uma primeira divisão na esfera do eu, visando à inclusão de um objeto que substituiria a mãe que alimenta. Essa divisão permite um distanciamento entre o adulto introduzido na esfera do eu e o bebê.

Essa divisão egoica promove um diálogo interno; permite uma tentativa de olhar externo sobre si mesmo. Seria, de alguma maneira, a origem da instância moral que Freud (1915-1917/2000) menciona na primeira tópica. Sem essa divisão, o sujeito não consegue conversar consigo mesmo, ficando à mercê do olhar e do discurso do outro sobre si, sem qualquer ressonância interna que possa rebater ou concordar com aquele que julga. Podemos supor que a instância superegoica nesse caso é exteriorizada, ou melhor, terceirizada.

Voltando à nossa questão central sobre o abuso moral, é necessário interrogar que fala é essa que tem efeito colonizador sobre o psiquismo dessas mulheres e é capaz de eliminar delas a própria certeza de si (Pinheiro & Viana, 2011). Minha hipótese é que esse caráter inquestionável da fala daquele que desacredita, uma fala que se quer absoluta, retoma de alguma maneira a própria constituição do eu ideal.

A palavra unívoca

Octavio Paz (1965/1998), em *O arco e a lira*, afirma que o discurso aspira a um sentido estrito do termo: a univocidade. O discurso tem um ideal inacessível, pois a palavra se recusa a ser um puro conceito, uma significação e nada mais. Cada palavra traz consigo uma pluralidade de sentidos, e a atividade do prosador, portanto, se dá contra a natureza mesma da palavra. Segundo Paz, a história do homem pode ser resumida como a relação que se estabelece entre a palavra e o pensamento: "A palavra é o homem mesmo. Somos feitos de palavras, elas são nossa única realidade, ou a única testemunha da nossa realidade. O homem é o homem graças à linguagem, ou seja, graças à metáfora original que o torna outro, separado do mundo natural" (p. 33). Ainda no mesmo livro, Octavio Paz ressalta que a única linguagem que consegue ser unívoca é a da matemática; em qualquer outra isso se torna impossível. A ciência almeja muito poder ser unívoca, mas jamais vai conseguir.

A fala que se quer absoluta é a crença do melancólico. A fala daquele que desacredita se parece muito com ela. É uma fala que pretende que não exista subtexto, nenhuma entrelinha, nenhuma modulação de voz. Uma fala que produz um pensamento maniqueísta no qual não existe ambiguidade nem ambivalência, acreditando ser possível a existência de uma única interpretação.

Eliane Brum (2018) tem um texto sobre a autoverdade no qual afirma que esta é uma autoproclamação, não havendo a menor importância se aquilo tem a ver com o fato ou com o referente. Trata-se da proclamação de uma verdade absoluta, em que o sujeito que proclama acredita com certeza que é capaz de fazer as pessoas acreditarem também. Brum traça uma diferença enorme entre autoverdade e pós-verdade. A segunda é uma mentira que o sujeito sabe ser mentira, mas afirma ser verdade. Já a primeira é algo que o sujeito produz e nada o fará mudar de opinião.

Certa vez ouvi uma história que ilustra bem o que quero ressaltar aqui. Uma pessoa me contou que as brincadeiras de carnaval antigamente se davam assim: as pessoas botavam capuz, máscara, e batiam na porta dos outros. Esses outros eram pessoas conhecidas; não se batia na porta de desconhecidos. Os mascarados sabiam quem encontrariam lá dentro. O engraçado na brincadeira era justamente mostrar que os mascarados conheciam os ocupantes da casa, faziam brincadeiras e não eram reconhecidos. Em um carnaval, bateram em uma casa em que um dos ocupantes tinha três amigos. Um deles, o Gouveia, tinha 1,90 m de altura, e os outros dois, 1,70 m. Para que o Gouveia não fosse reconhecido, entraram os de 1,70 m. Brincaram muito com todos, fizeram piadas, contaram histórias. Quando saíram, a mãe do rapaz disse: "Para mim, foi o Gouveia". O rapaz, estarrecido, argumentou: "Mas, mãe, os rapazes que entraram aqui tinham 1,70 m, e o Gouveia tem 1,90 m!". Resposta da mãe: "Não sei de nada, para mim foi o Gouveia!".

Isso é uma autoverdade. Não havia nada que demovesse aquela senhora da sua versão. Tamanho não interessava, voz não interessava, absolutamente nenhum dado de realidade tinha a menor importância. Eliane Brum (2018) diz o seguinte: autoverdade é uma verdade proclamada sem nenhum vínculo com o fato ou com o referente; ela não precisa ser verificada, não precisa ter vínculo com a realidade. Ela tem como proposta única ser uma verdade inquestionável e absoluta, para a qual não há contraditório nem outra versão possível. Ela é uma verdade pessoal e autoproclamada, uma verdade que se quer absoluta.

O melancólico recusa a condição de que nós somos intérpretes e, nessa posição, estamos fadados a errar e a nos equivocar. Ao interpretar, estamos trafegando em terreno pouco seguro. Na relação com outros sujeitos podemos chegar e dizer: "Mas não foi nada disso que eu quis dizer. O que eu quis dizer foi outra coisa". Nesse momento, pode-se reformular a própria interpretação ou não. Não interessa: o terreno da linguagem implica incerteza.

O pai ou o marido que desacreditam a filha ou a mulher se tomam por detentores de toda a verdade, e aquela que é desacreditada adere a essa fala como a verdade sobre si mesma: essa é a questão intrigante. É um discurso que pretende falar dessas mulheres com uma certeza total e absoluta de quem elas são.

Elas não se reconhecem necessariamente, mas ficam fascinadas por essa ausência de dúvida. Aderem a essa fala e, na sequência, já não sabem mais quem são, indo cair nessa falta de certeza de si de que Ferenczi falou. Seria um lugar onde todo esse referencial interno é questionado, jogado fora. Uma vez ouvi: "Mas eu achava que eu era de um jeito, e ele fala com tanta certeza de como eu sou, e o que ele diz é o avesso do que eu acho que sou, que eu já não sei mais quem eu sou. Talvez eu seja isso que ele diz que sou, porque é fascinante alguém dizer quem sou com tamanha certeza, uma certeza que nem eu mesma tenho e não sei mais se um dia tive".

O que acontece para que a fala desses homens ganhe tanto poder, para que seja tão pregnante? Por que não há uma recusa por parte dessas mulheres, para que sejam capazes de dizer: "Eu não sou nada disso", ou: "Eu não me vejo assim, não sei do que você está falando, nem quem é que você está vendo"? Por que não são capazes de dizer: "Essa pessoa não me vê e não sabe quem eu sou", mas, ao contrário, começam a achar que essa fala é a única verdade sobre si?

A sequela do trauma ferencziano é justamente a perda da certeza de si. Essa seria a característica da violência do abuso moral: provocar no outro um não reconhecimento de si mesmo. Uma das hipóteses seria a de que essa certeza anterior foi construída sobre um pântano. Foi precariamente construída como uma certeza de si tão frágil que, quando vem essa fala, é como se ela jogasse o sujeito de novo naquele lugar de total incerteza. Quer dizer, até que ponto essa adesão seria consequência de um retorno dessa perda da certeza de si ocorrida no passado ou, pior, que nunca tenha sido de fato conquistada?

Ora, se a sombra do objeto ou do agressor usurpador do eu é sempre a de um objeto idealizado, vale uma reflexão sobre a diferença entre sublimação e idealização.

Idealização e sublimação

A sublimação é alguma coisa que diz respeito à pulsão. É alguma coisa que vai, necessariamente, nos levar para o campo da metáfora. A idealização diz respeito ao objeto. Podemos pensar em dois tipos de idealização: uma que diz respeito ao eu ideal, e outra ao ideal do eu. Seriam formas muito diferentes. A idealização do ideal do eu é alguma coisa que pressupõe movimento, que permite a troca de um ideal por outro, ou seja, um deslocamento que, necessariamente, é algo mutável, nem que seja por conta do tempo.

A criança de 10 anos de idade quer ter 12 para poder ir para a rua sozinha. Os 12 são idealizados como o momento auge de liberdade. Quando chega aos 12, acha aquilo muito sem graça, não quer mais, quer outra coisa. Talvez ter 18 seja melhor. Esse é um exemplo simples, que serve somente para mostrar a possibilidade de um tipo de idealização recheado pela fantasia.

A idolatria de Kennedy nos anos 1960 é outro exemplo. Ele foi, durante um tempo, um ideal dos americanos e de muitos brasileiros, infelizmente. Tratava-se de um homem rico, tido como bonito, casado com uma mulher bonita e inteligente; tinha um casal de filhos que eram umas gracinhas, o que permitia todo o tipo de fantasia e a construção de um ideal. E quem idealizava Kennedy via nele uma pessoa diferente, mas o tinha no mesmo lugar de ideal.

Nas palavras de Ferenczi (1918/1992c),

> *A idealização do eu ideal não é assim; ela é uma idealização montada sobre uma imagem fixa, uma imagem parada, que não tem movimento, que é uma totalidade; ela é alguma coisa fechada em si mesma, que não apresenta nenhum defeito . . . [A idealização] não faz mais do que encobrir os instintos primitivos que nos habitam. Assinala-se que o idealismo e a maldade humana convivem muitíssimo bem. (p. 310)*

A fala unívoca tem muito mais parentesco com esse objeto do eu ideal. Existe alguém – ou "alguéns" – que vai dizer verdades absurdas, mas às quais muitos hão de aderir. Podemos nos perguntar por que a sociedade abandonou o ideal do eu e grudou-se no eu ideal? Fico me perguntando também se o aumento dos feminicídios não teria relação com essa noção de autoverdade, de fala absoluta.

Temos duas questões para pensar: por que aquele que desacredita precisa tanto de uma verdade absoluta, isto é, desse terreno do inquestionável? Por que alguém precisa tanto aderir a essa fala, se anulando subjetivamente, e, quando ousa romper com essa adesão, muitas vezes está colocando em risco a própria vida?

Acredito que a noção de autoverdade pode ser articulada com o conceito de eu ideal. Se além disso tomarmos a teoria do trauma em Ferenczi, juntando em um único personagem o agressor e aquele que desacredita, talvez possamos colocar um novo olhar sobre alguns casos que temos visto na clínica. Essa proposta pode talvez jogar alguma luz sobre o aumento significativo dos casos de feminicídio.

O fato de não termos certeza de nada quando falamos, quando interpretamos o desejo do outro, quando interpretamos a fala do outro, ou ainda quando fantasiamos o que o outro quis ou não quis dizer tornou-se tão incômodo, tão desagradável, que a única adesão que resta para algumas pessoas é a uma fala inteiramente absoluta. Pela ótica dos homens, uma reflexão se faz necessária. No mundo neoliberal, o dinheiro e sua acumulação e o simples prazer de acumular garantem a esses homens a ideia de se tornarem ainda mais poderosos.

Segundo Ferenczi, é a primeira clivagem do eu que permite um diálogo interno. Esse fenômeno tornou-se atualmente um artigo de luxo. A noção de interioridade ficou descartável. Dessa forma, ter a mulher como alvo de todos os defeitos, de todas as mazelas é a justificativa perfeita para o sofrimento que sentem esses homens. A única maneira de garantir alguma unidade narcísica é atribuir ao outro toda a fonte do seu sofrimento. Para o tirano, todo o desconforto provém de fora, isto é, do outro. Toda desqualificação está fora dele. Não há possibilidade de pensar que o desconforto e o mal-estar possam ser internos. Assim, algo que vem de fora será a causa de todo sofrimento: será a mulher tida culturalmente como inferior, desqualificada e infantil o alvo predileto de todo ataque.

Considerações finais

Feito esse percurso, talvez seja possível concluir que o abuso moral traumático ou violento, como preferirmos chamar, se dá no encontro de um homem com uma experiência de dominação, tal qual Ferrant (2011) apresenta, em que não teve a possibilidade de experimentar o jogo de maleabilidade e resistência na relação com o mundo e consigo mesmo. Precisou da rigidez do controle de si e dos objetos, prática que necessariamente fracassa. Assim, o que resta é desqualificar a mulher, ter sobre ela uma fala absoluta, torná-la a fonte de todo o seu sofrimento, num movimento desesperado para não sucumbir à depressão melancólica. No mundo de hoje essa superioridade narcísica será mais fácil de se impor pelo horizonte de *Sua Majestade, o dinheiro*.

A mulher alvo de abuso desmonta ou se quebra, como diz Brum (2013), perdendo a certeza de si diante de uma fala absoluta, inabalável, compacta, que fascina e reintegra o que a cultura machista designou como o lugar da mulher. O homem posseiro do seu eu ideal dita quem é ela, o horror que ela é, a infantilidade que lhe é própria. Pode atingi-la em cheio ao atingir sua própria certeza de si, tirando dela a única âncora que lhe permite estar no mundo e colocando-a num lugar onde não há horizonte para a sua autonomia.

Algumas dessas pacientes tiveram mães depressivas quando pequenas, ou mães gravemente melancólicas. Esses são os casos mais graves, em que essas mulheres sucumbiram. Em outras, o eu ideal e o ideal de eu estão suficientemente preservados, o que lhes permitiu, apesar do sofrimento, não perderem a certeza de si.

Um jornal de grande circulação, a *Folha de S.Paulo*, ao anunciar Carol Proner como assessora no Banco Nacional de Desenvolvimento Econômico e Social (BNDES), referiu-se a ela como mulher de Chico Buarque. Esse era o único predicado que o jornalista achou para ela. O fato de ser uma jurista, advogada e articulista brasileira, professora da Universidade Federal do Rio de Janeiro, fundadora da Associação Brasileira de Juristas pela Democracia e integrante do Grupo Prerrogativas não era suficiente para que visse que ela possuía atributos importantes (Vieceli, 2023).

Tomara que um dia essas mulheres possam cantar a canção de Chico Buarque, "Que tal um samba?":

Juntar os cacos, ir à luta

Manter o rumo e a cadência

Esconjurar a ignorância, que tal?

Desmantelar a força bruta

Então que tal puxar um samba

Puxar um samba legal

Puxar um samba porreta

Depois de tanta mutreta

Depois de tanta cascata

Depois de tanta derrota

Depois de tanta demência

E uma dor filha da puta, que tal?

Puxar um samba

Que tal um samba?

Um samba

Referências

Abraham, N., & Torok, M. (1995). Luto ou melancolia (introjetar--incorporar). In N. Abraham, & M. Torok, *A casca e o núcleo*. Escuta.

Aulagnier, P. (1975). *La violence de l'interpretation*. PUF.

Brasil. (2006, 8 ago.). Lei nº 11.340, de 7 de agosto de 2006. *Diário Oficial da União*.

Brasil. Ministério da Saúde. (2008). Assédio moral. *Biblioteca Virtual em Saúde*. https://bvsms.saude.gov.br/assedio-moral/

Brum, E. (2013). *A menina quebrada*. Arquipélago Editorial.

Brum, E. (2018, 16 jul.). Bolsonaro e a autoverdade. *El País*.

CNJ – Conselho Nacional de Justiça. (2016). *CNJ Serviço: O que é assédio moral e o que fazer?* https://www.cnj.jus.br/cnj-servico--o-que-e-assedio-moral-e-o-que-fazer/

Costa, J. F. (1984). *Violência e psicanálise*. Graal.

Debord, G. (2007). *A sociedade do espetáculo*. Contraponto.

Ehrenberg, A. (2000). *La fatigue d'être soi*. Odile Jacob.

Ferenczi, S. (1990). *Diário clínico*. Martins Fontes. (Trabalho original publicado em 1932).

Ferenczi, S. (1992a). Do alcance da ejaculação precoce. In S. Ferenczi, *Obras completas: Psicanálise I*. Martins Fontes. (Trabalho original publicado em 1908).

Ferenczi, S. (1992b). Fé, incredulidade e convicção sob o ângulo da psicologia médica. In S. Ferenczi, *Obras completas: Psicanálise II*. Martins Fontes. (Trabalho original publicado em 1913).

Ferenczi, S. (1992c). Consulta médica. In S. Ferenczi, *Obras completas: Psicanálise II*. Martins Fontes. (Trabalho original publicado em 1918).

Ferenczi, S. (1992d). Thalassa, ensaio sobre a teoria da genitalidade. In S. Ferenczi, *Obras completas: Psicanálise III*. Martins Fontes. (Trabalho original publicado em 1924).

Ferenczi, S. (1992e). Análise de crianças com os adultos. In S. Ferenczi, *Obras completas: Psicanálise IV*. Martins Fontes. (Trabalho original publicado em 1931).

Ferenczi, S. (1992f). Confusão de línguas entre os adultos e a criança. In S. Ferenczi, *Obras completas: Psicanálise IV*. Martins Fontes. (Trabalho original publicado em 1933).

Ferenczi, S. (1992g). Reflexões sobre o trauma (Artigos póstumos). In S. Ferenczi, *Obras completas: Psicanálise IV*. Martins Fontes. (Trabalho original publicado em 1933).

Ferrant, A. (2011). Emprise et lien Tyrannique. *Connexions, 1*(95), 15-27.

Freud, S. (1996a). Tres ensayos de teoría sexual. In S. Freud, *Obras completas* (Vol. 7). Amorrortu. (Trabalho original publicado em 1905).

Freud, S. (1996b). Duelo y melancolía. In S. Freud, *Obras completas* (Vol. 14). Amorrortu. (Trabalho original publicado em 1917).

Freud, S. (2000). *Leçons d'introduction de la psychanalyse*. PUF. (Trabalho original publicado em 1915-1917).

Freud, S. (2020). *Além do princípio do prazer*. Autêntica. (Trabalho original publicado em 1920).

La Boétie, E. (2002). *Discours de la servitude volontaire*. Vrin. (Trabalho original publicado em 1576).

Lamarck, J. B. P. A. (2021). *Filosofia zoológica*. Unesp. (Trabalho original publicado em 1809).

Lasch, C. (1983). *A cultura do narcisismo*. Zahar.

Paz, O. (1998). *L'arc et la lyre*. Gallimard. (Trabalho original publicado em 1965).

Pinheiro, T. (1993). Trauma e melancolia. *Revista Percurso*, *10*, 50--55.

Pinheiro, T. (2020). Quando o agressor é aquele de desacredita. In D. Kuperman, J. Gondar, & E. C. D. Molin (Orgs.), *Ferenczi: inquietações clínico-políticas* (pp. 183-188). Zagodoni.

Pinheiro, T., & Viana, D. (2011). Losing the certainty of self. *American Journal of Psychoanalysis*, *17*(4), 352-360.

Safatle, V., Silva Junior, N., & Dunker, C. (2021). *Neoliberalismo como gestão do sofrimento psíquico*. Autêntica.

Vieceli, L. (2023, 7 fev.). Carol Proner mulher de Chico Buarque, será assessora no BNDES. *Folha de S.Paulo*.

Sobre os autores

Aida Novelino – Psicóloga e psicanalista. Mestre em Psicologia Social pela Pontifícia Universidade Católica de São Paulo (PUC-SP). Professora aposentada do Departamento de Psicologia da Universidade Federal de Pernambuco (UFPE).

Alexandre Ribeiro Wanderley – Psicólogo e psicanalista. Membro associado do Círculo Psicanalítico do Rio de Janeiro (CPRJ). Especialista em Saúde Mental pelo Convênio Instituto Philippe Pinel-Fiocruz. Mestre e doutor em Saúde Coletiva pelo Instituto de Medicina Social da Universidade do Estado do Rio de Janeiro (UERJ), com estágio doutoral pela Universidade de Paris Descartes/Sorbonne.

Ana Elizabeth Cavalcanti – Psicóloga e psicanalista. Sócia fundadora do Centro de Pesquisa em Psicanálise e Linguagem (CPPL), de Recife. Associada do Círculo Psicanalítico de Pernambuco (CPP). Coautora do livro *Autismo: construções e desconstruções* (Casa do Psicólogo, 2000) e organizadora do livro *Navegar é preciso, clinicar não é preciso: 30 anos de prática psicanalítica no CPPL* (Casa do Psicólogo, 2003).

Benilton Bezerra Jr. – Psiquiatra e psicanalista. Membro do Círculo Psicanalítico do Rio de Janeiro (CPRJ). Professor aposentado do Instituto de Medicina Social da Universidade do Estado do Rio de Janeiro (UERJ). Autor de *Freud e as neurociências* (Civilização Brasileira, 2013) e coorganizador de

Winnicott e seus interlocutores (Relume-Dumará, 2007), além de outras publicações.

Bethânia Assy – Professora da Pontifícia Universidade Católica do Rio de Janeiro (PUC-Rio) e da Universidade do Estado do Rio de Janeiro (UERJ). Doutora em Filosofia pela New School for Social Research (Nova York), com pós-doutorado pela Birkbeck Law School, da Universidade de Londres. Autora de *Ética, responsabilidade e juízo em Hannah Arendt* (Perspectiva, 2015), entre outras publicações.

Carlos Henrique Ferraz – Psicólogo e psicanalista. Mestre e doutor em Saúde Coletiva pelo Instituto de Medicina Social da Universidade do Estado do Rio de Janeiro (UERJ). Professor do Centro Universitário Frassinetti, de Recife.

Christian Ingo Lenz Dunker – Psicólogo e psicanalista. Professor titular do Instituto de Psicologia da Universidade de São Paulo (USP). Pós-doutorado pela Manchester Metropolitan University. Analista membro da Escola de Psicanálise dos Fóruns do Campo Lacaniano (EPFCL). Coordenador do Laboratório de Teoria Social, Filosofia e Psicanálise da USP. Autor de diversos livros, entre os quais *Paixão da ignorância: a escuta entre psicanálise e educação* (Contracorrente, 2020).

Clarissa de Rosalmeida Dantas – Psiquiatra. Doutora em Ciências Médicas, área de concentração Saúde Mental, pela Universidade de Campinas (Unicamp). Professora do Departamento de Psiquiatria da Faculdade de Ciências Médicas da Unicamp.

Cláudia Passos-Ferreira – Psicóloga. Professora de Bioética da Universidade de Nova York. Doutora em Filosofia pela Universidade Federal do Rio de Janeiro (UFRJ). Mestre e doutora em Saúde Coletiva pelo Instituto de Medicina Social da Universidade do Estado do Rio de Janeiro (UERJ). Autora do livro *A máquina semântica de Freud: do mecanismo à intencionalidade* (Annablume, 2012).

Cláudio E. M. Banzato – Psiquiatra. Doutor em Filosofia pela Universidade de Campinas (Unicamp). Professor titular de Psicopatologia do Departamento de Psiquiatria da Faculdade de Ciências Médicas da Unicamp.

Flávio Ferraz – Psicólogo, psicanalista e editor. Livre-docente pelo Instituto de Psicologia da Universidade de São Paulo (USP). Membro dos Departamentos de Psicanálise e de Psicossomática Psicanalítica do Instituto Sedes

Sapientiae (ISS) e professor do Curso de Psicanálise desse mesmo instituto. Autor de diversos livros, entre os quais *Normopatia: sobreadaptação e pseudonormalidade* (Casa do Psicólogo, 2005).

Francisco Ortega - Professor titular do Instituto Catalão de Pesquisa e Estudos Avançados (ICREA), no Centro de Pesquisa em Antropologia Médica (MARC) da Universitat Rovira i Virgili, em Tarragona, Espanha. Professor visitante no Departamento de Saúde Global e Medicina Social do King's College, em Londres. Coautor do livro *Being brains: making the cerebral subject* (Fordham University Press, 2017), entre outras publicações.

Gabriela Bastos Soares - Psicóloga. Mestre e doutora em Saúde Coletiva pela Universidade do Estado do Rio de Janeiro (UERJ). Professora e diretora acadêmica da Faculdade Maria Thereza, em Niterói.

Gilberto Souza - Psicólogo e psicanalista. Mestrando no Programa de Pós-Graduação em Teoria Psicanalítica da Universidade Federal do Rio de Janeiro (UFRJ). Membro do Núcleo de Estudos em Psicanálise e Clínica da Contemporaneidade (NEPECC) e do Grupo Brasileiro de Pesquisas Sándor Ferenczi (GBPSF).

Jairo de Almeida Gama - Psiquiatra e psicanalista. Mestre e doutor em Saúde Coletiva pelo Instituto de Medicina Social da Universidade do Estado do Rio de Janeiro (UERJ). Professor da Faculdade de Ciências Médicas e da Saúde Suprema. Psiquiatra do Ministério da Saúde no Hospital Universitário da Universidade Federal de Juiz de Fora (HU-UFJF).

José Henrique Lobato Vianna - Psicólogo. Doutor em Psicologia Social pela Universidade do Estado do Rio de Janeiro (UERJ). Professor e supervisor de estágio na Universidade Santa Úrsula, no Rio de Janeiro.

Julio Sergio Verztman - Psiquiatra e psicanalista. Doutor pelo Instituto de Psiquiatria da Universidade Federal do Rio de Janeiro (IPUB/UFRJ). Professor do Programa de Pós-Graduação em Teoria Psicanalítica da UFRJ e do Mestrado Profissional em Atenção Psicossocial do IPUB/UFRJ. Coordenador do Núcleo de Estudos em Psicanálise e Clínica da Contemporaneidade (NEPECC). Autor do livro *Tristeza e depressão: pensando nos problemas da vida* (Vozes, 1995), entre outras publicações.

Marco Antonio Alves Brasil - Psiquiatra e psicanalista pela Sociedade Psicanalítica do Rio de Janeiro (SPRJ). Professor associado da Faculdade de

Medicina da Universidade Federal do Rio de Janeiro (UFRJ). Ex-presidente da Associação Brasileira de Psiquiatria (ABP). Membro internacional do Royal College of Psychiatrists. Autor do livro *Exame psiquiátrico: semiologia médica* (Guanabara Koogan, 2019), entre outras publicações.

Maria Clara Dias – Psicóloga. Mestre e doutora em Filosofia pela Freie Universität Berlin. Professora titular do Departamento de Filosofia da Universidade Federal do Rio de Janeiro (UFRJ). Membro do Programa de Pós-Graduação em Bioética, Ética Aplicada e Saúde Coletiva (PPGBios) e coordenadora do Núcleo de Inclusão Social, ambos da UFRJ. Autora de vários livros, entre os quais *Sobre nós: expandindo as fronteiras da moralidade* (Pirilampo, 2016).

Maria Regina Maciel – Psicóloga e psicanalista. Membro efetivo do Círculo Psicanalítico do Rio de Janeiro (CPRJ). Doutora pelo Instituto de Medicina Social da Universidade do Estado do Rio de Janeiro (UERJ) e professora associada aposentada da mesma universidade. Autora do livro *Psicanálise e educação* (Casa do Psicólogo, 2016).

Maria Rita Kehl – Psicóloga e psicanalista. Doutora pelo Programa de Estudos Pós-Graduados em Psicologia Clínica da Pontifícia Universidade Católica de São Paulo (PUC-SP). Integrou a Comissão Nacional da Verdade (2012-2014). Autora de diversos livros, entre os quais *O tempo e o cão: a atualidade das depressões* (Boitempo, 2009).

Maria Tavares Cavalcanti – Psiquiatra. Professora titular de Faculdade de Medicina da Universidade Federal do Rio de Janeiro (UFRJ) e diretora do Instituto de Psiquiatria dessa mesma universidade entre 2010 e 2018. Autora do livro *A psiquiatria e o social: elementos para uma discussão* (UFRJ, 1999).

Mário Eduardo Costa Pereira – Psiquiatra e psicanalista. Professor associado do Departamento de Psiquiatria da Faculdade de Ciências Médicas da Universidade de Campinas (Unicamp). Diretor do Corpo Freudiano Escola de Psicanálise, em São Paulo. Autor do livro *Pânico e desamparo* (Escuta, 1999), entre outras publicações.

Octavio Domont de Serpa Junior – Psiquiatra. Mestre e doutor em Psiquiatria e Saúde Mental pela Universidade Federal do Rio de Janeiro (UFRJ), com pós-doutorado pelo Centre de Recherche en Epistémologie Appliquée da École Polytechnique, em Paris. Professor associado da UFRJ. Professor permanente do Mestrado Profissional em Atenção Psicossocial e do Programa de Pós-Graduação em Psiquiatria e Saúde Mental do Instituto de Psiquiatria (IPUB) da UFRJ. Autor do livro *Mal-estar na natureza: estudo crítico sobre o reducionismo biológico em psiquiatria* (Te Corá, 1998).

Paulo Amarante – Médico. Pesquisador sênior do Laboratório de Estudos e Pesquisas em Saúde Mental e Atenção Psicossocial (LAPS) da Escola Nacional de Saúde Pública Sergio Arouca (ENSP) e do Centro de Estudos Estratégicos da Fiocruz. Presidente de honra da Associação Brasileira de Saúde Mental (Abrasme). Autor de diversos livros, entre os quais *Loucos pela vida: a trajetória da reforma psiquiátrica no Brasil* (Fiocruz, 1988).

Pedro Salem – Psicólogo. Mestre e doutor em Saúde Coletiva pelo Instituto de Medicina Social da Universidade do Estado do Rio de Janeiro (UERJ), com pós-doutorado pelo Instituto de Psicologia da Universidade de São Paulo (USP). Membro correspondente do Círculo Psicanalítico do Rio de Janeiro (CPRJ) e membro candidato da Sociedade Portuguesa de Psicanálise (SPP). Autor do livro *Do luxo ao fardo: um estudo histórico sobre o tédio* (Relume-Dumará, 2004).

Renato Mezan – Psicanalista. Doutor em Filosofia pela Universidade de São Paulo (USP). Membro do Departamento de Psicanálise do Instituto Sedes Sapientiae (ISS), onde coordena a revista *Percurso*. Professor titular do Programa de Estudos Pós-Graduados em Psicologia Clínica da Pontifícia Universidade Católica de São Paulo (PUC-SP). Autor de diversos livros, entre os quais *Freud, pensador da cultura* (Brasiliense, 1985).

Romildo do Rêgo Barros – Psicólogo e psicanalista. Membro da Escola Brasileira de Psicanálise (EBP). Autor do livro *Compulsões e obsessões: uma neurose de futuro* (Civilização Brasileira, 2012).

Rosane Monteiro Ramalho – Psicóloga e psicanalista. Membro da Associação Psicanalítica de Porto Alegre (APPOA) e do Instituto APPOA. Mestre em Psicologia Clínica pela Pontifícia Universidade Católica de São Paulo (PUC-SP).

Rossano Cabral Lima – Psiquiatra. Mestre e doutor em Saúde Coletiva pelo Instituto de Medicina Social da Universidade do Estado do Rio de Janeiro (UERJ), com doutorado pelo Instituto Max Planck para a História da Ciência, em Berlim. Professor associado do Instituto de Medicina Social da UERJ.

Autor do livro *Somos todos desatentos? O TDAH e a construção de bioidentidades* (Relume-Dumará, 2005).

Sérgio Carrara – Antropólogo. Professor titular do Instituto de Medicina Social da Universidade do Estado do Rio de Janeiro (UERJ). Fundador e pesquisador do Centro Latino-Americano em Sexualidade e Direitos Humanos. Editor responsável de *Sexualidade, Saúde e Sociedade – Revista Latino-Americana*.

Tales Ab'Sáber – Psicólogo e psicanalista. Doutor em Psicologia pela Universidade de São Paulo (USP). Membro do Departamento de Psicanálise do Instituto Sedes Sapientiae (ISS). Professor de Filosofia da Psicanálise do Departamento de Filosofia da Universidade Federal de São Paulo (Unifesp) e coordenador da Clínica Aberta de Psicanálise na Casa do Povo, em São Paulo.

Teresa Pinheiro – Psicóloga. Doutora em Psicanálise pela Universidade de Paris 7. Professora aposentada do Programa de Pós-Graduação em Teoria Psicanalítica da Universidade Federal do Rio de Janeiro (UFRJ). Fundadora e coordenadora do Núcleo de Estudos em Psicanálise e Clínica da Contemporaneidade (NEPECC) da UFRJ. Membro emérito do Grupo Brasileiro de Pesquisa Sándor Ferenczi (GBPSF). Autora de diversos livros, entre os quais *Ferenczi* (Casa do Psicólogo, 2016).

Série Psicanálise Contemporânea

Adoecimentos psíquicos e estratégias de cura: matrizes e modelos em psicanálise, de Luís Claudio Figueiredo e Nelson Ernesto Coelho Junior

O brincar na clínica psicanalítica de crianças com autismo, de Talita Arruda Tavares

Budapeste, Viena e Wiesbaden: o percurso do pensamento clínico-teórico de Sándor Ferenczi, de Gustavo Dean-Gomes

Chuva n'alma: A função vitalizadora do analista, de Fátima Flórido Cesar, Marina F. R. Ribeiro e Luís Claudio Figueiredo

A cientificidade da psicanálise: novos velhos horizontes, com organização de Vitor Carvalho e Marcelo Ferretti

Clínica da excitação: psicossomática e traumatismo, de Diana Tabacof

Corpo, sonho, palavra: ensaios psicanalíticos II, de Flávio Ferraz

Da excitação à pulsão, com organização de Cândida Sé Holovko e Eliana Rache

De Narciso a Sísifo: os sintomas compulsivos hoje, de Julio Verztman, Regina Herzog, Teresa Pinheiro

Depressão & doença nervosa moderna, 2. ed., de Maria Silvia Borghese

Do pensamento clínico ao paradigma contemporâneo: diálogos, de André Green e Fernando Urribarri

Do povo do nevoeiro: psicanálise dos casos difíceis, de Fátima Flórido Cesar

Em carne viva: abuso sexual de crianças e adolescentes, de Susana Toporosi

Escola, espaço de subjetivação: de Freud a Morin, de Esméria Rovai e Alcimar Lima

Escola e subjetivação: diferentes perspectivas, de Esméria Rovai e Alcimar Lima

Expressão e linguagem: aspectos da teoria freudiana, de Janaina Namba

Fernando Pessoa e Freud: diálogos inquietantes, de Nelson da Silva Junior

Figuras do extremo, de Marta Rezende Cardoso, Mônica Kother Macedo, Silvia AbuJamra Zornig

O grão de areia no centro da pérola: sobre neuroses atuais, de Paulo Ritter e Flávio Ferraz

Heranças invisíveis do abandono afetivo: um estudo psicanalítico sobre as dimensões da experiência traumática, de Daniel Schor

Histórias recobridoras: quando o vivido não se transforma em experiência, de Tatiana Inglez-Mazzarella

Identificação: imanência de um conceito, de Ignácio A. Paim Filho, Raquel Moreno Garcia

A indisponibilidade sexual da mulher como queixa conjugal: a psicanálise de casal, o sexual e o intersubjetivo, de Sonia Thorstensen

Interculturalidade e vínculos familiares, de Lisette Weissmann

Janelas da psicanálise: transmissão, clínica, paternidade, mitos, arte, de Fernando Rocha

O lugar do gênero na psicanálise: metapsicologia, identidade, novas formas de subjetivação, de Felippe Lattanzio

Os lugares da psicanálise na clínica e na cultura, de Wilson Franco

Luto e trauma: testemunhar a perda, sonhar a morte, de Luciano Bregalanti

Matrizes da elaboração psíquica no pensamento psicanalítico: entre Freud e Ferenczi, de Thiago da Silva Abrantes

Metapsicologia dos limites, de Camila Junqueira

Os muitos nomes de Silvana: contribuições clínico-políticas da psicanálise sobre mulheres negras, de Ana Paula Musatti-Braga

Nem sapo, nem princesa: terror e fascínio pelo feminino, de Cassandra Pereira França

Neurose e não neurose, 2. ed., de Marion Minerbo

Pensar o sujeito, agir no mundo: diálogos com a obra de Jurandir Freire Costa, com organização de Francisco Ortega, Gabriela Bastos Soares, Jairo de Almeida Gama e Bethânia Assy

A perlaboração da contratransferência: a alucinação do psicanalista como recurso das construções em análise, de Lizana Dallazen

Psicanálise de casal e família: uma introdução, com organização de Rosely Pennacchi e Sonia Thorstensen

Psicanálise e ciência: um debate necessário, de Paulo Beer

Uma psicanálise errante: andanças cinemáticas e reflexões psicanalíticas, de Miriam Chnaiderman

Psicopatologia psicanalítica e subjetividade contemporânea, de Mario Pablo Fuks

Psicossomática e teoria do corpo, de Christophe Dejours

Razão onírica, razão lúdica: perspectivas do brincar em Freud, Klein e Winnicott, de Marília Velano

Relações de objeto, de Decio Gurfinkel

Ressonâncias da clínica e da cultura: ensaios psicanalíticos, de Silvia Leonor Alonso

Sabina Spielrein: uma pioneira da psicanálise – Obras Completas, volume 1, 2. ed., com organização, textos e notas de Renata Udler Cromberg

Sabina Spielrein: uma pioneira da psicanálise – Obras Completas, volume 2, com organização, textos e notas de Renata Udler Cromberg

O ser sexual e seus outros: gênero, autorização e nomeação em Lacan, de Pedro Ambra

Tempo e ato na perversão: ensaios psicanalíticos I, 3. ed., de Flávio Ferraz

O tempo e os medos: a parábola das estátuas pensantes, de Maria Silvia de Mesquita Bolguese

Tempos de encontro: escrita, escuta, psicanálise, de Rubens M. Volich

Transferência e contratransferência, 2. ed., de Marion Minerbo

GRÁFICA PAYM
Tel. [11] 4392-3344
paym@graficapaym.com.br